Julius Evola

Révolte contre le monde moderne

Julius Evola
(1898-1974)

Rivolta contro il mondo moderno - 1934
Edizioni Mediterranee, Roma - 1969
dont la présente traduction est tirée.

RÉVOLTE CONTRE LE MONDE MODERNE

Publié par
OMNIA VERITAS LTD

www.omnia-veritas.com

- **INTRODUCTION** ... 9
- **PREMIÈRE PARTIE** ... 23
  - LE MONDE DE LA TRADITION ... 23
- **1.** ... 25
  - LE PRINCIPE ... 25
- **2.** ... 30
  - LA ROYAUTÉ ... 30
- **3.** ... 45
  - LE SYMBOLE POLAIRE LE SEIGNEUR DE PAIX ET DE JUSTICE ... 45
- **4.** ... 56
  - LA LOI, L'ÉTAT, L'EMPIRE ... 56
- **5.** ... 67
  - LE MYSTÈRE DU RITE ... 67
- **6.** ... 75
  - DU CARACTÈRE PRIMORDIAL DU PATRICIAT ... 75
- **7.** ... 86
  - DE LA "VIRILITÉ SPIRITUELLE" ... 86
- **8.** ... 94
  - LES DEUX VOIES DE L'OUTRE-TOMBE ... 94
- **9.** ... 105
  - VIE ET MORT DES CIVILISATIONS ... 105
- **10.** ... 113
  - L'INITIATION ET LA CONSÉCRATION ... 113
- **11.** ... 123
  - DES RELATIONS HIÉRARCHIQUES ENTRE ROYAUTÉ ET SACERDOCE ... 123
- **12.** ... 130
  - UNIVERSALITÉ ET CENTRALISME ... 130
- **13.** ... 138
  - L'ÂME DE LA CHEVALERIE ... 138
- **14.** ... 152
  - LA DOCTRINE DES CASTES ... 152
- **15.** ... 168
  - LES PARTICIPATIONS DANS LES SCIENCES ET LES ARTS L'ESCLAVAGE ... 168
- **16.** ... 182
  - BIPARTITION DE L'ESPRIT TRADITIONNEL - L'ASCÈSE ... 182
- **17.** ... 189
  - LA GRANDE ET LA PETITE GUERRE SAINTE ... 189
- **18.** ... 206
  - JEUX ET VICTOIRE ... 206
- **19.** ... 226
  - L'ESPACE - LE TEMPS - LA TERRE ... 226
- **20.** ... 247
  - HOMME ET FEMME ... 247
- **21.** ... 260
  - DÉCLIN DES RACES SUPÉRIEURES ... 260

DEUXIÈME PARTIE 267
Genèse et visage du monde moderne 267
1 271
La doctrine des quatre âges 271
2 280
L'âge d'or 280
3 286
Le "pôle" et le siège hyperboréen 286
4 296
Le cycle nordico-atlantique 296
5 309
Nord et Sud 309
6 322
La civilisation de la mère 322
7 334
Les cycles de la décadence Le cycle héroïque 334
8 353
Tradition et antitradition 353
a) Cycle américain - Cycle méditerranéen oriental 353
b. Cycle hébraïque - Cycle aryo-oriental. 368
9 386
Le cycle héroïco-ouranien occidental 386
a) Le cycle hellénique 386
b) Le cycle romain 402
10 423
Syncope de la tradition occidentale 423
Le christianisme des origines 423
11 435
Translation de l'idée d'empire Le Moyen Age Gibelin 435
12 456
Déclin de l'œcoumène médiéval Les nations 456
13 469
L'irréalisme et l'individualisme 469
14 489
La régression des castes 489
15 503
Nationalisme et collectivisme 503
16 514
Le cycle se ferme 514
a) La Russie 514
b) L'Amérique 520
CONCLUSION 532
APPENDICE 544
Sur « l'âge obscur » 544
AUTRES OUVRAGES 547

Introduction

Parler du « déclin de l'Occident », du « danger du matérialisme », de la « crise de la civilisation », est devenu, depuis quelque temps, un lieu commun. C'est à la même tendance que correspondent certaines idées que l'on formule en vue de telle ou telle « défense » et certaines prophéties qu'on lance au sujet de l'avenir de l'Europe ou du monde.

En général, il n'y a guère plus, dans tout cela, que dilettantisme d'« intellectuels » ou de journalistes politiques. Il ne serait que trop facile de montrer combien souvent, dans ce domaine, tout commence et finit par du pur verbalisme ; de montrer le manque de principes qui le caractérise et combien de choses qu'il conviendrait de nier se trouvent, en fait, affirmées par la plupart de ceux qui voudraient réagir : de montrer, enfin, combien peu l'on sait ce que l'on veut vraiment, combien plus on obéit à des facteurs irrationnels et à des suggestions obscurément accueillies.

Si l'on ne peut donc raisonnablement attribuer le moindre contenu positif à des manifestations de ce genre, celles-ci n'en gardent pas moins, incontestablement, la valeur d'un symptôme. Elles montrent qu'on sent remuer des terres que l'on croyait solides et que les perspectives idylliques de l'« évolutionnisme » ont désormais fait leur temps. Mais, semblable à la force qui interdit aux somnambules de voir le vide le long duquel ils marchent, un instinct de défense inconscient empêche de dépasser un point déterminé. Il n'est pas encore possible de « douter » au-delà d'une certaine limite - et les réactions intellectualistes du genre de celles que nous venons de mentionner semblent avoir été, en quelque sorte, accordées à l'homme moderne à seule fin de le détourner, de l'arrêter sur le chemin conduisant à cette *totale et redoutable vision, où le monde actuel n'apparaîtrait que comme un corps privé de vie, roulant le long d'une pente, où bientôt rien ne pourra plus le retenir.*

Il y a des maladies qui couvent longtemps, mais dont on ne prend conscience que lorsque leur oeuvre souterraine est presque arrivée à terme. Il en est de même pour la chute de l'homme le long des voies d'une civilisation qu'il glorifia comme la civilisation par excellence. Si ce n'est qu'aujourd'hui que les modernes sont parvenus à éprouver le pressentiment qu'un sombre destin menace l'Occident[1], depuis des siècles déjà certaines causes ont agi qui ont provoqué un tel état spirituel et matériel de dégénérescence que la plupart des hommes se trouvent privés, non seulement de toute possibilité de révolte et de retour à la « normalité » et au salut, mais également, et surtout, de toute possibilité de comprendre ce que « normalité » et salut signifient.

Aussi, pour sincères que puissent être les intentions de certains, parmi ceux qui, de nos jours, jettent l'alarme et tentent çà et là des « réactions », ces tentatives ne peuvent être prises au sérieux et l'on ne doit pas se faire d'illusions quant à leurs résultats. Il n'est pas facile de se rendre compte à quelle profondeur il faut creuser avant d'atteindre la racine première et unique, dont les prolongements naturels et nécessaires sont non seulement ceux dont l'aspect négatif est désormais patent, mais bien d'autres aussi que même les esprits les plus audacieux ne cessent de présupposer et d'admettre dans leur propre mode de penser, de sentir et de vivre. On « réagit ». Continent pourrait il en être autrement devant certains aspects désespérés de la société, de la morale, de la politique et de la culture contemporaines ? Mais, précisément, il ne s'agit que de « réactions », non d'actions, de mouvements positifs partant de l'intérieur et attestant la possession d'une base, d'un principe, d'un centre. - Or, en Occident, on a joué bien trop longtemps avec les accommodements et les « réactions ». L'expérience a montré que cette voie ne mène pas- au -seul but qui importe vraiment. Il ne s'agit pas, en effet, de se tourner et de se retourner sur un lit d'agonie, mais de *s'éveiller* et de se mettre debout.

Les choses en sont arrivées à un point tel que l'on se demande aujourd'hui qui serait capable d'assumer le monde moderne, non dans

---

[1] Nous disons : « chez les modernes » - car, comme on le verra, l'idée d'un déclin, d'un éloignement progressif d'une vie plus haute et la sensation de la venue de temps encore plus durs pour les futures races humaines, étaient des thèmes bien connus de l'Antiquité traditionnelle.

quelqu'un de ses aspects particuliers, mais en bloc, jusqu'à en percevoir le sens final. Or ce serait là l'unique point de départ.

Mais il faut, pour cela, sortir du cercle fascinateur. Il faut savoir concevoir ce qui est autre - se créer des yeux neufs et des oreilles neuves pour des choses devenues, du fait de l'éloignement, invisibles et silencieuses. Ce n'est qu'en remontant aux significations et aux visions antérieures à l'apparition des causes dont découle la civilisation actuelle, qu'il est possible de disposer d'une référence absolue, d'une clef pour la compréhension effective de toutes les déviations modernes - et de pourvoir en même temps d'un rempart solide, d'une ligne de résistance inébranlable, ceux auxquels, malgré tout, il sera donné de rester debout. Et aujourd'hui, précisément, seul compte le travail de celui qui sait se tenir sur les lignes de crête : ferme dans ses principes, inaccessible à toute concession, indifférent aux fièvres, aux convulsions, aux superstitions et aux prostitutions au rythme desquelles dansent les dernières générations. Seule compte. la résistance silencieuse d'un petit nombre, dont la présence impassible de « convives de pierre » sert à créer de nouveaux rapports, de nouvelles distances, de nouvelles valeurs, et permet de constituer un pôle qui, s'il n'empêche certes pas ce monde d'égarés d'être ce qu'il est, transmettra pourtant à quelques-uns la sensation de la vérité - sensation qui sera peut-être aussi le début de quelque crise libératrice.

Dans la limite des possibilités de son auteur, ce livre entend contribuer à cette oeuvre. Sa thèse fondamentale est l'idée de la *nature décadente du monde moderne*. Son but est de prouver cette idée, en se référant à l'esprit de la civilisation universelle, sur les ruines de laquelle a surgi tout ce qui,est moderne : ceci comme base de toute autre possibilité.

* * *

À titre d'entrée en matière, nous dirons que rien n'apparaît plus absurde que cette idée de *progrès* qui, avec son corollaire de la *supériorité de la civilisation moderne*, s'était déjà créé des alibis « positifs » en falsifiant l'histoire, en insinuant dans les esprits des mythes délétères, en proclamant sa souveraineté dans ces carrefours de l'idéologie plébéienne dont, en dernière analyse, elle est issue. Il faut être descendu bien bas pour en être arrivé à célébrer l'apothéose de la *sagesse cadavérique*, seul terme applicable à une sagesse qui, dans l'homme moderne, qui est le *dernier* homme, ne voit pas le vieil homme, le décrépit, le vaincu, l'homme crépusculaire, mais glorifie, au contraire, en lui le dominateur, le justificateur, le vraiment vivant. Il faut, en tout cas, que les modernes aient atteint un bien étrange état d'aveuglement pour avoir sérieusement pensé pouvoir tout jauger à leur aune et considérer leur civilisation comme une civilisation privilégiée, en fonction de laquelle était quasiment préordonnée, l'histoire du monde et en dehors de laquelle on ne pourrait trouver qu'obscurité, barbarie et superstition.

Il faut reconnaître qu'en présence des premières secousses par lesquelles s'est manifestée, même sur le plan matériel, la destruction intérieure de l'Occident, l'idée de la pluralité des civilisations, et donc de la *relativité* de la civilisation moderne, n'apparaît plus, aux yeux d'un certain nombre de gens, comme une extravagance hérétique et impensable, contrairement à ce qui était naguère le cas. Mais cela ne suffit pas : il faut savoir reconnaître, non seulement que la civilisation moderne pourra disparaître, comme tant d'autres, sans laisser de traces, mais aussi qu'elle appartient au type de celles dont la disparition, tout comme leur vie éphémère par rapport à l'ordre des « choses-qui-sont » et à toute civilisation conforme aux « choses-qui-sont », n'a qu'une valeur de pure contingence. Au-delà d'un « relativisme de civilisation », il s'agit donc de reconnaître un « dualisme de civilisation ». Nos développements tourneront constamment autour d'une opposition entre le monde moderne et le monde traditionnel, entre l'homme moderne et l'homme traditionnel, opposition qui, bien plus qu'historique, est *idéale* : à la fois morphologique et métaphysique.

Sur le plan historique, il est nécessaire d'avertir d'ores et déjà le lecteur que nous emploierons presque toujours les expressions « monde moderne » et « civilisation moderne » dans un sens beaucoup plus large et général que leur sens habituel. Les premières formes de la décadence, sous son aspect moderne, c'est-à-dire antitraditionnel, commencèrent en effet à se manifester d'une façon tangible entre le VIIIe et le VIe siècle av. J.C., ainsi qu'en témoignent, d'une façon sporadique, les premières altérations caractéristiques survenues au cours de cette période dans les formes de la vie sociale et spirituelle de nombreux peuples. Il convient donc, dans bien des cas, de faire coïncider le début des temps modernes avec ce que l'on appelle les temps historiques. On estime assez généralement, en effet, que ce qui se situe avant l'époque en question cesse de constituer la matière de l'« histoire », que la légende et le mythe s'y substituent et que les recherches « positives » deviennent incertaines. Cela n'empêche pas que, selon les enseignements traditionnels, cette époque n'aurait recueilli à son tour que les effets des causes beaucoup plus lointaines : elle n'a fait que préluder à la *phase-critique* d'un cycle encore plus vaste, appelé en Orient l'« âge sombre » ; dans le monde classique « l'âge de fer » et dans le monde nordique « l'âge du loup »[2]. De toutes façons, à l'intérieur des temps historiques et dans l'espace occidental, la chute de l'Empire Romain et l'avènement du christianisme marquent une seconde étape, plus apparente, de la formation du monde moderne. Une troisième phase, enfin, commence avec le déclin du monde féodo-impérial du Moyen-Age européen, et atteint son moment décisif avec l'Humanisme et la Réforme. De cette période jusqu'à nos jours, des forces qui agissaient encore d'une façon isolée et souterraine sont apparues en pleine lumière, ont pris la direction de tous les courants européens dans les domaines de la vie matérielle et spirituelle, individuelle et collective, et ont déterminé, phase par phase, ce que, dans un sens restreint, on a précisément l'habitude d'appeler « le monde moderne ». Dès lors, le processus est devenu toujours plus rapide, décisif, universel, telle une redoutable marée par laquelle toute trace de civilisation différente est manifestement destinée à être emportée, de façon à clore un cycle, compléter un masque et sceller un destin.

Voici pour l'aspect historique. Mais cet aspect est tout à fait relatif. Si, comme nous l'avons déjà indiqué, tout ce qui est « historique » entre déjà dans le « moderne », cette remontée intégrale au-delà du monde moderne, qui seule peut en révéler le sens, est essentiellement une remontée au-delà des limites mêmes fixées par la plupart à l'« histoire ». Or, il est important de comprendre qu'en suivant une semblable direction, *on ne rencontre plus rien qui soit susceptible de devenir à nouveau de l'« histoire »*. Le fait qu'au-delà d'une certaine période la recherche positive n'ait pu faire de l'histoire, est loin

---

[2] R. GUENON, *La crise du monde moderne*, Paris, 1927, pp. 21, sg.

d'être accidentel, c'est-à-dire imputable seulement à l'incertitude des sources et des dates et au manque de vestiges. Pour comprendre l'ambiance spirituelle propre à toute civilisation non moderne, il faut bien se pénétrer de cette idée que l'opposition entre les temps historiques et les temps dits « préhistoriques » ou « mythologiques », n'est pas l'opposition *relative*, propre à deux parties homogènes d'un même temps, mais qu'elle est *qualitative, substantielle* ; c'est l'opposition entre des temps (des expériences du temps), qui ne sont effectivement pas de la même nature[3]. L'homme traditionnel avait une expérience du temps différente de celle de l'homme moderne : il avait une sensation supratemporelle de la temporalité et c'est dans cette sensation qu'il vivait chaque forme de son monde. Aussi est-il fatal que les recherches modernes, au sens « historique « du terme, se trouvent, à un moment donné, en présence d'une série interrompue, rencontrent un hiatus incompréhensible au-delà duquel on ne peut rien construire d'historiquement « certain » et de significatif, au-delà duquel on ne peut compter que sur des éléments extérieurs fragmentaires et souvent contradictoires - à moins que la méthode et la mentalité ne subissent une transformation fondamentale.

En vertu de cette prémisse, quand nous opposons au monde moderne le monde antique, ou traditionnel - cette opposition est en même temps idéale. Le caractère de temporalité et d'« historicité » ne correspond en effet, essentiellement, qu'à un seul de ces deux termes, tandis que l'autre, celui qui se rapporte à l'ensemble des civilisations de type traditionnel, se caractérise par la sensation de ce qui est au-delà du temps, c'est-à-dire par un contact avec la réalité métaphysique qui confère à l'expérience du temps une forme très différente, « mythologique », faite de rythme et d'espace, plus que de temps chronologique. A titre de résidus dégénérescents, des traces de cette forme qualitativement diverse de l'expérience du temps subsistent encore chez certaines populations dites « primitives »[4]. Avoir perdu ce contact, s'être

---

[3] Cf. F. W. SCHELLING, *Einleitung in die Philos. der Mythologie. S.W., éd.*, 1846, sect. 11, vol. 1, pp. 233-235.
[4] Cf. HUBERT-MAUSS, *Mélanges d'Histoire des Religions*, Paris, 1929, pp. 189 sq. - Pour le sens sacré et qualitatif du temps, cf. ci-après, I, par. 19.

dissous dans le mirage d'un pur et simple flux, d'une pure et simple « fuite en avant », d'une tendance qui repousse toujours plus loin son but, d'un processus qui ne peut et ne veut plus s'apaiser en aucune possession, et qui se consume en tout et pour tout, en termes d'« histoire » et de « devenir » - c'est là une des caractéristiques fondamentales du monde moderne, la limite qui sépare deux époques, et donc, non seulement, du point de vue historique, mais aussi, et surtout, en un sens idéal, morphologique et métaphysique.

Mais alors, le fait que des civilisations de type traditionnel se situent dans le passé, par rapport à l'époque actuelle, devient accidentel : *le monde moderne et le monde traditionnel peuvent être considérés comme deux types universels, comme deux catégories* a priori *de la civilisation*. Cette circonstance accidentelle permet toutefois d'affirmer à bon droit que partout où s'est manifestée ou se manifestera une civilisation ayant pour centre et pour substance l'élément temporel, on se, trouvera devant une résurgence, sous une forme plus ou moins différente, des mêmes attitudes, des mêmes valeurs et des mêmes forces qui déterminent l'époque moderne, dans l'acception historique du terme ; et partout où s'est manifestée et se manifestera, au contraire, une civilisation ayant pour centre et pour substance l'élément supra-temporel, on se trouvera devant une résurgence, sous une forme plus ou moins différente, des mêmes significations, des mêmes valeurs et des mêmes forces qui déterminèrent les types préantiques de civilisation. Ainsi se trouve clarifié le sens de ce que nous appelions « dualisme de civilisation » en relation avec les termes employés (moderne et traditionnelle) et cela devrait suffire à prévenir toute équivoque au sujet de notre « traditionalisme ». Ce ne « fut » pas une fois, mais « c'est » toujours - ταύτα δέ έμενετο μέν ούδέ ποτε, έστι δέ άεί[5].

Nos références à des formes, des institutions et à des connaissances non modernes se justifient par le fait que ces formes, institutions et connaissances se trouvent être, de par leur nature même, des symboles plus transparents, des approximations plus étroites des ébauches plus heureuses de ce qui est antérieur au temps et à l'histoire, de ce qui appartient donc à hier aussi bien

---

[5] SALLUSTE, *De diis et mundo*, IV.

qu'à demain, et peut seul produire une rénovation réelle, une « vie nouvelle » et intarissable chez celui qui est encore capable de la recevoir. Seul celui qui y est parvenu peut bannir toute crainte, et reconnaître que le destin du monde moderne n'est nullement différent ni plus tragique que l'événement sans importance d'un nuage qui s'élève, prend forme et disparaît sans que le libre ciel puisse s'en trouver altéré.

Après avoir indiqué l'objet fondamental de cet ouvrage, il nous reste à parler brièvement de la « méthode » que nous avons suivie en ces pages.

Les aperçus qui précèdent suffisent, sans qu'il soit nécessaire de se reporter à ce que nous exposerons, le moment venu, à propos de l'origine, de la portée et du sens du « savoir » moderne, pour comprendre la piètre estime que nous accordons à tout ce qui a reçu, ces derniers temps, l'estampille officielle de « science historique » en matière de religions, d'institutions, et de traditions antiques. Nous tenons à déclarer que nous entendons rester à l'écart de cet ordre de choses, comme de tout ce qui a sa source dans la mentalité moderne, et que le point de vue dit « scientifique » ou « positif », avec ses diverses et vaines prétentions à la compétence et au monopole, nous le considérons simplement, dans le meilleur des cas, comme celui de l'ignorance. Nous disons « dans le meilleur des cas » : nous ne nierons certes pas que grâce aux travaux érudits et fort laborieux des « spécialistes » puisse venir à la lumière une matière brute utile, souvent nécessaire à celui qui ne possède pas d'autres sources d'informations ou n'a pas le temps ni le désir de rassembler et de contrôler lui-même les données qui lui sont nécessaires dans certains domaines secondaires. Nous n'en demeurons pas moins convaincus que partout où les méthodes « historiques » et « scientifiques » des modernes s'appliquent aux civilisations traditionnelles autrement que sous l'aspect le plus rudimentaire d'une recherche des traces et des témoignages, tout se réduit, dans la plupart des cas, à des actes de violence qui détruisent l'esprit, limitent et déforment, poussent dans les voies sans issue d'alibis créés par les préjugés de la mentalité moderne, préoccupée de se défendre et de se réaffirmer partout. Et cette oeuvre de destruction et d'altération est rarement fortuite ; elle procède, presque toujours, ne serait-ce qu'indirectement, d'influences obscures et de suggestions dont les esprits « scientifiques » étant donné leur mentalité, sont justement les premiers à ne pas s'apercevoir.

En général, les questions dont nous nous occuperons le plus sont celles où tous les matériaux qui valent « historiquement » et « scientifiquement » comptent le moins ; où tout ce qui, en tant que mythe, légende, saga, est dépourvu de vérité historique et de force démonstrative, acquiert au contraire, pour cette raison même, une validité supérieure et devient la source d'une connaissance plus réelle et plus certaine. Là se trouve précisément la frontière qui sépare la doctrine traditionnelle de la culture profane. Cela ne s'applique pas seulement aux temps anciens, aux formes d'une vie « mythologique », c'est-à-dire supra-historique, comme le fut toujours au fond, la vie traditionnelle : alors que du point de vue de la « science », on accorde de la valeur au mythe pour ce qu'il peut offrir d'histoire, selon notre point de vue, au contraire, il faut accorder de la valeur à l'histoire en fonction de son contenu mythique, qu'il s'agisse de mythes proprement dits ou de mythes qui s'insinuent dans sa trame, en tant qu'intégrations d'un « sens » de l'histoire elle-même. C'est ainsi que la Rome de la légende nous parlera un langage plus clair que la Rome temporelle, et que les légendes de Charlemagne nous feront comprendre mieux que les chroniques et les documents positifs de l'époque ce que signifiait le roi des Francs.

On connaît, à cet égard, les anathèmes « scientifiques » : arbitraire ! subjectif ! fantaisiste ! De notre point de vue il n'y a pas plus d'« arbitraire », de « subjectif » et de « fantaisiste », qu'il n'y a d'« objectif » et de « scientifique » au sens où l'entendent les modernes. Tout ceci n'existe pas. Tout ceci se trouve en dehors de la Tradition. La Tradition commence là où, un point de vue *supra-individuel* et non *humain* ayant été atteint, tout ceci peut être dépassé. En particulier il n'existe, en fait de mythe, que celui que les modernes ont construit sur le mythe, en le concevant comme une création de la nature primitive de l'homme, *et non comme la forme propre à un contenu supra-rationnel et supra-historique*. On se souciera donc peu de discuter et de « démontrer ». Les vérités qui peuvent faire comprendre le monde traditionnel ne sont pas de celles qui s'« apprennent » et se « discutent ». Elles sont ou ne sont pas[6]. On peut seulement *se les rappeler*, et ceci se produit quand on s'est libéré des obstacles que représentent les diverses constructions humaines - en premier lieu, les résultats et les méthodes des « chercheurs » autorisés ; quand donc on a suscité la capacité de *voir* de ce point de vue non-humain, qui est le point de vue traditionnel lui-même.

Même si l'on ne considère que la matière brute des témoignages traditionnels, toutes les méthodes laborieuses, utilisées pour la vérification des sources, la chronologie, l'authenticité, les superpositions et les interpolations de textes, pour déterminer la genèse « effective » d'institutions, de croyances et d'événements, etc, ne sont pas, à notre sens, plus adéquats que les critères utilisés pour l'étude du monde minéral, quand on les applique à la connaissance d'un organisme vivant. Chacun est certainement libre de considérer l'aspect minéral qui existe aussi dans un organisme supérieur. Pareillement, on est libre d'appliquer à la matière traditionnelle parvenue jusqu'à nous, la mentalité profane moderne à laquelle il est donné de ne voir que ce qui est conditionné par le temps, par l'histoire et par l'homme. Mais, de même que l'élément minéral dans un organisme, cet élément empirique, dans l'ensemble des réalités traditionnelles, est subordonné à une loi supérieure. Tout ce qui, en général, vaut comme « résultat scientifique », ne vaut ici que comme indication incertaine et obscure des voies - pratiquement, des causes occasionnelles - à travers lesquelles, dans des conditions déterminées, peuvent s'être manifestées et affirmées, malgré tout, les vérités traditionnelles.

Répétons-le : dans les temps antiques, ces vérités ont toujours été comprises comme étant essentiellement des vérités *non humaines*. C'est la considération d'un point de vue non humain, objectif au sens transcendant,

---

[6] Plus loin, deviendra peut-être plus claire la vérité de ces paroles de LAO-TZE. (*Tao-te'-king, LXXXI*) : « *L'homme* qui a la Vertu ne discute pas l'homme qui discute n'a pas la Vertu », et de même, les expressions traditionnelles aryennes à propos des textes qui « ne peuvent avoir été faits par les mortels et qui ne sont pas susceptibles d'être mesurés par la raison humaine « (Mânavadharmaçâstra, *XII*, 94). *Dans* le même ouvrage (XII, *96*) on ajoute : « Tous les livres qui n'ont pas la Tradition pour base sont sortis de la main de l'homme et périront : cette origine démontre qu'ils sont inutiles et mensongers. »

qui est traditionnelle, et que l'on doit faire correspondre au monde de la Tradition. Ce qui est propre à ce monde, c'est *l'universalité*, et ce qui le caractérise, c'est l'axiome quod *ubique, quod ab omnibus et quod semper*. Dans la notion même de civilisation traditionnelle est incluse celle d'une équivalence - ou homologie - de ses diverses formes réalisées dans l'espace et dans le temps. Les correspondances pourront n'être pas extérieurement visibles ; on pourra être frappé par la diversité des nombreuses expressions possibles, mais cependant équivalentes ; dans certains cas, les correspondances seront respectées dans l'esprit, dans d'autres, seulement dans la forme et dans le nom ; dans certains cas, on trouvera des incarnations plus complètes, dans d'autres, plus fragmentaires ; parfois des expressions légendaires, parfois des expressions historiques - mais il existe toujours quelque chose de constant et de central pour caractériser un monde unique et un homme unique et pour déterminer une opposition identique à l'égard de tout ce qui est moderne.

Celui qui, partant d'une civilisation traditionnelle particulière, sait l'intégrer en la libérant de l'aspect humain et historique, de façon à en reporter les principes générateurs au plan métaphysique où ils sont, pour ainsi dire, à l'état pur - celui-là ne peut pas ne pas reconnaître ces mêmes principes derrière les expressions diverses d'autres civilisations également traditionnelles. Et c'est ainsi que prend intérieurement naissance un sentiment de certitude et d'objectivité transcendante et universelle, que rien ne saurait plus détruire, et qui ne saurait être atteint par aucune autre voie.

Dans les développements qui vont suivre, on se référera donc tantôt à certaines traditions, tantôt à d'autres, d'Orient et d'Occident, en choisissant, tour à tour, celles qui offrent l'expression la plus nette et la plus complète d'un même principe ou phénomène spirituel. Cette méthode a aussi peu de rapport avec l'éclectisme et la méthode comparative de certains « chercheurs » modernes, que la méthode des parallaxes utilisée pour déterminer la position exacte d'un astre au moyen des points de repère de stations diversement réparties ; ou bien - pour employer l'image de René

Guénon[7] - que le choix, parmi les différentes langues que l'on connaît, de celle qui exprime le mieux une pensée déterminée. Ainsi, ce que nous appelons « méthode traditionnelle » est, en général, caractérisée par un double principe ; ontologiquement et objectivement, par le *principe de la correspondance*, qui assure une corrélation fonctionnelle essentielle entre des éléments analogues, les présentant comme de simples formes homologues d'un sens central unitaire ; épistémologiquement et subjectivement, par *l'emploi généralisé du principe d'induction*, qui doit être compris ici comme l'approximation discursive d'une intuition spirituelle, dans laquelle se réalise l'intégration et l'unification, en un sens unique et en un principe unique, des divers éléments confrontés.

C'est de cette façon que nous chercherons à faire sentir le monde de la Tradition comme une unité, donc comme un type universel, capable de créer des points de référence et des critères de valeur, différents de ceux auxquels, en Occident, la plupart des gens se sont depuis longtemps accoutumés passivement et semi-consciemment ; capable aussi, par cela même, de poser les bases d'une révolte éventuelle de l'esprit - non polémique, mais réelle, positive - contre le monde moderne.

À cet égard, nous ne nous adressons qu'à ceux qui, devant l'accusation prévisible d'être des utopistes anachroniques, ignorant la « réalité de l'histoire », savent demeurer impassibles en comprenant que, désormais, il n'y a plus à dire aux apologistes du « concret » : « arrêtez-vous », ou « retournez-vous », ou « levez la tête » - mais plutôt : « avancez toujours plus vite sur une pente toujours plus inclinée, brûlez les étapes, rompez toutes les digues. La chaîne ne vous est pas mesurée. Cueillez les lauriers de toutes vos conquêtes. Courez avec des ailes toujours plus rapides, avec un orgueil toujours plus gonflé par vos victoires, par vos "dépassements" ; par vos empires, par vos démocraties. La fosse doit être comblée et l'on a besoin d'engrais pour le nouvel arbre qui, de façon foudroyante, jaillira de votre fin »[8].

---

[7] R. GUENON, *Le symbolisme de la Croix*, Paris, 1931, p. 10.
[8] G. Di GIORGIO (« Zero ») dans *Crollano le torri* « La Torre », no 1, 1930).

Dans cet ouvrage, nous devrons nous borner à donner surtout des *principes directeurs*, dont les applications et le développement adéquat exigeraient peut-être autant de volumes qu'il comporte de chapitres : nous n'indiquerons donc que les éléments essentiels. Celui qui le désire peut les adopter comme base pour ordonner et approfondir ultérieurement, du point de vue traditionnel, la matière de chaque domaine étudié, en leur donnant une extension et un développement incompatibles avec l'économie de cet ouvrage.

Dans une première partie, nous exposerons une sorte de *doctrine des catégories de l'esprit traditionnel* : nous y indiquerons les principes fondamentaux selon lesquels se manifestait la vie de l'homme traditionnel. Le terme « catégorie » est employé ici dans le sens de principe normatif a priori. Les formes et les significations dont il sera question ne doivent pas être considérées comme étant, ou ayant été, effectivement, une « réalité », mais comme des idées qui doivent déterminer et donner forme à la réalité, à la vie, et dont la valeur est indépendante de leur degré de « réalisation », laquelle, d'ailleurs, ne saurait jamais être parfaite. Ceci élimine le malentendu et l'objection consistant à prétendre que la réalité historique ne justifie guère les formes et les significations dont nous aurons à parler. On peut éventuellement l'admettre, sans en conclure pour autant qu'à cet égard tout se réduit à des fictions, à des utopies, à des « idéalisations » ou à des illusions. Les formes principales de la vie traditionnelle, en tant que « catégories », ont la même dignité que les principes éthiques : valables en eux-mêmes, ils exigent seulement d'être reconnus et voulus ; ils exigent que l'homme leur soit intérieurement fidèle et s'en serve comme mesure, pour lui-même et pour la vie - comme le fit, partout et toujours, l'homme traditionnel. C'est pourquoi, ici, la portée de l'aspect « histoire » et « réalité » est simplement celle d'une explication fondée sur des exemples et d'une évocation de valeurs qui, de ce point de vue également, peuvent être, aujourd'hui ou demain, aussi actuelles qu'elles ont pu l'être hier.

L'élément historique n'entrera vraiment en ligne de compte que dans la seconde partie de cet ouvrage où seront examinés la genèse du monde moderne, les processus qui, durant les temps historiques, ont conduit jusqu'à lui. Mais du fait que le point de référence sera toujours le monde traditionnel dans sa qualité de réalité symbolique, supra-historique et normative, et que la méthode consistera, de même, à rechercher ce qui eut et a une action au-delà des deux dimensions de surface des phénomènes historiques, on se trouvera, à proprement parler, en présence d'une *métaphysique de* l'histoire.

Avec ces deux plans de recherche, nous pensons mettre suffisamment d'éléments à la disposition de celui qui, aujourd'hui ou demain, est ou sera encore capable d'éveil.

Première partie

LE MONDE DE LA TRADITION

> « *Les Maîtres de l'antiquité étaient libres et voyants. Dans l'immensité des forces de leur esprit, le « moi » n'existait pas encore ; et cette spontanéité de la force intérieure donnait de la grandeur à leur aspect. Ils étaient prudents comme celui qui passe à gué un torrent hivernal ; vigilants comme celui qui sait que l'ennemi l'entoure ; insaisissables comme la glace qui fond ; rudes comme le bois non dégrossi ; vastes comme les grandes vallées ; impénétrables comme l'eau trouble.* « Qui pourrait, aujourd'hui, par la grandeur de sa propre lumière, éclairer les ténèbres intérieures ? Qui pourrait aujourd'hui par la grandeur de sa propre vie, ranimer la mort intérieure ? « En eux était la Voie. C'étaient des individus maîtres du Moi : et leur non-agir se résolvait en perfection ».

(LAO-TSEU, Tao Té King, ch. XV)

1

LE PRINCIPE

Pour comprendre aussi bien l'esprit traditionnel que la civilisation moderne, en tant que négation de cet esprit, il faut partir de cette base fondamentale qu'est l'enseignement relatif aux deux natures.

Il y a un ordre physique et il y a un ordre métaphysique. Il y a la nature mortelle et il y a la nature des immortels. Il y a la région supérieure de l'« être » et il y a la région inférieure du « devenir ». D'une manière plus générale, il y a un visible et un tangible, et, avant et au-delà de celui-ci, il y a un invisible et un intangible, qui constituent le supra monde, le principe et la véritable vie.

Partout, dans le monde de la Tradition, en Orient et en Occident, sous une forme ou sous une autre, cette connaissance a toujours été présente comme un axe inébranlable autour duquel tout le reste était hiérarchiquement organisé.

Nous disons connaissance et non « théorie ». Quelle que soit la difficulté qu'éprouvent les modernes à la concevoir, il faut partir de l'idée que l'homme de la Tradition connaissait la réalité d'un ordre de l'être beaucoup plus vaste que celui auquel correspond généralement, aujourd'hui, le mot « réel ». Aujourd'hui, au fond, on ne conçoit plus de « réalité » au-delà du monde des corps situés dans l'espace et le temps. Certes, d'aucuns admettent encore l'existence de quelque chose au-delà du sensible, mais du fait que c'est toujours à titre d'hypothèse ou de loi scientifique, d'idée spéculative ou de dogme religieux, ils ne dépassent pas, en fait, la limite en question : pratiquement, c'est-à-dire en tant qu'expérience directe, quelle que soit la divergence de ses croyances « matérialistes » et « spiritualistes », l'homme moderne normal ne forme son image de la réalité qu'en fonction du monde des corps.

Le véritable matérialisme qu'il convient de dénoncer chez les modernes est celui-ci : ses autres manifestations, qui s'expriment sous la forme d'opinions philosophiques ou scientifiques, sont des phénomènes secondaires. Dans le premier cas, il n'est pas question d'une opinion ou d'une « théorie », mais de l'état de fait, propre à un type humain dont l'expérience ne sait plus saisir que des choses corporelles. C'est pourquoi la plupart des révoltes intellectuelles contemporaines contre les vues « matérialistes » font partie des vaines réactions contre les conséquences ultimes et périphériques de causes lointaines et profondes, qui se situent sur un tout autre plan que celui des « théories ».

L'expérience de l'homme traditionnel, comme, aujourd'hui encore, à titre résiduel, celle de certaines populations dites « primitives », allait très au-delà de cette limite. L'« invisible » y figurait comme un élément aussi réel, et même plus réel, que les données des sens physiques. Et tous les modes de vie, individuels ou collectifs, en tenaient rigoureusement compte.

Si, traditionnellement, ce que l'on appelle de nos jours réalité n'était donc qu'une espèce d'un genre beaucoup plus vaste, on n'identifiait pourtant pas, purement et simplement, l'invisible au « surnaturel ». A la notion de « nature » ne correspondait pas, traditionnellement, le seul monde des corps et des formes visibles, sur lequel s'est concentrée la science sécularisée des modernes, mais aussi, et essentiellement, une partie de la réalité invisible elle-même. On avait la sensation très vive d'un monde « inférieur », peuplé de formes obscures et ambiguës en tout genre - âme démonique de la nature, substratum essentiel de toutes ses formes et énergies auquel était opposée la clarté suprarationnelle et sidérale d'une région plus élevée. Mais, en plus, dans la « nature rentrait aussi, traditionnellement, tout ce qui est humain : l'humain en tant que tel n'échappant pas au destin de naissance et de mort, d'impermanence de dépendance à l'égard des puissances telluriques et de changement, propre à la région inférieure. Par définition, l'ordre de « ce-qui-est » ne peut rien avoir de commun avec les conditions et les états humains ou temporels : « la race des hommes est une chose, celle des dieux en est une autre » - bien que l'on conçût que la référence à l'ordre supérieur, situé au-delà de ce monde, pût orienter cette intégration et cette purification de l'humain dans le non humain qui, comme on le verra, constituaient à elles seules l'essence et la fin de toute civilisation vraiment traditionnelle.

Monde de l'être et monde du devenir - des choses, des démons et des hommes. Pourtant, toutes les figurations hypostatiques - astrales, mythologiques, théologiques ou religieuses - de ces deux régions renvoyaient l'homme traditionnel à deux états, avaient la valeur d'un symbole qu'il fallait résoudre dans une expérience intérieure ou dans le pressentiment d'une expérience intérieure. Ainsi, dans la tradition hindoue, et en particulier dans le bouddhisme, l'idée du samsâra - le « courant » qui domine et transporte toutes les formes du monde inférieur - est étroitement associée à un -aspect de la vie correspondant à la convoitise aveugle, à l'identification irrationnelle. L'hellénisme, de même, personnifia souvent dans la nature la « privation » éternelle de ce qui, ayant hors de soi son principe et son acte, s'écoule et se fuit indéfiniment - ἀεί ρεοντα - et accuse précisément, dans son devenir, un abandon originel et radical, une perpétuelle privation de limites[9]. « Matière « et devenir, dans ces traditions, expriment ce qui, chez un être, est indétermination incoercible, nécessité obscure, impuissance à s'accomplir dans une forme parfaite, à se posséder dans une loi : ἀναηκαίον, ἄπειρον disaient les Grecs, *adharma* disaient les Orientaux. Et la scolastique professa des idées assez voisines, en identifiant à la *cupiditas* et à l'*appetitus innatus* la racine originelle de la nature non rachetée. D'une façon ou d'une autre, l'homme de la Tradition découvrit donc, dans l'expérience de l'identification avide qui obscurcit l'être et le lèse, le secret de ce mode d'existence, dont le devenir incessant, ainsi que la perpétuelle instabilité et le caractère contingent de la région inférieure, apparaissent comme une matérialisation cosmico-symbolique.

En revanche, en s'appartenant et en se donnant une forme, en dominant

---

[9] Expressions caractéristiques in PLOTIN, Enn., VIII, 4-7 ; XXI, 5-8 ; VI, VI, 18, 1 ; II, IX, 4. I, Cf. PLUTARQUE, *De Iside et Os.*, 56.

en soi le principe d'une vie qui n'est plus dispersée, qui ne se précipite plus, çà et là, à la recherche de l'autre ou des autres, pour se compléter et pour se justifier, qui n'est plus brisée par la nécessité et par l'impulsion irrationnelle qui la pousse vers l'extérieur et la diversité - en un mot : dans l'expérience de *l'ascèse*, on découvrit le moyen de comprendre l'autre région, le monde de l'« être », de ce qui n'est plus physique, mais métaphysique - « nature intellectuelle, dépourvue de sommeil » - et dont les symboles solaires, les régions ouraniennes, les êtres de lumière et de feu, les îles et les hauteurs montagneuses furent, traditionnellement, les figurations.

Telles sont les « deux natures ». Et l'on conçut une naissance selon l'une, et une naissance selon l'autre, et le passage d'une naissance à l'autre, car il fut dit : « Un homme est un dieu mortel, et un dieu, un homme immortel »[10].

Le monde de la Tradition connut ces deux grands pôles de l'existence et les voies qui conduisent de l'un à l'autre. Au-delà du monde, dans la totalité de ses formes aussi bien visibles que souterraines, humaines que subhumaines et démoniques, il connut donc un « supramonde » - ὑπερκοσμία - l'un « chute », l'autre « libération » du premier. Il connut la spiritualité comme étant ce qui se trouve au-delà de la vie aussi bien que de la mort. Il sut que l'existence extérieure, le fait de « vivre » n'est rien, s'il n'est pas un moyen de se rapprocher du supramonde, du « plus que vivre », s'il n'est pas un rite en vue d'y participer et de se libérer du lien humain. Il sut que toute autorité est fausse, que toute loi est injuste et violente, que toute institution est vaine et caduque, si cette autorité, ces lois et ces institutions ne sont pas ordonnées selon le principe supérieur de l'Être : par le haut et vers le haut.

Le monde de la Tradition connut la Royauté divine. Il connut l'acte de passage : l'Initiation - les deux grandes voies du rapprochement : l'Action héroïque et la Contemplation - la médiation : le Rite et la Fidélité - le grand soutien : la Loi traditionnelle, la Caste - le symbole terrestre : l'Empire.

Telles sont les bases de la hiérarchie et de la civilisation traditionnelles, intégralement détruites par la triomphante civilisation « humaine « des

---

[10] Cf. HERACLITE (*Diels*, fr. 62) *Corpus Hermeticum*, XII, I.

modernes.

2

LA ROYAUTÉ

Toutes les formes traditionnelles de civilisation sont caractérisées par la présence d'êtres qui, du fait de leur « divinité », c'est-à-dire d'une supériorité, innée ou acquise, par rapport aux conditions humaines et naturelles, incarnent la présence vivante et efficace du principe métaphysique au sein de l'ordre temporel. Tel est, conformément à son sens étymologique profond et à la valeur originelle de sa fonction, le *pontifex*, le « constructeur de ponts » ou de « voies » - le sens archaïque de *pons* était aussi celui de « voie » - entre le naturel et le surnaturel. Traditionnellement le *pontifex* s'identifiait d'ailleurs au *rex*, selon le concept unique d'une *divinité royale* et d'une *royauté sacerdotale*. « Il était conforme à l'usage de nos ancêtres que le roi fût également pontife et prêtre », rapporte Servius[11], et l'on trouve, dans la tradition nordique, cette formule : « que celui qui est le chef soit, pour nous, le pont »[12]. Ainsi les vrais rois incarnaient, d'une façon stable, cette vie qui est « au-delà de la vie ». Soit par leur simple présence, soit par leur médiation « pontificale », soit en vertu de la force des rites, rendus efficaces par leur pouvoir et les institutions dont ils constituaient le centre, des influences spirituelles rayonnaient dans le monde des hommes, se greffant sur leurs pensées, leurs intentions et leurs actes, endiguant les forces obscures de la nature inférieure, ordonnant l'ensemble de la vie en vue de la rendre apte à servir de base virtuelle à des réalisations de lumière, favorisant les conditions générales de prospérité, de « salut » et de « fortune ».

Le premier fondement de l'autorité et du droit des rois et des chefs, la

---

[11] Cf. SERVIUS, Aeneid., III, 268.
[12] Dans *les Mabinogion*.

raison pour laquelle ils étaient obéis, craints et vénérés dans le monde de la Tradition, était essentiellement leur qualité transcendante et non humaine, considérée, non comme une expression vide, mais comme une puissante et terrible réalité. Dans la mesure même où l'on reconnaissait la prééminence ontologique de ce qui est antérieur et supérieur au visible et au temporel, on reconnaissait immédiatement à ces êtres un droit souverain, naturel et absolu. Il est une conception que l'on ne trouve dans aucune civilisation traditionnelle et qui n'est apparue que dans les temps de décadence qui suivirent : c'est la conception purement politique de l'autorité suprême, l'idée qu'elle se fonde sur la simple force et la violence, ou sur des qualités naturelles et séculières, comme l'intelligence, la sagesse, l'habileté, le courage physique, la sollicitude minutieuse pour le bonheur matériel collectif. Son fondement a toujours eu, au contraire, un caractère métaphysique. Ainsi donc l'idée selon laquelle les pouvoirs sont conférés au chef par ceux qu'il gouverne, selon laquelle son autorité est l'expression de la collectivité et doit être soumise au vouloir de celle-ci - cette idée est absolument étrangère à la Tradition. C'est Zeus qui donne aux rois de naissance divine la θέμιστες, où θέμις, en tant que loi d'en haut, n'a rien à voir avec ce qui deviendra plus tard le νόμος, la loi politique de la communauté[13]. À la racine de tout pouvoir temporel, se trouvait donc l'autorité spirituelle, considérée, en quelque sorte, comme celle d'une « nature divine sous une forme humaine ». D'après la conception indo-aryenne, par exemple, le souverain n'est pas un « simple mortel », mais bien « une grande divinité sous une forme humaine »[14]. Dans le roi égyptien, on voyait, à l'origine, une manifestation de Râ ou d'Horus. Les rois d'Albe et de Rome personnifiaient Jupiter ; les rois assyriens Baal ; les rois iraniens le Dieu de lumière ; les princes germains et du Nord étaient de la même race que Tiuz, Odin et les Ases ; les rois grecs du cycle dorico-achéeen s'appelaient διοτρεφέε ο διογενέες en relation avec leur origine divine. Au-delà de la grande diversité des formulations mythiques et sacrées le principe constamment affirmé est celui de la royauté, en tant que « transcendance immanente », c'est-à-dire présente et agissante dans le monde. Le roi - non-homme, être sacré - avec son « être », avec sa présence, est déjà le centre,

---

[13] Cf. *Handbuch der klassich. Altertumswissenschaft*, Berlin 1887, tome IV, pp. 5-25.
[14] *Mânaradharmaçâstra* (Lois de Manou), VII, 8 : VII, 4-5.

l'apex. Dans le même temps, se trouve en lui la force, rendant efficaces les actions rituelles qu'il peut accomplir et dans lesquelles on voyait la contrepartie du véritable « règne » et les soutiens surnaturels de l'ensemble de la vie, dans le cadre de la tradition[15]. C'est pourquoi la royauté s'imposait, et était reconnue d'une façon naturelle. Ce n'est qu'à titre accessoire qu'elle avait besoin de recourir à la force matérielle. Elle s'imposait d'abord, et irrésistiblement, à travers l'esprit. « Splendide est la dignité d'un dieu sur terre - dit un texte indo-aryen[16] - mais difficile à atteindre pour les faibles. Seul est digne de devenir roi celui dont l'âme est faite pour cela ». Le souverain apparaît comme un « adepte de la discipline de ceux qui sont des dieux parmi les hommes »[17].

Dans la Tradition, la royauté a souvent été associée au symbole *solaire*. On reconnut dans le roi la « gloire » et la « victoire » propres au soleil et à la lumière -symboles de la nature supérieure qui triomphent chaque matin des ténèbres. « Il se lève comme un roi sur le trône de l'Horus des vivants, de même que son père Râ (le soleil), tous les jours » - « J'établis que tu te lèves en qualité de roi du Sud et du Nord, sur le siège d'Horus, comme le soleil, éternellement » - sont des expressions de l'ancienne tradition royale égyptienne[18]. Elles coïncident, d'ailleurs, exactement avec les expressions iraniennes, où le roi est considéré « de la même race que les dieux «, « a le même trône que Mithra, se lève avec le Soleil »[19] et est appelé *particeps siderum*, « *Seigneur* de paix, salut des hommes, homme éternel, vainqueur qui

---

[15] Par contre, en Grèce et à Rome, si le roi se rendait indigne de la charge sacerdotale, qui en faisait le *rex sacrorum*, le premier et suprême célébrant des rites pour la collectivité, dont il était en même temps le chef politique, il ne pouvait plus être roi. Cf. Fustel de COULANGES, La *Cité antique*, Paris, 17, 1900, p. 204.

[16] *Nitisâra*, IV, 4.

[17] *Ibid.*, I, 63.

[18] A. MORET, *Le rituel du culte divin en Égypte*, Paris, 1902, pp. 26-27 ; *Du caractère religieux de la Royauté pharaonique*, Paris, 1902, p. 11.

[19] F. CUMONT, *Textes et Mon. figurés relatifs aux mystères de Mithra*, v. II, p. 27 ; v. II, p. 123 où l'on explique *ce symbolisme passa plus tard dans la Romanité impériale*. En Chaldée aussi, on décerna au roi le *titre de « soleil de l'ensemble des hommes »* (*Cf.* G. MASPERO, *Histoire ancienne des Peuples de l'Orient class.*, Paris. 1895, v. I I, p. 622).

se lève avec le soleil »[20]. Cependant que la formule de consécration est la suivante : « Sois la puissance, sois la force de victoire, sois immortel... Faits d'or, surgissez tous les deux, Indra et le Soleil, à la lumière de l'aurore »[21], il est dit, dans la tradition indo-aryenne, à propos de Rohita « la force conquérante », personnification d'un aspect de la solarité et du feu divin (Agni) : « Se portant en avant, il (Agni) a créé la royauté dans ce monde. Il t'a apporté la royauté, il a dispersé tes ennemis »[22]. Dans certaines anciennes figurations romaines, c'est le dieu Sol qui remet à l'Empereur une sphère, emblème de l'empire universel, et c'est à la solarité que se réfèrent les expressions relatives à la stabilité et à l'empire de Rome : *sol conservator, sol dominus romani imperii*[23]. « *Solaire* » fut aussi la dernière profession de foi romaine, puisque le dernier représentant de l'antique tradition, l'Empereur Julien, rattacha précisément à la solarité en tant que force spirituelle irradiante du « supra-monde », sa dynastie, sa naissance et sa dignité royale[24]. Un reflet d'une telle conception s'est conservé jusqu'aux Empereurs gibelins, puisqu'on put encore parler d'une *deitas solis* à propos de Frédéric II Hohenstaufen[25].

Cette « gloire » ou « victoire » solaire liée à la royauté ne se réduisait d'ailleurs pas à un simple symbole, mais était une réalité métaphysique, s'identifiait avec une force non-humaine agissante, dont le roi, en tant que tel, était considéré comme le détenteur. On trouve dans le mazdéisme une des expressions symboliques traditionnelles les plus caractéristiques de cette idée : ici le *hvarenô* (désignations plus récentes : *hvorra* ou *farr*) - la « gloire » que le roi possède - est un feu surnaturel propre aux entités célestes, mais surtout solaires, qui lui donne l'immortalité et lui accorde le témoignage de la victoire[26], victoire qu'il faut comprendre - comme on le verra - de façon

---

[20] F. SPIEGEL, *Eranische Altertumskunde*, Leipzig, 1871, v. III, pp. 608-9.
[21] A. WEBER, *Râyasûrva*. p. 49.
[22] *Arthara-Veda*, XIII, 1 - 4-5.
[23] SAGLIO, *Dict. des Antiquités grecques et romaines*, v. IV, pp. 1384-1385.
[24] EMPEREUR JULIEN, *Helios*, 131 b, à rapprocher de *134* a-b, *158* bc.
[25] Cf. E. KANTOROWICZ, *Kaiser Friedrich 11*, Berlin, 1927, p. 629.
[26] Cf. SPIEGEL, op. cit., v. II, pp. 42-44, v. III, p. 654 ; F. CUMONT, *Les Mystères de Mithra*, Bruxelles, 1913, pp. 96 sg.

que les deux sens, l'un mystique, l'autre militaire (matériel), non seulement ne s'excluent pas, mais s'impliquent réciproquement[27]. Ce *hvarenô* se confondit plus tard chez les peuples non iraniens, avec la « fortune » τύχη ; c'est ainsi que cette dernière réapparaît, dans la tradition romaine, sous les espèces de cette « fortune royale » que les césars se transmettaient rituellement et dans laquelle on peut reconnaître une assomption active, « triomphale » du « destin » personnifié de la cité – τύχη πόλεως - déterminé par le rite de sa fondation. L'attribut royal romain de *felix* doit être rapporté au même contexte, à la possession d'une *virtus* efficace extra-normale. C'est également une idée romaine que l'autorité légitime ne découle pas de l'hérédité ou du vote du Sénat, mais des « dieux » (est-à-dire d'un élément surnaturel) et qu'elle se manifeste par la victoire[28]. Dans la tradition védique apparaît une notion équivalente : l'*agni-vaiçvânara*, conçu comme un feu spirituel qui guide les rois conquérants vers la victoire.

Dans l'ancienne Égypte, le roi était appelé non seulement Horus, mais « Horus combattant » - *Hor âhâ* - pour désigner ce caractère de victoire ou de gloire du principe solaire présent chez le roi : en Égypte celui-ci était non seulement de « descendance divine », mais il était « constitué « comme tel, et ensuite, périodiquement confirmé comme tel, au moyen de rites qui reproduisaient la victoire du dieu solaire Horus sur Typhon-Set, démon des régions inférieures[29]. On attribuait à ces rites le pouvoir d'évoquer une « force » et une « vie » qui « embrassaient » surnaturellement les facultés du roi[30]. *Uas* - la « force » - a d'ailleurs pour idéogramme le sceptre porté par les

---

[27] Sur le *hvarenô* cf. *Yasht*, XIX passim et 9 : « *Nous* sacrifions à la terrible gloire royale - *havaêm hvarenô* - créée par Mazda, suprême force conquérante, de haute action, à laquelle se lient le salut, la sagesse et le bonheur, dans la destruction la plus puissante de toute chose. »

[28] Cf. FIRMICUS MAT., *Mathes.*, IV, 17, 10 ; MAMERT., *Paneg. Max.*, 10-11.

[29] MORET, *Royauté Phar.*, op. cit., pp. 21, 98, 232. Une phase de tels rites était le « mouvement circulaire », correspondant à la façon dont le soleil se déplace dans le ciel. Sur le chemin du roi, on sacrifiait un animal typhonique, évocation magico-rituelle de la victoire d'Horus sur Typhon-Set.

[30] Cf. *ibid.*, p. 255, l'expression hiéroglyphique : « J'ai embrassé tes chairs avec la vie et la force, le fluide est derrière toi pour ta vie, ta santé, pour ta force » - adressée par le dieu

dieux et par le roi, idéogramme qui, dans les textes les plus anciens, correspond à un autre sceptre en forme de ligne brisée, où l'on peut reconnaître le zig-zag de la foudre. La « force » royale apparaît ainsi comme une manifestation de la force céleste fulgurante, et l'union des signes « vie-force », *ânshûs*, forme un mot qui désigne aussi le « lait de flamme » dont se nourrissent les Immortels, et qui, à son tour, n'est pas sans rapport avec l'*uraeus*, la flamme divine, tantôt vivifiante, tantôt terriblement destructrice, dont le symbole, en forme de serpent, ceint la tête du roi égyptien. Dans cette expression traditionnelle, les divers éléments convergent donc vers l'idée unique d'un pouvoir ou fluide non terrestre - *sa* - qui consacre et atteste la nature solaire-triomphale du roi et qui d'un roi se « lance » vers l'autre - *sotpu* - déterminant la chaîne ininterrompue et « dorée » de la race divine, légitimement désignée pour « régner »[31]. Un des « noms » du roi égyptien est, en outre, « Horus fait d'or », où l'or signifie le fluide « solaire » qui est la matière du corps incorruptible des immortels[32]. Enfin, il n'est pas sans intérêt de remarquer que la « gloire » figure, dans le christianisme lui-même, comme attribut divin - *gloria in excelsis Deo* - et que, selon la théologie mystique catholique, c'est dans la « gloire » que se réalise la vision béatifique. L'iconographie chrétienne la représente d'habitude comme une auréole autour de la tête, auréole dont le sens correspond manifestement à celui de l'*uraeus* égyptien et de la couronne rayonnante de la royauté solaire irano-romaine.

Beaucoup de traditions caractérisent également la nature des rois en disant qu'ils ne sont pas nés d'une naissance mortelle. Cette idée, souvent liée à certaines représentations symboliques (virginité de la mère, divinités qui s'unissent à une femme, etc.), signifie que la véritable vie du roi divin, tout en étant greffée sur la vie personnelle et limitée qui commence avec la naissance terrestre et finit avec la mort de l'organisme, ne se réduit pas à cette

---

au roi lors de la consécration ; et pp. 108-9 : a Viens vers le temple de ton père Amon-Râ pour qu'il te donne l'éternité comme roi des deux terres et afin qu'il embrasse tes chairs avec la vie et avec la force. »

[31] Cf. MORET, *ibid.*, pp. 42-3, 45, 48, 293, 300.

[32] *Ibid* p. 23. Nous avons indiqué, dans une citation antérieure, cette même signification de l'or, également en relation avec la royauté, dans la tradition hindoue.

vie, mais émane d'une influence supra-individuelle qui ne souffre aucune solution de continuité et à laquelle elle s'identifie essentiellement. C'est dans la doctrine relative aux rois sacerdotaux tibétains (les Dalaï-lama) que cette idée se présente de la façon la plus claire et la plus consciente[33].

Selon la tradition extrême-orientale, le roi « fils du ciel » - *t'ien-tze* - c'est-à-dire considéré précisément comme n'étant pas né selon la simple naissance mortelle, a le « mandat céleste » *t'ieng-ming*[34] qui implique également l'idée d'une force réelle extra-naturelle. Le mode de manifestation de cette force « du ciel » c'est, selon l'expression de Lao-Tzé, l'agir-sans-agir (*wei-wu-wei*), c'est-à-dire l'action immatérielle par la pure présence[35]. Elle est invisible comme le vent, et pourtant son action présente le caractère inéluctable des énergies de la nature : les forces des hommes ordinaires - dit Meng-Tseu - se plient devant elle comme les brins d'herbe sous le vent[36]. En relation avec l'agir-sans-agir, on lit aussi dans un texte : « Les hommes souverainement parfaits, par l'ampleur et la profondeur de leur vertu, sont semblables à la Terre ; Par la hauteur et la splendeur de cette vertu, ils sont semblables au Ciel ; par son extension et sa durée, ils sont semblables à l'espace et au temps sans limite. Celui qui se trouve dans cet état de haute perfection ne se montre pas et cependant, comme la Terre, il se révèle par ses bienfaits ; il est immobile, et pourtant, comme le Ciel, il opère de nombreuses transformations ; il n'agit pas, et pourtant, comme l'espace et le temps, il conduit ses couvres à l'achèvement parfait. « Mais seul un tel homme « est digne de posséder l'autorité souveraine et de commander aux hommes » »[37].

---

[33] Cf. A. DAVID-NEEL, *Mystiques et Magiciens du Tibet*, Paris, 1929.

[34] C. MASPERO, *La Chine antique*, Paris, 1925, pp. 144-145.

[35] Cf. *Tao-Té-King, XXXVII* ; à confronter avec LXXIII, où sont mentionnés les attributs suivants : « vaincre sans lutter, se faire obéir sans commander, attirer sans appeler, agir sans faire. »

[36] *Lun-yû* XII, 18-19. Au sujet du genre de « vertu » dont le souverain est détenteur, cf. aussi *Tshung-Yung*, XXXIII, 6, où il est dit que les actions secrètes du Ciel se caractérisent par le plus extrême degré d'immatérialité – « elles n'ont ni son, ni odeur », elles sont subtiles « comme la plume la plus légère ».

[37] *Tshung-Yung*, XXVI, 5-6, XXXI, I.

Le symbolisme qui situe sur le trône le siège du Dragon céleste,[38] indique qu'on reconnaît dans le roi la même puissance terrible que représente le *hvarenô* iranien et *l'uraenus* pharaonique. Établi dans cette force ou « vertu », le souverain, *wang*, avait, dans la Chine antique, une fonction suprême de centre, de troisième pouvoir entre le ciel et la terre. On estimait que de son comportement dépendaient, occultement, non seulement le bonheur ou les malheurs de son royaume et les qualités morales de son peuple (c'est la « vertu » immobile émanant de l'« être » du souverain, et non ses actions, qui rend bonne ou mauvaise la conduite de son peuple), mais aussi la marche régulière et favorable des phénomènes naturels eux-mêmes[39]. Cette fonction de centre présupposait cependant sa stabilité dans ce mode d'être intérieur, « triomphal », dont nous avons parlé, et auquel on peut faire correspondre, ici, le sens de l'expression connue : « invariabilité dans le milieu », ainsi que la doctrine selon laquelle « c'est dans l'invariabilité dans le milieu que se manifeste la vertu du Ciel »[40]. S'il en était ainsi, rien n'avait, en principe, contre sa « vertu », le pouvoir de changer le cours ordonné des choses humaines et de l'État et de la nature elle-même. Le souverain devait donc chercher en soi, non en tant que souverain, mais en tant qu'homme, la cause première et la responsabilité cachée de tout événement anormal[41].

---

[38] Cf. A. REVILLE, *La Religion Chinoise*, Paris, 1889, pp. 164-5.

[39] Dans le *Tshung-Yung* (XXII, I, XXIII, 1) on dit des hommes parfaits ou transcendants « qu'ils peuvent aider le Ciel et la Terre à transformer et à maintenir les êtres afin qu'ils atteignent leur développement complet : c'est pourquoi ils forment un troisième pouvoir avec le ciel et la terre ».

[40] Cf. *Lun-Yu*, VI, 27 : « L'invariabilité dans le milieu est ce qui constitue la Vertu. Les hommes y demeurent rarement ».

[41] Cf. REVILLE, *La religion chinoise*, Paris, 1889, pp. 58-60, 137 : « Les Chinois distinguent nettement la fonction impériale de la personne même de l'empereur. C'est la fonction qui est divine, qui transfigure et divinise la personne, tant que celle-ci en a l'investiture. L'empereur, en montant sur le trône, abdique son nom personnel et se fait nommer d'un titre impérial qu'il choisit ou qu'on choisit pour lui. L'Empereur, en Chine, est moins une personne qu'un élément, une des grandes forces de la nature, quelque chose comme le soleil ou l'étoile polaire ». Toute mésaventure, la révolte des masses, signifie que « l'individu a trahi le principe qui, lui reste debout » ; c'est un signe du « ciel » de la décadence du souverain, non en tant que souverain, mais comme individu.

D'un point de vue plus général, la notion d'opérations sacrées su moyen desquelles l'homme soutient, à l'aide de ses pouvoirs profonds, l'ordre naturel et rénove - pour ainsi dire - la vie même de la nature, appartient à une tradition archaïque qui, très fréquemment, se confond avec la tradition Royale[42]. En tout cas, la conception selon laquelle le roi ou le chef ait pour fonction première et essentielle l'accomplissement de ces actions rituelles et sacrificielles qui constituaient le centre de gravité de la vie du monde traditionnel, réapparaît fréquemment dans un vaste cycle de civilisations traditionnelles, depuis le Pérou précolombien et l'Extrême-Orient, jusqu'aux cités grecques et jusqu'à Rome : ce qui confirme le caractère inséparable de la dignité royale et de la dignité sacerdotale ou pontificale, dont nous avons déjà parlé. « Les rois - dit Aristote[43] - doivent leur dignité au fait qu'ils sont les prêtres du culte commun ». La première des attributions des rois de Sparte était l'accomplissement des sacrifices ; on pourrait en dire autant des premiers souverains de Rome, ainsi que de la plupart de ceux de la période impériale. Le roi, pourvu d'une force non terrestre, enraciné dans le « plus-que-vivre », apparaissait, d'une façon naturelle ; comme celui qui pouvait éminemment mettre en action le pouvoir des rites et ouvrir les voies au monde supérieur. C'est pourquoi, dans ces formes de tradition, où l'on trouve une caste sacerdotale distincte, le roi, en vertu de sa dignité et de sa fonction originelle, en fait partie et, à vrai dire, est son chef. Tel fut le cas dans la Rome des origines, et aussi dans l'Égypte antique (pour pouvoir rendre propices les rites, le pharaon répétait journellement le culte auquel on attribuait le renouvellement de la force divine qu'il portait en lui) et en Iran où, comme on le lit dans Firduzi et comme le rapporte Xénophon[44], le roi, qui, en vertu de sa fonction, était considéré comme l'image du dieu de lumière sur la terre, appartenait à la caste des Mages et était son chef. Symétriquement, l'usage chez certains peuples, de déposer et même de supprimer le chef quand survenait un accident ou une grave calamité - puisque cela signifiait pour eux l'amoindrissement de la force mystique de « fortune » qui donnait le droit

---

[42] Cf. G. FRAZER, *The golden bough*, cit., 1.
[43] ARISTOTE, Pol., VI, 5, 11 ; Cf. 111, 9.
[44] *Cyrop. VIII, v. 26* ; VI, v. 17.

d'être chef[45] - doit être considéré comme le reflet d'une conception qui, bien que sous forme de dégénérescence superstitieuse, se rattache au même ordre d'idée. Chez les races nordiques, jusqu'au temps des Goths, et bien que le principe de la divinité royale demeurât fermement établi (le roi était considéré comme un Ase et un demi-dieu -*semideos id est ansis* qui triomphait en vertu de sa force de « fortune » - *quorum quasi fortuna vincebat*)[46] - un événement funeste, comme une famine, ou la peste, ou une destruction de récolte, était imputé, moins à une disparition du pouvoir mystique de « fortune », instauré chez le roi, qu'à un acte qu'il devait avoir commis en tant qu'individu mortel et qui en avait paralysé l'efficacité objective[47]. Par exemple, selon la Tradition, pour avoir manqué à la vertu aryenne fondamentale - celle de la vérité - pour s'être souillé de mensonge, l'antique roi iranien Yima[48] aurait été abandonné par la « gloire », par la vertu mystique d'efficacité. Jusqu'au Moyen-Age franco-carolingien, et dans les cadres du christianisme lui-même, des conciles d'évêques furent convoqués pour rechercher à quel écart de représentants de l'autorité temporelle, ou même ecclésiastique, pouvait être attribuée la cause d'un malheur déterminé. Ce sont les dernières résonances de l'idée en question.

Il était donc nécessaire que le roi gardât la qualité symbolique et solaire de *l'invictus* - *sol invictus*, ἥλιος ἀνίκητος- et par conséquent l'état de « centralité » impassible et non humaine auquel correspond précisément l'idée extrêmeorientale de l'« invariabilité dans le milieu ». Autrement, la

---

[45] Cf. FRAZER, *The Golden Bough*, trad. ital., Roma, 1925, v. II, pp. 11, sg. LÉVY-BRUHL (*La mentalité primitive*, Paris, 1925, pp. 318-337, 351) met en lumière l'idée des peuples dits « primitifs », selon laquelle « chaque disgrâce disqualifie mystiquement », corrélativement à l'autre idée selon laquelle le succès n'est jamais dû aux seules causes naturelles. Pour ce qui est de la même conception, envisagée sous une forme supérieure, c'est-à-dire au *hvarenô* ou « gloire « mazdéenne cf. SPIEGEL, *Eran. Altert.*, *op. cit.*, III, pp. 598-654.

[46] JOURDANES, XIII, *apud* W. GOLTHER, *Handbuch der germanischen Mythologie*, Leipzig, *1895, p. 194.*

[47] Cf. M. BLOCH, *Les Rois thaumaturges*, Strasbourg, *1924, pp. 55-58.*

[48] *Yasht*, XIX, 34-35. Le *hvarenô* se retire trois fois, en relation avec la triple dignité de Yima comme prêtre, guerrier et « agriculteur ».

force, et avec elle la fonction, passaient à celui qui prouvait qu'il saurait mieux l'assumer. Il s'agit d'un des cas où le concept de « victoire » devient le point d'interférence de diverses significations. A cet égard, et à condition de la comprendre dans son sens le plus profond, il est intéressant de se référer à la légende archaïque du Roi des Bois de Némi, dont la dignité, royale et sacerdotale en même temps, passait à celui qui avait su le surprendre et le tuer. On sait que Frazer a tenté de rapporter à cette légende maintes traditions du même type, répandues partout à travers le monde.

Ici la « preuve » envisagée sous l'aspect d'un combat physique - à supposer qu'il s'agisse d'un tel cas - n'est que la transposition matérialiste de quelque chose à quoi l'on attribue une signification supérieure, ou qui doit être rattachée à l'idée générale des « jugements divins », dont nous parlerons plus loin. Quant au sens profond de la légende du roi-prêtre de Némi, il faut se rappeler que, selon cette tradition, seul un « esclave fugitif » (c'est-à-dire, ésotériquement, un être échappé aux liens de la nature inférieure) qui avait réussi à cueillir un rameau de chêne sacré, avait le droit d'affronter le *Rex Nemorensis*. Or le chêne équivaut à l'« arbre du Monde » qui, dans beaucoup d'autres traditions, symbolise très souvent la force primordiale de la vie et aussi une force de victoire[49] : le sens est donc que seul un être qui est arrivé à participer à cette force, peut aspirer à enlever de haute lutte sa dignité au *Rex Nemorensis*. A propos de cette dignité, il convient de remarquer que le chêne, de même que la forêt dont le prêtre royal de Némi était « rex », avaient des rapports avec Diane, et que Diane était en même temps « l'épouse « du Roi des Bois. Dans les anciennes traditions de la Méditerranée orientale, les grandes déesses asiatiques de la vie étaient souvent représentées par des arbres sacrés : depuis le mythe hellénique des Hespérides jusqu'au mythe nordique

---

[49] L'arbre *açvattha* de la tradition hindoue a les racines en haut, c'est-à-dire dans les cieux, dans l'invisible (cf. *Kâthaka-Upanishad*, VI, 1, 2 ; *Bhagavadçitâ*, XV, 1, 2). Dans le premier de ces textes, l'arbre, du fait qu'il est mis en relation avec la force vitale (*prâna*) et avec la « foudre », renvoie entre autres aux caractères de la « force «figurée par le sceptre pharaonique. Pour ce qui est de son rapport avec la force de victoire, cf. *Atharva-Véda* (*III, 6, 1-3, 4*) où *Paçvattha* est appelé l'allié d'Indra, le dieu guerrier, en tant que meurtrier de Vrtra, et est invoqué en ces termes : « Avec toi qui vas, vainqueur comme le taureau irrésistible, avec toi, ô Açvattha, nous pouvons vaincre nos ennemis ».

de la déesse Idun, et au mythe gaëlique du Mag Mell, résidence de déesses d'une splendide beauté et de l'« Arbre de la Victoire », des liens symboliques traditionnels apparaissent toujours entre des femmes ou déesses, puissances de vie, d'immortalité ou de sagesse - et des arbres.

En ce qui concerne le *Rex Nemorensis*, ce qui se manifeste donc aussi, à travers les symboles, c'est l'idée d'une royauté tirant son origine du fait d'avoir épousé ou possédé la force mystique de « vie » - qui est aussi la force de sagesse transcendante et d'immortalité - personnifiée, soit par la déesse, soit par l'Arbre[50].

C'est pourquoi la signification générale de la *légende* de Némi, signification que l'on retrouve dans beaucoup d'autres légendes ou mythes traditionnels, est celle d'un vainqueur ou héros, entrant comme tel en possession d'une femme ou déesse[51] qui, en d'autres traditions a, soit le sens *indirect* d'une gardienne des fruits d'immortalité (telles sont les images féminines qui se trouvent en relation avec l'arbre symbolique dans les mythes d'Héraclès, de Jason, de Gilgamesh, etc.), soit *direct* d'une personnification de la force occulte du monde et de la vie, ou encore d'une personnification de la science non humaine. Cette femme ou déesse peut se présenter enfin comme l'expression même du principe de la souveraineté (le chevalier ou le héros inconnu des légendes, qui devient roi, quand il fait sienne une

---

[50] Dans la tradition égyptienne, le « nom « du roi est écrit par les dieux sur l'arbre sacré *ashed*, où il est « éternellement fixé « (cf. MORET, *Royauté Pharaon.*, 103). Dans la tradition iranienne existe un rapport entre Zarathoustra, prototype de la royauté divine des Perses, et un arbre céleste, transplanté au sommet d'une *montagne*. (*Cf.* SPIEGEL, *Er. Altert.*, 1, p. 688). Pour les significations de science, d'immortalité et de vie liées à l'arbre et aux déesses, cf., en général, GOBLET d'ALVIELLA - La *migration des Symboles*, Paris, *1891, pp. 151-206.* Au sujet de l'arbre iranien, *Gaokena*, qui confère l'immortalité, voir *Bundehesh*, XIX, 19 ; XLII, 14 ; LIX, 5. Rappelons enfin la plante du cycle héroïque de Gilgamesh dont il est dit : « Voici la plante qui éteint le désir inépuisé. Son nom est : jeunesse éternelle ».

[51] Cf. FRAZER, *Gold. Bough*, I, pp. 257-263.

mystérieuse princesse)⁵².

Il est possible d'interpréter dans le même sens certaines traditions antiques relatives à une origine féminine du pouvoir royal⁵³. Leur signification est alors exactement opposée à l'interprétation gynécocratique dont nous parlerons en temps opportun. Au sujet de l'« Arbre » il n'est pas sans intérêt de remarquer que, dans les légendes médiévales aussi, il est en relation avec l'idée impériale : le dernier Empereur, avant de mourir, suspendra le sceptre, la couronne et l'écu à l'« Arbre Sec » situé, d'habitude, dans la région symbolique du « prêtre Jean »⁵⁴, tout comme Roland, mourant, suspend à l'« Arbre » son épée infrangible. Autre convergence des contenus symboliques : Frazer a relevé la relation existant entre la branche que l'esclave fugitif doit arracher au chêne sacré de Némi pour pouvoir combattre avec le Roi des Bois, et le rameau d'or qui permet à Enée de descendre vivant aux Enfers, c'est-à-dire de pénétrer, vivant, dans l'invisible. Or, un des dons reçus par Frédéric II du mystérieux « prêtre Jean » sera précisément un anneau qui rend invisible (c'est-à-dire qui transporte dans l'immortalité et dans l'invisible : dans les traditions grecques, l'invisibilité des héros est souvent synonyme de leur passage dans la nature immortelle) et assure la victoire⁵⁵ : de même Siegfried, dans le *Nibelungenlied* (VI), grâce au même pouvoir

---

⁵² Cf. P. FOLFF-WINDEGG, *Die Gekrdnten*. Stuttgart, 1958, pp. 114, sg. Au sujet de l'association entre la femme divine, l'arbre et la royauté sacrée cf. aussi les expressions du *Zohar* (III, 50b ; III, 51a - et aussi : II, 144b, 145a. La tradition romaine de la gens Julia, qui fait remonter son origine à la *Vénus genitrix* et à la *Vénus victrix*, se rattache, en partie, au même ordre d'idée. Dans la tradition japonaise, telle qu'elle s'était perpétuée, sans changement, jusqu'à hier, l'origine du pouvoir impérial était attribuée à une déesse solaire -Amaterasu Omikami - et le moment central de la cérémonie d'accession au pouvoir - *daiosai* - correspondait au rapport que l'empereur établissait avec la déesse avec K l'offrande de la nouvelle nourriture ».

⁵³ Par exemple, dans l'Inde antique, l'essence de la royauté se condensait, dans sa splendeur, en une figure de femme divine ou semi-divine - Shri, Lakshimi, Padmâ, etc. - qui choisit ou « embrasse » le roi et demeure son épouse, en dehors de ses épouses humaines. Cf. *The cultural heritage of India*, Calcutta, s.d., v. III, pp. 252, sg.

⁵⁴ Cf. A. GRAF, *Roma nelle memorie e nelle imaginazioni del Medicevo*, Torino, 1883, v. V. p. 488 ; 1. EVOLA, II *mistero del Graal*, Milan, 1952.

⁵⁵ Cf. GRAF, cit., II, p. 467.

symbolique de se rendre invisible, soumet et conduit aux noces royales la femme divine Brunhilde. Brunhilde, aussi bien que Siegfried, dans le *Sigrdrîfumâl* (4-6) apparaît comme celle qui confère aux héros qui l'« éveillent », les formules de sagesse et de victoire contenues dans les Runes.

Des restes de traditions, où reviennent les thèmes contenus dans la légende archaïque du Roi des Bois, subsistent jusque vers la fin du Moyen-Age, et même plus tard, toujours associés à l'idée antique que la royauté légitime est susceptible de manifester, même d'une façon spécifique et concrète - nous dirons presque « expérimentale » - des signes de sa nature surnaturelle. Un seul exemple : à la veille de la guerre de Cent Ans, Venise demande à Philippe de Valois de fournir la preuve de son droit effectif à être roi, par l'un des moyens suivants : le premier, qui est la victoire sur l'adversaire avec lequel Philippe aurait dû combattre en champ clos, ramène au *Rex Nemorensis* et au témoignage mystique inhérent à chaque « victoire »[56]. Quant aux autres moyens, on lit dans un texte de l'époque : « Si Philippe de Valois était, comme il l'affirmait, vraiment roi de France, qu'il le démontrât en s'exposant à des lions affamés ; car les lions jamais ne blessent un vrai roi ; ou bien qu'il accomplît le miracle de la guérison des malades, comme ont coutume de l'accomplir les autres vrais rois. En cas d'insuccès, il se reconnaîtrait indigne du royaume ». Un pouvoir surnaturel se manifestant par la victoire ou la vertu thaumaturgique, même en des temps comme ceux de Philippe de Valois, qui appartiennent déjà à l'ère moderne, reste donc inséparable de l'idée que l'on se faisait traditionnellement de la royauté véritable et légitime[57].

---

[56] Ce concept sera éclairci plus loin. Ici - comme, d'une façon plus générale, dans « le combat judiciaire » en usage durant le Moyen-Age chevaleresque il n'apparaît que sous une forme matérialisée. Traditionnellement, le vainqueur ne remportait la victoire qu'en tant que s'incarnait en lui une énergie non humaine - et une énergie non humaine ne s'incarnait en lui que dans la mesure où il était victorieux : *deux moments d'un acte unique, la rencontre d'une « descente » avec une « montée »*.

[57] Cf. BLOCH, Rois *thaumat.*, cit. p. 16. La Tradition atteste également le pouvoir thaumaturgique des empereurs romains Adrien et Vespasien (TACITE, *Hist. IV*, 81 ; SUETONE, *Vespas.*, VII). Chez les Carolingiens, on trouve une trace de l'idée selon laquelle le pouvoir guérisseur imprègne, presque matériellement, jusqu'aux vêtements

Abstraction faite de la qualification réelle de chaque personne pour représenter le principe et exercer la fonction, la conviction demeure « qu'à l'origine de la vénération inspirée par les rois, figurent principalement les vertus et les pouvoirs divins, descendus sur eux seuls, et non sur les autres hommes »[58]. Joseph de Maistre écrit[59] : « Dieu *fait* les Rois, au pied de la lettre. Il prépare les races royales ; il les mûrit au milieu d'un nuage qui cache leur origine. Elles paraissent ensuite *couronnées de gloire et d'honneur* ; elles se placent ; et voici le plus grand signe de leur légitimité. C'est qu'elles s'avancent comme d'elles-mêmes, sans violence, d'une part, et sans délibération marquée, de l'autre : c'est une espèce de tranquillité magnifique qu'il n'est pas aisé d'exprimer. *Usurpation légitime* me semblerait l'expression propre (si elle n'était point trop hardie) pour caractériser ces sortes d'origines, que le temps se hâte de consacrer »[60].

---

royaux ; à partir de Robert le Pieux pour les rois de France, et d'Edouard le Confesseur pour les rois d'Angleterre, jusqu'à l'époque de la Révolution, le pouvoir thaumaturgique se transmet par voie dynastique ; il se traduit d'abord par la guérison de toutes les maladies, puis se restreint à quelques-unes, se manifestant en des milliers de cas, au point d'apparaître, selon l'expression de Pierre Mathieu, comme « le seul miracle perpétuel dans la religion des chrétiens », (cf. BLOCH, *op. cit.*, passim et pp. 33, 40, 410). Voir aussi C. AGRIPPA (Occ. *phil.*, III, 35) qui écrit : « C'est pourquoi les rois et les pontifes, s'ils sont justes, représentent la divinité sur la terre et participent de son pouvoir. C'est ainsi que même s'ils se contentent de toucher les infirmes, ils les guérissent de leurs maux... ».

[58] C. d'ALBON, *De la Majesté royale*, Lyon, 1575, p. 29.

[59] J. de MAISTRE, *Essais sur le principe générateur des constitutions politiques*, Lyon, 1843, pp. XII - XIII.

[60] D'après la tradition iranique également, la nature d'un être royal doit, tôt ou tard, s'affirmer irrésistiblement (cf. SPIEGEL, *Eran. Altert.*, III, p. 599). Dans le passage de J. de MAISTRE, réapparaît la conception mystique de la victoire, en ce sens que « s'imposer » est présenté, ici, comme « le plus grand signe de la légitimité » des rois.

3

LE SYMBOLE POLAIRE
LE SEIGNEUR DE PAIX ET DE JUSTICE

Il est possible de rattacher la conception intégrale et originelle de la fonction royale à un autre cycle de symboles et de mythes qui, à travers des figurations et des transpositions analogiques différentes, convergent tous vers un même point[61].

On peut prendre, comme point de départ, la notion hindoue du *cakravartî* ou « Seigneur universel ». D'une certaine manière, on peut y voir l'archétype de la fonction royale, dont les royautés particulières, lorsqu'elles sont conformes au principe traditionnel, représentent des images plus ou moins complètes ou, selon un autre point de vue, des manifestations particulières. Littéralement, *cakravartî* signifie « Seigneur de la Roue » ou « Celui qui fait tourner la Roue » - ce qui ramène de nouveau à l'idée d'un « centre », correspondant aussi à un état intérieur, à un mode d'être - ou, mieux encore, au mode de l'être.

La roue est, en effet, un symbole du *samsâra*, du courant du devenir (le « cercle de la génération » ou aussi *rota fati*, la « roue de la nécessité » des Grecs). Son centre immobile exprime alors la stabilité spirituelle inhérente à celui qui n'appartient pas à ce courant et qui peut, de ce fait, ordonner et dominer, selon un principe plus élevé, les énergies et les activités soumises à la nature inférieure. Le cakravartî se présente alors comme le *dharmarâja*,

---

[61] Cf. R. GUENON, *Le Roi du Monde*, Paris, 1927, où sont réunies et parfaitement interprétées maintes traditions de ce genre.

c'est-à-dire comme le « Seigneur de la Loi » ou de la « Roue de la Loi »[62]. On trouve, dans Kong-Tseu, une idée analogue : « Celui qui domine grâce à la Vertu (céleste) ressemble à l'étoile polaire. Celle-ci demeure immobile à sa place, mais toutes les étoiles tournent autour d'elle »[63]. C'est de là que provient le sens originel du concept de « révolution », en tant que mouvement ordonné autour d'un « moteur immobile », concept qui devait se transformer, au cours des temps modernes, en synonyme de « subversion ».

À cet égard, la royauté assume donc la valeur d'un « pôle » et se rattache à un symbolisme traditionnel général. On peut rappeler, par exemple, outre le *Midgard* - la terre divine centrale de la tradition nordique - ce que dit Platon du lieu où Zeus tient conseil avec les dieux pour décider du destin de l'Atlantide, lieu qui est « leur auguste résidence, située *au milieu du monde*, d'où l'on peut embrasser, dans une vision d'ensemble, toutes les choses qui participent du devenir »[64]. La notion du *cakravartî* se rattache donc à un cycle de traditions énigmatiques relatives à l'existence effective d'un « centre du monde » possédant, sur la terre, cette fonction suprême. Certains symboles fondamentaux de la royauté furent en étroite relation, à l'origine, avec cet ordre d'idée. En premier lieu le sceptre, qui, selon un de ses principaux aspects, correspond, par analogie, à l'« axe du monde »[65]. Ensuite, le trône, lieu « élevé » où le fait d'y rester assis et immobile, ne symbolise pas seulement la stabilité du « pôle » et du « centre immobile », mais revêt aussi les significations intérieures, métaphysiques, correspondantes. Etant donné la relation, originairement reconnue, entre la nature de l'homme royal et celle qui est suscitée par l'initiation, on voit souvent figurer, dans les mystères

---

[62] Dans cette tradition, la « roue » a aussi une signification « triomphale » : son apparition en tant que roue céleste est le signe du destin des conquérants et de dominateurs : semblable à la roue, l'élu avancera, en dominant et en bouleversant (cf. la légende du « Grand Magnifique » dans *Dighanikâyo, XVII*) ; dans la mesure où elle a trait à une fonction simultanément ordonnatrice, elle évoque l'image védique (*Rg-Veda, II*, 23, 3) du « char lumineux de l'ordre (*rta*), terrible, qui confond les ennemis ».

[63] *Lun-yü*, II, 1.

[64] PLATON, *Critias*, 121 a-b.

[65] R. GUENON, *Autorité spirituelle et pouvoir temporel*, Paris, *1929, p. 137.*

classiques, le rite consistant à s'asseoir, sans bouger, sur un trône[66] : rite considéré comme tellement important, qu'il équivalait parfois à l'initiation elle-même : le terme τεθρουισένος (assis sur le trône) apparaît souvent comme synonyme de τελετεσμένος, c'est-à-dire d'initié[67]. En effet, dans certains cas, durant la séquence des phases de l'initiation en question, le θρονισμός, - l'intronisation royale - précédait le « devenir un avec le dieu »[68].

On peut déceler ce même symbolisme dans le ziggurat, pyramides-terrasses assyro-babyloniennes, ainsi que dans le plan de la ville impériale des souverains iraniens (comme à Ecbatane) et l'image idéale du palais du *cakravarti* : l'ordre du monde s'y trouve exprimé architecturalement dans ses hiérarchies et dans sa dépendance d'un centre immuable. Spatialement, ce centre correspondait précisément, dans l'édifice, au trône même du souverain. Et vice-versa, comme dans l'Hellade : les formes d'initiation employant le rituel des mandala dramatisent le passage progressif du mythe de l'espace profane et démonique à l'espace sacré, jusqu'à ce qu'il rejoigne un centre. Un rite fondamental, le *mukatabisheka*, consiste ici à être ceint de la couronne ou de la tiare ; celui qui atteint le « centre « du mandala est couronné roi, parce qu'il est au-dessus du jeu des forces de la nature inférieure[69]. Il est intéressant également de noter que le ziggurat, l'édifice sacré qui dominait la cité-état et en était le centre, reçut à Babylone le nom de « pierre angulaire du ciel et de la terre » et à Larsa celui d'« anneau entre le ciel et la terre »[70] - autrement dit, thème de la « pierre » et thème du « pont ».

L'importance de ces schémas et de ces corrélations est évidente. En particulier, la même ambivalence s'applique à la notion de « stabilité ». Elle

---

[66] *Cf.* PLATON, *Eutyphron*, 277 d.

[67] V. MACCHIORO, *Zagreus*, Florence, 1931, pp. 41-42 ; V. MAGNIEN, *Les mystères d'Éleusis*, Paris, 1929, p. 196.

[68] MACCHIORO, op. cit., p. 40 ; K. STOLL, *Suggestion u. Hypnotismus in der Vdlkerpsychologie*, Leipzig, 1904, p. 104.

[69] *Cf.* G. TUCCI, *Teoria e pratica dei mandala*, Rome, 1949, pp. 30-32, 50-51.

[70] C. DAWSON, *The age of the Gods*, London, 1943, VI, 2.

est au centre de la formule indo-aryenne de consécration des souverains : « Reste ferme et inébranlable... ne pas céder. Sois inébranlable comme la montagne. Reste ferme comme le ciel lui-même et maintiens fermement le pouvoir dans ton poing. Le ciel est ferme et la terre est ferme, et les montagnes aussi. Tout le monde des vivants est ferme, et ferme est aussi ce roi des hommes »[71]. Or, dans les formules de la royauté égyptienne la stabilité apparaît comme un attribut essentiel qui, chez le souverain, s'ajoute à celui de la « force-vie ». De même que l'attribut « force-vie », dont nous avons déjà relevé la correspondance avec un feu, la « stabilité » a une correspondance céleste : son signe, *ded*, exprime la stabilité des « dieux solaires reposant sur les colonnes ou sur les rayons célestes »[72]. Tout ceci reconduit à l'ordre initiatique, car il ne s'agissait pas d'idées abstraites : comme la « force » et la « vie », la « stabilité », d'après la conception égyptienne, est aussi un état intérieur et, en même temps, une énergie, une virtus qui se transmet comme un vrai fluide d'un roi à l'autre, pour les soutenir surnaturellement.

A la condition de « stabilité » entendue ésotériquement se rattache d'autre part l'attribut *olympique*, celui de la « paix ». Les rois, « qui tirent leur antique pouvoir du dieu suprême, et qui ont reçu la victoire de ses mains », sont des « phares de paix dans la tempête »[73]. Après la « gloire », la centralité (« polarité ») et la stabilité, la paix est un des attributs fondamentaux de la royauté, qui s'est conservé jusqu'à des temps relativement récents : Dante parlera de *l'imperator pacificus*, titre déjà reçu par Charlemagne. Naturellement, il ne s'agit pas ici de la paix profane et extérieure, rapportée au régime politique - paix qui peut avoir, tout au plus, le sens d'un reflet analogique - mais d'une paix intérieure, positive, qui ne se dissocie pas de l'élément « triomphal » dont nous avons parlé, et, de ce fait, n'exprime pas une cessation, mais plutôt une perfection d'activité, l'activité pure, entière et recueillie en soi. Il s'agit de ce calme, qui est la marque réelle du surnaturel.

Selon Kong-tzé[74], l'homme désigné pour la souveraineté, à l'encontre de

---

[71] *Rg-Veda*, X, 173.
[72] MORET, *Royauté Pharaon.*, pp. 42-43.
[73] *Corpus Hermeticum*, XVIII, 10-16.
[74] *Lun-yü*, VI, 21.

l'homme du commun, porte en soi un « principe de stabilité et de calme, et non d'agitation » ; « il porte en soi l'éternité, au lieu de mouvements instantanés de joie ». D'où cette calme grandeur qui exprime une supériorité irrésistible, quelque chose qui terrifie et en même temps inspire la vénération, qui s'impose et désarme sans combattre, en créant subitement la sensation d'une force transcendante totalement maîtrisée mais prête à s'élancer, le sens merveilleux et effrayant du *numen*[75]. La *pax romana* et *augusta*, reliée précisément au sens transcendant de l'*imperium* et à l'*aeternitas* que l'on reconnaissait en lui et dans la personne du vrai chef, peut être considérée comme une des expressions de ces sens, dans l'ordre d'une réalisation historique universelle, cependant que l'*ethos* de supériorité par rapport au monde, de calme dominateur, d'imperturbabilité unie à la promptitude au commandement absolu, qui caractérisent encore de nombreux types aristocratiques, même après la sécularisation de la noblesse, doit être considéré comme un écho de cet élément originairement royal, tant spirituel que transcendant.

Si l'on prend comme symbole des états inférieurs de l'être, la terre, qui, dans le symbolisme occidental, fut en correspondance avec la condition humaine en général, (dans l'antiquité on a cru pouvoir faire dériver *homo* d'*humus*), on trouve dans l'image d'un sommet, d'une cime montagneuse, culmination de la terre vers le ciel, une autre expression naturelle des états

---

[75] De même que dans l'Antiquité la force fulgurante, symbolisée par le sceptre en ligne brisée et l'*uræus* pharaonique, n'était pas un simple symbole, de même que, de nombreux actes du cérémonial de cour, dans le monde traditionnel, n'étaient pas des expressions de flatterie ni d'adulation servile, mais tiraient leur origine première de sensations spontanées éveillées chez les sujets par la *virtus* royale. Cf., par exemple, l'impression provoquée par une visite à un roi égyptien de la XIIe dynastie : « Quand je fus près de sa Majesté, je chus sur ma face et perdis conscience de moi-même en sa présence. Le dieu m'adressa des paroles affables, mais je fus comme un individu saisi d'aveuglement. La parole me manqua, mes membres se dérobèrent, mon cœur » Paris, 1889, *pp. 123, sg.*). Cf. *Mânavadharmaçastra*, VII, 6 : « Comme le ne fut plus dans ma poitrine et je connus quelle différence il y a entre la vie et la mort. « (G. MASPERO, *Les contes populaires de l'Égypte ancienne*, Paris, 1889, *pp. 123*, sqq.). Cf. *Mânavadharmaçastra*, VII, 6 : « *Comme* le soleil, (le roi) brûle les yeux et les cœurs, et personne sur terre ne peut le regarder en face. »

qui définirent la nature royale[76]. Ainsi, *dans* le mythe iranien, c'est une montagne, - le puissant *Ushi-Darena* crée par le dieu de la lumière - qui est le siège du *hvarenô*, c'est-à-dire de la force mystique royale[77]. Et c'est sur les montagnes, selon cette tradition, comme selon la tradition védique[78], que croîtrait le *haoma* ou *soma* symbolique, conçu comme principe transfigurant et divinisant[79]. D'ailleurs « altesse » - et, plus significativement, « altesse sérénissime » -est un titre que l'on a continué de donner aux monarques et aux princes jusqu'à l'époque moderne, titre dont le sens originel (de même que celui du trône en tant que lieu élevé) implique toutefois que l'on remonte à certaines correspondances traditionnelles entre « mont » et « pôle ». La région « élevée » de la terre c'est le « mont du salut », c'est le mont de Rudra, conçu comme « le souverain universel »[80], et l'expression sanscrite *paradêsha*, évidemment liée au chaldéen *pardes* (dont le « paradis « du christianisme est l'écho) a précisément et littéralement ce sens de « sommet », de « contrée la plus haute ». Il est donc légitime de se référer aussi au mont Olympe ou au mont occidental qui conduit à la région « olympique » et qui est la « voie de Zeus » [81], ainsi qu'à tous les autres monts que, dans les diverses traditions, les dieux - personnifiant les états ouraniens de l'être - habitent, au mont Çinvat, où se trouve « le pont qui unit le ciel et la terre »[82] ; aux monts « solaires » et

---

[76] Ceci permet de comprendre que ce n'est pas par hasard que les Parsis et les Iraniens, dans les temps les plus reculés ; n'eurent pas d'autels ni de temples, mais sacrifièrent à leurs dieux sur les cimes des montagnes (HERODOTE, 1, 131). C'est également sur les montagnes que couraient les corybantes dionysiaques en extase - et, dans certains textes, le Bouddha compare le nirvâna à la haute montagne.

[77] Yasht, XIX, 94-96. Dans ce même texte on explique (XIX, 48, sqq.) que l'instinct et l'attachement à la vie - c'est-à-dire le lien humain - empêchent la possession de la « gloire ».

[78] Yacna, 4 ; *Rg-Veda*, X, 34,1.

[79] Cf. *Rg-Veda*, VIII, 48,3 « Buvons le soma, devenons immortels, arrivons à la lumière, trouvons les dieux. « Il faut noter aussi que le soma est lié, dans cette tradition, à l'animal le plus symbolique de la royauté, à l'aigle ou à l'épervier (IV, 18, 13 ; IV, 27, 4). Le caractère immatériel du soma est affirmé dans X, 85, 1-5, où l'on parle de sa nature « céleste « et où l'on précise qu'il ne peut être obtenu qu'en broyant une certaine plante.

[80] *Rg-Veda*, VII, 46, 2.

[81] Cf. W.H. ROSCHER, *Die Gorganen und Verwandtes*, Leipzig, 1879, pp. 33-34.

[82] *Bundahesh*, XXX, 33.

« polaires », comme par exemple le symbolique Méru, « pôle » et « centre » du monde, monts qui ont toujours un rapport avec les mythes et les symboles de la royauté sacrée et de la régence suprême[83]. Outre l'analogie indiquée plus haut, la grandeur primordiale, sauvage, non humaine, ainsi que le caractère d'inaccessibilité et de danger de la haute montagne - sans parler de l'aspect transfiguré de la région des neiges éternelles - servent de bases psychologiques visibles à ce symbolisme traditionnel.

Dans la tradition nordico-aryenne en particulier, le thème du « mont » (même dans sa réalité matérielle : par exemple le Helgafell et le Krosslohar irlandais) s'associe souvent au Walhalla, la résidence des héros et des rois divinisés, comme aussi à l'Asgard, la résidence des dieux ou Ases, située au centre ou pôle de la terre (dans le Mitgard), qui est qualifiée de « splendide », - *glitnir* - de « terre sacrée » - *halakt land* - mais aussi, précisément, de « montagne céleste « - *himinbjorg* - : très haute montagne divine sur le sommet de laquelle, au-delà des nuages, brille une clarté éternelle, et où Odin, du seuil Hlidskjalf surveille le monde entier, l'Asgard auquel les rois divins nordico-germaniques rattachaient d'ailleurs, d'une façon significative, leur origine et leur résidence primordiale[84].

A titre complémentaire, le « mont « symbolise parfois le lieu où disparaissent les êtres parvenus à l'éveil spirituel. Tel est, par exemple, le « Mont du Prophète « qui, dans le bouddhisme des origines, a pour habitants souterrains ceux que l'on appelle les « surhommes », « êtres invaincus et

---

[83] Une montagne sur laquelle fut planté un arbre céleste figure dans la légende de *Zarathoustra*, roi divin, qui retourne pendant quelque temps à la montagne, où le « feu « ne lui cause aucun dommage. L'Himalaya est le lieu où, dans le *Mahâbhârata*, le prince Arjuna monte pour pratiquer des ascèses et réaliser des qualités divines c'est là où se rend aussi Yuddhisthira - auquel fut donné le titre déjà cité de *dharmarâja*, « seigneur de la loi « - pour accomplir son apothéose et monter sur le char céleste d'Indra, « roi des dieux ». Dans une vision, l'Empereur JULIEN (*Contra Eracl.*, 230d) est conduit au sommet d'une « montagne élevée, où le père de tous les dieux a son trône » ; là, au milieu d'un « grand danger », Hélios, c'est-à-dire la force solaire, se manifeste à lui.

[84] Cf. W. GOLTHER, *Germ. Mythol.*, cit. pp. 90, 95, 200, 289, 519 ; E. MOGK, *Germanische Religionsgeschichte und Mythologie*, Berlin-Leipzig, 1927, pp. 61-62.

intacts, qui se sont éveillés d'eux-mêmes, qui sont délivrés des liens »[85]. Or, ce symbolisme aussi est en correspondance avec l'idée royale et impériale. Il suffit de rappeler les légendes médiévales bien connues selon lesquelles Charlemagne, Frédéric Ier et Frédéric II disparurent dans la « montagne », d'où, un jour, ils devront se manifester de nouveau[86]. Mais cette résidence montagneuse « souterraine » n'est qu'une image de la résidence mystérieuse du « Roi du monde », une expression de l'idée du « centre suprême ».

Selon les plus antiques croyances helléniques, les « héros » sont enlevés à leur mort, non seulement dans une montagne, mais aussi dans une « île « qui, en raison du nom qui lui est parfois donné -*Leuke* - correspond tout d'abord à l'« île blanche du Nord « dont la tradition hindoue fait également le séjour symbolique des bienheureux et la terre des « Vivants « : terre où règne Naravâna, qui « est feu et splendeur » ; elle correspond aussi à cette autre île légendaire où, selon certaines traditions extrême-orientales, se dresse le « mont », qui est habité par des hommes transcendants - *chen jen* : ce n'est qu'en s'y rendant, que des princes, comme Yu, qui avaient l'illusion de savoir bien gouverner, apprirent ce qu'était, en réalité, le vrai gouvernement[87]. Il est important de noter l'indication selon laquelle « on ne va dans ces régions merveilleuses, ni par mer ni par terre, mais que seul le vol de l'esprit permet de les atteindre »[88]. De toute manière, l'« île », par elle-même, apparaît comme le symbole d'une stabilité, d'une terre ferme qui se détache au milieu des eaux.

Dans les exégèses des hexagrammes de l'empereur Fo-Hi, la notion de ces « hommes transcendants », habitants de l'« île », se confond souvent avec

---

[85] *Majhimonikâjo*, XII. De semblables enlèvements se retrouvent souvent dans les traditions helléniques comme dans les traditions chinoises, islamiques et mexicaines (Cf. ROHDE, *Psyche*, Freiburg, 1898, v.I pp. 70, sqq. 118129 ; REVILLE, *Rel. Chin.* cit., p. 444).
[86] Cf. 1. GRIMM, *Deutsche Mythologie*, Berlin, 1876, v. II, pp. 794, sqq. et pour les développements : EVOLA, 11 *Mistero del Graal e l'idea imperiale ghibellina*, Milan, 1962.
[87] Sur tout ceci cf. R. GUENON, *Le Roi du Monde*, chap. VIII, X-XI.
[88] LI-TSEU, II : cf. III, 5.

celle de roi[89]. Ainsi cette nouvelle incursion parmi les mythes de la Tradition permet de constater que le sens de la royauté divine se trouve confirmé par la convergence et l'équivalence que l'on constate entre certains symboles de la fonction royale et les symboles qui sous une forme différente, se réfèrent aux états transcendants de l'être et à une dignité éminemment initiatique.

Le *cakravarti*, le souverain universel, outre qu'il est « seigneur de la paix », est le seigneur de la « loi » (ou ordre, *rta*) et de la « justice » - il est *dharmarâja*. La « Paix » et la « Justice » sont deux autres attributs fondamentaux de la royauté qui se sont conservés dans la civilisation occidentale jusqu'aux Hohenstaufen et jusqu'à Dante, bien que dans une acception où l'aspect politique couvre manifestement le sens supérieur qu'il devrait toujours présupposer[90]. On retrouve d'ailleurs ces attributs dans la mystérieuse figure de Melchisédech, roi de Salem, qui n'est, en réalité, qu'une des figurations de la fonction du « seigneur universel ». René Guénon a remarqué qu'en hébreu, *mekki-tsedeq* signifie précisément « roi de justice », tandis que Salem, dont il est le souverain, n'est pas une ville mais - conformément à l'exégèse paulinienne[91] - ne signifie rien d'autre que « paix ». La tradition affirme la supériorité du sacerdoce royal de Melchisédech sur celui d'Abraham - et l'on peut d'ores et déjà indiquer ici le sens profond du

---

[89] Cf. MASPERO, *Chine ant.*, p. 432. Les *chen-jen* ou « hommes transcendants » habitent aussi la région céleste des étoiles *fixes* (G. PUINI, *Taoïsmo*, Lanciano, 1922, pp. 20, sqq.), qui dans l'hellénisme, correspond également à la région des immortels (cf. MACROBE, *In Somn. Scip.*, 1, 11, 8). Les étoiles fixes, par rapport à la région planétaire et sublunaire de la différence et du changement, symbolisent la même idée de « stabilité » exprimée par l'« île ».

[90] Frédéric II reconnaît dans la « justice » et dans la « paix » le fondement de tous les royaumes (*Constitutiones et Acta Publica Friederici secundi*, dans *Mon. Germ.*, 1893-6 v. II, p. 365). Au Moyen-Age la « justice » se confondait souvent avec la « vérité » pour indiquer le rang ontologique du principe impérial (cf. A. de STEFANO, *L'idea imperiale di Frederico II*, Firenze, 1927, p. 74). Chez les Goths, la vérité et la justice sont considérées comme des vertus royales par excellence (M. GUIZOT, *Essais sur l'hist. de France*, Paris, 1868, p. 266). Ce sont des survivances de la doctrine des origines. En particulier, sur l'empereur, en tant que « justice devenue homme », cf. KANTOROWICZ, *Kaiser Friedrich*, cit., pp. 207-238, 477, 485.

[91] *Hébr.*, VII, 1-3.

fait que Melchisédech lui-même déclare, dans l'énigmatique allégorie médiévale des « trois anneaux », que ni le christianisme, ni l'islamisme, ne savent plus quelle est la vraie religion, alors que l'idéologie gibeline s'est souvent réclamée, contre l'Église, de la religion royale de Melchisédech. Quant aux attributs pauliniens de « sans père, sans mère, sans généalogie », « sans principe ni fin dans sa vie » du prêtre royal Melchisédech, ils indiquent, en fait, tout comme l'attribut extrême-oriental de « fils du Ciel », l'attribut égyptien de « fils de Râ », et ainsi de suite, la nature supra-individuelle et immortelle du principe de la royauté divine, selon lequel les rois, en tant que rois, ne sont pas nés de la chair, mais « d'en-haut », et sont des apparitions ou « descentes » d'un pouvoir indéfectible et « sans histoire », résidant dans le « monde de l'être ».

À ce niveau, « roi de justice » équivaut à l'expression déjà citée de *dharmarâja*, « seigneur universel », d'où il résulte que le mot « justice » doit être entendu ici dans un sens aussi peu profane que le mot « paix ». En effet, en sanskrit, *dharma* signifie aussi « nature propre », loi propre d'un être. Il convient donc de se référer, ici, à cette législation primordiale qui ordonne hiérarchiquement, « selon la justice et la vérité », toutes les fonctions et les formes de vie selon la nature propre de chacun - *svadharma* - en un système orienté vers une fin surnaturelle. Cette notion de la « justice » est d'ailleurs celle de la conception platonicienne de l'État, conception qui, plus qu'un modèle « utopiste » abstrait, doit être considérée sous bien des rapports comme un écho des constitutions traditionnelles de temps plus reculés. Chez Platon, l'idée de justice - θικαιοσύνη - dont l'État doit être la personnification, a précisément un rapport étroit avec ͳοίκειοπραγία ou *cuique suum* -le principe selon lequel chacun doit accomplir la fonction correspondant à sa propre nature. Ainsi, le « seigneur universel », en tant que « roi de justice » - et donc chaque royauté qui en incarne le principe dans une aire déterminée - est aussi le législateur primordial, le fondateur des castes, le créateur des fonctions et des rites, de cet ensemble éthico-sacré qui est le *Dharmânga* dans l'Inde aryenne et, dans les autres traditions, le système rituel local, avec les normes correspondantes pour la vie individuelle et collective.

Ceci présuppose, pour la fonction royale, un pouvoir de connaissance sous forme de vision réelle transcendante. « La capacité de comprendre à fond et parfaitement les lois primordiales des vivants » est, d'ailleurs, dans la pensée extrême-orientale, la base de l'autorité et du commandement[92]. La « gloire » royale mazdéenne, dont nous avons déjà parlé, en tant que *hvorra-i-kayâni*, est aussi une vertu d'intelligence surnaturelle[93]. Et si ce sont les sages – οἱ σοφοί - qui, selon Platon[94], doivent dominer au sommet de la hiérarchie du véritable État, l'idée traditionnelle dont il s'agit prend ici une forme encore plus nette. En effet, par sagesse ou « philosophie » on entend exprimer la science de « ce qui est » et non des formes sensibles illusoires[95], tout comme l'on entend par « sage » celui qui, en possession de cette science, ayant la connaissance directe de ce qui a un caractère suprême de réalité et, en même temps, un caractère normatif, peut effectivement décréter des lois conformes à la justice[96]. On peut donc en conclure : « tant que les sages ne commanderont pas dans l'État et tant que ceux que nous appelons rois ne posséderont pas vraiment la sagesse, tant que la sagesse et la puissance politique ne se rencontreront pas dans la poursuite d'un même but, du fait que la nécessité entrave les puissantes natures qui incarnent séparément l'une et l'autre, il n'y aura de fin aux maux des cités, ni à ceux du genre humain »[97].

---

[92] Tshung-Yang, XXXI, p. 1.
[93] Cf. SPIEGEL, *Er. Altert.*, V. II, 44.
[94] PLATON, Rép., V. 18 ; VI, 1 et 15.
[95] PLATON, Rép. V, 19.
[96] *Ibid.*, VI, 1.
[97] *Ibid.*, V, 18.

4

LA LOI, L'ÉTAT, L'EMPIRE

Le sens qu'avaient la Loi et l'État pour l'homme de la Tradition se relie étroitement aux idées qui viennent d'être exposées. D'une façon générale, la notion traditionnelle de loi présuppose un *réalisme transcendant*. Dans ses formulations aryennes, en particulier, le concept de loi est en rapport étroit avec celui de vérité, de réalité et de stabilité inhérentes à « ce qui est ». Dans les Védas le terme *rta* a souvent le même sens que *dharma* et désigne non seulement ce qui est ordre dans le monde, le monde comme ordre - κόσμος - mais aussi, sur un plan supérieur, la vérité, le droit, la réalité, là où son contraire, *anrta* désigne le faux, le mauvais, l'irréel[98]. Le monde de la loi, et, par conséquent, de l'État, fut donc considéré comme le monde de la vérité et de la réalité au sens éminent, c'est-à-dire métaphysique.

En conséquence, il aurait été tout à fait inconcevable, et même absurde, pour l'homme traditionnel, de parler de lois et d'exiger qu'on les observât quand elles étaient d'origine purement humaine - individuelle ou collective. Toute loi, pour pouvoir compter objectivement comme telle, devait avoir un caractère « sacré » : mais ce caractère une fois reconnu, son origine se trouvant donc rattachée à une tradition non humaine, son autorité était absolue, la loi représentait quelque chose d'infaillible, d'inflexible et d'immuable, n'admettant pas de discussion ; et toute infraction offrait moins le caractère d'un délit contre la société, que celui d'une impiété - ἀσέβεια - d'un acte qui compromettait jusqu'au destin spirituel du coupable et de ceux

---

[98] F. SPIEGEL, *Die arische Periode und ihre Zustande*, Leipzig, 1887, pp. 139, sg. Rta correspond, dans l'ancienne Égypte, à *Maat*, qui comporte les diverses significations que nous venons de mentionner.

avec qui il se trouvait socialement lié. C'est ainsi que, jusque dans la civilisation médiévale, la rébellion contre l'autorité et la loi impériale fut assimilée à l'hérésie religieuse et que les rebelles furent tenus, non moins que les hérétiques, comme des ennemis de leur propre nature, contredisant la loi de leur essence[99]. Pour désigner ceux qui brisent la loi de la caste, au sens dont il sera question plus loin, l'Inde aryenne se servit de l'expression *patita*, c'est-à-dire : les tombés, ceux qui sont tombés. L'utilité de la loi au sens moderne, c'est-à-dire en tant qu'utilité matérielle collective, ne fut jamais le vrai critère : non que cet aspect n'ait pas été considéré, mais il était jugé accessoire et tenu comme la conséquence de toute loi, dans la mesure où celle-ci était une loi authentique. Du reste, il y a utilité et utilité, et la notion de l'utile qui sert, matériellement, d'ultime critère à l'homme moderne, correspondait traditionnellement à un moyen que devait justifier la poursuite d'un but plus élevé. Mais pour être utile dans ce sens, il fallait, répétons-le, que la loi se présentât autrement que comme une simple création modifiable de la volonté des hommes. Une fois établie son autorité « en haut « son utilité et son efficacité étaient certaines, même dans les cas où l'expérience, sous son aspect le plus grossier et le plus immédiat, ne confirmait pas et même, à certains égards, démentait cette utilité et cette efficacité, car « les mailles de la Voie du Ciel sont complexes et insaisissables ». C'est ainsi que, dans le monde traditionnel, le système des lois et des rites fut toujours rapporté à des législateurs divins ou à des médiateurs du divin, dans lesquels on peut voir, sous des formes variées, conditionnées par la diversité géographique et ethnique, comme des manifestations du « Seigneur du centre « dans la fonction, présentement examinée, de « roi de justice ». De même lorsque, plus tard, le principe du vote fut admis, la tradition subsista en partie, du fait que souvent, la décision du peuple n'étant pas jugée suffisante, on subordonna la validité des lois à l'approbation des pontifes et à l'assurance, donnée par les augures, que les dieux étaient favorables[100].

---

[99] Cf. de STEFANO, *Idea imper.* cit., pp. 75-79 ; KANTOROWICZ, *op. cit.*, pp. 240, sg., 580. Même idée dans l'Islam, cf. p. ex. *Coran, IV, III.*
[100] Cf. FUSTEL de COULANGES, *La Cité antique, op. cit.*, pp. 365, 273-7, 221, 376 : « Les cités ne s'étaient pas demandé si les institutions qu'elles se donnaient étaient utiles ; ces institutions s'étaient fondées parce que la religion l'avait ainsi voulu. L'intérêt ni la

De même qu'elles venaient d'en haut, les lois et les institutions dans le cadre de tous les types vraiment traditionnels de civilisation, étaient orientées vers le haut. Une organisation politique, économique et sociale intégralement créée pour la seule vie temporelle est exclusivement propre au monde moderne, c'est-à-dire au monde de l'antitradition. Traditionnellement, l'État avait au contraire une signification et une finalité qui étaient, d'une certaine manière, transcendantes et n'étaient pas inférieures à celles que l'Église catholique revendiqua pour elle-même en Occident : c'était une apparition du « supramonde » et une voie vers le « supramonde ». L'expression même d'« État «, *status*, de ἱστάναι = demeurer, si, empiriquement, elle dérive peut-être de la forme prise par la vie sociale des peuples nomades, lorsqu'ils fixèrent leur résidence - peut toutefois se relier aussi à la signification supérieure, propre à un ordre tendant à participer hiérarchiquement à la « stabilité « spirituelle, par opposition au caractère contingent, changeant, instable, chaotique et particulariste propre à l'existence naturelle[101] ; donc à un ordre qui représente comme un reflet efficace du monde de l'être en celui du devenir, au point de transformer en réalité les paroles déjà citées de la consécration royale védique : « Ferme est tout ce monde des vivants et ferme est aussi ce roi des hommes. « C'est ainsi que les symboles de « centralité « et de « polarité » qui, on l'a vu, sont liés à l'archétype de la royauté, s'appliquèrent fréquemment aux Empires et aux États traditionnels.

Si l'antique Empire chinois fut dénommé « Empire du Milieu », le « lieu » dont il est question dans les plus anciens textes nordiques prend le nom de Mitgard, avec le même sens de siège central, de milieu du monde ; et si la capitale de l'Empire solaire des Incas, nommée Cuzco, semble avoir signifié l'« ombilic » (au sens de centre) de la terre, on retrouve cette même

---

convenance n'avaient contribué à les établir ; et si la classe sacerdotale avait combattu pour les défendre, ce n'était pas au nom de l'intérêt public, c'était au nom de la tradition religieuse. « Jusqu'à Frédéric II subsista l'idée que les lois, auxquelles l'Empereur est soumis, ont leur origine immédiate, non dans l'homme ou dans le peuple, mais en Dieu (cf. De STEFANO, op. cit., p. 57).

[101] H. BERL, (*Die Heraufkunft des fünften Standes*, Karlsruhe. 1931, p. 38) interprète de façon analogue les mots allemands *Stadt* = cité, et *Stand* = classe ou caste. Il peut y avoir là quelque chose de juste.

désignation symbolique appliquée à Delphes, centre de la civilisation dorienne, et à la mystérieuse Ogigye homérique. On pourrait facilement trouver dans maintes autres traditions des exemples analogues, propres à faire comprendre le sens antique des États et des organisations traditionnelles. En général, et déjà dans la préhistoire, le symbolisme des « pierres sacrées » se rattache au même ordre d'idées, l'interprétation fétichiste du culte des pierres n'étant qu'une fantaisie des chercheurs modernes. L'omphalos, la pierre sacrée, n'est pas une figuration naïve de la forme du monde[102] ; son sens d'« ombilic », en grec, se rattache en général - comme on l'a dit - à l'idée de « centre », de « point de stabilité », en relation aussi avec ce que l'on peut appeler la *géographie sacrée* : rituellement, la « pierre sacrée « apparaît souvent, en effet, dans des lieux choisis - non au hasard – comme centres traditionnels d'un cycle historique ou d'un peuple donné[103], surtout avec le sens de « fondement d'en haut « lorsque, en des cas fréquents, la pierre est « du ciel », c'est-à-dire un aérolithe. On peut mentionner à ce propos le *lapis niger* de l'antique tradition romaine et *the stone of the destiny*, la pierre fatidique, également noire, des traditions celtico-britanniques, importante pour la vertu qui lui était attribuée d'indiquer les rois légitimes[104]. A cet ordre d'idée se rattache le fait que dans Wolfram von Eschenbach le Graal, en tant que mystérieuse « pierre divine », possède également le pouvoir de révéler celui qui est digne de revêtir la dignité royale[105]. De là, enfin, le sens évident du symbolisme de l'épreuve consistant à *savoir tirer une épée d'une pierre* (Thésée pour l'Hellade, Sohrab pour la Perse, le roi Arthur pour l'ancienne Bretagne, etc...).

La doctrine des deux natures - fondement de la vision traditionnelle de la vie - se reflète dans les rapports qui, selon la tradition, existent entre *l'État* et le *peuple* (*demos*). L'idée que l'État tire son origine du *demos* et trouve en lui le principe de sa légitimité et de sa consistance, est une perversion idéologique typique du monde moderne, qui témoigne essentiellement d'une

---

[102] W. H. ROSCHER, *Omphalos*, Leipzig, 1913.
[103] Cf. GUENON, *Le Roi du monde*, cit., chap. IX.
[104] J. L. WESTON, *The quest of the holy Grail*, London, 1913, pp. 12-13.
[105] Cf. EVOLA, *Il mistero del Graal*, cit.

régression, en ce sens qu'elle ramène à des conceptions qui furent propres à des formes sociales naturalistes, dépourvues d'une consécration spirituelle. Une fois cette direction prise, il était inévitable que l'on descendît toujours plus bas, jusqu'au monde collectiviste des masses et de la démocratie absolue ; il faut y voir l'effet d'une nécessité naturelle, de la loi même de la chute des corps. Selon la conception traditionnelle, l'État est au contraire, vis-à-vis du peuple, dans le même rapport que le principe olympien et ouranien vis-à-vis du principe tellurique et « souterrain », que l'« idée » et la « forme » - νοῦς - vis-à-vis de la « matière » et de la « nature » - ὕλή -, dans le même rapport, par conséquent, qu'un principe lumineux masculin, différenciateur, individualisant et fécondant, vis-à-vis d'une substance féminine labile, impure et nocturne. Il s'agit là de deux pôles entre lesquels existe une tension intime qui se résout, pour le monde traditionnel, dans le sens d'une transfiguration et d'un ordre déterminé d'en-haut. Ainsi la notion même de « droit naturel » est une pure fiction, dont l'utilisation antitraditionnelle et subversive est bien connue. Il n'existe pas de nature « bonne » en soi, où soient préformés et enracinés les principes intangibles d'un droit égalitairement valable pour tous les êtres humains. Même quand la substance ethnique apparaît, en une certaine mesure, comme une « nature formée », c'est-à-dire présentant quelques formes élémentaires d'ordre, celles-ci - à moins d'être des traces résiduelles d'actions formatrices antérieures - n'ont pas de valeur spirituelle avant d'être reprises dans l'État, ou dans une organisation traditionnelle analogue déterminée par en-haut, et de recevoir ainsi une consécration grâce à leur participation à un ordre supérieur. Au fond, la substance du *demos* est toujours *démonique* (au sens antique, non chrétien et moral du terme) ; elle a toujours besoin d'une *catharsis*, d'une libération, avant de posséder une valeur en tant que force et matière - δύναμις - d'un système politique traditionnel, afin qu'au-delà d'un substratum naturel puisse s'affirmer, toujours davantage, un ordre différencié et hiérarchique de dignités.

En liaison avec ce qui précède, nous verrons que le premier fondement de la distinction et de la hiérarchie des castes traditionnelles n'a pas été politique ou économique, mais spirituel : au point de créer, dans l'ensemble, un système authentique de participation, selon une progression graduée, à une conquête extranaturelle et une victoire du cosmos sur le chaos. La tradition indo-aryenne connaissait, en dehors des quatre grandes castes, une distinction encore plus générale et significative, qui se rattache précisément à la dualité des natures : la distinction entre les *ârya*, ou *dvîja*, et les *çûdra*. Les premiers sont les « nobles » et les « re-nés » par l'initiation, qui constituent l'élément « divin », daivya ; les autres sont les êtres qui appartiennent à la nature, ceux dont la vie ne possède en propre aucun élément surnaturel et qui représentent donc le substratum « démonique » - *asurya* - sub-personnel et impur de la hiérarchie, graduellement vaincu par l'action formatrice traditionnelle exercée, dans la substance des castes supérieures, depuis le « père de famille » jusqu'aux *brâhmana*[106]. Tel est, au sens strict des termes, la signification originelle de l'État et de la Loi dans le monde de la Tradition : une signification de « formation » surnaturelle, même là où ce sens, du fait d'applications incomplètes du principe ou par l'effet d'une matérialisation et d'une dégénérescence ultérieures, ne se présenta pas sous une forme immédiatement perceptible.

De ces prémisses résulte une relation potentielle entre le principe de tout État et celui de *l'universalité* : là où s'exerce une action tendant à organiser la vie au-delà des limites de la nature et de l'existence empirique et contingente, ne peuvent pas ne pas se manifester des formes qui, en principe, ne sont plus liées au particulier. La dimension de l'universel dans les civilisations et organisations traditionnelles, peut présenter des aspects différents, et se manifester, selon les cas, avec plus ou moins d'évidence. La « formation », en effet, se heurte toujours à la résistance d'une matière qui, par ses déterminations dues à l'espace et au temps, agit en un sens différenciateur et particulariste dans l'application historique effective du principe unique, supérieur en soi et antérieur à ces manifestations. Toutefois il n'existe pas de forme d'organisation traditionnelle qui, malgré toutes les caractéristiques locales, tous les exclusivismes empiriques, tous les « autochtonismes « des

---

[106] Souvent la caste des *cûdra* ou serviteurs, opposée à celle des brâhmana qui est « divine » (daivya) en tant que sommet de la hiérarchie des « nés deux fois », est justement considérée comme « démonique » (asurya). *Cf. p.* ex. Pancavinçabrâhmana, V, v. 17 et, en outre, E. SENART, *Les castes dans l'Inde*, Paris, 1896, p. 67.

cultes et des institutions jalousement défendus, ne cache un principe plus élevé, universel, qui s'actualise quand l'organisation traditionnelle s'élève jusqu'au niveau et jusqu'à l'idée de l'Empire. Il existe ainsi des liens occultes de sympathie et d'analogie entre les formations traditionnelles particulières et quelque chose d'unique, d'indivisible et de permanent, dont elles semblent être, pour ainsi dire, autant d'images : de temps en temps, ces circuits de sympathie se ferment, on voit briller ce qui, en eux les transcende, de même qu'on les voit acquérir une puissance mystérieuse, révélatrice d'un droit souverain, qui renverse irrésistiblement toutes les frontières particularistes et culminer en une unité de type supérieur. Telles sont précisément les culminations *impériales* du monde de la Tradition. Idéalement, une ligne unique conduit de l'idée traditionnelle de loi et d'État à celle d'Empire.

On a vu que l'opposition entre les castes supérieures, caractérisées par la « seconde » naissance, et la caste inférieure des *câdra*, équivaut, pour les Indo-aryens, à l'opposition entre « divin » et « démonique ». Aux premières castes correspondaient d'ailleurs, en Iran, autant d'émanations du feu céleste descendu sur terre, plus exactement sur trois « sommets » distincts : au-delà de la « gloire » - *hvarenô* - *sous* la forme suprême présente avant tout chez les rois et les prêtres (les anciens prêtres mèdes s'appelaient *athrava*, c'est-à-dire « seigneurs du feu ») ce feu surnaturel s'articule, selon une hiérarchie correspondant aux autres castes ou classes, celles des guerriers et des chefs patriarcaux de la richesse - *rathaestha* et *vâstriya-fshuyant* - en deux autres formes distinctes, jusqu'à toucher et « glorifier » les terres occupées par la race aryenne[107]. C'est en partant de cette base que l'on arrive précisément, dans la tradition iranienne, à la conception métaphysique de l'Empire, en tant que réalité qui n'est pas liée, au fond, à l'espace ni au temps. Les deux possibilités apparaissent clairement : d'un côté *l'ashavan*, le pur, le « fidèle » sur la terre et le bienheureux dans l'au-delà - celui qui accroît ici-bas, dans le

---

[107] Cf. SPIEGEL, *Eran. Altert.*, v. III, p. 575 ; v. II, pp. 42-43-46. Dans les Yasht (XIX, 9) il est dit, en particulier, que la « gloire » appartient « aux aryens nés et non-nés et au saint Zarathustra ». On pourrait également rappeler ici la notion des « hommes de la loi primordiale » - *paoiryôthaêsha* considérée comme la vraie religion aryenne à tous les âges, avant et après Zarathustra (cf. p. ex. Yasht, XIII, passim).

domaine qui lui est propre, la force du principe de lumière : avant tout les maîtres du rite et du feu, qui ont un pouvoir invisible sur les forces ténébreuses ; puis les guerriers, en lutte contre le barbare et l'impie ; enfin ceux qui travaillent la terre sèche et stérile, car cela aussi est *militia*, la fertilité étant presque une victoire qui augmente la *virtus* mystique de la terre aryenne. En face de *l'ashavan*, *l'anashvan*, l'impur, celui qui n'a pas de loi, celui qui neutralise le principe lumineux[108]. L'Empire, en tant qu'unité traditionnelle gouvernée par le « roi des rois », correspond précisément ici à ce que le principe de lumière sut conquérir sur le domaine du principe ténébreux et a pour idée-limite le mythe du héros Çaoshianç, seigneur universel d'un futur règne de la « paix », achevé et victorieux[109]. La même idée se retrouve d'ailleurs dans la légende selon laquelle l'empereur Alexandre aurait barré la route, à l'aide d'une muraille de fer, aux peuples de Gog et Magog, qui peuvent représenter ici l'élément « démonique » maîtrisé dans les hiérarchies traditionnelles. Ces peuples s'élanceront un jour à la conquête des puissances de la terre, mais seront définitivement repoussés par des personnages en qui, selon les légendes médiévales, se remanifestera le type des chefs du Saint-Empire Romain[110]. Dans la tradition nordique, les remparts qui protègent la « région du milieu » - le *Mitgard* contre les natures tellurico-élémentaires et qui seront renversés lors du « crépuscule des dieux » - *ragna rökkr*[111], expriment la même idée. Nous avons déjà rappelé, d'autre part, le rapport qui existe entre *aeternitas* et *imperium* selon la tradition

---

[108] Cf. MASPERO, *Histoire anc. des Peuples de l'Orient classique*, Paris, 1895, v. 111, pp. 586-7.

[109] Bundahesh, XXX, 10, sg. ; Yasht, XIX, 89-90.

[110] Cf. A. GRAF, *Mem. e. imaginaz, del Medioevo*, cit., v. II, pp. 521, 556, sg. La même fonction d'Alexandre à l'égard des peuples de Gog et Magog réapparaît dans le Coran (XVIII, 95), où elle est attribuée au héros Osul-Kernein. (Cf. F. SPIEGEL, *Die Alexandersage bei den Orientalen*, Leipzig, 1851, pp. 53, sg.). On retrouve, d'autre part, Gog et Magog dans la tradition hindoue sous les noms presque identiques des démons Koka et Vikoka qui, à la fin du présent cycle, doivent être détruits par le Kalki-Avatâra, autre figuration messianique impériale. Cf. J. EVOLA, *Il mistero del Graal*, cit.

[111] *Gylfaginning, 8, 42* ; *Vôluspâ, 82*. La défense contre les forces obscures, au sens de protection contre elles, a aussi donné un sens symbolique à la « grande muraille « derrière laquelle l'Empire chinois, ou « Empire du milieu », s'était enfermé.

romaine, dont découle le caractère transcendant, non humain, auquel s'élève ici la notion du « *regere* », au point que le paganisme attribua aux dieux la grandeur de la cité de l'Aigle et de la Hache. D'où le sens plus profond que pouvait offrir aussi l'idée selon laquelle le « monde « ne disparaîtrait pas tant que se maintiendrait l'Empire romain : idée qu'il faut précisément rapporter à celle de la fonction de salut mystique attribué à l'empire, à condition d'entendre le « monde », non dans un sens physique ou politique, mais au sens de « cosmos », de digue d'ordre et de stabilité opposée aux forces du chaos et de la désagrégation[112].

La reprise de l'idée romaine par la tradition byzantine présente, de ce point de vue, une signification particulière, en raison de l'élément nettement théologico-eschatologique qui vivifie cette idée. L'Empire, conçu, ici aussi, comme une image du royaume céleste, est voulu et préordonné par Dieu. Le souverain terrestre - le βασιλεύς αὐτοκράτωρ - y est lui-même une image du Seigneur de l'Univers qui domine toutes choses : comme lui, il est seul, sans second, et il règne sur le domaine temporel comme sur le domaine spirituel. Sa loi est universelle : elle s'étend aussi aux peuples qui se sont donné un gouvernement autonome non soumis au pouvoir impérial réel, gouvernement qui, en tant que tel est « barbare » et non « selon la justice », parce qu'il ne repose que sur une base naturaliste[113]. Ses sujets sont les « Romains » - ρωμαῖοι - au sens, non plus ethnique ni même purement juridique, mais d'une dignité et d'une consécration supérieure, puisqu'ils vivent dans la *pax* assurée par une loi qui est le reflet de la loi divine. C'est pourquoi l'œcuménicité impériale réunit en elle l'ordre du « salut », tout

---

[112] Le rapport dynamique entre les deux principes opposés s'exprima dans l'Inde aryenne avec la fête de *gavâmyana*, où un *çûdra* noir luttait contre un *ârya* blanc pour la possession d'un symbole solaire (cf. A. WEBER, *Indische Studien*, Leipzig, *1868, v. X, p. 5*). Parmi les mythes nordiques figure également celui d'un chevalier blanc qui lutte contre un noir au début de chaque année pour la possession de l'arbre : il s'y rattache aussi l'idée que le cavalier noir l'emportera dans l'avenir jusqu'à ce qu'un roi l'abatte définitivement (J. J. GRIMM, *Deutsche Mythologie*, Berlin, *1876, v. II, p. 802*).

[113] Cf. O. TREITINGER, *Die ost-râmische Kaiser und Reichsidee*. Iéna, *1938*.

comme celui du droit, au sens supérieur du terme[114].

Avec ce même contenu supra-historique, l'idée de l'Empire, envisagé en tant que institution surnaturelle universelle, créée par la « providence « comme *remedium contra infermitatem peccati* pour rectifier la nature déchue et diriger les hommes vers le salut éternel, se réaffirme encore une fois au Moyen-Age gibelin[115], bien qu'elle s'y trouve pratiquement paralysée, non seulement par l'opposition de l'Église, mais aussi par les temps, qui en interdisaient déjà la compréhension et, plus encore, la réalisation effective selon son sens le plus élevé. De la sorte, si Dante exprime une vue traditionnellement correcte en revendiquant pour l'Empire la même origine et la même finalité surnaturelles que celles de l'Église, en parlant de l'Empereur comme de celui qui « possédant tout, et ne pouvant rien désirer de plus » est sans concupiscence et peut ainsi faire régner la paix et la justice, fortifier la *vita activa* des hommes incapables, après le péché, de résister aux attraits de la *cupiditas* si un pouvoir supérieur ne la freine et ne la guide pas[116], Dante, cependant, ne développe guère ces idées au-delà du plan politique et matériel. En fait, la « possession parfaite » de l'Empereur n'est pas ici cette possession *intérieure* propre à « ceux qui sont » mais la possession territoriale ; la *cupiditas* n'est pas la racine démonique de toute vie non régénérée, non séparée du devenir, « naturelle », mais elle est celles des princes qui se disputent la puissance et la richesse. La « paix », enfin, est celle du « monde », simple prémisse d'un ordre différent, au-delà de celui de l'Empire, d'une « vie contemplative » au sens ascético-chrétien. Mais, ne serait-ce que sous forme d'écho, la tradition se maintient encore. Avec les Hohenstaufen sa flamme jettera une dernière lueur. Ensuite, les Empires seront supplantés par les « impérialismes « et l'on ne saura plus rien de l'État,

---

[114] Sur une base analogue on trouvera, dans l'Islam, la distinction géographique entre le *dar al-islam*, ou terre de l'Islam, gouvernée par la loi divine, et le *dar al-harb*, ou « terre de la guerre », parce que sur cette dernière, vivent des peuples qui doivent être repris dans la première grâce à la *jihad*, en « guerre sainte. ».

[115] Cf. F. KAMPERS, *Die deutsche Kaiser idee in Prophetie und Sage*, Berlin, 1896, *passim*, et aussi *Karl der Grosse*, Mainz, 1910.

[116] Cf. DANTE, *Conv. IV, V*, 4 ; *De Monarchie, 1, II*, 11-14 et A. SOLMI, *Il pensiero politico di Dente*, Firenze, 1922, p. 15.

sinon sous l'aspect d'une organisation temporelle particulière, « nationale », puis « sociale » - et plébéienne.

5

LE MYSTÈRE DU RITE

Si le roi de droit divin était le centre de l'État traditionnel, ce qui reliait les éléments particuliers à ce centre et faisait participer les individus à l'influence transcendante qui se manifestait chez le chef, c'était un double élément : le *rite* et la *fidélité, fides.*

Le rite fut le ciment originel des organisations traditionnelles petites et grandes, considérées en une dimension antre que la dimension purement « naturelle ». Il appartenait avant tout au roi ; il était ensuite la prérogative des castes aristocratiques ou sacerdotales, de la magistrature elle-même - pour désigner les magistrats, les Grecs se servaient de l'expression οἱ ἐν ιτέλε = ceux qui doivent accomplir les sacrifices[117] - et, enfin, des *patres*, des chefs de famille. Dans tous ces cas, le privilège du rite était toujours le fondement le plus solide de l'autorité et de la dignité hiérarchique. Les rites et les sacrifices étaient déterminés par des règles traditionnelles détaillées et sévères, qui n'admettaient rien d'arbitraire ni de subjectif. Ils étaient impératifs, *jus strictum* : le fait que le rite ou le sacrifice fût négligé, accompli par une personne non qualifiée ou officié en quelque manière d'une façon non conforme aux règles traditionnelles, était une source de malheur : il libérait des forces redoutables, aussi bien dans l'ordre moral que dans l'ordre matériel, aussi bien pour les individus que pour la collectivité. Il transformait les dieux en ennemis. On a pu dire, en revanche, dans le monde classique, que le prêtre du feu sacré, grâce à son rite, « sauvait » chaque jour la cité[118]. Selon la tradition extrême-orientale, établir les rites est la première des trois choses considérées comme de la plus grande importance pour le

---

[117] Cf. Fustel de COULANGES, Op. *cit.*, *p. 211.*
[118] PINDARE, Nemen., XI, 1-5.

gouvernement d'un empire[119], les rites étant les « canaux par lesquels peuvent être rejointes les voies du Ciel » [120]. Dans la tradition hindoue, les « lieux sacrificiels » sont considérés comme les sièges mêmes de l'« ordre » - *rta*[121] - et il est très significatif que l'expression *rta* (chez les Iraniens : *artha*) apparaisse, en liaison avec des conceptions analogues, comme la racine du même mot latin *ritus*, qui signifie « action rituelle ». Dans la vie antique traditionnelle, aussi bien individuelle que collective, il n'y avait point d'acte qui ne se reliât à un élément rituel déterminé, comme à son soutien et à son guide d'en haut et comme à un élément transfigurant[122]. La tradition des rites et des sacrifices, comme celle des lois elles-mêmes, qui se confondait souvent avec elle - jus sacrum - se référait, tant dans l'ordre privé que dans l'ordre public, à un être non humain ou devenu non humain. Tout cela est terra incognita pour la mentalité laïque moderne ; à ses yeux, tout rite, même s'il n'est pas considéré comme une superstition « dépassée », équivaut à une simple cérémonie[123], appréciée tout au plus pour sa valeur symbolique, esthétique ou émotionnelle. Il convient donc de s'arrêter sur certains aspects et certaines significations de cette forme de l'esprit traditionnel, qui nous ramèneront d'ailleurs aux données fondamentales antérieurement exposées.

Au sujet du « sacrifice », on lit, dans un texte dont l'ancienneté n'est pas douteuse, que le *brahman*, qui, à l'origine, était tout l'univers, « créa une

---

[119] *Tshung-yung*, XXIX, I.

[120] Cf. *Li-ki*, VII, iv, 6 : « La ruine des États, la destruction des familles et l'anéantissement des individus sont toujours précédés par l'abandon des rites... Ils fournissent les canaux par lesquels nous pouvons saisir les voies du ciel. » Selon la tradition indo-aryenne, les formules et les sacrifices rituels sont avec « la vérité, l'ordre, l'ascèse », les soutiens non seulement des organisations humaines, mais encore de la terre elle-même (cf. p. ex., *Atharva-véda*, XII, I, 1).

[121] Cf. par ex., *Rg-Veda*, X, 124, 3.

[122] Sur la puissance de la tradition des rites dans la Romanité antique cf. V. V. MACCHIORO, *Roma Capta*, Messina, 1928, p. 15.

[123] Du reste, on a perdu le sens originaire du mot « cérémonie ». Il vient de la racine creo, identique au sanskrit kr = faire, agir, au sens de « créer ». Il n'exprimerait donc pas une célébration conventionnelle, mais, à proprement parler, une véritable action créatrice. Cf. L. PRELLER, *Römische Mythologie*, Berlin, 1958, p. 70. Au Moyen Age *ceremoniae* était le terme spécifique par lequel on désignait les opérations magiques.

forme plus haute et plus parfaite de lui-même », dont les « dieux guerriers », Indra, Mithra, etc... sont issus[124].

Cet auto-dépassement de la force originelle du monde, auquel est attribuée l'origine d'entités que l'on peut considérer comme les archétypes célestes de la royauté divine et triomphale, est étroitement lié à l'essence de toute une catégorie de sacrifices. On trouve la même idée dans une série d'autres mythes, où s'exprime une identité fondamentale entre les héros et les dieux, et les personnifications des forces du chaos contre lesquels ils luttent victorieusement[125] : c'est la même conception d'une force primordiale qui réagit contre elle-même, qui se brise elle-même en se libérant et en s'élevant vers un mode supérieur d'être qui définit son aspect proprement divin - la forme upanishadique « plus haute et plus parfaite d'elle-même » - se manifestant souvent en une loi, en un principe d'ordre : c'est ainsi, par exemple, que, sur le plan universel, le chaldéen Marduk, vainqueur du démon du chaos Thiamat, est un ordonnateur cosmique et que, dans la cosmogonie hindoue, c'est avec l'ascèse - *tapas tapyate* - que la force-vie produit l'« Un » de la création. Dans la tradition nordique la même idée est exprimée par le sacrifice d'Odin à l'arbre cosmique Yggdrasill, sacrifice grâce auquel il tire de l'abîme la science transcendante contenue dans les Runes, et prospère[126] : en outre, dans une rédaction particulière de ce mythe, Odin, conçu comme roi, apparaît comme celui qui, par son sacrifice, indique la voie conduisant au Walhalla, c'est-à-dire le genre d'action qui peut faire participer à l'immortalité héroïque, aristocratique et ouranienne[127].

---

[124] Cf. *Catapatha-Brâhmana*, XIV, iv, 23-24 ; *Brhadânanyakaupanishad*, 1, iv, 11.

[125] Cf. HUBERT-MAUSS, *Mélanges hist. rel., op. cit.*, pp. 113-116. Dans un des textes cités plus haut (*Brhadâr.*, 1, ii, 7-8) le principe originel dit : « Mon corps devient apte au sacrifice. Grâce à lui, j'arriverai à avoir un être » et un tel sacrifice - l'*açvamedha* - est mis en rapport avec le soleil.

[126] *Hâvamâl*, 139 sq.

[127] *Ynglingasaga*, c.X. - *Cf.* S. BUGGE, *Entstehung der nordischen Gdtter-und Heldensagen*, München, 1889, p. 317, 422-423, où l'on constate que le nom même d'Yggdrasill donné à l'Arbre eddique - « dont nul mortel ne sait d'où naissent les racines « (*Hâvamâl*, 139-140) - semble désigner l'instrument même du sacrifice d'Yggr, c'est-à-dire du « Terrible », qui est un nom d'Odin.

Selon son sens originel, le type de sacrifice auquel nous nous référons ici correspond à une action analogue, génératrice d'un « dieu » ou « héros », ou à la répétition de celle-ci, liée à la tradition sacrificielle se rattachant à ce dieu ou héros, répétition qui renouvelle la force efficace de ce dieu, ou la reproduit et la développe dans une communauté donnée. Dans la tradition égyptienne, ces significations s'expriment sans équivoque. Osiris y est conçu comme celui qui aurait enseigné aux hommes les rites, en plus de l'art sacré et symbolique de la construction des temples. Mais il est le dieu des rites du fait que lui-même, le premier parmi les dieux, est passé à travers le sacrifice et a connu la « mort ». Son meurtre et son démembrement par Sit sont associés au fait qu'il « pénétra, le premier, dans l'inconnu » de l'« autre terre » et qu'il devint « un être qui savait le grand secret »[128]. Le mythe se développe avec le thème d'Horus le jeune, fils d'Osiris, qui ressuscite le père. Il trouve les « rites appropriés » - *khu* - qui rendent à Osiris, passé dans l'autre monde - dans le surnaturel, au sens propre - la forme qu'il possédait précédemment. « Par la mort et par les rites funéraires, Osiris, le premier de tous les êtres, connut les mystères et la vie nouvelle : cette science et cette vie furent désormais le privilège des êtres qu'on disait divins. C'est à ce point de vue qu'Osiris passait pour avoir initié les dieux et les hommes aux rites sacrés... Il avait montré aux êtres du ciel et de la terre comment on devient dieu »[129]. Depuis lors, le culte rendu à chaque être divin, ou divinisé, consista à répéter le mystère d'Osiris. Ceci s'applique, avant tout, au roi : ce n'est pas seulement le rite d'intronisation ni le rite solennel trentennal du *sed*, qui répètent le mystère sacrificiel d'Osiris, c'est aussi le culte journalier destiné à rénover, chez le roi égyptien, l'influence transcendante requise par sa fonction. Le roi rend un culte à Osiris, *en la reconstruisant*, en renouvelant rituellement son trépas et sa victoire. Ainsi l'on dira du roi : « Horus qui modèle le Père (Osiris) « et aussi : « le donneur de vie - *di ankh* -celui qui par le rite fait surgir la vie divine, royalement, comme le soleil »[130]. Le souverain *se fait*

---

[128] Cf. A. MORET, *Royaut. Pharaon.*, op. cit., p. 148.
[129] *Ibid.*, p. 149.
[130] *Ibid.*, pp. 149, 153-161, 182-3. Cf. l'expression de Ramsès II : « Je suis un fils qui modèle la tête de son père, qui engendre celui qui l'a engendré » ; Cf. p. 217 : l'entrée du roi dans

« Horus », le résurrecteur d'Osiris ou Osiris ressuscité. C'est en vertu d'une conception analogue que les initiés, dans les « mystères », prenaient souvent le nom du dieu par lequel ces « mystères « avaient été institués, l'initiation reproduisant le même type d'acte qui constitue l'essence du dieu, et déterminant ainsi une ressemblance analogique de nature, présentée, dans d'autres cas, d'une façon figurée, comme une « incarnation « ou une « filiation ».

Ceci vaut d'ailleurs également pour le rite envisagé d'une façon plus générale : pour le rite offert au « héros » ou ancêtre primordial non humain, à qui les familles aristocratiques traditionnelles faisaient fréquemment remonter leur origine non matérielle et le principe de leur rang et de leur droit ; pour le rite du culte des fondateurs d'une institution, d'une législation ou d'une cité, s'ils étaient considérés comme des êtres non humains. Dans ces divers cas on reconnaissait donc aussi une action originelle analogue au sacrifice, productrice d'une qualité surnaturelle, qui demeure dans la lignée en tant qu'hérédité spirituelle virtuelle, ou en tant qu'« âme » attachée aux institutions, lois ou fondations : les rites et les diverses cérémonies servaient précisément à « actualiser » et à alimenter cette influence originelle qui, du fait de sa nature non humaine, apparaissait comme un principe de salut, de fortune, de « félicité ! »

Les éclaircissements qui viennent d'être fournis au sujet de la signification d'une catégorie importante de rites traditionnels permettent déjà de fixer un point essentiel. Dans les traditions des civilisations ou des castes ayant une consécration ouranienne, deux éléments sont présents. Le premier est matériel et naturaliste : c'est la transmission de quelque chose qui a des relations avec le sang et avec la race, c'est-à-dire d'une force vitale qui tire son origine du monde inférieur, avec des interférences d'influences élémentaires et collectivo-ancestrales. Le second élément vient d'en-haut, et se trouve conditionné par la transmission et l'accomplissement ininterrompu de rites contenant le secret d'une certaine transformation et d'une certaine

---

la salle du rite - *paduait* - était assimilée à l'entrée dans l'autre monde - *duait* -, celui de la mort sacrificielle et de la transcendance.

domination réalisées dans ce substratum vital : telle est l'hérédité supérieure, qui permet de confirmer et de développer la qualité que l'« ancêtre divin « a établie ex novo ou promue d'un ordre dans un autre, et avec laquelle commence à proprement parler, soit la lignée royale, soit l'État ou la cité ou le temple, soit la caste, la *gens* ou la famille patricienne, selon l'aspect surnaturel et de « formel « dominant le chaos, qui caractérisait toutes ces entités dans les types supérieurs de civilisation traditionnelle. Voici pourquoi les rites pouvaient apparaître, selon la formule extrême-orientale, comme des « expressions de la loi céleste »[131].

Considérant en soi l'action rituelle par excellence - le sacrifice - dans sa forme la plus complète (on peut se référer au type védique), il est possible de distinguer trois moments. Avant tout, une purification rituelle et spirituelle du sacrificateur, destinée, soit à le faire entrer en contact réel avec les forces invisibles, soit à favoriser la possibilité d'un rapport actif avec elles. Ensuite, un processus évocatoire qui produit une saturation de ces énergies dans la personne même du sacrificateur, ou d'une victime, ou des deux, ou encore d'un troisième élément, variable selon la structure du rite. Enfin, une action qui détermine la crise (p. ex. le meurtre de la victime) et « actualise « le dieu dans la substance même des influences évoquées[132]. Sauf les cas où le rite est destiné à créer une nouvelle entité pour servir d'« âme « ou de « génie « à une nouvelle tradition, ou même à une nouvelle cité, à un nouveau temple, etc... (puisque même la construction des villes et des temples comportait souvent, traditionnellement, une contrepartie surnaturelle[133]), on trouve ici quelque

---

[131] *Tshung-Yung*, XXVII, 6.

[132] Cf. HUBERT-MAUSS, *Mélang. Hist. Rel. cit.*, p. 9 à 130 ; *Introduzione alla Magia*, Rome, 1951, v. III, p. 281, sg.

[133] Dans le cas d'une ville nouvelle, il s'agit de la formation de cette tyke pόleos à laquelle nous avons déjà fait allusion, et qui, dans les civilisations de type supérieur, assumée directement par le chef, s'identifie à la « fortune royale » tyke basiléos. Voir, comme beaucoup d'auteurs modernes, dans des êtres de ce genre, des « abstractions personnifiées », revient tout simplement à adopter le point de vue d'un savoir ignorant. Dans l'ancienne Égypte, le roi divin présidait aux rites de construction des temples, en exécutant lui-même, dans un sens symbolico-rituel, les premiers actes nécessaires à la construction et en unissant aux matériaux vulgaires l'or et l'argent qui symbolisaient

chose de semblable à l'action de *délier* et de sceller nouvellement. On renouvelle, en effet, par voie évocatoire, le contact avec les forces inférieures qui servent de substratum à une divinisation primordiale, mais aussi la violence qui les arracha à elles-mêmes et les libéra en une forme supérieure. On comprend alors le danger que présente la répétition de certains rites traditionnels et la raison pour laquelle le sacrificateur pouvait être appelé « mâle héros » [134]. Le rite qui échoue, ou avorte, ou dévie de n'importe quelle façon de son modèle original, blesse et désagrège le « dieu » : c'est un sacrilège. En altérant une loi, un sceau de domination surnaturelle est brisé, les forces obscures, ambiguës, redoutables, font retour à l'état libre. Le seul fait de négliger le rite détermine des effets analogues : il amoindrit la présence du « dieu « dans son rapport avec les coupables, et renforce, corrélativement, ces énergies qui, dans le « dieu « même, se trouvaient jugulées et transformées : il ouvre les portes au chaos. En revanche, l'action sacrificielle droite et diligente fut considérée comme le moyen par lequel les hommes soutiennent les dieux et les dieux les hommes, pour le bien suprême des uns et des autres[135]. Le destin de ceux qui n'ont plus de rite est celui des « enfers »[136] : de l'ordre surnaturel auquel on les avait fait participer, ils régressent dans les états de nature inférieure. Seule, a-t-on affirmé, l'action sacrificielle ne crée pas de « lien »[137].

Le monde, d'après Olympiodore, est un grand symbole, parce qu'il présente sous une forme sensible des réalités invisibles. Et Plutarque a écrit : « Parmi les choses d'un ordre supérieur, comme parmi les choses naturelles, il y a des liens et des correspondances secrètes, dont il est impossible de juger, sinon par l'expérience, les traditions et le consentement de tous les hommes. »

---

l'élément divin invisible, qu'il reliait presque comme une âme, par sa présence et son rite, à la construction visible. À cet égard, il agissait dans l'esprit d'une « œuvre éternelle « et l'on peut lire sur certaines inscriptions : « Le roi imprègne de fluide magique le sol où vivront les dieux. » (Cf. MORET, *Royaut. Pharaon.*, pp. 132 sqq.).

[134] *Rg-Veda*, 1, 40, 3.

[135] *Bhagavad-Gîtâ*, III, 11, C. Çatapatha-brâhmana, VIII, 1, 2, 10, où le sacrifice est appelé la « nourriture des dieux » et « leur principe de vie » (ibid., XIV, III, 2, 1).

[136] *Ibid.*, 1, 44.

[137] *Ibid.*, III, 9.

[138]. Voici une autre expression caractéristique, tirée de l'ésotérisme hébraïque : « Afin qu'un événement se produise ici bas, il faut qu'un événement correspondant s'accomplisse en haut, tout étant, ici-bas, un reflet « Afin qu'un événement se produise ici-bas, il faut qu'un événement du monde supérieur... Le monde supérieur est mû par l'impulsion de ce monde inférieur, et inversement. La fumée [des sacrifices] qui monte d'ici-bas allume les lampes en-haut, de façon que toutes les lumières brillent au ciel : et c'est ainsi que tous les mondes sont bénis » [139]. Ceci peut être considéré comme la profession de foi générale des civilisations de type traditionnel. Pour l'homme moderne, causes et effets se situent, les unes comme les autres, sur le plan physique, dans l'espace et le temps. Pour l'homme traditionnel, le plan physique ne comporte au contraire que des effets et rien ne se produit dans l'« en-deçà « qui ne se soit déjà produit dans l'au-delà dans l'invisible. C'est aussi sous cet aspect que l'on voit le rite se greffer et dominer souverainement, dans la trame de tous les actes, de toutes les destinées, et de tous les modes de la vie traditionnelle. Déterminer, par le moyen du rite, des faits, des rapports, des victoires, des défenses, et, en général, des *causes* dans l'invisible, était l'action par excellence, dont aucune action matérielle ne pouvait être séparée sans se trouver compromise par une contingence radicale, l'âme elle-même étant insuffisamment protégée contre certaines forces obscures et insaisissables qui se manifestent dans les passions, les pensées et les tendances humaines, de l'individu et de la collectivité, comme derrière les coulisses de la nature et de l'histoire.

Si l'on rattache ces considérations à celles qui précèdent, le fait que, traditionnellement, l'exercice du rite apparaisse comme un des principes fondamentaux de la différenciation hiérarchique et, qu'en général, il soit étroitement associé à toute forme d'autorité, aussi bien dans le cadre de l'État que dans celui de la *gens* et même de la famille - ce fait apparaît comme tout le contraire extravagant. On peut rejeter le monde traditionnel en bloc. Mais il n'est pas possible de nier la connexion intime et logique, de toutes ses parties, une fois que l'on en connaît les fondements.

---

[138] PLUTARQUE, *De sera num, vindicta, XXVIII* (trad. J. de Maistre).
[139] *Zohar, I, 208* a ; II, *244* a.

6

DU CARACTÈRE PRIMORDIAL DU PATRICIAT

C'est dans la civilisation indo-aryenne que ce principe a trouvé l'une de ses applications les plus complètes. La caste *brâhmana* s'y trouvait au sommet de la hiérarchie, non pas grâce à la force matérielle, ni à la richesse, ni même à une organisation correspondant à celle d'une Église, organisation dont, à la différence de l'Occident, elle ne s'est jamais souciée et qu'elle n'a jamais connue. Seul le rite sacrificiel, qui est son privilège, déterminerait la distance qui sépare la caste *brâhmana* de toutes les autres. Le rite et le sacrifice, en investissant celui qui les accomplit d'une sorte de charge psychique, à la fois redoutable et bénéfique, font participer les brâhmana à la nature des puissances invoquées, et cette qualité, non seulement persistera durant toute la vie, attachée à la personne, et la rendant directement, comme telle, supérieure, vénérée et crainte, mais elle se transmettra à sa descendance. Passée dans le sang comme une hérédité transcendante, elle deviendra une propriété de la race, propriété que le rite d'initiation servira par la suite à rendre de nouveau active et efficace chez l'individu[140].

La dignité d'une caste se mesurait autant à la difficulté qu'à l'utilité des fonctions qui lui étaient propres. Or, en vertu des prémisses déjà indiquées, rien n'était considéré comme plus utile, dans le monde de la Tradition, que les influences spirituelles susceptibles d'être activées par la vertu nécessitante

---

[140] Le *brâhmana*, comparé au soleil, est souvent conçu comme étant substancié par une énergie ou splendeur rayonnante - *tejas* - qu'il a tirée « comme une flamme », au moyen de la « connaissance spirituelle « de sa force vitale. Cf. *çatapathabrâhmana*, XIII, ii, 6, 10 ; *Pârikohita*, II, 4.

du rite[141], et rien n'apparaissait plus difficile que d'entrer dans un rapport réel et royal avec les forces invisibles, promptes à atterrer l'imprudent qui les affronte sans posséder la connaissance et sans avoir les qualifications requises. C'est pour la seule raison, qu'elle représentait une unité immatérielle d'individus qui n'étaient pas seulement humains, que, malgré sa dispersion, la caste brâhmana put, depuis les temps les plus reculés, imposer le respect aux masses de l'Inde, et connaître un prestige que nul tyran, parmi les mieux armés, n'a jamais possédé[142].

De même, aussi bien en Chine qu'en Grèce et à Rome, le patriciat se définissait essentiellement par la possession et l'exercice des rites liés à la force divine de l'ancêtre, rites que le vulgaire ne possédait pas. Seuls les patriciens, en Chine, pratiquaient les rites *vi-li*, les plébéiens n'ayant que des coutumes *su*. À la maxime extrême-orientale : « Les rites ne descendent pas jusqu'aux gens vulgaires »[143] fait pendant la maxime bien connue d'Appius Claudius : « Auspicia sunt patrum ». Pour caractériser les plébéiens on disait qu'ils n'avaient pas de rites, qu'ils ne possédaient pas d'ancêtres - *gentem non habent*. C'est pourquoi, aux yeux des patriciens romains, leur mode de vie et leurs unions étaient considérés comme assez voisins de ceux des animaux - *more ferarum*. L'élément surnaturel restait donc à la base du concept du patriciat traditionnel comme de celui de la royauté légitime : c'était en fonction d'une tradition sacrée, et pas seulement d'une tradition de sang et d'une sélection raciale, que l'aristocrate antique existait en tant que tel. En

---

[141] Dans la tradition extrême-orientale, le type du vrai chef est souvent mis en relation avec celui auquel « rien n'est plus évident que les choses cachées dans le secret de la *connaissance*, rien n'est plus manifeste que les causes les plus subtiles des actions », mais aussi les « vastes et profondes puissances du ciel et de la terre » qui « bien que subtiles et imperceptibles, se manifestent dans les formes corporelles des êtres » (cf. *Tshung-yung*, I, 3 ; XVI, 1, 5).

[142] Cf. C. BOUGLE, *Essai sur le régime des castes*, Paris, 1908, pp. 48-50, 80-81, 173, 191. Sur le fondement de l'autorité des brâhmana, cf. *Mânavadharmacâstra*. IX, 314-317.

[143] *Li-ki*, 1, 53. Cf. MASPERO, *Chine ant.*, p. 108 : « En Chine, la religion appartenait aux patriciens, elle était plus que toute chose leur bien propre ; seuls, ils avaient droit au culte, même de façon plus large, aux *sacra*, grâce à la vertu - *të* - de leurs ancêtres, tandis que la plèbe sans ancêtres n'y avait aucun droit : seuls ils étaient en relations personnelles avec les dieux. »

effet, même un animal peut posséder une pureté biologico-vitale, une intégrité du sang. Dans le régime des castes, la loi du sang, de l'hérédité et de la frontière endogamique ne s'appliquait d'ailleurs pas au seul *brâhmama*, mais aussi aux autres castes. Ce n'était donc pas en ce sens que la plèbe se caractérisait par l'absence d'ancêtres ; le véritable principe de différence reposait au contraire sur le fait que les ancêtres du plébéien et du serf n'étaient pas des « ancêtres divins » - *divi parentes* - ceux des familles patriciennes. Le sang ne leur transmettait aucune qualité de caractère transcendant, et aucune « forme », confiée à une tradition rituelle, rigoureuse et secrète, ne soutenait leur vie. Privés du « pouvoir « grâce auquel l'aristocratie pouvait célébrer directement son culte particulier, et être ainsi, en même temps, une classe sacerdotale (ancien monde classique, anciennes races nordico-germaniques, extrême-orientales, etc...) ; étrangers à cette initiation ou seconde naissance, qui caractérisait *l'ârya* - le noble - et à propos de laquelle le *Mânavadharmasçastra*[144] n'hésite pas à affirmer qu'aussi longtemps qu'il n'est pas passé par la renaissance, *l'ârya* lui-même n'est pas supérieur au *cûdra* ; non purifiés par l'un de ces trois feux célestes qui étaient, en Iran, comme l'âme cachée des trois classes supérieures de l'Empire ; dépourvus de l'élément « solaire » qui, dans le Pérou ancien, était la marque de la caste des Incas, les plébéiens ne se trouvaient protégés par aucune barrière contre la promiscuité. Ils n'avaient donc aucun vrai culte en propre, de même qu'au sens supérieur, ils n'avaient pas de père *patrem ciere non possunt*[145]. C'est pourquoi leur religion ne pouvait avoir qu'un caractère collectif et chthonien. Dans l'Inde, ce seront les formes frénético-extatiques plus ou moins liées au substratum des races préaryennes. Dans les civilisations méditerranéennes, ce sera, comme nous le verrons, le « culte des Mères » et des forces souterraines, en opposition avec les formes lumineuses de la tradition héroïque et olympienne. Appelés « fils de la Terre » dans la Rome antique, c'est surtout

---

[144] *Mânavadharmacâstra*, 11, 172 ; cf. 11, 157-8 ; 11, 103 ; 11, 39.
[145] Dans la genèse mythique des castes, donnée par les Brâhmana, alors qu'à chacune des trois castes supérieures correspond une classe déterminée de divinités, il n'en va pas de même pour la caste des cûdra, qui n'ont donc en propre aucun dieu à qui se référer et sacrifier (cf. A. WEBER, *Indische Studien*, Leipzig, 1868, v. X, p. 8) pas plus qu'ils ne peuvent employer de formules de consécration - mantra - pour leurs noces (*ibid.*, p. 21).

avec les divinités féminines de la Terre que les plébéiens eurent précisément des rapports religieux. En Extrême-Orient aussi, à la religion aristocratique officielle s'opposaient les pratiques de ceux que l'on appelait souvent les « possédés » - *lingpao* - et les cultes populaires du type mongolo-chamaniste.

La conception surnaturelle de l'aristocratie se retrouve également dans les anciennes traditions germaniques : non seulement un chef était, en même temps, le prêtre de sa *gens* et de son domaine, mais le fait de posséder pour ancêtre un être divin était la marque distinctive des familles parmi les seuls membres desquelles, à l'origine, on choisissait les rois. C'est pourquoi la dignité royale était d'une essence diverse de celle du chef militaire - *dux*, *heritigo* - élu pour des entreprises guerrières, en considération de ses capacités personnelles d'individu. De même, les anciens rois norvégiens se caractérisent par le fait qu'ils peuvent, seuls, sans l'aide d'une caste sacerdotale, célébrer les rites[146]. Même parmi les populations dites primitives, les non-initiés ont représenté les « barbares » de leur société, exclus de tous les privilèges politiques et guerriers du clan. Avant les rites « destinées à changer intimement leur nature » et qui s'accompagnent souvent de dures épreuves et d'une période d'isolement, les individus ne sont même pas considérés comme des hommes véritables, mais sont assimilés aux femmes et aux enfants, voire même aux animaux. C'est à travers la nouvelle vie qui s'éveille au moyen de l'initiation, dans un schéma rituel et magique de mort et de renaissance, et à laquelle correspondent un nouveau nom, un nouveau langage et de nouvelles attributions, une vie qui est « comme oublieuse de l'ancienne », qu'on arrive à faire partie du groupe des vrais hommes qui tiennent en main la communauté, presque sous la forme de la participation à un « mystère « et de l'appartenance à un Ordre[147]. Ce n'est pas à tort que certains auteurs comme H. Schurtz ont voulu voir en ceci le germe de toute unité proprement politique, point de vue qui concorde effectivement avec ce qui a été dit plus haut au sujet du plan propre à tout État traditionnel, différent de celui de n'importe quelle unité fondée sur une base naturelle. Ces

---

[146] Cf. GOLTHER, *German. Mythol.*, op. cit., pp. 610, 619.

[147] Cf. H. WEBSTER, *Primitive Secret Societies*, trad. ital. Bologna, 1921, *passim* et pp. 22-24, 51.

« groupes virils « - *Miznnerbünde* - où l'on est admis grâce à une régénération véritable qui « rend vraiment homme « et différencie de tous les autres membres de la communauté, ont en leurs mains le pouvoir, *l'imperium*, et jouissent d'un prestige incontesté[148].

Ce n'est qu'à une époque récente que le concept de l'aristocratie prendra, comme la royauté et tout le reste, un caractère exclusivement séculier et « politique ». On prendra surtout en considération, dans la noblesse d'épée et la noblesse de cour, les qualités de caractère et de race, d'honneur, de courage et de fidélité.

Puis apparaîtra la conception plébéienne de l'aristocratie, qui nie même le droit du sang et de la tradition.

En un tel concept rentre essentiellement aussi ce qui fut dénommé l'« aristocratie de la culture « ou des « intellectuels », née en marge de la civilisation bourgeoise. D'aucuns ont plaisanté à propos de la réponse du chef d'une grande maison patricienne allemande, lors d'un recensement effectué sous Frédéric le Grand : *Anaphabet wegen des hohen Adels*, et à propos encore de l'ancienne conception des lords anglais, considérés, ainsi que l'a dit quelqu'un, comme « savants de droit, doctes même s'ils ne savent pas lire ». La vérité, est que dans le cadre d'une conception hiérarchique normale, ce n'est jamais l'« intellectualité », mais seulement la « spiritualité », entendue comme principe créateur de différences ontologiques et existentielles précises, qui sert de base au type aristocratique et établit son droit. La tradition en question se poursuit, bien que sous une forme atténuée, jusqu'à

---

[148] Cf. A. VAN GENNEP, *Les rites de passage*, Paris, 1909. A propos de la virilité au sens éminent, non neutraliste, on peut se référer au mot latin *vir*, opposé à *homo*. G.B. VICO (*Principi di una scienza nuova*, 1725, III, 41) avait déjà noté que ce mot impliquait une dignité spéciale du fait qu'il désignait non seulement l'homme en face de la femme dans les unions patriciennes, et les nobles, mais aussi les magistrats (*duumviri, decemviri*), les prêtres (*quindicemviri, vigintiviri*), les juges (*centemviri*), « si bien qu'avec ce mot *vir* on exprimait la sagesse, le sacerdoce, et le règne, qui, ainsi qu'on l'a démontré plus haut, ne furent qu'une seule et même chose en la personne des premiers pères dans l'état des familles ».

la noblesse chevaleresque qui, dans les grands ordres médiévaux, revêtit, comme on le verra, un certain aspect ascético-sacré. Mais ici, déjà, la noblesse se réfère surtout, bien souvent, à un élément sacré ayant son siège, non en elle-même, mais au dehors d'elle-même, dans une classe distincte de la noblesse, à savoir le clergé, représentant d'ailleurs une spiritualité éloignée de celle des élites originaires.

Il convient de remarquer que l'élément rituel et sacré servait de fondements, non seulement à l'autorité des castes supérieures, mais aussi à celle du *père* à l'intérieur de l'ancienne famille noble. Plus particulièrement dans les sociétés aryennes occidentales, en Grèce et à Rome, le *pater familias* revêtait à l'origine un caractère semblable à celui du roi sacerdotal. Le mot *pater* était déjà, par sa racine, synonyme de roi, selon les mots *rex*, ἄναξ, βασιλεύς ; il impliquait donc non seulement l'idée de la paternité matérielle, mais aussi l'idée d'une autorité spirituelle, d'une puissance, d'une dignité majestueuse[149], et l'on ne peut considérer comme dénuées de base, les vues selon lesquelles l'État serait une application élargie du principe même qui fut à l'origine de la famille patricienne. D'ailleurs, le *pater*, s'il était chef militaire et seigneur de justice pour les membres de sa famille et pour ses serviteurs, était néanmoins *in primis et ante omnia* celui à qui il appartenait de célébrer les rites et les sacrifices traditionnels, propres à chaque famille patricienne et qui constituaient, comme nous l'avons dit, son héritage non humain.

Cet héritage de l'ancêtre divin ou héros de la lignée avait également pour support le *feu* (les trente feux des trente *gentes* autour du feu central de Vesta dans la Rome antique), qui, alimenté par des substances spéciales, allumé selon certaines règles rituelles secrètes, devait brûler perpétuellement dans chaque famille, à la façon du corps vivant et sensible de son héritage divin. Le père était précisément le prêtre viril du feu sacré familial, celui qui, pour ses fils, ses parents et serviteurs, devait donc apparaître comme un « héros », comme le médiateur naturel de tout rapport efficace avec le supra-sensible, comme le « vivificateur « par excellence de la force mystique du rite dans la substance du feu, du feu qui, sous les espèces d'Agni, était d'ailleurs considéré

---

[149] Cf. F. FUNCK-BRENTANO, *La famiglia fa lo stato*, trad. ital. Roma, 1909, pp. 4-5.

chez les indo-aryens, comme une incarnation de l'« ordre », comme le principe qui « conduit les dieux à nous », le « premier-né de l'ordre », le « fils de la force »[150], celui qui « nous conduit plus haut que ce monde, dans le monde de l'action juste »[151]. Manifestation de la composante « royale « de sa famille, en tant que « seigneur de la lance et du sacrifice «, c'était surtout au père qu'incombait le devoir de ne pas laisser « s'éteindre le feu », c'est-à-dire de reproduire, de continuer et d'alimenter la victoire mystique de l'ancêtre[152].

C'est pour cette raison qu'il constituait réellement le centre de la famille et la rigueur du droit paternel traditionnel en découle comme une conséquence naturelle : elle subsiste alors même que la conscience de son fondement originel est pratiquement perdue. Celui, qui, comme le *pater*, a le *jus quiritium* - c'est-à-dire le droit de la lance et du sacrifice - possède aussi à Rome, la terre, et son droit est imprescriptible. Il parle au nom des dieux et au nom de la force. Comme les dieux il s'exprime avec le signe, avec le symbole. Il est intangible. Contre le patricien, ministre des divinités, il n'y avait, originairement, aucun recours juridique possible, *nulla auctoritas*. De même que le roi jusqu'à une époque plus récente, il ne pouvait être juridiquement poursuivi ; s'il commettait une faute dans son *mundium*, la curie déclarait seulement qu'il avait mal fait - *improbe factum*. Son droit sur sa famille était absolu : *jus vitae necisque*. Son caractère supra-humain faisait concevoir comme une chose naturelle qu'il lui fût possible, en vertu de sa seule décision, de vendre et même mettre à mort ses fils[153]. C'est à cet esprit

---

[150] Cf. *Rg-Veda*, I, 1, 7-8 ; I, 13, 1 ; X, 5, 7 ; VII, 3, 8.

[151] *Atharva-Veda*, VI, 120, 1. L'expression se rapporte à l'*Agni gârhapatya* qui, des trois feux sacrés, est précisément celui du *pater* ou maître de maison.

[152] Cf. *Mânavadharmacâstra*, II, 231. « Le père est le feu sacré perpétuellement conservé par le Maître de la maison. » Alimenter sans arrêt le feu sacré est le devoir des *dvija*, c'est-à-dire des « renés » qui constituent les castes supérieures (*ibid.*, II, 108). Il n'est pas possible de développer davantage cet aperçu relatif au culte traditionnel du feu dont nous ne considérons ici qu'un des aspects. Les considérations qui seront développées plus loin feront comprendre la part que l'homme et la femme avaient respectivement dans le culte du feu, tant dans la famille que dans la cité.

[153] Certaines de ces formulations sont empruntées à M. MICHELET, *Histoire de la République Romaine*, Paris, 1843, vol. 1, pp. 138, 144-146. Du reste, même dans les traditions plus récentes d'origine aryenne, on trouve des éléments semblables. Les *Lords*

que correspondaient les structures de ce que Vico appela justement le « droit naturel héroïque « ou le « droit divin des gens héroïques ».

Par plus d'un de ses aspects particuliers, d'ailleurs, l'ancien droit gréco-romain témoigne de la primauté dont bénéficia le rite, en tant que composante « ouranienne « d'une tradition aristocratique, par rapport aux autres éléments de cette même tradition liés à la nature. On a pu dire, à juste titre, que « ce qui unit les membres de la famille antique est quelque chose de plus puissant que la naissance, le sentiment, la force physique : c'est la religion du foyer et des ancêtres. Elle fait que la famille forme un corps dans cette vie et dans l'autre. La famille antique est une association religieuse plus encore qu'une association de nature » [154]. Ainsi, le rite commun constituait-il le vrai ciment de l'unité familiale et souvent aussi de la *gens*. Si un étranger était admis à ce rite, il devenait un fils adoptif, jouissait des privilèges aristocratiques dont se trouvait au contraire privé le vrai fils s'il avait abandonné le rite de sa famille ou si celui-ci lui avait été interdit - ce qui signifiait évidemment que, selon la conception traditionnelle, c'était le rite, bien plus que le sang, qui unissait et séparait[155]. Avant d'être unie à son époux, dans l'Inde, en Grèce, et à Rome, une femme devait être unie mystiquement à la famille ou *gens* de l'homme, au moyen du rite[156] : l'épouse, avant d'être

---

anglais étaient originellement considérés presque comme des demi-dieux et comme des égaux du roi. Selon une loi d'Edouard VI, ils ont le privilège d'homicide simple.

[154] Fustel de COULANGES, *Cit. Ant.*, p. 40 ; cf. p. 105.

[155] À Rome, il y eut deux types de mariage, non sans rapport avec la composante chthonienne et la composante ouranique de cette civilisation : le premier est un mariage *profane*, par usus, à titre de simple propriété de la femme qui passe *in manum viri* ; le second est rituel et sacré, par *confarreatio*, considéré comme un sacrement, comme une union sacrée, *ieros gamos* (DENYS D'HALICARNASSE, II, 25, 4-5). À ce sujet, cf. A. PIGANIOL, *Essai sur les origines de Rome*, Paris, 1917, p. 164, qui soutient toutefois l'idée erronée selon laquelle le mariage du type rituel serait de caractère plus sacerdotal qu'aristocratique, idée due à son interprétation plutôt matérialiste et exclusivement guerrière du patriciat traditionnel. L'équivalent hellénique de la *conferreatio* est l'eggineois (Cf. ISAIOS, *Pyrrh*, pp. 76, 79) et l'élément sacré consistant dans l'agape fut considéré comme tellement fondamental qu'en son absence, la validité du mariage pouvait être contestée.

[156] Cf. *Ṛg-Veda*, X, 85, 40.

celle de l'homme, est l'épouse d'Agni, du feu mystique[157]. Les « clients » admis au culte propre à une souche patricienne bénéficiaient pour ce seul fait d'une participation mystique anoblissante, qui, aux yeux de tous, leur conférait certains privilèges de cette souche, mais, en même temps, les liait héréditairement à elle. Par extension, ceci permet de comprendre l'aspect sacré du principe féodal tel qu'il se manifesta déjà dans l'ancienne Égypte, parce que ce fut grâce au mystique « don de vie » accordé par le roi, que se forma autour de lui une classe de « fidèles » élevés à la dignité sacerdotale[158]. Des idées analogues s'appliquèrent à la caste des Incas, les « fils du Soleil », dans le Pérou antique, et dans une certaine mesure, à la noblesse japonaise.

Dans l'Inde, selon une conception qu'il faut rapporter à la doctrine « sacrificielle » en général - et ce que nous dirons plus loin l'expliquera mieux - existe l'idée d'une ligne familiale de descendance mâle (primogéniture) qui se relie au problème de l'immortalité. Le premier-né - qui seul a le droit d'invoquer Indra, le dieu guerrier du ciel - est considéré comme celui dont la naissance permet au père de s'acquitter de sa dette envers les ancêtres puisque - dit-on - le premier-né « libère » ou « sauve » les ancêtres dans l'autre monde : de ce poste de combat qu'est l'existence terrestre, il confirme et continue la ligne de cette influence qui constitue leur substance, et qui agit par et dans les voies du sang comme un feu purificateur. Très significative est l'idée que le premier-né est engendré en vue de l'accomplissement du « devoir », c'est-à-dire de cette obligation rituelle pure de tout mélange avec les sentiments et les liens terrestres, « tandis que les sages considèrent que les autres enfants ne sont engendrés que par l'amour »[159].

Sur cette base, il n'est pas exclu qu'en certains cas la famille descende, par adaptation, d'un type supérieur d'unité, purement spirituel, propre à des temps plus reculés. Il est dit, par exemple, dans Lao-Tseu[160] que la famille naquit lors de l'extinction d'un rapport de participation directe, à travers le sang, avec le principe spirituel originel. La même idée se retrouve d'ailleurs,

---

[157] Cf. Fustel de COULANGES, *Cit. Ant.*, p. 41.
[158] Cf. A. MORET, *Royaut. Phar.*, p. 206.
[159] *Mânavadharmaçâstra*, IX, 166-7, 126, 138-9.
[160] LAO-TZÉ, *Tao-té-king*, XVIII.

d'une façon résiduelle, dans la priorité, reconnue par plus d'une tradition, de la paternité spirituelle sur la paternité naturelle, à la « seconde naissance » par rapport à la naissance mortelle. Dans le monde romain, on pourrait aussi se référer à l'aspect intérieur de la dignité conférée à *l'adoption*, comprise en tant que filiation immatérielle et surnaturelle, placée sous le signe de divinités nettement olympiennes, et qui, à partir d'une certaine période, est également choisie comme un moyen d'assurer la continuité de la fonction impériale[161]. Pour nous en tenir au texte indiqué plus haut, nous citerons ce passage : « Quand un père et une mère, s'unissant par amour, donnent la vie à un fils, on ne doit pas considérer cette naissance comme quelque chose de plus qu'un fait humain, parce que le fils se forme dans la matrice. Mais la vie que lui communique le maître spirituel... est la vraie vie, qui n'est sujette, ni à la vieillesse, ni à la mort »[162]. De cette façon, non seulement les rapports naturels passent au second plan, mais ils peuvent même se renverser : on reconnaît, en effet, que le *brâhmana*, auteur de la naissance spirituelle, « est, selon la loi, même s'il n'est qu'un enfant, le vrai père de l'homme adulte » et que l'initié peut considérer ses parents coince ses enfants, « parce que sa sagesse lui donne sur eux l'autorité d'un père »[163]. Là où, sur le plan juridico-social, la loi de la *patria potestas* fut absolue et presque non humaine, on doit penser qu'elle dut ce caractère au fait qu'elle possédait ou avait originairement possédé une justification de ce type dans l'ordre d'une paternité spirituelle, également liée à des rapports de sang, presque comme une face « âme » liée à une face « corps » dans l'ensemble de la souche familiale. Nous ne nous attarderons pas sur ce point : il convient toutefois d'indiquer qu'un ensemble de croyances antiques, concernant, par exemple, une sorte de contagion psychique en vertu de laquelle la faute d'un membre de la famille retombe sur la famille tout entière, ou bien à la possibilité du rachat d'un membre par un autre, ou du règlement d'une vengeance par un autre, etc. - postule également l'idée d'une unité qui n'est pas simplement celle du sang, mais qui est encore d'ordre psycho-spirituelle.

---

[161] Cf. J.J. BACHOFFEN, *Die Sage von Tanaquil*, Basel, 1870 ; introd.
[162] *Mânavadharmaçàstra*, II, 147-148. Ibid. 11, 150-153.
[163] *Ibid.* II, 150-153.

A travers ces multiples aspects, se confirme toujours davantage l'idée selon laquelle les institutions traditionnelles étaient des institutions « d'en-haut », fondées, non sur la nature, mais sur un héritage sacré et sur des actions spirituelles qui lient, libèrent et « forment » la nature. Dans le divin le sang θεοί σύναιμοι - dans le divin la famille θεοί εγγενεῖς. État, communauté, famille, affections bourgeoises, devoirs au sens moderne - c'est-à-dire exclusivement laïque, humain et social - sont des « constructions », des choses qui n'existent pas, qui se trouvent en dehors de la réalité traditionnelle, dans le monde des ombres. La lumière de la Tradition ne connaît rien de tout cela.

7

DE LA "VIRILITÉ SPIRITUELLE"

Il nous est arrivé jusqu'ici de parler de sacré, de dieux, du sacerdoce, du « culte ». Il importe de souligner que ces expressions, s'agissant des origines, n'ont qu'un lointain rapport avec les catégories propres au monde de la « religion « au sens qu'a pris ce mot depuis longtemps déjà. Dans l'acception courante, la religion repose sur la notion de divinités conçues comme des entités en soi, quand ce n'est pas sur la notion d'un Dieu qui, en tant qu'être personnel, régit providentiellement l'univers. Le culte se définit alors essentiellement comme une disposition affective, comme le rapport sentimental et dévotionnel unissant le « croyant » à cet être ou à ces êtres, en qui une loi morale joue, à son tour, un rôle fondamental.

On chercherait en vain quelque chose de semblable dans les formes originelles du monde de la Tradition. On connaît des civilisations qui n'eurent, à leur début, ni noms, ni images pour leurs dieux : ce fut, entre autres, le cas des Pélasges. Les Romains eux-mêmes, pendant près de deux siècles, ne représentèrent pas non plus leurs divinités : tout au plus les figuraient-ils à l'aide d'un objet symbolique. Ce n'est pas même l'« animisme » - c'est-à-dire la représentation générale du divin et des forces de l'univers ayant comme base l'idée d'âme - qui correspond au stade originel, mais c'est, au contraire, l'idée ou la perception de purs pouvoirs[164] dont la conception romaine du *numen* est, encore une fois, une des expressions les plus appropriées. Le *numen*, à la différence du *deus* (tel que celui-ci fut conçu par la suite), n'est pas un être ou une personne, mais une force nue, se définissant par sa faculté de produire des effets, d'agir, de se manifester - et le sens de la présence réelle de ces pouvoirs, de ces *numina*, comme quelque

---

[164] Cf. G.F. MOORE, *Origin and growth of religion*, London, 1921.

chose de transcendant et d'immanent, de merveilleux et de redoutable à la fois, constituait la substance de l'expérience originelle du « sacré »[165]. Une phrase bien connue de Servius[166] met bien en évidence le fait, qu'à l'origine, « religion « n'était rien d'autre qu'*expérience*. Et si des points de vue plus conditionnés n'étaient pas exclus dans l'exotérisme, c'est-à-dire en des formes traditionnelles destinées au peuple - selon l'enseignement correspondant aux « doctrines internes «, les formes personnelles plus ou moins objectives de divinités n'étaient que des symboles de modes supra-rationnels et supra-humains de l'être. Comme nous l'avons dit, ce qui constituait le centre du monde de la Tradition était, soit la présence immanente, réelle et vivante, de ces états au sein d'une élite, soit l'aspiration à les réaliser grâce à ce qu'on appelle au Tibet, et d'une manière expressive, la « voie directe »[167] celle qui correspond, dans l'ensemble, à l'initiation, en tant que changement ontologique de nature. On trouve dans les Upanishads cette phrase qui pourrait bien servir de mot d'ordre à la doctrine interne traditionnelle : « Celui qui vénère une divinité diverse du Moi spirituel (*âtmâ*) et qui dit : "Elle est autre que moi, et moi je suis autre qu'elle", celui-là n'est pas un sage mais est comme un animal utile aux dieux »[168].

Sur un plan plus extérieur, il y avait le rite. Mais il s'y trouvait bien peu de « religieux » et, chez celui qui le célébrait, bien peu de pathos dévot. Il s'agissait plutôt d'une « technique divine », c'est-à-dire d'une action nécessitante et déterminante s'exerçant sur des forces invisibles et des états intérieurs, technique semblable, dans son esprit, à celle que l'on a élaborée de nos jours pour agir sur les forces physiques et les états de la matière. Le prêtre était simplement celui qui, grâce à sa qualification et à la « vertu » inhérente

---

[165] Cf. MACCHIARO, *Roma capta*, p. 20 ; 1. MARQUARDT, *Le culte chez les Romains*, trad., Paris, 1884, v. 1, pp. 9-11 ; L. PRELLER, *Rômische Mytho*logie, Berlin, 1858, pp. 8, 51-52. Comme on le sait, R. OTTO (*Das Heilige*, Gotha, 1930) a employé le mot « numineux » (de *numen*) pour désigner précisément le fond essentiel de l'expérience du sacré.

[166] SERVIUS (Ad *Georg.*, III, 456) : « *Majores enim expugnando religionem totum in experientia collocabunt* ».

[167] A. DAVID-NEEL, *Mystiques et magiciens du Tibet*, Paris, 1929, pp. 245, sqq.

[168] *Bnhadâranvaka-upanishad*, I, iv, 10.

à celle-ci, était capable de rendre cette technique efficace. La « religion « correspondait aux *indigitamenta* du monde romain antique, c'est-à-dire à l'ensemble des formules qu'il convenait d'employer tour à tour à l'égard des divers *numina*. Il est donc compréhensible que les prières, la peur, l'espérance et les autres sentiments, en face de ce qui a le caractère de *numen*, c'est-à-dire de pouvoir, aient eu aussi peu de sens qu'ils en ont pour un moderne lorsqu'on s'efforce par exemple, de produire un phénomène mécanique. Il s'agissait, au contraire - tout comme sur le plan technique - de connaître des rapports tels, qu'une fois créée, une cause, par le moyen du rite correctement exécutée, il s'ensuive, un effet nécessaire et constant dans l'ordre des « pouvoirs « et, en général, sur le plan des différentes forces invisibles et des divers états de l'être. La loi de l'action a donc la primauté. Mais la loi de l'action est aussi celle de la liberté : aucun lien ne s'impose spirituellement aux êtres. Ceux-ci n'ont rien à espérer, ni rien à redouter ; ils ont à agir.

C'est ainsi que, selon la plus ancienne vision indo-aryenne du monde, seule trônait, au sommet de la hiérarchie, la race *brâhmana* constituée par des natures supérieures, maîtresses, à travers la force du rite, du *brahman* entendu ici comme la force-vie primordiale. Quant aux « dieux », lorsqu'ils ne sont pas des personnifications de l'action rituelle, c'est-à-dire des êtres actualisés ou rénovés par cette action, sont des forces spirituelles qui s'inclinent devant elle[169]. Le type d'homme qui, selon la tradition extrême-orientale, possède l'autorité, est assimilé aux intelligences célestes. Il constitue même « un troisième pouvoir entre le Ciel et la Terre «. « Ses facultés sont vastes et étendues comme le Ciel ; la source secrète dont elles dérivent est profonde comme l'abîme ». « Ses facultés, ses puissantes vertus, en font l'égal du ciel »[170]. Dans l'ancienne Égypte, les « grands dieux « eux-mêmes pouvaient être menacés de destruction par les prêtres qui se trouvaient en

---

[169] Cf. OLDENBERG. *Vorwissenschaftliche Wissenschaft*, Leipzig, 1918 ; BOUGLE (Rég. Cast., *op. cit.*, pp. 251, 76), relève que, pour la tradition hindoue, « l'acte religieux par excellence semble conçu sur le type d'un processus magique, il est une sorte d'opération mécanique, qui, sans la moindre intervention morale, met les biens et les maux entre les mains de l'opérateur », en sorte que le brâhmana s'impose, non pas indirectement, comme le représentant d'un autre, mais par sa personnalité même.

[170] *Tshung-yung*, XXIV, I ; XXIII, I ; XXXI, I, 3-4.

possession des formules sacrées[171]. *Kamutef*, qui signifie « taureau de sa mère », c'est-à-dire celui qui, en tant que mâle, possède la substance originelle, est un des titres du roi égyptien. D'un autre point de vue, il est, comme nous l'avons dit, celui qui fait aux dieux le « don de la vie », le fils qui « régénère le père « et qui, de ce fait, par rapport au divin, est plus conditionnant que conditionné, ainsi que l'atteste entre autres cette formule prononcée par les rois égyptiens avant les rites : « O dieux, vous êtes saufs si je suis sauf ; vos doubles sont saufs si mon double est sauf à la tête de tous les doubles vivants : tous vivent si je vis »[172]. Des formules de gloire, de puissance et d'identification absolue sont prononcées par l'âme « osirifiée « dans ses épreuves, qu'on peut d'ailleurs assimiler aux degrés mêmes de l'initiation solaire[173]. Ce sont les mêmes traditions qui se poursuivent lorsque la littérature alexandrine parle d'une « race sainte des sans-rois «, « autonome et immatérielle », qui « opère sans subir l'action »[174] ; et c'est à cette race que

---

[171] Cf. *De Mysteriis*, VI, 7 ; PORPHYRE (*Epist. Aneb.*, XXIX) ne manque pas de relever le contraste qui existe entre cette attitude à l'égard du divin et celle de l'adoration religieuse timorée déjà dans certains aspects du culte gréco-romain.

[172] MORET, *Royaut. Phar.*, pp. 232-233. C'est pourquoi il est compréhensible qu'un des premiers égyptologues ait été amené, du point de vue de la religiosité dévotionnelle, à reconnaître dans les traits de la royauté pharaonique ceux de l'Antéchrist ou du *princeps hujus mundi* (I. A. de GOULIANOF, *Archéologie égyptienne*, Leipzig, *1839*, v. 11, pp. 452, sg.

[173] Cf. E. A. WALLIS BUDGE, *The Book of the Dead, Papyrus of Ani*, LONDRES, *1895*, c.XVII, v. 9-10 : « Je suis le grand dieu qui donne naissance à lui-même, *Nu* (qui) créa son nom *Paut Neteru* ("substance des dieux") comme dieu » ; CXLVII, 3 : « *Je* suis le puissant qui crée sa propre lumière « ; XXVII, 5 : « Moi, Osiris, victorieux dans la paix et triomphant dans le bel Amenti et sur la montagne de la paix » ; XLIV, 2-3, 6 : « *le* me suis caché avec vous, étoiles sans déclin... mon coeur est sur son trône ; je prononce des paroles et je sais ; en vérité, je suis Râ lui-même... Je suis l'aîné et je vois tes mystères. Je suis couronné roi des dieux et je ne mourrai pas de la seconde mort dans l'autre monde » ; LXXVII, 4 : « Puissent les dieux de l'autre monde avoir *peur* de moi ; que devant moi ils *fuient* dans leurs résidences » ; CXXXIV, 21 : « Je suis un splendide vêtement de puissance, plus puissant que n'importe lequel des êtres qui resplendissent. »

[174] Cf. HIPPOLYTE, *Philos.*, 1, 8 ; M. BERTHELOT, Coll. *des anc. alchymistes grecs*, Paris, *1887*, v. II, p. 218. Cet « opérer sans subir l'action « correspond manifestement à l'« agir-sans-agir « déjà mentionné qui, selon la tradition extrême-orientale, est le mode de la « vertu du Ciel « de la même manière que les « sans-roi « correspondent à ceux que LAO-

se réfère une « science sacrée des siècles antiques », propre aux « seigneurs de l'esprit et du temple », qui n'est communiquée qu'aux rois, aux princes et aux prêtres ; science qui n'est pas sans rapport avec les rites de la royauté pharaonique et qui devait précisément prendre plus tard, en Occident, le nom d'*Ars Regia*[175].

Dans les plus hautes formes de la lumineuse spiritualité aryenne, en Grèce comme dans la Rome antique et en Extrême-Orient, la doctrine était inexistante ou presque inexistante : seuls les rites étaient obligatoires et ne pouvaient être négligés. C'est par eux, non par les dogmes, que se définissait l'orthodoxie : par des pratiques plus que par des idées. Ce n'était pas le fait de ne pas « croire », mais la négligence des rites qui était *sacrilegium* et impiété, ἀσέβεια. Il ne s'agit pas là d'un « formalisme » - comme le voudrait l'incompréhension des historiens modernes plus ou moins influencés par la mentalité protestante- mais au contraire de la loi nue de l'action spirituelle. Dans le rituel archéo-dorique, aucun rapport de sentiments mais comme *do ut des*[176]. Ce n'était pas « religieusement » non plus qu'étaient traités les dieux du culte funéraire : ils n'aimaient pas les hommes et les hommes ne les aimaient pas. On voulait seulement, grâce au culte, les avoir pour soi et empêcher qu'ils ne se livrassent à une action funeste. L'*expiatio* elle-même eut originellement le caractère d'une opération objective, comparable au traitement médical d'une infection, sans rien qui ressemblât à une punition ou à un repentir de l'âme[177]. Les formules que toutes les familles patriciennes

---

TZE (*Tao-té-king*, XV) appelle « individus autonomes « et « seigneurs du moi « et aux « hommes de la loi primordiale « iraniques.

[175] Cf. J. EVOLA, *La Tradition hermétique*, Ed. Traditionnelles, Paris, 1962, *passim*. Les titres de *filiation* chez les rois - « fils du soleil », « fils du Ciel », etc., ne sont pas en contradiction avec ces vues, du fait qu'il ne s'agit pas de conceptions dualistes et « créationnistes « mais d'une descendance qui est la continuité d'une « influence », esprit ou émanation unique : c'est -comme l'observe C. AGRIPPA (*De Occulta Philos. III*, 36) - « la génération univoque où le fils est semblable au père en tous ses aspects et où l'engendré selon l'espèce est le même que l'engendreur ».

[176] Cf. J. E. HARRISON, *Prolegomena to the study of the Greek Religion*, Cambridge, 103, *passim*, et p. 162, cg.

[177] F. CUMONT, *Les religions orient. dans le paganisme romain*, PARIS, 1906.

comme toutes les cités antiques possédaient en propre, dans le cadre de leurs relations avec les forces de leur destin, étaient celles dont les ancêtres divins particuliers s'étaient servi et auxquelles les « pouvoirs », les *numina* avaient cédé ; elles n'étaient donc que l'héritage d'une domination mystique ; non une effusion de sentiments mais une arme surnaturellement efficace, mais toujours à la condition (qui vaut pour toute technique pure) que rien ne fût changé dans le rite, car il eût alors perdu son efficacité et les pouvoirs se seraient trouvés libérés de leurs liens[178].

Partout où le principe traditionnel reçut une application complète, on se trouve donc en présence des différenciations hiérarchiques d'une *virilité transcendante* dont la meilleure expression symbolique est la synthèse des deux attributs du patriciat romain - la lance et le rite. On y trouve des êtres qui sont des *reges sacrorum* et, libres en eux-mêmes, souvent consacrés par l'immortalité olympienne, présentent, par rapport aux forces invisibles et divines, le même caractère de *centralité* jouant le même rôle que les chefs à l'égard des hommes qu'ils guident et commandent en raison de leur supériorité. Pour arriver, en partant de ces sommets, à tout ce qui est « religion » et même sacerdoce, au sens courant et moderne de ces termes, la route est longue et c'est sur la pente de la dégénérescence qu'il faut la parcourir.

Par rapport au monde conçu en termes de « pouvoirs » et de *numina*, le monde de l'« animisme » marque déjà une atténuation, une chute. Celle-ci s'accentuera lorsque du monde des « âmes », des choses et des éléments, on passera à celui des dieux conçus comme des personnes, dans un sens objectif et non comme des allusions figures à des états, à des forces et des possibilités non humaines. Quand l'efficacité du rite déclina, l'homme eut en effet tendance à prêter une individualité mythologique à ces forces, qu'il avait d'abord traitées selon de simples rapports de technique ou qu'il avait, tout au plus, conçues en termes de symboles. Plus tard il les conçut selon sa propre image, déjà limitatrice des possibilités humaines elles-mêmes ; il y vit des

---

[178] Cf. CICERON, *De Harusp. resp.*, *XI*, 23 ; ARNOBE, IV, 31 ; FUSTEL de COULANGES, *op. cit.*, p. 195.

êtres personnels plus puissants vers lesquels il devrait désormais se tourner avec humilité, foi, espérance et crainte, en vue d'obtenir, non seulement une protection ou un succès, mais aussi la libération et le « salut ». A un monde supraréel substancié d'action pure et claire se substitua donc un monde confus et subréel d'émotions et d'imaginations, d'espérances et de terreurs, qui devint de jour en jour plus inane et plus « humain », selon les phases successives d'une involution générale, et de l'altération de la tradition primordiale.

Or nous pouvons d'ores et déjà constater que ce n'est que durant cette décadence qu'il devient possible de distinguer, et même d'opposer, fonction royale et fonction sacerdotale. De fait, même lorsque domina une caste sacerdotale, sans s'éloigner toutefois du pur esprit traditionnel, celle-ci, comme ce fut le cas de l'Inde la plus antique, eut un caractère bien plus « magique » et royal, que religieux, au sens usuel de ce terme.

Quant au « magique », il est, toutefois, bon de relever qu'ici n'entre pas en question ce à quoi, aujourd'hui, un grand nombre est porté à penser du terme « magie », à la suite de préjugés ou de contrefactions, ni la signification que prend ce terme, lorsqu'il se réfère à une science expérimentale *sui generis* de l'antiquité, aux limites non peu exiguës[179]. La magie désigne, au contraire, ici, une attitude spéciale en face de la réalité spirituelle, une attitude de « centralité », qui, comme on l'a vu, possède des rapports étroits avec la tradition et l'initiation royale.

En second lieu, il est absurde d'établir un rapport entre l'attitude magique, le rite pur, la perception impersonnelle, directe, « numineuse » du divin, et les formes de vie des sauvages encore ignorants de la « vraie religiosité ». Ainsi que nous l'avons déjà dit, les sauvages, dans la plupart des cas, doivent être considérés non comme des représentants d'états infantiles et précivilisés de l'humanité, mais comme des formes résiduelles extrêmement

---

[179] C'est uniquement à cette science inférieure que René GUENON réserve le terme de « magie ». (Aperçus sur l'initiation, Paris 1945, c. 11, XX, XXII), malgré le sens supérieur, plus large, que le mot garda en Occident jusqu'au début de l'âge moderne (on peut citer, à titre d'exemple, Campanella, Agrippa, Della Riviera, Paracelse).

dégénérées de races et de civilisations fort anciennes. C'est pourquoi le fait, selon lequel certaines conceptions se retrouvent, chez les sauvages, sous des formes matérialisées, ténébreuses et ensorceleuses, ne doit pas empêcher de reconnaître leur signification et l'importance qu'elles ont, dès qu'elles sont reconduites à leurs vraies origines. De même, la « magie » ne saurait être comprise sur la base de ces misérables résidus dégénérescents, mais, au contraire, sur celle des formes, en qui elle se maintient de façon active, lumineuse et consciente : formes qui coïncident précisément avec ce que nous appelons la virilité spirituelle du monde de la Tradition. N'avoir la moindre idée de tout ceci est une des caractéristiques, entre autres, de certains modernes « historiens de la religion », naturellement fort admirés. Les frelateries et les contaminations, qui se trouvent dans leurs oeuvres si abondamment documentées, sont parmi les plus dignes de déprécation.

8

LES DEUX VOIES DE L'OUTRE-TOMBE

Au point où nous voici parvenus, il convient d'indiquer les relations qui existent entre les idées déjà exposées et le problème des destins d'outre-tombe. Il est nécessaire, là encore, de se référer à des enseignements qui sont, à l'époque actuelle, presque intégralement perdus.

Penser que l'âme de tous les hommes soit immortelle, est une croyance étrange et dont on ne trouve que bien peu de traces dans le monde de la Tradition. Traditionnellement, on distinguait avant tout la véritable immortalité (qui équivaut à une participation à la nature olympienne d'un dieu) de la simple survivance ; on considérait ensuite diverses formes de survivance possible ; on posait le problème du post-mortem d'une façon particulière pour chaque individu, en tenant compte, en outre, des divers éléments compris dans le composé humain, car on était loin de réduire l'homme au simple binôme « âme-corps ».

Dans les traditions antiques, on enseignait, en effet, sous des formes variées, qu'en dehors du corps physique, l'homme se compose essentiellement de trois entités ou principes, ayant chacun un caractère et un destin propres. Le premier correspond au « Moi » conscient qui s'éveille avec le corps et se forme parallèlement au développement biologique de ce dernier : c'est la personnalité ordinaire. Le second fut désigné sous le nom de « démon », de « mânes » ou de « lare « et aussi de « double » et de « totem ». Le troisième correspond à ce qui provient de la première entité après la mort : pour la plupart c'est l' « ombre ».

Aussi longtemps qu'il appartient à la « nature « la racine dernière d'un être humain est le « démon « - δαίμων - mot qui, toutefois, n'a nullement ici le sens moral d'entité mauvaise que lui a donné le christianisme. Par rapport à l'homme considéré en tant qu'être de la nature, on pourrait définir le démon comme l'« individu individuant » : c'est la force profonde qui, originellement, a déterminé une conscience dans la forme finie et dans le corps, où elle se trouve vivre dans le monde visible, et qui demeure ensuite, pour ainsi dire, « derrière « l'individu, dans le préconscient et dans le subconscient, à la base des processus organiques comme des rapports subtils avec le milieu, avec les autres êtres et avec le destin passé et futur, rapports qui échappent habituellement à toute perception directe. A cet égard, beaucoup de traditions ont souvent fait correspondre au « démon » ce qu'on appelle le « double », par exemple lorsqu'elles se réfèrent à une âme de l'âme et à une âme du corps lui-même. Il a été mis aussi en étroite relation avec l'ancêtre primordial ou totem, conçu comme âme et vie unitaire génératrice d'une souche, d'une famille, gens ou tribu, donc dans un sens plus général que celui que lui attribue une certaine ethnologie moderne. Les individus du groupe apparaissent alors comme autant d'incarnations ou émanations de ce démon ou totem, « esprit « de leur sang : ils vivent en lui et de lui, qui pourtant les dépasse, comme la matrice dépasse chacune des formes particulières qu'elle produit et modèle de sa substance. Dans la tradition hindoue, ce qui correspond au démon c'est le principe de l'être profond de l'homme, dénommé linga-çarîra. Linga évoque précisément l'idée d'un pouvoir générateur, auquel correspond l'origine possible de *genius*, de *genera*, agir au sens d'engendrer, et la croyance romaine et grecque que le *genius* ou *lar* (= démon) est la force procréatrice elle-même sans laquelle une famille s'éteindrait[180]. D'autre part, le fait que les totems aient souvent été associés aux « âmes « d'espèces animales déterminées, et que ce soit surtout *serpent*, animal essentiellement chthonien, qui ait été lié par le monde classique à l'idée du démon et du génie nous indique que cette force, sous son aspect immédiat, est essentiellement sub-personnelle, qu'elle appartient à la nature, au monde inférieur. C'est ainsi que, selon le symbolisme de la tradition romaine, la résidence des lares est *sous terre* ; ils sont sous la garde d'un

---

[180] Cf. MARQUARDT, Cult. Rom., cit. v. I, pp. 148-9.

principe féminin - Mania, qui est *Mater Larum*[181] : indication importante pour ce qui est du rapport, que nous examinerons le moment venu, entre le totémisme au sens large du terme et la « civilisation de la Mère ».

Selon l'enseignement ésotérique, à la mort du corps l'homme ordinaire perd en général sa personnalité, déjà illusoire, au demeurant, pendant la vie. Il ne lui reste que la personnalité réduite d'une *ombre*, destinée elle-même à se dissoudre après une période plus ou moins longue, dont le terme correspond à ce qu'on appelait « la seconde mort » [182]. Les principes vitaux essentiels du mort retournent au totem, à peu près comme à une matière première éternelle et inépuisable, d'où renaîtra la vie sous d'autres formes individuelles, soumises à un destin identique. Telle est la raison pour laquelle les totems, ou mânes ou lares ou pénates, - reconnus précisément comme « les dieux qui nous font vivre « car « ils nourrissent notre corps et règlent notre âme « (4) - s'identifiaient aussi avec les *morts*, et c'est également pourquoi le culte des ancêtres, des démons et de la force génératrice invisible présente en chacun, se confondait souvent avec celui des morts. Les « âmes » des défunts continuaient à vivre dans les dieux mânes - du *manes* - en qui elles se résolvaient et donc aussi en ces forces du sang de la souche, de la race ou de la famille, où se manifeste et se poursuit, précisément, la vie de ces

---

[181] Cf. VARRON, IX, 61.

[182] La tradition égyptienne utilise précisément l'expression de « deux fois morts » pour ceux qui sont condamnés lors du « jugement « post-mortem. *Ils finissent par devenir la proie du monstre du monde inférieur Amâm (le Dévorateur) ou Am-mit (Le Mangeur des morts) (cf. W. BUDGE, Book of the Dead, Papyrus of Ani, London, 1895, pp. CXXX, 257 ; et le texte c. XXXb, où il est dit : « Puisse-t-il ne pas être donné au dévorateur Amemet de prévaloir sur lui (le mort) « et chap. XLIV, I, sqq., où sont données les formules « pour ne pas mourir une seconde fois dans l'autre monde »). Le « jugement « est une allégorie ; il s'agit d'un procès impersonnel et objectif, ainsi que l'atteste le symbole de la *balance* qui pèse le « coeur » des défunts, car nul ne saurait empêcher qu'une balance ne s'abaisse du côté du poids le plus lourd. Quant à la « condamnation », elle implique l'incapacité de réaliser aucune des possibilités d'immortalité accordées *post-mortem*, *pos*sibilités auxquelles font allusion beaucoup d'enseignements traditionnels de l'Égypte et du Tibet, qui possèdent l'un et l'autre un « Livre des morts » spécial, et jusqu'aux traditions aztèques sur les « épreuves « du mort et sur ses sauf-conduits magiques.

dieux mânes.

Cet enseignement concerne l'ordre naturel. Mais il y en a un autre, relatif à une possibilité d'ordre supérieur, donc à une solution différente, privilégiée, aristocratico-sacrée, du problème de la survie. Ce deuxième enseignement sert de point de jonction avec les idées déjà exposées au sujet de ces ancêtres qui, par leur « victoire », déterminent une hérédité sacrée pour la descendance patricienne qui en suit et en rénove le rite.

Les « héros « ou demi-dieux, auxquels les castes supérieures et les familles nobles de l'antiquité traditionnelles faisaient remonter leurs origines, n'étaient pas des êtres qui, à leur mort, émettaient comme les autres une « ombre », larve de Moi destinée elle-même à mourir, ou qui avaient été vaincus dans les épreuves de l'au-delà ; c'étaient au contraire des êtres parvenus à la vie propre, subsistant par elle-même, transcendante et incorruptible d'un « dieu « : c'étaient des êtres qui « avaient triomphé de la seconde mort ». Ce qui était rendu possible par le fait que, plus ou moins directement, ils avaient fait subir à leur force vitale ce changement de nature, dont nous avons déjà parlé à propos du sens transcendant du « sacrifice ». C'est en Égypte que fut exposée dans les termes les plus clairs la tâche consistant à former, grâce à une opération rituelle appropriée, dans la substance du *ka* - nom désignant le « double » ou démon - une sorte de nouveau corps incorruptible - le *sâhu* -destiné à remplacer le corps de chair et à « rester debout « dans l'invisible. La même conception se retrouve dans d'autres traditions en relation avec la notion de « corps immortel « ; « corps glorieux » ou de « résurrection ». C'est pourquoi, si, dans les traditions grecques de la période homérique (comme du reste dans la première période aryenne des Vedas, on ne concevait pas la survivance de l'âme seule, mais la survivance totale de ceux qui étaient « ravis » ou « rendus invisibles « par les dieux dans l'« Ile des Bienheureux » où l'on ne meurt pas, et si l'on pensait qu'ils conservaient l'âme et le corps unis indissolublement[183], il ne faut pas toujours voir en ceci, comme beaucoup d'historiens des religions le croient aujourd'hui, une représentation matérialiste grossière. Il faut y voir souvent,

---

[183] MACROBE, *Sat.*, III, v.

au contraire, l'expression symbolique de l'idée d'un « corps immortel » en tant que condition de l'immortalité, idée qui a trouvé dans l'ésotérisme extrême-oriental, dans le taoïsme opératif, une expression classique[184]. Le sâhu égyptien, formé par le rite, grâce auquel le mort peut habiter parmi les dieux solaires, « désigne un corps qui a obtenu un degré de connaissance, de puissance et de gloire, lui assurant la durée et l'incorruptibilité ». C'est à lui que correspond la formule : « Ton âme vit, ton corps croît, au commandement de Râ lui-même, sans diminution et sans défaut, comme Râ, éternellement » [185]. La conquête de l'immortalité, le triomphe sur les puissances adverses de dissolution, sont précisément en rapport, ici, avec *l'intégrité*, avec l'inséparabilité de l'âme du corps - d'un corps qui ne périt pas[186]. Cette formule védique est particulièrement expressive : « Ayant abandonné tout défaut, retourne à la maison. *Unis-toi, plein de splendeur, avec le corps* »[187]. Le dogme chrétien de la « résurrection de la chair » lors du « jugement dernier » est l'ultime écho de cette idée, dont la trace se retrouve jusque dans la haute préhistoire[188].

Dans ces cas, la mort n'est donc pas une fin, mais un accomplissement. Il s'agit d'une « mort triomphale » et immortalisante et c'est en fonction d'une mort de ce genre que le défunt, dans certaines traditions helléniques, était appelé « héros » et que mourir se disait « engendrer des demi-dieux » - ἥρωα γίνεσθαι ; que l'on représentait fréquemment le défunt avec une couronne - souvent posée sur sa tête par la déesse de la victoire - faite de ce

---

[184] Cf. ROHDE, *Psyche*, cit., v. I, pp. 97, sqq.

[185] Cf. *Il Libro del Principio e della sua azione*, de LAO-TZE traduit et commenté par 1. EVOLA, Milan, 1960.

[186] BUDGE, op. cit., pp. LIX - LX.

[187] *Ibid., p. LIX* et texte, c. XXVI, 6-9 ; XXVII, 5 ; LXXXIX, 12 : « Puisse son corps se conserver, puisse-t-il être une forme glorifiée, puisse-t-il ne jamais périr et ne jamais connaître la corruption. »

[188] Cf. 1. MAINAGE, *Les religions dans la préhistoire* (Paris, 1921). C'est avec raison que D. MEREIKOWSKY écrit (*Dante*, Bologna, 1939, p. 252) : « Dans l'antiquité paléolithique l'âme et le corps sont inséparables ; unis en ce monde, ils restent unis aussi dans l'autre. Bien que cela puisse paraître étrange, les hommes des cavernes savent déjà à propos de la "résurrection de la chair » quelque chose que Socrate et Platon, avec leur "immortalité de l'âme", ignorent encore ou ont déjà oublié. »

même myrte qui désignait les initiés à Éleusis ; que le jour de la mort, dans le langage liturgique catholique lui-même, est appelé *dies natalis* ; qu'en Égypte les tombes des morts « osirifiés « étaient appelées » maisons d'immortalité « et l'au-delà conçu comme le « pays du triomphe » - ta-en-mâaXeru ; que le « démon » de l'Empereur à Rome, était adoré comme divin ; et que, d'une façon plus générale, les rois, les législateurs, les vainqueurs, les créateurs de ces institutions ou traditions qui, pensait-on, impliquaient précisément une action et une conquête au-delà de la nature, apparaissaient, après leur mort, comme des héros, des demi-dieux, des dieux ou des avatars de dieux. C'est dans des conceptions de ce genre qu'il faut aussi chercher la base *sacrée* de l'autorité que les vieillards possédaient dans beaucoup de civilisations antiques : Car on reconnaissait déjà en eux, plus proches que les autres de la fin, la manifestation de la force divine qui, avec la mort, aurait achevé sa totale libération[189].

Le destin de l'âme dans l'outre-tombe comporte donc deux voies opposées. L'une est le « sentier des dieux », appelé aussi la « voie solaire », ou de « Zeus », qui conduit au séjour lumineux des immortels, représenté comme sommets, cieux ou îles, du Walhalla et de l'Asgard nordiques jusqu'à la « Maison du Soleil » aztéco-péruvienne réservée également aux rois, aux héros et aux nobles. L'autre est la voie de ceux qui ne survivent pas réellement, qui se redissolvent peu à peu dans les souches d'origine, dans les totems qui, seuls, ne meurent pas : c'est la voie de l'Hadès, des « Enfers », du Niflheim, et des divinités chthoniennes[190]. On retrouve exactement le même enseignement

---

[189] Cette justification de l'autorité des vieillards s'est aussi conservée chez certaines populations sauvages. Cf. LEVY-BRUHL, Arne prim. cit., pp. 269-271.

[190] On retrouve chez les peuples assyro-babyloniens des conceptions relatives à un état larvaire, analogue à celui de l'Hadès hellénique, pour la plupart des morts des âges récents (postdiluviens) : d'où le *scheol* obscur et muet des Juifs, où les âmes des morts, y compris celles des pères, comme Abraham ou David, devaient aller mener une existence inconsciente et impersonnelle. Cf. T. ZIELINSKI, La *Sibylle*, Paris, 1924, p. 44. L'idée de tourments, de terreurs et de punitions dans l'au-delà - l'idée chrétienne de l'« enfer » - est récente et étrangère aux formes pures et originaires de la Tradition où se trouve seulement affirmée l'alternative entre la survivance aristocratique, héroïque, solaire, olympienne pour les uns, et le destin de dissolution, de perte de la conscience personnelle, de vie larvaire ou

dans la tradition hindoue chez qui les expressions *devayâna* et *pitr-yâna* signifient précisément « sentier des dieux » et « sentier des ancêtres » (au sens de totem). Il y est dit : « Ces deux sentiers, l'un lumineux et l'autre obscur, sont considérés comme éternels dans l'univers. En suivant l'un, l'homme s'en va et ne revient plus ; en suivant l'autre, il revient de nouveau ». Le premier, associé analogiquement au *Feu*, à la lumière, au jour, aux six mois de la montée solaire, par-delà la « porte du soleil » et la région des éclairs, « conduit à Brahma », c'est-à-dire à l'état inconditionné. L'autre, qui correspond à la fumée, à la nuit, aux six mois de la descente solaire, mène à la *Lune*, symbole du principe des transformations et du devenir, qui apparaît ici comme le symbole du cycle des êtres finis, repullulant et trépassant comme autant d'incarnations caduques des forces ancestrales[191]. Le symbolisme selon lequel ceux qui parcourent la voie lunaire deviennent la *nourriture des mânes* et sont ensuite de nouveau « sacrifiés » par ceux-ci dans la semence de nouvelles naissances mortelles, est particulièrement intéressant[192]. Un autre symbole fort expressif se trouve dans la tradition grecque : ceux qui n'ont pas été initiés, c'est-à-dire le plus grand nombre, sont condamnés, dans l'Hadès, au travail des Danaïdes, autrement dit, porter de l'eau, dans des amphores percées, dans des tonneaux sans fond, sans pouvoir jamais les remplir. Image de l'insignifiance de leur vie passagère qui cependant renaît toujours en vain. Un autre symbole grec équivalent est celui d'Oknos qui, dans la plaine du Léthé, fabrique une corde, que subitement dévore un âne. Oknos symbolise l'oeuvre de l'homme[193] tandis que l'âne, traditionnellement, incarne la puissance « démonique », au point qu'en Égypte il se trouve associé au

---

de retour au cycle des générations pour les autres. Dans diverses traditions - comme par exemple celle de l'Égypte des origines et, en partie, celle de l'ancien Mexique - le problème d'une existence post mortem, pour ceux qui subissaient le second destin, ne se posait même pas.

[191] Cf. *Maitrâyanî-upanishad*, VI, 30, où la u voie des ancêtres « est aussi appelée la « voie de la Mère » (on verra l'importance de cette dernière désignation, quand nous parlerons de la civilisation de la « Mère ») ; *Bhagavad-gîtâ*, VIII 24-5-6. PLUTARQUE se réfère à un enseignement presque identique, De jacie in orb. lun., 942 a - 945 d.

[192] *Brhadâranyaka-upanishad*, VI, 15-16.

[193] Cf. ROHDE, op. cit., Psyche, I, 316-317.

serpent des ténèbres et à Am-mit, le « dévorateur des morts »[194].

On retrouve aussi, dans ce domaine, les idées fondamentales déjà indiquées à propos des « deux natures ». Mais on peut pénétrer plus profondément ici la signification que revêtait l'existence dans l'antiquité, non seulement de deux ordres de divinités, les unes ourano-solaires, les autres tellurico-lunaires, mais aussi de deux types essentiellement distincts, et parfois même opposés, de rite et de culte[195]. On peut dire que la mesure selon laquelle une civilisation appartient au type que nous avons appelé « traditionnel « est déterminée précisément par le degré de prédominance de cultes et de rites du premier type par rapport à ceux du second. Ainsi se trouvent précisées, de ce point de vue particulier, la nature et la fonction des rites également propres au monde de la « virilité spirituelle ».

Une des caractéristiques de ce qui prétend être aujourd'hui la « science des religions » est bien celle-ci : dès que, par hasard, elle découvre une clef pour une certaine porte, elle croit pouvoir s'en servir pour ouvrir toutes les autres. C'est ainsi qu'étant parvenus à connaître les totems, d'aucuns se sont mis à voir des totems partout. On en est arrivé à appliquer, avec désinvolture, l'interprétation « totémique » même aux formes de grandes traditions, pensant trouver leur meilleure explication dans l'étude des populations sauvages. Et comme si cela ne suffisait pas, on en est parvenu à formuler une théorie sexuelle des totems.

Nous ne dirons pas, quant à nous, que, des totems de ces peuplades à la

---

[194] Cf. BUDGE, cit., p. 248.

[195] Pour le monde classique, cf. A. BAEUMLER, Intr. à BACHOFEN, Der Mythos von Orient und Okzident, cit., p. XLVIII : « Toutes les caractéristiques essentielles de la religion grecque se rattachent à l'opposition entre les dieux chthoniens et les dieux olympiens. L'opposition n'existe pas simplement entre Aides, Perséphone, Déméter et Dionysos d'une part - Zeus, Héra, Athéna, Apollon d'autre part. Il ne s'agit pas seulement de la différence existant entre deux ordres de dieux, mais aussi de l'opposition entre des modes de culte entièrement distincts. Et les conséquences de cette opposition se manifestent jusque dans les instructions les plus détaillées du culte divin quotidien. « Dans la seconde partie de cet ouvrage, nous constaterons qu'une opposition analogue se retrouve dans les autres civilisations et nous en étudierons le développement.

royauté traditionnelle, il y ait eu une évolution au sens temporel du terme. Mais d'un point de vue idéal, il est cependant possible ; à cet égard, de parler de progrès. Une tradition royale ou même seulement aristocratique prend naissance là où il n'y a pas de domination *des* totems, mais domination sur les totems : là où le lien se renverse et où les forces profondes de la souche sont assumées et orientées supra-biologiquement par un principe surnaturel, donc vers une issue de « victoire » et d'immortalisation olympienne[196]. Etablir des promiscuités ambiguës livrant davantage encore les individus aux pouvoirs dont ils dépendent en tant qu'êtres naturels, en faisant tomber toujours plus bas le centre de leur être dans le collectif et dans le pré-personnel ; apaiser ou se rendre propices certaines influences du monde inférieur en leur permettant de s'incarner, comme elles y aspirent, dans l'âme et dans le monde des hommes - c'est là l'essence d'un culte souterrain, totémique, goëtique, qui n'est donc, en réalité, qu'un prolongement du mode d'être de ceux qui n'ont pas plus de culte que de rite, ou c'est le signe de l'extrême dégénérescence de formes traditionnelles plus élevées. Arracher les êtres à la domination des totems, les fortifier, les acheminer vers la réalisation d'une forme spirituelle et d'une limite ; les porter invisiblement sur la ligne des influences capables de favoriser un destin d'immortalité héroïque et libérée - telle était, au contraire, le but du culte aristocratique[197]. Si l'on

---

[196] Dans les traditions helléniques, cette conception reçut une de ses expressions dans les temples où l'on trouve, à côté de la « tombe « d'un ancien dieu chthonien, l'autel du culte d'un « héros « ou d'une divinité de type olympien. Cela veut dire qu'un ancien « démon « a été vaincu et « tué », qu'il a subi la transformation « sacrificielle ». Sa demeure chthonienne est conçue comme une « tombe « quand le démon passe à la forme supérieure, sous l'aspect d'un dieu qui porte différents noms (p. ex. l'Apollon du temple de Delphes, où se trouvait la tombe de Python) ou d'un homme qui, en tant que héros, acquiert l'immortalité privilégiée (cf. RONDE, *Psyche*, 1, pp. 134, 141, 144). Les associations classiques entre les serpents et les héros doivent être interprétées comme la subsistance du symbole chthonien propre à une force inférieure, dans un principe, voisin du type olympien, qui en a dominé la nature. (Cf. HARRISON, *Prolegomena*, cit., pp. 328, sqq.).

[197] De là naît l'idée, dans beaucoup de traditions, d'un double démon : l'un divin et propice - le « bon démon » agathos daimon - l'autre terrestre, lié surtout au corps et aux passions (cf. p. ex. SERVIUS, *Aen.*, VI, 743, CENSORIUS, *De Die nat.*, 3, sqq.). Le premier peut donc représenter les influences transformées, l'hérédité « triomphale » que l'individu peut

demeurait fidèle à ce culte, le destin de l'Hadès était suspendu et la « voie de la Mère « était barrée. Si, au contraire, les rites divins étant abandonnés, ce destin était rétabli, la force ambiguë et démonique du totem redevenait toute puissante. Ainsi apparaît tout le sens de l'enseignement oriental déjà mentionné, d'après lequel celui qui néglige les rites n'échappe pas à l'« enfer », même si par ce mot on n'entend pas un certain niveau existentiel dans cette vie, mais un destin dans l'au-delà. Dans son sens le plus profond, le devoir de maintenir, d'alimenter et de développer sans interruption le feu mystique, corps du dieu des familles, des cités et des empires et, selon une expression védique particulièrement significative à cet égard, « gardien d'immortalité »[198], ce devoir cachait la promesse rituelle de maintenir d'alimenter et de développer sans interruption le principe d'un destin supérieur et le contact avec le supra-monde créés par l'ancêtre. Ainsi envisagé de cette façon, ce feu présente un rapport des plus étroits avec celui qui - selon la conception hindoue et grecque et, en général, selon le rituel olympien et aryen de la crémation - embrasant le bûcher funèbre, était un symbole de la force qui consume les derniers restes de la nature terrestre du mort jusqu'à ce que s'actualise, au-delà de celle-ci, la « forme fulgurante » d'un immortel[199].

---

confirmer et rénover -ou bien trahir quand il cède à sa nature inférieure, exprimée par l'autre démon.

[198] *Rg-Veda, VI, 7, 7.* Pour le rapport qui existe entre le feu des familles nobles et le destin d'une survivance divine, cf. aussi *Mânavadharmacâstra, II, 232.*

[199] Cette forme est, en une certaine manière, la forme - super-individuelle - de l'ancêtre divin ou du dieu, dans laquelle la conscience limitée de l'individu se transforme (c'est pourquoi, en Grèce, le nom du mort était parfois remplacé par celui du héros archégète de sa lignée : cf. ROHDE, *Psyche, v. 11, p. 361*). A la limite, il s'agit de cette « forme faite de gloire », antérieure au corps et « mise en celui-ci pour lui donner une activité propre », forme qui, dans la tradition iranique, n'est pas sans rapport avec le « premier homme fait de lumière « dont la force vitale, quand il périt, « fut cachée sous la terre «, et donna naissance aux hommes (cf. REITZTENSTEIN-SCHAEDER, *Studien zum antiken Synkretismus aus Iran und Griechenland*, Leipzig, 1926, pp. 230, sqq.). On pourrait aussi se référer au < propre visage, tel qu'il existait avant la création « dont parle le Zen.

9

VIE ET MORT DES CIVILISATIONS

Là où la tradition conserva toute sa force, la dynastie ou succession de rois ayant reçu le sacre, représenta donc un axe de lumière et d'éternité dans le temps, la présence victorieuse du supramonde dans le monde, la composante « olympienne » qui transfigure l'élément démonique du *demos* et donne un sens supérieur à tout ce qui est État, nation et race. Et même dans les couches les plus basses, le lien hiérarchique créé par un rattachement conscient et viril constituait un moyen d'avancement et de participation.

De fait, même la simple loi, émanée d'en haut et investie d'une autorité absolue, était, pour ceux qui ne pouvaient allumer eux-mêmes le feu surnaturel, une référence et un soutien au-delà de la simple individualité humaine. En réalité, l'adhésion intime, libre et effective de toute une vie humaine aux normes traditionnelles, même en l'absence d'une pleine compréhension de leur dimension interne susceptible de la justifier, agissait de telle sorte que cette vie acquérait objectivement un sens supérieur : à travers l'obéissance et la fidélité, à travers l'action conforme aux principes et aux limites traditionnelles, une force invisible la modelait et la situait sur la même direction que celle de cet axe surnaturel, qui chez les autres - le petit nombre au sommet - vivait à l'état de vérité, de réalisation, de lumière. Ainsi se formait un organisme stable et animé, constamment orienté vers le supramonde, sanctifié en puissance et en acte selon ses degrés hiérarchiques, et ceci dans tous les domaines de la pensée, du sentiment, de l'action et de la lutte. C'était dans ce climat que vivait le monde de la Tradition. « Toute la vie extérieure était un rite, c'est-à-dire un mouvement d'approche, plus ou moins efficace selon les individus et les groupes, vers une vérité que la vie extérieure, en soi, ne peut donner mais permet, si elle est vécue saintement, de réaliser partiellement ou intégralement. Ces peuples vivaient la même vie qu'ils avaient vécue depuis des siècles ; ils se servaient de ce monde comme d'une échelle pour arriver à se libérer du monde. Ces peuples pensaient saintement, agissaient saintement, aimaient saintement, haïssaient saintement, se tuaient saintement - ils avaient sculpté un temple unique dans une forêt de temples, à travers laquelle grondait le torrent des eaux, et ce temple était le lit du fleuve, la vérité traditionnelle, la syllabe sainte dans le cœur purifié »[200].

A ce niveau, sortir de la Tradition signifiait sortir de la vraie vie ; abandonner les rites, altérer ou violer les lois, confondre les castes ; rétrograder du cosmos dans le chaos, retomber sous le pouvoir des éléments et des totems - suivre la « voie des enfers », où la mort est une réalité, où un destin de contingence et de dissolution domine dans toutes choses.

Et cela était valable pour les individus que pour les peuples.

Il ressort de toutes les constatations historiques que les civilisations sont destinées, comme l'homme, après une aurore et une période d'essor, à déchoir et à disparaître. On a cherché à découvrir la loi qui préside à un tel destin : la cause du déclin des civilisations. Cette cause ne pourra jamais être trouvée dans le monde extérieur, ne pourra jamais être définie par des facteurs purement historiques et naturels.

Parmi les divers auteurs, Gobineau est peut-être celui qui a su le mieux montrer l'insuffisance de la majeure partie des causes empiriques, adoptées pour expliquer le crépuscule des grandes civilisations. C'est ainsi qu'il nous fait voir, par exemple, qu'une civilisation ne s'écroule point pour le seul fait que sa puissance politique a été brisée ou bouleversée. « La même sorte de civilisation, persiste parfois sous une domination étrangère, défie les événements les plus calamiteux, alors que, d'autres fois, en présence de mésaventures obscures, elle disparaît »[201]. Ce ne sont pas même les qualités des gouvernements, en un sens empirique - c'est-à-dire administrativo-

---

[200] Expressions de G. DE GIORGIO (*Azione e contemplazione*, in « *La Torre* », no 2, 1930).
[201] GOBINEAU, *Essai sur l'inégalité des races humaines* - Paris, 1884, p. 1.

organisateur - qui ont une grande influence sur la longévité des civilisations : de même que les organismes, celles-ci - observe toujours Gobineau - peuvent même résister longtemps tout en souffrant d'affections désorganisatrices. L'Inde et, davantage encore, l'Europe féodale, se caractérisent précisément par un « pluralisme « évident, par l'absence d'une organisation unique, d'une économie et d'une législation unifiée, - facteurs d'antagonismes toujours renaissants - et offrent l'exemple d'une unité spirituelle, de la vie d'une tradition unique. On ne peut même pas attribuer la ruine des civilisations à ce que l'on appelle la corruption des murs, au sens profane, moraliste et bourgeois, du terme. Elle peut être, tout au plus, un effet ou un signe : elle n'est jamais la véritable cause. Dans la plupart des cas, il faut reconnaître, avec Nietzsche, que là où l'on commence à se préoccuper d'une « morale », là, il y a déjà décadence[202] : le *mos* des anciens « âges héroïques « dont parle Vico n'a jamais eu à voir avec des limitations moralistes. La tradition extrême-orientale, en particulier, a bien mis en lumière l'idée que la morale et la loi en général (au sens conformiste et social) apparaissent là où l'on ne connaît plus la « vertu « ni la « Voie » : « perdue la Voie, reste la vertu, perdue la vertu, reste l'éthique ; perdue l'éthique, reste le droit ; perdu le droit, reste la coutume. La coutume n'est que l'aspect extérieur de l'éthique et marque le début de la décadence » [203]. Quant aux lois traditionnelles, du fait que leur caractère sacré et leur finalité transcendante leur conféraient une valeur non humaine, elles ne pouvaient en aucune manière être ramenées au plan d'une morale, au sens courant du terme. L'antagonisme des peuples, l'état de guerre, ne sont pas non plus, en eux-mêmes, susceptibles de causer la ruine d'une civilisation : l'idée du péril, comme celle de la conquête, peut au contraire resouder, même matériellement, les mailles d'une structure unitaire, raviver une unité spirituelle dans ses manifestations extérieures, alors que la paix et le bien-être peuvent conduire à un état de tension réduite, qui facilite l'action

---

[202] GOBINEAU (op. cit., p. 10), dit avec raison : « Loin de découvrir dans les sociétés jeunes une supériorité de morale, je ne doute pas que les sociétés, en vieillissant, et par conséquent en approchant de leur chute, ne présentent aux yeux du censeur un état beaucoup plus satisfaisant. »
[203] LAO-TZÉ, *Tao-té-king*, XXXVIII.

des causes les plus profondes d'une possible désagrégation[204].

Devant l'insuffisance de ces explications, on invoque parfois l'idée de la race. L'unité et la pureté du sang seraient à la base de la vie et de la force d'une civilisation ; le mélange du sang serait la cause initiale de sa décadence. Mais il s'agit, là encore, d'une illusion : une illusion qui rabaisse en outre l'idée de civilisation au plan naturaliste et biologique, puisque c'est plus ou moins sur ce plan que l'on conçoit aujourd'hui la race. Envisagés sous cet angle, la race, le sang, la pureté héréditaire du sang, ne sont qu'une simple « matière «. Une civilisation au sens vrai du terme, c'est-à-dire traditionnel, ne prend naissance que lorsque, sur cette matière, agit une force d'ordre supérieur et surnaturel et non plus naturelle : la force à laquelle correspond précisément une suprême fonction « pontificale », la composante du rite, le principe de la spiritualité en tant que fondement de la différenciation hiérarchique. A l'origine de toute civilisation véritable il y a un fait « divin » (le mythe de fondateurs divins a été commun à toutes les grandes civilisations) : c'est pourquoi aucun facteur humain ou naturel ne pourra en rendre vraiment compte. *C'est à un fait du même ordre, mais de sens opposé, dégénérescent, que sont dus l'altération et le déclin des civilisations.* Quand une race a perdu le contact avec ce qui, seul, possède et peut donner la stabilité - avec le monde de l'« être » ; quand donc se trouve aussi déchu en elle ce qui en constitue l'élément le plus subtil, mais en même temps le plus essentiel, à savoir la *race intérieure*, la *race de l'esprit*, vis-à-vis de laquelle la race du corps et de l'âme ne sont que des manifestations et des moyens d'expression[205] - alors les organismes collectifs dont elle s'est formée, quelles que soient leur grandeur et leur puissance, descendent fatalement dans le monde de la contingence : ils sont à la merci de l'irrationnel, du variable, de l'« historique », de ce qui est conditionné par le bas et par le dehors.

Le sang, la pureté ethnique, sont des éléments qui, même dans les civilisations traditionnelles, ont leur valeur : valeur qui n'est pourtant pas de

---

[204] Pour la critique de ces causes présumées du crépuscule des civilisations, cf. GOBINEAU, op. cit., pp. 16-30, 77.
[205] Sur la notion complète de la race et les relations entre la race du corps, de l'âme et de l'esprit, cf. notre ouvrage : *Sintesi di dottrina della razza*, Milano, 1941.

nature à justifier l'emploi, pour les hommes, des critères en vertu desquels le caractère de « pur sang » décide péremptoirement des qualités d'un chien ou d'un cheval - comme l'ont affirmé, à peu de chose près, certaines idéologies racistes modernes. Le facteur « sang » ou « race » a son importance, parce que ce n'est pas dans le mental - dans le cerveau et dans les opinions de l'individu - mais dans les forces les plus profondes de vie que les traditions vivent et agissent en tant qu'énergies typiques et formatrices[206]. Le sang enregistre les *effets* de cette action, et offre de ce fait, à travers l'hérédité, une matière déjà affinée et préformée, permettant qu'au long des générations des réalisations semblables aux réalisations originelles soient préparées et puissent se développer de façon naturelle et presque spontanée. C'est sur cette base - et sur cette base seulement - que le monde de la Tradition, comme on le verra, reconnut souvent le caractère héréditaire des castes et imposa la loi endogamique. Mais, si l'on considère la Tradition là où le régime des castes fut précisément le plus rigoureux, c'est-à-dire dans la société indo-aryenne, le simple fait de la naissance, bien que nécessaire, n'était pas jugé suffisant : il fallait que la qualité virtuellement conférée par la naissance fût actualisée par l'initiation. Ainsi que nous l'avons déjà indiqué, on allait jusqu'à affirmer dans le *Mânavadharmacâstra* que *l'ârya* lui-même, jusqu'à ce qu'il soit passé par l'initiation ou « seconde naissance », n'est pas supérieur au *cûdra*. De même, trois différenciations spéciales du feu divin servaient d'âmes aux trois *pishtra* iraniens les plus élevés dans la hiérarchie, et, l'appartenance définitive à ceux-ci était confirmée également par l'initiation. Ainsi, même dans ces cas, il ne faut pas perdre de vue la dualité des facteurs, il ne faut jamais confondre l'élément formateur avec l'élément formé, le conditionnant avec le conditionné. Les castes supérieures et les aristocraties traditionnelles, et, d'une façon plus générale, les civilisations et les races supérieures - celles qui, par rapport aux autres, ont la même position que les castes ayant reçu une consécration par rapport aux castes plébéiennes des « fils de la Terre » - ne

---

[206] C'est pourquoi si, par « religion « on entend simplement le phénomène dévotionnel, fait de croyances et de sentiments subjectifs, - donc essentiellement humain - qui a succédé à la puissance antique du rite et à la fonction objective des médiateurs divins, on doit reconnaître avec GOBINEAU, (op. *cit*., chap. II) que l'affaiblissement des idées religieuses n'est pas non plus la véritable cause du déclin des civilisations.

s'expliquent pas *par* le sang, mais à *travers* le sang, par quelque chose qui va au-delà du sang lui-même et qui possède un caractère métabiologique.

Lorsque ce « quelque chose » a vraiment de la puissance, quand il constitue le noyau le plus profond et le plus solide d'une société traditionnelle, alors une civilisation peut se maintenir et se réaffirmer en face de mélanges et d'altérations ethniques qui ne présentent pas un caractère nettement destructeur - elle peut même réagir sur les éléments hétérogènes, les former, les réduire graduellement à son type ou se retransplanter elle-même, en tant, pourrait-on dire, que nouvelle unité explosive. Même dans les temps historiques, des exemples de ce genre ne manquent pas : la Chine, la Grèce, l'Islam. Lorsque la racine génératrice « d'en haut » n'est plus vivante dans une civilisation, et que sa « race de l'esprit » est prostrée ou brisée, ce n'est qu'alors - parallèlement à sa sécularisation et à son humanisation - que son déclin commence[207]. Dans cette situation diminuée, les uniques forces sur lesquelles il est encore possible de compter sont celles d'un sang qui, par race et instinct, porte encore en lui, ataviquement, comme l'écho et l'empreinte de l'élément supérieur disparu : et c'est de ce seul point de vue que la thèse « raciste « de la défense de la pureté du sang peut avoir une raison d'être - à tout le moins pour empêcher, du moins pour retarder l'issue fatale du processus de dégénérescence. Mais prévenir vraiment cette issue est impossible sans un réveil intérieur.

On peut se livrer à des considérations analogues au sujet de la valeur et de la force des formes, des principes et des lois traditionnels. Dans un ordre social traditionnel il faut qu'il y ait des hommes chez qui le principe sur lequel s'appuient, par degrés, les diverses organisations, législations et institutions, sur le plan de *l'ethos* et du rite, soit vraiment agissant, ne soit pas seulement

---

[207] On peut prendre ici en considération la thèse de A.J. TOYNBEE (A *study of History*, London, 1941) selon laquelle, à part quelques exceptions, il n'y a pas d'exemples de civilisations qui aient été tuées, mais seulement de civilisations qui se sont tuées. Partout où la force intérieure subsiste et n'abdique pas, les difficultés, les dangers, les ambiances hostiles, les attaques et même les invasions se résolvent en un stimulant, en un défi qui contraint cette force à réagir d'une façon créatrice. Toynbee voit même dans ce défi la condition de l'affirmation et du développement des civilisations.

une forme extérieure, mais une réalisation spirituelle objective. Il faut, en d'autres termes, qu'un individu ou une élite soit à la hauteur de la fonction « pontificale » des seigneurs et des médiateurs des forces d'en haut. Alors, même ceux qui sont seulement capables d'obéir, qui ne peuvent assumer la loi qu'à travers l'autorité et la tradition extérieure, comprennent pourquoi ils doivent obéir et leur obéissance - comme nous l'avons dit - n'est pas stérile, car elle leur permet de participer effectivement à la force et à la lumière. De même qu'au passage d'un courant magnétique dans un circuit principal il se produit des courants induits dans d'autres circuits distincts, s'ils sont disposés synchroniquement - de même, chez ceux qui ne suivent que la forme, que le rite, mais d'un « coeur pur et fidèle, passe invisiblement quelque chose de la grandeur, de la stabilité et de la « fortune » qui se trouvent réunies et vivantes au sommet de la hiérarchie. Alors la tradition est solide, le corps est un, et toutes ses parties se trouvent reliées par un lien occulte plus fort que les contingences extérieures.

Mais quand n'existe plus au centre qu'une fonction qui se survit à elle-même, quand les attributions des représentants de l'autorité spirituelle et royale ne sont plus que nominales, alors le sommet se dissout, le soutien disparaît, la voie solaire se ferme[208]. Très expressive est la légende selon laquelle les gens de Gog et Magog - qui, ainsi que nous l'avons dit peuvent symboliser les forces chaotiques et démoniques freinées par les structures traditionnelles - s'insurgent au moment où ils s'aperçoivent que personne ne sonne plus les trompettes sur la muraille avec laquelle un empereur leur avait barré la route, que *c'est seulement le vent qui produit désormais ce son*. Les rites, les institutions, les lois et les coutumes peuvent encore subsister pendant un certain temps, mais leur signification est perdue, leur vertu est comme paralysée. Ce ne sont plus que des choses abandonnées à elles-mêmes, et, une fois livrées à elles-mêmes, sécularisées - elles s'effritent comme de l'argile desséchée en dépit de tous les efforts avec lesquels on cherche à maintenir de

---

[208] Selon la tradition hindoue (*Mânavadharmaçâstra*, IX, 301-302), c'est de l'état des rois, que dépendent les quatre grands âges du monde, ou yuga : et l'âge obscur, kâli-yuga, correspond à celui où la fonction royale « dort » ; l'âge d'or, à celui où le roi reproduit encore les actions symboliques des dieux aryens.

l'extérieur, donc par la violence, l'unité perdue ; elles se défigurent et s'altèrent chaque jour davantage. Mais tant qu'il en reste une ombre, et tant que subsiste dans le sang un écho de l'action de l'élément supérieur, l'édifice reste debout, le corps semble avoir encore une âme, le cadavre - selon l'image de Gobineau - chemine et peut encore abattre ce qu'il trouve sur son chemin. Quand le dernier résidu de la force d'en haut et de la race de l'esprit est épuisé dans les générations successives, il ne reste plus rien : aucun lit ne contient plus le torrent, qui se disperse dans toutes les directions. L'individualisme, le chaos, l'anarchie, *l'hybris* humaniste, la dégénérescence, font partout leur apparition. La digue est rompue. Même lorsque subsiste l'apparence d'une grandeur antique, il suffit du moindre choc pour faire crouler un État ou un Empire. Ce qui pourra le remplacer sera son inversion archimanique, le Léviathan moderne omnipotent, l'entité collective mécanisée et « totalitaire ».

De la préantiquité à nos jours, telle est l'« évolution « qu'il nous faudra constater. Comme nous le verrons, du mythe lointain de la royauté divine, régressant de caste en caste, on arrivera jusqu'aux formes sans visages de la civilisation actuelle, où se réveille, d'une façon rapide et effrayante, dans des structures mécanisées, le démonisme du pur *demos* et du monde des masses.

10

L'INITIATION ET LA CONSÉCRATION

La conception du sommet ou du centre d'une civilisation traditionnelle ayant été définie, il nous reste à indiquer brièvement certains aspects de sa phénoménologie, en nous référant à des situations existentielles déjà conditionnées. Ceci nous permettra de déterminer également l'origine de l'altération du monde de la Tradition.

On se trouve déjà en présence d'une forme conditionnée de l'idée royale lorsque celle-ci ne s'incarne plus en des êtres supérieurs, *par nature*, à la limite humaine, mais en des êtres qui doivent *susciter* cette qualité en eux. Selon la terminologie de la tradition hellénique, une telle distinction pourrait correspondre analogiquement à la différence entre « dieu » (idéal olympien) et « héros » ; selon celle de la tradition romaine, elle correspond formellement aux titres de *deus* et de *divus* - *divus* désignant l'homme devenu dieu et *deus* l'être qui fut toujours un dieu[209]. La tradition veut qu'en Égypte succéda précisément à la race royale des θέοι, celle des ἡμίθεοι (équivalents des « héros ») avant que ne règnent les νέκυες, expression évoquant un type de chef essentiellement humain. Cette évolution met en évidence le cas où une distance existe entre la personne et la fonction : pour que la personne puisse incarner la fonction, il faut qu'une action déterminée suscite en elle une qualité nouvelle. Cette action peut se présenter, soit comme une *initiation*, soit comme une *investiture* (ou *consécration*). Dans le premier cas elle présente un caractère relativement autonome et direct ; dans le second cas, elle est médiate, provenant, en quelque sorte, de l'extérieur, et implique l'intervention d'une caste sacerdotale qui s'est déjà différenciée de la caste

---

[209] Cf. E. BEURLIER, *Le Culte impérial*, Paris, 1891, p. 8.

royale.

Pour ce qui est de *l'initiation royale* il suffira de rappeler ce qui a été dit au sujet des actions rituelles, sacrificielles et triomphales, qui répètent les actions attribuées à un dieu ou à un héros en vue d'actualiser, d'évoquer ou de rénover, les influences surnaturelles correspondantes. Ceci fut pratiqué d'une façon particulièrement précise dans l'ancienne Égypte : comme on l'a vu, le roi, lors de l'intronisation, répétait le « sacrifice » qui fit d'Osiris une divinité transcendante et ce rite ne servait pas seulement à rénover la qualité d'une nature déjà divine de naissance car il servait aussi, précisément, *d'initiation* afin de susciter la dimension de la transcendance chez l'homme destiné à être roi, et de lui assurer le « don de vie ». Nous nous bornerons, en ce qui concerne les particularités de ce genre de rite, à mentionner celui qui correspondait, dans les Mystères d'Éleusis, à l'attribution du titre royal[210].

Le futur « roi » reste d'abord, pendant quelque temps, dans un lieu de retraite solitaire. Il traverse ensuite un fleuve à la nage, environné de sang et de tourbillons - c'est-à-dire qu'il traverse, avec ses propres forces, le « courant de la génération », en laissant son ancien corps, son âme et son humanité particulière sur l'autre rive. Il retraverse ensuite le fleuve, mais dans une barque[211], et revêtu de peaux de bêtes. Ces dernières symbolisaient

---

[210] Nous nous référerons essentiellement à la reconstitution des Mystères éleusiniens de V. MAGNIEN, *Les Mystères d'Éleusis*, Paris, 1929, p. 196, sg.

[211] Du fait de leur caractère traditionnel, chacune de ces phases pourrait donner lieu à des rapprochements innombrables. En voici quelques-uns. La traversée des eaux, de même que le symbolisme de la *navigation*, est une des images qui reviennent le plus fréquemment. Le *navire* est un des symboles de Janus, que l'on retrouve même dans le symbolisme pontifical catholique. Le héros chaldéen Gilgamesh qui parcourt la « voie du soleil « et du « mont » doit traverser l'océan pour atteindre un jardin divin où il pourra trouver le don d'immortalité. Le passage d'un grand fleuve, comportant une série d'épreuves, faites de rencontres avec des « animaux « (totem), de tempêtes, etc... se retrouve dans l'itinéraire mexicain d'outre-tombe (cf. REVILLE, *Religion Mex.*, cit., p. 187) ainsi que dans l'itinéraire nordico-aryen (passage du fleuve Thund pour atteindre le Walhalla). La traversée figure également dans la saga nordique du héros Siegfried, qui dit : « Je peux vous conduire là-bas (dans l'« île « de la femme divine Brunhild, pays « connu seulement de Siegfried ») sur les flots. Les vraies routes de la mer me sont connues »

vraisemblablement des puissances totémiques lesquelles sont aussi des forces de la collectivité, et dont la suspension du « Moi » extérieur caduc provoquait l'apparition. Il s'agissait donc d'une prise de contact et d'une identification. Dans le rituel bachique, les victimes une fois dépecées, les corybantes revêtaient leurs peaux, et de la sorte s'identifiaient avec le dieu représenté par les victimes, à en assumer la force et la nature ; l'initié égyptien passait également à travers la peau de la victime, qui représentait Set[212]. Ainsi le symbolisme d'ensemble de cette phase du rite se réfère probablement à l'obtention de l'état propre à celui qui peut réaliser la traversée symbolique, tout en ayant acquis certains pouvoirs reliés au côté souterrain, totémique, de l'organisme collectif dont il sera le Chef qualifié.

Le futur « roi » atteint, quoi qu'il en soit, une rive et doit parvenir au sommet d'une *montagne*. L'obscurité l'environne, mais les dieux l'aident à gravir le sentier et à traverser divers cercles. On retrouve ici des symboles déjà connus : la « terre ferme » ou « île », la « montagne » ou « altitude ». Vient à s'y ajouter l'idée d'influences planétaires (les « cercles » peuvent correspondre aux sept « roues platoniciennes du destin »), qu'il faut dominer en s'élevant jusqu'à la région symbolique des étoiles *fixes*, expression des états du monde de l'être : ce qui équivaut, selon l'antique distinction, au passage des Petits aux Grands Mystères, du rite tellurico-lunaire aux rite olympien et solaire. Le candidat à l'initiation est reçu par les autres rois et par les hauts dignitaires ; il entre dans un temple tout illuminé pour prendre contact avec le divin. On lui rappelle les principaux devoirs du roi. Il reçoit enfin les vêtements et les insignes de sa dignité et monte sur le trône.

Le rite de l'initiation royale en Égypte comprenait trois moments comparables aux phases qui viennent d'être décrites : avant tout la

---

(*Niebelungenlied VI*) ; dans le Veda, le roi Yama, conçu comme « fils du soleil « et comme le premier parmi les êtres qui ont trouvé la voie de l'audelà, est celui qui « est allé au-delà de beaucoup de mers « (Rg-Veda, X, 14, 1-2 ; X, 10, I). Le symbolisme de la traversée revient très fréquemment dans le bouddhisme, et le jaïnisme connaît l'expression *tirthamkara* (*les* « constructeurs du del euado »), etc... Voir plus loin (II, paragr. 4), un autre aspect de ce symbolisme.

[212] *Cf.* MACCHIORO, *Zagreus*, cit., pp. 71-2.

purification ; puis le rite par lequel était acquis le fluide surnaturel, représenté par la couronne, uraeus, ou double couronne (la couronne était souvent appelée la « grande magicienne », qui « établit à la droite et à la gauche du roi les dieux de l'éternité et ceux de la stabilité ») ; enfin la « montée » au temple représentant l'« autre monde » - *pa-duait* - et l'« embrassement » par le dieu solaire, correspondait à la consécration définitive de cette nouvelle naissance immortalisante et de cette identité de nature, par laquelle le roi égyptien apparaissait comme le « fils » du dieu lui-même[213].

Le rite éleusinien est un des rites les plus complets d'initiation royale. Il est à supposer qu'à chaque symbole correspondait une expérience intérieure bien déterminée. Nous ne traiterons ici, ni des moyens par lesquels ces expériences étaient provoquées, ni de la nature spécifique de ces dernières[214]. Nous nous contenterons de souligner que, dans le monde de la Tradition, l'initiation fut conçue, en ses formes les plus hautes, comme une opération intensément réelle, capable de modifier l'état ontologique de l'individu et de greffer sur lui des forces du monde de l'être, ou supra-monde. Le titre de *rex*, βασιλεύς, à Éleusis, indiquait la qualité surnaturelle acquise, qui, potentiellement, désignait pour la fonction de chef. Si, à l'époque des Mystères éleusiniens, ce titre ne s'accompagnait pas automatiquement de l'autorité politique effective, il faut en rechercher la cause dans la décadence de l'antique Hellade. C'est pour cette raison que l'antique dignité royale ne put se maintenir que sur un plan distinct de celui du pouvoir réel, se trouvant, dès lors, presque totalement entre des mains profanes[215]. Cela n'empêcha

---

[213] Cf. MORET, *Royaut. phar.*, cit., pp. 100-101, 220, 224.

[214] On peut se reporter aux exposés contenus dans l'*Introduzione alla Magia*, MilanoZ, 1952. Cf. également J. EVOLA, *La Tradition hermétique*, (*op. cit.*). D'après Nitisâra (I, 26-27) la dignité royale est conditionnée par cette même maîtrise du *manas* (racine intérieure et transcendante des cinq sens) qui est aussi une condition du yoga et de l'ascèse. Et l'on ajoute : « L'homme incapable de dompter le *manas*, être unique, comment saurait-il assujettir la terre ? » (Expressions analogues dans le *Mânavadharmaçâstra*, VII, 44).

[215] Cf. *Handbuch der klass. Altertumswiss.*, cit., v. IV, p. 30. En ce qui concerne Rome, on peut signaler le passage du concept intégral de la royauté à celui du *rex sacrorum*, dont la compétence se limitait au domaine sacral. On justifie ceci par le fait que le roi doit s'engager dans des activités guerrières.

d'ailleurs pas que, de temps en temps, les souverains temporels n'aspirent, eux aussi, à revêtir la dignité de roi initiaque, très différente de la leur. C'est ainsi qu'Adrien et Antonin, déjà empereurs romains, ne reçurent le titre de roi, compris de cette façon, qu'après avoir été initiés à Éleusis. Quant à la qualité conférée par l'initiation, elle est - selon des témoignages concordants - distincte et indépendante de tout mérite humain : toutes les vertus humaines eussent été incapables de la produire, tout comme, en une certaine mesure, aucune « faute « humaine ne pouvait la corrompre[216]. Un écho de cette conception s'est conservé dans la conception catholique, en vertu de laquelle aucune faute morale de la personne ne peut détruire la qualité sacerdotale sacramentellement conférée, qui subsiste comme un *character indelibilis*. En outre, ainsi que nous l'avons déjà dit en parlant de la « gloire « mazdéenne et de la « vertu « extrême-orientale, à cette qualité correspondait un pouvoir objectif. Dans la Chine antique on faisait précisément une distinction entre ceux qui possèdent déjà naturellement la « science » et la « vertu », capables de « réaliser sans secours étranger, avec calme et imperturbabilité, la loi du Ciel « - ils se trouvent au sommet, et sont les « accomplis », voire les « hommes transcendants », et ceux qui, « en triomphant d'eux-mêmes et en se tournant vers les rites » ont conquis cette même science et cette même vertu[217]. Mais la discipline - *sieu-ki* - qui convient à ces derniers et qui équivaut à l'initiation, n'était considérée que comme un moyen pour parvenir de la formation objective de cet « homme supérieur » - *kiun-tzé* - lequel, grâce, au pouvoir mystérieux et réel qui lui est inhérent pourra assumer légitimement la fonction correspondant au suprême sommet hiérarchique[218]. Le caractère spécifique de l'élément qui fait vraiment du roi un roi, apparaît d'une façon encore plus évidente quand il s'agit, non de l'initiation, mais de la consécration, par exemple dans le cas très

---

[216] À cet égard, nous nous bornerons à signaler les expressions caractéristiques du *Mânavadharmaçâstra*, XI, 246 (cf. XII, 101 : « De même que le feu, avec sa flamme ardente, consume rapidement le bois auquel il s'attaque, ainsi celui qui connaît les Védas consume vite ses fautes avec le feu du savoir » ; XI, 261 : « Un brâhmana qui possède tout le Rg-Veda ne peut être souillé par aucun crime, quand bien même il tuerait tous les habitants des trois mondes. »

[217] *Cf. Lun-yü, XVI, 8 ; 1 et XIV, 4-5 : Tshung-yung, XX, 16-17 ; XXII, 1 et XXIII, 1.*

[218] *Cf.* MASPERO, *Chine ant., op. cit.. ap.* 452, 463, 466-467.

caractéristique de l'investiture spéciale qui faisait du prince teutonique déjà couronné le *romanorum rex*, et qui seule lui conférait l'autorité et les droits de Chef du Saint-Empire Romain. On trouve, d'autre part, ce passage dans Platon[219] : « En Égypte, il n'est pas permis que le roi règne sans avoir un caractère sacerdotal et si, par hasard, un roi d'une autre race prend le pouvoir par la violence, il est nécessaire qu'il soit ensuite initié à cette caste ». Plutarque[220] rapporte également qu'en Égypte l'élévation à la royauté d'une personne de caste non sacerdotale mais guerrière, impliquait *eo ipso* son passage dans la caste sacerdotale, donc sa participation à cette science transcendante, « qui est le plus souvent dissimulée par des mythes et par des discours exprimant obscurément la vérité au moyen d'images et d'allusions ». Il en est de même pour l'Iran, et c'est précisément parce que les grands rois iraniens affirmaient également leur dignité de « mages », réunissant ainsi les deux pouvoirs, que ce pays, dans la meilleure période de sa tradition, ne connut pas de conflits ou d'antagonismes entre royauté et sacerdoce[221]. Il convient d'observer également que si, traditionnellement, étaient rois ceux qui avaient reçu l'initiation, inversement, l'initiation et la fonction sacerdotale elle-même furent souvent considérées comme le privilège des rois et des castes aristocratiques. Par exemple, selon l'*Hymne homérique à Déméter* la déesse aurait réservé aux quatre princes d'Éleusis et à leur descendance « la célébration du culte et la connaissance des orgies sacrées », grâce auxquelles « on ne partage pas, après la mort, le même destin que les autres ». Et Rome lutta longtemps contre l'usurpation plébéienne afin que les prêtres des collèges majeurs et surtout les consuls - qui avaient eux mêmes, à l'origine, un caractère sacré - ne fussent choisis que parmi les familles patriciennes. Ici se manifeste pareillement l'exigence d'une autorité unitaire en même temps que la reconnaissance instinctive du fait que cette autorité repose sur la base la plus solide quand la « race du sang » et la « race de l'esprit » se rencontrent.

Examinons maintenant le cas de rois qui accèdent à leur dignité supra-individuelle, non plus à travers l'initiation, mais à travers une *investiture* ou

---

[219] PLATON, *République*, 290d.
[220] PLUTARQUE, *De Is. et Os.*, IX.
[221] *Cf.* SPIEGEL, *Eran. Altert., op. cit.*, v. III, pp. 605-606.

consécration médiate donnée par une caste sacerdotale. Il s'agit d'une forme propre à une époque plus récente et déjà, en partie, historique. Les théocraties des origines ne tirèrent en effet leur autorité d'aucune Église ni d'aucune caste sacerdotale. La dignité royale des souverains nordiques découlait directement de leur origine divine et ils étaient - comme les rois de la période dorico-achéenne - les seuls à célébrer les sacrifices. En Chine, - comme on l'a vu - le roi tenait directement son mandat du « Ciel ». Au Japon, jusqu'à une époque récente, le rite de l'intronisation s'accomplissait à travers une expérience spirituelle individuelle de l'Empereur, consistant à prendre contact avec les influences de la tradition royale, en l'absence de tout clergé officiant. Même en Grèce et à Rome, les collèges sacerdotaux ne « faisaient » pas les rois avec leurs rites, mais se bornaient à recourir à la science divinatoire pour s'assurer que la personne désignée « était agréable aux dieux «. Il s'agissait, en d'autres termes, comme dans l'antique tradition écossaise représentée par la « pierre du destin », de reconnaissance et non d'investiture. Inversement, dans la Rome des origines, le sacerdoce apparut comme une sorte d'émanation de la royauté : c'était le roi qui déterminait les lois du culte. Après Romulus, initié lui-même à la science augurale[222], Numa délégua les fonctions plus proprement sacerdotales au collège des Flamines, que lui-même institua[223]. Durant l'Empire les collèges sacerdotaux furent de nouveau soumis à l'autorité des Césars, comme le clergé le fut lui-même à l'empereur de Byzance. En Égypte, jusqu'à la XXIe dynastie environ, ce n'est qu'à titre occasionnel que le roi accordait sa délégation à un prêtre, appelé « prêtre du roi », *nutir hon*, pour accomplir les rites, en sorte que l'autorité sacerdotale représenta toujours un reflet de l'autorité royale[224]. Au *nutir hon* de l'ancienne Égypte correspond, à plus d'un égard, la fonction que remplit souvent dans l'Inde le *purohita*, brâhmana sacrificateur du feu au service du roi. Les races germaniques, jusqu'à l'époque franco-carolingienne, ignorèrent la consécration - rappelons que Charlemagne se couronna lui-même, ainsi que Louis le Pieux, celui-ci couronnant ensuite son fils Lothaire sans aucune intervention du Pape - et l'on peu t en dire autant des formes originelles de

---

[222] Cf. CICERON, *De Natura Deorum*, III, 2.
[223] Cf. TITE LIVE, I, *20*.
[224] Cf. MORET, *Royaut. phar.*, pp. *121, 206.*

toutes les civilisations traditionnelles, y compris celles de l'Amérique précolombienne, plus particulièrement la dynastie péruvienne des « dominateurs solaires », ou Incas.

Au contraire une caste sacerdotale ou une Église se présente comme la détentrice exclusive de la force sacrée, sans laquelle le roi peut être habilité à exercer sa fonction, on se trouve alors au début de la courbe descendante. Il s'agit d'une spiritualité qui, en soi, n'est pas vraiment royale et d'une royauté qui, en soi, n'est pas vraiment spirituelle ; il s'agit de deux réalités distinctes. On peut dire aussi que l'on se trouve, d'une part, en face d'une spiritualité « féminine », et, d'autre part, en face d'une virilité matérielle ; d'une part, devant un sacré lunaire, et, d'autre part, devant une solarité matérielle. La synthèse, correspondant à l'attribut royal primordial de la « gloire », feu céleste des « vainqueurs », est dissoute. Le plan de la « centralité » absolue est perdu. Nous verrons que cette scission marque le début de la descente de la civilisation le long de la voie qui aboutit au monde moderne.

La rupture s'étant produite, la fonction de la caste sacerdotale consiste à attirer et à transmettre des influences spirituelles, auxquelles elle ne saurait cependant servir de centre dominateur dans l'ordre temporel. Ce centre est au contraire virtuellement présent dans la qualité de guerrier ou d'aristocrate du roi désigné, auquel le rite de la consécration communique les dites influences (l'« Esprit Saint », dans la tradition catholique), afin qu'il les assume et les mette en acte d'une façon efficace. Ainsi, depuis une période relativement récente, ce n'est qu'à travers cette médiation sacerdotale et la *virtus deificans* d'un rite, que se recompose cette synthèse du royal et du sacré qui doit constituer le sommet hiérarchique suprême de tout ordre traditionnel. C'est de cette seule façon que le roi redevient plus qu'un homme.

Dans le rituel catholique, l'habit que le roi devait revêtir avant le rite d'investiture était un habit simplement « militaire » ; ensuite seulement, il endossait un « vêtement royal » et allait se placer en un « lieu élevé » qui avait été préparé pour lui dans l'église. La signification rigoureusement symbolique des différentes parties de la cérémonie se conserva jusque dans les temps modernes. Il est important de souligner l'usage récurrent de l'expression « *religion royale* », au sujet de laquelle était souvent évoquée la figure énigmatique de *Melkitsedeq*. Dès l'époque mérovingienne est attestée, pour le roi, la formule *Melchisedech noster, merito rex atque sacerdos*.[225] On voit dans le roi, qui lors du rite quitte le vêtement qu'il a précédemment endossé, celui qui « abandonne l'état mondain pour assumer l'état de *religion royale* ».[226] En 769, le pape Stéphane III écrit que les Carolingiens sont une race sainte et un sacerdoce royal : *vos gentes sancta estis atque regales estis sacerdotium*.[227] Le sacre royal – rite qui ne différait alors que par quelques détails formels du sacre des évêques, au point que le roi devenait, devant les hommes et devant Dieu, aussi saint qu'un prêtre – avait lieu au moyen de l'onction. Celle-ci, en réalité, était, dans la tradition hébraïque reprise par le catholicisme, le rite habituellement employé pour transférer un être du monde profane au monde du sacré[228] ; par sa vertu, selon l'idée gibeline, l'être consacré devenait *deus-homo, in spiritu et virtute christus domini, in una eminentia divinificationis – summus et instructor sanctae ecclesiae*.[229] On pouvait donc affirmer : « Le roi doit être distingué de la masse des laïcs ; car, oint pour l'huile consacrée, il participe de la fonction sacerdotale ».[230] De son côté, l'Anonyme d'York écrit : « Le roi, oint du Seigneur, ne peut être appelé laïc ».[231] Et dans la réapparition sporadique de l'idée, selon laquelle le rite de la consécration royale a le pouvoir d'effacer toutes les fautes commises, même celles du sang[232], se retrouve l'écho de la doctrine initiatique, déjà mentionnée, relative à la

---

[225] M. Bloch, *Les Rois thaumaturges*, cit., p. 66.
[226] *Ibid*., p. 197 (la formule est de J. Golein).
[227] N. D. Fustel de Coulanges, *Histoire des institutions politiques de l'ancienne France*, vol. VI : *Les transformations de la royauté pendant l'époque carolingienne*, Paris, 1892, p. 233.
[228] David reçoit de Samuel l'huile sainte et « depuis ce jour l'Esprit de Dieu fut avec lui » (Rois I, 16 ; I, 3, 12-13). Dans certains textes médiévaux, l'huile du sacre royal est donc assimilée à celle qui consacre également « les prophètes, les prêtres et les martyrs » (M. Bloch, Op. cit., p. 67, 73). À l'époque carolingienne, l'évêque, en consacrant, prononce la formule : « que Dieu te couronne dans Sa miséricorde avec la couronne de *gloire*, qu'Il verse sur toi l'huile de la grâce de Son Esprit Saint comme il l'a versé sur les prêtres, les rois, les prophètes et les martyrs » (Hincmar, *Migne*, c. 806, apud N.D. Fustel de Coulanges, *Les transformations de la royauté etc.*, cit., p. 233).
[229] Cf. A. Dempf, *Sacrum Imperium*, tr. it., Messine-Milan, 1933, p. 143.
[230] G. d'Osnabrück, *Liber de Lite*, I, 467.
[231] *Apud*, M. Bloch, *op. cit*. p. 190.
[232] Cf. BLOCH, *op. cit., p. 198*.

transcendance de la qualité surnaturelle vis-à-vis de toutes les vertus ou à tous les péchés humains.

C'est par rapport à la fonction d'une souveraineté visible que nous avons, dans ce chapitre, envisagé l'initiation. Nous avons toutefois fait allusion à des cas où la dignité initiatique s'est détachée de cette fonction, ou, pour mieux dire, à des cas où cette fonction s'est détachée de la dignité initiatique en sesécularisant et en revêtant un caractère purement guerrier et politique. L'initiation doit toutefois être considérée, elle aussi, comme une catégorie particulière du monde de la Tradition, sans qu'elle en soit pour autant liée à l'exercice d'une fonction visible et connue au centre d'une société. L'initiation (la haute initiation, distincte de celle qui se rattache éventuellement au régime des castes, ainsi qu'à l'artisanat et aux professions traditionnelles) a défini, en soi, l'action qui détermine une transformation ontologique de l'homme, en donnant naissance à des chaînes souvent invisibles et souterraines, gardiennes d'une influence spirituelle identique et d'une « doctrine interne » supérieure aux formes exotériques et religieuses d'une tradition historique[233]. Il faut reconnaître que dans certains cas le type de l'initié ou de l'adepte a présenté ce caractère « détaché » même au sein d'une civilisation normale et point seulement durant la période ultérieure de dégénérescence et de rupture interne des unités traditionnelles. Mais, depuis une époque récente, ce caractère est devenu nécessaire et général, surtout en Europe, en raison des processus involutifs qui sont à l'origine du monde moderne et en raison de l'avènement du christianisme : d'où, par exemple, le caractère exclusivement initiatique du Roi hermétique, de l'*Imperator* rosicrucien, entre autres.

---

[233] Au sujet de la définition de la nature spécifique de la réalisation initiatique, cf. J. EVOLA, *Ueber das Initiatische*, in « Antaios », 1964, no 2, essai qui se trouve présentement inséré dans *L'Arco e la Clava*, Milano, 1967, ch. 11.

11

DES RELATIONS HIÉRARCHIQUES ENTRE ROYAUTÉ ET SACERDOCE

Si la synthèse originelle des deux pouvoirs se reconstitue, en un certain sans, chez le roi consacré, on aperçoit clairement la nature des rapports hiérarchiques qui, dans tout ordre normal, doivent exister entre la royauté et la caste sacerdotale (ou l'Église) envisagée en tant que simple médiatrice des influences surnaturelles : *c'est à la royauté qu'appartient la primauté en face du sacerdoce*, tout comme, sur le plan symbolique, elle appartient au soleil par rapport à la lune, à l'homme vis-à-vis de la femme. D'un certain point de vue, il s'agit de la même primauté traditionnellement reconnue à la royauté sacerdotale de Melchisédech, sacrificateur du Très-Haut, Dieu de la Victoire (« le Très-Haut a fait tomber les ennemis dans tes mains ». *Gen., XIV, 20*) en face du sacerdoce d'Abraham. Comme nous l'avons dit, les défenseurs médiévaux de l'idée impériale n'ont pas manqué de se référer parfois au symbole de Melchisédech, pour revendiquer, vis-à-vis de l'Église, la dignité et le droit surnaturels de la royauté[234].

Pour en revenir à des civilisations purement traditionnelles, il ressort de certains textes aryens, plus précisément indo-aryens, que même dans une

---

[234] Au Moyen-Age, la figure mystérieuse du « prêtre royal Jean « reproduit, d'une certaine manière, celle de Melchisédech, du fait qu'elle se rattache aussi à l'idée d'un centre suprême du monde. La légende concernant l'envoi à « Frédéric », de la part du prêtre jean, « d'une peau de salamandre, d'eau vive et d'un anneau conférant l'invisibilité et la victoire « (A. GRAF, Roma *nelle mem.*, etc. cit., v. 11, p. 467) exprime la sensation confuse d'une relation existant entre l'autorité impériale et une sorte de mandataire de l'autorité détenue par ce centre. Cf. J. EVOLA, *Mistero del Graal, op* cit.)

civilisation dont le caractère semblerait, à première vue, essentiellement « sacerdotal », subsiste, en une large mesure, la notion du juste rapport entre les deux dignités. Il s'agit des textes déjà cités, où il est dit que la race des divinités guerrières naquit de Brahman comme une forme plus haute et plus parfaite que lui-même. Et il est dit ensuite : « C'est pourquoi il n'y a rien de supérieur à l'aristocratie guerrière - kshâtram - et que les prêtres - brahman - vénèrent le guerrier lors de la consécration des rois ».

Dans le même texte, la caste sacerdotale, assimilée au Brahman - entendu ici d'une façon impersonnelle, en un sens qui correspond, dans le christianisme, aux influences de l'Esprit-Saint, dont l'Église est la détentrice -, apparaît dans un rapport de Mère ou matrice maternelle - yoni - avec la caste guerrière ou royale[235], ce qui est particulièrement significatif. Le type royal se présente ici avec sa valeur de principe masculin qui surpasse, individualise, maîtrise et gouverne « triomphalement » la force spirituelle, conçue à l'image d'une mère et d'une femme. Nous avons déjà fait allusion aux anciennes traditions relatives à une royauté obtenue en devenant l'époux d'une femme divine, laquelle apparaît souvent aussi comme une mère (passage au symbole de l'inceste - d'où le titre de « taureau de sa mère » attribué, dans un contexte plus général, au roi égyptien). On se trouve ainsi ramené au même point. Le fait de reconnaître la nécessité du rite d'investiture n'implique pas que l'on consacre et reconnaisse la subordination du roi à la caste sacerdotale. Certes, une fois disparue la race des êtres qui, par nature déjà, ne sont pas simplement humains, le roi, avant la consécration, - en admettant qu'il ne se soit pas déjà élevé individuellement par un autre moyen, à un plan plus haut élevé[236] -n'est

---

[235] Brhadaranyaka-upanishad, I, iv. II ; cf. aussi Çatapatha-brâhm. XIV, iv, 2, 23-27.
[236] Dans la tradition hindoue elle-même, il ne manque pas d'exemples de rois qui possèdent déjà ou acquièrent une connaissance spirituelle supérieure à celle des brâhmana. Tel est par ex. le cas du roi laivala, dont la science n'aurait été transmise à aucun prêtre, mais réservée à la caste guerrière, kshatram. C'est pourquoi il est dit que « la suzeraineté de toutes les régions - loka - appartint jusqu'ici au (seul) « kshatram » (Çatapatha-brâhm, XIV, ix, I, II). Dans le même texte (XI, vi, 2, 10 cf. Bhagavad-gîtâ, IJI, 20) on cite aussi le cas bien connu du roi Janaka qui atteignit par l'ascèse l'accomplissement spirituel, et dans la Brhadâranyaka-upanish., IV, iii, 1. sg. on voit le roi Ianaka enseigner au brâhmana Yânavalkya la doctrine du Moi transcendant.

qu'un « guerrier ». Mais, par la consécration, il *assume* un pouvoir, plus qu'il ne le reçoit, et ce pouvoir, la caste sacerdotale le « possède « moins qu'elle ne le « garde » : le pouvoir passe alors à une « forme plus élevée ». Dans cet acte, la qualité virile et guerrière de celui qui reçoit l'initiation se libère, se transpose sur un plan supérieur[237] ; elle sert d'axe et de pôle à la force sacrée. On comprend donc pourquoi le prêtre consécrateur doit « vénérer « le roi par lui consacré bien que celui-ci - dit le texte - doive au *brâhmana le* respect que l'on peut avoir pour une mère. Même dans le *Mânavadharmaçâstra*, où l'on cherche pourtant à défendre la primauté du brâhmana, celui-ci est comparé à l'eau et à la pierre, alors que le *kshatriya* est comparé au feu et au fer, et l'on reconnaît que si « les *kshatriya* ne peuvent prospérer sans les *brâhmana*, les *brâhmana* ne peuvent s'élever sans les *kshatriya* « et de même que « si les *brâhmana* sont la base, les *kshatriya* sont le sommet du système des lois » [238]. Pour surprenant que cela puisse paraître à certains, ces idées, à l'origine, ne furent pas entièrement étrangères à la chrétienté elle-même. Selon le témoignage d'Eginhard, après que Charlemagne eut été consacré et acclamé selon la formule : « A Charles auguste, couronné par Dieu, « grand et pacifique empereur des Romains, vie et victoire ! « le pape « se prosterna (*adoravit*) devant Charles, selon le rite établi au temps des anciens Empereurs » [239]. En outre, au temps de Charlemagne et de Louis le Pieux,

---

[237] Ainsi, dans le Pancavim(a-brâhm, XVIII, 10, 8, il est dit que si l'on emploie, lors de la consécration royale - râjâsurya - les mêmes formules - trivrt (stoma) - que pour le brahman (c'est-à-dire la caste sacerdotale), celui-ci doit néanmoins se soumettre au kshatran (c'est-à-dire à la caste guerrière royale). Ce sont précisément les qualités que l'aristocrate et le guerrier - et non le prêtre au sens limité du terme - possèdent en propre et qui, intégrées dans le sacré, reproduisent le sommet « solaire « de la spiritualité, et justifient le fait, déjà mentionné, que dans les organisations traditionnelles les plus parfaites, les prêtres, au sens supérieur du terme, étaient exclusivement choisis dans les classes patriciennes, et que l'initiation et la transmission de la science transcendante leur étaient originairement réservées.

[238] *Mânavadharmaçâstra*, IX, 321-322 ; XI, 83-84.

[239] Apud F. de COULANGES, Transf. royaut. etc., op. cit., pp. 315-16. Le *Liber Pontificalis* (II, 37) dit textuellement : « *Post laudes ab Apostolico* more antiquorum, *principum adoratus est.* « Cf. les expressions de PIERRE DE BLOIS (apud BLOCH, op. cit., p. 41) : « Je l'avoue : assister le roi c'est [pour un clerc] accomplir une chose sainte, car le roi est saint ; il est le Christ du Seigneur et ce n'est pas en vain qu'il a reçu le sacrement de

comme aussi chez les empereurs romains et byzantins chrétiens, les conciles ecclésiastiques étaient intimés, ou autorisés, et présidés par le prince à qui les évêques allaient soumettre leurs conclusions, non seulement en matière de discipline, mais aussi en matière de foi et de doctrine, en utilisant la formule : « Au Seigneur et Empereur, pour que Sa sagesse y ajoute ce qui manque, y corrige ce qui est contre la raison, etc... » [240]. Cela signifie donc que l'on reconnaissait encore au souverain, même dans le domaine de la sagesse, comme un écho de l'antique primauté et une imprescriptible autorité à l'égard du sacerdoce La *liturgie de la puissance*, propre à la tradition primordiale, subsiste. Ce n'est pas un païen, mais un catholique - Bossuet - qui a déclaré, à une époque déjà moderne, que le souverain « est l'image de Dieu » sur la terre, allant même jusqu'à s'écrier : « Vous êtes des dieux, encore que vous mouriez, et votre autorité ne meurt pas » [241].

Quand, au contraire, la caste sacerdotale prétend qu'en raison de la consécration qu'elle donne, l'autorité royale doit la reconnaître comme hiérarchiquement supérieure (« celui qui bénit est supérieur à celui qui est béni »)[242] et donc lui obéir - et telle a été précisément en Europe la prétention de l'Église dans la « Querelle des investitures » - on est en pleine hérésie, en plein bouleversement de la vérité traditionnelle. En réalité, on trouve déjà, dans la pénombre de la préhistoire, les premiers épisodes du conflit entre l'autorité royale et l'autorité sacerdotale, l'une et l'autre revendiquant pour elle-même la primauté appartenant à ce qui est antérieur et supérieur à chacune d'elles. À l'origine, ce conflit ne fut nullement motivé, comme on le croit généralement, par des préoccupations de suprématie sociale et politique ; il avait de profondes racines, plus ou moins conscientes, dans deux

---

l'onction. « L'auteur ajoute que si quelqu'un doutait de l'efficacité mystique de ce sacrement, il suffirait d'invoquer, comme argument, le pouvoir thaumaturgique royal.

[240] Cf. de COULANGES, Op. cit., pp. 524-5, 526, 292-3. On peut rappeler, du reste, que ce fut un empereur - Sigismond - qui convoqua le Concile de Constance à la veille de la Réforme, pour tenter de porter remède au schisme et à l'anarchie dans lesquels le clergé était tombé.

[241] BOSSUET, *Sermon sur les Devoirs des Rois*.

[242] À cette expression paulinienne peut être opposée, dans la tradition judaïque le symbole de Jacob qui lutte avec l'ange, le terrasse et le contraint à « le bénir » (Genèse, *XXXII*, 25).

attitudes opposées en face de l'esprit, attitudes dont nous aurons l'occasion de reparler plus loin. Sous la forme qu'il devait essentiellement assumer après la différenciation des dignités, le prêtre, en effet, est toujours, par définition, un interprète et un médiateur du divin : bien que puissant, il aura toujours conscience de s'adresser à Dieu comme à son seigneur. Le roi sacré se sent au contraire de la même race que les dieux. Il ignore le sentiment de la subordination religieuse et ne peut pas ne pas être intolérant à l'égard de toute prétendue suprématie revendiquée par le prêtre. Quoi qu'il en soit, on glisse, avec le temps, vers des formes d'anarchie antitraditionnelles, anarchie qui revêt un double aspect : ou bien celui d'une royauté qui n'est qu'un simple pouvoir temporel en révolte contre l'autorité spirituelle ; ou celui d'une spiritualité de type « lunaire « en révolte contre une spiritualité incarnée par des monarchies qui ont gardé la mémoire de leur ancienne fonction. Dans l'un et l'autre cas, l'hétérodoxie surgira des ruines du monde traditionnel. La première voie est celle qui conduira d'abord à l'usurpation « titanique « et, peu à peu, à la sécularisation de l'idée d'État, à la destruction de toute véritable hiérarchie, et, enfin, aux formes modernes d'une virilité et d'une puissance illusoires et matérialisées, finalement renversées par le démonisme du monde des masses sous ses aspects plus ou moins collectivistes. La seconde voie, parallèle à la première, se manifestera d'abord par l'avènement de la « civilisation de la Mère », avec sa spiritualité à base panthéiste ; elle se manifestera ensuite à travers les diverses variétés de ce qui est, à proprement parler, la religion dévotionnelle.

Nous verrons qu'au Moyen-Age on assista au dernier grand épisode du conflit, ci-dessus évoqué, sous la forme d'une lutte entre l'universalisme religieux représenté par l'Église, et l'idée royale, incarnée, non sans compromis, par le Saint-Empire Romain, idée selon laquelle l'Empereur est effectivement le *caput ecclesisiae*[243], non selon le sens qu'il se substitue au chef de la hiérarchie sacerdotale (le pape), mais bien selon le sens que la fonction impériale est la seule avec laquelle la force portée par l'Église et animant la chrétienté peut s'unir en un rapport efficace de domination. Ici « le monde, figuré comme une vaste unité représentée par l'Église, assumait l'image d'un

---

[243] Cf. *Liber de Lite*, v. II, pp. 536-7.

corps dont les membres sont coordonnés sous la direction suprême de l'Empereur, qui est à la fois le chef du royaume et celui de l'Église[244]. L'Empereur, bien qu'il dût sont trône au rite de l'investiture célébré à Rome après les autres investitures correspondant à son aspect séculier de prince teutonique, affirmait tenir directement de Dieu son pouvoir et son droit et n'avoir que Dieu au-dessus de lui : le rôle du chef de la hiérarchie sacerdotale qui l'avait consacré ne pouvait donc être logiquement que celui d'un simple médiateur, incapable - selon la conception gibeline - de lui reprendre, par l'excommunication, la force surnaturelle désormais assumée[245]. Avant que l'interprétation grégorienne ne vienne bouleverser l'essence même des symboles, l'ancienne tradition demeure, l'Empire - comme toujours et partout - étant assimilé au soleil et l'Église à la lune[246]. D'autre part même à l'époque de son plus grand prestige, l'Église s'attribua un symbolisme essentiellement féminin, celui d'une *mère*, à l'égard du roi, qui est son fils : symbolisme où l'on retrouve précisément l'expression upanishadique (le *brahman* en tant que mère du *kshatram*) mais unie aux idéaux de suprématie d'une civilisation de type gynécocratique (subordination anti-héroïque du fils à la Mère, droit de la Mère). Du reste, le fait que le chef de la religion chrétienne, c'est-à-dire le pape, en assumant le titre de *pontifex maximus* commette plus ou moins une usurpation, découle de ce qui a été déjà dit, à savoir que *pontifex maximus* fut originellement une fonction du roi et de l'Auguste romain. De même, les symboles caractéristiques de la papauté, comme la double clef et la nef, ont été pris dans l'ancien culte romain de Janus, dont on a déjà indiqué le rapport avec la fonction royale. La triple couronne elle-même correspond à une dignité qui n'est ni religieuse ni sacerdotale, mais essentiellement initiatique : celle de « Seigneur du Centre »,

---

[244] A. SOLMI, *Stato e Chiesa secondo gli scritti politici da Carlomagno al concordato di Worms*, Modena, 1901, pp. *156, 85*. Tant que dura l'empire romain d'Orient, l'Église, du reste, eut toujours le caractère d'une institution d'État, dépendant de l'Empereur, lequel exerça un pouvoir presque souverain (*cf.* E. LOENING, *Gesch. des deutschen Kirchenrechts*, Strasbourg, 1878, v. II, pp. 3-5). Le début de l'usurpation sacerdotale remonte théoriquement, comme on le verra, aux déclarations du pape Gélase 1er.
[245] *Cf.* DE STEFANO, *L'Idea Imper.*, etc., op. cit., pp. *36-37, 57-8* ; KANTOROWICZ, *Friedrich 11*, op. cit., p. 519.
[246] De même dans Hugues de FLEURY (*de Regia Potest.*, 1, 13, Liber de Lite, v. 11, p. 482.

souverain des « trois mondes ». En tout ceci apparaissent donc clairement une distorsion et un déplacement abusif du plan, qui, pour s'être réalisés obscurément, n'en sont pas moins réels et indiquent une déviation significative de la pure idée traditionnelle.

12

UNIVERSALITÉ ET CENTRALISME

L'idéal du Saint Empire Romain est celui qui, par contraste, met le mieux en lumière la décadence que subit le principe du « règne » quand il perd sa base spirituelle. Nous anticiperons ici sur certaines idées qui seront développées dans la partie historique de cet ouvrage.

L'idéal gibelin du Saint Empire Romain impliqua, de la façon la plus nette, d'une part, l'idée que le *Regnum* a une origine surnaturelle et une nature suprapolitique et universelle d'autre part, que l'empereur, en tant que *lex animata in terris* et sommet de *l'ordinatio ad unum* est *aliquod unum quod non est pars* (Dante) et représente un pouvoir qui transcende la communauté dont il a la direction, de même que l'empire ne doit pas être confondu avec l'un des royaumes et des nations qui le composent, car il est quelque chose de qualitativement différent, antérieur et supérieur, dans son principe, à chacun d'eux[247]. Il ne faut donc pas voir une incohérence - comme le font certains historiens[248] - dans le contraste qui apparaît au Moyen Age entre le droit absolu, sans égard pour le lieu, la race et la nation, que faisait valoir l'Empereur régulièrement investi et consacré et, de ce fait, devenu

---

[247] Cf. DE STEFANO, *Idea imper. Fed. II*, cit., pp. *31, 37, 54* ; 1. BRYCE, Holy *Roman Empire*, London, *1873*, trad. it. Napoli 1886, p. 110 : « L'Empereur avait droit à l'obéissance de la chrétienté non comme chef héréditaire d'un peuple victorieux, ni comme seigneur féodal d'une partie de la terre, mais en tant qu'il était solennellement investi de sa charge. Non seulement il dépassait en dignité les rois de la terre, mais *la nature de son pouvoir était différente*, et loin de les supplanter ou de rivaliser avec eux, il trônait au-dessus d'eux et devenait la source et la condition nécessaire de leur autorité sur leurs différents territoires, le lien qui les unissait en un ensemble harmonieux. »
[248] Par exemple BRYCE, op. cit., p. 111.

« œcuménique » - et les limites effectives de sa puissance matérielle en face des souverains européens qui lui devaient obéissance. Par sa nature même, le plan de toute fonction universelle vraiment unificatrice n'est pas celui de la matière, ce n'est qu'à la condition de ne pas s'affirmer comme unité et comme puissance exclusivement matérielles, c'est-à-dire politiques et militaires, qu'elle peut correspondre à son but. Ce n'était donc pas, en principe, par un lien matériel, politiquement et militairement consolidé, que les divers royaumes devaient être unis à l'Empire, mais par un lien idéal et spirituel, exprimé par le terme caractéristique de *fides*, qui, dans la langue médiévale, avait simultanément un sens religieux et le sens politico-moral de « fidélité « ou de « dévouement ». La *fides*, élevée à la dignité d'un sacrement, *sacramentum fidelitatis*, et considérée comme le principe de tout honneur, était le ciment des différentes communautés féodales : la « fidélité « liait le feudataire à son prince ou bien au feudataire d'un rang plus élevé. Sur un plan supérieur, purifié et immatériel, elle devait cependant relier ces unités partielles - *singulae communitates* - *au* centre de gravité de l'Empire, supérieur à chacune d'elles et représentant une autorité et un pouvoir transcendants, qui, en tant que tels, n'avaient pas besoin, en principe, de recourir aux seules armes pour être reconnus.

C'est pour cette raison également qu'au Moyen Age féodal et impérial - comme dans toute autre civilisation de type traditionnel - l'unité et la hiérarchie purent se concilier avec beaucoup d'indépendance, de liberté, de différenciation.

En général, surtout dans les civilisations proprement aryennes, on constate l'existence d'une longue période durant laquelle, à l'intérieur de chaque État ou de chaque cité, régnait un pluralisme libre. Les familles, les lignées, les *gentes*, apparaissaient elles-mêmes comme autant d'États en réduction, comme autant de pouvoirs largement autonomes, repris dans une unité idéale et organique mais possédant ce qui leur était nécessaire pour la vie matérielle et spirituelle : un culte, une loi, une terre, une milice[249]. La

---

[249] Cf. F. de COULANGES, *Cité Ant.*, cit. p. 124 - pour les peuples nordiques O. GIERKE, *Rechtsgeschichte des deutschen Genossenschalt*, Berlin, 1898, v. I, p. 13 - GOBINEAU,

tradition, la communauté d'origine et de race - race non pas simplement physique, mais aussi spirituelle - constituaient la base unique de l'organisation supérieure, susceptible de se développer jusqu'à la forme d'Empire, surtout quand le groupe originel de forces s'irradiait dans un plus vaste espace à ordonner et à unifier. A cet égard, la première période franque est significative. « Francs » fut synonyme d'êtres libres, porteurs, par la race, d'une dignité qui, à leurs yeux, les rendait supérieurs à tous les autres hommes - « *Francus liber dicitur, qui super omnes gentes alias decus et dominatio illi debetur* » (Turpin). Or, jusqu'au neuvième siècle, ce furent la communauté de civilisation et l'appartenance à la même souche franque qui servirent de base à l'État, sans qu'il y eût d'unité politique organisée et centralisée, coextensive à un territoire national, selon la conception moderne. Plus tard, lors du développement carolingien et jusqu'à la constitution de l'Empire, la noblesse franque se trouvait dispersée partout et c'étaient précisément ces unités détachées, extrêmement autonomes, mais conservant cependant un lien immatériel avec le centre, qui constituaient, comme les cellules du système nerveux dans l'organisme, l'élément vital unifiant dans la totalité de l'ensemble.

C'est surtout la tradition extrême-orientale qui a mis en relief cette idée qu'en se détachant du domaine périphérique, en n'intervenant pas directement, en se maintenant dans l'immatérialité essentielle du centre, semblable à celle du moyeu d'une roue, qui en conditionne le mouvement, on peut atteindre la « vertu » qui définit le véritable empire, les individus conservant la sensation d'être libres et tout se déroulant en ordre, parce que, grâce à la compensation réciproque due à l'invisible direction, les actes arbitraires ou les désordres partiels ne feront que contribuer à l'ordre total[250].

Telle est la conception-limite de la véritable unité et de la véritable autorité. Quand s'affirme, au contraire, l'idée d'une autorité et d'une unité

Inégal. races, cit. p. 163 pour ce qui concerne *l'odel*, unité nordique primordiale de sacerdoce, de noblesse et de propriété des familles libres.

[250] Cf. LAO-TSEU, Tao-te'king, passim et III, XIII, LXVI. C'est sur cette base qu'a pris forme, en Chine et, en partie aussi, au Japon, la conception de l'« empereur invisible » qui s'est même traduite dans un rituel spécial.

qui ne dominent la multiplicité que d'une façon matérielle, directe et politique, en intervenant partout, en abolissant toute autonomie des groupes particuliers, en nivelant dans un esprit absolutiste tous les droits et tous les privilèges, en dénaturant et en opprimant les différentes souches ethniques - l'impérialité, au vrai sens du terme, disparaît, et l'on ne se trouve plus en présence d'un organisme, mais d'un mécanisme. C'est le type des États modernes, nationaux et centralisateurs. Et nous verrons que partout où un monarque est tombé à un pareil niveau, où, déchéant de sa fonction spirituelle, il a promu un absolutisme et une centralisation politico-matérielle, en s'émancipant de tout lien envers l'autorité sacrée en humiliant la noblesse féodale, en s'emparant des pouvoirs qui, auparavant, se trouvaient répartis dans l'aristocratie - il a creusé lui-même sa propre tombe, en provoquant une réaction fatale : l'absolutisme n'est qu'un court mirage car le nivellement prépare la démagogie, la montée du peuple, du demos, au trône profané[251]. Tel est le cas de la tyrannie qui, dans maintes cités grecques, succéda au régime aristocratico-sacré antérieur ; tel est aussi, dans une certaine mesure, le cas de Rome et de Byzance, dans les formes nivellatrices de la décadence impériale ; tel est enfin - comme nous le verrons de plus près - le sens de l'histoire politique européenne, depuis la chute de l'idéal spirituel du Saint-Empire Romain et la constitution subséquente des monarchies nationales sécularisées jusqu'au phénomène final du « totalitarisme ».

De ces grandes puissances, nées de l'hypertrophie du nationalisme et d'une barbare volonté de puissance de type militaire ou économique, auxquelles on a continué de donner le nom d'empires, il ne vaut guère la peine de parler. Un Empire, répétons-le, n'est tel qu'en vertu de valeurs supérieures auxquelles une race déterminée s'est élevée, en se surpassant d'abord elle-même, en surpassant ses particularités naturelles. Cette race devient alors porteuse, au plus haut degré, d'un principe qui existe également, mais seulement sous une forme potentielle, chez d'autres peuples disposant, à un degré quelconque, d'une organisation traditionnelle. En pareil cas, l'action matérielle de conquête apparaît comme une action qui renverse les barrières empiriques et élève les différentes potentialités jusqu'à un niveau

---

[251] R. GUENON, Autorité spirituelle et pouvoir temporel, cit., pp. 112, sqq.

d'actualisation unique, produisant ainsi une unification au sens réel du mot. Si donc le « meurs et deviens », comme chez un être frappé par la « foudre d'Apollon » (C. Steding), est la prémisse élémentaire pour toute race qui aspire à une mission et à une dignité impériales, on se trouve ici exactement à l'opposé de la morale correspondant à ce que l'on appelle « l'égoïsme sacré » des nations. Rester enfermé dans ses caractères nationaux pour dominer, au nom de ceux-ci, d'autres gens ou même seulement d'autres terres, n'est possible qu'à titre de violence temporaire. Un organe particulier ne peut prétendre, en tant que tel, dominer les autres organes du même corps : il le peut, au contraire, en cessant d'être ce qu'il est, en devenant une âme, c'est-à-dire en s'élevant à la fonction immatérielle capable d'unifier et de diriger la multiplicité des fonctions corporelles particulières, qu'en elle-même elle transcende toutes. Si les tentatives « impérialistes » des temps modernes ont avorté, en précipitant souvent vers la ruine les peuples qui s'y sont livrés, ou ont été la source de calamités de tous genres, la cause en est précisément l'absence de tout élément vraiment spirituel, donc suprapolitique et supranational et son remplacement par la violence d'une force plus forte que celle qu'elle tend à assujettir, mais non pour autant d'une nature différente. Si un Empire n'est pas un Empire sacré, ce n'est pas un Empire, mais une sorte de cancer s'attaquant à l'ensemble des fonctions distinctes d'un organisme vivant.

Ainsi s'analyse la dégradation de l'idée de « règne « lorsque celui-ci, séparé de sa base spirituelle traditionnelle, est devenu laïque, exclusivement temporel, centralisateur. Si nous passons maintenant à l'autre aspect de la déviation, nous constatons que le propre de toute autorité sacerdotale qui méconnaît la fonction impériale - comme ce fut le cas de l'Église de Rome lors de la lutte pour les investitures - est de tendre précisément à une « désacralisation » du concept de l'État comme de la royauté, au point de contribuer - souvent sans s'en rendre compte - à la formation de cette mentalité laïque et « réaliste », qui devait ensuite inévitablement s'insurger contre l'autorité sacerdotale elle-même et abolir toute ingérence effective de l'Église dans le corps de l'État. Après le fanatisme de ces milieux chrétiens des origines qui identifiaient l'« impérialité » césarienne à une satanocratie, la grandeur de l'*aeternitas Romae* à l'opulence de la prostituée de Babylone, les conquêtes des légions à un *magnum latrocinium* ; après le dualisme augustinien qui en face de la *civitas Dei*, voyait dans toute forme d'organisation de l'État une création non seulement exclusivement naturelle, mais aussi criminelle - *corpus diabuli* -, la thèse grégorienne soutiendra précisément la doctrine dite du « droit naturel », en vertu de laquelle l'autorité royale se trouve dénuée de tout caractère transcendant et divin, et réduite à un simple pouvoir temporel transmis au roi par le peuple, pouvoir dont l'utilisation implique donc la responsabilité du roi vis-à-vis du peuple, cependant que toute forme d'organisation positive de l'État est déclarée contingente et révocable, par rapport à ce « droit naturel »[252]. En effet, dès le XIIIe siècle, la doctrine catholique des sacrements ayant été définie, l'onction royale cessa d'en faire partie et d'être pratiquement assimilée, comme dans la conception précédente, à une ordination sacerdotale. Par la suite, la Compagnie de Jésus n'hésita pas à intervenir souvent pour accentuer la conception laïque et antitraditionnelle de la royauté (conception qui, dans certains cas, appuya l'absolutisme des monarchies soumises à l'Église et, dans d'autres cas, alla jusqu'à légitimer le régicide)[253] afin de faire prévaloir l'idée selon laquelle l'Église est seule à posséder un caractère sacré et que c'est donc à elle qu'appartient la primauté. Mais, - comme nous l'avons déjà indiqué - c'est exactement le contraire qui se produira. L'esprit évoqué renversera l'évocateur. Les États européens, devenus vraiment les créatures de la souveraineté populaire et de ces principes de pure économie et d'association acéphale que l'Église avait déjà indirectement soutenus à l'occasion de la lutte des Communes italiennes contre l'autorité impériale - se constituèrent comme des êtres en soi, se sécularisèrent et reléguèrent tout ce qui est « religion « sur un plan toujours plus abstrait, personnel et secondaire, quand ils n'en firent pas tout simplement un instrument à leur service.

Il convient de mentionner aussi l'inconséquence de la thèse guelfe, selon

---

[252] Sur le vrai sens, positif et politique, de la primauté du « droit naturel », primauté qui appartient à l'arsenal idéologique de la subversion, cf. ce que nous avons eu l'occasion d'indiquer dans notre édition des mélanges de J.J. BACHOFEN, *Les Mères et la virilité olympienne* (Milan, 1949).
[253] Cf. R. FÜLLÖP-MILLER, *Segreto della Potenza dei Gesuiti*, Milano, 1931, pp. 326-333.

laquelle la fonction de l'État serait de réprimer l'hérésie et de défendre l'Église, de faire régner dans le corps social un ordre conforme aux principes mêmes de l'Église. Cela présuppose clairement, en effet, une spiritualité qui n'est pas un pouvoir et un pouvoir qui n'est pas spiritualité. Comment un principe vraiment spirituel pourrait-il avoir besoin d'un élément extérieur pour défendre et soutenir son autorité ? Et que peuvent être une défense et une force fondées sur un principe qui n'est pas lui-même directement esprit, sinon une défense et une force dont la substance est la violence ? Même dans les civilisations traditionnelles où prédomina, à certains moments, une caste sacerdotale distincte de la royauté, on ne trouve rien de semblable. On a déjà maintes fois rappelé, par exemple, comment les brâhmana, en Inde, imposèrent directement leur autorité sans avoir besoin de personne pour les « défendre « et sans être même le moins du monde organisés[254]. Ceci s'applique également à diverses autres civilisations, ainsi qu'à la façon dont s'affirma l'autorité sacerdotale à l'intérieur de beaucoup de cités grecques antiques.

La vision guelfe (grégorienne-thomiste) et donc un nouveau témoignage d'une spiritualité dévirilisée, à laquelle on veut adjoindre extérieurement un pouvoir temporel en vue de la fortifier et de la rendre efficace auprès des hommes, au lieu et place de la synthèse de la spiritualité et de la puissance, de la qualité surnaturelle et de la « centralité » royale, propre à la pure idée traditionnelle. La conception thomiste cherchera, il est vrai, à pallier semblable absurdité en admettant entre l'État et l'Église une certaine continuité, c'est-à-dire en voyant dans l'État une institution déjà « providentielle », mais qui ne peut faire porter son action au-delà d'une limite donnée, à partir de laquelle l'Église intervient, à titre d'institution éminemment et directement surnaturelle, en conduisant l'ensemble de l'organisation à sa perfection et en réalisant le but qui *excedit proportionem naturalis facultatis humanae*. Si une telle conception est déjà moins éloignée de la vérité traditionnelle, elle se heurte toutefois, dans l'ordre d'idées auquel elle appartient, à une difficulté insurmontable, en raison de la différence des

---

[254] Dans le *Mânavadharmacâstra* (*XI, 31-34*) on dit catégoriquement que le brâhmana ne doit recourir à personne, prince ou guerrier, pour être aidé.

relations avec le divin qui caractérisent respectivement comme nous l'avons déjà indiqué, la royauté et le sacerdoce. Pour qu'il puisse y avoir continuité, et non hiatus, entre l'État et l'Église, c'est-à-dire entre les deux degrés successifs, reconnus par la scolastique, d'une organisation unique, il faudrait que l'Église incarnât dans l'ordre suprasensible le même esprit que *l'imperium*, au sens strict du mot, incarne sur le plan matériel, c'est-à-dire, incarnât l'idéal, déjà mentionné, de la « virilité spirituelle ». Mais la conception « religieuse « propre au christianisme ne permettait plus de concevoir quelque chose de semblable ; jusqu'à Gélase 1ᵉʳ on affirma, au contraire, qu'après la venue du Christ personne ne peut être à la fois roi et prêtre. Or, quelle que soit sa prétention hiérocratique, l'Église n'incarne pas le pôle viril, mais le pôle féminin (lunaire) de l'esprit. La clef peut lui correspondre - non le sceptre. Ce n'est pas l'Église, médiatrice d'un divin théistiquement substantialisé et concevant la spiritualité comme une « vie contemplative » essentiellement distincte de la « vie active » (Dante lui-même n'a pas dépassé cette antithèse), qui peut prétendre intégrer toutes les organisations particulières et apparaître en conséquence comme le sommet d'une grande *ordinatio ad unum* homogène où culmine l'intention « providentielle » qui se manifeste déjà, selon la conception ci-dessus, dans les unités politiques organiques et hiérarchiques particulières.

Si un corps n'est libre que lorsqu'il obéit à son âme, non à une âme hétérogène, on doit reconnaître la profonde vérité de l'affirmation de Frédéric II, selon laquelle les États qui reconnaissent l'autorité de l'Empire sont libres, tandis que ceux qui se soumettent à l'Église - représentant une *autre* spiritualité - sont des esclaves[255].

---

[255] HUILLARD-BREHOLLES, Hist. Dipl. *Frieder. etc.*, cit., v. V, p. 468.

13

L'ÂME DE LA CHEVALERIE

Nous avons déjà dit qu'à l'origine ce fut un élément spirituel qui définit non pas seulement la royauté, mais aussi la noblesse traditionnelle. Comme pour la royauté, on peut envisager le cas où cet élément n'est pas inné dans la noblesse, mais au contraire acquis. On se trouve ainsi devant une différence analogue à celle qui existe entre initiation et investiture. A l'investiture correspond, en Occident, *l'ordination chevaleresque* et, ailleurs, l'initiation rituelle propre à la caste guerrière ; à l'initiation - réalisation d'une nature plus intérieure, plus directe et individuelle - correspond *l'action héroïque* au sens traditionnel, c'est-à-dire sacré, liée à des doctrines comme celle de la « guerre sainte » et de la *mors triumphalis*.

Nous examinerons séparément cette seconde possibilité et traiterons seulement ici, comme exemple de la première, de l'esprit et du secret de la *chevalerie médiévale*.

Il faut avant tout noter la différence qui existait, au Moyen Age européen, entre l'aristocratie féodale et l'aristocratie chevaleresque. La première était liée à une terre et à la fidélité - *fides* - à un prince donné. La chevalerie apparaît au contraire comme une communauté supra-territoriale et supranationale dont les membres, s'étant consacrés au sacerdoce militaire, n'avaient plus de patrie et devaient être fidèles, non à une personne, mais, d'une part, à une éthique ayant pour valeurs fondamentales l'honneur, la vérité, le courage et la loyauté[256] et, d'autre part, à une autorité spirituelle de

---

[256] Cf. HUE LE MAINE : « Quis plus craient mort que honte n'a droit en selgnorie » ; AYE D'AVIGNON : « Miex vauroie morir que à honte extre en vie » (*apud* L. GAUTIER, *La*

type universel, qui était essentiellement celle de l'Empire. Dans l'univers chrétien, la chevalerie et les grands ordres chevaleresques rentraient, par essence, dans le cadre de l'Empire, où ils représentaient la contrepartie de ce que le clergé et le monacat représentaient dans l'ordre de l'Église. La chevalerie n'avait pas un caractère nécessairement héréditaire : on pouvait *devenir* chevalier. Il fallait pour cela que l'aspirant accomplisse des entreprises démontrant à la fois son mépris héroïque de la vie et la double fidélité dont nous venons de parler. Dans les formes les plus anciennes de l'ordination chevaleresque, le chevalier ordonnait le chevalier, sans l'intervention de prêtres, presque comme s'il existait chez le guerrier une force « semblable à un fluide », capable de faire surgir de nouveaux chevaliers par transmission directe : cet usage se retrouve également dans la tradition indo-aryenne « des guerriers qui consacrent des guerriers »[257]. Ce n'est que par la suite qu'on eut recours à un rite religieux spécial pour l'ordination chevaleresque[258].

Mais ceci n'est pas tout. On peut découvrir, en effet, dans la chevalerie européenne, un aspect plus profond et plus secret, auquel se rattache extérieurement le fait que les chevaliers vouaient à une *dame* leurs entreprises héroïques et que le culte de la femme en général revêt parfois dans la chevalerie européenne des formes susceptibles de paraître absurdes et aberrantes, s'il fallait les prendre à la lettre. Le serment de fidélité inconditionnelle à une « dame » fut un des thèmes les plus constants dans les cours chevaleresques et il ne faisait aucun doute, selon la théologie des châteaux, que le chevalier mort pour sa « dame » participait du même destin de bienheureuse immortalité que le Croisé qui mourait pour la libération du « Temple ». En réalité, la fidélité à Dieu et la fidélité à la « dame » apparaissent souvent comme équivalentes. On peut aussi noter que la « dame

---

Chevalerie Paris 1884, p. 29). À propos du culte de la vérité, le serment des chevaliers était : « De par Dieu, qui ne ment pas » - ce qui ramène directement au culte aryen de la vérité : Mithra était également le dieu du serment et la tradition iranienne veut que la « gloire « mystique abandonna le roi Yima dès que celui-ci eut menti. De même, dans le *Mânavadharmaçâstra*, (IV, 237) il est dit que la puissance de l'action sacrificielle est anéantie par le mensonge.

[257] GAUTIER, *op. cit.*, p. 257, *Çatapatha-brâhm.*, XII, VIII, 3, 19.
[258] *Cf.* GAUTIER, *op. cit.*, pp. 250, 255.

« du chevalier néophyte devait, selon certains rituels, le dévêtir et le conduire au bain, pour qu'il se purifie avant de recevoir l'ordination[259]. D'autre part, les héros d'aventures parfois scabreuses où figure la « dame », comme Tristan (sir Tristem) et Lancelot, sont en même temps des chevaliers du Roi Arthur voués à la recherche du Graal, membres de l'Ordre même des « chevaliers célestes » auquel appartient l'hyperboréen « chevalier du cygne ».

Dans tout cela se cachaient souvent, en réalité, des significations ésotériques qui n'étaient destinées ni aux juges de l'Inquisition, ni aux gens du commun ; c'est pourquoi elles s'exprimaient sous le couvert de coutumes étranges et de contes érotiques. Dans certains cas, ce qu'on peut dire à propos de la « dame » de la chevalerie s'applique aussi à la « dame » des « Fidèles d'Amour » gibelins et se réfère, d'ailleurs, à un symbolisme traditionnel uniforme et précis. La dame à laquelle le chevalier jure une fidélité inconditionnelle et à laquelle se voue souvent aussi le Croisé, la dame qui conduit à la purification, que le chevalier considère comme sa récompense et qui le rendra immortel quand il meurt pour elle, est essentiellement, comme cela est apparu à la suite de nouvelles recherches, dans le cas des « Fidèles d'Amour »[260], une figuration de la « Sainte Sagesse », une incarnation plus ou moins précise de la « femme transcendante « ou « divine », du pouvoir, d'une spiritualité transfigurante et d'une vie qui n'est pas mêlée à la mort. Le thème rentre d'ailleurs dans un ensemble traditionnel bien caractérisé, car il, existe un vaste cycle de légendes et de mythes, où la « femme » a cette même valeur symbolique. D'Hébé, la jeunesse éternelle, qui devient l'épouse du héros Heraclès dans la résidence olympienne, d'Idun (qui signifie renouvellement, rajeunissement) et de Gunnlôd, détentrice de la boisson magique Odrerir, à Freya, déesse de la lumière, convoitise constante des « êtres élémentaires « qui cherchent en vain à l'obtenir, - à Sigrdrifa-Brunhilde, destinée par Wotan à être l'épouse terrestre d'un héros qui franchira la barrière de « feu »[261] ; de la

---

[259] Cf. MICHAUD, *Hist. des Croisades*, Paris, 1825.
[260] Cf. E. AROUX, *Les mystères de la chevalerie*, Paris, 1858 ; L. VALLI, *Dante e il linguaggio segreto dei « Fedeli d'Amore »*, Roma, 1928 ; A. RICOLFI, *Studi sui Fedeli d'Amore*, Milano, 1933.
[261] Cf. dans L'EDDA, Gyljaginning, 26, 42 ; *Hâvamâl*, 105 ; *Sigrdrifumâl*, 4-8. Gunnlbd, en même temps que la boisson divine, détient comme les Hespérides (parmi lesquelles

dame de la « Terre des Vivants » et du « Victorieux » (Boagad) qui attire le héros gaélique Condla Cain, aux femmes égyptiennes qui apportent, avec la « clef de vie », le lotus de la résurrection, et à l'aztèque Teoyamiqui qui guide les guerriers tombés vers la « Maison du Soleil » ; de la « jeune fille forte et belle » qui conduit les esprits, sur le pont céleste Kinvad[262], à l'Ardvi Sûra Anâhita, « forte et sainte, procédant du dieu de lumière », à laquelle on demande « la gloire appartenant à la race arya et au saint Zarathustra », donc la sagesse et la victoire[263] ; de l'« épouse » de Guesar, le héros tibétain, émanation de « Dolma la conquérante », non sans rapport avec le double sens significatif du mot sanskrit *çakti* qui veut dire aussi bien « épouse » que « puissance », aux fravashi, femmes divines qui sont (comme les Walkyries) des parties transcendantales de l'âme humaine et « donnent la victoire à celui qui les invoque, des faveurs à celui qui les aime, la santé aux malades »[264] - partout c'est le même thème qui revient. Ce thème peut nous faire pénétrer la dimension ésotérique d'une partie de la littérature chevaleresque relative à la « dame » et à son culte. Dans la tradition indo-aryenne, il est dit : « Ce n'est pas par amour de la qualité de guerrier [au sens matériel] qu'est cher l'état de guerrier, mais c'est par amour de l'*âtmâ* [du principe « toute lumière toute immortalité » du Moi] qu'est cher l'état de guerrier... Celui qui croit que la dignité de guerrier provient d'autre chose que l'*âtmâ* sera abandonné par la caste des guerriers »[265]. Cette idée peut servir d'arrière-plan à l'aspect de la chevalerie que nous considérons ici. Il convient cependant d'attirer l'attention sur le fait que, dans certains cas, le symbolisme de la « dame » peut revêtir un

---

Hercule mena à bien l'entreprise qui lui aurait conféré l'immortalité olympienne), la pomme d'or. Sigrdrifa, en face de Sigurd, qui l'« éveille », apparaît comme celle qui détient la sagesse et qui transmet entre autres au héros la connaissance des *runes de victoire*. Rappelons, enfin, toujours dans cette même tradition, la « femme merveilleuse « qui attend sur le « mont » « celui qui resplendit comme le soleil », qui vivra *éternellement* avec elle (*Fiôlsvinsmâl*, 35-36, 42, 48-50). La barrière de feu autour de la « femme » endormie rappelle celle qui, selon la théologie, interdit à la plupart l'accès du paradis, après la chute d'Adam.

[262] *Vendîdâd*, XIX, 30.
[263] *Yaçna*, X, 7, sqq. ; *42* ; 85-86.
[264] *Yasht*, XII, 23-24.
[265] *Brhadâranyaka-upanishad*, II, IV, 5-6.

caractère négatif - « gynécocratique » - dont nous parlerons plus loin (II, § 6), différent de celui qui se rattache à la veine centrale de la chevalerie, où il correspond au contraire à l'idéal de « virilité spirituelle » que nous avons déjà mentionné en parlant des rapports entre le clergé et la royauté. L'emploi constant, insistant, de figurations féminines, propre aux cycles de type héroïque rien d'autre, en réalité, que ceci : même en face de la force qui peut l'illuminer et le conduire à quelque chose de plus qu'humain, l'idéal du héros et du chevalier demeure l'attitude active et affirmative qui, dans toute civilisation normale, caractérise l'homme en face de la femme. C'est là le « mystère » qui, sous une forme plus ou moins latente et couverte, a inspiré une partie de la littérature chevaleresque médiévale et n'a pas été étranger non plus aux « Cours d'Amour «, en donnant par exemple une signification profonde à la question, si souvent débattue, de savoir si la « dame « doit donner la préférence à un « clerc » ou à un chevalier[266]. Les singulières déclarations de certains codes de chevalerie, relatives au droit du chevalier, considéré comme investi d'une dignité presque sacerdotale ou même comme « chevalier céleste », de faire siennes les femmes des autres, y compris celle de son propre souverain, à condition qu'il sache se montrer plus fort, la possession de la « dame » découlant automatiquement de sa victoire[267], peuvent avoir un sens ésotérique voisin de celui que nous avons déjà mentionné en parlant de la légende du Roi des Bois de Nemi (pp. 48, sqq.).

Nous entrons ainsi dans un domaine d'expériences vécues, ce qui nous interdit de penser qu'il ne s'agit là que de symboles abstraits et inopérants. En particulier, le lecteur trouvera exposé dans notre ouvrage « Métaphysique du Sexe » le cas où la « femme initiatique » ou la « femme secrète » peut être évoquée chez une femme réelle et où l'eros, l'amour, le sexe furent connus et utilisés en fonction de leurs possibilités réelles de transcendance, possibilités que de nombreux enseignements traditionnels signalent, au point d'envisager

---

[266] Cf. RICOLFI (*Studi sui Fedeli d'Amore*, cit., p. 30), qui remarque « qu'au XIIIe siècle l'intelligence divine est habituellement féminine, non masculine » on l'appelle Sagesse, connaissance ou « notre Madone l'Intelligence » ; dans certaines figurations le symbole de ce qui est actif est au contraire rapporté à l'homme (pp. 50-51). Ceci exprime un idéal correspondant précisément à la vérité du « guerrier » et non du « clerc ».

[267] Cf. DELECLUZE, *Roland ou la chevalerie*, Paris, 1845, v, 1, pp. 132-3.

une voie spéciale permettant d'écarter, dans une extase foudroyante, les frontières du Moi et de participer à des formes supérieures de l'être. Existentiellement, la nature même du guerrier pouvait le qualifier particulièrement pour cette voie. Nous ne pouvons, ici, nous arrêter plus longtemps sur ce point.

D'autre part, il est possible, ici comme ailleurs, que dans certains cas et dans certaines figurations se conservent des fragments matérialisés et épars d'un ancien symbolisme. Que le fait de chevaucher confère un prestige spécial ; que le cavalier semble parfois uni au cheval au point de partager avec lui les dangers et la gloire et d'être rituellement dégradé quand il se laisse désarçonner - cela peut avoir une portée qui dépasse le seul plan matériel et correspondre à des prolongements de l'ancien symbolisme du cheval[268]. En effet, c'est comme nature ailée qui s'élève vers les cieux, et que les héros divins devaient monter à titre d'épreuve, que le cheval apparaît dans les mythes de Persée et de Bellérophon. Le symbolisme devient plus transparent encore dans le mythe platonicien, où l'issue de la lutte entre le cheval blanc et le cheval noir, avec l'âme comme aurige, décide du destin transcendantal de cette dernière[269] ; il en est de même dans le mythe de Phaéton, conduit à sa perte par l'élan de son destrier qui veut rejoindre Hélios. Dans ses relations traditionnelles avec Poséidon, dieu de l'élément liquide, le cheval apparaît en réalité comme un symbole de la force élémentaire de la vie ; dans ses relations avec Mars - l'autre dieu équestre de l'antiquité classique - le cheval fut l'expression de la même force, assumée ici en fonction du principe guerrier. Ceci éclaire également le sens de deux représentations qui ont, dans ce contexte, une particulière importance. Il s'agit d'abord du fait que, dans certaines figurations classiques, l'âme « héroïsée », c'est-à-dire transfigurée, fut présentée comme un cavalier accompagnée d'un cheval[270]. Il s'agit ensuite du *Kalki-avatara* selon une tradition indo-aryenne, c'est sous la forme d'un

---

[268] Cf. V.E. MICHELET, *Le secret de la chevalerie*, Paris, 1930, pp. 8-12.
[269] PLATON, Phéd. 264 b.
[270] Ainsi dans le bas-relief de Tanagra et de Tirea (cf. FURTWAENGLER, Sammlung *Sabourof, f*, tabl. XXXIV, No 1 ; I, p. 28 ; SAGLIO, Dict., etc. v. V, pp. 153-154). Dans le second, l'âme - nue sous la chlamyde - tient le cheval par les rênes ; on aperçoit près d'elle, entre autres, le symbole significatif de l'arbre et du serpent.

cheval blanc que s'incarnera la force qui mettra fin à l'« âge obscur », en détruisant les mauvais et, en particulier les *mlecchas*, qui ne sont autres que des guerriers dégradés et détachés du sacré[271] vis-à-vis de ceux-ci, la venue du *Kalki-avatara* se traduit par la restauration de la spiritualité primordiale. Peut-être pourrait-on suivre la filière de ces thèmes symboliques à travers la romanité et, de proche en proche, jusqu'au Moyen Age chevaleresque.

Sur un plan plus relatif et historique, l'élément sacré de l'aristocratie chevaleresque européenne reçut un statut formel dans le rite de l'ordination, tel qu'il fut défini vers le XIIe siècle. C'est après une double période septennale de service auprès d'un prince, période qui allait de sept à quatorze ans et de quatorze à vingt et un ans, et au cours de laquelle on devait donner des preuves de loyauté, de fidélité et de hardiesse, qu'était célébré ce rite, à une date qui, tombant de préférence à Pâques ou à la Pentecôte[272], évoquait déjà l'idée d'une résurrection ou d'une « descente de l'Esprit ». Il comportait avant tout une période de jeûne et de « pénitence « dont le sens est assez voisin de celui qu'avait la période initiale de recueillement et d'isolement prévue dans l'initiation royale éleusinienne et le rite de l'intronisation impériale qui, hier encore, se célébrait, inchangé, au Japon (dans ce rite figuraient une veillée nocturne et une période purificatrice préparant au contact avec les « déesses du soleil »). Une purification symbolique intervenait ensuite sous la forme d'un bain, afin - dit Redi - que « ces chevaliers... adoptent une nouvelle vie et de nouvelles murs ». La « veillée des armes » suivait - ou parfois précédait - ce rite purificatoire : le futur chevalier passait la nuit dans l'église, debout ou à genoux, avec défense de s'asseoir un seul instant, priant pour que la divinité favorise l'obtention de ce qui

---

[271] *Vishnu-purana*, IV, 24 ; cf. IV, 3.

[272] Cf. GAUTIER, Op. Cit., p. 251. Bien avant le Christianisme, le jour de Pâques, qui n'a certainement pas été choisi d'une façon arbitraire, correspondait déjà, chez beaucoup de peuples, à ta célébration du rite de « l'allumage du feu », élément dont on a déjà vu le rapport avec beaucoup de traditions du type « solaire «. A propos des deux périodes septennales du noviciat chevaleresque, il faut se rappeler qu'en Grèce l'éducation suivait un rythme identique (cf, PLATON, Alcib., I, 121 e ; *Axiochos*, 366 d) et non sans des raisons profondes, le nombre sept, selon les enseignements traditionnels, présidant aux rythmes de développement des forces de l'homme et des choses.

manquait à sa qualification. Après le bain, il revêtait un vêtement blanc à l'instar des antiques néophytes des Mystères, symbole de sa nature rénovée et purifiée[273], parfois aussi un gilet noir, pour rappeler la dissolution de la nature mortelle, et un autre vêtement rouge, allusion aux tâches pour lesquelles, s'il le fallait, il devait être prêt à verser son sang[274]. Enfin, avait lieu la consécration sacerdotale des armes déposées sur l'autel, par laquelle le rite s'achevait, et dont l'objet était d'attirer une influence spirituelle déterminée pour soutenir la « nouvelle vie « du guerrier élevé à la dignité chevaleresque et fait membre de l'ordre oecuménique que représentait la chevalerie[275]. Au Moyen Age, fleurirent d'ailleurs de nombreux traités où chaque arme et chaque objet utilisés par le chevalier étaient présentés comme des symboles de qualités spirituelles ou éthiques, symboles destinés à lui rappeler d'une façon sensible ces vertus et aussi à relier à toute action chevaleresque une action intérieure. Il serait facile de trouver un symbolisme comparable dans la mystique des armes d'autres civilisations traditionnelles. Nous nous bornerons à rappeler l'exemple de la noblesse guerrière japonaise, qui considéra le sabre de guerre comme une chose sacrée. Sa fabrication était soumise à des règles inviolables :

---

[273] Au sujet du symbolisme du bain, nous avons déjà dit que, selon certains rituels, c'est par la « dame » que le chevalier est « dévêtu » et conduit au bain. Une tradition extrême-orientale relative à un bain royal, fait état de cette inscription : « Renouvelle-toi complètement chaque jour ; fais-le de nouveau et puis encore de nouveau, toujours « (Ta-hic, II, 1).

[274] Ces trois couleurs, parfois même dans le symbolisme de trois vêtements (p.ex. dans Bernard de TREVISAN), apparaissent au centre de l'Art Royal hermétique, dans le sens précis de trois moments de la palingénésie initiatique : au « rouge » correspond l'« Or » et le « Soleil ».

[275] Cf. L. GAUTIER, *La Chevalerie*, cit., pp. 288-299 ; G. DE CASTRO, *Fratellanze segrete*, cit., pp. 127-129 ; C. MENUSTRIER, *De la Chevalerie ancienne et moderne*, Paris, 1683, c. 1, pp. 21, sqq. La « colée « et l'« accolade « furent aussi en usage et si le mot « adouber «, pour l'ordination chevaleresque, vient de l'anglo-saxon *dubban*, frapper, correspondant précisément au coup violent que le chevalier recevait de son parrain, il faut comprendre cela comme une « mortification « rituelle - rappelée souvent du reste en termes de moralité chrétienne (cf. DELECLUZE, *Op. cit., v. 1, pp.* 77-78) - que la nature humaine du chevalier devait subir avant de pouvoir participer à la nature supérieure. Dans le langage secret des « Fidèles d'Amour « on dira, d'une façon similaire, que l'on est « blessé « ou « frappé comme par la mort « par l'« Amour « ou par la vision de la « Dame ».

les armuriers devaient revêtir des habits rituels et purifier la forge. La technique de la trempe des armes était absolument secrète, transmise seulement de maître à disciple. La lame du sabre était le symbole de l'âme du Samouraï[276] et l'usage de l'arme comportait des règles précises ; de même, l'entraînement au sabre et à d'autres armes (tels que l'arc) pouvait atteindre une dimension initiatique, en relation, notamment, avec le Zen. Dans la liste des vertus chevaleresques énumérées par Redi, la première est la « sagesse » ; ce n'est qu'après que sont mentionnées la « fidélité, la générosité, le courage, etc... » [277]. De même, selon la légende, Roland apparaît aussi comme un champion de science théologale qui s'entretient de cette science, avant le combat, avec son adversaire Ferragus. Godefroy de Bouillon fut appelé par certains de ses contemporains *lux monachorum* et Hugues de Tabaria, dans son *Ordène de Chevalerie*, fait du chevalier un « prêtre armé » qui, en vertu de sa double qualité, a le droit d'entrer dans l'église et d'y maintenir l'ordre avec son épée sainte[278]. Et c'est précisément dans le domaine de la sagesse que l'on voit - dans la tradition indo-aryenne - des membres de l'aristocratie guerrière rivaliser victorieusement avec des brâhmana, c'est-à-dire avec les représentants de la caste sacerdotale (p. ex. : Ajâtaçatru avec Gârgya Bâlâki, Pravâhana laivali avec Aruni, Sanatkumâna avec Nârada, etc...), et devenir brâhmana, ou être déjà, en tant que tels, brâhmana, « ceux qui gardent la flamme sacrée » [279].

Ceci confirme à nouveau l'aspect intérieur de la chevalerie et, plus

---

[276] Cf. P. PASCAL, In morte di un *Samurai*, Rome, 1930, p. 151.

[277] Cf. DE CASTRO, *Fr. segr.*, cit., p. 128.

[278] Cf. DELECLUZE, Op. *cit.*, v. 1, pp. 17, 28, 84-5. Parmi les douze palatins figure d'ailleurs un prêtre armé, l'évêque Turpin à qui l'on doit le cri : « Gloire à notre noblesse, Montjoie ! « Montjoie correspond au mont du Graal ; c'est donc une expression du symbole de « hauteur « s'appliquant, comme nous l'avons déjà expliqué, aux états transcendants. On peut ainsi faire correspondre le passage légendaire du roi Arthur par le Montjoie, avant d'être couronné solennellement à Rome, à l'ascension éleusinienne du « mont « (cf. DELECLUZE, Op. *cit.*, 1, p. 47) et il n'est pas nécessaire de souligner l'importance du fait que l'étymologie réelle de Montjoie est *Mons Jovis*, le mont olympien (étymologie qui nous a été signalée personnellement par R. GUENON).

[279] *Vishnu-purâna*, IV, 2 ; IV, 19.

généralement, de la caste guerrière, dans le monde de la Tradition.

Avec le déclin de la chevalerie, la noblesse, en Europe, finit par perdre aussi l'élément spirituel comme point de référence de sa plus haute « fidélité » en s'incorporant à de simples organismes politiques - comme ce fut le cas des aristocraties des États nationaux qui succédèrent à la civilisation oecuménique du Moyen Age. Les principes d'honneur et de fidélité subsistent, même quand le noble n'est plus qu'un « employé du roi » ; mais la fidélité est vaine, stérile, privée de lumière, quand elle ne se réfère plus au moins d'une façon médiate, à quelque chose qui se situe au-delà de l'humain. C'est pourquoi les qualités conservées, par voie héréditaire, dans la noblesse européenne, n'étant plus rénovées par rien dans leur esprit originel, devaient subir une dégénérescence fatale : au déclin de la spiritualité royale ne pouvait pas ne pas succéder celui de la noblesse elle-même, et l'apparition de forces appartenant à un niveau plus bas.

Comme nous l'avons dit, la chevalerie, tant par son esprit que par son ethos, rentre organiquement dans le cadre de l'Empire, plus que dans celui de l'Église. Il est vrai que le chevalier incluait presque toujours dans ses voeux la défense de la foi. Mais on doit y voir davantage l'expression d'une faculté générique de subordination héroïque à quelque chose de supra-individuel qu'une profession de foi consciente au sens spécifique et théologal. Et pour peu que l'on aille au-delà de la surface, il apparaît que les branches les plus luxuriantes de la floraison chevaleresque tirèrent leur sève d'Ordres et de mouvements suspectés d'« hérésie » par l'Église, au point d'être persécutés et parfois même détruits par elle. Les doctrines des Albigeois ne sauraient être aucunement considérées comme conformes au point de vue traditionnel ; toutefois on ne peut contester, notamment à propos de Frédéric II et des Aragonais, l'existence d'un lien entre les Albigeois et un courant de la chevalerie qui défendit l'idée impériale contre les prétentions de la curie de Rome, en s'avançant avec les Croisés, non sans intention, vers Jérusalem, comme vers le centre d'une spiritualité plus haute que celle qui s'incarnait dans la Rome papale[280]. Le cas le plus typique est toutefois celui des *Templiers*,

---

[280] Cf. E. AROUX, *Les Mystères de la Chevalerie, cit.*, p. 93.

de ces ascètes guerriers qui avaient renoncé à tous les plaisirs du monde et de la chair pour une discipline qui ne s'exerçait pas dans les monastères, mais sur les champs de bataille, et dont la foi se trouvait consacrée davantage par le sang et la victoire que par les prières. Les Templiers possédaient leur initiation secrète, dont les particularités, colorées à dessein d'une teinte de blasphème par les accusateurs, sont très significatives. Entre autres, les candidats à l'initiation templière devaient, à un degré préliminaire du rite, repousser le symbole de la croix, reconnaître que le Christ est un faux prophète et que sa doctrine ne conduit pas au salut. De plus on accusait les Templiers d'ententes secrètes avec les « infidèles », de célébrer des rites infâmes, au cours desquels, notamment, on aurait brûlé des nouveau-nés. Dans tout cela, ainsi qu'il fut continuellement mais inutilement déclaré au cours du procès, il ne s'agissait que de symboles. De même que le fait de brûler un nouveau-né correspondait vraisemblablement au « baptême du feu » du re-généré, de même, dans le fait de repousser la croix, il s'agissait, selon toute probabilité, de reconnaître le caractère inférieur de la tradition exotérique propre au christianisme dévotionnel, ce qui était nécessaire pour pouvoir s'élever ensuite à une forme de spiritualité plus haute. En général, comme quelqu'un l'a justement remarqué, le seul nom de « Templier » fait penser à quelque chose de semblable : « Le Temple est une dénomination plus auguste, plus vaste, plus complète que celle d'Église. Le Temple domine l'Église... Les Églises s'écroulent, le Temple reste, comme un symbole de la parenté des religions et de la perpétuité de leur esprit » [281].

---

[281] Cf. DE CASTRO, Op. cit., pp. 237-245 ; L. CIBRARIO, *Descrizione storica degli Ordini cavallereschi*, Torino, *1850*, *v. 11*, *pp. 236*, sqq. Pour l'éthos des Templiers, on peut se reporter au c. IV du *De Laude nov. militiae* de S[T] BERNARD, qui fait visiblement allusion à eux : « Ils vivent dans une société agréable, mais frugale ; sans femmes, sans enfants, sans avoir rien en propre, pas même leur volonté... Ils sont pour l'ordinaire négligés dans leur habillement, couverts de poussière, le visage brûlé par les ardeurs du soleil et le regard fier et sévère. A l'approche du combat, ils s'arment de foi au dedans et de fer au dehors, sans ornements, ni sur leurs habits, ni sur les caparaçons de leurs chevaux. Leurs armes sont leur unique parure et ils s'en servent avec courage dans les plus grands périls, sans craindre ni le nombre, ni la force des barbares. Toute leur confiance est dans le Dieu des armées, et en combattant pour Lui, ils cherchent une victoire certaine ou une mort sainte et honorable. »

Un autre point de référence caractéristique de la chevalerie européenne, fut le Graal[282]. La légende du Graal est une de celles qui reflète le mieux l'aspiration secrète de la chevalerie gibeline. Mais cette légende se relie également à des veines cachées, que l'on ne peut rattacher ni à l'Église, ni, d'une façon générale, au christianisme. Non seulement la tradition catholique, en tant que telle, ne connaît pas le Graal, mais les éléments essentiels de la légende se rattachent à des traditions pré-chrétiennes et même nordico-hyperboréennes, comme celle des Tuatha, race « dominatrice de la vie et de ses manifestations ». Que le Graal même, dans les formes les plus significatives de la légende, apparaisse, non pas comme un calice mystique, mais comme une *pierre*, pierre de la lumière et pierre *luciférienne* ; que les aventures qui s'y rapportent aient, presque sans exception, un caractère plus fréquemment héroïque et initiatique que chrétien et eucharistique ; que chez Wolfram d'Eschenbach on emploie pour désigner les chevaliers du Graal le mot Templeise, et que l'insigne templière - croix rouge sur champ blanc - se retrouve sur les vêtements de certains chevaliers du Graal et sur la voile de la nef sur laquelle Perlesvaux (Parsifal) part pour ne plus revenir, et ainsi de suite - autant de points que nous devons nous contenter de signaler ici. Il importe de noter que, même dans les formes les plus christianisées de la légende, subsiste l'aspect extraclérical et suprasacerdotal. On veut que le Graal, calice lumineux dont la présence provoque une animation magique, pressentiment et anticipation d'une vie non humaine, ait été transporté au ciel par les anges après la dernière Cène et la mort de Jésus, et n'en serait redescendu que lorsqu'apparut sur terre une lignée de héros capables de le garder. Le chef de cette lignée constitua, à cette fin, un Ordre de « chevaliers parfaits » ou « célestes ». Retrouver le Graal dans sa nouvelle demeure terrestre et faire partie de cet Ordre - qui se confond souvent avec la chevalerie du Roi Arthur - fut le « mythe » et l'idéal le plus élevé de la chevalerie médiévale. Or, l'Église catholique s'étant perpétuée directement et sans interruption depuis le christianisme des origines, le fait que le Graal christianisé ait disparu jusqu'à la constitution d'un Ordre non pas sacerdotal

---

[282] Ce qui va être dit au sujet du Graal (comme ce qui vient d'être dit au sujet des Templiers) n'est qu'une rapide esquisse de ce qui a été longuement exposé dans notre ouvrage déjà cité : Il *mistero del Graal e l'idea imperiale ghibellina*.

mais précisément chevaleresque, atteste évidemment le développement d'une tradition différente de la tradition catholique et apostolique. Mais il y a plus : dans presque tous les textes du Graal on va au-delà du symbole, au fond encore sacerdotal, du « Temple », et on lui substitue le symbole plus clair d'une Cour ou d'un château royal pour désigner le lieu mystérieux, difficilement accessible et défendu, où est gardé le Graal. Et dans le « mystère » du Graal, outre l'épreuve consistant à *ressouder une épée brisée*, le thème central est une *restauration royale* : on attend un chevalier qui fera refleurir un royaume déchu, qui vengera ou guérira un roi blessé, ou paralysé, ou ne vivant qu'en apparence. Des liaisons transversales unissent donc ces thèmes aussi bien au mythe impérial en général qu'à l'idée même du centre suprême, invisible, solaire et « polaire » du monde. Il est clair qu'à travers tout cela, à travers ce cycle qui eut de si profondes résonances dans le monde chevaleresque médiéval, agit une tradition qui n'a que peu de rapport avec celle de la religion dominante, même si pour s'exprimer - et aussi pour se cacher - elle adopta, çà et là, des éléments du christianisme. Le Graal, en réalité, est un mythe de la « religion royale », confirmant ce qui a été dit à propos de l'âme secrète de la chevalerie.

Si l'on veut considérer aussi un domaine plus extérieur, celui de la vision générale de la vie et de l'éthique, on doit reconnaître toute la portée de l'action formatrice et rectificatrice que le christianisme a subi de la part du monde chevaleresque. Le christianisme ne put se concilier avec l'ethos chevaleresque et formuler l'idée même de « guerre sainte » qu'en manquant aux principes dictés par une conception dualiste et évasionniste de la spiritualité, qui lui donna son caractère spécifique par rapport au monde traditionnel classique. Il dut oublier les paroles augustiniennes : « Celui qui peut penser à la guerre et la supporter sans une grande douleur - celui-là a vraiment perdu le sens humain »[283], les expressions encore plus violentes de Tertullien[284] et son avertissement : « Le Seigneur, ordonnant à Pierre de remettre l'épée au fourreau, a désarmé les soldats », le martyre d'un saint Maximilien ou d'un saint Théogone, qui préférèrent la mort à la milice, et les paroles de saint

---

[283] AUGUSTIN : *De Civ. Dei, XIX*, 7.
[284] TERTULLIEN : *De Corona, XI*.

Martin à la veille d'une bataille : « Je suis soldat du Christ, il ne m'est pas permis de dégainer l'épée. » Le christianisme dut aussi donner au principe chevaleresque de *l'honneur* une place bien différente de celle que permettait le principe chrétien de *l'amour* et dut, malgré tout, se conformer à une morale du type héroïco-païen plutôt qu'évangélique, capable de ne rien trouver d'hérétique dans des expressions comme celles de Jean de Salisbury : « La profession des armes, d'autant plus digne d'être approuvée qu'elle est plus nécessaire, a été instituée par Dieu lui-même «, et capable même de voir, dans la guerre, une voie possible d'ascèse et d'immortalisation.

C'est précisément, d'ailleurs, en raison de cette déviation de l'Église par rapport aux thèmes prédominants du christianisme des origines, qu'à plus d'un égard l'Europe connut, au Moyen Age, la dernière image d'un monde du type traditionnel.

14

LA DOCTRINE DES CASTES

L'organisation traditionnelle, en tant que « forme » victorieuse sur le chaos et incarnation de l'idée métaphysique de la stabilité et de la justice, a trouvé l'une de ses principales expressions dans le système des *castes*. La répartition des individus en castes, ou groupes similaires, en fonction de leur nature et du rang hiérarchique de leur activité par rapport à la spiritualité pure, se retrouve avec des traits constants dans toutes les formes les plus élevées de civilisation traditionnelle ; elle constitue l'essence de la législation primordiale et de l'ordre selon la justice. Se conformer à la caste apparut, à l'humanité traditionnelle, comme le premier des devoirs.

Sous son aspect le plus achevé - tel qu'il se présente notamment dans l'ancien système indo-aryen - la hiérarchie des castes correspond visiblement à celle des diverses fonctions propres à tout organisme régi par l'esprit. À la limite inférieure, on trouve, dans cet organisme, les énergies encore indifférenciées et impersonnelles de la matière et de la simple vitalité : mais celles-ci subissent déjà l'action régulatrice des fonctions d'échange et de l'économie organique en général, qui à leur tour, trouvent dans la *volonté* la force qui meut et dirige le corps comme un tout dans l'espace et dans le temps. L'âme, enfin, centre, pouvoir souverain et lumière de tout l'organisme. Il en va de même pour les castes : les activités des serfs ou travailleurs, *çûdra*, ensuite celles de la bourgeoisie, *vaiçya*, plus haut, la noblesse guerrière, *kshatriya*, et, enfin, les représentants de l'autorité et du pouvoir spirituel (les *brâhmana*, au sens originel, et les chefs en tant que *pontifices*) - constituaient une hiérarchie correspondant précisément à celle de tout organisme de type supérieur.

Telle était l'organisation indo-aryenne, à laquelle s'apparente étroitement l'organisation iranienne, articulée autour des quatre *pishtra* des Seigneurs du feu - *athreva* -, des guerriers - *rathaestha* -, des chefs de famille - *vâstriya-fshuyant* - *et des* serviteurs destinés au travail manuel - *hûti* -. Un schéma analogue se retrouve dans d'autres civilisations, y compris celle du Moyen Age européen, qui connut la répartition en serfs, bourgeois, noblesse et clergé. Dans la conception platonicienne, les castes correspondent à des pouvoirs de l'âme et à des vertus déterminées : aux dominateurs ἄρχοντες, aux guerriers φύλακες ou ἐπικουροί, et aux travailleurs δημιουργοί, correspondent l'esprit νοῦς, et la tête, l'animus θυμοειδές, et la poitrine, la faculté de désir ἐπιθυμητικόν et la partie inférieure du corps : sexe et nutrition. L'ordre et la hiérarchie extérieurs correspondent ainsi à un ordre et à une hiérarchie intérieurs, selon la justice[285]. L'idée de la correspondance organique se retrouve aussi dans l'image védique bien connue selon laquelle les différentes castes proviennent des parties distinctes du corps de l'« homme primordial »[286].

Les castes, avant de définir des groupes sociaux, définissaient des *fonctions*, et des modes typiques d'être et d'agir. La correspondance existant entre les possibilités naturelles fondamentales de l'individu et l'une ou l'autre de ces fonctions déterminait son appartenance à la caste correspondante : si bien qu'il pouvait trouver dans les devoirs propres à sa caste, dans tout ce que celle-ci était traditionnellement appelée à accomplir, l'explication normale de sa propre nature[287] et, outre la possibilité de la développer, sa consécration dans l'ensemble de l'ordre « d'en haut ». C'est pourquoi le régime des castes

---

[285] Cf. aussi Rép., 580-581, 444 *a*, *b*.
[286] *Rg-Veda - X, 90, 11-12*. La quadripartition fut remplacée par la tripartition dans les cas où la noblesse fut conçue comme réunissant en soi aussi bien l'élément guerrier que l'élément spirituel, et là où subsistèrent, à titre résiduel, des restes matérialisés de cette situation originelle. C'est à quoi se réfère vraisemblablement la tripartition nordique en *jarls*, *karls* et *traells*, et la tripartition hellénique en *eupatrides*, *geomores* et *démiurges*, où la première caste peut correspondre aux geleontes selon le sens antique de « splendides », « resplendissants », de ce mot.
[287] Cf. *Bhagavad-gîtâ, XVIII, 41* : « Les devoirs des brâhmana, des guerriers, des bourgeois et des serviteurs sont distribués selon les attributs dérivant de (leur) nature. »

apparut au monde traditionnel et y régna comme une paisible institution naturelle, fondée sur quelque chose d'évident aux yeux de tous, et non sur la tyrannie, la violence ou, pour employer le jargon des temps modernes, sur une « injustice sociale «. En reconnaissant sa nature, l'homme traditionnel reconnaissait aussi son « lieu », sa fonction et les justes rapports de supériorité et d'infériorité : il s'ensuivait que si le *vaiçya* ne reconnaissait pas l'autorité d'un *kshatriya* ou si celui-ci ne maintenait pas fermement sa supériorité à l'égard du *vaiçya* ou du *çûdra*, cela était considéré, moins comme une faute que comme une manifestation d'ignorance. Dans la hiérarchie, il n'était pas question de volonté humaine, mais d'une loi de nature : aussi impersonnelle que celle qui veut que la place d'un liquide plus léger ne puisse pas ne pas être au-dessus de celle d'un liquide plus dense, à moins que n'interviennent des causes perturbatrices. On considérait comme un principe inébranlable que « si les hommes se font une règle d'action non conforme à leur nature, elle ne doit pas être considérée comme une règle d'action » [288].

Ce qui heurte le plus la mentalité des modernes dans le régime des castes, c'est la loi de l'hérédité et de la « clôture ». Il semble « injuste « que la naissance doive déterminer comme une fatalité la position sociale et le genre d'activité à laquelle l'homme devra se consacrer et qu'il ne devra pas abandonner, pour une forme d'activité inférieure, ni même supérieure, sous peine de devenir un « hors caste », un paria, que tout le monde fuirait. Mais si l'on se reporte à la vision traditionnelle générale de la vie, ces difficultés disparaissent.

La clôture des castes se fondait sur deux principes fondamentaux. Le premier découle du fait que l'homme traditionnel, ainsi que nous l'avons dit, ne considérait tout ce qui est visible et terrestre que comme l'effet de causes d'un ordre supérieur. C'est pourquoi le fait de naître dans telle ou telle condition, homme ou femme, dans une caste ou dans une autre, dans une race ou dans une autre, d'avoir certains dons ou certaines dispositions

---

[288] *Tshung-yung*, XIII, 1. C'est en termes identiques que PLATON (*Rep.*, 433 d, 434 c) définit le concept de « justice ».

déterminées, etc., n'était pas considéré comme un « hasard », comme une circonstance où l'on n'est pour rien et qui ne devait donc préjuger de rien. Pour l'homme traditionnel, au contraire, tout cela correspondait à ce qu'avait voulu ou avait été, transcendantalement, le principe devenu le « Moi « humain, au moment de s'engager dans une naissance terrestre. C'est là un des aspects de la doctrine hindoue du karma ; si elle ne correspond pas à ce qu'on entend vulgairement par réincarnation[289], elle implique cependant l'idée générale d'une pré-existence de causes, et le principe selon lequel « les êtres sont les héritiers des actions : de l'être naît le re-être et telle fut l'action, tel sera le nouvel être ». Des doctrines de ce genre n'eurent pas cours qu'en Orient. On enseignait en Grèce, non seulement que « l'âme a d'abord choisi son démon et sa vie », mais aussi que « le corps a été formé à l'image de l'âme qu'il renferme »[290]. Selon certaines vues aryo-iraniennes qui se sont transmises en Grèce et ensuite à Rome, la doctrine de la royauté sacrée se reliait à la conception d'après laquelle les âmes s'orientent par affinité vers une planète déterminée ; à cette planète correspondront les qualités prédominantes et le rang de la naissance humaine ; et le roi était considéré comme *domus natus*, précisément parce qu'il avait parcouru la ligne des influences solaires[291]. Pour ceux qui aiment les justifications

---

[289] L'idée selon laquelle un *même* principe personnel a vécu d'autres existences humaines et en vivra d'autres après la mort, est on ne peut plus sujette à caution. Sur ce point, cf. R. GUENON, *l'Erreur Spirite*, Paris, 1923, passim et EVOLA, La *doctrine de l'Eveil*, cit., pp. 41, 129. Historiquement, l'idée de la réincarnation n'apparaît en relation qu'avec la vision de la vie propre au substratum de certaines races pré-aryennes et avec l'influence qu'elle a exercée ; du point de vue de la doctrine, ce n'est qu'un simple mythe à l'usage des masses. Non seulement ce n'est pas un savoir « ésotérique », mais c'est exactement le contraire. Cf. tome IL, chap. 8 b et 9 a. L'idée de la réincarnation était, par exemple, tout à fait étrangère aux Vedas.

[290] PLOTIN, *Enn., III, iv*, 5 ; I, i, II. Cf. PLATON, *Rép.*, X, 617 a. « Ce n'est pas un démon qui vous choisira, mais vous-même qui choisirez votre démon. C'est vous-mêmes qui choisirez le destin de cette vie, dans lequel vous vous trouverez ensuite enserrés par la nécessité. »

[291] *Cf.* F. CUMONT, *Myst. de Mithra*, cit., pp. 102-3 ; PLATON, Phèdre, X, 1516 ; 146-148b ; JULIEN IMP., *Hélios*, 131b. À cette indication générale il faut cependant ajouter que la nature des éléments déterminant une naissance donnée est complexe, comme l'est

« philosophiques », on peut rappeler que la théorie de Kant et de Schopenhauer relative à ce qu'on appelle le « caractère intelligible « - caractère « nouménique « antérieur au monde phénoménal - s'apparente au même ordre d'idées.

Or, étant donné ces prémisses, si l'on exclut donc l'idée d'une naissance due au hasard, la doctrine des castes se présente sous une lumière très différente. D'après Plotin « le plan général est un : mais il se subdivise en parties inégales, de telle sorte que l'ensemble comporte différentes régions, les unes meilleures, les autres moins agréables - et les âmes, inégales elles aussi, résident dans des lieux différents qui conviennent à leurs propres différences. Ainsi tout s'accorde - et la différence des situations correspond à l'inégalité des âmes »[292]. On peut donc dire que ce n'est pas la naissance qui détermine la nature, mais la nature qui détermine la naissance ; plus précisément, que l'on possède un esprit déterminé parce qu'on est né dans une caste déterminée, mais qu'en même temps on est né dans une caste déterminée parce que - transcendantalement - on possède déjà un esprit déterminé. Il en résulte que l'inégalité réglementée des castes, loin d'être artificielle, injuste et arbitraire, n'était que le reflet et l'institutionalisation d'une inégalité préexistante, plus profonde et plus intime, une application supérieure du principe : *suum cuique*.

Les castes, dans l'ordre d'une tradition vivante, représentaient, pour ainsi dire, le « lieu « naturel, ici-bas, de volontés ou de vocations affines ; et la transmission héréditaire, régulière et fermée, préparait un groupe homogène d'inclinations organico-vitales et même psychiques propices au développement régulier par les individus, sur le plan de l'existence humaine,

---

celle des éléments dont se compose l'être humain, somme d'hérédités diverses, s'il est envisagé dans son intégralité. À ce sujet, cf. EVOLA, *La doctrine de l'Éveil*, cit., p. 124, sqq.

[292] PLOTIN, *Enn.*, *III, iii, 17*. Nous ne pouvons nous arrêter ici sur ces enseignements ; nous remarquerons seulement que Plotin dit que les âmes prennent comme résidence les lieux qui leur correspondent et non qu'elles les choisissent arbitrairement selon leur bon plaisir ; dans la plupart des cas la force des « correspondances » agit dans les états incorporels de façon aussi impersonnelle que, dans les états corporels, la loi relative aux valences chimiques.

de ces déterminations ou dispositions prénatales. L'individu ne « recevait » pas sa nature de la caste : celle-ci lui donnait plutôt le moyen de *reconnaître ou* de « se rappeler » sa propre nature et sa propre volonté en lui offrant en même temps une sorte de patrimoine occulte lié au sang pour l'aider à les réaliser harmonieusement. Quant aux attributions, aux fonctions et aux devoirs de la caste, ils servaient de cadre au développement régulier de ses possibilités dans l'ensemble social. Dans les castes supérieures, l'initiation complétait ce processus, en éveillant et en suscitant chez l'individu des influences déjà orientées dans une direction surnaturelle[293]. Le *jus singulare*, c'est-à-dire les prérogatives et les droits particuliers de chaque caste, allant jusqu'à des cultes, des morales et des lois distincts pour chacune de ces articulations traditionnelles, agissait de telle sorte que non seulement la volonté transcendantale se trouvait en harmonie avec une hérédité humaine appropriée, mais aussi que chacun pouvait trouver dans l'ensemble social une place correspondant réellement à sa nature et à ses aptitudes les plus profondes : une place défendue contre toute confusion et toute usurpation.

Quand le sens de la personnalité n'est pas centré sur le principe éphémère de l'individualité humaine, destinée, à sa mort, à ne laisser d'elle qu'une « ombre », tout cela se présente d'une façon naturelle et claire. Certes, on peut « construire » beaucoup, mais du point de vue supérieur de celui qui sait tout ce que l'écroulement de l'organisme précipite dans le néant, la « construction » est sans valeur quand elle ne prolonge pas la volonté profonde qui motive une naissance déterminée et ne peut être aussi facilement supplantée par une décision momentanée et arbitraire, prise à un moment donné de l'existence terrestre. Et ceci une fois compris, on comprend aussi pourquoi il est fatal que le sens et la nécessité des castes échappent entièrement à l'homme d'aujourd'hui. En tant que « Moi », celui-ci ne connaît en effet que celui qui commence avec la naissance et s'éteint plus ou

---

[293] Au sujet de cet aspect particulier, *cf. Mânavadharmaçâstra, X, 69 ; X, 71* : « De même qu'un bon grain qui germe dans une bonne terre se développe parfaitement, de même celui qui est né d'un bon père et d'une bonne mère est digne de recevoir l'initiation... Le grain, répandu sur un sol ingrat, meurt sans rien produire ; un bon terrain, sur lequel on n'a jeté aucun grain, n'est qu'un morceau de terre stérile et nue. »

moins avec la mort. Tout se réduit au simple individu humain et tout souvenir de l'« avant » a disparu. Ainsi disparaît aussi la possibilité de prendre contact avec les forces qui sont la cause d'une naissance déterminée, de se rattacher de nouveau à cet élément non humain de l'homme qui, étant en deçà de la naissance, est aussi au-delà de la mort, constitue le « lieu » de tout ce qui peut éventuellement être réalisé au-delà de la mort même et se présente comme la source d'une incomparable sécurité. Le rythme étant ainsi brisé, les contacts fermés, les grandes distances perdues de vue, toutes les voies semblent ouvertes et tous les domaines se saturent d'actions désordonnées, inorganiques, dénuées de base et de signification profonde, dominées par des mobiles entièrement temporels et individuels, par des passions, par l'intérêt, par la vanité. « Culture », ici, ne signifie plus réalisation de l'être dans une attitude sérieuse d'adhésion et de fidélité - elle signifie « se construire ». Et comme c'est le sable mouvant de ce néant qu'est le « Moi » empirique humain sans nom et sans tradition qui sert de base à cette construction, on prétend à l'égalité, au droit de pouvoir être, en principe, tout ce que n'importe qui d'autre peut être aussi et l'on ne reconnaît pas de différence plus vraie ni plus juste que celle qui est « conquise » par l'effort personnel et le « mérite » conçu selon les critères des illusoires constructions intellectuelles, morales ou sociales du temps présent. Il est normal, dans ces conditions, que seules subsistent les limites de l'hérédité physique la plus grossière, limites devenues les marques de significations impénétrables, et supportées de ce fait, ou savourées, comme un caprice du destin ; il est logique, aussi, que la personnalité et l'hérédité du sang, d'une part, la vocation et la fonction sociale, d'autre part, soient devenues des éléments toujours plus discordants, au point d'aboutir à des états d'authentique et tragique déchirement, intérieur et extérieur, et, sur le plan du droit et de l'éthique, à la destruction qualitative, au nivellement correspondant à l'égalité des droits et des devoirs, à une morale sociale égalitaire qui entend s'imposer à tous dans la même mesure et être valable pour tous sans le moindre égard pour les différentes « dignités » intimes. Le « dépassement » des castes et des ordres traditionnels n'a pas d'autre signification. L'individu a conquis toute sa « liberté », et la chaîne ne lui est pas mesurée, afin que son ivresse et son illusion de marionnette agitée ne connaissent pas de limites.

Toute autre était la liberté que connaissait l'homme de la Tradition. Elle consistait, non pas à s'écarter, mais à se rattacher au contraire à la souche la plus profonde de sa propre volonté, qui est en relation avec le mystère de sa propre « forme » existentielle. En réalité, ce qui correspond à la naissance et à l'élément physique d'un être reflète ce qu'on peut appeler, au sens géométrique la résultante des diverses forces ou tendances qui interviennent dans sa naissance, reflète, en d'autres termes, la direction de la force la plus forte. Dans cette force peuvent d'ailleurs avoir été entraînées des tendances de moindre intensité, des velléités de forces pour ainsi dire, auxquelles correspondent ces qualités et ces tendances qui peuvent être en contradictions, sur le plan de la conscience individuelle extérieure, soit avec la préformation organique, soit avec les devoirs de la caste et le milieu auquel on appartient. Dans une organisation traditionnelle, constituée selon la loi des castes, ces cas de contradiction interne doivent être considérés comme exceptionnels. Ils deviennent au contraire la règle dans une société où l'on ne connaît plus les castes ni, d'une façon générale, de corps sociaux distincts - où, donc, aucune loi ne réunit, ne conserve et n'affine, en vue de fonctions déterminées, des talents et des qualifications. On trouve ici le chaos des possibilités existentielles et psychiques qui, ainsi qu'on peut le constater de nos jours, condamne la plupart des hommes à un état de désharmonie et de déchirement. Sans doute une certaine marge d'indétermination put exister aussi chez l'homme traditionnel, mais elle servait seulement, chez lui, à donner du relief à l'aspect actif des deux maximes : « Connais-toi toi-même » (avec son complément : « Rien de superflu ») et « Sois toi-même », qui impliquaient une action intérieure formatrice et organisatrice allant jusqu'à l'élimination de la marge en question et l'actualisation de l'unité complète de soi avec soi. Découvrir précisément en soi la « dominante » suggérée par sa propre forme et de sa propre caste, la vouloir, c'est-à-dire la transformer en un impératif éthique[294], et, en outre, la réaliser « rituellement » avec fidélité en vue de détruire tout ce qui lie à la terre sous la forme d'instincts, de mobiles

---

[294] L'unique penseur moderne qui, sans d'ailleurs en avoir une conscience précise, s'est approché de ce point de vue, est peut-être Frédéric Nietzsche, avec sa morale absolue fondée sur la base « naturelle « (Cf. R. REININGER, F. *Nietzsches Kampfs um den Sinn des Lebens*, Wienz, 1925 et J. EVOLA (Chevaucher le Tigre, cit.).

hédonistes, de valeurs matérielles - tel est le complément de la conception ci-dessus définie, qui conduit au second fondement du régime des castes, envisagé dans sa « clôture » et sa stabilité.

On ne doit pas oublier, d'autre part, qu'il n'existait, du point de vue traditionnel, aucun objet ni aucune fonction susceptible d'être jugé *en soi* supérieur ou inférieur à un autre, véritable différence correspondait au contraire à la *façon* dont l'objet ou la fonction était vécu. Au mode terrestre, fondé sur l'utilité ou la cupidité - *sâkâma-karma* - s'opposait, dans l'exemple caractéristique offert par l'Inde aryenne, le mode « sacrificiel » de celui qui agit sans se soucier des fruits, pour l'action même - *nishkâma-karma* - transformant tout acte en un rite et une « offrande ». Telle était la voie de la *bhakti* - terme qui correspond davantage au sens viril de la *fides* médiévale qu'au sens piétiste qui a prévalu dans l'idée chrétienne de la « dévotion ». L'action accomplie selon ce sens de la *bhakti* était comparée à un feu générateur de lumière, dans lequel se consume et se purifie toute la matière de l'acte même. Et la mesure dans laquelle l'acte était précisément libre de matière, détaché de la cupidité et de la passion et se suffisant à soi-même, où il était donc, - pour employer analogiquement l'expression aristotélicienne - acte pur, définissait précisément la hiérarchie des activités, donc celle des castes ou des autres corps qui leur correspondaient.

Etant donné ces prémisses, qui n'étaient pas théoriques, mais vécues, et par suite souvent inexprimées, l'aspiration à passer d'une certaine forme d'activité à une autre, susceptible d'apparaître à certains, du point de vue extérieur ou utilitaire, comme plus digne et plus avantageuse - l'aspiration, donc, à passer d'une caste dans une autre - ne pouvait avoir que peu de force dans le monde de la Tradition ; si bien que le caractère héréditaire des fonctions s'établissait spontanément, même là où il n'y avait pas de véritables castes, mais seulement des groupes sociaux. Les divers types de fonctions et d'activités apparaissaient seulement comme des points de départ d'égale valeur en vue d'une élévation différente, verticale, non dans l'ordre temporel mais dans l'ordre spirituel. Chacun dans sa propre caste, dans la fidélité à sa propre caste, dans la fidélité à sa propre nature, dans l'obéissance non à *une* morale générale mais à *sa* morale, à la morale de sa caste, avait, à cet égard, la même dignité et la même pureté qu'un autre : un serf - *cûdra* - autant qu'un roi. Chacun conservait sa fonction dans l'ordre général et, au moyen de sa *bhakti*, participait aussi au principe surnaturel de ce même ordre. C'est pourquoi il fut dit : « L'homme atteint la perfection en adorant Celui dont tous les vivants procèdent et dont tout cet univers est pénétré, grâce à l'accomplissement de son propre mode d'être – *svâdharma* »[295]. Le Dieu déclare : « Quelle que soit la façon dont les hommes viennent à moi, de cette manière je les accepte : dans chaque forme ils suivent ma voie »[296] et encore : « Fais toujours ce qui doit être fait, sans attachement, *parce que l'homme qui agit dans un désintéressement actif atteint le Suprême* »[297]. Le concept de *dharma*, ou nature propre, auquel on demande donc d'être fidèle[298] vient de la racine dr = soutenir, porter, ou tenir en haut et exprime précisément l'élément « ordre », « forme » ou « cosmos « que la Tradition incarne et actualise en face du chaos et du devenir. À travers le *dharma*, le monde traditionnel - comme, du reste, toutes les choses et tous les êtres - se soutient, les digues contre la mer de la pure contingence et de la temporalité sont solides, les vivants participent à la stabilité[299]. On comprend alors pourquoi le fait de sortir de sa caste, ainsi que le mélange des castes ou seulement des droits, des devoirs, des morales et des cultes de chaque caste furent considérés comme un sacrilège qui détruit l'efficacité de tous les rites et pousse le coupable vers les « enfers »[300], c'est-à-dire vers l'ordre des influences

---

[295] *Bhagavad-gîtâ*, XVIII, 46.

[296] *Ibid.*, IV, 11, Cf. XVII, 3, où l'on affirme que la « dévotion « de chacun doit être conforme à sa propre nature.

[297] *Ibid.*, III, 19. Cf. *Mânavadharmaçâstra*, II, 5 (aussi II, 9) : « En accomplissant les devoirs prescrits (par la caste) sans viser une récompense, l'homme atteint l'immortalité. »

[298] *Bhagavad-gîtâ*, XVIII, 47 (cf. 111, 35) : « Mieux vaut son propre *dharma*, même s'il est imparfaitement réalisé, que le *dharma* d'un autre bien exécuté. Celui qui accomplit son propre *dharma* ne tombe pas dans la faute. »

[299] Cf. 1. WOODROFFE, *Shakti and Shâkta*, London 3, 1929, p. 700.

[300] Cf. *Bhagavad-gîtâ*, 1, 42-44. À propos du devoir de fidélité à la fonction spécifique et à la morale de sa caste, un épisode caractéristique est celui de Râmâ tuant un serf - çudra - qui s'était livré à l'ascèse, usurpant ainsi le droit de la caste brâhmana. Il faut noter aussi, dans le même ordre d'idée, l'enseignement selon lequel l'« âge de fer «, ou « âge obscur », commencera quand les serfs pratiqueront l'ascèse, et nous verrons que c'est précisément

démoniques de la nature inférieure, au point de le faire devenir le seul être « impur « de toute la hiérarchie, un paria, un « intouchable « parce que centre de contagion psychique en tant que facteur de dissolution interne. Et il est intéressant de noter que seul le « hors-caste « était considéré en Inde comme un « exclu », évité même par la plus basse des castes, même s'il avait appartenu à la plus haute, alors que personne ne se sentait humilié par sa propre caste et que le *çûdra* lui-même était aussi fier de la sienne et désireux de la conserver, que le brâhmana du rang le plus élevé. La notion de contamination ne s'appliquait, en principe, qu'aux individus de caste supérieure qui se mélangeaient avec des membres d'une caste inférieure, mais même ces derniers se sentaient contaminés par tout mélange avec des individus de caste supérieure[301]. En réalité, dans le mélange d'or et de plomb, ce n'est pas seulement le premier qui se trouve altéré, mais le second aussi : tous deux perdent leur nature. Il fallait que *chacun* fût lui-même. Ainsi, c'était le mélange en soi et non un mélange déterminé, qui attendait à l'organisation traditionnelle, en supprimant ce que Goethe appellerait la « limite créatrice » et qui ouvrait la porte aux forces d'en bas. Le but était la transfiguration lumineuse de la « forme » obtenue à travers la *bhakti* et le *nishkâma-karma*, c'est-à-dire à travers l'action pratiquée comme rite et comme offrande : l'altération, la destruction de la « forme », en quelque sens que ce fût, était considérée au contraire comme une évasion dégradante, comme une action démonique. Le hors-caste n'était que le vaincu - un « *tombé* », *patitas*, comme

---

là un signe de notre époque, qui se manifeste à travers certaines idéologies plébéiennes relatives au « travail « (qui est le *dharma* du serf) entendu comme une sorte d'« ascèse ».

[301] Cf. BOUGLE, *Rég. cast.*, cit., p. 205 ; M. MULLER, *Essais de Mythol. comparée*, tr. fr., Paris, 1873, p. 404. L'idée de la contamination disparaît, à l'intérieur de certaines limites, en ce qui concerne les *femmes*, susceptibles d'être prises par des hommes de caste supérieure sans que de ce fait ceux-ci se contaminent. Traditionnellement, en effet, la femme se rattachait à la caste, moins d'une façon directe qu'à travers son époux, et ne représentait qu'un terrain, qui peut être plus ou moins propice, mais ne peut faire que le grain qui y est jeté produise une plante essentiellement différente de l'espèce (cf. à ce sujet *Mânavadharmaçâstra*, IX, 35-36 ; IX, 22 : « Quelles que soient les qualités d'un homme auquel une femme est unie légitimement, elle les acquiert de la même façon que l'eau d'un fleuve s'unissant à l'océan »). On doit noter, toutefois, que ceci cesse d'être vrai dans la mesure où les structures existentielles traditionnelles perdent de leur force vitale.

on l'appelait dans l'Orient aryen.

Tel était le *second* fondement du régime des castes, fondement entièrement spirituel, car, ainsi que nous l'avons relevé à plusieurs reprises, l'Inde, où ce régime revêt une de ses formes les plus rigides, ne connut jamais d'organisation centralisée qui pût l'imposer au moyen d'un despotisme politique ou économique. D'ailleurs, ce second fondement apparaît aussi dans les formes occidentales de la Tradition. C'est une idée classique, par exemple, que la perfection ne se mesure pas selon un critère matériel mais consiste à accomplir sa propre nature ; que la matérialité, au fond, ne signifie rien d'autre que l'impuissance à réaliser sa propre forme, la matière, ὕλη, chez Platon et aussi chez Aristote, étant cette différentielle d'indifférenciation, de mobilité fuyante, qui rend une chose ou un être incomplet par rapport à lui-même, fait qu'il ne correspond pas à sa norme, à son « idée », c'est-à-dire précisément à son *dharma*. Dans la divinisation romaine de la « limite » - *termen ou terminus* - dans l'élévation du dieu Terminus à la plus haute dignité, au point de l'associer à Jupiter Olympien lui-même qui, en tant que principe de tout ordre, était aussi le dieu protecteur des « limites « ; dans la tradition - comportant aussi des significations profondes - selon laquelle celui qui abattait ou déplaçait la borne d'une limite territoriale était un être maudit que quiconque pouvait mettre à mort ; dans l'oracle romain, annonçant que l'époque de la destruction des limites opposées à la cupidité humaine sera aussi le *saeculum* de la « fin du monde »[302], dans tout cela se reflète, ésotériquement, un esprit analogue. « Il faut que chacun soit chacun - enseignait Plotin[303] - que nos actions soient les nôtres, que les actions de chacun lui appartiennent, quelles qu'elles soient. » L'idée selon laquelle une adéquation parfaite de l'être à sa fonction spécifique conduit à une participation identique à la spiritualité du tout conçu comme un organisme, se retrouve dans les meilleures traditions gréco-romaines et fut reprise ensuite

---

[302] Le sens de cet oracle coïncide avec l'enseignement hindou, selon lequel l'« âge obscur » - *kali-yuga* - *fin* d'un cycle, correspond, entre autres, à la période du mélange complet des castes et du déclin des rites. Sur tout ceci, cf. L. PRELLER, *Römische myth.*, cit., pp. 227-229.
[303] PLOTIN, *Ennéades*, III, i, 4.

dans la vision *organique* de la civilisation germanico-romaine du Moyen Age oecuménique.

Ce sont les mêmes prémisses, au fond, qui sont à la base de ce sentiment de désintéressement, de joie et de sain orgueil de son propre métier, - grâce auquel tout travail, si humble fût-il, pût acquérir l'aspect d'un « art » - qui, tel un écho de l'esprit traditionnel, s'est conservé, jusqu'à une époque récente, chez certains peuples européens[304]. L'ancien paysan allemand, par exemple, avait le sentiment que le fait de cultiver la terre était comme un titre de noblesse, même s'il ne s'élevait pas à la vision de l'Iranien antique, qui voyait dans ce travail un symbole et un épisode de la lutte entre le dieu de lumière et celui des ténèbres. Les membres des corporations et des guildes étaient aussi fiers de leur tradition professionnelle, que la noblesse de la tradition de son sang. Et quand Luther, après saint Thomas, enseigna qu'il est contraire à la loi de Dieu de passer d'une profession à une autre pour chercher à s'élever dans la hiérarchie sociale, puisque Dieu assigne à chacun son état et qu'il faut lui obéir en y restant, que donc l'unique manière de servir Dieu est d'accomplir de la meilleure façon possible son métier, il exprime une idée où se reflète, bien qu'à travers la limitation propre à une perspective théistico-dévotionnelle, l'esprit du meilleur Moyen Age et où se poursuit la tradition en question. En effet, avant l'avènement de la civilisation du Tiers État (mercantilisme, bourgeoisie capitaliste), l'éthique sociale, ratifiée par la religion, consistait, en Occident aussi, à réaliser son être et à atteindre sa propre perfection dans les cadres fixes définis par la nature de chacun et le groupe auquel il appartenait. L'activité économique, le travail et le gain n'apparaissaient justifiés que dans la mesure où ils étaient nécessaires pour l'entretien et la dignité d'une existence conforme à l'état de chacun, sans que l'intérêt bassement matériel, la recherche du profit, ne vinssent au premier plan. Il en résultait que ce domaine revêtait, lui aussi, un caractère d'impersonnalité active.

On a dit que, dans la hiérarchie des castes, s'exprimaient des rapports

---

[304] À cet égard, on peut aussi rappeler la maxime du *Mânavadharmaçâstra* (V, 129) : « La main d'un artisan est toujours pure quand il travaille. »

comme de « puissance » à « acte ». Dans la caste supérieure se manifestait d'une façon plus pure, plus complète et plus libre la même activité qui, dans la caste inférieure, se présentait sous une forme plus conditionnée. A cet égard, il convient avant tout de dénoncer les idées démagogiques modernes relatives à l'« esprit de troupeau » des sujets, et de l'absence, dans les sociétés traditionnelles, de ce sens de la dignité et de la liberté de chaque individu, que l'humanité « évoluée » moderne aurait conquis. En effet, même quand la place hiérarchique de l'individu ne résultait pas de la reconnaissance spontanée de sa propre nature et de la fidélité à cette dernière, la subordination de l'inférieur au supérieur, loin d'être un acquiescement passif, était comme l'expression symbolique rituelle d'une fidélité et d'un dévouement à son propre idéal, à une forme plus haute de soi-même, que l'inférieur ne pouvait vivre directement et organiquement comme sa propre nature - *svâdharma* - mais pouvait cependant élire comme centre de son action, précisément à travers sa dévotion et sa soumission active à l'égard de la caste supérieure[305]. D'ailleurs, si le fait de sortir de sa propre caste n'était considéré comme légitime, en Orient, qu'à titre exceptionnel[306] et si l'on était loin de confondre un *évadé* avec un être vraiment libre, on reconnaissait pourtant la possibilité de créer, par ses actions, ses paroles et ses pensées, des causes qui, en vertu de l'analogie avec le principe ou la hiérarchie auxquels on s'était voué, pouvaient produire un nouveau mode d'être correspondant précisément à ce principe ou à cette hiérarchie[307]. A part la *bhakti* ou *fides*

---

[305] Cf. PLATON, Rép., 590d : « C'est pour qu'un tel homme (l'être ordinaire) soit gouverné (intérieurement) par une autorité semblable à celle qui gouverne le meilleur, que nous disons qu'il doit servir cet homme excellent, lequel possède en lui la part divine qui le régente, et nous ne réfuterons pas que son obéissance soit un dam pour lui... mais il est mieux pour tous d'être régis par un gouvernement sage et divin, mieux encore s'ils l'ont proprement en eux, sinon, qu'il nous régente du dehors. »

[306] Rigoureusement et métaphysiquement parlant, il serait nécessaire pour cela « de ne plus avoir de démon », en étant devenu soi-même « son propre démon » ; il serait nécessaire, en d'autres termes, que l'individu humain s'identifiât au principe transcendantal de son individualité et de sa naissance particulière. Dans une certaine mesure ceci ressortissait à la voie de l'ascète -*samâno* - ou yogi - vénéré par les Indo-aryens au-dessus de toutes les castes et délié, à leurs yeux, des devoirs de chacune d'elles.

[307] Dans le *Mânavadharmaçâstra*, tandis que d'une part (VIII, 414) on affirme : « Un *çûdra*, bien qu'affranchi par son maître, n'est pas pour autant libéré de l'état de servitude :

tournée sans médiation vers le Suprême, c'est-à-dire vers l'état inconditionné, on attribuait à la *bhakti* concentrée sur quelque chose de supérieur le pouvoir réel et objectif de résoudre les éléments de celui qui l'avait alimentée - après l'épuisement de son *dharma* - selon ce même principe[308] et donc de le faire monter, non pas extérieurement et artificiellement - comme c'est le cas dans le désordre et l'arrivisme de la société moderne - mais profondément, organiquement, intérieurement, d'un degré à un autre de la hiérarchie, reflétant ainsi le passage du principe transcendantal de l'être d'une de ses possibilités à une autre.

D'ailleurs, en ce qui concerne particulièrement le cas d'un ordre social ayant pour centre un souverain, jusqu'au Saint Empire Romain subsiste le principe déjà soutenu par Celse contre le dualisme du christianisme des origines, principe d'après lequel les sujets peuvent démontrer par leur fidélité envers leur prince leur fidélité envers Dieu[309]. Une antique vision aryenne conçoit le sujet comme un être qu'un engagement sacré et libre lie à la personne du roi ; cette *fides* ou dévotion personnelle dépasse toujours, dans le monde traditionnel, les limites politiques et individuelles, au point d'atteindre parfois la valeur d'une voie de libération. « Les sujets - constate Cumont à propos de l'Iran[310] - vouaient à leurs souverains divinisés non seulement leurs actions et leurs paroles, mais jusqu'à leurs pensées. Leur devoir était un abandon total de leur personnalité en faveur de ces monarques

---

cet état étant son état naturel, qui pourrait l'en affranchir ? « - d'autre part il est dit (IX, 334-335) que le *çûdra* qui obéit inconditionnellement aux castes supérieures, accomplit un *dharma* qui non seulement lui procure le bonheur sur terre, mais lui facilite en outre « une naissance dans une condition plus élevée. « Cf. *Ibid.*, X, 42 : « Grâce au pouvoir de son ascèse, grâce au mérite de ses ancêtres, chacun, à tous les âges, peut parvenir ici-bas à une naissance plus élevée, comme il peut aussi être réduit à une condition inférieure. »

[308] Cf. l'enseignement de PLOTIN, (*Envi.*, *111*, *iv*, 3) : « Quand on cesse de vivre... il faut recevoir d'autres la force vitale, étant donné que (l'individu) a perdu la sienne ; et il la recevra de celui auquel, quand il vivait, il avait permis d'agir sur lui et de le dominer, et qui était vraiment son démon. » Dans le cas particulier qui nous occupe, ce « démon « correspondrait au principe représenté par la caste qui était l'objet de sa dévotion active et loyale.

[309] Cf. DE STEFANO, *Idea Imp. Fed. II*, cit., pp. 75-76.

[310] F. CUMONT, *Les religions orientales dans le pagan.*, cit., pp. XVII-XVIII.

égalés aux dieux. La *militia* sacrée des Mystères n'est que cette morale civique considérée au point de vue religieux. Le loyalisme se confondait alors avec la foi. » À quoi il faut donc ajouter que, dans les formes les plus nettes et les plus lumineuses de la Tradition, on reconnaissait aussi à ce loyalisme la vertu de produire les mêmes fruits que ceux promis par la foi. Hier encore, on a vu, au Japon, le général Nogi, le vainqueur de Port-Arthur, se tuer avec sa femme, à la mort de son empereur, pour le suivre jusque sur les chemins d'outre-tombe.

Ainsi tous les aspects s'éclairent ; le second pivot de toute organisation traditionnelle est - après le rite et l'existence d'une élite, pas seulement humaine, représentant la transcendance - la fidélité. Celle-ci est la force qui, telle un magnétisme, établit les contacts, crée une atmosphère psychique, favorise les communications, stabilise les structures, détermine un système de coordination et de gravitation entre les éléments individuels et entre ceux-ci et le centre. Quand ce fluide qui, en dernière analyse, tire son origine de la liberté, de la spontanéité spirituelle de la personnalité, vient à manquer, l'organisme traditionnel perd sa force élémentaire de cohésion, des voies se ferment, les sens les plus subtils s'atrophient, les parties se dissocient et s'atomisent - ce qui a pour conséquence le retrait immédiat des forces d'en haut, qui laissent aller les hommes où ils veulent, selon le destin créé par leurs actions et qu'aucune influence supérieure ne modifiera plus. C'est là tout le mystère de la décadence.

15

LES PARTICIPATIONS DANS LES SCIENCES ET LES ARTS L'ESCLAVAGE

La hiérarchie étant conçue, dans le monde de la Tradition comme rapport de la puissance à l'acte, il en résultait que les thèmes du sommet se reproduisaient dans les activités des différentes castes ou corps sociaux, activités se traduisant par des réalisations variées, plus ou moins parfaites, plus ou moins entachées de matière, mais conservant chacune, à sa façon, une égale orientation vers le haut. Dans les formes traditionnelles les plus complètes, le « sacré » était une lumière qui s'irradiait non seulement jusqu'au plan correspondant aujourd'hui aux professions, aux sciences et aux arts profanes, mais même jusqu'aux métiers et aux diverses formes de l'activité matérielle. En vertu des correspondances analogiques existant entre les différents plans, les sciences, les activités et les capacités d'ordre inférieur pouvaient être traditionnellement considérées comme des symboles de celles qui leur étaient supérieures ; elles pouvaient donc servir à pressentir le sens renfermé dans ces dernières, parce que ce sens était déjà présent en elles, bien que sous une forme, pour ainsi dire, potentielle[311].

Dans le domaine de la connaissance, cette correspondance présupposait toutefois un système de sciences fondamentalement différentes, par leurs prémisses et leur méthode, des sciences modernes. À chaque science profane moderne a correspondu, dans le monde de la Tradition, une science « sacrée », ayant un caractère organico-qualitatif et considérant la nature

---

[311] R. GUENON, La crise du monde moderne, cit., pp. 108-115.

comme un tout, selon une hiérarchie des niveaux de réalité et des formes d'expérience, dont l'expérience liée aux sens physiques n'est qu'une manifestation particulière. Et c'est précisément ce qui rendait possible, dans presque toutes les branches, le système de transpositions et de participations symbolico-rituelles dont nous venons de parler. Tel était déjà le cas pour la cosmologie en général et pour les disciplines qui s'y rattachaient : par exemple l'ancienne alchimie fut tout autre chose qu'une chimie à l'état infantile et l'ancienne science des astres ne fut pas du tout - comme on le pense aujourd'hui - une divinisation superstitieuse des corps célestes et de leurs mouvements, mais une connaissance de ces corps, ordonnée de façon à pouvoir être, en même temps, une science de réalités purement spirituelles et métaphysiques, exprimée sous une forme symbolique. Le monde de la Tradition connut, pareillement, une physiologie dont certaines parties se sont d'ailleurs conservées en Orient (par exemple les connaissances d'anatomie et de physiologie que supposent l'acupuncture chinoise, le *jiu-jitsu* japonais, ainsi que certains aspects du *hatha-yoga* hindou), physiologie dans laquelle l'étude de l'aspect matériel de l'organisme humain ne constituait qu'un chapitre particulier, s'insérant dans la science générale des correspondances entre le macrocosme et le microcosme, entre le monde humain et le monde élémentaire. C'est de cette conception que procédait, en tant que « science sacrée » également, la médecine ancienne, qui, si elle considérait la « santé » comme un symbole de la « vertu », voyait à son tour dans la vertu comme une forme supérieure de santé et, par l'amphibologie du terme σότηρ dans celui qui « sauve « comme l'image même, sur un plan supérieur, de celui qui « guérit ».

Le développement du côté physique et pratique de la connaissance, dans ces sciences traditionnelles, paraît évidemment limité, si l'on prend les sciences modernes comme terme de comparaison. Il faut en voir la cause dans une juste et saine hiérarchie des intérêts de l'homme traditionnel, en ce sens que celui-ci ne donnait pas à la connaissance de la réalité extérieure et physique plus d'importance qu'elle n'en méritait ni qu'il n'était nécessaire[312].

---

[312] C'est très pertinemment qu'O. SPANN (*Religionsphilosophie*, Wien 1948, p. 44) qualifie le savoir moderne de « science de ce qui n'est pas digne d'être connu ».

L'élément qui comptait le plus dans une science était l'élément *anagogique*, à savoir le pouvoir de « conduire en haut », virtuellement présent dans toute connaissance relative à un domaine quelconque de la réalité. C'est précisément cet élément qui fait totalement défaut dans les sciences profanes modernes. En fait, celles-ci peuvent agir et ont effectivement agi dans un sens exactement opposé : la conception du monde dont elles partent et sur laquelle elles se fondent est de nature à influer sur l'intériorité humaine dans un sens dissolvant et négatif : elle est capable d'attirer vers le bas[313].

Nous nous limiterons, sur ce point, à ces brèves indications. Pour en revenir à notre sujet, des considérations analogues à celles qui précèdent peuvent s'appliquer au domaine des arts, qu'il s'agisse des arts proprement dits ou des activités professionnelles et artisanales. En ce qui concerne les premiers ce fut seulement durant les périodes de décadence que le monde de la Tradition connut cette émancipation de l'élément purement « esthétique », subjectif et humain, qui caractérise les arts modernes. Dans les arts figuratifs, certains vestiges préhistoriques - tels que ceux de la civilisation de Cromagnon et du renne - montrent l'inséparabilité de l'élément naturaliste et de l'intention magico-symbolique, et une dimension analogue se retrouve aussi dans des civilisations ultérieures plus développées. Au « théâtre » correspondirent les représentations des « mystères » et les « drames sacrés », en partie aussi les jeux de l'antiquité classique, sur lesquels nous reviendrons. La poésie antique eut d'étroites relations avec la prophétie et l'inspiration sacrée, et le vers avec l'incantation (que l'on songe au sens antique du mot *carmen*). En matière de littérature, l'élément symbolique et initiatique, plus ou moins caché, procédant d'une intention consciente ou d'influences infraconscientes qui se greffaient sur la spontanéité créatrice de certains individus ou de certains groupes, modela non seulement le mythe, la légende, la saga et la fable traditionnels, mais aussi les récits épiques, la littérature chevaleresque et même la littérature érotique, jusqu'au Moyen Age européen y compris, comme nous avons déjà eu l'occasion de l'indiquer. Et c'est également vrai de la musique, de la danse et du rythme. Lucien rapporte que

---

[313] Au sujet des illusions que certains se font aujourd'hui à propos de la science ultra-moderne, cf. J. EVOLA, *Chevaucher le Tigre*, Paris, 1964, cit., pp. 160, sqq.

les danseurs, assimilés à des prêtres, avaient connaissance des « mystères sacrés des Égyptiens »[314] ; de même, la science des *mudrâ*, des gestes symbolico-magiques, qui tient une place si importante dans le rite et dans l'ascèse hindoue, pénètre aussi la danse, la mimique, la pantomime de cette civilisation et de ses ramifications. Ici encore, on se trouve devant les expressions différentes d'une intention unique : « un temple unique, sculpté dans une forêt de temples ».

Quant aux activités proprement professionnelles et artisanales, on peut citer, à titre d'exemple caractéristique, l'art de construire, dont on connaît les transpositions morales dans les Évangiles eux-mêmes, mais qui s'est prêté aussi à des interprétations supérieures de caractère initiatique. Dans la tradition égyptienne antique, la construction apparaît déjà comme art royal, au point que le roi en personne accomplissait, symboliquement, les premiers actes de la construction des temples dans l'esprit d'« une oeuvre éternelle »[315]. Non seulement on est souvent perplexe, aujourd'hui, lorsqu'on cherche à comprendre comment l'antiquité est arrivée dans ce domaine à des réalisations impliquant, selon l'avis des experts, des connaissances supérieures de mathématique et de technique du type moderne, mais on ne peut douter que des traces d'une science sacerdotale transparaissent, jusqu'au Moyen Age gothique, dans l'orientation, la disposition et d'autres aspects des constructions antiques, des temples notamment, et ensuite des cathédrales. Le symbolisme de l'art du bâtiment établit des liens analogues entre le « petit art », d'un côté, et le « Grand Art » et le « Grand Œuvre » de l'autre, à l'intérieur d'associations secrètes qui furent, à l'origine, en relation directe avec les corporations professionnelles correspondantes. Dans une certaine mesure, on peut en dire autant de l'art des forgerons, de l'art du tissage, dé l'art de la navigation et de l'agriculture ; rappelons à propos de l'art agricole, que si l'Égypte connut le rite de la construction royale, l'Extrême-Orient

---

[314] LUCIEN, *De la Danse*, LIX. On peut remarquer que la « danse des sept voiles », ôtés jusqu'à la nudité complète de la femme, reprend sur son plan un schéma initiatique précis. Cf. J. EVOLA, *Métaphysique du Sexe*, cit., p. 181.
[315] Cf. MORET, *Royaut. Phar.*, cit., pp. 132, sqq.

connut celui du labourage royal[316] et que c'est par une transposition symbolique de l'art agricole que l'on considère l'homme lui-même comme un champ à cultiver, et comme cultivateur du champ, au sens éminent, l'adepte[317]. La terminologie propre à la dégradation intellectualiste et bourgeoise, en a gardé l'écho dans l'origine même du terme moderne de « culture ».

Les arts antiques étaient d'ailleurs traditionnellement « consacrés « à un dieu ou à un héros particulier, toujours pour des raisons d'analogie, afin d'évoquer la possibilité qu'ils comportaient de réaliser « rituellement «, c'est-à-dire en tant que symbole d'une action ou d'une signification transcendante, toutes les variétés de l'action matérielle.

En réalité, dans le régime des castes, non seulement chaque profession et chaque métier correspondaient à une vocation (d'où le double sens conservé dans le mot anglais *calling*)[318] ; non seulement on voyait dans tout objet produit comme une « tradition cristallisée « mise en oeuvre par une activité libre et personnelle et une incomparable habileté ; non seulement les dispositions développées par l'exercice d'un métier, enregistrées par l'organisme, se transmettaient avec le sang sous forme d'aptitudes innées et profondes - mais il y avait aussi la transmission, sinon d'une initiation proprement dite, du moins d'une *tradition interne* de l'art, gardée comme une chose sacrée et secrète - *arcanum magisterium* - bien qu'elle se trahît par les nombreux détails et les nombreuses règles, riches d'éléments symboliques et religieux, qui caractérisaient les productions artisanales traditionnelles - orientales, mexicaines, arabes, romanes, médiévales et autres[319].

---

[316] Cf. Li-Ki, IV, 1, 13 ; XVII, III, 20.

[317] Cf. EVOLA, *Trad. hermet.*, cit., I § 22.

[318] Dans le langage spécial du « Compagnonnage » où se conservèrent en dernier lieu, ces traditions, le mot « vocation » est toujours employé au sens de « métier » : au lieu de demander à quelqu'un quel était son métier, on lui demandait quelle était sa *vocation*.

[319] BOUGLE, *Rég. des Cast.*, cit., pp. 43, 47, 226 ; DE CASTRO, *Frat. Segr.*, cit., pp. 370, sqq. Les « traités « médiévaux qui nous sont parvenus parlent fréquemment de pratiques mystérieuses qui se rattachaient à l'oeuvre de construction ; diverses légendes ont trait à

L'introduction aux secrets d'un art n'avait rien de commun avec l'enseignement empirique ou rationalisé des modernes. Même dans ce domaine on attribuait à certaines connaissances une origine non humaine, ainsi que l'attestent, sous une forme symbolique, les traditions relatives aux dieux, démons ou héros - Baldr, Hermès, Vulcain, Prométhée, etc... - qui auraient, à l'origine, initié les hommes à l'un des arts. Il est significatif, d'autre part, que le dieu des *Collegia Fabrorum* à Rome, fut Janus, qui était en même temps un dieu de l'initiation. On peut faire rentrer dans le même contexte les mystérieuses confréries de forgerons qui, venus d'Orient en Europe, y auraient apporté une nouvelle civilisation, fait qu'on trouve presque toujours, dans les lieux où surgirent les plus anciens temples d'Héra, de Cypris, d'Aphrodite-Vénus, d'Héraclès-Hercule et d'Enée, des traces archéologiques du travail du cuivre et du bronze - et le fait, enfin, que les Mystères orphiques et dionysiaques utilisèrent des thèmes tirés de l'art de la filature et du tissage[320]. Ces conceptions reçurent leur plus haute consécration pratique dans les cas, fréquents surtout en Extrême-Orient, où l'obtention de la maîtrise effective d'un art déterminé eut la valeur d'un symbole, d'un reflet, d'un signe, fut considérée comme la contrepartie et la conséquence d'un accomplissement d'une réalisation intérieure parallèle.

Il est à noter que même là où le régime des castes n'eut pas ce caractère de rigueur et de précision qu'il connut dans l'Inde aryenne, par exemple, on aboutit spontanément à quelque chose de semblable, même en ce qui concerne les activités inférieures. Tel est le cas des anciennes *corporations* ou confréries astisanales que l'on retrouve presque partout dans le monde traditionnel, y compris le Mexique. A Rome, elles remontaient aux temps préhistoriques et reproduisaient, sur leur plan, la constitution propre à la *gens* et à la famille patricienne. Le lien et l'ordre qui découlaient, dans les castes supérieures, de la tradition aristocratique du sang et du rite, sont remplacés

---

des maîtres de l'art tués pour avoir manqué au serment du secret. Cf. F. DE CASTRO, *Frat. Segr.*, cit., pp. 275-6.

[320] Cf. P. PERALI, *La logica del lavoro nell'antichità*, Genova, 1933, pp. 18, 28. On peut aussi rappeler le rôle que joua dans la maçonnerie l'énigmatique figure de Tubalcaïn, qui se rattache à l'art du travail des métaux.

ici par ceux qui découlent de l'art et de l'activité commune. Le *collegium* et la corporation n'étaient pas dépourvus pour autant d'un caractère religieux et d'une constitution de type viril et quasi militaire. À Sparte, c'était le culte d'un « héros » qui servait de lien idéal entre les membres d'une profession, même de type inférieur[321]. A l'instar de chaque cité et de chaque *gens*, toute corporation - constituée originellement par des hommes libres -avait, à Rome, son démon ou lieu lare ; un temps lui était consacré et elle pratiquait un culte commun des défunts qui créait une unité dans la vie et dans la mort ; elle avait ses rites sacrificiels que le *magister* accomplissait pour la communauté des *soldes* ou *collegae*, et celle-ci, grâce à des fêtes, des agapes et des jeux, conférait un caractère mystique à certains événements ou à certains anniversaires. Le fait que l'anniversaire du *collegium* ou corporation - *natalis collegi* - se confondait avec celui de son dieu tutélaire - *natalis dei* - et celui de l'« inauguration » ou consécration du temple - *natalis templi* - démontre qu'aux yeux des *sodales* l'élément sacré jouait un rôle central, était la source de la vie intérieure de la corporation[322].

La corporation romaine nous fournit un exemple de l'aspect viril et organique qui accompagne souvent l'élément sacré dans les institutions vraiment traditionnelles ; hiérarchiquement constituée, *ad exemplum reipublicae*, elle était animée d'un esprit militaire. L'ensemble des *sodales* s'appelait *populus* ou *ordo* et, de même que l'armée et le peuple, était réparti, dans les assemblées solennelles, en centuries et décuries. Chaque centurie avait son chef, ou centurion, et un lieutenant, *optio*, comme dans les légions. Distincts des maîtres, les autres membres portaient le nom de *plebs* et *corporati*, mais aussi de *caligati* ou *milites caligati* comme les simples soldats. Et le *magister* était non seulement le maître de l'art, le prêtre de la

---

[321] HERODOTE, VI, 60.

[322] Cf. J.P. WALTZING, *Les corporations professionnelles chez les Romains*, Louvain, 1895, v. 1, pp. 62, 196, 208, sqq., 231, 256. Selon la tradition, Numa, en instituant les collèges, aurait voulu que « chaque métier célébrât le culte divin qui lui convenait > (PLUTARQUE, *Numa*, XVII, sqq.). En Inde aussi à chacun des métiers que se partageaient les castes inférieures, correspondait souvent un culte spécial rendu à des patrons divins ou légendaires. (Cf. SENART, *Les castes dans l'Inde*, cit., p. 70). Il en fut de même en Grèce, chez les peuples nordiques, chez les Aztèques, dans l'Islam, etc...

corporation, auprès de son « feu », mais il était aussi l'administrateur de la justice et le gardien des coutumes du groupe[323].

Les communautés professionnelles médiévales, surtout dans les pays germaniques, présentèrent des caractères analogues : en même temps que la communauté de l'art, ce fut un élément éthico-religieux qui servit de ciment aux guides et aux *Zünften*. Dans ces organisations corporatives, les membres étaient unis « pour la vie », *(manque un mot)* en un rite commun, plutôt qu'en fonction d'intérêts économiques et de buts exclusivement orientés vers la production ; et toutes les formes de l'existence quotidienne se trouvaient pénétrées par les effets de cette intime solidarité qui s'emparait de l'homme tout entier et pas seulement de son aspect particulier d'artisan. De même que les collèges professionnels romains avaient leur dieu lare ou démon, les guildes allemandes, constituées elles aussi comme des images en réduction de la cité, avaient non seulement leur « saint protecteur » ou leur « patron », mais aussi leur autel, leur culte funéraire commun, leurs enseignes symboliques, leurs commémorations rituelles, leurs règles éthiques et leurs chefs - *Vollgenossen* - appelés aussi bien à diriger l'exercice du métier qu'à faire respecter les normes générales et les devoirs des membres de la corporation. Pour être admis dans les guildes, il fallait un nom sans tache et une naissance honorable : on écartait les hommes qui n'étaient pas libres et parfois ceux qui appartenaient à des races étrangères[324]. Ces associations professionnelles se caractérisaient par le sens de l'honneur, la pureté et l'impersonnalité dans le travail, qualités assez voisines des principes aryens de la *bhakti* et du *nishkâma-karma* : chacun s'occupait silencieusement de son propre travail, en faisant abstraction de sa personne, mais en demeurant actif et libre - et c'était là un aspect du grand anonymat propre au Moyen Age, de même qu'à toute autre grande civilisation traditionnelle. En outre, on se tenait à l'écart de tout ce qui pouvait engendrer une concurrence illicite ou un monopole et de tout ce qui, d'une façon ou d'une autre, risquait d'altérer, par des considérations économiques, la pureté de l'« art » :

---

[323] WALTZING, *Op. cit.*, *v. I*, pp. 257, sqq.
[324] O. GIERKE. *Rechtsgeschichte der deutschen Genossenschaften, cit.*, v. I, pp. 220, 226, 228, 362-5, 284.

l'honneur de la guilde et l'orgueil qu'inspirait son activité constituaient les bases solides, immatérielles de ces organisations[325] qui, tout en n'étant pas institutionnellement héréditaires, en fait le devenaient souvent, démontrant ainsi la force et le caractère naturel du principe générateur des castes[326].

Ainsi se reflétait, même dans l'ordre des activités inférieures liées à la matière et aux conditions matérielles de la vie, le mode d'être d'une action purifiée et libre, ayant sa *fides*, son âme vivante, qui la libérait des liens de l'égoïsme et de l'intérêt vulgaire. En outre, une liaison naturelle, organique, s'établissait dans les corporations, entre la caste des *vaiçya* - qui en termes modernes, équivaudrait aux employeurs - et la caste des *çûdra*, qui correspondrait à la classe ouvrière. L'esprit de solidarité presque militaire, sentie et voulue, qui, dans une entreprise commune, faisait apparaître le *vaiçya* comme le chef et le *çûdra* comme le simple soldat, excluait l'antithèse marxiste entre le capital et le travail, entre employeurs et employés. Chacun accomplissait sa fonction, gardait sa juste place. Dans les guildes allemandes surtout, à la fidélité de l'inférieur correspondait l'orgueil que tirait le supérieur d'un personnel zélé dans l'accomplissement de sa tâche. Ici encore, l'anarchie des « droits » et des « revendications » n'apparaît que lorsque l'orientation spirituelle intime décline, quand se substitue, à l'action accomplie pour elle-même, la poussée des intérêts matériels et individualistes, la fièvre multiforme et vaine engendrée par l'esprit moderne et par une civilisation qui a fait de l'économie un « démon » et un destin.

D'autre part, quand la force intime d'une *fides* cesse d'être présente, chaque activité en arrive à se définir selon son aspect purement matériel et à la diversité des voies unies par une égale dignité, se substitue une différenciation réelle selon le type d'activité. C'est ce qui explique le caractère

---

[325] GIERKE, Op. *cit.*, *v. I*, pp. 262-5, 390-1.

[326] À Rome, les collèges professionnels devinrent héréditaires au cours du IIIe siècle ap. J.C. Chaque membre transmit dès lors à ses héritiers, avec le sang, sa profession et ses biens, conditionnés par l'exercice de cette profession. Cf. WALTZING, Op. *cit.*, v. II, pp. 4-5, 260-265. Mais cela fut réalisé par voie d'autorité, au moyen de lois centralisatrices imposées par l'État romain, et l'on ne peut donc pas dire que les castes, ainsi constituées, aient été vraiment conformes à l'esprit traditionnel.

de formes intermédiaires que revêtent certaines organisations sociales, celle par exemple, à laquelle se rattache *l'esclavage* antique. Pour paradoxal que cela puisse paraître aux yeux de certains, dans le cadre des civilisations où l'esclavage fut le plus largement pratiqué, c'était le travail qui définissait la condition d'esclave et non vice versa. C'est-à-dire que lorsque l'activité ne fut pas régie, dans les couches les plus basses de la hiérarchie sociale, par une signification spirituelle, quand au lieu d'une *action* il y eut seulement un *travail*, le critère matériel ne pouvait manquer de prendre le dessus et ces activités, parce que liées à la matière et rattachées aux besognes matérielles de la vie, apparaître comme dégradantes et indignes d'un homme libre. Le « travail » - πόνος - ne pouvait être, en conséquence qu'une affaire d'esclave, presque une punition - et réciproquement on ne pouvait envisager pour un esclave d'autre *dharma* que le travail. *Le monde antique ne méprisa pas le travail parce qu'il connut l'esclavage et parce que c'étaient les esclaves qui travaillaient, mais c'est au contraire parce qu'il méprisa le travail qu'il méprisa l'esclave* ; parce que celui qui « travaille » ne peut être qu'un esclave, ce monde voulut des esclaves et distingua, constitua et établit en une classe sociale fermée la masse de ceux dont le mode d'existence ne pouvait s'exprimer que par le travail[327]. Au travail comme πόνος, peine obscure liée aux besoins de la chair, s'opposait *l'action* : l'un pôle matériel, pesant, animal - l'autre, pôle spirituel libre, détaché du besoin, des possibilités humaines. Chez les hommes libres et chez les esclaves, au fond, on ne trouve donc que la cristallisation sociale des deux manières de vivre une action - selon sa matière ou bien rituellement - dont nous avons déjà parlé : il ne faut pas chercher ailleurs la base - reflétant à coup sûr certaines valeurs traditionnelles - du mépris du travail et de la conception hiérarchique propres aux constitutions de type intermédiaire dont il est ici question et que l'on trouve surtout dans le monde classique, où ce furent l'activité spéculative, l'ascèse, la contemplation - le

---

[327] ARISTOTE (Pol., I, iv, sqq.) fondait l'esclavage sur le postulat qu'il y a des hommes aptes seulement au travail physique et qui doivent donc être dominés et dirigés par les autres. Selon lui, ce rapport était celui du « barbare » en face de l'« Hellène ». De même, la caste hindoue des çûdra, (les serfs) correspondit à l'origine à la race noire aborigène - ou « race ennemie » dominée par les ârya - à laquelle on ne reconnaissait pas de possibilité meilleure que celle de servir les castes des « deux fois nés ».

« jeu » parfois, et la guerre - qui exprimèrent le pôle de l'action en face du pôle servile du travail.

Esotériquement, les limites imposées par l'état d'esclavage aux possibilités de l'individu qui vient à naître dans cet état, correspondent à un « destin » déterminé, dont cette naissance doit être considérée comme la conséquence. Sur le plan des transpositions mythologiques, la tradition hébraïque n'est pas très éloignée d'une semblable conception, lorsqu'elle considère le travail comme la conséquence de la « chute » d'Adam et, en même temps, comme l'« expiation » de cette faute transcendantale dans l'état humain d'existence. Quand le catholicisme cherche, sur cette base, à faire du travail un instrument de purification, cela correspond en partie à la notion de l'offrande rituelle de l'action conforme à la nature de chaque être (ici : à la nature d'un « déchu » selon cet aspect de la vision hébraïco-chrétienne de la vie), offrande conçue comme voie de libération.

Dans l'antiquité, c'étaient souvent les vaincus qui devaient assumer les fonctions des esclaves. Est-ce pur matérialisme de coutumes barbares ? Oui et non. Encore une fois, qu'on n'oublie pas cette vérité dont le monde de la Tradition était imprégné : rien n'arrive ici-bas, qui ne soit un symbole et un effet concordant d'événements spirituels - entre l'esprit et la réalité (et donc aussi la puissance) il y a une intime relation. Comme conséquence particulière de cette vérité, nous avons déjà indiqué que la victoire ou la défaite ne furent jamais considérées comme un pur hasard. La victoire, traditionnellement, impliqua toujours une signification supérieure. Parmi les populations sauvages subsiste encore, et avec un relief particulier, l'idée antique que le malheureux est toujours un coupable[328] : les dénouements de chaque lutte, et donc aussi de chaque guerre, sont toujours des signes mystiques, des résultats, pour ainsi dire, d'un « jugement divin », capables de révéler, ou de réaliser, un destin humain. Partant de là, on peut, si l'on veut, aller plus loin, et voir une convergence transcendantale de sens entre la notion du « vaincu » et la notion hébraïque du « coupable », dont nous venons de parler, l'un et l'autre promis à un destin auquel convient le *dharma*

---

[328] Cf. LEVY-BRUHL, *La mentalité primitive*, cit., pp. 316-331.

de l'esclave, le travail. Cette convergence résulte aussi de ce que la « faute » d'Adam peut se rapporter à la *défaite* subie par lui dans une aventure symbolique (tentative de s'emparer du fruit de l'« Arbre ») qui aurait pu avoir aussi un dénouement victorieux. Il existe en effet des mythes où la conquête des fruits de l'« Arbre », ou de choses symboliquement équivalentes (par exemple la « femme », la « toison d'or », etc...) réussit à d'autres héros (par exemple Héraclès, Jason, Siegfried) et les conduit, non pas à la malédiction, comme dans le mythe hébraïco-chrétien, mais à l'immortalité ou à la sagesse transcendante[329].

Le monde moderne, s'il a dénoncé l'« injustice « du régime des castes, a stigmatisé davantage encore les civilisations antiques qui connurent l'esclavage, et a considéré comme un mérite des temps nouveaux d'avoir affirmé le principe de la « dignité humaine ». Mais il ne s'agit, là encore, que de pure rhétorique. On oublie que les Européens eux-mêmes réintroduisirent et maintinrent jusqu'au XIXe siècle, dans les territoires d'outre-mer, une forme d'esclavage souvent odieuse, que le monde antique ne connut presque jamais[330]. Ce qu'il faut plutôt mettre en relief, c'est que si jamais une civilisation pratiqua l'esclavage sur une grande échelle, c'est bien la civilisation moderne. Aucune civilisation traditionnelle ne vit jamais des masses aussi nombreuses condamnées à un travail obscur, sans âme, automatique, à un esclavage qui n'a même pas pour contrepartie la haute stature et la réalité tangible de figures de seigneurs et de dominateurs, mais se trouve imposé d'une façon apparemment anodine par la tyrannie du facteur économique et les structures absurdes d'une société plus ou moins collectivisée. Et du fait que la vision moderne de la vie, dans son matérialisme, a enlevé à l'individu toute possibilité d'introduire dans son destin un élément

---

[329] Cf. EVOLA, *La Tradition hermétique*, cit., Introd.

[330] Il faut noter, du reste, qu'en Amérique la vraie misère des Noirs commença quand ils furent libérés et se trouvèrent dans la situation de prolétaires sans racines au sein d'une société industrialisée. Comme « esclaves », sous un régime paternaliste, ils jouissaient en général d'une bien plus grande sécurité économique et d'une plus grande protection. C'est pourquoi d'aucuns estiment que la condition des travailleurs blancs « libres », en Europe, fut, à l'époque, pire que la leur. (Cf. par ex. R. BASTIDE, *Les religions africaines* au Brésil, passim.

de transfiguration, d'y voir un signe et un symbole, l'esclavage d'aujourd'hui est le plus lugubre et le plus désespéré de tous ceux que l'on ait jamais connus. Il n'est donc pas surprenant que les forces obscures de la subversion mondiale aient trouvé dans les masses des esclaves modernes un instrument docile et obtus, adapté à la poursuite de leurs buts : là où elles ont déjà triomphé, dans les immenses « camps de travail », on voit pratiquer méthodiquement, sataniquement, l'asservissement physique et moral de l'homme en vue de la collectivisation et du déracinement de toutes les valeurs de la personnalité.

Pour terminer, nous ajouterons à nos considérations antérieures sur le travail envisagé en tant qu'art, dans le monde de la Tradition, quelques brèves indications sur la qualité organique et fonctionnelle des objets produits. Grâce à cette qualité constante, le beau n'apparaissait pas comme quelque chose de séparé, ou de limité à une catégorie privilégiée d'objets artistiques, et rien ne présentait un caractère purement utilitaire et mercantile. Tout objet avait une beauté propre et une valeur qualitative, de même qu'il avait sa fonction en tant qu'objet utile. Alors que d'un côté se vérifiait ici « le prodige de l'unification des contraires », - « la plus absolue soumission à la règle consacrée, dans laquelle semblerait devoir mourir, étouffé, tout élan personnel, se conciliant avec la plus franche manifestation de la spiritualité, ainsi durement comprimée, en une authentique création personnelle », d'un autre côté on a pu justement dire : « Tout objet ne porte certes pas l'empreinte d'une personnalité artistique individuelle, comme c'est le cas aujourd'hui pour les « objets d'art », mais révèle cependant un goût choral qui fait de l'objet une des innombrables expressions similaires tout en lui imprimant le sceau d'une authenticité spirituelle qui empêche de l'appeler une copie[331]. De tels produits attestaient une unique personnalité stylistique dont l'activité créatrice se développait durant des siècles entiers ; même quand on connaît un nom, réel, ou bien fictif et symbolique, cela apparaît sans importance : l'anonymat ne disparaît pas[332], un anonymat à caractère non pas sub-personnel mais suprapersonnel. Tel était le terrain sur lequel pouvaient naître et proliférer, dans tous les domaines de la vie, des créations

---

[331] G. VILLA, *La filosofa del mito secundo G. B. Vico*, Milano, 1949, pp. 98-99.
[332] *Cf. Ibid.*, p. 102.

artisanales aussi éloignées de la triste « utilitarité » plébéienne que la beauté « artistique » extrinsèque et afonctionnelle - scission qui reflète le caractère inorganique de la civilisation moderne.

16

BIPARTITION DE L'ESPRIT TRADITIONNEL - L'ASCÈSE

Après avoir expliqué la signification des castes, il nous faut parler d'une voie qui se situe, en quelque sorte, au-dessus des castes et répond à un élan vers la réalisation directe de la transcendance, selon des normes analogues à celles de la haute initiation, mais en dehors des structures spécifiques et rigoureuses de cette dernière. Tandis que le *paria* est le « sous-caste », le « déchu », celui qui s'est soustrait à la « forme » parce qu'il était impuissant en face d'elle, et se trouve contraint, de ce fait, de retourner dans le monde d'« en bas », - l'ascète est au contraire le « sur-caste », celui qui se sépare de la forme parce qu'il renonce au centre illusoire de l'individualité humaine et tend vers le principe d'où chaque « forme » procède, non à travers la fidélité à sa propre nature et la participation hiérarchique, mais à travers une action directe. Ainsi, dans l'Inde aryenne, la répulsion de toutes les castes pour le paria n'avait d'égal que la vénération générale qu'inspirait le « sur-caste », à qui - selon une image bouddhiste on ne doit pas demander davantage d'obéir à un *dharma* humain, que l'homme qui cherche à faire du feu ne doit se préoccuper de l'espèce de bois susceptible, en brûlant, de produire d'égale manière la flamme et la lumière.

L'« ascèse » se situe donc en un lieu idéal intermédiaire entre le plan de la supériorité directe, olympienne, royale et initiatique et celui du rite et du *dharma*. Elle présente en outre deux aspects qu'on peut considérer comme ceux de l'esprit traditionnel en général : le premier est *l'action*, en tant qu'action « héroïque » ; le second est *l'ascèse* proprement dite, se rapportant surtout à la voie de la *contemplation*. En dehors des structures traditionnelles complètes, se sont développées des civilisations plus ou moins orientées vers l'un ou l'autre de ces deux pôles. Et l'on verra, le moment venu, le rôle qu'ont joué ces deux orientations dans le dynamisme des forces historiques, même sur un plan où intervient le facteur ethnique et racial.

Pour saisir l'esprit d'une tradition ascétique à l'état pur, il faut faire abstraction de tout ce qui s'est trouvé associé dans le monde de la religiosité occidentale moderne, au terme même d'« ascèse ». L'action et la connaissance sont deux facultés fondamentales de l'homme : une intégration est possible, qui supprime, dans leurs domaines respectifs, la limite humaine. L'ascèse de la contemplation consiste dans l'intégration de la vertu connaissante obtenue par le détachement de la réalité sensible, la neutralisation des facultés individuelles de raisonnement, le dépouillement progressif du noyau de la conscience, qui se « déconditionnalise », se soustrait à la limitation et à la nécessité de toute détermination, réelle ou virtuelle. Toutes les scories et toutes les obstructions étant ainsi éliminées - *opus remotionis* -, la participation au supramonde se réalise sous forme de visions ou d'illuminations. Sommet de l'approche ascétique, ce point représente en même temps le début d'une montée vraiment constante, progressive et réalisatrice, des états de l'être supérieurs à la condition humaine. L'universel comme connaissance et la connaissance comme libération, tels sont les idéaux essentiels de la vie ascétique.

Le détachement ascétique propre à la vie contemplative implique le « renoncement ». Il convient, à ce propos, de prévenir l'équivoque que peuvent faire naître certaines formes inférieures d'ascèse, en précisant le sens différent que l'on attribue au renoncement, d'une part dans la haute ascèse antique et orientale, et, d'autre part, dans de nombreuses formes de l'ascèse religieuse, l'ascèse chrétienne en particulier. Dans le deuxième cas, le renoncement a souvent présenté le caractère d'une inhibition et d'une « mortification » ; ce n'est pas parce qu'il ne désire plus, mais c'est pour se « mortifier » et se « soustraire à la tentation » que l'ascète chrétien se détache des objets du désir. Dans le premier cas, le renoncement procède au contraire d'un dégoût naturel pour les objets qui, habituellement attirent et provoquent le désir ; il procède, en d'autres termes, du fait que l'on se sent directement désirer - ou, pour mieux dire, vouloir - quelque chose que le monde de l'existence conditionnée ne peut donner. C'est donc une noblesse naturelle du désir qui conduit au renoncement et non une intervention extérieure tendant à freiner, à mortifier et à inhiber la faculté de désir d'une nature vulgaire. Du reste, l'élément affectif, même dans ses formes les plus nobles et les plus pures, n'intervient que dans les premiers stades de la haute ascèse. Il est consumé ensuite par le feu intellectuel et par la splendeur aride de la contemplation pure.

On peut citer comme exemple typique d'ascèse contemplative le bouddhisme des origines, non seulement parce qu'il est dépourvu d'éléments « religieux » et organisé en un pur système de techniques, mais aussi en raison de l'esprit dont il est pénétré, esprit fort éloigné

de tout ce qu'évoque, aujourd'hui, le terme d'ascétisme. Pour ce qui est du premier point, on sait que le bouddhisme ne connaît pas de « dieux « au sens religieux du mot : les dieux lui apparaissent comme des puissances qui ont elles-mêmes besoin de la libération, si bien que l'« Éveillé » n'est pas seulement supérieur aux hommes, mais l'est aussi aux dieux. L'ascète, comme il est dit dans le canon, se libère non seulement du lien humain, mais même du lien divin. En second lieu, des normes morales n'apparaissent dans les formes originelles du bouddhisme qu'à titre d'instruments au service de la réalisation objective d'états supra-individuels. Tout ce qui appartient au monde de la « croyance », la « foi », et se relie à l'affectivité, est écarté. Le principe fondamental de la méthode est la « connaissance » ; faire de la connaissance de la non-identité du Soi avec n'importe quoi d'« autre » - cet « autre « serait-il même le tout ou le monde de Brahmâ (le dieu théiste) - un feu qui détruit progressivement toutes les identifications irrationnelles avec ce qui est conditionné. Le point d'aboutissement, outre sa désignation négative (nirvâna - cessation de l'agitation), s'exprime, conformément à la voie, en termes de « connaissance », *bhodi*, qui est connaissance au sens éminent, illumination supra-rationnelle, connaissance qui libère, comme lors d'un « éveil » après le sommeil, un évanouissement, une hallucination. Il nous paraît superflu de faire remarquer que cela n'équivaut en aucune façon à la disparition de la force, à quelque chose de comparable à une dissolution.

Dissoudre des liens n'est pas dissoudre, mais libérer. L'image de celui qui, libre de tout joug, soit divin, soit humain, est suprêmement autonome et peut aller où il veut, revient très fréquemment dans le canon bouddhiste et s'accompagne de toutes sortes de symboles virils et guerriers, ainsi que de constantes et explicites références, non pas au non-être, mais à quelque chose de supérieur aussi bien à l'être qu'au non-être. Le Bouddha, comme on le sait, appartenait à une souche antique de la noblesse guerrière aryenne et sa doctrine - qui se présente comme la « doctrine des nobles, inaccessible au vulgaire » - est extrêmement éloignée de toute évasion mystique, et pénétrée au contraire d'un sentiment de supériorité, de clarté et d'« indomptabilité » spirituelle. « Libre », « connaissant », « superbe », « souverain » dont « ni les dieux, ni les esprits, ni les hommes ne connaissent la voie », le « sommet, le héros, le grand prophète victorieux, l'impassible, le Seigneur de la renaissance », tels sont, dans les textes originels, les qualificatifs de l'Éveillé »[333]. Le renoncement bouddhique est du type viril et aristocratique : dicté par la force, il n'est pas imposé par le besoin mais voulu pour dominer le besoin et réintégrer une vie parfaite. Que les modernes, qui connaissent seulement cette vie mêlée à la non-vie et présentant, dans son agitation, l'irrationalité d'une vraie « manie », ne puissent penser qu'au néant quand ils entendent parler, à propos de l'état de l'« Éveillé », de nirvâna, c'est-à-dire d'une extinction de la manie, identique à un « plus que vivre », à une « super-vie » - cela est fort compréhensible : pour un maniaque, parle de non-manie (*nir-vâna*) ne peut signifier que non-vie, que néant. Il est donc naturel que l'esprit moderne ait depuis longtemps relégué les valeurs de toute ascèse pure parmi les choses « dépassées ».

Comme exemple occidental d'ascèse contemplative pure, on peut citer en premier lieu le néoplatonisme. C'est Plotin qui a formulé, en ces termes, un aspect fondamental de toute ascèse aristocratique : « Ce n'est pas moi qui dois aller vers les dieux, ce sont les dieux qui doivent venir à moi »[334]. C'est lui qui a résolument franchi les frontières de la morale courante avec la

---

[333] Cf. p. ex. *Majjhimanikâjo*, IV, 9 ; X, 8 et, d'une façon générale, notre ouvrage « *La doctrine de l'Eveil* » (*Essai* sur l'ascèse bouddhique), cit.
[334] Dans PORPHYRE, *Vita Plot.*, 10.

maxime : « c'est aux dieux qu'il faut se rendre semblable et non aux hommes de bien - le but ne consiste pas à être exempt de toute faute, mais à devenir un dieu »[335]. C'est lui qui a reconnu dans la simplification intérieure - ἁπλώσις- une méthode en vue de devenir absolument soi-même dans une simplicité métaphysique d'où jaillit la vision[336] et à travers laquelle - « comme un centre qui s'unit à un centre « - s'accomplit la participation à cette réalité intelligible en face de laquelle toute autre réalité doit être considérée comme « plus non-vie que vie »[337], les impressions sensibles apparaissent comme des images de songe[338], le monde des corps comme le lieu de l'« impuissance absolue », « de l'incapacité d'être »[339].

Un autre exemple du même ordre nous est fourni par la mystique allemande, qui a su atteindre, par-delà le théisme chrétien, des sommets métaphysiques. A l' ἁπλώσις plotinienne, et à la destruction de l'élément « devenir », ou élément samsârique, destruction considérée par le bouddhisme comme condition de « l'éveil », correspond l'« *Entwerdung* » de Tauler. La conception aristocratique de l'ascèse contemplative se retrouve dans la doctrine de Maître Eckhart. Comme Bouddha, Eckhart s'adresse à l'homme noble et à l'« âme noble »[340] dont la dignité métaphysique est attestée par la présence en elle d'une « fermeté », d'une « lumière » et d'un « feu » - d'un élément en face duquel la divinité elle-même, théistiquement conçue comme « personne », devient quelque chose d'extérieur[341]. La méthode est essentiellement celle du détachement - *Abgeschiedenheit* - vertu qui, pour Eckart, est plus haute que l'amour, la charité, l'humilité ou la compassion[342]. Le principe de la « centralité spirituelle » est affirmé : le vrai Moi est Dieu, Dieu est notre vrai centre et nous sommes seulement extérieurs

---

[335] PLOTIN, *Ennéades*, I, ii, 7 ; I, ii, 6.

[336] *Ibid.*, I, vi, 9, V, iii, 7 ; V. v. 7.

[337] *Ibid.*, I, IV, 3 ; VI, IX, 10.

[338] *Ibid.*, III, VI, 6.

[339] *Ibid.*, VI, III, 8 ; IX, 8.

[340] MEISTER ECKHART, *Schriften und Predigten*, ed. Bûttner, Iéna, 1923, vol. II, pp. 89, sqq.

[341] *Ibid.*, v. II, pp. 127-128.

[342] *Ibid.*, v. I, pp. 57, sqq. Cf. TAULER, *Inst. div.* c. XXXVIII.

par rapport à nous-mêmes. Ni l'espérance, ni la peur, ni l'angoisse, ni la joie ou la douleur, « aucune chose qui puisse nous faire sortir de nous-mêmes », ne doit pénétrer en nous[343]. L'action déterminée par le désir, son objet fût-il le royaume des cieux, la béatitude et la vie éternelle, doit être repoussée[344]. La voie procède de l'extérieur vers l'intérieur, au-delà de tout ce qui est « image », au-delà des choses et de ce qui a la qualité de chose (*Dingheit*), au-delà des formes et de la qualité de la forme (*Förmlichkeit*), au-delà des essences et de l'essentialité. C'est de l'extinction progressive de toute image et de toute forme, puis de la pensée, du vouloir et du savoir, que naît une connaissance transformée, portée au-delà de la forme (*überformt*) et surnaturelle. On atteint ainsi un sommet par rapport auquel « Dieu » lui-même (toujours envisagé selon la conception théiste), apparaît comme quelque chose de transitoire, par rapport à cette racine transcendante et « non créée » du Soi, dont la négation aurait pour conséquence que « Dieu » n'existerait pas non plus[345]. Toutes les images propres à la conscience religieuse sont dévorées par une réalité qui est une possession absolue et nue et qui, dans sa simplicité, ne peut pas ne pas avoir, pour tout être fini, un caractère effrayant. De nouveau apparaît le symbole solaire : en face de cette substance dénudée et absolue, « Dieu » apparaît *comme la lune en face du soleil* : le rayonnement de cette réalité fait pâlir la lumière divine, comme celui du soleil la lumière de la lune[346].

Après ces brèves indications sur le sens de l'ascèse contemplative, il convient de dire quelques mots au sujet de *l'autre voie*, la voie de *l'action*. Tandis que dans l'ascèse contemplative il s'agit surtout d'un processus intérieur, au premier plan duquel se trouve le thème du détachement et l'orientation directe vers la transcendance, dans le second cas il s'agit d'un processus immanent, tendant à éveiller les forces les plus profondes de l'entité humaine et à les amener à se dépasser elles-mêmes, à obtenir que, dans une

---

[343] *Ibid.*, v. I, pp. 138, 128, sqq.
[344] *Ibid.*, v. I, p. 127.
[345] *Ibid.*, v. I, pp. 78-79, 81. Brahmâ présente aussi le même caractère de caducité en face de l'Éveillé, dans le *Majjhimanikâyo*, V, 9.
[346] MEISTER ECKHARDT, ed. Pfeiffer (Deutsche Mystiker, 1857), p. 50.

intensité-limite, le sommet de la vie supérieure se dépasse dans le « plus que vie ». Telle est la vie héroïque selon le sens *sacré* qu'elle eut souvent dans l'antiquité traditionnelle d'Orient et d'Occident. La nature d'une telle réalisation comporte simultanément un aspect extérieur et un aspect intérieur, un aspect visible et un aspect invisible, alors que l'ascèse contemplative pure peut se situer entièrement dans un domaine unique, qui n'est relié au monde extérieur par rien que l'on puisse déterminer. Quand les deux pôles de l'approche ascétique ne se sont pas séparés en devenant, l'un ou l'autre, la « dominante » d'un type distinct et particulier de civilisation, mais quand ils sont au contraire présents tous deux et solidaires, on peut dire que l'élément ascétique alimente invisiblement les forces de « centralité » et de « stabilité » d'un organisme traditionnel, alors que l'élément héroïque se rapporte davantage au dynamisme, à la force animatrice de ses structures.

À propos de la voie de l'action, nous parlerons d'abord de la doctrine de la *guerre sainte*, puis des *jeux*. Si nous nous proposons de développer quelque peu ce sujet, c'est en raison de l'intérêt particulier qu'il peut avoir pour l'homme occidental, davantage porté, par nature, à l'action qu'à la contemplation.

17

LA GRANDE ET LA PETITE GUERRE SAINTE

Toute réalité, dans la vision traditionnelle du monde, étant un symbole, et toute action un rite, cela ne pouvait pas ne pas être vrai aussi de la *guerre*. C'est ainsi que, traditionnellement, la guerre put revêtir un caractère sacré, et la « guerre sainte » se confondre avec la « voie de Dieu ».

Cette conception se retrouve, sous une forme plus ou moins explicite, dans de nombreuses traditions : un aspect religieux et une intention transcendante s'unirent fréquemment aux entreprises sanglantes et conquérantes de l'humanité traditionnelle.

Livius rapporte que les guerriers samnites présentaient l'aspect d'initiés[347] et l'on peut constater, comme un écho affaibli de cette conception, l'existence, chez les populations sauvages, d'initiations guerrières et de certains mélanges entre l'élément guerrier et l'élément magique. Dans l'ancien Mexique, pour obtenir le grade de capitaine - *tecuhtli* - il fallait subir victorieusement de dures épreuves de type initiatique et, jusqu'à une époque récente, l'âme de la noblesse japonaise des Samouraï s'inspira des doctrines et de l'ascèse du Zen, forme ésotérique du bouddhisme.

Dans l'antiquité, la vision du monde et le mythe favorisaient déjà par eux-mêmes, en raison de la fréquence du thème de l'antagonisme, l'intégration spirituelle de l'idée de combat. Nous avons déjà parlé de la

---

[347] TITE-LIVE, IX, 44, 9 : « *Sacratos more Saminitium milites eoque candida veste et paribus candore armis insignes* « Cf. X, 38, 2 : « *Ritu quodam sacramenti vetusta velut initiatis militibus.* »

conception irano-aryenne ; mais dans l'ancien monde hellénique, lui aussi, vit souvent dans la lutte matérielle le reflet de la lutte cosmique éternelle entre l'élément ourano-olympien et spirituel du cosmos et l'élément titanique, démonico-féminin, et l'élémentarité déchaînée du chaos. Cette interprétation apparut surtout là où la guerre s'associa à l'idée d'Empire, en raison de la signification transcendante qui, nous l'avons vu, s'attachait à cette idée et la transformait en une idée-force d'une particulière intensité. C'est ainsi qu'on appliqua encore à un Frédéric Ier Hohenstaufen, dans sa lutte pour la défense du droit impérial, le symbolisme de la lutte d'Héraclès, le héros allié aux forces olympiennes.

Ce sont des conceptions spéciales relatives aux destins post-mortem qui donnent la clef des significations intérieures de l'ascèse guerrière. Pour les races aztèques et *nahua*, la plus haute résidence d'immortalité - la « Maisons du Soleil » ou d'Uitzilopochtli -était réservée, non seulement aux souverains, mais aussi aux héros ; on ne concevait en général, pour les autres, qu'une lente extinction dans une résidence analogue à l'Hadès hellénique[348]. On connaît aussi la conception nordico-aryenne du Wallhalla, résidence d'immortalité céleste destinée - en plus des nobles, des hommes libres de race divine - aux héros tombés sur le champ de bataille. Cette résidence, qui, comme Glitnirbjorg, la « montagne resplendissante », ou Hminbjorg, la « montagne céleste », la très haute montagne divine au sommet de laquelle brille, au-delà des nuages, une clarté éternelle, se relie au symbolisme de l'« altitude « et se confond souvent avec le mont Asgard lui-même, résidence des Ases située dans la « Terre du Milieu » (Midgard). Le Seigneur de cette résidence est Odin-Wotan, le dieu nordique de la guerre et de la victoire, le roi qui, dans une version du mythe[349], aurait montré aux héros, par son propre sacrifice, la voie qui conduit au séjour divin où l'on vit éternellement et où ils se transformeront en ses « fils ». Ainsi, pour les Nordico-Aryens, aucun sacrifice ou culte n'était plus agréable au dieu suprême ni plus riche en fruits surnaturels, que celui que célèbre le héros en tombant sur le champ de bataille. « De la déclaration de guerre jusqu'à la victoire sanglante, l'élément

---

[348] Cf. REVILLE, *Relig. du Mexique, cit., pp. 188-9*.
[349] *Ynglingasaga*, X.

religieux pénétrait les phalanges germaniques et transportait aussi l'individu »[350]. Mais il y a plus : on trouve, dans ces traditions, l'idée qu'avec la mort héroïque le guerrier passe du plan de la guerre matérielle terrestre à celui d'une lutte de caractère universel et transcendant. Les forces des héros alimenteraient ce qu'on appelait le Wildes Heer, la troupe tempétueuse dont Odin est le chef, qui s'élance du sommet du mont Walhalla, puis y revient et s'y repose. Mais, dans les formes supérieures de cette tradition, la troupe des héros recueillis par les Walkyries pour Odin sur les champs de bataille, avec laquelle se confond finalement le Wildes Heer, est la phalange dont le dieu a besoin pour combattre contre le *ragna rökkr*, le destin « d'obscurcissement » du divin (cf. le *kali-yuga* ou « âge sombre » de la tradition hindoue) qui pèse sur le monde depuis des âges lointains[351], étant précisé que « quel que soit le nombre des héros rassemblés dans le Walhalla, ils seront toujours peu nombreux quand viendra le loup »[352].

Telle est la conception générale de l'intégration de la guerre dans la « guerre sainte ». Voici maintenant quelques points de vue plus spéciaux, propres à d'autres traditions.

Dans la tradition islamique on distingue deux guerres saintes : la « grande guerre sainte » - *el jihâdul akbar* - et la « petite guerre sainte » - *el jihâdul-açghar* - conformément à une parole du Prophète qui, de retour d'une expédition guerrière, déclara : « Nous voici revenus de la petite guerre à la grande guerre sainte. » La « grande guerre sainte » est d'ordre intérieur et spirituel ; l'autre est la guerre matérielle, celle qui se livre à l'extérieur contre un peuple ennemi, en vue notamment d'inclure les peuples « infidèles » dans

---

[350] W. GOLTHER, *Germanische Mythologie*, cit., pp. 554, 303, 325, sqq. 332.
[351] Cf. GOLTHER, *Op. cit.*, *pp. 289-290, 294, 359*. Le terme ragna-rökkr se trouve dans le *Lokasenna*, 39, et signifie littéralement « crépuscule des dieux ». Plus habituelle (cf. *Vôluspâ, 44*) est l'expression ragna-rök, qui a le sens d'un destin tendant vers sa fin (cf. *ibid.*, p. 537). La conception nordique du Wildes Heer correspond, dans une certaine mesure, à la conception iranienne de Mithra, le « guerrier sans sommeil « qui, à la tête des Fravashi, partie transcendantale de ses fidèles, combat contre les ennemis de la religion aryenne (cf. Yaçna, X, 10).
[352] *Gylfaginning*, 38. Pour le sens du « Loup », cl. 2° partie, chap. 7.

l'espace régi par la « loi de Dieu », *dar al-islâm*.

La « grande guerre sainte » est toutefois à la « petite guerre sainte » ce que l'âme est au corps, et il est fondamental, pour comprendre l'ascèse héroïque ou « voie de l'action », de comprendre la situation où les deux choses se confondent, la « petite guerre sainte » devenant le moyen par lequel se réalise une « grande guerre sainte » et, vice versa, la « petite guerre sainte » - la guerre extérieure - devenant presque une action rituelle qui exprime et atteste la réalité de la première. En effet, l'Islam orthodoxe ne conçut à l'origine qu'une seule forme d'ascèse : celle qui se relie précisément au *jihad*, à la « guerre sainte ».

La « grande guerre sainte » est la lutte de l'homme contre les ennemis qu'il porte en soi. Plus exactement, c'est la lutte du principe le plus élevé chez l'homme contre tout ce qu'il y a de simplement humain en lui, contre sa nature inférieure, contre ce qui est impulsion désordonnée et attachement matériel[353]. Ceci est dit en termes explicites dans le livre de la sagesse guerrière aryenne, la *Bhagavadgîtâ* : « En réalisant ce qui se trouve au-delà du mental, en te renforçant toi-même par toi-même, tue l'ennemi sous la forme du désir difficile à vaincre ». C'est sous la forme[354] de convoitise et d'instinct animal, de multiplicité désordonnée, de limitation anxieuse du Moi fictif, de peur, de faiblesse et d'incertitude, que l'« ennemi » qui résiste, l'« infidèle » en nous,

---

[353] R. GUENON, *Le Symbolisme de* la *Croix*, cit., p. 71. Se référant à la *Bhagavad-gîtâ*, texte rédigé sous forme de dialogue entre le guerrier Arjûna et le dieu Krshna, Guénon écrit : « Krishna et Arjûna, qui représentent le « Soi » et le « moi « ou la « personnalité « et l'« individualité », *Atmâ* inconditionné et *jîvâtmâ*, sont montés sur un même char qui est le « véhicule « de l'être envisagé dans son état de manifestation ; et tandis qu'Arjûna combat, Krishna conduit le char sans combattre, c'est-à-dire sans être lui-même engagé dans l'action. D'autres symboles ayant la même signification se trouvent dans plusieurs textes des *Upanishads* : les « deux oiseaux qui sont entrés dans la caverne »... El Hallâj dit dans le même sens : « Nous sommes deux esprits conjoints dans un même corps. « Dans la tradition templière - également de spiritualité guerrière - le sceau bien connu représentant un « cheval de bataille monté par deux cavaliers le heaume en tête et la pique à la main, entouré de la légende : « *Sigillum militum Christi* » (L. CIBRARIO, *Descr. stor. ord. Cavall.*, V. II, p. 121) peut très probablement s'interpréter selon le même symbolisme.
[354] *Bhagavad-gîtâ*, III, 45.

doit être abattu et réduit en esclavage : telle est la condition de la libération intérieure, de la renaissance en cette unité profonde avec soi-même qui, dans les traditions occidentales de *l'Ars Regia*, est également exprimée par le symbolisme des « deux ennemis qui deviennent une seule chose », ainsi que par la « paix », au sens ésotérique et triomphal, dont nous avons déjà parlé.

Dans le monde de l'ascèse guerrière traditionnelle, la « petite guerre sainte », c'est-à-dire la guerre extérieure, s'ajoute ou se trouve même prescrite comme voie pour réaliser cette « grande guerre sainte », et c'est pourquoi, dans l'Islam, « guerre sainte » - *jihad* - et « voie d'Allah » sont souvent employées comme synonymes. Dans cet ordre d'idée, l'action a rigoureusement la fonction et la fin d'un rite sacrificiel et purificateur. Les aspects extérieurs de l'aventure guerrière provoquent l'apparition de l'« ennemi intérieur » qui, sous forme d'instinct animal de conservation, de peur, d'inertie, de pitié ou de passion, se révolte et oppose une résistance que le guerrier doit vaincre, lorsqu'il descend sur le champ de bataille pour combattre et vaincre l'ennemi extérieur ou le « barbare ».

Naturellement, tout cela présuppose l'orientation spirituelle la « juste direction » - *niyyah* - vers les états supra-individuels de l'être, symbolisés par le « ciel », le « paradis », les « jardins d'Allah », et ainsi de suite ; autrement, la guerre perd son caractère sacré et se dégrade en une aventure sauvage où l'exaltation se substitue à l'héroïsme vrai et où dominent les impulsions déchaînées de l'animal humain.

Ainsi, il est écrit dans le *Coran* : « Ils combattent sur le chemin de Dieu [c'est-à-dire dans la guerre sainte - *jihad* -]ceux qui sacrifient la vie terrestre à la vie future : car à celui qui combattra sur le chemin de Dieu et sera tué ou bien victorieux, Nous donnerons une grande récompense »[355]. Les règles prescrites : « Combattez sur le chemin de Dieu ceux qui vous feront la guerre » - « Tuez-les partout où vous les trouverez et chassez-les » - « Ne vous montrez pas faibles, [ne] proposez [pas] la paix » - « Quand vous rencontrerez ceux qui ne croient pas, abattez-les jusqu'à ce vous en fassiez un

---

[355] *Coran, IV, 76.*

grand carnage, [en traînant] ensuite [les autres] dans des fers solides »[356] - tout cela présuppose que « la vie terrestre n'est qu'un jeu et un divertissement » et que « celui qui se montre avare, ne se montre avare qu'envers lui-même »[357], maxime qu'il faut interpréter de la même manière que la maxime évangélique : « Celui qui veut sauver sa vie la perdra, mais celui qui la donnera la rendra vraiment vivante. » Un autre passage du Coran le confirme : « O vous qui croyez, quand on vous a dit : partez en campagne pour la guerre sainte - qu'avez-vous à rester stupidement cloués sur place ? Préférez-vous la vie de ce monde à la vie future ? » - « Attendez-vous de Nous autre chose que les deux choses suprêmes [la victoire ou le sacrifice] ? »[358].

Cet autre passage est important aussi : « La guerre vous a été prescrite, bien qu'elle vous déplaise. Mais quelque chose peut vous déplaire, qui est un bien pour vous et ce qui est un mal pour vous peut vous plaire : Dieu sait, tandis que vous, vous ne savez pas. » Il faut le rapprocher de cet autre : « Ils préférèrent se trouver parmi ceux qui restèrent : une marque est gravée dans leurs coeurs si bien qu'ils *ne comprennent pas*... Mais le Prophète et ceux qui croient avec lui combattent avec ce qu'ils ont et avec leurs personnes mêmes : ce sont eux qui recevront - et ce sont eux qui prospéreront » - « Dieu a préparé pour eux les jardins sous lesquels coulent des fleuves et où ils resteront éternellement : telle est la grande félicité » [359]. Ce lieu de « réconfort » - le paradis - sert de symbole à des états supra-individuels de l'être, dont la réalisation n'est pourtant pas nécessairement retardée jusqu'après la mort, comme dans le cas auquel se réfère au contraire particulièrement ce passage : « La réalisation de ceux qui sont tués sur la voie de Dieu ne sera pas perdue : [Dieu] les dirigera et préparera leur âme. Il les fera ensuite entrer dans le paradis qu'il leur a révélé »[360]. Dans ce cas, où il s'agit d'une véritable mort sur le champ de bataille, on a donc l'équivalent de

---

[356] *Coran, II, 186 ; II, 187 ; XLVII, 37 ; XLVII, 4.*
[357] *Coran, XLVII, 38 ; XLVIII, 40.*
[358] *Coran, IX, 38 ; IX, 52.*
[359] *Coran, II, 212 ; IX, 88-89 ; IX, 90.*
[360] *Coran, XLVII, 5-6-7.* Tel est l'équivalent de la *videha-mukti*, c'est-à-dire de la libération obtenue après la mort, qui s'oppose, dans la tradition hindoue, à la *jivan-mukti*, libération pendant la vie.

la *mors triumphalis* dont on parle dans les traditions classiques : celui qui, dans la « petite guerre », a vécu la « grande guerre sainte », a éveillé une force qui lui fera surmonter la crise de la mort et, après l'avoir libéré de « l'ennemi » et de l'« infidèle », le fera échapper au destin de l'Hadès. C'est pourquoi l'on verra, dans l'antiquité classique, l'espérance du défunt et la piété des parents placer souvent sur les urnes funéraires des images de héros et de vainqueurs. Mais, même pendant la vie, on peut avoir traversé la mort et avoir vaincu, on peut avoir atteint ce qui est au-delà de la vie et être monté au « royaume céleste ».

À la formulation islamique de la doctrine héroïque, correspond celle de la *Bhagavad-gîtâ*, déjà citée, où les mêmes significations se retrouvent à un état plus pur. Et il n'est pas sans intérêt de remarquer que la doctrine de la libération par l'action pure, exposée dans ce texte, est déclarée d'origine *solaire* et aurait été directement communiquée par le fondateur du cycle actuel, non aux prêtres ou *brahmâna*, mais à des dynasties de rois sacrés[361].

La piété qui empêche le guerrier Arjûna[362] de descendre dans le champ de bataille pour lutter contre les ennemis, parce qu'il reconnaît parmi eux ses parents et ses maîtres, est qualifiée dans la *Bhagavad-gîtâ* de « lâcheté indigne d'un homme bien né, ignominieuse, qui *éloigne du ciel* »[363]. La promesse est la même : « Tué, tu gagneras le paradis ; victorieux, tu posséderas la terre : lève-toi donc, résolu à combattre »[364]. L'orientation intérieure, ou « direction » - la *nyyah* islamique - capable de transformer la « petite guerre » en « grande guerre sainte », est clairement exprimée : « En me dédiant toutes tes oeuvres - dit le dieu Krshna - ton esprit fixé dans l'état suprême du Moi,

---

[361] *Bhagavad-gîtâ*, IV, 1-2.
[362] Arjûna a aussi le titre de Gudâkesha, qui veut dire : « Seigneur du sommeil ». Il ne s'agit donc que d'une figuration guerrière du type de l'« Éveillé ». En effet, Arjûna est aussi celui qui gravit la « montagne » (l'Himâlaya) pour pratiquer l'ascèse et obtenir des dons divins. Dans la tradition iranienne, l'attribut « Sans sommeil « fut appliqué principalement au dieu de lumière, Ahura-Mazda (cf. *Vendîdad, XIX, 20*) et par la suite à Mithra également (*Yaçna, X, 10*).
[363] *Bhagavad-gîtâ*, II, 2.
[364] Ibid., II, 37.

libre de toute idée de possession, libre de toute fièvre, combat »[365]. C'est en termes non moins clairs que l'on parle de la *pureté* de cette action, qui doit être voulue pour elle-même : « En considérant comme égaux le plaisir et la douleur, le gain et la perte, la victoire et la défaite, prépare-toi à la bataille : ainsi tu ne commettras pas de faute »[366] c'est-à-dire : tu ne dévieras en rien de la direction surnaturelle en accomplissant ton *dharma* de guerrier[367].

La relation entre la guerre et la « voie de Dieu « est affirmée, elle aussi, dans la *Bhagavad-gîtâ*, qui en souligne l'aspect métaphysique : le guerrier reproduit, d'une certaine manière, la transcendance de la divinité. L'enseignement de Krshna à Arijûna concerne avant tout la distinction entre ce qui, en tant qu'être pur, est impérissable, et ce qui, en tant qu'élément humain et esclave de la nature, n'a qu'une apparence d'existence : « IL n'y a pas [de possibilité] d'existence pour l'irréel ni [de possibilité] de non-existence pour le réel : ceux qui savent, perçoivent la vérité respective de l'un et de l'autre... Sache que ce qui pénètre tout est indestructible. Celui qui le considère comme ce qui tue et celui qui le considère comme ce qui est tué, sont également ignorants : cela ne tue pas ni n'est tué. Cela n'est pas tué quand le corps est tué. Ces corps de l'esprit éternel, indestructible, illimité, sont périssables : donc lève-toi et combats » ![368]

À la conscience de l'irréalité de ce que l'on peut perdre ou faire perdre en tant que vie caduque et corps mortel – conscience à laquelle correspond la définition islamique de l'existence terrestre comme jeu et comme jouet - s'unit ensuite la connaissance de cet aspect du divin selon lequel il est la force

---

[365] Ibid., III, 30.

[366] Ibid., II, 38. Dans la tradition extrême-orientale également on parle du courage viril, qui consiste à « regarder d'un oeil égal la défaite et la victoire », et de son aspect le plus noble, supérieur à toute « impétuosité du sang », quand, « me repliant sur moi-même et trouvant un coeur pur, j'avance sans peur, eussé-je même mille ou dix mille hommes devant moi » (MENG-TSEU, III, 2).

[367] Cf. *Mânavadharmaçâstra*, V, 98 : « Celui qui meurt d'un coup d'épée en combattant, en accomplissant son devoir de kshatriya, accomplit, dans l'acte même, le sacrifice le plus méritoire et sa purification a lieu à l'instant » ; VII, 89 : « Les rois qui, dans la bataille, combattent avec un grand courage et sans tourner la tête, vont directement au ciel. »

[368] *Bhagavad-gîtâ*, II, 16, 17, 19, 20, 18.

absolue, devant laquelle toute existence conditionnée apparaît comme une négation : une force qui se déroule donc, pour ainsi dire, et fulgure en une terrible théophanie dans la destruction, dans l'acte qui « nie la négation », dans le tourbillon qui emporte chaque vie pour l'anéantir - ou pour la faire resurgir en haut, trans-humanisée.

Ainsi, pour libérer Arjûna du doute et du « tendre lien de l'âme », le Dieu ne déclare pas seulement : « Je suis la force exempte de désir et de passion - je suis l'éclat du feu, je suis la vie chez toutes les créatures et l'austérité chez les ascètes. Je suis l'intelligence des sages et la gloire des victorieux » [369] - mais à la fin, abandonnant tout aspect personnel, il se manifeste dans la « terrible et merveilleuse forme qui fait trembler les trois mondes », « haute comme les cieux, rayonnante, multicolore, avec une bouche béante et de grands yeux flamboyants » [370]. Les êtres finis - comme des lampes sous une lumière trop intense, comme des circuits sous l'effet d'un potentiel trop élevé - cèdent, se rompent, trépassent, parce que, dans leur sein, brûle une puissance qui transcende leur forme, qui veut quelque chose d'infiniment plus vaste que tout ce qu'ils peuvent vouloir en tant qu'individus. C'est pourquoi les êtres finis « deviennent », se transmuant et passant du manifesté dans le non-manifesté, du corporel dans l'incorporel. C'est sur cette base que se définit la force capable de produire la réalisation héroïque. Les valeurs se retournent : la mort devient un témoignage de vie, la puissance destructrice du temps rend manifeste l'indomptable nature cachée dans ce qui est assujetti au temps et à la mort. D'où le sens de ces paroles d'Arjûna, à l'instant où il a la vision de la divinité comme pure transcendance : « De même que les papillons se précipitent avec une vitesse

---

[369] *Bhagavad-gîtâ, VII, 11, 9, 10.*

[370] *Ibid., XI, 19, 20* ; *XI, 24.* Tel est l'aspect Çiva du divin, parfois représenté dans sa « puissance » ou « épouse », Kâli ou Çakti, qui, selon la doctrine ésotérique, « dort » - c'est-à-dire est latente - dans la profondeur de chaque être. Indra est une figuration presque équivalente de la divinité invoquée par les guerriers qui se préparent au combat (cf. *Rg-Veda, 11, 12*) : Indra est le dieu du jour et du ciel lumineux et, par cela même, le destructeur des ténèbres (*Rg-Veda, IV, 50*) dieu des batailles, il a pour « épouse » la même Çakti qu'il transporte avec lui (Ibid., *V, 38*), mais en apparaissant toutefois comme celui qui est « plus fort que la force « (VI, 18).

croissante dans la flamme brûlante pour y trouver leur destruction, de même les vivants se précipitent avec une vitesse croissante dans Tes bouches pour y trouver leur destruction. De même que les innombrables cours d'eau ne coulent directement que vers l'océan, de même ces héros du monde mortel entrent dans Tes bouches brûlantes » [371]. Et Krshna : « Je suis le temps pleinement manifesté, destructeur des mondes, occupé à dissoudre des mondes. Même sans ton intervention, ces guerriers alignés les uns en face des autres cesseront tous de vivre. Lève-toi donc, et conquiers la gloire : vaincs les ennemis et jouis d'un royaume prospère. Tous ces guerriers sont en réalité déjà tués par moi. Toi, sois l'instrument. Combats donc sans crainte et tu vaincras l'adversaire dans la bataille » [372].

Ainsi nous retrouvons l'identification de la guerre à la « voie de Dieu ». Le guerrier évoque en soi la force transcendante de destruction, l'assume, se transfigure en elle et se libère, rompant le lien humain. La vie - un arc ; l'âme - un dard ; la cible à transpercer - l'Esprit Suprême : s'unir à lui, comme la flèche lancée se fiche dans la cible – est-il dit dans un autre texte de la même tradition[373]. Telle est la justification métaphysique de la guerre, l'assomption de la « petite guerre » en « grande guerre sainte ». Cela permet aussi de comprendre le sens de la tradition relative à la transformation, pendant la bataille, d'un guerrier ou d'un roi en un dieu. Ramsès Merianum, selon la tradition, se transforma sur le champ de bataille en dieu Amon, en disant : « Je *suis comme Baal* en son heure » - et les ennemis, en le reconnaissant dans la mêlée s'écriaient : « Ce n'est pas un homme qui est parmi nous, c'est Soutkhou, le Grand Guerrier, c'est Baal incarné ! » [374]. Baal correspond ici au Çiva et à l'Indra védiques, tout comme au paléogermanique et solaire Tiuz-Tyr, dont l'insigne est l'épée, mais qui a aussi des rapports avec la rune Y, idéogramme de la résurrection (un « homme aux bras levés ») et avec Odin-Wotan, dont nous avons déjà parlé, le dieu des batailles et de la victoire.

---

[371] *Bhagavad-gîtâ*, XI, 29, 28.
[372] Ibid., XI, 32, 33, 34.
[373] *Mârkandeya-purâna*, XLII, 7, 8. C'est dans ce sens qu'on peut comprendre aussi la transfiguration « solaire « du héros divin Karna selon le Mahâbhârata : de son corps tombé dans la bataille fulgure une lumière qui traverse la voûte céleste et pénètre dans le « Soleil ».
[374] MORET, Royaut. Phar., cit., p. 305.

D'autre part, on ne doit pas négliger le fait qu'Indra aussi bien que Wotan sont également conçus comme des dieux de l'ordre, directeurs du cours du monde (Indra est appelé « modérateur des courants » et, en tant que dieu du jour et du ciel lumineux, a aussi des traits olympiens). Ainsi se retrouve le thème général d'une guerre qui se justifie comme un reflet de la guerre transcendante de la « forme » contre le chaos et les forces de la nature inférieure qui lui sont associées.

Nous examinerons plus loin les formes classiques de la « voie de l'action ». Pour en terminer avec la doctrine de la « guerre sainte » il nous reste à parler des *Croisades*. Le fait que les Croisades virent s'affronter des hommes qui combattaient en donnant à la guerre un sens spirituel identique, montre le lieu véritable de cette unité de l'esprit traditionnel, qui put se maintenir non seulement à travers les différences, mais même à travers les antagonismes les plus dramatiques. C'est précisément en se dressant l'un contre l'autre pour la « guerre sainte », que l'Islam et la chrétienté témoignèrent pareillement de l'unité de l'esprit traditionnel.

Déjà le cadre général des Croisades est riche d'éléments susceptibles de leur conférer un sens symbolico-rituel. La conquête de la « Terre Sainte » « au-delà de la mer » présentait en réalité beaucoup plus de rapports que l'on a supposé avec les anciennes traditions, selon lesquelles « dans le lointain Orient, où se lève le Soleil, se trouve la région heureuse des Ases avec la ville sainte d'Ayard où la mort ne règne pas, mais où les voyageurs jouissent d'une sérénité céleste et d'une vie éternelle »[375]. C'est pourquoi, dès le début, le caractère de la lutte contre l'Islam présente beaucoup de points communs avec l'ascèse[376]. « Il ne s'agissait pas de combattre pour les royaumes de la terre, mais pour le royaume du ciel ; les Croisades n'étaient pas du tout le fait des hommes, mais bien de Dieu : elles ne devaient donc pas être jugées

---

[375] Cf. B. KUGLER, *Storia delle Crociate*, tr. it., Milano, 1887, p. 21. Cette région s'y présente comme une des figurations de la symbolique région du « Centre du Monde », mais, ici, avec une interférence de thèmes de la tradition nordique, Ayard n'étant rien d'autre que l'Asgard, la région des Ases du mythe eddique, qui se confond souvent avec le Walhalla.

[376] *Ibid.*, p. 20.

comme les autres événements humains »³⁷⁷. La guerre sainte était considérée à cette époque comme une guerre toute spirituelle et, pour employer l'expression d'un chroniqueur du temps, « comme un baptême qui est presque le feu du purgatoire avant la mort ». Ceux qui mouraient dans les Croisades étaient comparés par les papes et les prédicateurs à de « l'or trois fois éprouvé et *sept fois* purifié dans le *feu* « de façon à trouver grâce auprès du Seigneur suprême³⁷⁸. « N'oubliez jamais cet oracle - écrivait Saint Bernard dans *De Laude novae Militiae*³⁷⁹. Soit que nous vivions, soit que nous mourions, nous appartenons au Seigneur. Quelle gloire pour vous de ne jamais sortir de la mêlée, sinon couverts de lauriers. Mais est-il une gloire plus grande que de gagner sur le champ de bataille une couronne immortelle... O condition fortunée, où l'on peut attendre la mort sans crainte, la désirer avec impatience et la recevoir d'une âme ferme ! « On promettait au Croisé la possession de la « gloire absolue », le « repos » dans le paradis - dans la rude langue guerrière du temps : « conquerre lit en paradis » - c'est-à-dire ce même « réconfort » surnaturel, dont parle le Coran³⁸⁰. Sous ce rapport, Jérusalem, but de la conquête des Croisés, se présentait sous le double aspect d'une cité terrestre et d'une cité céleste³⁸¹, et la Croisade devenait l'équivalent, sur le plan de la tradition héroïque, du « rite » d'un pèlerinage et de la « passion « d'une *via crucis*. D'ailleurs, les membres des Ordres qui apportèrent la plus grande contribution aux Croisades, par exemple les Chevaliers du Temple et de Saint-Jean - étaient des hommes qui, de même que le moine ou l'ascète chrétien, « avaient appris à mépriser la vanité de cette vie : dans ces Ordres se retiraient les guerriers qui étaient las du monde et qui avaient tout vu et tout goûté » ³⁸² au point d'orienter désormais leur esprit vers quelque chose de plus élevé. L'enseignement selon lequel *vita est militia super terram*, pouvait se réaliser en eux d'une façon intégrale, intérieure et extérieure. « C'est avec les prières qu'ils s'apprêtaient

---

[377] MICHAUD, *Histoire des Croisades*, cit.

[378] *Ibid.* Le lecteur comprend de lui-même la valeur des expressions soulignées.

[379] *Apud* CIBRARIO, *Descr. st. Ord. cavall.*, cit., p. 122.

[380] *Cf.* GAUTIER, *La Chevalerie*, cit., pp. 47, 99.

[381] Selon les croyances hébraïco-chrétiennes, Jérusalem est souvent considérée, d'ailleurs, comme une image de la mystérieuse Salem, dont Melchisédech est roi.

[382] *Cf.* MICHAUD, *Histoire des Croisades*, cit. p. 582.

à combattre et s'élançaient contre l'ennemi. La trompette était leurs matines ; leur cilice, leurs armures rarement ôtées ; les forteresses devinrent leurs monastères ; et les trophées pris aux infidèles leur tinrent lieu de reliques et d'images de Saints » [383]. Telle était l'ascèse qui préparait cette réalisation spirituelle, non sans rapport avec l'aspect secret de la chevalerie dont nous avons déjà parlé.

Ce furent les revers militaires subis par les Croisades, cause, tout d'abord, de surprise et de perplexité, qui servirent ensuite à les purifier de tout résidu de matérialité et à faire converger les regards de l'extérieur vers l'intérieur, du temporel vers le spirituel. En comparant le sort infortuné d'une Croisade à celui de la vertu malheureuse, qui n'est jugée et récompensée que sur le plan d'une *autre vie*, on arrivait en effet à affirmer quelque chose de supérieur aussi bien à la victoire qu'à la défaite, à concentrer toutes les valeurs sur l'aspect rituel et « sacrificiel » de l'action en soi, accomplie, indépendamment des résultats terrestres visibles, comme une offrande en vue d'obtenir de l'holocauste de l'élément humain la « gloire absolue » immortalisante.

On retrouve ainsi, dans les Croisades, des conceptions fondamentales que nous avons déjà indiquées en vous référant aux traductions qui connurent des maximes telles que : « Le paradis est à l'ombre des épées » ou encore : « Le sang des héros est plus près de Dieu que l'encre des philosophes et les prières des dévots » - et dans la conception du séjour d'immortalité comme « île des héros », ou Walhalla, « cour des héros ». On retrouve le même esprit qui animait le dualisme guerrier mazdéen et selon lequel les adeptes de Mithra assimilèrent l'exercice de leur culte à la profession des armes ; les néophytes juraient selon un serment - *sacramentum* - semblable à celui qui était requis dans l'armée, et, devenus initiés, faisaient partie de la « milice sacrée du dieu de lumière » [384].

A propos des croisades, il faut signaler, d'autre part, car elle s'y manifeste

---

[383] DI CASTRO, *Frat. segr.*, cit., p. *194*.
[384] Cf. CUMONT, *Relig. orient. dans le pagan. rom.*, cit., pp. *XV-XVI*.

avec un relief caractéristique, la réalisation de *l'universalité* et de la *supranationalité* à travers l'ascèse de l'action. Les princes et les chefs de chaque pays s'unirent dans cette entreprise unique et sacrée, par-delà tous leurs intérêts particuliers et toutes les divisions politiques, en une solidarité européenne conforme à l'idéal oecuménique du Saint Empire Romain. La force principale des Croisades fut d'ailleurs fournie par la chevalerie qui, ainsi que nous l'avons déjà relevé, était une institution supranationale, dont les membres n'avaient pas de patrie et allaient partout où ils pouvaient combattre pour ces principes auxquels ils avaient juré une fidélité inconditionnelle. Urbain II s'adressa précisément à la chevalerie comme à la communauté de ceux qui « en accourant partout où éclatait une guerre afin d'y porter la terreur de leurs armes pour la défense de l'honneur et de la justice «, devaient, à plus forte raison, entendre l'appel de la guerre sainte[385]. Il y eut donc, même de ce point de vue, une convergence entre l'extérieur et l'intérieur : la guerre sainte offrait à l'individu l'expérience de l'action désindividualisée. Mais en même temps, l'union consécutive des guerriers sur un plan supérieur à celui de la race, des intérêts nationaux, des divisions territoriales et politiques, exprimait, extérieurement aussi le dépassement du particulier, déjà propre à l'idéal du Saint Empire Romain[386]. En réalité, si l'universalité liée à l'ascèse de la pure autorité spirituelle est la condition d'une unité traditionnelle de caractère invisible, subsistant au-dessus de toute division politique dans le corps d'une civilisation unique inspirée du cosmique, de l'éternel, de ce par rapport à quoi tout ce qui est pathos et tendance des hommes disparaît, et qui, dans le domaine de l'esprit, présente les mêmes caractères de pureté et de puissance que les grandes forces de la nature : quand, à cette universalité, s'ajoute l'« universalité comme action » - alors on atteint l'idéal suprême de l'Empire, celui dont l'unité est visible en même temps qu'invisible, matérielle et politique en même temps que spirituelle. C'est précisément l'ascèse

---

[385] Cf. MICHAUD, *Histoire des Croisades*, cit., p. 581.

[386] Une forme analogue d'universalité « à travers l'action « fut, dans une large mesure, réalisée par la civilisation romaine antique. C'est surtout « à travers l'action « que les États et les cités grecques connurent aussi quelque chose de supérieur à leurs particularismes politiques, notamment à travers les jeux olympiques et l'alliance des cités helléniques contre le « barbare ». Il faut y avoir la correspondance dynamique de ce que, du point de vue traditionnel, représenta l'unité hellénique dans l'amphictyonie delphique.

héroïque, l'indomptabilité de la vocation guerrière renforcée par la direction surnaturelle, qui en est l'instrument : afin qu'à l'« extérieur », dans le corps composé de nombreux peuples organisés et unifiés par une seule grande race conquérante, se reflète analogiquement l'unité même de « l'intérieur ».

Celui qui aime les contrastes, même en ce qui concerne la guerre, n'aurait qu'à considérer ce à quoi nous a réduits la civilisation moderne. En passant par le degré, encore empreint de noblesse, du guerrier qui combat pour l'honneur et le droit de son prince, on arrive, avec le type du simple « soldat », à la disparition de tout élément transcendant, ou même simplement religieux, dans la notion de combat. Se battre pour « la voie de Dieu » est apparu comme une manifestation de fanatisme « médiéval », et comme une chose fort sainte, au contraire, de se battre pour les idéaux « patriotiques » et « nationaux » et autres mythes qui devaient pourtant, à l'époque contemporaine, jeter leur masque et apparaître comme les instruments de forces irrationnelles, matérialistes et destructives. Ainsi, on a pu s'apercevoir peu à peu que là où l'on parlait romantiquement de « patrie » on pensait souvent à des plans d'annexion ou d'oppression et aux intérêts d'une industrie monopolistique ; on a pu s'apercevoir que les discours sur l'« héroïsme » étaient prononcés surtout par ceux qui accompagnaient les autres à la gare, les autres qui partaient pour vivre la guerre comme une chose tout à fait différente, comme une crise, dont le résultat a été, presque toujours, non pas la véritable transfiguration héroïque de la personnalité, mais la régression de l'individu au plan des instincts sauvages, des « réflexes », des réactions éloignées de l'humain du fait qu'elles se situent ; non au-dessus, mais au dessous de lui[387].

---

[387] La lecture de ce que l'on appelle les « romans de guerre » de E. M. REMARQUE (surtout *Im Westen nichts Neues* et *Der Weg zurük*) est très intéressante par le contraste qu'elle fait apparaître entre l'idéalisme et la rhétorique patriotiques et les résultats réels de l'expérience de la guerre pour certaines générations centre-européennes. Des expériences analogues semblent d'ailleurs avoir été éprouvées chez d'autres peuples. C'est ainsi que, sans parler d'Henri Barbusse, un officier italien a pu écrire : « Vue de loin, la guerre peut avoir une teinte d'idéal chevaleresque pour les âmes enthousiastes et une sorte de prestige chorégraphique pour les esthètes. Il faut que les générations futures apprennent de la nôtre que rien n'est plus faux que cette fascination et qu'aucune légende n'est aussi grotesque

L'époque des nationalismes a connu un digne succédané des deux grands sommets traditionnels que sont l'universalité de l'autorité spirituelle et l'universalité héroïque : il s'agit de l'impérialisme. Alors que, même dans une société primitive, on juge répréhensible l'acte de celui qui, du seul fait qu'il les désire ou en a besoin, s'empare par la violence des biens d'autrui, un comportement de ce genre, dans les rapports entre nations modernes, a paru chose naturelle et légitime, a consacré l'idée du combat et a servi de base à l'idéal « impérialiste ». Une nation pauvre ou « sans espace » - a-t-on pensé - a absolument le droit, sinon même le devoir, de mettre la main sur les biens et sur les terres d'autres peuples. Dans certains cas, on est même arrivé à créer à dessein les conditions requises pour qu'une nation soit poussée à l'expansion et à la conquête « impérialiste ». Un exemple typique, à cet égard, a été celui de la politique démographique obéissant au mot d'ordre « le nombre est la puissance » ; un autre exemple, beaucoup plus répandu et d'un niveau encore plus bas, parce qu'il est exclusivement contrôlé par le facteur économico-financier, est celui de la surproduction. Une fois parvenus à la surproduction et à la condition de nations qui, démographiquement ou industriellement, « n'ont pas d'espace », un débouché s'impose et, là où la « guerre indirecte » et les menées diplomatiques ne suffisent pas, on passe à des actions militaires, qui ont, à nos yeux, une signification infiniment plus basse que celle que purent avoir les invasions barbares. Ce genre de bouleversement a atteint, au cours des derniers temps, des proportions mondiales, sous le couvert de la rhétorique la plus hypocrite. On a mobilisé les grandes idées d'« humanité », de « démocratie » et de « liberté des peuples », alors que, d'une part - sur le plan extérieur - on a « dépassé « l'idée

---

que celle qui attribue à la guerre une vertu quelconque, une influence quelconque sur le progrès, une éducation qui ne soit de cruauté, de révolution, d'abrutissement. Dépouillée de son attrait magique, Bellone est plus hideuse qu'Alcine, et les jeunes qui sont morts entre ses bras ont frémi d'horreur à son contact. Mais nous dûmes prendre les armes « (V. CODA, Dalla Bainsizza al Piave, Milan s.d., p. 8). Ce n'est que dans les premières oeuvres d'Ernst Jünger, inspirées par une expérience personnelle de combattant, qu'est réapparue l'idée selon laquelle ces processus peuvent changer de polarité ; que les aspects les plus destructeurs de la guerre technique moderne peuvent donner naissance à un type d'homme supérieur, au-delà de la rhétorique patriotique et « idéaliste « comme de l'humanitarisme et du défaitisme.

non seulement de « guerre sacrée », mais de guerre en général, telle que des gens d'honneur pouvaient la concevoir, et fait descendre l'idéal héroïque au niveau policier, les nouvelles « croisades »[388] n'ayant pas su trouver de meilleure bannière que celle d'une « action contre l'agresseur », et que, d'autre part, sur le plan intérieur, au-delà des fumées de cette rhétorique, la seule force déterminante a été la volonté de puissance brutale et cynique d'obscures forces capitalistes et collectivistes internationales. En même temps, la « science » a conduit à une extrême mécanisation et « technification » de l'aventure guerrière, si bien qu'aujourd'hui ce n'est pas l'homme qui combat contre l'homme, mais la machine ; à la limite, en dehors de la guerre aérienne « totale », des armes atomiques et chimiques, on a recours à des systèmes rationnels d'extermination en masse, sans lumière et inexorables, systèmes qui ne pouvaient être antérieurement conçus que pour anéantir des microbes ou des insectes. Que des millions et des millions d'hommes, arrachés en masse à des occupations et à des vocations tout à fait étrangères à celle du guerrier, soient littéralement devenus, selon le jargon technique militaire, du *matériel humain*, et meurent dans de semblables aventures - c'est bien là, assurément, une chose sainte et digne du niveau actuellement atteint par les « progrès de la civilisation ». Celui qui jugerait selon les valeurs de l'« autre rive » n'arriverait pas, dans la plupart des cas, à voir grand-chose de plus, dans le sang qui coule sur les champs de bataille modernes, que l'engrais dont la terre a besoin.

---

[388] *Crusade in Europe* est l'expression choisie par le commandant suprême des forces américaines, Eisenhower, pour désigner dans un de ses livres, l'invasion américaine de *1943-1945*. Un autre de ces chefs, MacArthur, est allé jusqu'à se gratifier lui-même du titre de chevalier du Graal dans la guerre de la civilisation capitaliste américaine contre l'Empire nippon de droit divin.

18

JEUX ET VICTOIRE

Les *jeux*, - *ludi* -, en raison du caractère sacré qu'ils revêtaient dans l'antiquité classique, représentaient d'autres formes d'expression caractéristique de la tradition de l'action.

« *Ludorum primum initium procurandis religionibus datum* » affirme Tite-Live. Il eût été dangereux de négliger les *sacra certamina*, que l'on pouvait simplifier si les caisses de l'État étaient vides, mais non pas supprimer. La consultation d'Urso oblige les duumvirs et les édiles à célébrer les jeux en l'honneur des dieux. Vitruve veut que chaque cité ait son théâtre, *deorum immortalium diebus festis ludorum spectationibus*[389] ; et le président des jeux du Grand Cirque était aussi, à l'origine, le prêtre de Cérès, de Liber et de Libera. En tout cas, les jeux furent toujours présidés, à Rome, par un représentant de la religion officielle patricienne, et des collèges sacerdotaux spéciaux (par exemple les *Salii agonali*) furent même créés pour certains jeux. Les *ludi* étaient si étroitement liés aux temples que les Empereurs chrétiens furent obligés de conserver ces derniers, car leur abolition eût entraîné celle des jeux : ceux-ci, en réalité, se prolongèrent, comme peu d'autres institutions de la Rome antique, tant que dura l'empire romain[390]. Une agape, à laquelle les démons étaient invités - *invitatione daemonum* - les clôturait, avec la signification manifeste d'un rite de participation à la force mystique qui leur était liée[391]. « *Ludi scenici... inter res divinas a doctissimis conscribuntur* »

---

[389] Références de A. PIGANIOL, *Recherches sur les jeux* romains, Strasbourg, 1923, pp. 124-137.
[390] Cf. G. BOISSIER, La fin du paganisme, Paris, 1891, v. I, pp. 95-96 ; v. II, pp. 197, sqq.
[391] DIGNE CASS, LI, 1.

rapporte saint Augustin[392].

Res divinae - tel était donc le caractère de ce que l'on peut faire correspondre au sport et à l'engouement sportif plébéien de nos jours. Dans la tradition hellénique, l'institution des jeux les plus importants fut étroitement liée à l'idée de la lutte des forces olympiques, héroïques et solaires, contre les forces naturelles et élémentaires. Les jeux pythiques de Delphes rappelaient le triomphe d'Apollon sur Python et la victoire de ce dieu hyperboréen dans sa compétition avec les autres dieux. Les jeux néméens rappelaient la victoire d'Héraclès sur le lion de Némée. Les jeux olympiques se rattachaient également à l'idée du triomphe de la race céleste sur la race titanique[393]. Héraclès, le demi-dieu allié aux Olympiens contre les géants dans les entreprises auxquelles se relie principalement son passage à l'immortalité, auraient créé les jeux olympiques[394] en prenant symboliquement dans la terre des Hyperboréens l'olivier avec lequel on couronnait les vainqueurs[395]. Ces jeux avaient un caractère rigoureusement viril. Il était absolument interdit aux femmes d'y assister. En outre, ce ne doit pas être par hasard que des nombres et des symboles sacrés apparaissaient dans les cirques romains : le *trois* - dans les *ternae summitates metarum* et dans les *tres arae trinis Diis magnis potentibus valentibus* que Tertullien[396] rapproche de la grande Triade de Samothrace ; le *cinq* dans les cinq *spatia* des circuits domitiens ; le *douze* zodiacal dans le nombre des portes par où entraient les chars, au début de l'Empire ; le *sept* dans le nombre des jeux annuels au temps de la république, dans le nombre des autels des dieux planétaires, couronnés par la pyramide du soleil du Grand Cirque[397], dans le nombre total des tours dont se composaient les courses complètes, et même dans le nombre des « neufs » et des « dauphins » ou « trions » qui se trouvaient dans chacun de ces sept

---

[392] Saint AUGUSTIN, Civ. *Dei*, *IV*, 26.
[393] Cf. PAUSANIAS, V, 7, 4 ; L. PRELLER, *Griechische Mythologie*, Berlin, 1872, v. I, p. 49.
[394] Cf. PINDARE, Ol., III, sqq. ; X, 42, sqq. ; DIODORE, IV, 14.
[395] Cf. PINDARE, Ol., III, 13 sqq. ; PLINE, *Hist. Nat.*, XVI, 240.
[396] TERTULLIEN, *De Spect.*, VIII.
[397] LIDIO, *De Mensibus*, I, 4 ; I, 12.

curricula[398]. Mais - comme l'a relevé Bachofen - l'œuf et le triton faisaient symboliquement allusion, à leur tour, à la dualité fondamentale des forces du monde : l'« oeuf » représente la matière génératrice, renfermant toute potentialité -tandis que le « triton » ou « cheval marin », consacré à Poséidon-Neptune, fréquente figuration de la vague, exprimait la puissance fécondatrice phallico-tellurique, de même que, selon une tradition rapportée par Plutarque, le courant des eaux du Nil était l'image de la force fécondatrice du mâle primordial arrosant Isis, symbole de la terre d'Égypte. Cette dualité se reflète d'ailleurs dans l'emplacement même des jeux et des *equiria* : c'est dans la vallée située entre l'Aventin et le Palatin et consacrée à Murcia - une des divinités féminines chthoniennes - que Tarquin fit construire son cirque ; et les pistes des *equiria* partaient du *courant* du Tibre et avaient pour *metae* des épées plantées dans le Champ de Mars[399].

Les symboles héroïques et virils se trouvent donc à la fin, au τέλος, alors qu'au commencement et alentour se trouve l'élément féminin et matériel de la génération : l'eau courante et le sol consacré à la divinité chthonienne.

L'action s'inscrivait ainsi dans un cadre de symboles matériels d'une signification élevée, propres à conférer une plus grande efficacité à « la méthode et à la technique magique » cachées dans les jeux[400], qui débutaient toujours par des sacrifices et furent souvent célébrés pour invoquer les forces divines dans des moments de péril national. L'élan des chevaux, le vertige de la course tendue vers la victoire par *sept* circuits, et comparée, d'autre part, à la course du soleil auquel elle était consacrée[401], évoquait à nouveau le mystère

---

[398] L. FRIEDLAENDER, *Die Spiele*, en appendice à MARQUARDT, cit., v. II, pp. 248, 283, 286-9 ; J.J. BACHOFEN, *Urreligion und antike Symbole*, Leipzig, 1926, v. I, pp. 343, 329-347. Le symbolisme indéniable des différents détails de construction des cirques romains est une des traces de la présence de connaissances < sacrées « dans l'art antique des constructeurs.

[399] Cf. BACHOFEN, Op. cit., v. I, pp. 340-342.

[400] PIGANIOL, Op. cit., p. 149 et passim.

[401] PIGANIOL, Op. cit., p. 143. Autrefois le dieu Soleil avait son temple au milieu du stade, et c'étaient surtout les courses cycliques qui étaient consacrées à ce dieu, représenté comme

du courant cosmique lancé dans le « cycle de la génération » selon la hiérarchie planétaire. Le meurtre rituel du cheval vainqueur, consacré à *Mars*, se rattache au sens général du sacrifice. Il semble que les Romains aient surtout utilisé la force ainsi libérée pour favoriser occultement la récolte, *ad frugum eventum*. Ce sacrifice peut d'ailleurs être considéré comme la réplique de *l'açvamedha* indo-aryen, qui était originellement un rite magique propitiatoire de puissance, célébré dans des occasions extraordinaires, par exemple au moment de l'entrée en guerre et après une victoire. Les deux cavaliers qui entraient dans l'arène, l'un par la porte d'orient et l'autre par la porte d'occident pour engager un combat mortel, avec les couleurs originelles des deux factions, qui étaient celles mêmes de l'oeuf cosmique orphique, le blanc symbolisant l'hiver et le rouge symbolisant l'été, ou, mieux encore, l'un la puissance tellurico-lunaire, l'autre la puissance ourano-solaire[402], évoquaient également la lutte de deux grandes forces élémentaires. Chaque poteau d'arrivée de l'arène, *meta sudans*, était considéré comme « vivant « - λίθος ἔμψυχος ; et l'autel construit pour le dieu Consus - un démon tellurique dans l'attente du sang versé dans les jeux sanglants, ou *munera* - à proximité du poteau d'arrivée, autel qui n'était découvert qu'à l'occasion des jeux, apparaissait comme le point d'irruption des forces infernales tout de même que le « putéal « étrusque auquel, visiblement, il correspond[403]. Mais, en haut, se dressaient les statues des divinités triomphales, qui évoquaient de

---

conducteur du char solaire. A Olympie, il y avait douze rangs – dodekagnamptos (cf. PINDARE, OI., 11, 50) - non sans rapport avec le soleil dans le Zodiaque, et CASSIODORE (Var. Ep., 111, 51) dit que le cirque romain représentait le cours des saisons.

[402] Cf. PIGANIOL, Op. *cit.*, *pp. 141, 136* ; BACHOFEN, *Urreligion*, cit., v. I, *p.* 474. On a remarqué avec raison que ces jeux romains correspondent à des traditions analogues de différentes autres souches aryennes. Dans la fête du *Mahâvrata*, célébrée dans l'Inde antique au solstice d'hiver, un représentant de la caste blanche et divine *ârya*, combattait contre un représentant de la caste obscure des *çûdra* pour la possession d'un objet symbolique, représentant le soleil (cf. von SCHRODER, *Arische Religion*, v. 11, p. 137 ; WEBER, *Indisch. Stud.*, v. X, p. 5). La lutte périodique de deux chevaliers, l'un sur un cheval blanc, l'autre sur un cheval noir, autour d'un arbre symbolique, sert de thème à une ancienne saga nordique (cf. GRIMM, *Deutsche Myth.*, cit. v. I I, p. 802).

[403] Cf. BACHOFEN, *Urreligion*, v. I, pp. 343, sqq. ; PIGANIOL, Op. *cit.*, *pp.* 1-14.

nouveau le principe ouranien opposé, de sorte que le cirque. d'un certain point de vue, se transformait en un concile de divinités - *daemonum concilium*[404] - dont la présence invisible était, du reste, rituellement attestée par des sièges laissés vides[405]. Ainsi, ce qui apparaissait, d'un côté, comme le déroulement de l'action athlétique ou scénique, se situait, d'un autre côté, sur le plan d'une évocation magique comportant un risque effectif dans un ordre de réalités beaucoup plus vaste que celui de la vie de ceux qui participaient aux *certamina* et dont le succès renouvelait et ranimait chez l'individu et dans la collectivité la victoire des forces ouraniennes sur les forces infernales, au point de se transformer en un principe de « fortune ». Les jeux apolliniens, par exemple, furent institués à l'occasion des guerres puniques, pour se défendre contre le péril prophétisé par l'oracle. Ils furent répétés pour conjurer une peste, après quoi ils firent l'objet de célébrations périodiques. De même, lors de la cérémonie qui préludait aux jeux, et qu'on appelait la « pompe », on portait solennellement du Capitole jusqu'au cirque, dans des chars consacrés - *tensae* - les attributs - *exuviae* - des dieux capitolins eux-mêmes, protecteurs de la romanité, et principalement les *exuviae Iovis Optimi Maximi*, qui étaient aussi les signes de la puissance royale, de la victoire et du triomphe : le foudre, le sceptre surmonté de l'aigle, la couronne d'or, comme si la puissance occulte de la souveraineté romaine elle-même devait assister aux jeux qui lui étaient consacrés - *ludi romani* - ou y participer. Le magistrat élu pour présider les jeux conduisait le cortège qui apportait les symboles divins sous l'aspect d'un *triomphateur*, entouré de sa *gens*, un esclave public lui tenant sur la fête une couronne de chêne, ornée d'or et de diamants. Du reste, il est vraisemblable qu'à l'origine, le quadrige, dans les jeux, n'était que l'attribut de Jupiter et en même temps un insigne de la royauté triomphale : un quadrige antique d'origine étrusque conservé dans un temple capitolin était considéré par les Romains comme le gage de leur prospérité future[406].

On comprend alors pourquoi l'on pensait que si les jeux étaient exécutés d'une façon non conforme à la tradition, c'était comme si un rite sacré avait

---

[404] TERTULLIEN, *De Spect.*, *VIII*.
[405] PIGANIOL, *Op. cit.*, *p. 139*.
[406] Cf. PRELLER, *Röm. Myth.*, cit. pp. 128-9, 197, sqq.

été altéré : si la représentation était troublée par un accident ou interrompue pour une raison quelconque, si les rites qui s'y reliaient avaient été violés, on y voyait une source de malheur et de malédiction et l'on devait répéter les jeux pour « apaiser » les forces divines[407]. En revanche, on connaît la légende selon laquelle le peuple qui, lors d'une attaque inopinée de l'ennemi, avait abandonné les jeux pour prendre les armes, trouva l'adversaire mis en fuite par une force surnaturelle qu'on reconnut avoir été déterminée par le rite du jeu dédié à Apollon sauveur, jeu qui, entre-temps, n'avait pas été interrompu[408]. Et si les jeux étaient souvent consacrés à des « victoires » considérées comme des personnifications de la force triomphale, leur but était, très exactement, de renouveler la vie et la présence de cette force, de l'alimenter avec de nouvelles énergies, éveillées et formées selon la même orientation. On comprend dès lors, si l'on se réfère spécifiquement aux *certamina* et aux *munera*, que le vainqueur semblât revêtu d'un caractère divin et apparût même, parfois, comme l'incarnation temporaire d'une divinité. A Olympie, au moment du triomphe, on reconnaissait précisément dans le vainqueur une incarnation du Zeus local et l'acclamation adressée au gladiateur passa même dans la liturgie chrétienne antique : εἰς αἰῶνας ἀπ'αἰῶνος[409].

En réalité, il faut tenir compte aussi de la valeur que l'événement pouvait avoir, intérieurement, pour l'individu, en dehors de la valeur rituelle et magique qu'il présentait pour la communauté. A cet égard, il faudrait répéter plus ou moins ce qui a été dit à propos de la guerre sainte : l'ivresse héroïque de la compétition et de la victoire, rituellement orientée, devenait une imitation de cet élan plus haut et plus pur, qui permet à l'initié de vaincre la mort, ou un acheminement vers lui. Ainsi s'expliquent les très fréquentes références aux luttes, aux jeux du cirque et aux figures des vainqueurs, que l'on trouve dans l'art funéraire classique : ces références fixaient analogiquement la *melior spes* du mort - étaient l'expression sensible du genre

---

[407] Cf. FRIEDLAENDER, *Op. cit.*, p. 251.
[408] MACROBE, 1, 17, 25. C'est Platon qui a dit : « La victoire qu'ils [les vainqueurs des jeux olympiques] gagnent est le salut de toute la ville » (Rép., 465 d).
[409] TERTULLIEN, *De Spect.*, XXV.

d'acte qui pouvait le mieux lui faire vaincre l'Hadès et obtenir, d'une façon conforme à la voie de l'action, la gloire d'une vie éternelle. C'est ainsi que sur toute une série de sarcophages, d'urnes et de bas-reliefs classiques, ce sont toujours les images d'une « mort triomphale « que l'on retrouve : des Victoires ailées ouvrent les portes de la région de l'au-delà, ou soutiennent le médaillon du défunt, ou le couronnement avec le *semper virens* qui ceint la tête des initiés[410]. Dans la célébration pindarique de la divinité des lutteurs triomphants, en Grèce, les Enagogues et les Promakis furent représentés comme des divinités mystiques qui conduisent les âmes à l'immortalité. Et inversement toute victoire, *Nikè*, devient, dans l'orphisme, le symbole de la victoire de l'âme sur le corps et l'on appelle « héros » celui qui a obtenu l'initiation, héros d'une lutte dramatique et sans trêve. Ce qui, dans le mythe, exprime la vie héroïque, est présenté comme modèle de la vie orphique : c'est pourquoi Héraclès, Thésée, les Dioscures, Achille, etc. sont désignés, dans les images funéraires, comme des initiés orphiques et que la troupe des initiés est appelée στρατός *militia*, et μνασίστρατος le hiérophante du mystère. La lumière, la victoire et l'initiation sont représentées ensemble, en Grèce, sur de nombreux monuments symboliques. Hélios, en tant que soleil naissant, ou Aurore, est Nikè et a un char triomphal : et Nikè est Teletè, Mystis et d'autres divinités ou d'autres personnifications de la renaissance transcendante[411]. Si l'on passe de l'aspect symbolique et ésotérique à l'aspect magique, il convient de noter que les compétitions et les danses guerrières qui étaient célébrées en Grèce à la mort des héros (et auxquelles correspondaient à Rome les jeux qui accompagnaient les funérailles des grands), avaient pour but d'éveiller une force mystique salvatrice capable de les accompagner et de les fortifier durant la crise de la mort. Et l'on rendait souvent, ensuite, un culte aux héros en répétant périodiquement les compétitions qui avaient suivi leurs funérailles[412].

Tous ces exemples peuvent être considérés comme caractéristiques de la

---

[410] Cf. PIGANIOL, *Op. cit.*, pp. 118-119 ; ROHDE, Psyché, v. 1, p. 218.

[411] BACHOFEN, *Urreligion*, v. I, pp. 171-2, 263, 474, 509 ; *Versuch über die Grabersymbolik der Alten*, Basel, 1925, *passim*.

[412] Cf. ROHDE, *Psyché*, v. I, pp. 18-20, 153.

civilisation traditionnelle envisagée selon le pôle de l'action, et non de la contemplation : de l'action comme esprit et de l'esprit comme action. En ce qui concerne la Grèce, nous avons rappelé qu'à Olympie, l'action sous forme de « jeux » remplit une fonction unificatrice par-delà les particularismes des États et des villes, semblable à celle qu'on a déjà vu se manifester sous la forme de l'action comme « guerre sainte », par exemple dans le phénomène supranational des Croisades ou, en Islam, durant la période du premier Califat.

Les éléments promettant de saisir l'aspect plus intérieur de ces traditions ne manquent pas. On a remarqué que dans l'antiquité les notions d'âme, de double ou de démon, puis de Furie ou d'Erinnye, enfin de déesse de la mort et de déesse de la victoire se confondaient souvent en une notion unique, au point de donner naissance à l'idée d'une divinité qui est en même temps une déesse des batailles et un élément transcendantal de l'âme humaine[413].

Ceci est vrai, par exemple, de la fylgja (nordique) et de la fravashi (iranienne). La fylgja, qui signifie littéralement « l'accompagnatrice », fut conçue comme une entité spirituelle résidant en chaque homme et qui peut même être vue dans certaines circonstances exceptionnelles, par exemple au moment de la mort ou d'un péril mortel. Elle se confond avec le *hugir*, qui équivaut à l'âme, mais qui est en même temps une force surnaturelle - *fylgjukema* - esprit de l'individu aussi bien que de sa souche (comme *kynfylgja*). La fylgja correspond souvent à la walkyrie, en tant qu'entité du « destin «, qui conduit l'individu à la victoire et à la mort héroïque[414]. Il en est à peu près de même pour les fravashi de l'antique tradition iranienne : ce sont de terribles déesses de la guerre, qui donnent la fortune et la victoire[415] ; tout en apparaissant aussi comme le « pouvoir interne de chaque être, celui qui le soutient et fait en sorte qu'il naisse et subsiste « et « comme l'âme permanente et divinisée du mort », en rapport avec la force mystique de la souche, comme dans la notion hindoue des *pitr* et la notion latine des

---

[413] Cf. PIGANIOL, *Op. cit.*, pp. 118-117.
[414] Cf. GOLTHER, *Germ. Myth.*, cit., pp. 98-99, 109-111.
[415] *Yasht*, XIII, 23-24, 66-67.

mânes[416].

Nous avons déjà parlé de cette sorte de vie de la vie, de puissance profonde de la vie qui se tient derrière le corps et les manifestations de la conscience finie. Il faut seulement faire observer ici que le démon, ou double, transcende chacune des formes personnelles et particulières dans lesquelles il se manifeste ; c'est pourquoi le passage brusque de l'état ordinaire de conscience individuée à celui du démon en tant que tel, signifierait généralement une crise destructrice, crise et destruction qui se vérifient effectivement avec la mort. Or, si l'on conçoit que, dans des circonstances spéciales, le double puisse, pour ainsi dire, faire irruption dans le Moi et se faire complètement sentir à lui selon sa transcendance destructrice, le sens de la première assimilation apparaît de lui-même : le double, ou démon de l'homme, s'identifie à la divinité de la mort qui se manifeste, par exemple comme walkyrie, au moment de la mort ou d'un péril mortel. Dans l'ascèse de type religieux et mystique, la « mortification », le renoncement au Moi, l'élan de la soumission à Dieu sont les moyens préférés en vue de provoquer la crise dont il vient d'être question, et de la dépasser. Mais nous savons que selon l'autre voie, le moyen d'y parvenir est l'exaltation active, l'éveil de l'élément « action » à l'état pur. Dans les formes inférieures, la *danse* fut utilisée comme une méthode sacrée destinée à attirer et à faire se manifester à travers l'extase de l'âme des divinités et des pouvoirs invisibles. C'est le thème chamanique, bachique, ménadique ou corybantique. Même à Rome, on connut des danses sacrées sacerdotales avec les Luperques et les Arvales ; le thème de l'hymne des Arvales : « Aide-nous, Mars, danse, danse ! » montre bien la relation qui existe entre la danse et la guerre, consacrée à Mars[417]. Sur la vie de l'individu, déchaînée par le rythme, se greffait une autre vie, émergence de la racine abyssale de la première, et les lares, *lares ludentes* ou

---

[416] Cf. S. DARMESTETER, *Avesta*, in *Sacred Books of the East*, Yasht, p. 179.
[417] On fait dériver habituellement de *salire ou* de *saltare* le nom d'un autre collège sacerdotal, celui des Saliens. Cf. l'expression de Djelaleddin El-Rûmi (*apud* ROHDE, v. II, p. 27) : « Celui qui connaît la force de la danse habite en Dieu, car il sait *comment est l'amour qui tue.* »

Curètes[418], les Furies et les Erinyes, les entités spirituelles sauvages dont les attributs sont presque semblables à ceux de Sagreus : « Grand-chasseur-qui-emporte-toutes-choses « en sont les dramatisations. Ce sont donc des formes d'apparition du démon dans sa redoutable et active transcendance. Au degré supérieur correspondent précisément les jeux publics comme *munera*, les jeux sacrés - et au-delà, la *guerre*. Le vertige lucide du danger et l'élan héroïque qui naissent de la lutte, de la tension pour vaincre (dans les jeux, mais surtout dans la guerre) étaient déjà considérés, on le sait, comme le siège d'une expérience analogue : il semble du reste que l'étymologie de *ludere*[419] implique l'idée de *délier*, qui est à rapprocher, ésotériquement, de la vertu que possèdent des expériences de ce genre de délivrer des liens individuels et de mettre à nu des forces plus profondes. D'où la deuxième assimilation, celle qui identifie le double et la déesse de la mort non seulement aux Furies et aux Erinyes, mais aussi aux déesses de la guerre, aux walkyries, tempétueuses vierges des batailles, qui inspirent magiquement à l'« ennemi une terreur panique - *herfjôturr* - et aux fravashi les terribles, les toutes-puissantes, qui attaquent impétueusement ».

Finalement celles-ci se transforment en figures comme la Victoire ou Nikè, en *lar victor, ou lar martis et pacis triumphalis*, lares qui étaient considérés à Rome comme les « demi-dieux qui ont fondé la cité et constitué l'Empire » [420]. Cette nouvelle transformation correspond à l'heureuse issue de ces expériences. De même que 10 double signifie le pouvoir profond qui se trouve à l'état latent par rapport à la conscience extérieure, de même que la déesse de la mort dramatise la sensation provoquée par la manifestation de ce pouvoir, principe de crise pour l'essence même du Moi fini, de même que les Furies ou les Erinyes ou les *lares ludentes* reflètent les modalités d'un de ses déchaînements particuliers et de son irruption - de même la déesse

---

[418] Cf. SAGLIO, *Dict. Ant. v. VI*, p. 947. Les Curètes, danseurs armés orgiaques - arkestères aspidephbroi, - étaient considérés comme des êtres semi-divins et des prophètes avec des pouvoirs d'initiateurs et de « nourrisseurs de l'enfant « - pandotréphoi - (cf. J.E.HARRISON, *Themis*, Cambridge, 1912, pp. 23-27) c'est-à-dire du nouveau principe qui naît à la vie à travers ces expériences.
[419] Cf. BRUGMAN, *Indogerman. Forschungen*, XVII, 433.
[420] SAGLIO, Dict. Ant., v. VI, p. 944.

Victoire et le *lar victor* expriment le triomphe que l'on remporte sur lui, le fait que « de deux on est devenu un », le passage triomphal à l'état qui se trouve au-delà du danger des extases et des dissolutions sous forme, propres à la phase frénétique et pandémique de l'action.

D'ailleurs, là où les actes de l'esprit se développent - à la différence de ce qui a lieu dans le domaine de l'ascèse contemplative - dans le corps d'actions et des faits réels, un parallélisme peut s'établir entre le physique et le métaphysique, entre le visible et l'invisible, et ces actes peuvent apparaître comme la contrepartie occulte de combats ou de compétitions ayant, comme couronnement, une victoire véritable. La victoire matérielle devient alors la manifestation visible d'un fait spirituel correspondant qui l'a déterminée le long des voies, jadis encore ouvertes, suivies par les énergies qui relient l'intérieur à l'extérieur : elle apparaît comme le signe réel d'une initiation et d'une épiphanie mystique qui se sont produites au même instant. Les Furies et la Mort matériellement affrontées par le guerrier et par le chef, ceux-ci les rencontraient simultanément à l'intérieur dans l'esprit, sous la forme de dangereuses émergences des pouvoirs de la nature abyssale. En en triomphant, ils remportent la victoire[421]. C'est pourquoi, selon les traditions

---

[421] La conception nordique selon laquelle ce sont les walkyries qui font gagner les batailles - *ratha sigri* (cf. GRIMM, *Deutsche Myth.*, I, p. 349) - exprime l'idée que ce sont précisément ces pouvoirs qui décident de la lutte, et non les forces humaines au sens strict et individualiste du terme. L'idée de la manifestation d'une puissance transcendante - comme parfois la voix du dieu Faunus entendue subitement au moment de la bataille et capable de remplir l'ennemi d'une terreur panique - se retrouve souvent dans la romanité (cf. PRELLER, *Rôm. Myth.*, p. 337), de même que l'idée selon laquelle le sacrifice d'un chef est parfois nécessaire pour actualiser entièrement cette puissance, selon le sens général des meurtres rituels (cf. *Introduz. alla magia*, v. III, pp. 246, sqq.) : c'est le rite de la dévotio, l'holocauste du chef en vue de déchaîner les forces inférieures et le génie de l'épouvante contre l'ennemi et ici aussi, quand il succombe (par exemple dans le cas du consul Decius), se manifeste l'horreur panique correspondant au pouvoir libéré hors du corps (cf. PRELLER, *Op. cit.*, pp. 466-67), à comparer au *her/jôturr*, à la terreur panique infusée magiquement à l'ennemi par les walkyries déchaînées (cf. GOLTHER, *Op. cit.*, p. 111). Un dernier écho de significations de ce genre se retrouve chez les *Kamikazé japonais* utilisés pendant la dernière guerre mondiale : on sait que le nom de ces pilotes-suicide lancés

classiques, toute victoire acquérait un sens sacré ; et chez l'empereur, chez le héros, chez le chef victorieux acclamé sur un champ de bataille -comme aussi chez le vainqueur des jeux sacrés - on sentait se manifester brusquement une force mystique qui les transformait et les « transhumanisait ». Un des usages guerriers des Romains, susceptible de comporter un sens ésotérique, consistait à hisser le vainqueur sur des boucliers. Le bouclier, en effet, fut déjà assimilé par Ennius à la voûte céleste - *altisonum coeli clupeum* - et il était consacré dans le temple de Jupiter olympien. Au troisième siècle, le titre d'« imperator » se confondit, en fait, à Rome, avec celui de « vainqueur », et la cérémonie du « triomphe « était, plus qu'un spectacle militaire, une cérémonie sacrée en l'honneur du suprême dieu capitolin. Le triomphateur apparaissait comme une image vivante de Jupiter, qui allait déposer entre les mains de ce dieu le laurier triomphal de sa victoire. Le char triomphal était un symbole du quadrige cosmique de Jupiter et les insignes du chef correspondaient à ceux du dieu[422]. Le symbolisme des « Victoires », walkyries ou entités analogues, qui conduisent dans les « cieux » les âmes des guerriers tombés, ou celui d'un héros triomphant qui, comme Héraclès, reçoit de Nikè la couronne de ceux qui participent de l'indestructibilité olympienne, devient alors clair, et complète ce qui a été dit à propos de la guerre sainte : on se trouve précisément ici dans un ordre de traditions où la victoire acquiert un sens d'immortalisation semblable à celui de l'initiation et se présente comme la médiatrice, soit d'une participation au transcendant, soit de sa manifestation dans un corps de puissance. L'idée islamique, selon laquelle les guerriers tués dans la « guerre sainte » - *jihâd - ne* seraient jamais vraiment morts[423] se rapporte au même principe.

---

contre l'ennemi signifie « le vent des dieux « et se réfère, en principe, à un ordre d'idées analogue.

[422] Cf. PRELLER, Op. cit., pp. 202-5.

[423] Un énigmatique témoignage du *Coran* (*II*, 149, cf. *III*, 163) affirme précisément : « N'appelez pas morts ceux qui furent tués dans la voie de Dieu ; non, ils sont vivants au contraire même si vous ne vous en apercevez pas. «Cela correspond du reste à l'enseignement de PLATON (*Rep.* 468 e) selon lequel certains morts, tués à la guerre, font corps avec la *race d'or* qui, selon Hésiode, n'est jamais morte, mais subsiste et veille, invisible.

Un dernier point. La victoire d'un chef fut souvent considérée par les Romains comme une divinité - *numen* - indépendante, dont la vie mystérieuse devenait le centre d'un culte spécial. Et des fêtes, des jeux sacrés, des rites et des sacrifices étaient destinés à en renouveler la présence. La *Victoria Caesaris* en est l'exemple le plus connu[424]. C'est que toute victoire équivalant à une action initiatrice ou « sacrificielle », on pensait qu'elle donnait naissance à une entité désormais séparée du destin et de l'individualité particulière de l'homme mortel qui l'avait engendré, entité qui pouvait établir une ligne d'influences spirituelles spéciales, tout comme la victoire des ancêtres divins, dont nous avons déjà longuement parlé. De même que dans le cas du culte rendu aux ancêtres divins, ces influences devaient toutefois être confirmées et développées par des rites agissant selon les lois de sympathie et d'analogie. Aussi était-ce surtout par des jeux et des compétitions que les *victoriae*, en tant que *numina*, étaient périodiquement célébrées. La régularité de ce culte agonistique, établie par la loi, pouvait effectivement stabiliser une « présence », prête à s'ajouter occultement aux forces de la race pour les conduire vers un dénouement de « fortune », pour faire de nouvelles victoires au moyen de *révélation* et de renforcement de l'énergie de la victoire originelle. Ainsi, à Rome, la célébration du César mort étant confondue avec celle de sa victoire, et des jeux réguliers étant consacrés à la *Victoria Caesaris*, il fut possible de voir en lui un « perpétuel vainqueur »[425].

D'une façon plus générale, on peut voir dans le culte de la Victoire, qui est censé remonter à la période préhistorique[426], l'âme secrète de la grandeur et de la *fides* romaines. Du temps d'Auguste, la statue de la déesse Victoire avait été placée sur l'autel du Sénat romain et il était d'usage que chaque sénateur, en allant à sa place, s'approchât de cet autel pour y brûler un grain d'encens. Cette force semblait ainsi présider invisiblement aux délibérations de la curie : les mains se tendaient aussi vers son image, quand, à l'avènement d'un nouveau prince, on lui jurait fidélité, et chaque année, le 3 janvier, quand

---

[424] Cf. PIGANIOL, *jeux Rom.*, cit., pp. 124, 147, 118.
[425] Cf. DION CASS. XLV, 7.
[426] Cf. DENYS ALIC. 1, 32, 5.

on faisait des vœux solennels pour la santé de l'Empereur et pour la prospérité de l'Empire. Ce fut le culte romain le plus tenace, celui qui résista le plus longtemps au christianisme[427].

On peut dire en effet que chez les Romains aucune croyance ne fut plus vivante que la croyance selon laquelle les forces divines auraient fait la grandeur de Rome et en auraient soutenu *l'aeternitas*[428] ; qu'en conséquence une guerre, pour pouvoir être gagnée matériellement, devait être gagnée - ou au moins favorisée - mystiquement. Après la bataille de Trasimène, Fabius dit aux soldats :

« Votre faute est davantage d'avoir négligé les sacrifices et d'avoir méconnu les avertissements des Augures, que d'avoir manqué de courage ou d'habileté »[429]. C'était aussi un article de foi, qu'une ville ne pouvait être prise, si l'on ne faisait en sorte que son dieu tutélaire l'abandonnât[430]. Aucune guerre ne commençait sans des sacrifices, et un collège spécial de prêtres - les *fetiales* - était chargé des rites relatifs à la guerre. La base de l'art militaire des Romains consistait à n'être pas obligés de combattre si les dieux étaient contraires[431]. Déjà Thémistocle avait dit : « Ce n'est pas nous, ce sont les dieux et les héros qui ont réalisé ces entreprises »[432]. Ainsi, le véritable centre se trouvait, encore une fois, dans le sacré. Les actions surnaturelles étaient appelées à soutenir les actions humaines, à y transfuser le pouvoir mystique de la Victoire[433].

---

[427] Cf. BOISSIER, *La fin du paganisme*, cit., v. II, pp. 302, sqq.

[428] Cf. CICERON, *De nat. deor.*, II, 3, 8 ; PLUTARQUE, *ROM.*, 1, 8.

[429] TITE-LIVE, XVII, 9 ; cf. XXXI 5 ; XXXVI, 2 ; XLII, 2. PLUTARQUE (*Marc.*, IV) rapporte que les Romains « ne permettaient pas de négliger les auspices, même au prix de grands avantages, parce qu'ils estimaient plus important, pour le salut de la cité, que les consuls vénèrent les choses sacrées que de vaincre l'ennemi.

[430] Cf. MACROBE, Ill, 9, 2 ; SERVIUS, *Ad Aen.*, II, 244 ; MARQUARDT, v. I, pp. 25-26.

[431] FUSTEL de COULANGES, *Cit. ant.*, cit. p. 192. De même, pour les nordico-aryens cf. GOLTHER, *Op. cit.*, p. 551.

[432] HERODOTE, VIII, 109, 19.

[433] Chez les peuples sauvages subsistent souvent des traces caractéristiques de ces vues qui, considérées dans leur juste lieu et leur juste sens, ne se réduisent pas à une « superstition ».

Après avoir parlé de l'action et de l'héroïsme en tant que valeurs traditionnelles, il est nécessaire de souligner la différence qui les sépare des formes, qu'à de rares exceptions près, ils revêtent de nos jours. La différence consiste, encore une fois, dans le fait qu'il manque à ces dernières la dimension de la transcendance ; elle consiste donc dans une orientation qui, même lorsqu'elle n'est pas déterminée par le pur instinct et un élan aveugle, ne conduit à aucune « ouverture » et engendre même des qualités qui ne font que renforcer le « Moi physique » dans une obscure et tragique splendeur. Les valeurs ascétiques proprement dites témoignent d'un amoindrissement analogue - qui prive l'ascèse de tout élément illuminant -dans le passage du concept d'ascétisme à celui *d'éthique*, surtout lorsqu'il s'agit de doctrines morales, comme c'est le cas de l'éthique kantienne et, en partie déjà, de l'éthique stoïcienne. Toute morale - quand il s'agit d'une de ses formes supérieures, c'est-à-dire de ce qu'on appelle la « morale autonome » - n'est qu'une ascèse sécularisée. Mais elle n'est plus alors qu'un tronçon survivant et apparaît dépourvue de tout véritable fondement. C'est ainsi que la critique des « libres esprits » modernes, jusqu'à Nietzsche, a eu beau jeu en ce qui concerne les valeurs et les impératifs de la morale appelée, improprement, traditionnelle (improprement, car, encore une fois, dans une civilisation traditionnelle, une morale en tant que domaine autonome n'existait pas). Il était donc fatal que l'on descendît à un niveau encore plus bas, que l'on passât de la morale « autonome », catégoriquement impérative, à une morale à base utilitaire et « sociale », marquée, comme telle, d'une relativité et d'une contingence fondamentales.

De même que l'ascèse en général, l'héroïsme et l'action, quand ils ne visent pas à ramener la personnalité à son véritable centre, n'ont rien de commun avec ce qui fut glorifié dans le monde de la Tradition, ne sont qu'une « construction » qui commence et finit dans l'homme et n'a, de ce fait, aucun sens ni aucune valeur, en dehors du domaine de la sensation, de l'exaltation,

---

Pour eux, la guerre, en dernière analyse, est une guerre de mages contre mages : la victoire appartient à celui qui a la « médecine de guerre « la plus puissante, tout autre facteur apparent, y compris le courage même des guerriers, n'en étant qu'une conséquence (Cf. LEVY-BRUHL, *Ment. primit.*, cit., pp. 37, 378).

de la frénésie impulsive. Tel est, presque sans exception, le cas du culte moderne de l'action. Même quand tout ne se réduit pas à une culture de « réflexes », à un contrôle quasi sportif de réactions élémentaires, comme dans la mécanisation à outrance des variétés modernes de l'action, y compris, en premier lieu, la guerre elle-même, il est pratiquement inévitable, partout où se réalisent des expériences, existentiellement « à la limite », qu'il n'y ait toujours que l'homme à s'en repaître incestueusement ; qui plus est, le plan se déplace souvent vers celui des forces collectives subpersonnelles, dont l'incarnation se trouve favorisée par les « extases « liées à l'héroïsme, au sport et à l'action.

Le mythe héroïque à base individualiste, « volontariste » et « surhumaniste » représente, à l'époque moderne, une très dangereuse déviation. En vertu de ce mythe, l'individu, « en se retranchant toute possibilité de développement extra-individuel et extra-humain, assume, par une construction diabolique, le principe de sa petite volonté physique comme point de référence absolu, et attaque le fantasme extérieur en lui opposant l'exacerbation du fantasme de son Moi. Ce n'est pas sans ironie que, devant cette démence contaminatrice, celui qui aperçoit le jeu de ces pauvres hommes plus ou moins héroïques, pense à nouveau aux conseils de Confucius, selon qui tout homme raisonnable a le devoir de conserver la vie en vue de développer les seules possibilités qui rendent l'homme vraiment digne de porter ce nom » [434]. Mais le fait est que l'homme moderne a besoin, comme d'une espèce de stupéfiant, de ces formes dégradées ou profanées d'action : il en a besoin pour échapper au sentiment du vide intérieur, pour se sentir lui-même, pour trouver, dans des sensations exaspérées, le succédané d'une véritable signification de la vie. Une des caractéristiques de l'« âge sombre » occidental est cette espèce d'agitation tétanique qui dépasse toutes les limites, qui pousse de fièvre en fièvre et éveille toujours de nouvelles sources d'ivresse et d'étourdissement.

Nous mentionnerons encore, avant d'aller plus loin, un aspect de l'esprit

---

[434] DE GIORGIO (« Zéro ») *in La Contemplazione e l'Azione* (revue « La Torre »), no 7, 1930.

traditionnel qui interfère avec le domaine du droit, et se rattache, en partie, aux vues que l'on vient d'exposer. Il s'agit des *ordalies* et des « jugements de Dieu ».

Il est souvent arrivé qu'on cherche dans l'expérience que constitue une action décisive - *experimentum crucis* - la preuve de la vérité, du droit, de la justice et de l'innocence. De même que l'on reconnut traditionnellement au droit une origine divine, de même l'injustice fut considérée comme une infraction à la loi divine, susceptible d'être constatée grâce au signe que représentait l'issue d'une action humaine convenablement orientée. Une coutume germanique consistait à sonder, par l'épreuve des armes, le vouloir divin, au moyen d'un oracle sui *generis* où l'action servait de médiatrice. Ce fut une idée analogue qui servit de fondement originel au duel. En partant du principe : *de coelo est fortitudo* (*Annales Fuldenses*), cet usage s'étendit même parfois aux États et aux nations en lutte. La bataille de Fontenoy, en l'an 841, fut encore considérée comme un « jugement de Dieu » appelé à décider du bon droit des deux frères qui revendiquaient chacun pour soi l'héritage du royaume de Charlemagne. Quand on livrait une bataille dans cet esprit, elle obéissait à des normes spéciales : il était interdit, par exemple, au vainqueur, de saisir du butin et d'exploiter stratégiquement et territorialement le succès, en outre, les deux partis devaient avoir également soin de tous les blessés et des morts. Au reste, selon la conception générale qui a prévalu jusqu'à la fin de la période franco-carolingienne, même en dehors de l'idée consciente d'une preuve, la victoire ou la défaite furent ressenties comme des signes d'en haut révélant la justice ou l'injustice, la vérité ou la faute[435]. A travers la légende du combat de Roland et de Ferragus et des thèmes analogues de la littérature chevaleresque, on constate que le Moyen Age alla jusqu'à faire dépendre de l'épreuve des armes le critère de la foi la plus vraie.

Dans d'autres cas, l'épreuve de l'action consista à provoquer un phénomène extra-normal. Cela se pratiquait déjà dans l'antiquité classique. On connaît, par exemple, la tradition romaine relative à une vestale soupçonnée de sacrilège, qui démontre son innocence en apportant, du Tibre,

---

[435] *Cf.* « *Der Vertrag von Verdun* H, édité par T. MAYER, Leipzig, 1943, pp. *153-156*.

de l'eau dans un tamis. Ce n'est pas seulement aux formes dégénérescentes qui ont survécu chez les sauvages qu'appartient la coutume de défier le coupable, qui nie l'acte dont on l'accuse, d'avaler par exemple un poison ou un fort vomitif, l'accusation étant considérée comme justifiée si la substance produit les effets habituels. Au Moyen Age européen, des ordalies analogues - ne pas être blessé par des fers rougis ou par l'eau bouillante - qu'il fallait affronter volontairement, figurent non seulement dans le domaine de la justice temporelle mais sur le plan sacré lui-même : les moines, voire des évêques, acceptèrent ce critère comme preuve de la vérité de leurs affirmations en matière de doctrine[436]. La torture elle-même, conçue comme un moyen d'inquisition, eut souvent, à l'origine, des rapports avec l'idée du « jugement de Dieu » : on pensait qu'un pouvoir presque magique était lié à la vérité ; on était convaincu qu'aucune torture ne pouvait faire s'effondrer la force intérieure d'un innocent et de celui qui affirmait la vérité.

Le rapport qu'a tout cela avec le caractère mystique, traditionnellement reconnu, de la « victoire », est manifeste. Dans ces épreuves, y compris celle des armes, on pensait « appeler Dieu « en témoignage, obtenir de lui un signe surnaturel qui servît de jugement. De figurations théistes ingénues de ce genre, on peut remonter à la forme plus pure de l'idée traditionnelle, selon laquelle la vérité, le droit et la justice apparaissent, en dernière analyse, comme les manifestations d'un ordre métaphysique conçu comme réalité, que l'état de vérité et de justice dans l'homme a le pouvoir d'évoquer objectivement. L'idée du supramonde comme réalité au sens éminent, donc supérieure aux lois naturelles, et toujours susceptible de se manifester ici-bas chaque fois que l'individu lui ouvre la voie, avant tout en s'en remettant à elle

---

[436] Ainsi, à propos de l'épreuve du feu, on rapporte par exemple que vers l'année 506, sous l'empereur Athanase, un évêque catholique d'Orient proposa à un évêque aryen « de prouver par ce moyen laquelle des deux fois était la vraie. L'aryen refusant de le faire, l'orthodoxe, entré dans le feu, en sortit indemne. » Du reste, ce pouvoir - selon PLINE (VII, 2), était déjà propre aux prêtres d'Apollon du Sorate : *super ambustam ligni struem ambulantes, non aduri tradebantur*. La même idée se retrouve aussi sur un plan supérieur : selon l'antique idée iranienne, à « la fin du monde » un fleuve de feu se mettra à couler que tous les hommes devront traverser : les justes se distingueront par le fait qu'ils ne subiront aucun dommage, tandis que les mauvais seront anéantis (*Bundahesh*, XXX, 18)

d'une façon absolue et désindividualisée, selon le pur esprit de vérité, puis en entrant dans des états psychiques déterminés (tels que l'état déjà décrit de compétition héroïque qui « délie », ou bien l'extrême tension de l'épreuve et du péril affronté) qui servent - pour ainsi dire - à ouvrir les circuits humains fermés à des circuits plus vastes, comportant la possibilité d'effets insolites et apparemment miraculeux - cette idée, disons-nous, sert à expliquer et à donner son juste sens aux traditions et aux usages que nous avons rapportés : sur leur plan, la vérité et la réalité, la puissance et le droit, la victoire et la justice, n'étaient qu'une seule et même chose, dont le vrai centre de gravité, encore une fois, se trouvait dans le surnaturel.

Ces vues ne peuvent au contraire apparaître que comme superstition pure partout où le « progrès » a privé systématiquement la vertu humaine de toute possibilité de se relier objectivement à un ordre supérieur. La force de l'homme étant conçue de la même façon que celle d'un animal, c'est-à-dire comme une faculté d'actions mécaniques chez un être qui n'est relié par rien à ce qui le transcende en tant qu'individu, l'épreuve de la force ne peut évidemment plus avoir de sens et l'issue de toute compétition devient tout à fait contingente, sans relation possible avec un ordre de « valeurs ». La transformation de l'idée de vérité, du droit et la justice des abstractions ou des conventions sociales ; l'oubli de cette sensation qui permettait de dire, dans l'Inde aryenne, que « c'est sur le vrai qu'est fondée la terre » - *satyena uttabhitâ bhumih* ; la destruction de toute perception des « valeurs » comme apparitions objectives -presque physiques, disons-nous, du monde de la supra-réalité dans la trame de la contingence - font qu'il est naturel qu'on se demande comment la vérité, le droit et la justice aient jamais pu influer sur le déterminisme de phénomènes et de faits que la science, du moins jusqu'à hier, a déclaré ne pas être susceptible de modifications[437]. C'est au contraire

---

[437] Nous disons « jusqu'à hier », parce que les recherches métapsychiques modernes ont fini par reconnaître dans l'homme des possibilités extranormales latentes, capables de se manifester objectivement et de modifier la trame des phénomènes physico-chimiques. Outre qu'il serait invraisemblable que l'emploi d'épreuves comme celles de l'ordalie aient pu se maintenir aussi longtemps sans qu'aucun phénomène extraordinaire ne se soit produit et que l'on ait donc vu régulièrement succomber ceux qui l'affrontaient, les

aux discours sonores et confus des légistes, aux laborieuses distillations des codes, aux articles de lois « égales pour tous », que les États sécularisés et les plèbes sceptrées et couronnées ont rendus tout-puissants - c'est à tout cela que l'on devrait au contraire s'en remettre du soin de décider du vrai et du juste, de l'innocence et de la faute. La superbe assurance, intrépide et supra-individuelle, avec laquelle l'homme de la tradition, armé de foi et de fer, se dressait contre l'injuste, l'inébranlable fermeté spirituelle qui l'affirmait a priori et absolument dans une force surnaturelle inaccessible au pouvoir des éléments, des sensations et même des lois naturelles - c'est là, au contraire, de la « superstition ».

À la dissolution des valeurs traditionnelles fait suite, ici aussi, leur inversion. Il ne s'agit pas d'autre chose, en effet, là où le monde moderne fait profession de « réalisme » et semble reprendre l'idée de l'identité de la victoire et du droit avec le principe : « force fait droit ». S'agissant ici de la force au sens le plus matériel, et même, si l'on se réfère au plan de la guerre dans ses formes les plus récentes, au sens directement *arimanique*, parce que le potentiel technique et industriel y est devenu le facteur absolument déterminant -parler actuellement de « valeurs » et de droit est pure rhétorique. Mais c'est précisément une semblable rhétorique que l'on mobilise, avec de grandes phrases et d'hypocrites proclamations de principe, comme moyen supplémentaire au service d'une brutale volonté de puissance. Il s'agit là d'un aspect particulier du bouleversement général de l'époque moderne, dont nous reparlerons, du reste, le moment venu.

---

constatations métapsychiques devraient suffire à faire réfléchir sur les jugements habituels relatifs au caractère « superstitieux » de ces variantes des « preuves de Dieu ».

19

L'ESPACE - LE TEMPS - LA TERRE

Dans les pages qui précèdent, nous avons attiré l'attention sur le fait que l'homme traditionnel et l'homme moderne ne se différencient pas seulement par leur mentalité et leur type de civilisation. La différence porte également sur les possibilités mêmes de l'expérience, sur la façon de les vivre dans le monde de la nature, donc sur les catégories de la perception et la relation fondamentale entre le Moi et le non-Moi. L'espace, le temps, la causalité, ont eu, pour l'homme traditionnel, un caractère très différent de celui qui correspond à l'expérience de l'homme des époques plus récentes. L'erreur de ce qu'on appelle la gnoséologie (ou théorie de la connaissance), à partir de Kant, est de supposer que ces formes fondamentales de l'expérience humaine ont été toujours les mêmes, et, en particulier, celles qui sont familières à l'homme actuel. En réalité on peut constater, à cet égard aussi, une transformation profonde, conforme au processus général d'involution. Nous nous bornerons ici à examiner la différence en question pour ce qui est de l'espace et du temps.

En ce qui concerne le temps, le point fondamental a déjà été indiqué dans l'introduction : *le temps des civilisations traditionnelles n'est pas un temps « historique »*. *Il n'y a pas d'expérience du « devenir »*. Le temps, le devenir, sont immédiatement reliés à ce qui est supérieur au temps, de sorte que la perception s'en trouve spirituellement transformée.

Pour éclaircir ce point, il est utile de préciser ce que le temps signifie aujourd'hui. Il est l'ordre simple et irréversible d'événements successifs. Ses parties sont homogènes les unes par rapport aux autres et, de ce fait, mesurables comme une quantité. En outre, il comporte la différenciation de l'« avant » et de l'« après » (passé et futur) par rapport à un point de référence tout à fait relatif (le présent). Mais le fait d'être passé ou futur, situé à un moment ou à un autre du temps, ne confère aucune qualité particulière à un événement donné : il le relie à une date et c'est tout. Il existe, en somme, une sorte d'indifférence réciproque entre le temps et ses contenus. La temporalité de ces contenus signifie simplement qu'ils sont portés par un courant continu qui ne revient jamais en arrière et dont, au fond, chaque point, bien qu'il soit toujours différent, est cependant toujours égal à n'importe quel autre. Dans les conceptions scientifiques les plus récentes - comme celles de Minkowski ou d'Einstein - le temps perd même ce caractère. On parle en effet de la relativité du temps, du temps comme « quatrième dimension de l'espace », et ainsi de suite, ce qui signifie que le temps devient un ordre mathématique, absolument indifférent aux événements, qui peuvent se trouver dans un « avant », plutôt que dans un « après », uniquement en fonction du système de référence choisi.

L'expérience traditionnelle du temps est d'une nature toute différente. Le temps n'y est pas une quantité, mais une *qualité* ; non une série, mais un *rythme*. Il ne s'écoule pas uniformément et indéfiniment, mais se fractionne en cycles, en périodes, dont chaque moment a une *signification* et donc une valeur spécifique par rapport à tous les autres, une individualité vivante et une fonction. Ces cycles ou périodes - la « grande année » chaldéenne et hellénique, le *saeculum* étrusco-latin, l'éon iranien, les « soleils » aztèques, les *kalpa* hindous, etc... - représentent chacun un développement complet, formant des unités closes et parfaites, donc identiques, en se répétant, elles ne changent pas et ne se multiplient pas, mais se succèdent, selon une heureuse expression, comme « une série d'éternités »[438].

S'agissant d'un ensemble non pas quantitatif mais organique, la durée chronologique du *saeculum* pouvait aussi être flexible. Des durées

---

[438] HUBERT-MAUSS, *Mél. His. Rel.*, cit., p. 207. Selon les Chaldéens, l'éternité de l'univers se divise en une série de « grandes années » dans lesquelles les mêmes événements se reproduiraient de même que l'été et l'hiver reviennent toujours dans la petite année. Si certaines périodes de temps furent parfois personnifiées par des divinités ou des organes de divinités, on doit y voir une autre expression de l'idée du cycle envisagé comme un tout organique.

quantitativement inégales pouvaient être considérées comme égales du moment que chacune d'elles contenait et reproduisait tous les moments typiques d'un cycle. C'est pourquoi on voit revenir traditionnellement des nombres fixes - par exemple le sept, le neuf, le douze, le mille - qui n'expriment pas des quantités, mais des structures typiques de rythme, permettant d'ordonner des durées matériellement différentes, mais symboliquement équivalentes.

Le monde traditionnel connut ainsi, au lieu de la séquence chronologique indéfinie, une hiérarchie fondée sur les correspondances analogiques entre les grands cycles et les petits cycles et aboutissant, à vrai dire, à une sorte de réduction de la multiplicité temporelle à l'unité supratemporelle[439]. Le petit cycle reproduisant analogiquement le grand cycle, on disposait virtuellement ainsi d'un moyen de participer à des ordres toujours plus vastes, à des durées toujours plus libres de tout résidu de matière ou de contingence, au point de rejoindre, pour ainsi dire, une sorte d'*espace-temps*, une structure immuable à travers laquelle transparaissent des significations éternelles[440]. En ordonnant le temps d'en haut, de manière que chaque durée se répartisse en périodes cycliques reflétant cette structure, en

---

[439] Cf. HUBERT-MAUSS, *Op. cit.*, p. 202 : « Les durées [du temps traditionnel] peuvent être comparées aux nombres, qui sont considérés tour à tour comme l'énumération d'unités inférieures ou comme des sommes capables de servir d'unité pour la composition des nombres supérieurs. La continuité leur est donnée par l'opération mentale qui fait la synthèse de leurs éléments. »

[440] Cette idée se reflète dans la conception hindoue selon laquelle une année des mortels correspond à un jour d'un certain ordre de dieux, et une année de ceux-ci à un jour d'une hiérarchie supérieure (cf. *Psaumes, 89, 4* : « Mille ans sont comme un jour aux yeux du Seigneur ») jusqu'à atteindre les jours et les nuits de Brahman, qui expriment le cours cyclique de la manifestation cosmique (cf. *Mânavadharmaçâstra, 1, 64-74*). Dans le même texte il est dit (*1, 80*) que ces cycles sont répétés par *jeu - lîlâ - ce* qui est une façon d'exprimer l'insignifiance et l'anti-historicité de la répétition par rapport à l'élément immuable et éternel qui s'y manifeste et qui reste toujours égal à lui-même. Après ce que nous avons dit précédemment, il faut considérer comme significatives également les désignations de l'année comme « corps du soleil » et du « cheval sacrificiel » (Brhâdaranyaka-upanishad, 1, i, *1*, 8) ou comme « témoignage fidèle » du « Seigneur Vivant, Roi de l'éternité » (*Sepher jetsirah, VI*).

associant à des moments déterminés de ces cycles des célébrations, rites ou fêtes destinés à réveiller ou à faire pressentir les significations correspondantes, le monde traditionnel, à cet égard aussi, a agi dans le sens d'une libération et d'une transfiguration ; il a arrêté le flux confus des eaux ; il y a créé cette transparence à travers le courant du devenir, qui permet la vision de l'immobile profondeur. On ne doit donc pas s'étonner que le calendrier, base de la mesure du temps, ait eu autrefois un caractère sacré et ait été confié à la science de la caste sacerdotale, ni que certaines heures du jour, certains jours de la semaine, et certains jours de l'année aient été consacrés à certaines divinités ou reliés à certains destins. Il en reste d'ailleurs une trace dans le catholicisme, qui connaît une année constellée de fêtes religieuses et de jours plus ou moins marqués par des saints, des martyrs ou des événements sacrés, où se conserve encore comme un écho de cette antique conception du temps, rythmée par le rite, transfigurée par le symbole, formée à l'image d'une « histoire sacrée ».

Le fait que pour fixer les unités de rythme, on adopta traditionnellement les étoiles, les périodes stellaires et surtout les points de la course solaire, est donc loin de venir à l'appui des interprétations dites « naturalistes » : le monde traditionnel, en effet, ne « divinisa » jamais les éléments de la nature et du ciel, mais, à l'inverse, s'en servit comme de supports pour exprimer analogiquement des significations divines, significations perçues directement par des civilisations qui « ne considéraient pas le ciel superficiellement ni comme des bêtes au pâturage » [441]. On peut même admettre que le parcours annuel du soleil fut primordialement le centre et l'origine d'un système unitaire (dont le calendrier n'était qu'un aspect) qui établissait de constantes interférences et de constantes correspondances symboliques et magiques entre l'homme, le cosmos et la réalité surnaturelle[442]. Les deux courbes de la descente et de la montée de la lumière solaire dans l'année apparaissent, en

---

[441] GIULIANO IMP. *Helios*, 148, c.
[442] Traditionnellement, il y a de la vraisemblance dans l'hypothèse de H. WIRTH (*Aufgang der Menscheit*, cit.) relative à une série sacrée déduite, aux temps primordiaux, des moments astraux du soleil comme « dieu-année » ; série qui aurait servi simultanément de base à la notation du temps, aux signes et aux racines d'une unique langue préhistorique et à des significations cultuelles.

fait, comme la réalité perceptible la plus immédiate pour exprimer le sens sacrificiel de la mort et de la renaissance, le cycle constitué par la voie obscure descendante et par la voie lumineuse ascendante.

Nous aurons à nous référer, par la suite, à la tradition selon laquelle la région correspondant aujourd'hui à l'Arctique fut le siège originel des souches qui créèrent les principales civilisations indo-européennes. On peut penser que lorsque se produisit la glaciation arctique, la division de l'« année » en une seule nuit et un seul jour ait fortement dramatisé l'expérience du parcours solaire, au point d'en faire un des meilleurs supports pour exprimer les sens métaphysiques indiqués, en les substituant à ce qui, comme pur symbolisme « polaire », et non encore solaire, se rapportait à des périodes plus lointaines.

Les constellations zodiacales se prêtant d'une façon naturelle à la fixation des « moments » de ce développement, articulations du « dieu-année », le nombre douze se trouve être un des « sigles de rythme » qui reviennent le plus fréquemment à propos de tout ce qui a le sens d'une réalisation « solaire » et il figure aussi partout où s'est constitué un centre ayant, d'une façon ou d'une autre, incarné ou cherché à incarner la tradition ourano-solaire, et partout où le mythe ou la légende ont exprimé sous forme de figurations ou de personnifications symboliques, un type de régence analogue[443].

---

[443] C'est ainsi que le douze zodiacal, qui correspond aux Aditya hindous, apparaît dans le nombre des divisions des Lois de Manu (cf. à Rome les Lois des Douze Tables) ; dans les douze grands Namshan du conseil circulaire du Dalaï-Lama ; dans les douze disciples de Lao-tseu (deux, qui en initièrent dix autres) ; dans le nombre des prêtres de nombreux collèges romains (p. ex. les Arvales et les Saliens) ainsi que dans le nombre des *ancilia* établi par Numa, à l'occasion du signe, reçu par lui, de la protection céleste (douze est aussi le nombre des vautours, qui donna à Romulus, contre Rémus, le droit de donner son nom à la ville - et douze est le nombre des licteurs institués par Romulus) et des autels de Janus ; dans les douze disciples du Christ et dans les douze portes de la Jérusalem céleste ; dans les douze grands dieux olympiens helléniques et, ensuite, dans les dieux romains ; dans les douze juges du « Livre des Morts » égyptien ; dans les douze tours de jaspe de la montagne sacrée taoïste Kuen-Lun ; dans les douze principaux Ases avec les résidences

Mais dans le parcours duodécimal du soleil à travers douze signes zodiacaux, il est un moment critique qui a une signification particulière : c'est celui qui correspond au point le plus bas de l'écliptique, le *solstice d'hiver*, fin de la descente, début de la remontée, séparation de la période obscure et de la période lumineuse. Selon des représentations qui remontent à la haute préhistoire, le « dieu-année » apparaît ici comme la « hache », ou le « dieu-hache », qui coupe en deux parties le signe circulaire de l'année ou d'autres symboles équivalents : spirituellement, c'est le moment typiquement « triomphal » de la solarité (présenté dans différents mythes comme le résultat victorieux de la lutte d'un héros solaire contre des créatures représentant le principe ténébreux, souvent avec une référence au signe zodiacal dans lequel se trouve, selon les âges, le solstice d'hiver). Cette « séparation », qui est une résurrection, est aussi une initiation à une « vie

---

respectives ou trônes de la tradition nordique ; dans les douze travaux d'Hercule, dans les douze jours de la traversée de Siegfried et dans les douze rois que ce héros a pour vassaux ; dans les douze principaux chevaliers de la Table Ronde du Roi Artus et du Graal et dans les douze paladins de Charlemagne ; et l'on n'aurait que l'embarras du choix si l'on voulait citer de nombreuses autres correspondances du même genre.

Traditionnellement, le nombre *sept* se rapporte plutôt aux rythmes de développement, de formation ou d'accomplissement dans l'homme, dans le cosmos, dans l'esprit (pour ce dernier aspect, cf. les sept épreuves de nombreuses initiations, les sept entreprises de Rostan, les sept jours sous l'« arbre de l'illumination » et les sept cycles de sept jours nécessaires pour la possession intégrale de la doctrine selon certaines traditions bouddhistes, etc...). Si les jours de la « création » biblique sont au nombre de sept, à ces jours correspondent dans les traditions irano-chaldéennes autant de « millénaires », c'est-à-dire de cycles, le dernier étant considéré comme de « consumation », c'est-à-dire d'accomplissement et de résolution au sens solaire (relation du septième millénaire avec Apollon et avec l'âge d'or) ou bien de destruction. (Cf. F. CUMONT, *La fin du monde selon les mages occidentaux*, Rev. Hist. Rel., 1931, 1-2-3, pp. 48-55, 61 ; R. GUENON, *Le Symbolisme de la Croix*, cit., p. 41. A la semaine correspond donc la grande hebdomade de l'âge du monde, comme à l'année solaire correspond la « grande année » cosmique. Les références ne manquent pas non plus en ce qui concerne le développement et la durée de certaines civilisations, comme par exemple les six *saecula* prédits à la romanité, le septième correspondant à sa fin ; le nombre sept des premiers rois de Rome, des ères des premiers Manu du présent cycle selon la tradition hindoue, et ainsi de suite. Pour certaines correspondances particulières cf. W.H. ROSCHER, *Die Ippokratische Schrift von der Siebenzahl*, Paderborn, 1913 ; CENSORINO, XIV, 9, sqq.

nouvelle », à un nouveau cycle : *natalis dii solis invicti*.

Les dates correspondant à des situations stellaires susceptibles - comme la situation solsticiale - d'exprimer en termes de symbolisme cosmique des vérités supérieures, restent d'ailleurs pratiquement inchangées lorsque la tradition change de forme et se transmet à d'autres peuples. Une étude comparée permet de relever facilement la correspondance et l'uniformité des fêtes et des rites calendaires fondamentaux, grâce auxquels le sacré était introduit dans la trame du temps afin d'en fractionner la durée en autant d'images cycliques d'une histoire éternelle, que les phénomènes de la nature venaient rappeler et rythmer.

Le temps présentait, en outre, dans la conception traditionnelle, un aspect magique. Chaque point d'un cycle ayant - en vertu de la loi des correspondances analogiques - son individualité, la durée déroulait la succession périodique de manifestations typiques d'influences et de pouvoirs déterminés, et comportait donc des temps propices et non propices, fastes et néfastes. Cet aspect qualitatif du temps constituait un élément essentiel de la science du rite : les « parties » du temps ne pouvaient être considérées comme indifférentes, par rapport aux actions à accomplir, mais présentaient au contraire un caractère actif, dont on devait tenir compte[444]. Chaque rite avait donc son « temps » - il devait être exécuté à un moment déterminé, en dehors duquel sa vertu se trouvait amoindrie ou paralysée, sinon même orientée vers un effet opposé. A certains égards, on peut se déclarer d'accord avec ces auteurs qui ne voient dans l'ancien calendrier que l'ordre de périodicité d'un système de rites[445]. D'une façon plus générale, on connut des disciplines – comme les sciences augurales - dont l'objet consistait à rechercher si tel moment ou telle période était ou non propice à la réalisation d'une action déterminée. Nous avons déjà fait allusion à la place que tenait ce genre de préoccupation, même dans l'art militaire romain.

Il convient de remarquer que tout cela ne correspond aucunement à un

---

[444] Cf. p. ex. les expressions caractéristiques de MACROBE, *Saturn.*, 1, 15...
[445] HUBERT-MAUSS, *Mélanges*, cit., pp. 195-196.

« fatalisme », mais exprime plutôt l'intention permanente de l'homme traditionnel de prolonger et de compléter sa propre force par une force non humaine, en découvrant les moments où deux rythmes - le rythme humain et celui des puissances naturelles - peuvent, par une loi de syntonie, d'action concordante et de correspondance entre le physique et le métaphysique, devenir une seule chose, au point d'entraîner dans l'action des pouvoirs invisibles[446]. Ainsi se trouve à nouveau confirmée la conception qualitative du temps vivant, où chaque heure et chaque instant a son visage et sa « vertu » et où, sur le plan le plus élevé, le plan symbolico-sacré[447] existent des lois cycliques développant identiquement une « chaîne ininterrompue d'éternités ».

Il en découle une conséquence qui n'est pas sans importance. Si, traditionnellement, le temps empirique fut rythmé et mesuré par un temps transcendant, ne contenant pas des faits mais des significations, et si c'est dans ce temps essentiellement supra-historique qu'il faut situer le lieu où les mythes, les héros et les dieux traditionnels vivent et « agissent » - on doit cependant concevoir un passage en sens inverse, du bas vers le haut. En d'autres termes, il peut arriver que certains faits ou certains personnages, historiquement réels, aient répété et dramatisé un mythe, aient incarné - partiellement ou complètement, consciemment ou non - des structures et des symboles supra-historiques. Par là-même, ces faits ou ces êtres passent alors d'un temps dans l'autre, en devenant des expressions nouvelles de réalités préexistantes. Ils appartiennent simultanément aux deux temps, sont des personnages et des faits à la fois réels et symboliques, et peuvent être ainsi transportés d'une période dans une autre, avant ou après leur existence réelle, lorsque l'on considère l'élément supra-historique qu'ils représentent. C'est pourquoi certaines recherches des savants modernes au sujet de l'historicité

---

[446] Cf. *Intr. alla Magia*, v. 11, pp. 80, sqq.

[447] Il ne faut pas confondre un tel plan avec le plan magique au sens strict, bien que celui-ci, en dernière analyse, présuppose un ordre de connaissances dérivées du premier, plus ou moins indirectement. De même ces rites et ces commémorations - auxquels on a déjà fait allusion en parlant des *victoriae* - constituent une classe à part. Tout en se réclamant de lois cycliques, ils n'ont pas de correspondances véritables dans la nature, mais tirent leur origine d'événements liés à un destin particulier à une race donnée.

de divers événements ou personnages du monde traditionnel, leur souci de séparer l'élément historique de l'élément mythique ou légendaire, leurs étonnements devant les chronologies traditionnelles « infantiles », certaines de leurs idées, enfin, relatives à ce qu'on appelle les « évhémérisations », ne reposent que sur le vide. Dans le cas en question - nous l'avons déjà dit - ce sont précisément le mythe et l'anti-histoire qui conduisent à la connaissance la plus complète de « l'histoire ».

En outre, c'est plus ou moins dans le même ordre d'idée qu'il faut chercher le véritable sens des légendes relatives à des personnages enlevés dans l'« invisible » et cependant « jamais morts », destinés à « se réveiller » ou à se manifester à nouveau après un certain temps (correspondance cyclique), comme par exemple Alexandre le Grand, le Roi Arthur, « Frédéric », Sébastien, incarnations diverses d'un thème unique, transposées de la réalité dans la supra-réalité. C'est ainsi, enfin, que l'on doit comprendre la doctrine hindoue des *avatara* ou incarnations divines périodiques sous les aspects de figures différentes, mais qui expriment cependant une fonction identique.

Si l'homme traditionnel avait du temps une expérience essentiellement différente de celle de l'homme moderne, des considérations analogues sont également valables en ce qui concerne *l'espace*. Aujourd'hui l'espace est considéré comme le simple « contenant » des corps et des mouvements, indifférent en soi aux uns et aux autres. Il est homogène : l'une quelconque de ses régions équivaut objectivement à une autre et le fait qu'une chose se trouve - ou qu'un événement se déroule - en un point de l'espace plutôt que dans un autre, ne confère aucune qualité particulière à la nature intime de cette chose ou de cet événement. Nous nous référons ici à ce que représente l'espace dans l'expérience immédiate de l'homme moderne et non à certaines récentes conceptions physico-mathématiques de l'espace comme espace courbe et espace non homogène pluridimensionnel. D'ailleurs, outre qu'il ne s'agit là que de schémas mathématiques, dont la valeur est purement pragmatique et auxquels ne correspond aucune expérience, les différentes valeurs que présentent les lieux de chacun de ces espaces considérés comme des « champs intensifs », ne se rapportent qu'à la matière, à l'énergie et à la gravitation, et en aucune manière à quelque chose d'extra-physique ou de qualitatif.

Dans l'expérience de l'homme traditionnel, au contraire et même dans les traces résiduelles de cette expérience que l'on trouve encore chez certaines populations sauvages, l'espace est vivant, il est saturé de toutes sortes de qualités et d'intensités. L'idée traditionnelle de l'espace se confond très souvent avec celle de l'« éther vital » - l'*âkâça*, le « *mana* » - substance-énergie mystique qui pénètre tout, plus immatérielle que matérielle, plus psychique que physique, souvent conçue comme « lumière », distribuée selon des saturations diverses dans les diverses régions, si bien que chacune de celles-ci semble posséder des vertus particulières et participer essentiellement aux puissances qui y résident, au point de faire, pour ainsi dire, de chaque lieu un lieu fatidique, avec son intensité et son individualité occultes[448]. L'expression paulinienne bien connue : « Nous sommes en Dieu, y vivons et nous y mouvons », peut donc s'appliquer, à condition de remplacer le mot Dieu par le terme de « divin », de « sacrum » ou de « numineux », à ce qui correspondait, pour l'homme traditionnel, à l'espace des modernes, « lieu » abstrait et impersonnel des objets et des mouvements.

Il n'est pas possible d'examiner ici tout ce qui se fondait, dans le monde traditionnel, sur cette sensation de l'espace. Nous nous limiterons à quelques exemples intéressant les deux ordres distincts auxquels nous avons déjà fait allusion, l'ordre magique et l'ordre symbolique.

En ce qui concerne le second, on constate que l'espace a constamment servi de base, dans l'antiquité, aux expressions les plus caractéristiques du métaphysique. La région céleste et la région terrestre, le haut et le bas, aussi bien que la verticale et l'horizontale, la droite et la gauche, et ainsi de suite, fournirent le matière d'un symbolisme typique, expressif et universel, dont une des formes les plus connues est le symbolisme de la croix. Il peut y avoir eu un rapport entre la croix à deux dimensions et les quatre points cardinaux, entre la croix à trois dimensions et le schéma obtenu en ajoutant à ces points

---

[448] Cf. LEVY-BRUHL, *Ment. Prim.*, cit., pp. 91-92

les directions du haut et du bas, sans que cela justifie le moins du monde pour autant, les interprétations naturalistes (géo-astronomiques) des symboles antiques. Il convient en effet de répéter ici ce qui a déjà été dit à propos de l'aspect astronomique des calendriers, à savoir que le fait de retrouver la croix dans la nature signifie simplement « que le vrai symbolisme, loin d'être inventé artificiellement par l'homme, se trouve dans la nature même ou, pour mieux dire, que la nature tout entière n'est qu'un symbole de réalités transcendantes »[449].

Sur le plan magique, à chaque direction de l'espace correspondirent aussi jadis des « influences » déterminées, présentées souvent sous forme d'entités, de génies, etc… ; la connaissance de ces correspondances ne servit pas seulement de base à des aspects importants de la science augurale et de la géomancie (le développement de cette discipline en Extrême-Orient a été particulièrement caractéristique), mais aussi à la doctrine des orientations sacrées dans le rite et à la disposition des temples (les cathédrales furent « orientées » en Europe jusqu'au Moyen Age) conformément à la loi des analogies et à la possibilité qu'elle comporte de prolonger l'humain et le visible dans le cosmique et l'invisible. De même qu'un moment du temps traditionnel n'équivaut pas à un autre quand il s'agit d'une action - surtout rituelle - à accomplir, de même, d'une façon plus générale, aucun point, région ou lieu de l'espace traditionnel n'équivalait à un autre, et cela s'appliquait à un ordre d'idée beaucoup plus vaste que celui auquel se rattachait, par exemple, le choix de lieux souterrains ou de cavernes pour certains rites, de hautes montagnes pour d'autres, et ainsi de suite. Il a existé en effet, traditionnellement, une véritable *géographie sacrée*, qui n'était pas arbitraire, mais conforme à des transpositions physiques d'éléments métaphysiques. C'est à elle que se rattache la théorie des terres et des cités « saintes », des centres traditionnels d'influences spirituelles sur la terre, comme aussi des ambiances consacrées en vue de « vitaliser » particulièrement toute action orientée vers le transcendant, qui s'y développe. En général, les lieux où furent fondés les temples, ainsi que de nombreuses

---

[449] R. GUENON, *Symbol. de la Croix*, cit., p. 36. Sur le symbolisme de la Croix cf., en plus de cet ouvrage, EVOLA, *La tradition hermétique*, cit., pp. 51, sqq.

villes dans le monde de la Tradition, ne furent pas choisis au hasard, ou selon de simples critères d'opportunité et la construction, outre qu'elle était précédée de rites déterminés, obéit à des lois spéciales de rythme et d'analogie. On n'aurait que l'embarras du choix pour réunir des exemples montrant que l'espace dans lequel se déroulaient en général les rites traditionnels, n'est pas l'espace des modernes, mais un espace effectivement métaphysique, vivant, fatidique, magnétique, où chaque geste a sa valeur, où chaque signe tracé, chaque parole prononcée, chaque opération réalisée, prend un sens d'inéluctabilité et d'éternité, et se transforme en une sorte de décret pour l'invisible. Mais dans l'espace du rite il ne faut voir qu'un stade plus intense de la même sensation générale de l'espace qu'éprouvait l'homme traditionnel.

Nous compléterons cet ordre de considérations par un bref aperçu des « mythes » que l'homme antique, à en croire nos contemporains, aurait fantastiquement brodés sur les divers éléments et les divers aspects de la nature. La vérité est qu'on retrouve une fois de plus, ici, cette opposition entre supraréalisme et humanisme, qui distingue ce qui est traditionnel de ce qui est moderne.

Le « sentiment de la nature », au sens où l'entendent les modernes, c'est-à-dire de pathos lyrico-subjectif éveillé dans la sentimentalité de l'individu par le spectacle des choses, était pour ainsi dire inconnu de l'homme traditionnel. Devant les cimes des montagnes, les silences des forêts, le cours des fleuves, le mystère des cavernes, et ainsi de suite, il n'éprouvait pas les impressions poétiques subjectives d'une âme romantique, mais des sensations réelles - même si elles étaient souvent confuses - du suprasensible, c'est-à-dire des pouvoirs - *numina* - qui imprégnaient ces lieux ; ces sensations se traduisaient en images variées - génies et dieux des éléments, des fontaines, des bois, etc... - qui, si elles étaient déterminées par la fantaisie ne l'étaient pas arbitrairement et subjectivement, mais bien selon un processus nécessaire. Il faut, en d'autres termes, se souvenir que la faculté imaginative, chez l'homme traditionnel, ne produisait pas seulement des images matérielles correspondant aux données sensibles, ou des images arbitraires subjectives comme dans le cas des rêveries ou des songes de l'homme moderne. Chez lui, au contraire, la faculté imaginative était, dans une certaine mesure, indépendante du joug des sens physiques comme cela arrive encore de nos jours dans l'état de rêve ou sous l'effet ale drogues, mais orientée de manière à pouvoir souvent recevoir et traduire en formes plastiques des impressions plus subtiles, mais non pour autant arbitraires et subjectives, émanant du milieu. Lorsque, dans l'état de rêve, une impression physique, le poids des couvertures par exemple, se dramatise à travers l'image d'un rocher qui tombe, il s'agit, certes, d'un produit de l'imagination, mais qui n'est pas, pour autant, arbitraire : l'image est née en vertu d'une nécessité, indépendamment du Moi, comme un *symbole* auquel correspond effectivement une perception. On doit interpréter de la même façon ces images fabuleuses que l'homme traditionnel introduisait dans la nature. En dehors de la perception physique, il possédait une perception « psychique », ou subtile, des choses et des lieux, correspondant aux « présences » qui s'y trouvaient réparties ; cette perception, recueillie par une faculté imaginative indépendante, à.des degrés divers, des sens physiques, déterminait en celle-ci des dramatisations symboliques correspondantes : dieux, démons et génies des lieux, des phénomènes et des éléments. Si la variété des imaginations dramatisantes des diverses races et parfois aussi des individus, a souvent eu pour résultat des personnifications différentes, derrière cette variété l'oeil expert retrouve facilement l'unité, de même qu'une personne éveillée constate aussitôt l'unité de l'impression confuse que la fantaisie onirique de plusieurs personnes peut avoir traduite par des images symboliques différentes, mais tout à fait équivalentes, cependant, si on les rapporte à leur cause objective commune, distinctement perçue.

Loin d'être des fables poétiques tissées sur la nature, c'est-à-dire sur ces images matérielles qui sont désormais les seules à parvenir à l'homme moderne, les mythes des anciens, leurs représentations fabuleuses fondamentales, représentèrent donc, à l'origine, une *intégration* de l'expérience objective de la nature, quelque chose qui s'introduisait spontanément dans la trame des données sensibles, les complétant par des symboles vivants, parfois même visibles, de l'élément subtil, « démonique » ou sacré, de l'espace et de la nature.

Ces considérations, relatives aux mythes traditionnels qui se rattachent particulièrement au sens de la nature, doivent naturellement être étendues - nous l'avons déjà dit - à l'ensemble des mythes traditionnels. Il faut admettre que ceux-ci naissent d'un processus nécessaire par rapport à la conscience individuelle ; l'origine de ce processus réside dans des rapports réels - quelque inconscients et obscurs qu'ils puissent être souvent - avec la supraréalité, rapports que la fantaisie imaginative dramatise sous des formes variées. Ainsi - pour revenir encore une fois au point signalé plus haut - ni les mythes naturalistes ou « théologiques », ni même les mythes historiques ne doivent être considérés comme des adjonctions arbitraires et dépourvues de valeur objective quant aux faits et aux personnes, mais bien comme une intégration de ceux-ci ; bien qu'elle se soit produite à travers les causes occasionnelles les plus diverses, cette intégration n'est pas due au hasard : elle complète la sensibilisation au contenu suprahistorique de ces faits ou de ces individus historiques, qui pouvait y être demeurée plus ou moins virtuelle et imparfaite. L'éventuelle absence de correspondance entre l'élément historique et un mythe démontre donc la non-vérité de l'histoire plutôt que celle du mythe. C'est ce que pressentit Hegel quand il parla de l'« impuissance - *Ohnmacht* - de la nature ».

Les développements qui précèdent font apparaître comme naturelle, dans le monde de la Tradition, l'attitude existentielle particulière qui caractérisait la relation fondamentale entre le Moi et le non-Moi. Ce n'est que depuis une époque relativement récente que cette relation a été marquée par une séparation nette et rigide ; originellement, les frontières entre Moi et non-Moi étaient au contraire potentiellement fluides et instables, au point de pouvoir être, dans certains cas, partiellement supprimées. Il en résultait la double possibilité, soit d'une irruption du non-Moi (c'est-à-dire de la « nature », au sens de ses forces élémentaires et de son psychisme) dans le Moi, soit d'une irruption du Moi dans le non-Moi. La première permet de comprendre ce qu'on a appelé, dans des études consacrées à certaines coutumes où se sont conservés des résidus fossilisés des états en question - les « périls de l'âme » -, *perils of the soul*. Cette expression correspond à l'idée que l'unité et l'autonomie de la personne peuvent être menacées et atteintes par des processus d'obsession et de hantise ; d'où l'existence de rites et d'institutions diverses ayant pour but la défense spirituelle de l'individu ou de la collectivité, la confirmation de l'indépendance et de la souveraineté du Moi et de ses structures[450].

La seconde possibilité, celle d'une suppression des frontières par des irruptions dans le sens opposé, c'est-à-dire du Moi dans le non-Moi, conditionnait l'efficacité d'une catégorie de procédés magiques, au sens étroit du terme. Les deux possibilités reposant sur une base commune, les avantages de la seconde avaient pour contrepartie les risques existentiels découlant de la première.

On doit bien penser qu'à l'époque actuelle, du fait que le Moi est devenu progressivement plus « physique », ni l'une ni l'autre de ces possibilités n'existe plus. La possibilité active et positive (magie) a certainement disparu, sauf sous la forme de résidus sporadiques, marginaux, insignifiants. Quant aux « périls de l'âme » ; l'homme moderne, qui se vante d'être devenu finalement libre et éclairé et qui raille tout ce qui découlait, dans l'antiquité traditionnelle, de ce rapport différent existant entre Moi et non-Moi, l'homme moderne, disons-nous, se leurre beaucoup s'il s'en croit vraiment à l'abri. Ces dangers ont seulement revêtu une forme différente, qui empêche de les reconnaître pour ce qu'ils sont : l'homme moderne est ouvert aux complexes de l'« inconscient collectif », à des courants émotifs et irrationnels, à des suggestions de masse et à des idéologies, et les conséquences qui en résultent sont beaucoup plus catastrophiques que celles que l'on a pu constater à d'autres époques et qui étaient dues à d'autres influences.

Pour en revenir à ce qui a été exposé plus haut, nous dirons quelques mots, pour terminer, au sujet de la signification antique de la terre et de la propriété de la terre.

Traditionnellement, entre l'homme et sa terre, entre le sang et la terre, existait un rapport intime, qui avait un caractère psychique et vivant. Une région déterminée ayant, outre son individualité géographique, son

---

[450] Ceci concerne essentiellement les civilisations de type supérieur ; nous mentionnerons plus loin l'existence d'une orientation opposée dans les relations de caractère primitif entre l'homme et la terre.

individualité psychique l'être qui y naissait ne pouvait, d'un certain point de vue, ne pas dépendre d'elle. Sur le plan de la doctrine, il est cependant nécessaire de distinguer deux aspects de cette dépendance, l'un naturel, l'autre surnaturel, qui correspondent à la distinction, déjà indiquée, entre le totémisme et la tradition d'un sang patricien purifié par un élément d'en haut.

Le premier aspect concerne les êtres que rien n'a porté au-delà de la vie immédiate. Chez ces êtres, c'est le collectif qui domine, soit comme loi du sang et de la souche, soit comme loi du sol. Bien que se manifeste en eux le sens mystique de la région à laquelle ils appartiennent, ce sens ne dépasse pas le niveau du tellurisme pur ; bien qu'ils connaissent une tradition rituelle, leurs rites ne peuvent avoir qu'un caractère « démonico-totémique », et tendent, plutôt qu'à surmonter et à supprimer, à renforcer au contraire, et à rénover, la loi qui prive l'individu d'une véritable vie personnelle et le destine à se dissoudre dans la souche subpersonnelle de son sang. Un tel stade peut s'accompagner d'un régime quasi communiste, parfois matriarcal, à l'intérieur du clan ou de la tribu. Mais il implique, à coup sûr, l'existence de ce qui, chez l'homme moderne, s'est éteint, ou est devenu une rhétorique nationaliste ou romantique, à savoir le sens *organique*, vivant de sa propre terre, découlant directement de l'expérience qualitative de l'espace en général.

Bien différent est le second aspect de la relation traditionnelle entre l'homme et la terre. Ici entre en jeu l'idée d'une véritable action surnaturelle qui a lié à un territoire déterminé une influence supérieure, en écartant l'élément démonico-tellurique du sol, en lui imposant un sceau « triomphal », de façon à le réduire au rôle de simple substratum de forces qui le transcendent. Nous avons déjà trouvé une expression de cette idée dans la conviction des anciens Iraniens que la « gloire », le feu céleste, vivant et « triomphal », éminemment propre aux rois, imprègne et domine jusqu'aux terres que la race aryenne a conquises et qu'elle possède et défend contre les « infidèles » et les forces au service du dieu ténébreux. D'autre part, même à une époque plus récente, le fait que, traditionnellement, un lien vivant ait souvent existé entre la lance et la charrue, entre la noblesse et les populations agricoles vivant sur ses terres comporte, en dehors de son aspect empirique, une relation plus intime. Il est significatif, également, que des divinités aryennes, comme par exemple Mars ou Donnar-Thor, soient simultanément des divinités de la guerre et de la victoire (sur les « natures élémentaires » : Thor) et des divinités de la culture de la terre. Nous avons déjà indiqué les transpositions symboliques et même initiatiques auxquelles, traditionnellement, donna souvent lieu l'acte de « cultiver », au point que, de nos jours encore, le souvenir s'en est gardé dans l'origine du mot « *culture* ».

Cette conception s'exprime également d'une façon caractéristique dans le fait que la propriété du sol, en tant que propriété privée, *fut très souvent un privilège aristocratico-sacré* dans les traditions de forme supérieure : seuls ont droit à la terre ceux qui possèdent des rites - au sens spécifiquement patricien déjà exposé - c'est-à-dire ceux qui sont les porteurs vivants d'un élément « divin » ; à Rome, les *patres*, les seigneurs de la lance et du feu sacrificiel ; en Égypte, les guerriers et les prêtres, et ainsi de suite. Les esclaves, les sans-nom et sans-tradition, ne sont pas habilités, pour cette raison même, à posséder la terre. Ou bien, comme dans l'antique civilisation aztéco-nahua, deux types distincts et même opposés de propriété coexistent, l'une, aristocratique, héréditaire et différenciée, se transmettant avec la charge, l'autre populaire et plébéienne, et dont le caractère de promiscuité rappelle le *mir* slave[451] : opposition qui se retrouve chez diverses autres civilisations et n'est pas sans rapport avec celle qui existe entre le culte ouranien et le culte tellurique. Dans la noblesse traditionnelle s'établissait un rapport mystérieux - partant du temple même ou de l'autel situé au milieu de la terre possédée - entre les dieux ou héros de la *gens*, et cette même terre : c'est à travers ses dieux, et en mettant nettement l'accent sur la notion (pas seulement matérielle, à l'origine) de possession, de seigneurie, que la *gens* se reliait à sa terre, au point que, par une transposition symbolique, et peut-être magique aussi, les limites de celle-ci - l'*herctum* gréco-romain - apparaissaient comme sacrées, fatidiques, inviolables, protégées par des dieux ouraniens de l'ordre, tels que Zeus et Jupiter - comme une équivalence, sur un autre plan, des limites intérieures de la caste et de la famille noble[452]. On peut donc dire qu'à ce niveau, les limites de la terre, de même que les limites spirituelles des castes,

---

[451] Cf. REVILLE, Op. cit., p. 31.
[452] Cf. FUSTEL de COULANGES, Cit. Ant., pp. 64, sqq.

n'étaient pas des limites asservissantes ; mais des limites qui préservaient et libéraient. Et l'on peut comprendre pourquoi l'*exil* correspondait souvent à un châtiment dont la sévérité est difficilement concevable aujourd'hui : c'était presque comme une mort par rapport à la *gens* à laquelle on appartenait.

Au même ordre d'idée se rattache le fait que l'établissement sur une terre nouvelle, inconnue et sauvage, et sa prise de possession, furent considérés, dans diverses civilisations du monde de la Tradition, comme un acte de création, comme une image de l'acte primordial par lequel le chaos fut transformé en cosmos : non comme un simple acte humain et profane, mais comme une action rituelle et même, dans une certaine mesure, « magique », qui, pensait-on, donnait à une terre et à un espace une « forme », en les faisant participer au sacré, en les rendant éminemment vivants et réels. C'est ainsi qu'il existe des exemples de rituels de prise de possession des terres, des conquêtes territoriales - comme dans le *landnâma* de l'ancienne Islande ou dans la validation aryenne de l'occupation d'un territoire par la création d'un autel du feu[453].

Il est intéressant de constater qu'en Extrême-Orient l'investiture d'un fief, qui faisait du simple patricien un prince - *tshu-heu* -, impliquait, entre autres, le devoir de maintenir un rite sacrificiel pour ses propres ancêtres divins, devenus protecteurs du territoire, et pour le dieu de cette terre, « créé » par le prince lui-même[454]. Si, d'autre part, dans l'antique droit aryen, l'aîné héritait des biens fonciers, souvent grevés d'une clause d'inaliénabilité, la terre lui appartenait essentiellement en vertu de sa qualité de continuateur du rite familial, de *pontifex* et de βασιλεύς de sa *gens*, qui reprend et ne laisse pas s'éteindre le feu sacré, corps-vie de l'ancêtre divin. L'héritage du rite et celui de la terre formaient ainsi un tout indivisible et chargé de sens. Il convient de mentionner une fois de plus, à cet égard, *l'odel*, le *mundium* des hommes

---

[453] M. ELIADE, *Traité d'Histoire des Religions*, Paris, 1949, p. 345 ; *Le Mythe de l'éternel retour*, Paris, 1949, pp. 26-29. L'auteur observe, à juste titre, qu'à l'époque des conquêtes des peuples christianisés l'élévation ou l'érection d'une croix (là où de nos jours plante seulement un drapeau) sur toute nouvelle terre occupée, a été comme un ultime reflet des conceptions indiquées ci-dessus.

[454] Cf. MASPERO, *Chine Ant.*, cit., pp. 132-142.

libres nordico-aryens, où l'idée de possession de la terre, de noblesse, de sang guerrier et de culte divin n'apparaissent que comme des aspects différents d'une synthèse indissociable. Dans la prise en charge de la terre ancestrale, il existait traditionnellement un engagement tacite ou exprès envers elle, presque comme une contrepartie du même devoir envers l'hérédité divine et aristocratique transmise par le sang qui seule, à l'origine, avait ouvert le droit à la propriété. On retrouve les dernières traces de ces conceptions à l'époque de l'Europe féodale.

Si le droit de propriété n'y appartient plus à un type d'aristocrate de descendance sacrée et libre, n'ayant que des égaux ou des inférieurs autour de lui, comme dans les formes traditionnelles des origines, que l'on peut retrouver, d'ailleurs, dans la constitution la plus ancienne des Germains eux-mêmes ; si l'on descend d'un degré, et si c'est surtout une aristocratie guerrière qui devient la principale détentrice du droit à la terre - on requiert toutefois, comme contrepartie d'un tel droit, une capacité de dévouement, sinon à proprement parler sacrée, du moins supra-individuelle : à partir des Francs, l'investiture du fief impliqua l'engagement de *fidélité* du feudataire envers son seigneur, c'est-à-dire cette *fides*, qui, ainsi qu'on l'a vu, avait, en plus d'une valeur politico-militaire, une valeur héroïco-religieuse (*sacramentum fidelitatis*) parce qu'elle signifiait aussi une promptitude à la mort et au sacrifice, donc un rattachement à un ordre supérieur, rattachement médiat, parfois sans lumière et non direct comme dans l'aristocratie sacrée, mais impliquant toujours, cependant, en même temps qu'une supériorité virile par rapport à l'élément inférieur et individualiste, tout ce qui découlait de l'éthique de l'honneur. Ainsi, celui qui ne considère pas l'aspect contingent et historique des institutions, mais la signification dont elles sont susceptibles sur un plan supérieur, peut retrouver dans le régime féodal médiéval, et à la base du « droit éminent », des traces de l'idée traditionnelle du privilège aristocratico-sacré de la possession de la terre, de l'idée selon laquelle posséder, être le seigneur d'une terre, droit inhérent aux castes supérieures, est un titre et un devoir non seulement politique, mais aussi spirituel. Il convient d'observer, enfin, que cette interdépendance féodale entre l'état des personnes et l'état des terres, eut une signification spéciale. À l'origine, c'est l'état des personnes qui détermina celui des propriétés territoriales : selon qu'un homme était plus ou moins libre, plus ou moins puissant, la terre qu'il occupait prenait tel ou tel caractère, marqué par exemple par les différents titres de noblesse. L'état des terres reflétait ainsi l'état des personnes. Du reste, le lien, issu de cette conception, entre l'idée de la seigneurie et celle de la terre, devint si intime, que souvent, par la suite, le signe apparut presque comme la cause, que l'état des personnes fut non seulement indiqué, mais déterminé, par celui des terres, et que la condition sociale, les diverses dignités hiérarchiques et aristocratiques se trouvèrent, pour ainsi dire, incorporées dans le sol[455].

Fustel de Coulanges exprime une idée parfaitement juste lorsqu'il dit que l'apparition du « testament », impliquant, pour celui qui possède, une liberté « individualiste » de fractionner sa propriété, de la désintégrer en quelque sorte, et de la détacher de l'héritage du sang et des normes rigoureuses du droit paternel et de la primogéniture, est une des manifestations caractéristiques de la dégénérescence de l'esprit traditionnel. D'une façon plus générale, il faut dire que lorsque le droit de propriété cesse d'être le privilège des deux castes supérieures et passe aux deux castes inférieures - celles des marchands et des serfs - on se trouve virtuellement devant une régression dans la « nature », on rétablit la dépendance de l'homme vis-à-vis de ces « esprits de la terre », qui, dans l'autre cas - dans le cadre de la traditionalité solaire des seigneurs du sol - se trouvaient transformés par des « présences » supérieures en zones d'influences propices, en « limites créatrices » et préservatrices. La terre qui peut aussi appartenir à un « marchand », *vayça* - les propriétaires de l'ère capitalistico-bourgeoise pouvant être considérés comme les équivalents modernes de l'ancienne caste des marchands - ou à un serf (le prolétaire moderne), est une terre profanée : tel est donc le cas de la terre qui - conformément aux intérêts propres aux deux castes inférieures, qui ont réussi à l'arracher définitivement à l'ancienne caste des « seigneurs » - ne compte plus que comme un facteur « économique » à exploiter à outrance, sous tous ses aspects à l'aide de machines et autres inventions modernes. Mais, ce stade une fois atteint, il est

---

[455] *Cf.* M. GUIZOT, *Essais sur l'Hist. de France*, Paris, 1868, p. 75. D'où l'habitude, dans la noblesse, de lier son nom à celui d'une terre ou d'un lieu.

naturel que se manifestent les autres symptômes caractéristiques d'une telle descente : *la priorité tend sans cesse davantage à passer du domaine individuel au domaine collectif.* Parallèlement à la disparition du droit aristocratique sur les terres et à la souveraineté qu'y exerce sur elle l'« économique », apparaît d'abord le nationalisme, puis le socialisme et, enfin, le bolchevisme communiste. C'est-à-dire qu'on se trouve précisément devant un retour de l'empire du collectif sur l'individuel, inhérent au totémisme, avec lequel se réaffirme aussi la conception collectiviste et hybride de la propriété, propre aux races inférieures, conception présentée, sous la forme de l'étatisation, de la socialisation et de la « prolétarisation » des biens et des terres, comme un « dépassement » de la propriété privée.

20

HOMME ET FEMME

Pour compléter ces perspectives de la vie traditionnelle nous parlerons brièvement du monde du sexe. Ici aussi des correspondances existent, dans la conceptions Traditionnelle, entre réalité et symboles, entre actions et rites, correspondances dont on a dégagé les principes nécessaires pour comprendre les sexes et de définir les relations qui, dans toute civilisation normale, doivent s'établir entre l'homme et la femme.

Selon le symbolisme traditionnel, le principe surnaturel fut conçu comme « mâle », et comme « féminin » celui de la nature et du devenir. En termes helléniques, est mâle l'« un » - τό έν -qui « est en lui-même », complet et suffisant ; est féminine la diade, le principe du divers et de l'« autre que soi », donc du désir et du mouvement. En termes hindous (*sâmkhya*), est mâle l'esprit impassible - *purusha* - et féminine *praktri*, matrice active de toute forme conditionnée. La tradition extrême-orientale exprime, dans la dualité cosmique du yang et du yin, des concepts équivalents. C'est pourquoi le yang - principe masculin - se trouve associé à la « vertu du Ciel » et le yin, principe féminin, à celle de la « Terre »[456].

Considérés en soi, les deux principes se trouvent en opposition. Mais dans l'ordre de cette formation « triomphale », qui, ainsi que nous l'avons

---

[456] Le lecteur trouvera d'autres références métaphysiques et mythiques dans notre ouvrage *Métaphysique du Sexe*, cit., chap. IV, § 31. On enseignait, en particulier chez les philosophes de la dynastie Sing, que le Ciel « produit » les hommes, la Terre les femmes, et que pour cette raison la femme doit être soumise à l'homme, comme la Terre l'est au Ciel (cf. PLATH, *Religion der alten Chinesen*, I, p. 37).

maintes fois répété, est l'âme du monde traditionnel et que nous verrons se développer aussi historiquement, en liaison avec le conflit des races et des civilisations, ils deviennent les éléments d'une synthèse créatrice où chacun d'eux garde cependant une fonction distincte. Il serait possible de montrer que derrière les diverses figurations du mythe de la « chute » se cache souvent l'idée que le principe masculin se perd dans le principe féminin, au point d'en adopter le mode d'être. En tout cas, lorsque cela arrive, lorsque ce qui, par nature, est principe en soi, succombe, en s'ouvrant aux forces du « désir », à la loi de ce qui n'a pas en soi-même son propre principe, c'est bien d'une chute qu'il faut parler. Et c'est précisément sur quoi, au plan de la réalité humaine, se fonde l'attitude de défiance et de renoncement dont témoignent beaucoup de traditions à l'égard de la femme, souvent considérée comme un principe de « péché », d'impureté et de mal, comme une tentation et un danger pour celui qui se tourne vers le surnaturel.

À la « chute » on peut toutefois opposer une autre possibilité, celle de la relation juste. Celle-ci s'établit quand le principe féminin, dont la nature consiste à être en rapport avec ce qui est autre, se tourne, non vers ce qui est fuyant, mais vers une fermeté « mâle ». Il existe alors une limite. La « stabilité » est partagée, au point de transfigurer intimement toutes les possibilités féminines. On se trouve ainsi devant une synthèse, au sens positif du terme. Il faut donc une « conversion » du principe féminin, qui l'amène à n'exister que pour le principe opposé ; et il faut surtout que celui-ci reste absolument, intégralement lui-même. Alors - selon le symbolisme métaphysique - la femme devient l'« épouse » qui est aussi la « puissance », la force instrumentale génératrice recevant du mâle immobile le premier principe du mouvement et de la forme, selon la doctrine déjà exposée de la *çakti*, qu'on peut retrouver, différemment exprimée, dans l'aristolélisme et le néoplatonisme. Nous avons également fait allusion aux figurations symboliques tantrico-tibétaines, très significatives à cet égard, où le mâle « porteur de sceptre » est immobile, froid et fait de lumière, tandis que la *çakti* qui l'étreint et dont il est l'axe, a pour substance des flammes mobiles[457].

Sous cette forme particulière, ces diverses significations que nous avons indiquées, à plusieurs reprises, servent de base à la norme traditionnelle des sexes sur le plan concret. Cette norme obéit au principe même du régime des castes, et se rattache donc aux deux pivots du *dharma* et de la *bhakti*, ou *fides* : la nature propre et le dévouement actif.

Si la naissance n'est pas un hasard, ce n'est pas non plus par hasard - en l'espèce - qu'on s'éveille à soi-même dans un corps d'homme ou dans un corps de femme. Ici aussi, la différence physique doit être rattachée à une différence spirituelle : on n'est physiquement homme ou femme que parce qu'on l'est transcendentalement, et la caractéristique du sexe, loin d'être sans importance par rapport à l'esprit, est le signe indicateur d'une voie, d'un *dharma distinct*. On sait que la volonté d'ordre et de « forme » constitue la base de toute civilisation traditionnelle ; que la vérité traditionnelle ne pousse pas vers le non - qualité, l'identique, l'indéfini - là où les différentes parties du tout deviennent pêle-mêle ou atomiquement *un* - mais exige au contraire que ces parties soient toujours davantage elles-mêmes, expriment d'une façon toujours plus parfaite leur propre nature. En ce qui concerne plus particulièrement les sexes, l'homme et la femme apparaissent comme deux types ; celui qui naît homme doit se réaliser comme homme, celui qui naît femme, comme femme, totalement, en excluant tout mélange, toute promiscuité ; et même en ce qui concerne la direction surnaturelle, l'homme et la femme doivent avoir chacun leur propre voie, qui ne peut être modifiée sans tomber dans un mode d'être contradictoire et inorganique.

Le mode d'être qui correspond éminemment à l'homme a déjà été examiné, ainsi que les deux principales façons de s'approcher de l'« être en soi » : *l'Action* et la *Contemplation*. Le Guerrier (le Héros) et *l'Ascète* sont donc les deux types fondamentaux de la virilité pure. Symétriquement, il en existe deux pour la nature féminine. La femme se réalise en tant que telle,

---

[457] Dans le symbolisme érotique de ces traditions, le même sens se retrouve dans la représentation de l'union du couple divin en *viparîta-maithuna*, c'est-à-dire en une étreinte où le mâle est immobile, et où c'est la *çakti* qui développe le mouvement.

s'élève au même niveau que l'homme « Guerrier » ou « Ascète », dans la mesure où elle est *Amante* et dans la mesure où elle est *Mère*. Produits de la bipartition d'une même souche idéale, de même qu'il y a un héroïsme actif, il y a aussi un héroïsme négatif ; il y a l'héroïsme de l'affirmation absolue et il y a celui du dévouement absolu - et l'un peut être aussi lumineux, aussi fructueux que l'autre, sur le plan du dépassement et de la libération, quand il est vécu avec pureté, dans un esprit d'offrande « sacrificielle ». C'est précisément cette différenciation dans la souche héroïque qui détermine le caractère distinctif des voies d'accomplissement pour l'homme et pour la femme en tant que types. Au geste du Guerrier et de l'Ascète qui, l'un au moyen de l'action pure, l'autre au moyen du pur détachement, s'affirment dans une vie qui est au-delà de la vie - correspond chez la femme le geste de se donner tout entière à un autre être, d'être tout entière pour un autre être, soit l'homme aimé (type de l'Amante - femme aphrodisienne), soit le fils (type de la Mère - femme démétrienne), et de trouver en cela le sens de sa vie, sa joie, et sa justification. Telle est la *bhakti* ou *fides* constituant la voie normale et naturelle de participation pour la femme traditionnelle - dans le domaine de la « forme », et même, quand elle est absolument supra-individuellement vécue, au-delà de la « forme ». Se réaliser d'une façon toujours plus précise selon ces deux directions distinctes et qui ne peuvent être confondues, en réduisant dans la femme tout ce qui est homme et dans l'homme tout ce qui est femme, en tendant vers l'« homme absolu » et la « femme absolue » - telle est la loi traditionnelle des sexes, selon les différents plans de vie[458].

Ainsi, traditionnellement, ce n'était que médiatement, à travers ses relations avec l'autre - avec l'homme - que la femme pouvait entrer dans l'ordre hiérarchique sacré. En Inde, les femmes, même de caste supérieure,

---

[458] À cet égard, on peut mentionner comme particulièrement significative, l'habitude des populations sauvages de séparer les groupes d'hommes seuls dans des cases appelées « cases des hommes », à titre de phase préliminaire d'une différenciation virile qui se complète ensuite par les rites d'initiation, dont les femmes sont exclues, rites qui rendent l'individu définitivement indépendant de la tutelle féminine, l'introduisent dans de nouvelles formes de vie et le placent sous de nouvelles lois. Cf, H. WEBSTER, *Primitive Secret Societies - A Study in early Politics and Religion*, trad. it., Bologne, 1921, pp. 2, sqq., 28, 30-31.

n'avaient pas d'initiation propre ; elles n'appartenaient à la communauté sacrée des nobles - *ârya* - que par leur père avant le mariage et après, par leur époux, qui était aussi le chef mystique de la famille[459]. Dans l'Hellade dorique, la femme, durant toute sa vie, n'avait aucun droit ; à l'âge nubile son κύριος était le père[460]. A Rome, conformément à une conception spirituelle analogue, la femme, loin d'être l'« égale » de l'homme, était juridiquement assimilée à une fille de son mari - *filiae loco* - et à une soeur de ses propres fils - *sororis loco* - ; enfant, elle était sous la *potestas* du père, chef et prêtre de sa *gens* ; épouse, elle était, dans le mariage ordinaire, selon une rude expression, *in manum viri*. Ces statuts traditionnels de dépendance de la femme qui, bien entendu, se retrouvent aussi ailleurs[461] et n'étaient pas, comme les « libres esprits » modernes aimeraient le croire, une manifestation d'injustice et de tyrannie, mais servaient à définir les limites et le lieu naturel de la seule voie spirituelle conforme à la pure nature féminine.

On peut mentionner également, à ce propos, certaines conceptions antiques où le type pur de la femme traditionnelle, capable d'une offrande qui est à la limite de l'humain et du plus qu'humain, trouve une expression

---

[459] Cf. SENART, *Les castes dans l'Inde*, cit., p. 68 ; *Mânavadharmaçâstra*, IX, 166 ; V, 148 ; cf. V, 155 : « Il n'y a pas de sacrifice, de culte ou d'ascèse qui se rapporte particulièrement à la femme. L'épouse aime et vénère son époux, et sera honorée au ciel. » On ne peut étudier ici le sens du sacerdoce féminin et dire pourquoi ii ne contredit pas l'idée ci-dessus exposée. Traditionnellement, ce sacerdoce eut un caractère lunaire ; loin de correspondre à une voie différente, il exprimait un renforcement du *dharma* féminin en tant que suppression absolue de tout principe personnel, en vue, par exemple, de donner libre cours à la voix de l'oracle et du dieu. Nous parlerons plus loin, de l'altération propre aux civilisations décadentes, où l'élément lunaire-féminin usurpe le sommet hiérarchique. Il convient d'examiner séparément l'utilisation sacrée et initiatique de la femme dans la « voie du sexe » (cf. à ce sujet 1. EVOLA, *Métaphysique du Sexe*, cit.).

[460] Cf. *Handbuch der Klass. Altertumswissensch.*, v. IV, p. 17.

[461] Ainsi, pour ce qui est de la Chine antique on lit dans *Niu-kie-tsi-pieu* (V) « Quand une femme passe de la maison paternelle à celle de l'époux, elle perd tout, jusqu'à son nom. Elle n'a plus rien en propre : ce qu'elle porte, ce qu'elle est, sa personne, tout appartient à celui qu'on lui donne comme époux » et dans le *Niu-bien-shu* on souligne qu'une femme doit être dans la maison « comme une ombre et un simple écho » (cit. *apud* S. TROVATELLI, *Le civiltà et le legislazioni dell'antico Oriente*, Bologna, 1890, pp. 157-158).

distincte. Après avoir rappelé la tradition aztéco-nahua, selon laquelle seules les mères mortes en couches participent au privilège d'immortalité céleste propre à l'aristocratie guerrière[462], parce qu'on y voyait un sacrifice semblable à celui du guerrier qui tombe sur le champ de bataille, on peut mentionner, à titre d'exemple, le type de la femme hindoue, femme jusque dans ses fibres les plus intimes, jusqu'aux extrêmes possibilités de la sensualité, mais vivant cependant dans une *fides* invisible et votive, par la force de laquelle cette offrande, qui se manifestait déjà dans le don érotique du corps, de la personne et de la volonté, culminait dans l'autre don - très différent et bien au-delà des sens - par lequel l'épouse jetait sa vie dans les flammes du bûcher funéraire aryen pour suivre dans l'au-delà l'homme à qui elle s'était donnée. Ce sacrifice traditionnel - pure « barbarie » aux yeux des Européens et des européanisés - où la veuve brûlait avec le corps de son époux mort, est appelé *sati* en sanskrit, de la racine *as* et du radical *sat*, être, dont vient aussi *satya*, le vrai, et signifie également don, fidélité, amour[463]. Ce sacrifice était donc conçu comme la culmination suprême de la relation entre deux êtres de sexe différent, la relation sur le plan absolu, c'est-à-dire sur le plan de la vérité et du suprahumain. Ici l'homme s'élève à la hauteur d'un appui pour une *bhakti* libératrice et l'amour devient une voie et une porte. Il était en effet dit, dans l'enseignement traditionnel, que la femme qui suivait son époux sur le bûcher atteignait le « ciel » ; elle se transmuait en la substance même de son époux[464], participait à travers le « feu », à cette transfiguration du corps de chair en un corps divin de lumière, dont la crémation rituelle du cadavre était, dans les civilisations aryennes, le symbole[465]. C'est dans un esprit analogue que les

---

[462] Cf. REVILLE, *Relig. du Mexique*, etc., cit., p. 190.

[463] Cf. G. de LORENZO, *Oriente ed Occidente*, Bari, 1931, p. 72. Des usages analogues se retrouvent aussi chez d'autres souches de la race aryenne : chez les Thraces, les Grecs, les Scythes, et les Slaves (cf. C. CLEMEN, *Religionsgeschichte Europas*, Heidelberg, 1926, v. I, p. 218). Dans la civilisation Inca, le suicide des veuves pour suivre le mari, s'il n'était pas établi par une loi, était pourtant habituel et les femmes qui n'avaient pas le courage de l'accomplir ou croyaient avoir des motifs pour s'en dispenser, étaient méprisées (cf. REVILLE, *Op. cit.*, p. 374).

[464] Cf. Mânavadharmaçâstra, IX, 29 : « Celle qui ne trahit pas son époux et dont les pensées, les paroles et le corps sont purs, parvient après la mort au même séjour que son époux. »

[465] Cf. Brhadâranyaka-upan., VI, ii, 14 ; PROCLES, In Tim., V, 331 *b* ; II, 65 *b*.

femmes germaniques renonçaient fréquemment à la vie lorsque l'époux ou l'amant tombait à la guerre.

Nous avons déjà indiqué que l'essence de la *bhakti*, en général, est l'indifférence pour l'objet ou la matière de l'action, c'est-à-dire l'acte pur, la disposition pure. Cela peut aider à faire comprendre comment, dans une civilisation traditionnelle comme la civilisation hindoue, le sacrifice rituel de la veuve - *sati* - pouvait être institutionnalisé. En vérité, quand une femme se donne et se sacrifie seulement parce qu'elle est liée à l'autre être par une passion humaine particulièrement forte et partagée, on demeure dans le cadre de simples affaires romantiques privées. Ce n'est que lorsque le dévouement peut se soutenir et se développer sans aucun appui, qu'il participe à une valeur transcendante.

En *Islam*, des conceptions analogues s'exprimèrent dans l'institution du *harem*. Dans l'Europe chrétienne, pour qu'une femme renonce à la vie extérieure et se retire dans un cloître, il faut l'idée de Dieu - et, en outre, cela n'a jamais été qu'une exception. En Islam il suffisait d'un homme, et la clôture du harem était une chose naturelle qu'aucune femme bien née ne songeait à discuter ni à laquelle elle cherchait à renoncer : il semblait naturel qu'une femme concentrât toute sa vie sur un homme, aimé d'une façon suffisamment vaste et désindividualisée pour admettre que d'autres femmes aussi participent au même sentiment et lui soient unies par le même lien et le même dévouement. C'est précisément cela qui met en lumière le caractère de « pureté » considéré comme essentiel dans la voie dont il est question. L'amour qui pose des conditions et demande en retour l'amour et le dévouement de l'homme, est d'un ordre inférieur. Un homme purement homme ne pourrait d'ailleurs connaître ce genre d'amour qu'en se féminisant, voire en déchéant précisément de cette « suffisance à soi-même » intérieure, qui permet à la femme de trouver en lui un soutien, quelque chose qui exalte son élan à se donner. Selon le mythe, Çiva, conçu comme le grand ascète des hauteurs, réduisit en cendres d'un seul regard Kâma, le dieu de l'amour, quand celui-ci tenta d'éveiller en lui de la passion pour son épouse Pârvatî. Un sens profond se rattache, de même, à la légende relative au Kalki-avatara, où l'on parle d'une femme que personne ne pouvait posséder, parce que les hommes qui la désiraient et en étaient épris se trouvaient, par cela même, transformés en femmes. Quant à la femme, la grandeur existe vraiment en elle, lorsqu'il y a un don sans contrepartie, une flamme qui s'alimente d'elle-même, un amour d'autant plus grand que l'objet de cet amour ne se lie pas, ne descend pas, crée une distance, qu'il est le Seigneur plutôt que simplement l'époux ou l'amant. Or, dans l'esprit du harem, il y avait beaucoup de cela : le dépassement de la jalousie, donc de l'égoïsme passionnel et de l'idée de possession de la part de la femme, à laquelle on demandait cependant le dévouement claustral depuis qu'elle s'éveillait à la vie de jeune fille jusqu'au déclin, et la fidélité à un homme qui pouvait avoir autour de lui d'autres femmes et les posséder toutes sans « se donner » à aucune. C'est précisément dans cet « inhumain » qu'il y avait de l'ascétisme, on peut presque dire du sacré[466]. Dans cette façon de se transformer apparemment en « chose », brûle une véritable possession, un dépassement - et même une libération, puisque devant une *fides* aussi inconditionnée, l'homme, sous son aspect humain, n'est plus qu'un moyen et que déjà s'éveillent des possibilités sur un plan qui n'est plus terrestre. De même que la règle du harem imitait celle des couvents, de même la loi islamique situait la femme, selon les possibilités de sa nature, la vie des sens n'étant pas exclue mais incluse et même exaspérée, sur le plan même de l'ascèse monacale[467].

---

[466] Dans le *Mânavadharmaçâstra* non seulement on prescrit que la femme ne doit jamais avoir une initiative personnelle et doit, selon sa condition, être la chose du père, de l'époux et du fils (V, 147-8 ; IX, 3), mais on dit aussi (V, 154) : « Même si la conduite de l'époux n'est pas droite, même s'il s'adonne à d'autres amours et n'a pas de qualités, la femme doit cependant le vénérer comme un dieu. »

[467] L'offrande sacrée du corps et même de la virginité se trouve réglée d'une façon rigoureuse dans une institution qui est un autre objet de scandale pour les modernes : la *prostitution sacrée*, pratiquée dans les anciens temples syriaques, lyciens, lydiens, thébains, etc... La femme ne devait pas faire la première offrande d'elle-même dans un mouvement passionnel orienté vers un homme donné, mais devait, dans l'esprit d'un sacrifice sacré, d'une offrande à la déesse, se donner au premier homme qui, dans l'enceinte sacrée, lui jetait une pièce de monnaie, d'une valeur quelconque. Ce n'est qu'après cette offrande rituelle de son corps que la femme pouvait se marier. HERODOTE (I, 190) rapporte comme un fait significatif « qu'une fois revenue chez elle, on peut offrir (à cette enfant devenue femme) la plus forte somme : on n'obtiendra plus rien d'elle » - ce qui suffit déjà

C'est d'ailleurs, à un moindre degré, une attitude analogue que l'on présupposait d'une façon naturelle dans les civilisations où l'institution du concubinat présenta, à sa façon, un caractère régulier et fut légalement reconnu en tant que complément du mariage monogamique, comme ce fut le cas, en Grèce, à Rome et ailleurs. L'exclusivisme sexuel s'y trouvait pareillement dépassé.

Il va de soi que nous n'avons pas en vue ici ce à quoi se sont souvent réduits, en fait, le harem et les autres institutions analogues. Nous avons en vue ce qui leur correspondait dans la pure idée traditionnelle, à savoir la possibilité supérieure toujours susceptible de se réaliser, en principe, à travers des institutions de ce genre. C'est la mission de la tradition - nous le répétons - de creuser des lits solides, pour que les fleuves chaotiques de la vie coulent dans la direction juste. Sont libres ceux qui, tout en suivant cette direction traditionnelle, ne l'éprouvant pas comme une contrainte, mais s'y développent spontanément, s'y reconnaissent, au point d'actualiser comme par un mouvement intérieur la possibilité la plus haute, « traditionnelle », de leur nature. Les autres, ceux qui suivent matériellement les institutions, en obéissant, mais sans les comprendre et les vivre, sont les « soutenus » : bien que privée de lumière, leur obéissance les porte virtuellement au-delà des limites de leur individualité, les place sur la même direction que les premiers. Mais pour ceux qui ne suivent ni dans l'esprit, ni dans la forme, le lit traditionnel, il n'y a que le chaos. Ce sont les perdus, les tombés.

Tel est le cas des modernes, même en ce qui concerne la femme. En vérité, il n'était pas possible qu'un monde qui a « dépassé » les castes en restituant à chaque être humain - pour s'exprimer dans le jargon jacobin - sa

---

à montrer combien peu de « corruption » et de « prostitution » il entrait dans tout cela. Un autre aspect de cette institution est relevé par MEREJKOWSKI (*Les Mystères de l'Orient*, Paris, 1927, p. 358) : « Tout être humain doit, au moins une fois dans sa vie, s'arracher à la chaîne de la naissance et de la mort ; une fois au moins dans sa vie tout homme doit s'unir à une femme et toute femme à un homme, mais non pas pour enfanter, puis mourir. Lorsque l'homme dit [en jetant la pièce de monnaie] : « J'appelle la déesse Mylitta », la femme est pour lui Mylitta elle-même. » Cf. J. EVOLA, *Métaphysique du Sexe*, cit., pour le développement de cet ordre d'idée.

« dignité » et ses « droits », puisse conserver un sens quelconque des justes relations entre les deux sexes.

L'émancipation de la femme devait fatalement suivre l'émancipation de l'esclave et la glorification du sans-classe et du sans-tradition, c'est-à-dire du paria. Dans une société qui ne connaît plus ni l'Ascète, ni le Guerrier, dans une société où les mains des derniers aristocrates semblent faites davantage pour les raquettes de tennis ou les shakers de cocktails que pour l'épée ou le sceptre, dans une société où le type de l'homme viril, quand il ne s'identifie pas à la larve blafarde de l'« intellectuel » et du « professeur », au fantoche narcissiste de l'« artiste » ou à la petite machine affairée et malpropre du banquier et du politicien, est représenté par le boxeur ou l'acteur de cinéma - dans une telle société, il était naturel que même la femme se levât et revendiquât pour elle aussi une « personnalité » et une liberté au sens anarchique et individualiste de l'époque actuelle. Là où l'éthique traditionnelle demandait à l'homme et à la femme d'être toujours plus eux-mêmes, d'exprimer par des traits toujours plus audacieux ce qui fait de celui-là un homme et de celle-là, une femme - la nouvelle civilisation tend au nivellement, à l'informe, à un état qui en réalité n'est pas au-delà, mais en-deçà de l'individuation et de la différence des sexes.

On a pris une abdication pour une conquête. Après des siècles « d'esclavage » la femme a donc voulu être libre, être elle-même. Mais le « féminisme » n'a pas su concevoir pour la femme une personnalité qui ne fût pas une imitation de celle du mâle, si bien que ses « revendications » masquent un manque fondamental de confiance de la femme nouvelle vis-à-vis d'elle-même, son impuissance à être ce qu'elle est et à compter pour ce qu'elle est : une femme et non un homme. Par une fatale incompréhension, la femme moderne a éprouvé le sentiment d'une infériorité tout à fait imaginaire à n'être que femme et a presque considéré comme une offense d'être traitée « seulement en femme ». Telle a été l'origine d'une fausse vocation manquée : et c'est précisément pour cela que la femme a voulu prendre une revanche, revendiquer sa « dignité », montrer sa « valeur » - en allant se mesurer avec l'homme. Il ne s'agissait nullement, toutefois, de l'homme véritable, mais bien de l'homme-construction, de l'homme-fantoche d'une civilisation standardisée, rationalisée, n'impliquant presque plus rien de vraiment différencié et de qualitatif. Dans une telle civilisation, il ne peut évidemment plus être question d'un privilège légitime quelconque, et les femmes, incapables de reconnaître leur vocation naturelle et de la défendre, ne fût-ce que sur le plan le plus bas (parce qu'aucune femme sexuellement heureuse n'éprouve jamais le besoin d'imiter et d'envier l'homme), purent facilement démontrer qu'elles possédaient virtuellement, elles aussi, les facultés et les talents - matériels et intellectuels - de l'autre sexe, qui sont, en général, nécessaires et appréciés dans une société du type moderne. L'homme, en vérité irresponsable, a d'ailleurs laissé faire, a même aidé, a poussé la femme dans les rues, dans les bureaux, dans les écoles, dans les usines, dans tous les carrefours contaminateurs de la société et de la culture moderne. C'est ainsi qu'a été donnée la dernière poussée nivellatrice.

Et là où l'émasculation spirituelle de l'homme moderne matérialisé n'a pas restauré tacitement la primauté, propre aux anciennes communautés gynécocratiques, de la femme hétaïre, arbitre d'hommes abrutis par les sens et travaillant pour elle, le résultat a été la dégénérescence du type féminin jusque dans ses caractéristiques somatiques, l'atrophie de ses possibilités naturelles, l'étouffement de son intériorité spécifique. De là le type *garçonne*, la jeune fille vidée, à la page, incapable de tout élan au-delà d'elle-même, incapable même, en fin de compte, de sensualité et de péché, car, pour la femme moderne, même les promesses de l'amour physique présentent souvent moins d'attrait que le culte narcissiste de son propre corps, que de s'exhiber habillée ou le moins vêtue possible, moins d'attrait que l'entraînement physique, la danse, le sport, l'argent, etc... L'Europe connaissait déjà bien peu la pureté de l'offrande, la fidélité qui donne tout et ne demande rien, l'amour qui est assez fort pour n'avoir pas besoin d'être exclusif. A part une fidélité purement conformiste et bourgeoise, l'amour que l'Europe avait choisi était celui qui ne permet pas à l'aimé de ne pas aimer. Or, quand la femme, pour se consacrer à lui, prétend qu'un homme lui appartienne d'âme et de corps, non seulement elle a déjà « humanisé » et appauvri son offrande, mais surtout elle a commencé à trahir l'essence pure de la féminité pour adopter, là encore, un mode d'être propre à la nature masculine - et de l'espèce la plus basse : la possession, le droit sur l'autre et l'orgueil du Moi. Le reste a suivi et, comme dans toute chute, selon une loi d'accélération. En effet, la femme qui prétend garder un homme pour elle toute seule, finit par désirer en posséder plus d'un. Dans une phase ultérieure, son égocentrisme augmentant, ce ne seront plus les hommes qui l'intéresseront, mais seulement ce qu'ils peuvent lui donner pour satisfaire son plaisir ou sa vanité. Comme épilogue, la corruption et la superficialité, ou bien une vie pratique et extériorisée du type masculin qui dénature la femme et la jette dans la fosse masculine du travail, du gain, de l'activité pratique paroxystique et même de la politique.

Tels sont les résultats de l'« émancipation » occidentale, qui est d'ailleurs en train de contaminer le monde entier plus rapidement qu'une peste. La femme traditionnelle, la femme absolue, en se donnant, en ne vivant pas pour soi, en *voulant* être tout entière pour un autre être avec simplicité et pureté, s'accomplissait, s'appartenait, avait *son* héroïsme - et, au fond, devenait supérieure à l'homme ordinaire. La femme moderne, en voulant être pour soi-même, s'est détruite. La « personnalité » désirée lui a enlevé toute personnalité.

Et il est facile de prévoir ce que deviendront, dans ces conditions, les relations entre les deux sexes, même du point de vue matériel. Ici, comme dans la magnétisme, plus forte est la polarité, plus l'homme est vraiment homme et la femme vraiment femme, et plus est haute et vive l'étincelle créatrice. Que peut-il exister, en revanche, entre ces êtres mixtes, privés de tout rapport avec les forces de leur nature la plus profonde ? Entre ces êtres chez qui le sexe commence et finit sur le simple plan physiologique, à supposer même que des inclinations anormales ne se soient pas manifestées ? Entre ces êtres qui, dans leur âme, ne sont ni homme ni femme, ou qui, étant femme, sont homme et étant homme, sont femme, et vantent comme un « au-delà » du sexe ce qui n'est effectivement qu'un « en-deçà » ? Toute relation ne pourra plus avoir qu'un caractère équivoque et falot - promiscuité d'une pseudo-camaraderie, sympathies « intellectuelles » morbides, banalité du nouveau réalisme communiste - ou bien souffrira de tous les complexes névrotiques et autres sur lesquels Freud a édifié une « science » qui est un véritable signe des temps. Le monde de la femme « émancipée » ne comporte pas d'autres possibilités, et les avant-gardes de ce monde, la Russie et l'Amérique du Nord, sont déjà là pour fournir, à cet égard, des témoignages particulièrement significatifs[468], sans parler du phénomène du troisième sexe.

Or, tout cela ne peut pas ne pas avoir de répercussions sur un ordre de choses dont les modernes, dans leur légèreté, sont loin de soupçonner la portée.

---

[468] Selon des statistiques de 1950, faites sur une base médicale (C. FREED et W.S. KROGER), 75% des jeunes filles nord-américaines seraient « sexuellement anesthésiées » et leur « libido » (pour employer le terme freudien), serait axée principalement dans le sens du narcissisme exhibitionniste. Chez les femmes anglo-saxonnes en général l'inhibition névrotique de la vie sexuelle, authentiquement féminine, est caractéristique, et provient de ce qu'elles sont victime du faux idéal de « dignité » en même temps que des préjugés du moralisme puritain.

21

DÉCLIN DES RACES SUPÉRIEURES

Le monde moderne est loin d'être menacé par une diminution de la natalité et une augmentation de la mortalité. Le cri d'alarme qu'avaient lancé, naguère, certains chefs politiques, en exhumant même la formule absurde « le nombre fait la puissance », est dépourvu de tout fondement. Le vrai danger est à l'opposé : c'est celui d'une multiplication incessante, effrénée et grotesque des populations sur le plan de la quantité pure. Le déclin se manifeste uniquement dans les souches qu'il convient de considérer comme porteuses de forces, supérieures au pur demos et au monde des masses, qui conditionnent toute véritable grandeur humaine. En critiquant le point de vue raciste, nous avons déjà parlé de cette force occulte qui, lorsqu'elle est présente, vivante et active, est le principe d'une génération au sens supérieur et réagit sur le monde de la quantité en y imprimant une forme et une qualité. À cet égard, on peut dire que les races supérieures occidentales sont entrées, depuis des siècles déjà, en agonie, et que le développement croissant des populations de la terre est assimilable au pullulement vermiculaire que l'on constate dans la décomposition des organismes et dans l'évolution d'un cancer : ce dernier correspondant précisément à l'hypertrophie effrénée d'un plasma qui, se trouvant soustrait à la loi régulatrice de l'organisme, en dévore les structures normales et différenciées. Tel est le tableau que nous offre le monde moderne : à la régression et au déclin des forces fécondatrices, au sens supérieur du terme, c'est-à-dire des forces porteuses de la forme, correspond la prolifération illimitée de la « matière », du sans-forme, de l'homme-masse.

À ce phénomène n'est pas étranger ce que nous avons exposé, dans le chapitre précédent, au sujet du sexe et des rapports actuels entre l'homme et la femme, car ceux-ci intéressent également le problème de la procréation et sa signification. S'il est vrai que le monde moderne semble destiné à ignorer désormais ce que sont la femme et l'homme absolus, si la sexuation des êtres y est incomplète - et si l'on veut, au nom de l'esprit, qu'elle soit incomplète, c'est-à-dire limitée au plan corporel - il n'est pas surprenant que se soient perdues ces dimensions supérieures et même transcendantes du sexe que le monde de la Tradition reconnut sous des formes multiples et que cela influe sur le régime des unions sexuelles et les possibilités qu'elles offrent, soit comme pure expérience érotique, soit - et c'est ce second aspect qui entre précisément ici en ligne de compte - en vue d'une procréation qui ne s'épuise pas dans le simple et opaque fait biologique.

Le monde de la Tradition connut effectivement un *sacrum* sexuel et une magie du sexe. À travers des symboles et des coutumes innombrables, que l'on retrouve dans les régions du monde les plus diverses, transparaît constamment la reconnaissance du sexe comme force créatrice primordiale, et qui dépasse l'individu. Chez la femme, on évoquait les puissances abyssales soit d'ardeur et de lumière, soit de danger et de désagrégation[469]. En elle vivait la force tellurique, la Terre - et dans l'homme, le Ciel. C'est *organiquement* et consciemment qu'était assumé tout ce qui, chez l'homme vulgaire, et aujourd'hui plus que jamais, n'est vécu que sous forme de sensations périphériques, impulsions passionnelles et charnelles. La procréation était *décrétée*[470] et le produit de cette procréation voulu avant tout, ainsi que nous l'avons dit, comme le « fils du devoir », comme celui qui doit reprendre et alimenter l'élément surnaturel de la souche, la libération de l'ancêtre, qui doit recevoir et transmettre « la force, la vie, la stabilité ». Avec le monde moderne, tout cela est devenu une insipide rêverie : les hommes, au lieu de posséder le sexe, sont possédés par lui, et s'abattent çà et là comme ivres, incapables désormais de savoir ce qui s'allume dans leurs embrassements, ni de voir le

---

[469] Cf. EVOLA, *Métaphysique du Sexe*, cit., notamment chap. V et VI.
[470] Formules upanishadiques pour l'union sexuelle : « Avec ma virilité, avec ma splendeur, je te confère la splendeur » - « Je suis lui et tu es elle, tu es elle et je suis lui. Je suis le Ciel, tu es la Terre. De même que la Terre renferme dans son sein le dieu Indra, de même que les points cardinaux sont remplis de vent, ainsi je dépose en toi l'embryon de (le nom de notre fils » (*Brhadâranyaka-upanishad*, VI, iv, 8 ; VI, iv, 20-22 ; cf. *Atharva-Veda*, XIV, 2, 71).

démon qui se joue misérablement d'eux à travers leur recherche du « plaisir » ou leurs impulsions romantico-passionnelles. De sorte que, sans qu'ils en sachent rien, en dehors et souvent contre leur volonté, un nouvel être naît de temps en temps au hasard d'une de leurs nuits, souvent comme un intrus, sans continuité spirituelle, et, dans les dernières générations, sans même ce fade résidu que représentent les liens affectifs de type bourgeois.

Quand les choses en sont arrivées là, il ne faut pas s'étonner que les races supérieures meurent. La logique inévitable de l'individualisme tend aussi vers ce résultat, surtout dans les « classes » prétendument « supérieures » d'aujourd'hui, car elle ne peut pas ne pas diminuer l'intérêt porté à la procréation ; sans parler de tous les autres facteurs de dégénérescence inhérents à une vie sociale mécanisée et urbanisée et surtout à une civilisation qui ne sait plus rien des limites salutaires et créatrices constituées par les castes et par les traditions du sang. La fécondité se concentre alors dans les couches sociales les plus basses et chez les races inférieures, où l'impulsion animale est plus forte que tout calcul et toute considération rationnelle. Il s'ensuit inévitablement une *sélection à rebours*, la montée et l'envahissement d'éléments inférieurs, contre lesquels la « race » des classes et des peuples supérieurs, épuisée et défaite, ne peut plus rien, ou presque, comme élément spirituellement dominateur.

Si l'on parle toujours plus, aujourd'hui, d'un « contrôle des naissances », devant les effets catastrophiques du phénomène démographique que nous avons comparé à un cancer, ce n'est pas pour autant que l'on a abordé le problème essentiel car on ne suit aucunement, ici, un critère qualitatif, différencié. Mais la sottise est encore plus grande chez ceux qui s'insurgent contre ce contrôle en invoquant des idées traditionalistes et moralisantes devenues, désormais, de simples préjugés. Si c'est la grandeur et la puissance d'une race qui vous tient à coeur, il est inutile de se préoccuper de la qualité matérielle de la paternité, quand elle ne s'accompagne pas de la *qualité spirituelle*, au sens d'intérêts supérieurs, de juste rapport entre les sexes et surtout de la *virilité* - au sens véritable du terme, différent de celui qu'il revêt sur le plan de la nature inférieure.

Nous avons fait le procès de la décadence de la femme moderne, mais il ne faut pas oublier que l'homme en est le premier responsable. De même que la plèbe n'aurait jamais pu faire irruption dans tous les domaines de la vie sociale et de la civilisation s'il y avait eu de vrais rois et de vrais aristocrates, de même, dans une société régie par des hommes véritables, jamais la femme n'aurait voulu ni pu s'engager sur la voie qu'elle suit aujourd'hui. Les périodes où la femme a connu l'autonomie et la prééminence ont presque toujours coïncidé avec la décadence de civilisations anciennes. Aussi bien n'est-ce pas contre la femme que devrait être dirigée la véritable réaction contre le féminisme et autres déviations féminines, mais contre l'homme. On ne peut demander à la femme de redevenir femme au point de rétablir les conditions intérieures et extérieures nécessaires à la réintégration d'une race supérieure, alors que l'homme ne connaît plus qu'un simulacre de virilité.

Si l'on ne réussit pas à réveiller la *signification spirituelle* du sexe, si, en particulier, on ne sépare pas de nouveau, durement, de la substance spirituelle devenue amorphe et mêlée, la forme virile - tout est inutile. La virilité physique, phallique, animale et musculaire est inerte, elle ne contient aucun germe créateur au sens supérieur : même quand l'homme phallique a l'illusion de posséder, en réalité il est passif, il subit toujours la force plus subtile propre à la femme et au principe féminin[471]. *Il n'y a que dans l'esprit que le sexe soit vrai et absolu.*

L'homme, dans toute tradition de type supérieur, a toujours été considéré comme le porteur de l'élément ourano-solaire d'une lignée. Cet élément transcende le simple principe du « sang », et se perd immédiatement quand il passe dans la ligne féminine, bien que son développement soit favorisé par le terrain que représente la pureté d'une femme de caste. Il demeure toujours, en tout cas, le principe qualificateur, celui qui donne la forme, qui ordonne la substance génératrice féminine[472]. Ce principe est en

---

[471] Cf. EVOLA, *Métaphysique du Sexe*, cit.

[472] Cf. *Mânavadharmaçâstra*, IX, 35-36 : « Si l'on compare le pouvoir procréateur mâle au pouvoir féminin, le mâle est déclaré supérieur, parce que la progéniture de tous les êtres est marquée par la caractéristique de la puissance mâle... Quelle que soit l'espèce de graine qu'on jette dans un champ préparé à la saison qui convient, cette graine se développe en une plante de la même espèce douée de qualités particulières évidentes. » C'est pour cette

relation avec l'élément surnaturel, avec la force qui peut faire « couler le courant vers le haut » et dont la « victoire », la « fortune » et la prospérité d'une souche, sont normalement les conséquences. C'est pourquoi l'association symbolique, propre aux antiques formes traditionnelles, de l'organe viril à des idées de résurrection et d'ascèse et à des énergies conférant le plus haut des pouvoirs, ont une signification qui, loin d'être obscène, est réelle et profonde[473]. Comme un écho de ces significations supérieures, se retrouve, de la façon la plus nette, même chez beaucoup de peuples sauvages, le principe selon lequel seul l'initié est vraiment mâle, que c'est l'initiation qui marque éminemment le passage à la virilité ; avant l'initiation, les individus sont semblables aux animaux, ne « sont pas encore devenus des hommes » : fussent-ils des vieillards, ils s'identifient aux enfants et aux femmes et restent privés de tous les privilèges réservés aux élites viriles des clans[474]. Quand on

---

raison que le système des castes connut aussi l'hypergamie : l'homme de caste supérieure pouvait avoir, en plus des femmes de sa caste, des femmes de caste inférieure, et cela d'autant plus que la caste de l'homme était plus élevée (cf. *Pârikshita*, 1, 4 ; *Mânavadharmaçâstra*, 111, 13). Il subsiste, même chez les peuples sauvages, l'idée de la dualité entre le *mogya*, ou sang, et le *ntoro*, ou esprit, qui se propage exclusivement en ligne masculine (cf. LEVY-BRUHL, *Ame primit.*, cit., p. 243).

[473] Dans la tradition hindoue, la semence masculine est souvent appelée *vîrya*, terme qui, dans les textes techniques des ascètes - en particulier des bouddhistes - est aussi employé pour la force « à contre-courant » qui peut renouveler surnaturellement toutes les facultés humaines. Les ascètes et les yogî çivaïtes portent le phallus comme une sorte de signe distinctif. En Lydie, en Phrygie, en Etrurie et ailleurs, on posait sur les tombes des phallus ou des statuettes de forme itiphallique (cf. A. DIETRICH, *Mutter Erde*, Leipzig, 1925, p. 104), ce qui exprime précisément l'association entre la force virile et la force des résurrections. En Égypte, l'Osiris itiphallique fut le symbole « solaire » de la résurrection. Ainsi, dans le *Livre des Morts* (*XVIII*) on lit ces invocations du mort : « O divinités jaillies du principe viril (litt. du phallus), tendez-moi les bras... O phallus d'Osiris toi qui surgis pour l'extermination des rebelles ! Par ta vertu je suis plus fort que les forts, plus puissant que les puissants ! » - De même, dans l'hellénisme, Hermès considère Hermès itiphallique comme le symbole de l'homme primordial ressuscité « qui se tient, qui se tint et qui se tiendra debout » à travers les diverses phases de la manifestation (cf. HIPPOLYTE, *Philos.*, V, 8, 14). Un écho superstitieux de cette conception se retrouve dans la Rome antique où l'on faisait appel au phallus (virilité magique) pour briser les fascinations et éloigner les influences néfastes.

[474] Cf. WEBSTER, *Primitive Secret Societies*, cit., pp. 31-34.

ne sent plus que c'est l'élément supra-biologique qui est le centre et la mesure de la virilité véritable, même si l'on continue de revendiquer le nom d'homme, on n'est, en réalité, qu'un eunuque, et la paternité n'a plus d'autre signification qu'une paternité d'animaux qui, dupés par le plaisir, procréent aveuglément d'autres animaux, fantômes d'existence comme eux-mêmes.

Devant une telle situation, on peut chercher à étayer le cadavre pour lui donner l'apparence de la vie, on peut traiter les hommes comme des lapins et des étalons en rationalisant leurs unions - parce qu'ils ne méritent pas autre chose - mais il ne faut pas s'y tromper : ou bien l'on en viendra à une culture de très beaux animaux de travail, ou bien, si la tendance individualiste et utilitaire prévaut, une loi plus forte entraînera les races vers la régression ou l'extinction avec la même inflexibilité que la loi physique de l'entropie et de la dégradation de l'énergie. Et ce sera là un des multiples aspects, devenus matériellement visibles aujourd'hui, du déclin de l'Occident.

Avant de passer à la seconde partie de cet ouvrage, nous ferons, à titre de transition, une dernière observation, qui se rapporte directement à ce que nous avons déjà dit au sujet des rapports entre la virilité spirituelle et la religiosité dévotionnelle.

Il ressort de ces considérations que ce qu'on a l'habitude, en Occident, d'appeler « religion », correspond à une attitude d'esprit essentiellement « féminine ». Le rapport avec le surnaturel conçu comme une hypostase théistique, et vécu comme dévouement, dévotion, renoncement intime à sa propre volonté, présente - sur son plan - les mêmes caractéristiques que la voie dans laquelle une nature féminine peut s'accomplir.

D'autre part, si l'élément féminin correspond, en général, à l'élément naturel, on peut concevoir que dans le monde de la Tradition les castes et les races inférieures - où cet élément était plus agissant que dans les autres et qui étaient régies par la puissance des rites aristocratiques et de l'hérédité divine - bénéficièrent de la participation à un ordre plus élevé précisément à travers des rapports de type « religieux ». Même la « religion » pouvait donc avoir, dans l'ensemble de la hiérarchie, une place et une fonction, bien que celles-ci fussent relatives et subordonnées par rapport à ces formes plus hautes de réalisation spirituelle dont on a déjà parlé : initiation, et variétés de la haute ascèse.

Avec la destruction des castes et des structures sociales similaires, avec l'arrivée au pouvoir des couches et des races inférieures, il était inévitable que, dans ce domaine aussi, l'esprit qui leur était propre triomphât ; que tout rapport avec le surnaturel fût conçu exclusivement sous forme de « religion » ; que toute autre forme d'un niveau plus élevé fût considérée avec méfiance quand elle n'était pas stigmatisée comme sacrilège et démoniaque. C'est cette féminisation de la spiritualité, dont l'origine remonte à une époque ancienne, qui détermina la première altération de la tradition primordiale chez les races où elle prévalut.

Suivre ce processus de décadence en même temps que tous ceux qui ont abouti à l'effondrement de l'humanité virile et solaire des origines, tel sera l'objet des considérations que nous développerons dans la seconde partie de cet ouvrage et à travers lesquelles apparaîtront la genèse et le visage du « monde moderne ».

FIN DE LA PREMIÈRE PARTIE

Deuxième partie

GENÈSE ET VISAGE DU MONDE MODERNE

« Le Sage connaît beaucoup de choses – Il prévoit beaucoup de choses, le déclin du monde – la fin des Ases »

(Völuspâ, 44)

« Je vous révèle un secret. Voici le temps où l'Époux couronnera l'Epouse. Mais où est la couronne ? Vers le nord... Et d'où vient l'Époux ? Du Centre, où la chaleur engendre la Lumière et se dirige vers le Nord... où la Lumière devient resplendissante. Or, que font ceux du Midi ? Ils se sont endormis dans la chaleur ; mais ils se réveilleront dans la tempête et, parmi eux, beaucoup seront épouvantés au point d'en mourir ».

J. BOHEME, (*Aurora*, II,XI,43).

La méthode adoptée dans la première partie de cet ouvrage présente, par rapport à celle que nous suivrons désormais, une différence qu'il importe de bien mettre en lumière.

Dans la première partie nous nous sommes placés d'un point de vue essentiellement morphologique et typologique. Il s'agissait surtout d'extraire de témoignages divers les éléments permettant le mieux de préciser dans l'universel, donc supra-historiquement, la nature de l'esprit traditionnel et de la vision traditionnelle du monde, de l'homme et de la vie. Il n'était donc pas nécessaire d'examiner le rapport existant entre les données utilisées et l'esprit général des diverses traditions historiques dont elles dépendent. Les éléments qui, dans l'ensemble d'une tradition particulière et concrète, ne sont pas conformes au pur esprit traditionnel, pouvaient être ignorés et considérés comme sans influence sur la valeur et le sens des autres. Il ne s'agissait pas non plus de déterminer dans quelle mesure certaines positions et certaines institutions historiques étaient « traditionnelles » dans l'esprit, ou seulement dans la forme.

Notre propos sera désormais différent. Il consistera à suivre la dynamique des forces traditionnelles et anti-traditionnelles à travers l'histoire, ce qui exclut la possibilité d'appliquer la même méthode, à savoir d'isoler et de valoriser, en raison de leur « traditionnalité », certains éléments particuliers dans l'ensemble des civilisations historiques. Ce qui comptera à l'avenir, et constituera l'objet spécifique de cette nouvelle approche, ce sera au contraire l'esprit d'une civilisation déterminée, le sens selon lequel elle a fait agir d'une façon concrète *tous* les éléments compris en elle. La considération *synthétique* des forces remplacera *l'analyse* visant à dégager les *éléments valables*. Il s'agira de découvrir la « dominante » des divers complexes historiques et de déterminer la valeur de leurs différents éléments, non pas dans l'absolu et dans l'abstrait, mais en tenant compte de l'action qu'ils ont exercée sur telle ou telle civilisation, envisagée dans son ensemble.

Alors que dans la première partie nous avons procédé à une intégration de l'élément historique et particulier dans l'élément idéal, universel et « typique », il s'agira donc, maintenant, d'intégrer l'élément idéal dans l'élément réel. Plutôt que d'utiliser les méthodes et les résultats de l'historiographie critique moderne, cette intégration se fondera essentiellement, comme dans le premier cas, sur un point de vue « traditionnel » et métaphysique, et sur l'intuition d'un *sens* qui ne se déduit pas des éléments particuliers, mais que l'on présuppose et à partir duquel on peut saisir et mesurer leur valeur organique ainsi que le rôle qu'ils ont pu jouer aux différentes époques et dans les diverses formes historiquement conditionnées.

Il pourra donc arriver que ce qui a été omis dans la première intégration figure au premier plan dans la seconde, et inversement ; dans le cadre d'une civilisation donnée, certains éléments pourront être mis en lumière et considérés comme décisifs, alors que dans d'autres civilisations, où ils existent aussi, ils devront être laissés dans l'ombre, et considérés comme négligeables.

Pour une certaine catégorie de lecteurs ces précisions ne seront pas inutiles. Envisager la Tradition en tant qu'histoire après l'avoir envisagée en tant que super-histoire, comporte un déplacement de perspective ; la valeur attribuée aux mêmes éléments se modifie ; des choses qui étaient unies se séparent et des choses qui étaient séparées s'unissent, selon les fluctuations de la contingence inhérente à l'histoire.

1

LA DOCTRINE DES QUATRE ÂGES

Alors que l'homme moderne, jusqu'à une époque toute récente, a conçu le sens de l'histoire comme une évolution et l'a exalté comme tel, l'homme de la Tradition eut conscience d'une vérité diamétralement opposée à cette conception. Dans tous les anciens témoignages de l'humanité traditionnelle, on retrouve toujours, sous une forme ou sous une autre, l'idée d'une régression, d'une « chute » : d'états originels supérieurs, les êtres seraient descendus dans des états toujours plus conditionnés par l'élément humain, mortel et contingent. Ce processus involutif aurait pris naissance à une époque très lointaine. Le mot eddique *ragna-rökkr*, « obscurcissement des dieux », est celui qui le caractérise le mieux. Et il s'agit d'un enseignement qui ne s'est pas exprimé, dans le monde traditionnel, d'une façon vague et générale, mais s'est défini au contraire en une doctrine organique, dont les diverses expressions présentent, dans une large mesure, un caractère d'uniformité : la *doctrine des quatre âges*. Un processus de décadence progressive au long de quatre cycles ou « générations » - tel est, traditionnellement, le sens effectif de l'histoire et par conséquent le sens de la genèse de ce que nous avons appelé, dans un sens universel, le « monde moderne ». Cette doctrine peut donc servir de base aux développements qui vont suivre.

La forme la plus connue de la doctrine des quatre âges est celle qu'elle revêt dans la tradition gréco-romaine. Hésiode parle de quatre âges portant successivement la marque de l'or, de l'argent, du bronze et du fer. Il insère ensuite entre les deux dernières un cinquième âge, l'âge des « héros », qui, ainsi que nous le verrons, n'a cependant pas d'autre signification que celle d'une restauration partielle et spéciale de l'état primordial[475]. La même doctrine s'exprime, dans la tradition hindoue, sous la forme de quatre cycles appelés respectivement satyâ-yuga, (ou kortâ-yuga), tretâ-yuga, dvâpara-yuga et kali-yuga (c'est-à-dire « âge sombre »)[476], en même temps que par l'image de la disparition progressive, au cours de ces cycles, des quatre pieds ou soutiens du taureau symbolisant le *dharma*, la loi traditionnelle. L'enseignement iranien est proche de l'hellénique : quatre âges marqués par l'or, l'argent, l'acier et un « mélange de fer » [477]. La même conception, présentée dans des termes pratiquement identiques, se retrouve dans l'enseignement chaldéen.

À une époque plus récente, apparaît l'image du char de l'univers, quadrige conduit par le dieu suprême et entraîné dans une course circulaire par quatre chevaux représentant les éléments. Chaque âge est marqué par la supériorité de l'un de ces chevaux, qui entraîne alors les autres avec lui, selon la nature symbolique, plus ou moins lumineuse et rapide, de l'élément qu'il représente[478].

La même conception réapparaît, bien que transposée dans la tradition hébraïque. Il est question, dans les Prophètes, d'une statue splendide, dont la tête est d'or, la poitrine et les bras d'argent, le ventre et les cuisses de cuivre, les jambes et les pieds de fer et d'argile : statue dont les différentes parties, ainsi divisées, représentent quatre « règnes » se succédant à partir du règne d'or du « roi des rois » qui a reçu « du dieu du ciel, puissance, force et gloire »[479].

En Égypte, il est possible que la tradition, rapportée par Eusèbe, concernant trois dynasties distinctes, constituées respectivement par les

---

[475] HESIODE, *Op. et Die*, vv. *109*, sqq.
[476] Cf. par ex. *Mânavadharmaçâstra*, *1*, *81*, sqq.
[477] Cf. F. CUMONT, *La fin du monde selon les Mages occidentaux* (Rev. Hist. Relig., 1931, nn. 1-2-3, pp. 50, sqq.)
[478] Cf. DION CHRYSOST., *Or.*, XXXVI, 39, sqq.
[479] *Daniel*, II, 31, 45.

dieux, les demi-dieux et les mânes[480], corresponde aux trois premiers âges - ceux de l'or, de l'argent et du bronze. On peut considérer comme une variante du même enseignement les anciennes traditions aztèques relatives aux cinq soleils ou cycles solaires, dont les quatre premiers correspondent aux éléments et où l'on voit figurer, comme dans les traditions euro-asiatiques, les catastrophes du feu et de l'eau (déluge) et ces luttes contre les géants qui caractérisent, comme nous le verrons, le cycle des « héros », ajouté par Hésiode aux quatre autres[481]. Sous des formes différentes, et d'une façon plus ou moins fragmentaire, le souvenir de cette tradition se retrouve également chez d'autres peuples.

Quelques considérations générales ne seront pas inutiles avant d'aborder l'examen du sens particulier de chaque période. La conception traditionnelle contraste en effet de la façon la plus nette avec les vues modernes relatives à la préhistoire et au monde des origines. Soutenir, comme on doit traditionnellement le faire, qu'ait existé, à l'origine, non l'homme animalesque des cavernes, mais un « plus qu'homme », soutenir qu'ait existé, dès la plus haute préhistoire, non seulement une « civilisation », mais aussi une « ère des dieux » [482] - c'est, pour beaucoup de gens, qui, d'une façon ou d'une autre, croient à la bonne nouvelle du darwinisme, tomber dans la pure « mythologie ». Cette mythologie, toutefois, ce n'est pas nous qui l'inventons aujourd'hui. Il faudrait donc expliquer son existence, expliquer pourquoi, dans les témoignages les plus reculés des mythes et des écrits de l'antiquité, on ne trouve rien qui vienne confirmer « l'évolutionnisme », pourquoi l'on y trouve, au contraire, l'idée constante d'un passé meilleur, plus lumineux et supra-humain (« divin ») ; il faudrait expliquer pourquoi on a si peu parlé des « origines animales », pourquoi il a été uniformément question, au contraire, d'une parenté originelle entre les hommes et les dieux et pourquoi a persisté le souvenir d'un état primordial d'immortalité, lié à l'idée que la loi de la mort est intervenue à un moment

---

[480] Cf. E.V. WALLIS BUDGE, *Egypt in the neolithic and archaic periods*, London, 1902, v. I, pp. 164, sqq.
[481] Cf. REVILLE, *Relig. du Mexique, cit.*, pp. 196-198.
[482] Cf. CICERON, *De Leg., II, 11* : « *Antiquitas proxime accedit ad Deos.* »

déterminé et, à vrai dire, comme un fait contre nature ou un anathème. Selon deux témoignages caractéristiques, la « chute » a été provoquée par le mélange de la race « divine » avec la race humaine au sens strict, conçue comme une race inférieure, certains textes allant jusqu'à comparer la « faute » à la sodomie, à l'union charnelle avec les animaux. Il y a d'abord le mythe des Ben-Elohim, ou « fils des dieux », qui s'unirent aux filles des « hommes » de sorte que finalement « toute chair avait corrompu sa voie sur la terre » [483]. Il y a, d'autre part, le mythe platonicien des Atlantes, conçus pareillement comme des descendants et des disciples des dieux, qui, par l'union répétée avec les humains, perdent leur élément divin, et finissent par laisser prédominer en eux la nature humaine sensible[484]. A propos d'époques plus récentes, la tradition, dans ses mythes, se réfère fréquemment à des races civilisatrices et à des luttes entre des races divines et des races animalesques, cyclopéennes ou démoniques. Ce sont les Ases en lutte contre les *Elementarwesen* ; ce sont les Olympiens et les « Héros » en lutte contre les géants et les monstres de la nuit, de la terre ou de l'eau ; ce sont les Deva aryens dressés contre les Asura, « ennemis des héros divins » ; ce sont les Incas, les dominateurs qui imposent leur loi solaire aux aborigènes de la « Mère Terre » ; ce sont les Tuatha de Danann qui, selon l'histoire légendaire de l'Irlande, s'affirmèrent contre les races monstrueuses des Fomors. Et l'on pourrait citer beaucoup d'autres exemples. On peut donc dire que l'enseignement traditionnel garde bien le souvenir - en tant que substratum antérieur aux civilisations créées par les races supérieures - de souches qui purent correspondre aux types animalesques et inférieurs de l'évolutionnisme ; mais l'erreur caractéristique de celui-ci est de considérer ces souches animalesques comme absolument originelles, alors qu'elles ne le sont que d'une manière relative, et de concevoir comme formes « évoluées » des formes de croisement présupposant l'apparition d'autres races,

---

[483] *Genèse*, VI, 4, sqq.
[484] PLATON, *Critias*, 110 c ; 120 d-e ; 121 a-b. « Leur participation à la nature divine commença à diminuer en raison de multiples et fréquents mélanges avec les mortels et la nature humaine prévalut. » Il est dit également que les œuvres de cette race étaient dues non seulement à son respect de la loi, mais « à la continuité de l'action de la nature divine en elle. »

supérieures biologiquement et en tant que civilisation, originaires d'autres régions et qui, soit en raison de leur ancienneté (comme c'est le cas pour les races « hyperboréenne » et « atlantique »), soit pour des motifs géophysiques, ne laissèrent que des traces difficiles à retrouver lorsqu'on ne s'appuie que sur les témoignages archéologiques et paléontologiques, les seuls qui soient accessibles à la recherche profane.

Il est très significatif, d'autre part, que les populations où prédomine encore ce que l'on présume être l'état originel, primitif et barbare de l'humanité ne confirment guère l'hypothèse évolutionniste. Il s'agit de souches qui, au lieu d'évoluer, tendent à s'éteindre, ce qui prouve qu'elles sont précisément des résidus dégénérescents de cycles dont les possibilités vitales étaient épuisées, ou bien des éléments hétérogènes, des souches demeurées en arrière du courant central de l'humanité. Cela est déjà vrai pour l'homme du Néanderthal, que son extrême brutalité morphologique semble apparenter à l'« homme singe » et qui a disparu mystérieusement à une certaine époque. Les races qui sont apparues après lui - l'homme d'Aurignac et surtout l'homme de Cro-Magnon - dont le type est à ce point supérieur qu'on peut déjà y reconnaître la souche de beaucoup de races humaines actuelles, ne peuvent être considérées comme une « forme évolutive » de l'homme du Néanderthal. Il en est de même pour la race de Grimaldi, également éteinte. Et il en est de même pour beaucoup de peuples « sauvages » encore vivants : ils n'« évoluent » pas, ils s'éteignent. Lorsqu'ils se « civilisent » il ne s'agit pas d'une « évolution », mais presque toujours d'une brusque mutation qui frappe leurs possibilités vitales. En réalité, la possibilité d'évoluer ou de déchoir ne peut dépasser certaines limites. Certaines espèces gardent leurs caractéristiques même dans des conditions relativement différentes de celles qui leur sont naturelles. En pareil cas, d'autres, au contraire, s'éteignent, ou bien il se produit des mélanges avec d'autres éléments, qui n'impliquent, au fond, ni assimilation ni véritable évolution mais entraînent plutôt quelque chose de comparable aux processus envisagés par les lois de Mendel sur l'hérédité : l'élément primitif, disparu en tant qu'unité autonome, se maintient en tant qu'hérédité latente séparée, capable de se reproduire sporadiquement, mais toujours avec un caractère d'hétérogénéité par rapport au type supérieur.

Les évolutionnistes croient s'en tenir « positivement » aux faits. Ils ne se doutent pas que les faits, en eux-mêmes, sont muets, et que les mêmes faits, différemment interprétés, témoignent en faveur des thèses les plus diverses. Ainsi, quelqu'un a pu démontrer qu'en dernière analyse toutes les données considérées comme des preuves de la théorie de l'évolution, pourraient venir également à l'appui de la thèse contraire - thèse qui, à plus d'un égard, correspond à l'enseignement traditionnel, à savoir que non seulement l'homme est loin d'Être un produit d'« évolution » des espèces animales, mais que beaucoup d'espèces animales doivent être considérées comme des branches latérales dans lesquelles a avorté une impulsion primordiale, qui ne s'est manifestée, d'une façon directe et adéquate, que dans les races humaines supérieures[485]. D'anciens mythes parlent de races divines en lutte contre des entités monstrueuses ou des démons animalesques avant que n'apparaisse la race des mortels (c'est-à-dire l'humanité dans sa forme la plus récente). Ces mythes pourraient se rapporter, entre autres, à la lutte du principe humain primordial contre les potentialités animales qu'il portait en lui et qui se trouvèrent, pour ainsi dire, séparées et laissées en arrière, sous forme de races animales. Les prétendus « ancêtres » de l'homme (tels que l'anthropoïde et l'homme glaciaire), représenteraient les premiers vaincus dans la lutte en question : des éléments mélangés avec certaines potentialités animales, ou emportés par celles-ci. Si, dans le totémisme, qui se rapporte à des sociétés inférieures, la notion de l'ancêtre collectif et mythique du clan se confond souvent avec celle du démon d'une espèce animale donnée, il faut y voir précisément le souvenir d'une période de mélanges de ce genre.

Sans vouloir aborder les problèmes, dans une certaine mesure transcendants, de l'anthropogénèse, qui ne rentrent pas dans le cadre de cet ouvrage, nous ferons observer qu'une interprétation possible de l'absence de fossiles humains et de *l'exclusive* présence de fossiles animaux dans la plus haute préhistoire, serait que l'homme primordial (s'il est toutefois permis d'appeler ainsi un type très différent de l'humanité historique) est entré le

---

[485] Cf. E. DACQUE, *Die Erdzeitalter*, München, 1929 ; *Urwelt, Sage und Menscheit*, München, 1928 ; *Leben als Symbol*, München, 1929. E. MARCONI, *Histoire de l'involution naturelle*, Lugano, 1915 - et aussi D. DEWAR, *The transformist illusion*, Tenessee, 1957.

dernier dans ce processus de matérialisation, qui, - après l'avoir déjà donné aux animaux - a donné à ses premières branches déjà dégénérescentes, déviées, mélangées avec l'animalité un organisme susceptible de se conserver sous la forme de fossiles. C'est à cette circonstance qu'il convient de rattacher le souvenir, gardé dans certaines traditions, d'une race primordiale « aux os faibles » ou « mous ». Par exemple, Li-tze (V), en parlant de la région hyperboréenne, où prit naissance, comme nous le verrons, le cycle actuel, indique que « ses habitants (assimilés aux "hommes transcendants") ont les os faibles ». A une époque moins lointaine, le fait que les races supérieures, venues du Nord, ne pratiquaient pas l'inhumation, mais l'incinération des cadavres, est un autre facteur à considérer dans le problème que pose l'absence d'ossements.

Mais, dira-t-on, de cette fabuleuse humanité, il n'existe pas davantage de traces d'un autre genre ! Or, outre qu'il y a de l'ingénuité à penser que des êtres supérieurs n'ont pu exister sans laisser de traces telles que des ruines, des instruments de travail, des armes, etc., ils convient de remarquer qu'il subsiste des restes d'oeuvres cyclopéennes, ne dénotant pas toujours, il est vrai, une haute civilisation, mais remontant à des époques assez lointaines (les cercles de Stonehenge, les énormes pierres posées en équilibre miraculeux, la cyclopéenne « *pedra cansada* » au Pérou, les colosses de Tiuhuanac, etc.) et qui laissent les archéologues perplexes au sujet des moyens employés, ne serait-ce que pour rassembler et transporter les matériaux nécessaires. En remontant plus loin dans le temps, on a tendance à oublier ce que d'autre part on admet ou, du moins, qu'on n'exclut pas, à savoir la disparition d'anciennes terres et la formation de terres nouvelles. On doit se demander, d'autre part, s'il est inconcevable qu'une race en rapport spirituel direct avec des forces cosmiques, comme la tradition l'admet pour les origines, ait pu exister avant qu'on ne se fût mis à travailler des morceaux de matière, de pierre ou de métal, comme s'y trouvent réduits ceux qui ne disposent plus d'aucun autre moyen pour agir sur les choses et les êtres. Que « l'homme des cavernes » relève du domaine de la fantaisie, déjà paraît certain : on commence à soupçonner que les cavernes préhistoriques (dont beaucoup révèlent une orientation sacrée) n'étaient pas, pour l'homme « primitif », des habitations de bête, mais au contraire les lieux d'un culte, demeuré sous cette forme même à des époques indubitablement « civilisées » (par exemple le culte gréco-minoïque des cavernes, les cérémonies et les retraites initiatiques sur l'Ida), et qu'il est naturel de ne trouver que là, en raison de la protection naturelle du lieu, des traces que le temps, les hommes et les éléments ne pouvaient laisser, ailleurs, arriver pareillement jusqu'à nous.

D'une façon générale, la Tradition a enseigné, et c'est là une de ses idées fondamentales, que l'état de connaissance et de civilisation fut l'état naturel, sinon de l'homme en général, du moins de certaines élites des origines ; que le savoir ne fut pas davantage « construit » et acquis, que la véritable souveraineté ne tira pas son origine du bas. Joseph de Maistre, après avoir montré que ce qu'un Rousseau et ses pareils avaient présumé être l'état de nature (en se référant aux sauvages) n'est que le dernier degré d'abrutissement de quelques souches dispersées ou victimes des conséquences de certaines dégradations ou prévarications qui en altérèrent la substance la plus profonde[486], dit très justement : « Nous sommes aveuglés sur la nature et la marche de la science par un sophisme grossier, qui a fasciné tous les yeux : c'est de juger du temps où les hommes voyaient les effets dans les causes, par celui où ils s'élèvent péniblement des effets aux causes, où ils ne s'occupent même que des effets, où ils disent qu'il est inutile de s'occuper des causes, où ils ne savent pas même ce que c'est qu'une cause »[487]. Au début, « non seulement les hommes ont commencé par la science, mais par une science différente de la nôtre, et supérieure à la nôtre ; parce qu'elle commençait plus haut, ce qui la rendait même très dangereuse ; et ceci explique pourquoi la science dans son principe fut toujours mystérieuse et renfermée dans les temples, où elle s'éteignit enfin, *lorsque cette flamme ne pouvait plus servir qu'à brûler* »[488]. Et c'est alors que peu à peu, à titre de

---

[486] J. DE MAISTRE, *Soirées de St. Pétersbourg*, Paris 1960, p. 59.
[487] *Ibid.*, p. 60.
[488] *Ibid.*, p. 75. Un des faits que J. DE MAISTRE (*ibid.*, pp. 96-97 et II *entretien*, *passim*) met en relief, est que les langues anciennes offrent un bien plus haut degré d'essentialité et de logique que les modernes, en faisant pressentir un principe caché d'organicité formatrice, qui n'est pas simplement humain, surtout lorsque, dans les langues antiques

succédané, commença à se former l'autre science, la science purement humaine et physique, dont les modernes sont si fiers et avec laquelle ils ont cru pouvoir mesurer tout ce qui, à leurs yeux, est civilisation, alors que cette science ne représente qu'une vaine tentative de se dégager, grâce à des succédanés, d'un état non naturel et nullement originel, de dégradation, dont on n'a même plus conscience.

Il faut admettre, toutefois, que des indications de ce genre ne peuvent être que d'un faible secours pour celui qui n'est pas disposé à changer sa mentalité. Chaque époque a son « mythe », qui reflète un état collectif déterminé. Le fait qu'à la conception aristocratique d'une origine d'« en haut », d'un passé de lumière et d'esprit, se soit substituée de nos jours l'idée démocratique de l'évolutionnisme, qui fait dériver le supérieur de l'inférieur, l'homme de l'animal, la civilisation de la barbarie - correspond moins au résultat « objectif » d'une recherche scientifique consciente et libre, qu'à une des nombreuses influences que, par des voies souterraines, l'avènement dans le monde moderne des couches inférieures de l'homme sans tradition, a exercées sur le plan intellectuel, historique et biologique. Ainsi, il ne faut pas s'illusionner : certaines superstitions « positives » trouveront toujours le moyen de se créer des alibis pour se défendre. Ce ne sont pas tant de nouveaux « faits » qui pourront amener à reconnaître des horizons différents, qu'une nouvelle attitude devant ces faits. Et toute tentative dé valoriser, sur le plan scientifique ce que nous entendons exposer surtout du point de vue dogmatique traditionnel, ne pourra réussir qu'auprès de ceux qui sont déjà préparés spirituellement à accueillir des connaissances de ce genre.

---

ou « sauvages », figurent des fragments évidents de langues encore plus anciennes détruites ou oubliées. On sait que Platon avait déjà exprimé une idée analogue.

2

L'ÂGE D'OR

Nous nous attacherons à définir maintenant, d'abord sur le plan idéal et morphologique, puis sur le plan historique, dans le temps et dans l'espace, les cycles correspondant aux quatre âges traditionnels. Nous commencerons par l'âge d'or.

Cet âge correspond à une civilisation des origines, dont l'accord avec ce que l'on a appelé l'esprit traditionnel était aussi naturel qu'absolu. C'est pourquoi l'on retrouve fréquemment, pour désigner aussi bien le « lieu » que la race auxquels l'âge d'or se trouve historiquement et supra-historiquement relié, les symboles et les attributs qui conviennent à la fonction suprême de la royauté divine - symboles de polarité, de solarité, d'altitude, de stabilité, de gloire, de « vie » au sens éminent. Durant les époques ultérieures et au sein des traditions particulières, déjà mêlées et dispersées, les élites dominatrices, au sens traditionnel, continuèrent effectivement de posséder en propre et de reproduire l'« être » des origines. Ce fait permet - au moyen d'un passage, pour ainsi dire, de la dérivée à l'intégrale - de déduire des titres mêmes et des attributs de ces couches dominatrices, des éléments propres à caractériser la nature du premier âge.

Le premier âge est essentiellement l'âge de l'être, et donc de la vérité au sens transcendant[489]. Cela découle non seulement du terme hindou de satyâ-yuga qui le désigne, où *sat* veut dire être, d'où *satya*, le vrai, mais probablement aussi du mot Saturne, qui désigne en latin le roi ou dieu de l'âge d'or. Saturnus, correspondant au Kronos hellénique, évoque

---

[489] La pureté de coeur, la justice, la sagesse, l'adhésion aux institutions sacrées, sont les qualités attribuées à toutes les castes durant le premier âge. Cf. Vishnu purâna, 1, 6.

obscurément la même idée, car on peut y retrouver la même racine aryenne *sat*, qui veut dire être, unie à la désinence attributive urnus, (comme dans nocturnus, etc.)[490]. Pour exprimer l'âge de ce qui est, donc de la stabilité spirituelle, on verra plus loin que, dans maintes représentations du lieu originel où ce cycle se développa, reviennent précisément les symboles de la « terre ferme » au milieu des eaux, de l'« île », du mont, de la « terre du milieu ». L'attribut *olympien* est donc celui qui lui convient le mieux.

En tant qu'âge de l'être, le premier âge est aussi, au sens éminent, l'âge des Vivants. Selon Hésiode, la mort - cette mort qui est vraiment une fin et ne laisse plus après elle que l'Hadès[491] - ne serait intervenue qu'au cours des deux derniers âges (du fer et du bronze). A l'âge d'or de Kronos, la vie était « semblable à celle des dieux » ἰσός τε θεοί. Il y avait « une éternelle jeunesse de force ». Le cycle se clôt, « mais ces hommes demeurent τοί μέν.. εἰσι » dans une forme invisible ἠέρα ἑσσαμενου[492], allusion à la doctrine déjà mentionnée de l'occultation des représentants de la tradition primordiale et de leur centre. Dans le royaume de l'iranien Yima, roi de l'âge d'or, on n'aurait connu ni la maladie ni la mort, jusqu'à ce que de nouvelles conditions cosmiques l'eussent contraint à se retirer dans un refuge « souterrain » dont les habitants échappent au sombre et douloureux destin des nouvelles générations[493],[494]. Yima, « le Splendide, le Glorieux, lui qui parmi les hommes est semblable au soleil », fit en sorte que, dans son royaume, la mort n'existât pas[495]. Selon les Hellènes et les Romains, dans le royaume d'or de Saturne, les hommes et les dieux immortels auraient vécu la même vie ; de même, les dominateurs de la première des dynasties mythiques égyptiennes sont appelés

---

[490] Cf. Introduzione alla Magia, Roma, 1955, v. 11, pp. 80 sqq.

[491] Cf. la première partie de cet ouvrage.

[492] *Op. et Di.*, vv. 121-125.

[493] Cf. F. SPIEGEL, *Die arische Periode und ihre Zustande*, Leipzig, 1887, pp. 125, 244.

[494] Cf. *Vendîdâd*, 11, 5.

[495] Cf. *Yaçna*, IX, 4. L'immortalité doit être considérée essentiellement ici comme l'état d'une âme indestructible, de sorte qu'il n'y a pas de contradiction avec la longévité dont on parle dans d'autres traditions - p. ex. les 400 années de vie humaine dont il est question dans le *satyâ-yuga* hindou - et qui se réfère à la durée de la vie matérielle (dans le corps) des hommes du premier âge.

dieux, êtres divins, et, selon le mythe chaldéen, la mort n'aurait régné universellement qu'à l'époque postdiluvienne, lorsque les « dieux » eurent laissé aux hommes la mort, et conservé pour eux-mêmes la vie[496]. Quant aux traditions celtiques, elles utilisent, pour désigner une île ou terre atlantique mystérieuse qui, selon l'enseignement druidique, fut le lieu d'origine des hommes[497], le terme de Tir na mBeo, la « Terre des Vivants » et Tir na hOge, la « Terre de la jeunesse »[498]. Dans la légende d'Echtra Condra Cain, où elle s'identifie au « Pays du Victorieux » - Tir na Boadag - on l'appelle « le Pays des Vivants, où l'on ne connaît ni mort ni vieillesse »[499].

D'autre part, la relation constante qui existe entre le premier âge et l'or, évoque ce qui est incorruptible, solaire, resplendissant, lumineux. Dans la tradition hellénique, l'or correspondait à la splendeur rayonnante de la lumière et à tout ce qui est sacré et grand - comme le dit Pindare[500] ; si bien que l'on qualifiait d'or ce qui est lumineux, rayonnant, beau et royal[501]. Dans la tradition védique le « germe primordial », l'hiranya-garbha est d'or, et, plus généralement, il est dit : « D'or, en vérité, est le feu, la lumière et la vie immortelle »[502]. Nous avons déjà eu l'occasion de mentionner la conception selon laquelle, dans la tradition égyptienne, le roi est « fait d'or », dans la mesure où par « or » on entendait le « fluide solaire » constituant le corps

---

[496] Cf. *Gilgamesh*, X, (Jensen, p. 29). Selon la *Genèse* (VI, 3, sqq.) la limitation de la durée de la vie (cent-vingt ans) n'intervient qu'à un moment donné, pour mettre fin à un état de lutte entre l'esprit divin et les hommes, c'est-à-dire seulement à partir du cycle « titanique » (troisième âge). Dans beaucoup de traditions de peuples sauvages, persiste l'idée qu'on ne meurt jamais en vertu de causes naturelles, que la mort est toujours un accident, un fait violent et non naturel, qui, de même que la maladie, s'explique, cas pour cas, par l'action magique de pouvoirs adverses (cf. LEVY-BRUHL, *Mental. Primit.*, cit., pp. 20-21) ; il s'agit là, quoique sous une forme superstitieuse, d'un écho du souvenir des origines.

[497] Cf. D'ARBOIS DE JOUBAINVILLE, *Le cycle mythologique irlandais et la mythologie celtique*, Paris, 1884, pp. 26-28.

[498] Cf. *The Battle of Gabhra*, Transl. of the Ossianic Society, Dublin, 1854, pp. 18-26.

[499] Cf. P.W. JOYCE, *Old Celtic Romances*, London, 1879, pp. 106-111.

[500] PINDARE, Ol., I, 1.

[501] Cf. PRELLER, *Griechische Mythologie*, Berlin, 1872, v. I, pp. 68-69.

[502] *Çatapatha-brâhm.* XIII, IV, 7 à cf. avec X, IV, 1, 5-6.

incorruptible des dieux célestes et des immortels, si bien que le titre « d'or » du roi - « Horus dont la substance est d'or » - désignait tout simplement son origine divine et solaire, son incorruptibilité et son indestructibilité[503]. De même, Platon[504] considère l'or comme l'élément différenciateur qui définit la nature de la race des dominateurs. Le sommet d'or du Mont Meru, considéré comme « pôle », patrie d'origine des hommes et résidence olympienne des dieux, l'or de l'« antique Asgard », résidence des Ases et des rois divins nordiques, située dans la « Terre du Centre »[505], l'or du « Pays pur » *Tsing ta*, et des lieux équivalents dont il est question dans les traditions extrême-orientales, etc., expriment l'idée selon laquelle le cycle originel vit se manifester, d'une façon particulière et éminente, la qualité spirituelle symbolisée par l'or. Et l'on doit se rappeler en outre que dans de nombreux mythes où il s'agit du dépôt ou de la transmission d'un objet d'or (du mythe des Hespérides à celui des Nixes nordiques et des trésors d'or des montagnes laissés par les Aztèques), il ne s'agit en réalité que du dépôt et de la transmission de quelque chose qui a trait à la tradition primordiale. Dans le mythe des Eddas, quand, après le *ragna-rök*, « l'obscurcissement des dieux », naissent une nouvelle race et un nouveau soleil et que les Ases se trouvent de nouveau réunis, ils découvrent la miraculeuse tablette d'or qu'ils avaient possédée à l'origine[506].

Les notions équivalentes, relatives au premier âge, de lumière et de splendeur, de « gloire » au sens spécifiquement triomphal déjà indiqué à propos du *hvarenô* mazdéen[507] précisant le symbolisme de l'or. La terre

---

[503] Cf. MORET, *Royaut. Pharaon.*, cit., p. 23.

[504] *Rep.*, III, 415 d. On retrouve le symbole de l'or (468 e) à propos des héros avec une référence explicite à la race primordiale.

[505] Le palais d'Odin dans l'Asgard resplendit d'or - comme « une salle irradiée par le soleil, couverte d'or, sur la cime du Gimle » (V6*luspâ*, 64). On trouve d'autres représentations dorées et rayonnantes de la résidence « divine » nordique dans *Grimnismâl*, 8 ; *Gylfaginning*, 14, 17. Sur l'arbre d'or rayonnant de l'Asgard, qui se rattache à la connaissance cosmique et à ce « qui continue toujours d'exister » (stabilité, « être »), cf. *Fiôlsvinsmâl*, 20, sqq.

[506] Cf. *Vâluspâ*, 58-59, *Gylfaginning*, 52.

[507] Cf. Première partie, chap. II.

primordiale habitée par la « graine » de la race aryenne et par Yima lui-même, le « Glorieux, le Resplendissant » - l'Airyanem Vaêjô - apparaît, en effet, dans la tradition iranienne, comme la première création lumineuse d'Ahura Mazda[508]. La Çveta-dvipa, l'île ou terre blanche du nord, qui en est une figuration équivalente (de même que l'Aztlan, résidence septentrionale originelle des Aztèques, dont le nom implique pareillement l'idée de blancheur, de luminosité)[509], est, selon la tradition hindoue, le lieu du *tejas*, c'est-à-dire d'une force rayonnante, où habite le divin Narâyana considéré comme la « lumière », comme « celui en qui resplendit un grand feu, rayonnant dans toutes les directions ». Or, dans les traditions extrême-orientales, selon une transposition supra-historique, le « pays pur », où n'existe que la qualité virile et qui est « *nirvâna* » - *ni-pan* - se trouve être la résidence d'Amitâbha - Mi-tu - qui signifie également « gloire », « lumière illimitée » [510]. La Thulé des Grecs, selon une idée très répandue, eut le caractère de « Terre du Soleil » : *Thule ultima a sole nomen habens*. Si cette étymologie est obscure et incertaine, elle n'est pas moins significative de l'idée que les Anciens se faisaient de cette région divine[511] et correspond au caractère solaire de l'« antique Tlappallati », la Tullan ou Tulla (contraction de Tonalan - le lieu du Soleil), patrie originelle des Toltèques et « paradis » de leurs héros. Elle évoque également le pays des Hyperboréens, qui selon la géographie sacrée d'anciennes traditions, étaient une race mystérieuse qui habitait dans la lumière éternelle et dont le pays aurait été la résidence et la patrie de l'Apollon delphique, le dieu dorique de la lumière - φοῖβος ἀπόλλον, le Pur, le Rayonnant - représenté aussi comme un dieu « d'or » et un dieu de l'âge d'or[512]. Certaines souches, *à la fois royales et sacerdotales*, comme celle des Boréades, tirèrent précisément leur dignité « solaire » de la terre apollinienne des Hyperboréens[513]. Et l'on n'aurait que l'embarras du

---

[508] *Vendidâd*, I, 3 ; II, 2, sqq.

[509] Cf. E. BEAUVOIS, *l'Elysée des Mexicains comparé à celui des Celtes*, cit., pp. 271, 319. *Revue Hist. des Relig.*, v. X, 1884.

[510] Cf. REVILLE : *Relig. chinoise*, cit., pp. 520-522.

[511] BEAUVOIS, *Elysée des Mexic.*, cit., pp. 25-26, 29-30.

[512] Cf. PRELLER, *Griech. Mythol.*, v. I, p. 196. Au sujet d'Apollon comme dieu « d'or », cf. CALLIMAQUE, Ap., 34-35 (« Apollon est vraiment un dieu tout en or ») ; *Del.*, 260-265.

[513] DIODORE, II, 11.

choix si l'on voulait multiplier les exemples.

Cycle de *l'Être*, cycle solaire, cycle de la *Lumière comme* gloire, cycle des Vivants au sens éminent et transcendant - tels sont donc, selon les témoignages traditionnels, les caractères du premier âge, de l'âge d'or - « ère des dieux ».

3

LE "PÔLE" ET LE SIÈGE HYPERBORÉEN

Il importe d'examiner maintenant un attribut particulier de l'âge primordial, qui permet de rattacher à celui-ci des représentations historico-géographiques assez précises. Nous avons déjà parlé du symbolisme du « pôle », l'île ou la terre ferme, représentant la stabilité spirituelle opposée à la contingence des eaux et servant de résidence à des hommes transcendants, à des héros et à des immortels, de même que la montagne, l'« altitude » ou la contrée suprême, avec les significations olympiennes qui leur sont associées, s'unirent souvent, dans les traditions antiques, au symbolisme « polaire », appliqué au centre suprême du monde et donc aussi à l'archétype de toute « domination » au sens supérieur du terme[514].

Mais, en dehors de cet aspect symbolique, des données traditionnelles nombreuses et précises mentionnent le *nord* comme étant l'emplacement d'une île, d'une terre ou d'une montagne, emplacement dont la signification se confond avec celle du lieu du premier âge. Il s'agit donc d'une connaissance ayant une valeur à la fois spirituelle et réelle, du fait qu'elle s'applique à une situation où le symbole et la réalité s'identifièrent, où l'histoire et la suprahistoire, au lieu d'apparaître comme des éléments séparés, transparurent, au contraire, l'une à travers l'autre. C'est là le point précis où l'on peut s'insérer dans les événements conditionnés par le temps. Selon la tradition, à une époque de la haute préhistoire qui correspond à l'âge d'or ou de l'« être », l'île

---

[514] Cf. GUENON, *Le Roi du Monde*, cit., cc. III-IV. L'idée d'une montagne magnétique « polaire », située le plus souvent dans une île, a persisté sous des formes et avec des transpositions variées, dans des légendes chinoises, nordico-médiévales et islamiques. Cf. E. TAYLOR, *Primitive Culture*, London, 1920, v. I, pp. 374-5.

ou terre « polaire » symbolique aurait été une région réelle située au septentrion, voisine de l'endroit où se trouve aujourd'hui le pôle arctique. Cette région était habitée par des êtres qui possédaient cette spiritualité non-humaine à laquelle correspondent, nous l'avons vu, les notions de « gloire », d'or, de lumière et de vie et qui fut évoquée plus tard par le symbolisme suggéré précisément par leur siège ; ils constituèrent la race qui posséda en propre la tradition ouranienne à l'état pur et « un » et fut la source centrale et la plus directe des formes et des expressions variées que cette tradition revêtit chez d'autres races et d'autres civilisations[515].

Le souvenir de ce siège arctique fait partie des traditions de nombreux peuples, sous la forme soit d'allusions géographiques réelles, soit de symboles de sa fonction et de son sens originel, allusions et symboles souvent transposés - comme on le verra - sur un plan supra-historique, ou bien appliqués à d'autres centres susceptibles d'être considérés comme des reproductions de ce centre originel. C'est pour cette dernière raison que l'on constate souvent des interférences de souvenirs, donc de noms, de mythes et de localisations, où l'oeil exercé peut facilement discerner, toutefois, les éléments constitutifs. Il importe de relever tout particulièrement l'interférence du thème arctique avec le thème *atlantique*, du mystère du Nord avec le mystère de l'Occident. Le centre principal qui succéda au pôle traditionnel originel aurait été, en effet, atlantique. On sait que pour une raison d'ordre astrophysique correspondant à l'inclinaison de l'axe terrestre, les climats se déplacent selon les époques. Toutefois, d'après la tradition, cette inclinaison se serait d'ailleurs réalisée à un moment déterminé et en vertu d'une syntonie entre un fait physique et un fait métaphysique : comme un désordre de la nature reflétant un fait d'ordre spirituel. Quand Li-tseu (c.V) parle, sous une forme mythique, du géant Kung-Kung qui brise la « colonne du ciel », c'est à cet événement qu'on doit se référer. On trouve même, dans

---

[515] Au sujet de l'origine « polaire » de la vie en général, en tant qu'hypothèse « positive », cf. le remarquable essai de R. QUINTON, *Les deux pôles, foyers d'origine* (Revue de métaph. et de mor, 1933, no 1). L'hypothèse d'une origine non boréale mais australe, qui est défendue ici, pourrait se relier aux traditions concernant la Lémurie ; celles-ci se rattachent à un cycle trop lointain pour pouvoir être examinées ici.

cette tradition, des allusions plus concrètes telles que celle-ci, où l'on constate toutefois des interférences avec des faits correspondant à des bouleversements ultérieurs : « Les piliers du ciel furent brisés. La terre trembla sur ses bases. Au septentrion les cieux descendirent toujours plus bas. Le soleil, la lune et les étoiles changèrent leur cours [c'est-à-dire que leur cours parut changé du fait de la déclinaison survenue]. La terre s'ouvrit et les eaux renfermées dans son sein firent irruption et inondèrent les différents pays. L'homme était révolté contre le ciel et l'univers tomba dans le désordre. Le soleil s'obscurcit. Les planètes changèrent leur cours [selon la perspective déjà indiquée] et la grande harmonie du ciel fut détruite »[516]. De toute façon, le gel et la nuit éternelle ne descendirent qu'à un moment déterminé sur la région polaire. L'émigration qui en résulta marqua la fin du premier cycle et l'ouverture du second, le début de la seconde grande ère, le cycle atlantique.

Des textes aryens de l'Inde, comme les *Veda* et le *Mahâbhârata*, conservent le souvenir de la région arctique sous forme d'allusions astronomiques et de calendriers, qui ne sont compréhensibles que par rapport à cette région[517]. Dans la tradition hindoue, le mot *dvîpa*, qui signifie textuellement « continent insulaire » est souvent employé, en réalité, pour désigner différents cycles, par transposition temporelle d'une notion spatiale (cycle - île). Or, on trouve dans la doctrine des *dvîpa* des références significatives au centre arctique, qui se trouvent mélangées toutefois avec d'autres données. La çvetadvîpa, ou « île de la splendeur », que nous avons déjà mentionnée, est localisée dans l'extrême septentrion et l'on parle souvent des Uttarakura comme d'une race originaire du Nord. Mais le çvetadvîpa de même que le *kura* font partie du *jambu-dvîpa*, c'est-à-dire du « continent insulaire polaire », qui est le *premier* des différents *dvîpa* et, en même temps, leur centre commun. Son souvenir se mêle à celui du *saka-dvîpa*, situé dans

---

[516] Apud I. DONNELLY, *Atlantis, die vorsintflutliche Welt*, Essling, 1911, p. 299 ; M. GRANT, *La pensée chinoise*, Paris, 1950, pp. 176, 344-346. On peut rappeler que Platon lui-même relie aux catastrophes mythiques, comme celle causée par Phaéton, un « cours changé des astres », c'est-à-dire l'aspect différent de la voûte céleste, dû au déplacement de la terre.

[517] Cf. G.B. TILAK, *The Arctic Home in the Veda (A new key to the interpretation of many Vedic texts and legends)*, Bombay, 1903.

la « mer blanche » ou « mer de lait », c'est-à-dire dans la mer arctique. Il ne s'y serait pas produit de déviation par rapport à la norme ni à la loi d'en-haut : quatre castes, correspondant à celles dont nous avons déjà parlé, y vénérèrent Vishnu sous sa forme solaire, qui l'apparente à l'Apollon hyperboréen[518]. Selon le Kurma-purâna le siège de ce Vishnu solaire, ayant pour signe la « croix polaire », c'est-à-dire la croix gammée ou svastika, coïncide, elle aussi, avec le *çveta-dvîpa*, dont on dit dans le Padmapurâna, qu'au-delà de tout ce qui est peur et agitation samsârique, il est la résidence des grands ascètes, *mahâyogî*, et des « fils de Brahman » (équivalents des « hommes transcendants » habitant dans le nord, dont il est question dans la tradition chinoise) : ils vivent près de Hari, qui est Vishnu représenté comme « le Blond » ou « le Doré », et près d'un trône symbolique « soutenu par des lions, resplendissant comme le soleil et rayonnant comme le feu ». Ce sont des variantes du thème de la « terre du Soleil ». Sur le plan doctrinal, on trouve un écho de ce thème dans le fait, déjà mentionné, que la voie du *deva-yâna* qui, contrairement à celle du retour aux mânes ou aux Mères, conduit à l'immortalité solaire et aux états super-individuels de l'être, fut appelée la voie du nord : en sanskrit, nord, *uttara*, signifie également la « région la plus élevée » ou « suprême » et l'on appelle *uttarâyana*, chemin septentrional, le parcours du soleil entre les solstices d'hiver et d'été, qui est précisément une voie « ascendante »[519].

Des souvenirs encore plus précis se conservèrent chez les Aryens de l'Iran. La terre originelle des Aryens, créée par le dieu de lumière, la terre où se trouve la « gloire », où, symboliquement, serait « né » aussi Zarathoustra,

---

[518] Cf. *Vishnu-purâna*, II, 2 ; 11, 1 ; II, 4. Dans le *jambu-dvîpa* on trouve aussi l'arbre sacré Jambu, dont les fruits font disparaître la vieillesse et confèrent la santé, ainsi que le mont « polaire » en or. M.K. RÖNNKOW, *Some remarks on Çvetadvîpa* (*Bull. orient. School*, London, V, p. 253, sqq.) ; W.E. CLARK, *Sakadvîpa and Svetadvîpa* (Journ. Amer. Orient. Society, 1919, pp. 209-242).

[519] Dans le rite hindou, le salut d'hommage aux textes traditionnels - *anjâli* -se fait en se tournant vers le nord (*Mânavadharmaçâstra*, II, 70) comme en souvenir de l'origine de la sagesse transcendantale qu'ils contiennent. C'est au nord qu'est attribuée au Tibet, de nos jours encore, l'origine d'une tradition spirituelle très lointaine dont les formes magiques Bôn semblent être les derniers restes dégénérescents.

où le roi solaire Yima aurait rencontré Ahura Mazda, est une terre de l'extrême septentrion. Et l'on garde le souvenir précis de la congélation. La tradition rapporte que Yima fut averti de l'approche « d'hivers fatals »[520] et qu'à l'instigation du dieu des ténèbres, surgit contre l'Arianem Vaêjô le « serpent de l'hiver ». Alors « il y eut dix mois d'hiver et deux d'été », il y eut « le froid pour les eaux, le froid pour la terre, le froid pour la végétation. L'hiver s'y abattit avec ses pires calamités »[521]. Dix mois d'hiver et deux d'été : c'est le climat de l'Arctique.

La tradition nordico-scandinave, de caractère fragmentaire, présente divers témoignages confusément mêlés, où l'on peut néanmoins trouver la trace de souvenirs analogues. L'Asgard, la résidence d'or primordiale des Ases, est localisé dans le Mitgard, la « Terre du Milieu ». Cette terre mythique fut identifiée à son tour soit au Gardarike, qui est une région presque arctique, soit à l'« île verte » ou « terre verte » qui, bien qu'elle figure dans la cosmologie comme la première terre sortie de l'abîme Ginungagap, n'est peut-être pas sans rapport avec le Groënland - le *Grünes Land*. Le Groënland, comme son nom même paraît l'indiquer, semble avoir présenté, jusqu'au temps des Goths, une riche végétation et ne pas avoir été encore atteint par la congélation. Jusqu'au début du Moyen Age, l'idée subsista que la région du nord avait été le berceau de certaines races et de certains peuples[522]. D'autre part, les récits eddiques relatifs à la lutte des dieux contre le destin, *rök*, qui finit par frapper leur terre - récits dans lesquels des souvenirs du passé interfèrent avec des thèmes apocalyptiques - peuvent être considérés comme des échos du déclin du premier cycle. Or, on retrouve ici, comme dans le *Vendîdâd*, le thème d'un terrible hiver. Au déchaînement des natures élémentaires s'ajoute l'obscurcissement du soleil ; le *Gylfaginning* parle de l'épouvantable hiver qui précède la fin, de tempêtes de neige qui empêchent de jouir des bienfaits du soleil. « La mer se lève en tempête et engloutit la

---

[520] *Vendîdâd*, II, 20.
[521] *Vendîdâd*, I, 3-4. On peut trouver d'autres citations en notes dans la traduction de J. DARMESTETER, *Avesta*, (*Sacr. Books of the East*, v. IV), p. 5.
[522] Cf. par ex. JORDANES, Hist. Gotor. (Mon. Germ. hist., Auct. ant. V, 1 ; IV, 25) : « Sandza insula quasi of ficina *gentium* aut certe velut nationium ».

terre ; l'air devient glacial et le vent accumule des masses de neige »⁵²³.

Dans la tradition chinoise, la région nordique, le pays des « hommes transcendants » s'identifie souvent au pays de la « race aux os mous ». À propos d'un empereur de la première dynastie il est question d'une contrée située au nord de la mer du Nord, illimitée, sans intempéries, avec une montagne (Hu-Ling) et une fontaine symboliques, contrée appelée « extrême Nord » et que Mu, autre type impérial,⁵²⁴ quitta avec beaucoup de regret. Le Tibet conserve pareillement le souvenir de Tshang Chambhala, la mystique « Cité du Nord », la Cité de la « paix », présentée également comme une île où - de même que Zarathoustra de *l'aryanem vaêjo* -serait « né » le héros Guésar. Et les maîtres des traditions initiatiques tibétaines disent que les « chemins du Nord » conduisent le yogî vers la grande libération⁵²⁵.

En Amérique, la tradition constante relative aux origines, tradition qu'on retrouve jusqu'au Pacifique et la région des Grands Lacs, parle de la terre sacrée du « Nord lointain », située près des « grandes eaux », d'où seraient venus les ancêtres des Nahua, des Toltèques et des Aztèques. Ainsi que nous l'avons dit, le nom d'Aztlan, qui désigne le plus communément cette terre, implique aussi - comme le *çveta-dvîpa* hindou - l'idée de blancheur, de terre blanche. Or, les traditions nordiques gardent le souvenir d'une terre habitée par des races gaéliques, voisine du golfe du Saint-Laurent, appelée « Grande Irlande » ou Hvitramamaland, c'est-à-dire « pays des hommes

---

⁵²³ *Hyndlalied*, 44. Gyljaginning, 51 (il est également question d'un « hiver épouvantable » dans le Vaf thrûdhnismâl, 44-45). La représentation eddique du nord comme l'obscur Niflheim, habité par des géants du gel (tout comme l'ayrianem vaêjô congelé put être considéré comme le siège des forces obscures de la contre-création d'Angra Mainyu, qui sont sensées venir du nord pour lutter contre Zarathustra - Vendîdâd, XIX, 1) correspond vraisemblablement à une période où certaines races avaient déjà émigré vers le sud. L'interprétation du mythe eddique des origines n'est pas facile. Dans le gel qui arrête les fleuves du centre originel, clair et ardent, du Muspelsheim - qui « ne peut être foulé par personne qui ne soit de lui » (cf. GOLTHER, Op. cit., p. 512) - et donna ensuite naissance aux géants ennemis des Ases, on peut voir, semble-t-il, le souvenir d'un événement analogue à celui dont il vient d'être question.
⁵²⁴ LI-TZE, C. V ; cfr. c. III.
⁵²⁵ Cf. DAVID-NEEL, *Vie surhumaine de Guésar*, cit., pp. LXIII-LX.

blancs », et les noms de Wabanikis et Abenikis, que les indigènes portent dans ces régions, viennent de Wabeya, qui signifie « blanc »[526]. Certaines légendes de l'Amérique centrale mentionnent quatre ancêtres primordiaux de la race Quiché qui cherchent à atteindre Tulla, la région de la lumière. Mais ils n'y trouvent que le gel ; le soleil n'y apparaît pas. Alors ils se séparent et passent dans le pays des Quichés[527]. Cette Tulla ou Tullan, patrie d'origine des Toltèques, qui en tirèrent probablement leur nom, et appelèrent également Tolla le centre de l'Empire qu'ils fondèrent plus tard sur le plateau du Mexique, représentait aussi la « Terre du Soleil ». Celle-ci, il est vrai, est parfois localisée à l'est de l'Amérique, c'est-à-dire dans l'Atlantique ; mais cela est vraisemblablement dû au souvenir d'un siège ultérieur (auquel correspond peut-être plus particulièrement l'Aztlan), qui reprit, pendant un certain temps, la fonction de la Tulla primordiale lorsque le gel se mit à régner et que le soleil disparut[528]. Tulla correspond manifestement à la Thulé des Grecs, bien que ce nom, pour des raisons d'analogie, ait servi à désigner également d'autres régions.

Selon les traditions gréco-romaines, Thulé se serait trouvée dans la mer qui porte précisément le nom du dieu de l'âge d'or, Mare Cronium, et

---

[526] Cf. BEAUVOIS, L'Élysée des Mexicains, etc., cit., pp. 271-273, 319.

[527] Cf. REVILLE, Relig. du Mexique, etc., cit., pp. 238-239. Aux quatre ancêtres Quichés correspond probablement l'idée celtique de l'« Ile des quatre Seigneurs » et l'idée extrême-orientale de l'île lointaine de Ku-she, habitée par des hommes transcendants et par quatre Seigneurs (cf. GUENON, Roi du Monde, (cit., pp. 71-72). Guénon rappelle la division de l'ancienne Irlande en quatre royaumes, qui reproduit probablement la division propre « à une autre terre beaucoup plus septentrionale aujourd'hui inconnue, peut-être disparue » - et il remarque aussi la présence fréquente en Irlande, de ce qui, chez les Grecs, était l'Omphalos, c'est-à-dire le symbole du « Centre » ou « Pôle ». À quoi nous ajouterons que la « pierre noire du destin », qui désignait les rois légitimes et fit partie des objets mystiques apportés en Irlande par la race des Tuatha de Danann venus d'une terre atlantique ou nord-atlantique (cf. SQUIRE, Myth. of anc. Brit. and Irel., cit., p. 34) a essentiellement la même valeur de symbole royal « polaire » dans le double sens de ce mot.

[528] Cf. GUENON, Op. cit., c. X, pp. 75-76 qui fait des observations pénétrantes sur la relation traditionnelle entre Thulé et la représentation de la Grande Ourse, qui se rattache au symbolisme polaire. Cf. aussi BEAUVOIS, La Tulé primitive, berceau des Papuas du nouveau monde (Museon, X, 1891).

correspond à la partie septentrionale de l'Atlantique[529]. C'est dans cette même région que des traditions plus tardives situèrent les îles qui, sur le plan du symbolisme et de la supra-histoire, devinrent les îles Fortunées et les îles des Immortels[530], ou l'île Perdue, qui, ainsi que l'écrivait Honorius Augustodumensis au XIIe siècle, « se cache à la vue des hommes, est parfois découverte par hasard, mais devient introuvable dès qu'on la cherche ». Thulé se confond donc soit avec le pays légendaire des Hyperboréens, situé dans l'extrême nord[531], d'où les souches achéennes originelles apportèrent l'Apollon delphique, soit avec l'île Ogygie, « nombril de la mer », qui se trouve loin sur le vaste océan[532] et que Plutarque situe en effet au nord de la (Grande) Bretagne, près du lieu arctique où demeure encore, plongé dans le sommeil, Chronos, le roi de l'âge d'or, où le soleil ne disparaît qu'une heure par jour pendant tout un mois et où les ténèbres, durant cette unique heure, ne sont pas épaisses, mais ressemblent à un crépuscule, exactement comme dans l'Arctique[533]. La notion confuse de la nuit claire du nord contribua d'ailleurs à faire concevoir la terre des Hyperboréens comme un lieu de

---

[529] PLINE, *Hist. nat.*, IV, 30.

[530] Cf. PLUTARQUE, *Def. Orac.*, XVIII ; PROCOPE, *Goth.*, IV, 20. Selon STRABON (*Geogr.*, I, vi, 2) Thulé se trouvait à six jours de navigation au nord de la (Grande) Bretagne.

[531] Cf. CALLIMAQUE, *Hym.*, IV, 281 ; PLINE, IV. 89 ; MARCIANUS CAPEL., VI, 664. Vers le 4ème siècle av. J.C., Hécatéo d'Abdire dit que la Grande-Bretagne fut habitée par les « Hyperboréens » ; identifiés aux Protocoles, c'est à eux qu'est attribué le temple préhistorique, déjà mentionné, de Stonehenge (cf. H. HUBERT, *Les Celtes*, v. 1, p. 247).

[532] *Odyss.*, I, 50 ; XII, 244. Ici également, en raison du rapport avec le jardin de Zeus et des Hespérides, on relève fréquemment des interférences évidentes **avec le** souvenir de la résidence atlantique ultérieure.

[533] PLUTARQUE, *De facie in orbe lunae*, § 26. Plutarque dit qu'au-delà des îles, plus au nord, subsisterait encore la région dans laquelle Chronos, le dieu de l'âge d'or, dort sur un rocher brillant comme l'or même, où des oiseaux lui apportent l'ambroisie. Autres références dans E. BEAUVOIS, *L'Elysée transatlantique et l'Eden occidental*, « Rev. Hist. relig. », v. VII, 1883, pp. 278-279. Récemment, dans la région des glaces éternelles il semble que les expéditions du Canadien Ienessen et des Danois Rasmussen, Therkel et Birket-Smith soient arrivés à découvrir, sous les glaciers, des traces archéologiques d'une civilisation bien supérieure à celle des esquimaux ; civilisation qui a été baptisée du nom de Thulé, bien qu'il s'agisse sûrement de traces beaucoup plus tardives. Cf. H. WIRTH, *Das Geheimnis von Arktis-Atlantis*, dans « Die Woche », no 35, 1931.

lumière sans fin, dépourvu de ténèbres. Cette représentation et ce souvenir furent si vifs, qu'il en subsista un écho jusque dans la romanité tardive. La terre primordiale ayant été assimilée à la Grande-Bretagne, on dit que Constance Chlore s'avança jusque-là avec ses légions, moins pour y cueillir les lauriers de la gloire militaire, que pour atteindre la terre « plus voisine du ciel et plus sacrée », pour pouvoir contempler le père des dieux - c'est-à-dire Chronos - et pour jouir d'« un jour presque sans nuit », c'est-à-dire pour anticiper ainsi sur la possession de la lumière éternelle propre aux apothéoses impériales[534]. Et même lorsque l'âge d'or se projeta dans l'avenir comme l'espérance d'un nouveau *saeculum*, les réapparitions du symbole nordique ne manquèrent pas. C'est du nord - *ab extremis finibus plagae septentrionalis* - qu'il faudra attendre, par exemple, selon Lactance[535], le Prince puissant qui rétablira la justice après la chute de Rome. C'est dans le nord que « renaîtra » le héros tibétain, le mystique et invincible Guésar, pour rétablir un règne de justice et exterminer les usurpateurs[536]. C'est à Shambala, ville sacrée du nord, que naîtra le Kalki-avatara, celui qui mettra fin à l'« âge sombre ». C'est l'Apollon hyperboréen, selon Virgile, qui inaugurera un nouvel âge de l'or et des héros sous le signe de Rome[537]. Et l'on pourrait multiplier les exemples.

Ayant précisé ces points essentiels, nous ne reviendrons pas sur cette manifestation de la loi de solidarité entre causes physiques et causes spirituelles, dans un domaine où l'on peut pressentir le lien intime unissant ce qui, au sens le plus large, peut s'appeler « chute » - à savoir la *déviation* d'une race absolument primordiale - et la *déclinaison* physique de l'axe de la

---

[534] Cf. EUMENE, *Panegir. p. Costant. August.*, § 7, trad. Landriot-Rochet Autun, 1854, pp. 132-133. BEAUVOIS, Op. cit., pp. 282-283, indique la possibilité qu'Ogygie, si on décompose le mot en deux racines gaéliques : og (jeune et sacré) et iag (île), se réfère à la « Terre sacrée de la jeunesse », à la Tir na mBeo, la « Terre des Vivants » des légendes nordiques, qui à son tour coïncide avec l'Avallon, terre d'origine des Tuatha de Danann.
[535] LACTANCE, *Inst.*, VII, 16, 3. Ces allusions se poursuivent dans la littérature mystique et hermétique ultérieure. En dehors de Boehme, nous citerons G. POSTEL, qui, dans son *Compendium Cosmographicum*, dit que le « paradis » - transposition mystico-théologique du souvenir de la patrie primordiale - se trouve sous le pôle arctique.
[536] DAVID-NEEL, Op. cit., pp. XLII, LVII, LX.
[537] VIRGILE, *Églogues*, IV, 5-10, sqq.

terre, facteur de changements climatiques et de catastrophes périodiques pour les continents. Nous observerons seulement que c'est depuis que la région polaire est devenue déserte, qu'on peut constater cette altération et cette disparition progressives de la tradition originelle qui devaient aboutir à l'âge de fer ou âge obscur, *kali-yuga*, ou « âge du loup » (Edda), et, à la limite, aux temps modernes proprement dits.

4

LE CYCLE NORDICO-ATLANTIQUE

Dans l'émigration de la race boréale, il convient de distinguer deux grands courants : l'un qui se dirige du nord vers le sud, l'autre - postérieur - de l'Occident vers l'orient. Porteurs du même esprit, du même sang, du même système de symboles, de signes et de vocables, des groupes d'Hyperboréens atteignirent d'abord l'Amérique du Nord et les régions septentrionales du continent eurasiatique. Après plusieurs dizaines de milliers d'années il semble qu'une seconde grande vague d'émigration se soit avancée jusqu'à l'Amérique centrale, mais se soit surtout concentrée dans une région, aujourd'hui disparue, située dans la région atlantique, où elle aurait constitué un centre à l'image du centre polaire, qui correspondrait à l'Atlantide des récits de Platon et de Diodore. Ce déplacement et cette reconstitution expliquent les interférences de noms, de symboles et de topographies qui caractérisent, comme nous l'avons vu, les souvenirs relatifs aux deux premiers âges. C'est donc essentiellement d'une race et d'une civilisation *nordico-atlantique* qu'il convient de parler.

De la région atlantique, les races du second cycle auraient rayonné en Amérique (d'où les souvenirs, déjà mentionnés, des Nahua, des Toltèques et des Aztèques relatifs à leur patrie d'origine), ainsi qu'en Europe et en Afrique. Il est très probable qu'au premier paléolithique, ces races atteignirent l'Europe occidentale. Elles correspondraient, entre autres, aux Tuatha de Danann, la race divine venue en Irlande de l'île occidentale Avallon, guidée par Ogma grian-ainech, le héros au « visage solaire » auquel fait pendant le blanc et solaire Quetzalcoatl, qui serait venu en Amérique avec ses compagnons de la terre située « au-delà des eaux ». Anthropologiquement, ce serait l'homme de Cro-Magnon, apparu, vers la fin de la période glaciaire, dans la partie occidentale de l'Europe, en particulier dans la zone de la civilisation franco-cantabrique de la Madeleine, de Gourdon et d'Altamira, homme tellement supérieur, comme niveau culturel et comme type biologique, au type aborigène de l'homme glaciaire et moustérien, que l'on a pu appeler les hommes de Cro-Magnon « les Hellènes du paléolothique ». En ce qui concerne leur origine, l'affinité de leur civilisation avec la civilisation hyperboréenne, qui apparaît dans les vestiges des peuples de l'extrême septentrion (civilisation du renne), est très significative[538]. Des traces préhistoriques trouvées sur les côtes baltiques et friso-saxonnes correspondraient au même cycle et un centre de cette civilisation se serait formé dans une région en partie disparue du Doggerland, la légendaire Vineta. Au-delà de l'Espagne[539], d'autres vagues atteignirent l'Afrique occidentale[540] ; d'autres encore, plus tard, entre le paléolithique et le néolithique, probablement en même temps que des races d'origine purement nordique, s'avancèrent, par la voie continentale, du nord-ouest au sud-est, vers l'Asie, là où l'on avait situé le berceau de la race indo-européenne, et encore au-delà, jusqu'à la Chine[541], tandis que d'autres courants parcoururent le littoral septentrional de l'Afrique[542] jusqu'à l'Égypte ou parvinrent, par mer, des Baléares à la Sardaigne, jusqu'aux centres préhistoriques de la mer Egée. En ce qui concerne, en particulier, l'Europe et le Proche-Orient, c'est là l'origine - demeurée énigmatique (comme celle des hommes de Cro-

---

[538] Cf. E. PITTARD, *Les races et l'histoire*, Paris, 1925, pp. 75-78. S. KADNER, *Deutsche Vüterkunde*, Breslau, 1933, pp. 21-22.

[539] Il est peut-être possible de considérer comme centre atlantique la civilisation dite de Tartessos (la biblique Tarshish) dont on a retrouvé récemment les traces à l'embouchure du Guadalquivir. Cf. A. SCHULTEN, *Tartessos*, Hamburg, 1922.

[540] Il s'agit du légendaire royaume d'Uphaz et, en partie, de la civilisation préhistorique africaine reconstruite par Froebenius. Celui-ci, confondant le centre secondaire avec la région originelle dont il fut probablement une colonie, l'a identifiée à l'Atlantide platonicienne. Cf. L. FROBENIUS, *Die Atlantische Götterlehre*, Iena, 1926 ; *Erlebte Erdteile*, Leipzig, 1925.

[541] On a trouvé récemment en Chine des vestiges d'une grande civilisation préhistorique, semblable à la civilisation égypto-mycénienne, et vraisemblablement, créée par ces vagues de migration.

[542] Sur les centres préhistoriques d'Afrique du Nord, dont il est question dans les travaux de Hermann et Bochhardt, cf. A. BESSMERTNY, *Das Atlantisratsel*, Leipzig, 1932, pp. 42, sqq.

Magnon) pour la recherche positive - de la civilisation mégalithique des dolmens, comme celle dite du « peuple de la hache de combat ». Le tout, en grandes vagues, avec des flux et des reflux, des croisements et des rencontres avec des races aborigènes, ou des races déjà mêlées ou diversement dérivées de la même souche. Ainsi, du nord au sud, de l'Occident à l'orient, surgirent par irradiations, adaptations ou dominations, des civilisations qui, à l'origine eurent, dans une certaine mesure, la même empreinte, et souvent le même sang, spiritualisé chez les élites dominatrices. Là où se trouvaient des races inférieures liées au démonisme tellurique et mêlées à la nature animale, sont demeurés des souvenirs de luttes, sous la forme de mythes où l'on souligne toujours l'opposition entre un type divin lumineux (élément d'origine boréale) et un type obscur non divin. Dans les organismes traditionnels constitués par les races conquérantes, s'établit alors une hiérarchie, à la fois spirituelle et ethnique. En Inde, en Iran, en Égypte, au Pérou et ailleurs, on en trouve des traces assez nettes dans le régime des castes.

Nous avons dit qu'originellement le centre atlantique dut reproduire la fonction « polaire » du centre hyperboréen et que cette circonstance est la source de fréquentes interférences dans la matière des traditions et des souvenirs. Ces interférences, toutefois, ne doivent pas empêcher de constater, au cours d'une période ultérieure, mais appartenant toujours, cependant, à la plus haute préhistoire, une transformation de civilisation et de spiritualité, une différenciation qui marque le passage de la première ère à la seconde - de l'âge d'or à l'âge d'argent - et ouvre la voie à la troisième ère, à l'âge du bronze ou âge titanique, que l'on pourrait même, à rigoureusement parler, qualifier d'« atlantide » ; étant donné que la tradition hellénique présente Atlante, en tant que frère de Prométhée, comme une figure apparentée aux titans[543].

---

[543] Si la légende d'Atlas soutenant le poids du monde sur ses épaules, correspond, sous un certain aspect, au châtiment du titan Atlas qui, selon certains (cf. SERVIUS, *Ad Aen.*, IV, 247 ; HYGIN, *Fab.*, 150), aurait participé, lui aussi, à la lutte contre les Olympiens, sous un second aspect, elle peut servir à symboliser la régence « polaire », la fonction de « pôle », de soutien et d'« axe » spirituel qu'après les hyperboréens, le peuple atlantique aurait, dans une première période, assumée. Dans son exégèse, CLEMENT d'ALEX., dira :

Quoi qu'il en soit, anthropologiquement parlant, il convient de distinguer, parmi les races dérivées de la souche boréale originelle, un premier grand groupe différencié par idiovariation, c'est-à-dire par une variation sans mélange. Ce groupe se compose principalement des vagues dont l'origine arctique est la plus directe et correspondra aux différentes filiations de la pure race aryenne. Il y a lieu de considérer ensuite un second grand groupe différencié par mistovariation, c'est-à-dire par mélange avec les races aborigènes du Midi, les races protomongoloïdes et négroïdes et d'autres encore qui furent probablement les restes dégénérescents des habitants d'un second continent préhistorique disparu, situé au Sud, et que certains désignent sous le nom de Lémurie[544]. C'est à ce second groupe qu'appartient vraisemblablement la race rouge des derniers Atlantides (ceux qui, selon le récit platonicien, seraient déchus de leur nature « divine » primitive en raison de leurs unions répétées avec la race « humaine »). Elle doit être considérée comme la souche ethnique originelle de beaucoup de civilisations plus récentes fondées par les vagues venues de l'Occident vers l'orient (race rouge des Créto-égéens, Etéocrètes, Pélasges, Lyces, etc. - des Kefti égyptiens, etc.)[545] et peut-être aussi de ces civilisations américaines, qui gardèrent dans leurs mythes le souvenir d'aïeux venus de la terre atlantique divine « posée sur les grandes eaux ». Le nom grec des Phéniciens signifie précisément les « Rouges » et il s'agit probablement là d'un autre souvenir résiduel des premiers navigateurs atlantiques de la Méditerranée néolithique.

De même que du point de vue anthropologique, on doit donc, du point de vue spirituel, distinguer deux composantes, l'une boréale et l'autre atlantique, dans la vaste matière des traditions et des institutions de ce second cycle. L'une se rattache directement à la lumière du Nord, et conserve en

---

« Atlas est un pôle impassible, il peut aussi être la sphère immobile et peut-être, dans le meilleur des cas, fait-on allusion, avec lui, à l'éternité immobile » - exégèse qu'on retrouve aussi chez d'autres auteurs (cf. PRELLER, *Griech. Myth.*, cit., v. I, pp. 463-464 ; BESSMERTNY, *Atlantisrütsel*, cit., p. 46.

[544] Cf. dans l'œuvre de WIRTH (*Der Aufgang der Menschheit*, Iena, 1928) la tentative d'utiliser, pour définir les deux races différenciées de la souche originelle, les recherches sur les groupes sanguins.

[545] Cf. A. MOSSO, *Le origini della civiltà mediterranea*, Milano, 1910, p. 332.

grande partie l'orientation ouranienne et « polaire » originelle. L'autre trahit la transformation survenue au contact des puissances du Sud. Avant d'examiner le sens de cette transformation qui représente, pour ainsi dire, la contrepartie interne de la perte de la résidence polaire, la première altération, il nous faut préciser encore un point.

Presque tous les peuples gardent le souvenir d'une catastrophe qui clôtura le cycle d'une humanité antérieure. Le mythe du *déluge* est la forme sous laquelle apparaît le plus fréquemment ce souvenir, chez les Iraniens comme chez les Maya, chez les Chaldéens et les Grecs comme chez les Hindous, les peuples du littoral atlanticoafricain, les Caltes et les Scandinaves. Son contenu originel est d'ailleurs un fait historique : c'est, essentiellement, la fin de la terre atlantique, décrite par Platon et Diodore. A une époque qui, d'après certaines chronologies mêlées de mythes, est sensiblement antérieure à celle où, selon la tradition hindoue, aurait pris naissance l'« âge sombre », le centre de la civilisation « atlantique », avec laquelle les diverses colonies durent vraisemblablement conserver pendant longtemps des liens, s'abîma dans les flots. Le souvenir historique de ce centre s'effaça peu à peu chez les civilisations dérivées, où des fragments de l'ancien héritage se maintinrent pendant un certain temps dans le sang des castes dominatrices, dans certaines racines du langage, dans une similitude d'institutions, de signes, de rites et de hiérogrammes - mais où, plus tard, l'altération, la division et l'oubli finirent par l'emporter. On verra dans quel cadre doit être situé le rapport existant entre la catastrophe en question et le châtiment des titans. Pour l'instant, nous nous bornerons à faire observer que, dans la tradition hébraïque, le thème titanique de la Tour de Babel, et le châtiment consécutif de la « confusion des langues » pourraient faire allusion à la période où la tradition unitaire fut perdue, où les différentes formes de civilisation se dissocièrent de leur origine commune et ne se comprirent plus, après que la catastrophe des eaux eut clos le cycle de l'humanité atlantique. Le souvenir historique subsista pourtant souvent dans le mythe - dans la super-histoire. *L'Occident*, où se trouvait l'Atlantide durant son cycle originel, quand elle reproduisit et continua la fonction « polaire » plus ancienne, exprima constamment la nostalgie mystique des déchus, la *melior spes* des héros et des initiés. Par une transposition de plans, les eaux qui se refermèrent sur la terre atlantique furent comparées aux « eaux de la mort » que les générations suivantes, post-diluviennes, composées d'êtres désormais mortels, doivent traverser initiatiquement pour se réintégrer dans l'état divin des « morts », c'est-à-dire de la race disparue. C'est dans ce sens que peuvent être souvent interprétées les représentations bien connues de l'« Ile des Morts » où s'exprime, sous des formes diverses, le souvenir du continent insulaire englouti[546]. Le mystère du « paradis » et des lieux d'immortalité en général, en vint à se relier au mystère de l'Occident (et même du Nord, dans certains cas) dans un ensemble d'enseignements traditionnels. C'est de la même manière que le thème des « Sauvés des eaux » et ceux qui « ne sombrent pas dans les eaux » [547], thème qui eut un sens réel, historique, se rapportant aux élites qui échappèrent à la catastrophe et fondèrent de nouveaux centres traditionnels, en vint à prendre un sens symbolique et figura dans des légendes relatives à des prophètes, des héros et des initiés. D'une façon générale les symboles propres à cette race des origines réapparurent énigmatiquement par une voie souterraine jusqu'à une époque relativement récente, là où régnèrent des rois et des dynasties dominatrices traditionnelles.

Ainsi, chez les Hellènes, l'enseignement selon lequel les dieux grecs « naquirent » de l'Océan, peut avoir un double sens, car certaines traditions situent dans l'Occident atlantique (ou nord-atlantique) l'ancienne résidence

---

[546] Selon certaines traditions égyptiennes, les premières dynasties préhistoriques furent créées par les « héros morts » ; il peut y avoir là une allusion à la race divine d'Occident disparue et aux groupes atlantides arrivés jusqu'en Égypte. Cf. D. MEREJKOWSKI, *Das Geheimnis des Westens*, Leipzig-Zürich, 1929, pp. 200, sqq. et *passim* ; ce n'est pas sans fondement que l'auteur voit, dans certains rites et certains symboles de l'antiquité, des références à l'Atlantide.

[547] Par exemple Yama, Yima, Noah, Decaulion, Shamashnapitshin, Romulus, le héros solaire Karna du *Mahâbhârata*, etc. On peut noter que, de même que Manu, fils de *Vivaçvant*, c'est-à-dire héritier de la tradition solaire, échappé au déluge, et créateur des lois d'un nouveau cycle, a pour frère Yama (à rapprocher de l'iranien Yima, qui est le roi solaire échappé lui aussi au déluge), qui est le « dieu de ceux qui sont morts », ainsi, Minos, qui, même étymologiquement, correspond à Manu, apparaît souvent comme la contrepartie de Rhadamante, roi de l'« Ile des Bienheureux » ou des « Héros » (cf. PRELLER, *Griech. Myth.*, v. II, pp. 129-131).

d'Uranus et de ses fils Atlas et Saturne[548]. C'est également là, d'ailleurs, que fut généralement situé le jardin divin lui-même – θεών κῆπος - où séjourna à l'origine le dieu olympien, Zeus[549], ainsi que le jardin des Hespérides, « au-delà du fleuve Océan », des Hespérides qui furent précisément considérées par certains comme les filles d'Atlas, le roi de l'île occidentale. C'est ce jardin qu'Hercule doit atteindre au cours de celle de ses entreprises symboliques que l'on associe le plus étroitement à sa conquête de l'immortalité olympienne, et où il avait eu pour guide Atlas, le « connaisseur des obscures profondeurs de la mer »[550]. L'équivalent hellénique de la voie nordico-solaire, du *deva-yâna* des Indo-aryens, à savoir la voie de Zeus qui, de la forteresse de Chronos, située, sur la mer lointaine, dans l'île des Héros, mène aux hauteurs de l'Olympe, cette voie fut donc, dans l'ensemble, occidentale[551]. Pour la raison déjà indiquée, l'île où règne le blond Rhadamante s'identifie parfois à la Nekya, à la « terre de ceux qui ne sont plus »[552]. C'est vers l'Occident qu'appareille Ulysse, pour atteindre l'autre monde[553]. Le mythe de Calypso fille d'Atlas reine de l'île d'Ogygie qui est le « pôle » - le « nombril », Omphalos - de la mer, reproduit évidemment le mythe des Hespérides et beaucoup d'autres qui lui correspondent chez les Celtes et les Irlandais, où l'on rencontre également le thème de la femme et celui de l'Elysée, en tant qu'île occidentale. Selon la tradition chaldaïque, c'est vers l'Occident, « au-delà des eaux profondes de la mort », « celles où il n'y a jamais eu de gué et que personne, depuis un temps immémorial, n'a plus traversées », que se

---

[548] Cf. DIODORE de SICILE, *Bibl. Hist.*, III, 53, 55, 60 ; V, 66.

[549] On peut se rallier, dans beaucoup de cas, sinon dans tous, à l'opinion de PIGANIOL (*Les origines de Rome*, cit., *pp.* 142 sqq.) qui voit dans l'apparition des dieux olympiens, à côté des divinités féminines de la terre, le résultat de l'interférence des cultes d'origine nordique avec des cultes d'origine méridionale. Cette interprétation paraît susceptible de s'appliquer, en particulier à la légende qui fait du jardin occidental le lieu des noces de Zeus avec Héra, noces qui, comme on le sait, furent loin d'être heureuses.

[550] Cf. APOLLODORE, *II, 5, 11* ; HESIODE, *Théog.*, *v. 215*.

[551] Cf. W.H. ROSCHER, *Die Gorgonen und Verwandtes*, Leipzig, 1879, pp. 23-24.

[552] Cf. STRABON, I, 3 ; PLINE, *Hist. Nat.*, VI, *pp.* 202, sqq.

[553] W. RIDGEWAY (*The early age of Greece*, Cambridge, 1901, pp. 516-518) fait justement remarquer que la croyance d'après laquelle les séjours d'immortalité sont situés dans la région occidentale, est surtout propre aux peuples qui employèrent le rituel - essentiellement nordico-aryen - de la crémation, et non celui de l'inhumation des morts.

trouve le jardin divin où règne Atrachasis-Shamashnapishtin, le héros échappé au déluge, et qui conserve de ce fait le privilège de l'immortalité. Jardin que Gilgamesh atteint, en suivant la voie occidentale du soleil, pour obtenir le don de vie, et qui n'est pas sans rapport avec Sabitu, « la vierge assise sur le trône des mers »[554].

Quant à l'Égypte, il est significatif que sa civilisation ne connaisse pas de préhistoire « barbare ». Elle surgit, pour ainsi dire, d'un seul coup, et se situe, dès l'origine, à un niveau élevé. Or, selon la tradition, les premières dynasties égyptiennes auraient été constituées par une race venue de l'Occident, dite des « compagnons d'Horus » - *shemsu Heru* -, placés sous le signe du « premier des habitants de la terre d'Occident », c'est-à-dire d'Osiris, considéré comme le roi éternel des « Champs de Yalu », de la « terre du sacré Amenti » au-delà des « eaux de la mort » située « dans le lointain Occident », et qui, précisément, se rattache parfois à l'idée d'une grande terre insulaire. Le rite funéraire égyptien reprend le symbole et le souvenir : il impliquait, outre la formule rituelle « vers l'Occident ! », une traversée des eaux, et l'on portait dans le cortège « l'arche sacrée du soleil », celle des « sauvés des eaux »[555]. Nous avons déjà mentionné à propos des traditions extrême-orientales et tibétaines, le « paradis occidental » avec des arbres aux fruits d'or comme celui des Hespérides. Très suggestive est également, en ce qui concerne le mystère de l'Occident, la très fréquente image de Mi-tu avec une corde, accompagnée de la légende : « celui qui tire [les âmes] vers l'Occident »[556]. Nous retrouvons d'autre part, le souvenir transformé en

---

[554] Cf. *Gilgamesh*, X, 65-77 ; XI, 296-298.

[555] Cf. E.A. WALLIS BUDGE, *Egypt in the neolithic and archaic Periods*, London, 1902, pp. 165-166. De même que les Hellènes situent tantôt dans le nord et tantôt dans l'Occident la résidence des immortels, de même, dans certaines antiques traditions égyptiennes, les champs de la paix - Sekhet Heteb - et le pays du triomphe - ta-en-mâxeru - que le mort divinisé au sens solaire atteint par un passage existant dans le « mont » et où « les grands chefs proclament pour lui la vie éternelle et la puissance » sont situés vers le nord. Cf. BUDGE, *Book of Dead*, cit., pp. CIV-CV.

[556] Cf. REVILLE, *La Religion Chinoise*, cit., pp. 520-544. Cf. plus particulièrement LI-TSEU (c. III) à propos du voyage vers l'Occident de l'Empereur Mu, qui atteint le « mont » (le Kuen-Lun) et rencontre la « Mère-reine d'Occident », Si-Wang-Mu.

mythe paradisiaque, dans les légendes celtiques et gaéliques déjà citées, relatives à la « Terre des Vivants », au Mag-Mell, à l'Avallon, lieux d'immortalité conçus comme terres occidentales[557]. C'est dans l'Avallon que seraient passés à une existence perpétuelle les survivants de la race « d'en haut » des Tuatha dé Danann, le roi Arthur lui-même et des héros légendaires comme Condla, Oisin, Cuchulain, Loegairo, Ogier le Danois et d'autres[558].

Ce mystérieux Avallon est la même chose que le « paradis » atlantique dont il est question dans les légendes américaines déjà citées : c'est l'antique Tlapallan ou Tollan, c'est la même « Terre du Soleil » ou « Terre Rouge » dans laquelle - comme les Tuatha dans l'Avallon - seraient revenus et auraient disparu soit le dieu blanc Quetzalcoatl, soit les empereurs légendaires comme l'Huemac du *Codex Chimalpopoca*.

Les diverses données historiques et supra-historiques trouvent peut-être leur meilleure expression dans la chronique mexicaine Cakehiquel, où l'on parle de quatre Tullan : l'une, située dans la « direction du soleil levant » (par rapport au continent américain, c'est-à-dire dans l'Atlantique) est appelée « la terre d'origine » ; les deux autres correspondent aux régions ou centres d'Amérique, auxquelles les races nordico-atlantiques émigrées donnèrent le nom du centre originel ; enfin, on parle d'une quatrième Tullan, « dans la direction où le soleil se couche [c'est-à-dire l'Occident proprement dit] *et c'est en elle qu'est le Dieu* »[559]. Cette dernière est précisément la Tullan de la

---

[557] Cf. SQUIRE, *Myth. of anc. Britain*, etc., pp. 34-41 ; BEAUVOIS, *Elysée transatl.*, cit., pp. 287, 315, 291, 293 ; pour l'Avallon : J. HUSSERIUS, *Britannicarum ecclesiarum Antiquitas et primordia*, Dublin, 1639, pp. 524, sqq. Sur les légendes celtiques plus récentes, relatives au navire des « héros » qui appareille vers Flath-Innis, l'« Ile-Noble », « l'Ile verte », calme parmi les tempêtes de l'océan occidental, cf. J. MACPHERSON, *Introd. to the History of Great Britain and Ireland*, London, 1772, p. 180.

[558] Cf. ALANO DA LILLA, *Prophetia anglicana Merlini*, etc. Frankfurt, 1603, pp. 100-101, qui compare l'endroit où disparut le roi Artus avec celui où disparurent Elie et Enoch, et où, d'ailleurs, ils devront tous réapparaître un jour. En ce qui concerne la terre des Hyperboréens, le monde classique savait déjà que des êtres, souvent royaux - par ex. Kroisos - avaient été « ravis » dans cette terre par Apollon (cf. PAULY-WISSOWA, *Real-Encyklopadie*, IX, pp. 262-263).

[559] DONNELLY, Op. cit., p. 145.

transposition supra-historique, l'âme du « Mystère de l'Occident ». C'est dans un lieu occidental que se rend Enoch, « jusqu'au bout de la terre », où il trouve des monts symboliques, des arbres divins gardés par l'archange Michel, arbres qui donnent la vie et le salut aux élus mais qu'aucun mortel ne touchera jamais jusqu'au Grand Jugement[560]. Les derniers échos du même mythe parviennent souterrainement jusqu'au Moyen Age chrétien sous la forme d'une mystérieuse terre atlantique où les moines navigateurs du monastère de Saint-Mathias et de Saint-Alban auraient trouvé une ville d'or où étaient Enoch et Elie, les prophètes « jamais morts »[561].

D'autre part, dans le mythe diluvien, la disparition de la terre sacrée qu'une mer ténébreuse - les « eaux de la mort » - sépare désormais des hommes, peut aussi prendre un sens qui l'unit au symbolisme de l'« arche », c'est-à-dire de la préservation des « germes des Vivants » - des Vivants au sens éminent et figuré[562]. La disparition de la terre sacrée légendaire peut aussi signifier le passage dans l'invisible, dans l'occulte ou le non manifesté, du centre qui conserve intacte la spiritualité primordiale non-humaine. Selon Hésiode, en effet, les êtres du premier âge « qui ne sont jamais morts » continueraient à exister, invisibles, comme gardiens des hommes. A la légende de la ville, de la terre ou de l'île engloutie, correspond fréquemment celle des peuples souterrains ou du royaume souterrain[563]. Cette légende se

---

[560] *Livre d'Énoch*, XXIV, 1-6 ; XXV, 4-6. Énoch ayant trouvé *sept* monts sur cette terre, on peut voir un équivalent de l'Aztlan nordico-atlantique dans le Chicomoztoc, qui veut dire « *les sept* colonnes ».

[561] Cf. GOFFREDO DA VITERBO, *Panthéon, etc.*, Ratisbone, *1726, pp. 58-60* ; BEAUVOIS, *Élysée transatl.*, cit., *v. VIII, pp. 681-682.*

[562] Dans la rédaction chaldaïque du mythe, les dieux ordonnent à Atrachasis de sauver du déluge, « en les enterrant », les écrits sacrés de l'époque précédente, c'est-à-dire le dépôt de sa science : et ils sont conçus comme la « graine résiduelle » d'où, ensuite, tout devra se développer de nouveau.

[563] Dans certaines légendes germaniques, on trouve, par ex., un rapport entre le mont dans lequel disparaît un empereur et un lieu ou une ville engloutis (cf. GRIMM, *Deutsche Mythol.*, *v. II, pp. 819-820*). Selon la tradition, le roi Yima construisit un refuge - vara -, qui est souvent conçu, précisément, comme « souterrain », pour sauver les germes des vivants (cf. *Vendîdâd*, II, 22, sqq. ; *Zarâdusht-pâma*, v. 1460, sqq. Au sujet de l'idée de

retrouve dans de nombreux pays[564]. Quand l'impiété prévalut sur la terre, les survivants des âges précédents émigrèrent dans une résidence « souterraine » - c'est-à-dire invisible - qui, par interférence avec le symbolisme de l'« altitude » se trouve souvent située sur des montagnes[565]. Ils continueront à y vivre jusqu'au moment où, le cycle de la décadence étant épuisé, il leur sera de nouveau possible de se manifester. Pindare[566] dit que la voie permettant d'atteindre les Hyperboréens « ne peut être trouvée ni par mer, ni par terre » et que c'est seulement à des héros comme Persée et Hercule, qu'il fut donné de la suivre. Montezuma, le dernier empereur mexicain, ne put atteindre l'Aztlan qu'après avoir procédé à des opérations magiques et avoir subi la transformation de sa forme physique[567]. Plutarque rapporte que les habitants du nord ne pouvaient entrer en rapport avec Chronos, roi de l'âge d'or, et avec les habitants de l'extrême septentrion, que dans l'état de sommeil[568]. Selon Li-tze[569], « on ne peut atteindre ni avec des navires, ni avec des chars, mais seulement par le vol de l'esprit », les régions merveilleuses dont il parle et qui se rattachent tantôt à la région arctique, tantôt à la région occidentale. Dans l'enseignement lamaïque, enfin, on dit parfois : Chambhala, la mystique région du nord, « est dans mon esprit »[570]. C'est ainsi que les témoignages relatifs à ce qui fut le siège réel d'êtres qui n'étaient pas

---

caverne alpestre ou de palais souterrain aux murailles de fer cf. *Bundahesh*, XII, 20 ; *Shanamî*, IV, 196).

[564] Cf. GUENON, *Le Roi du Monde*, cit., ch. VII-VIII

[565] Ainsi, dans les légendes irlandaises, il est dit que les Tuatha se retirèrent en partie dans le « paradis occidental » de l'Avallon, et, en partie, choisirent des demeures souterraines - sidhe - d'où le nom de Aes Sidhe, c'est-à-dire « race des hauteurs enchantées. cf. SQUIRE, *Myth. Britain.*, etc., cit., p. 41). Symboliquement, les deux régions s'équivalent. D'après la tradition mexicaine, c'est dans les grottes de Chapultepec que se trouve l'entrée du monde souterrain où le roi Huemac II disparut et d'où il réapparaîtra un jour pour reconstituer son royaume (cf. BEAUVOIS, *Élysée mex.*, cit., p. 27).

[566] PINDARE, *Pyth.*, X, 29.

[567] Cf. BEAUVOIS, *Élysée Mex.*, cit., p. 321.

[568] PLUTARQUE, *De facie in orbe lunae* § 26. On sait que dans l'antiquité on attribuait au sommeil aussi la vertu de neutraliser les sens physiques et d'éveiller les sens intérieurs de manière à favoriser, souvent d'une façon naturelle, des contacts avec l'invisible.

[569] LI-TSEU, c. II.

[570] DAVID-NEEL, *loc. cit.*

seulement humains, survécurent, et prirent une valeur supra-historique en servant simultanément de symboles pour des états situés au-delà de la vie ou bien accessibles seulement au moyen de l'initiation. Au-delà du symbole, apparaît donc l'idée, déjà mentionnée, que le Centre des origines existe encore, mais qu'il est caché, et normalement inaccessible (comme la théologie catholique elle-même l'affirme pour l'Eden) : pour les générations du dernier âge, seul un changement d'état ou de nature en ouvre l'accès.

C'est de cette manière que s'est établie la seconde grande interférence entre la métaphysique et l'histoire. En réalité, le symbole de l'Occident peut, comme celui du pôle, acquérir une valeur universelle, au-delà de toute référence géographique ou historique. C'est en Occident, où la lumière physique, soumise à la naissance et au déclin, s'éteint, que la lumière spirituelle immuable s'allume et que commence le voyage de la « barque du Soleil » vers la Terre des Immortels. Et du fait que cette région se trouve à l'endroit où le soleil descend derrière l'horizon, on la conçut aussi comme souterraines ou sous les eaux. Il s'agit là d'un symbolisme immédiat, dicté par la nature elle-même, et qui fut ensuite employé par les peuples les plus divers, même sans être associé à des souvenirs atlantiques[571]. Cela n'empêche pas, cependant, qu'à l'intérieur de certaines limites définies par des témoignages concomitants, tels que ceux que nous venons de rapporter ce thème puisse avoir aussi une valeur *historique*. Nous entendons par là que parmi les innombrable formes assumées par le mystère de l'Occident, on peut en isoler certaines, pour lesquelles il est légitime de supposer que l'origine du symbole n'a pas été le phénomène naturel du cours du soleil, mais le lointain souvenir, spirituellement transposé, de la patrie occidentale disparue. A cet égard, la surprenante correspondance que l'on constate entre les mythes américains et les mythes européens, spécialement nordiques et celtiques, apparaît comme une preuve décisive.

En second lieu, le « mystère de l'Occident » correspond toujours, dans

---

[571] Cf. ZEMMRICH, *Toteninsel und verwandte geographische Mythen* (Archiv für Ethnologio, v. IV, p. 218, sqq.) qui estime toutefois, à tort, que ce mythe général épuise la question de l'Atlantide en tant que *terre réelle*.

l'histoire de l'esprit, à un certain stade qui *n'est plus le stade originel*, à un type de spiritualité qui - aussi bien typologiquement qu'historiquement - ne peut être considéré comme primordial. Ce qui le définit, c'est le *mystère de la transformation*, ce qui le caractérise, c'est un dualisme, et un passage discontinu : *une lumière naît, une autre décline*. La transcendance est « souterraine ». La supranature n'est plus - comme dans l'état olympien - nature : elle est le but de l'initiation, objet d'une conquête problématique. Même considéré sous son aspect général, le « mystère de l'Occident » paraît donc être propre à des civilisations plus récentes, dont nous allons examiner maintenant les variétés et les destins. Il se relie au symbole solaire d'une façon plus étroite qu'au symbole « polaire » : il appartient à la seconde phase de la tradition primordiale

5

NORD ET SUD

Dans la première partie de cet ouvrage nous avons mis en lumière l'importance du symbolisme solaire chez de nombreuses civilisations de type traditionnel. Il est donc naturel d'en retrouver la trace dans un certain nombre de vestiges, de souvenirs et de mythes se reliant aux civilisations des origines. En ce qui concerne le cycle atlantique, on constate déjà, toutefois, dans le symbolisme solaire qui lui est propre, une altération, une différenciation, par rapport au symbolisme du cycle précédent, celui de la civilisation hyperboréenne. On doit considérer comme stade hyperboréen celui où le principe lumineux présente des caractères d'immutabilité et de centralité, des caractères, pourrait-on dire, purement « olympiens ». C'est, comme on l'a justement remarqué, le caractère que possède Apollon, en tant que dieu hyperboréen : il n'est pas, comme Hélios, le soleil envisagé dans sa loi de montée et de descente, mais simplement le soleil en soi, comme la nature dominatrice et immuable de la lumière[572]. Le svastika et les autres formes de la croix préhistorique qu'on retrouve au seuil de la période glaciaire, de même que cet autre très ancien symbole solaire préhistorique - parfois gigantesquement exprimé par des masses de dolmens - du cercle avec le point central, semblent avoir eu un lien originel avec cette première forme de spiritualité. En effet, si le svastika est un symbole solaire, il l'est en tant que symbole d'un mouvement rotatoire autour d'un centre fixe et immuable, auquel correspond le point central de l'autre symbole solaire, le cercle[573]. Des variantes de la roue solaire

---

[572] PRELLER, *Griech. Mythol.*, cit., v. I, p. 188.
[573] Cf. GUENON, *Le Roi du Monde*, c. II, pp. 12-13. Il ressort d'une carte de la distribution du svastika sur la terre, dressée par T. WILSON (*The swastika, the earliest known symbol*, in *Annual Report of Smithsonian Institution*, 1896 - W. SCHEUERMANN, *Woher kommt*

et du svastika, telles que cercles, croix, cercles avec croix, cercles à rayons, haches avec le svastika, haches bicuspides, haches et autres objets faits d'aérolithes disposés en forme circulaire, images de la « nef solaire » associées de nouveau aux haches ou au cygne apollino-hyperboréen, au renne, etc., sont des vestiges du stade originel de la tradition nordique[574] qui, d'une façon plus générale, peut s'appeler *ouranienne* (cultes purement célestes) ou « polaire ».

Distincte de cette spiritualité ouranienne, il en est une autre qui se rattache aussi au symbole solaire, mais en relation avec *l'année* (le « dieu-année »), c'est-à-dire avec une loi de changement, de montée et de descente, de mort et de renaissance. Le thème apollinien ou olympien original se trouve alors altéré par un moment que nous pourrions appeler « dionysiaque ». Des influences apparaissent qui sont propres à un autre principe à un autre culte, à des races d'une autre souche, à une autre région. On constate une interférence différenciatrice.

Pour la déterminer typologiquement, il convient de considérer le point qui, dans le symbole du soleil comme « dieu de l'année » est le plus significatif : le *solstice d'hiver*. Ici un nouvel élément intervient, qui prend une importance toujours plus grande, à savoir ce dans quoi la lumière semble disparaître mais d'où elle resurgit comme en vertu d'un nouveau contact avec le principe originel de sa vie même. Il s'agit d'un symbole qui, ou bien ne figure pas dans les traditions de pure souche boréale, ou bien n'y figure qu'à titre tout à fait secondaire, alors qu'il joue un rôle prédominant dans les civilisations et les races du Sud où il acquiert souvent une signification centrale et suprême. Ce sont les symboles féminins-telluriques de la *Mère* (la femme divine), de la *Terre*, et des *Eaux* (ou du Serpent) : trois expressions caractéristiques, dans une large mesure équivalentes, et souvent associées

---

das Hakenkreuz ?, Berlin, 1933, p. 4), que ce signe n'appartient pas seulement, comme on l'a cru, aux races aryennes proprement dites ; on constate toutefois que sa distribution coïncide en grande partie avec celle des émigrations nordico-atlantiques vers l'Occident (Amérique) et l'Orient (Europe).

[574] Cf. S. MÜLLER, *Nordische Altertumskunde*, Leipzig, 1897, pp. 420, sqq. *1.* DECHELETTE, *Le culte du soleil aux temps préhistoriques* (Revue Archéologique, 1909, v. 1, pp. 305 sqq. ; v. 11, pp. 94 sqq.).

(Mère-Terre, Eaux génératrices, Serpent des Eaux, etc.). *Le rapport qui s'établit entre les deux principes - Mère et Soleil - est ce qui donne leur sens à deux expressions différentes du symbolisme, dont l'une conserve encore des traces de la tradition « polaire » nordique, alors que l'autre marque au contraire un cycle nouveau, l'âge d'argent, un mélange - qui a déjà le sens d'une dégénérescence - entre le Nord et le Sud.*

Là où l'accent est mis sur les solstices, subsiste, en principe, un lien avec le symbolisme « polaire » (axe nord-sud) tandis que le symbolisme des équinoxes se relie à la direction longitudinale (orient-occident), en sorte que la prédominance de l'un ou de l'autre de ces symbolismes dans les différentes civilisations permet souvent, par lui-même, de déterminer ce qui s'y réfère, respectivement, à l'héritage hyperboréen et à l'héritage atlantique. Dans la tradition et la civilisation *atlantiques* proprement dites, apparaît toutefois une forme mixte. La présence du symbolisme solsticial témoigne encore de l'existence d'un élément « polaire », mais la prédominance du thème du dieu solaire changeant, de même que l'apparition et l'importance prédominante accordée à la figure de la Mère, ou à des symboles analogues, révèlent, au moment du solstice, les effets d'une autre influence, d'un autre type de spiritualité et de civilisation.

C'est pourquoi, lorsque le centre est constitué par le principe mâle-solaire conçu en tant que vie qui monte et qui décline, qui a un hiver et un printemps, une mort et une renaissance comme les « dieux de la végétation », alors que l'identique, l'immuable, est représenté par la Mère Universelle, par la Terre conçue comme le principe éternel de toute vie, comme la matrice cosmique, siège et source inépuisée de toute énergie - on se trouve déjà dans une civilisation de la décadence, dans la seconde ère, traditionnellement placée sous le signe aqueux ou lunaire. Partout, au contraire, où le soleil continue d'être conçu dans son aspect de pure lumière, comme une « virilité incorporelle », sans histoire et sans génération, où, dans la ligne de cette signification « olympienne », l'attention se concentre sur la nature lumineuse céleste des étoiles *fixes*, parce qu'elles se montrent plus indépendantes encore de cette loi de la montée et du déclin qui, dans la conception opposée, affecte le soleil même en tant que dieu-année - subsiste la spiritualité la plus haute, la plus pure et la plus originelle (cycle des civilisations ouraniennes).

Tel est le schéma très général, mais cependant fondamental. On peut parler, dans un sens universel, de *Lumière du Sud* et de *Lumière du Nord* et, pour autant qu'une telle opposition puisse avoir une signification relativement précise dans la matière mêlée de ce qui est temporel et remonte au surplus à des époques très lointaines, on peut parler aussi de spiritualité ouranienne et de spiritualité lunaire, d'« Artide » et d'« Atlantide ».

Historiquement et géographiquement, l'Atlantide correspondrait en réalité non pas au Sud, mais à l'Occident. Au Sud correspondrait la Lémurie, dont certaines populations nègres et australes peuvent être considérées comme les derniers vestiges. Nous y avons déjà fait une rapide allusion. Mais puisque nous suivons essentiellement ici la courbe descendante de la civilisation hyperboréenne primordiale, nous ne considérerons l'Atlantide que comme une phase de cette descente et le Sud, en général, en fonction de l'influence qu'il a exercée, au cours du cycle atlantique (pas seulement au cours de ce cycle d'ailleurs, à moins de donner à l'expression d'« atlantique » un sens général et typologique), sur les races d'origine et de civilisation boréale, donc dans le cadre de formes intermédiaires, ayant la double signification d'une altération de l'héritage primordial et d'une élévation à des formes plus pures des thèmes chthonico-démoniques propres aux races aborigènes méridionales. C'est pourquoi nous n'avons pas utilisé le terme de Sud, mais de *Lumière du Sud* et que nous emploierons pour le second cycle, l'expression « spiritualité *lunaire* », la Lune étant considérée comme un symbole lumineux, mais non solaire, semblable, en quelque sorte, à une « terre céleste », c'est-à-dire à une terre (Sud) purifiée.

Que les thèmes de la Mère ou de la Femme, de l'Eau et de la Terre tirent leur origine première du Sud et soient réapparus, par le jeu d'interférences et d'infiltrations, dans tous les vestiges et souvenirs « atlantiques » ultérieurs - c'est un fait dont de nombreux éléments ne permettent pas de douter et qui explique que d'aucuns aient pu commettre l'erreur de croire que le culte de la Mère était propre à la civilisation nordico-atlantique. Il y a toutefois quelque vraisemblance dans la théorie selon laquelle il existerait une relation entre la Môuru - une des « créations » qui succéda, selon l'Avesta[575], au siège arctique - et le cycle « atlantique », si l'on donne à Môuru le sens de « Terre de la Mère »[576]. Certains ont cru voir, en outre, dans la civilisation préhistorique de la Madeleine (qui est d'origine atlantide), le centre originel d'où s'est diffusée dans le Méditerranéen néolithique, surtout parmi les races chamitiques, jusqu'aux temps minoens, une civilisation où la Déesse Mère joua un rôle à ce point prépondérant, qu'on a pu dire, qu'à l'aube des civilisations la femme irradie, grâce à la religion, une lumière si vive, que la figure masculine reste ignorée dans l'ombre »[577]. Selon d'autres, on retrouverait dans le cycle ibérico-cantabrique, les caractéristiques du mystère lunaire-démétrien qui prédomine dans la civilisation pélasgique préhellénique[578]. Il y a certainement dans tout cela, une part de vérité. Du reste, le nom même des Tuatha dé Danann des cycles irlandais, la race divine de l'Ouest dont nous avons parlé, signifierait déjà, d'après certains, « les peuples de la Déesse ». Les légendes, les souvenirs et les transpositions suprahistoriques qui font de l'île occidentale la résidence d'une déesse, d'une reine ou d'une prêtresse souveraine, sont en tout cas nombreux et, à cet égard, très significatifs. Nous avons déjà eu l'occasion de fournir, à ce propos, un certain nombre de références. Selon le mythe, dans le jardin occidental de Zeus, la garde des fruits d'or - qui peuvent être considérés comme l'héritage traditionnel du premier âge et comme un symbole des états spirituels qui lui sont propres - passa, comme on sait, à des femmes - aux Hespérides - et plus

---

[575] Cf. *Vendîdâd*, I, 4.

[576] WIRTH, Op. cit., passim. Le mot Mu se retrouve fréquemment dans la civilisation Maya, que l'on peut précisément considérer comme un résidu du cycle méridional ayant eu pour siège un continent très ancien comprenant l'Atlantide et s'étendant peut-être jusqu'au Pacifique. Il semble que dans les tablettes Maya du *Manuscrit de Troana* il soit question d'une certaine reine ou femme divine Mu, qui se serait avancée vers l'Occident en direction de l'Europe. Mâ ou Mu est, en tout cas, le nom de la principale déesse-mère de la Crète archaïque. Cf. aussi les observations de BACHOFEN, *Mutterrecht*, pp. 370-375 qui retrouve dans les rites des Atlantides, rapportés par Platon, les caractéristiques des cultes propres aux civilisations où prédomine l'idée de la « Femme souveraine » et le droit naturalistico-matriarcal.

[577] Cf. F. CORNELIUS, *Die Weltgeschichte und ihr Rythmus*, München, 1905, pp. 11-14 ; A. MOSSO, *Le origini della civiltà mediterranea*, Milano, 1909, pp. 90, 100, 118.

[578] Cf. BACHOFEN, *Mutterrecht*, § 164.

précisément à des filles d'Atlas. Selon certaines légendes gaéliques, l'Avallon atlantique était gouverné par une vierge royale et la femme qui apparaît à Condla pour l'emmener au « Pays des Vivants » déclare, symboliquement, qu'il ne s'y trouve que des femmes et des enfants[579]. Or, d'après Hésiode, l'âge d'argent fut précisément caractérisé par une très longue « enfance » sous la *tutelle maternelle*[580] ; c'est la même idée, exprimée par le même symbolisme. Le terme même d'âge d'argent se rapporte, en général, à la lumière lunaire, à une époque lunaire matriarcale[581]. Dans les mythes celtiques en question, se retrouve constamment le thème de la femme qui immortalise le héros dans l'île occidentale[582]. A ce thème correspondent la légende hellénique de Calypso, fille d'Atlas, reine de la mystérieuse île Ogygie, femme divine qui jouit de l'immortalité et y fait participer celui qu'elle élit[583] - le thème de la « vierge qui est sur le trône des mers », le long de la voie occidentale foulée par Gilgamesh, déesse de la sagesse et gardienne de la vie, vierge qui semble d'ailleurs se confondre avec la déesse-mère Ishtar[584] - le mythe nordique relatif à Idhunn et à ses pommes qui rénovent et assurent une vie éternelle[585] - la tradition extrême-orientale relative au « paradis occidental », dont nous avons déjà parlé, sous son aspect de « Terre de la Femme d'Occident »[586] -

---

[579] Cf. JOYCE, *Old Celtic Romances*, cit., pp. 108, sqq.

[580] HESIODE, *Op. et Die*, vv. 129-130.

[581] Cf. BACHOFEN, *Mutterrecht*, § 148.

[582] Cf. BEAUVOIS, *Elysée trans.*, cit., pp. 314-315, 291-293, 314 ; v. VIII, pp. 681, sqq. Dans la légende médiévale relative à des moines qui trouvent dans l'Atlantique la ville d'or et les prophètes jamais morts, figure au milieu de la mer une statue de *femme* en *cuivre* (le métal de Vénus), pour indiquer la route.

[583] HOMERE, *Odyssée*, I, 50 ; VII, 245, 257 ; XXIII, 336. On peut y rattacher aussi ce que dit STRABON (*Géographie*, IV, iv, 5) au sujet de l'île proche de la Bretagne, où régnait le culte de Déméter et de Korê, comme dans l'Egée pélasgienne. Si OVIDE (*Fast.*, II, 659) fait d'Anna une nymphe atlantide - c'est qu'Anna, Anna Perenna, n'est qu'une personnification de la nourriture éternelle immortalisante (sanskrit : *anna*) qui se trouve si souvent associée à l'Elysée occidental.

[584] P. JENSEN, *Das Gilgamesh Epos*, Strasbourg, 1906, v. I, p. 28.

[585] *Gylfaginning*, 26, 42 ; cf. *Hâvamâl*, 105.

[586] Cf. REVILLE, *Relig. Chin.*, cit., pp. 430-436 au sujet de la Mère royale d'Occident, également associée au « mont », au Kuen-Lun ; elle possède l'élixir d'immortalité et soustrait à la vie mortelle, d'après la légende, des rois comme Wang-Mu. Dans cette

enfin, la tradition mexicaine concernant la femme divine, mère du grand Huitzlipochli, demeurée la maîtresse de la terre océanique sacrée Aztlan[587]. Ce sont là des échos, directs ou indirects, de la même idée, des souvenirs, des symboles et des allégories qu'il convient de dématérialiser et d'universaliser en se référant précisément à une spiritualité « lunaire », à un « règne » et à une participation à la vie caduque, passés du signe solaire et viril au signe « féminin » et lunaire de la Femme divine.

Il y a plus. Bien que l'on puisse évidemment interpréter ce genre de mythes de diverses manières, dans la tradition hébraïque relative à la chute des « fils des dieux » - Ben Elohim - à laquelle correspond, comme on l'a dit, la tradition platonicienne relative à la dégénérescence, par voie de mélange, de la race divine atlantique primitive - on retrouve la « femme », car c'est à travers la femme que se serait précisément réalisé ce que l'on considère ici comme une chute[588]. Il est très significatif, à cet égard, que dans le Livre d'Enoch (XIX, 1-2) il soit dit que les femmes, associées à la chute des « fils des dieux », devinrent des Sirènes, car les Sirènes sont les sueurs des Océanides, que la tragédie grecque représente autour d'Atlas. Il pourrait encore y avoir là une allusion à la nature de cette transformation qui, de la spiritualité originelle, conduisit aux formes de l'âge d'argent. Et il serait peut-être possible de tirer une conclusion analogue du mythe hellénique d'Aphrodite, déesse qui, avec ses variantes asiatiques, est caractéristique de la composante méridionale des civilisations méditerranéennes. Elle serait née en effet, des

---

conception extrême-orientale, le contraste entre les deux composantes apparaît clairement : la Terre Pure occidentale est à la fois la résidence de la Mère et le royaume d'Amithâba, d'où les femmes sont rigoureusement exclues. Cf. *ibid.*, p. 524.

[587] Cf. BEAUVOIS, *Elysée des Mex.*, cit., pp. 318-321, à propos des femmes divines ou nymphes qui habitent, selon les Celtes et les Mexicains, l'Elysée transatlantique.

[588] Le mythe biblique de la séduction d'Adam (qui, comme son nom hébreu l'indique, est l'homme rouge) est fondé sur la figure féminine d'Eve (serpent et femme sont deux symboles qui, sous beaucoup d'aspects, s'équivalent, et c'est ce qui explique certaines représentations mexicaines, chaldéennes, puis gnostiques et enfin médiévales, de serpents avec un visage de femme dont un exemple notoire est celui du portique de Notre-Dame de Paris) qui est une variante du type de la femme de l'île ou de la femme de la terre d'Occident où se trouve l'arbre sacré de la vie.

eaux, par la dévirilisation du dieu céleste primordial, Uranus, que certains associent, avec Chronos, soit à l'âge d'or, soit à la région boréale. De même, selon la tradition du plus ancien Edda, c'est avec l'apparition de l'élément féminin - des « trois puissantes enfants, filles de géants »[589] - que se serait clos l'âge d'or et qu'auraient commencé les premières luttes entre les races divines (Ases et Wanen), puis entre les géants et les races divines, luttes qui reflètent, comme on le verra, l'esprit des âges successifs. Une étroite correspondance s'établit ainsi entre la nouvelle manifestation de l'oracle de la Mère, de Wala, dans la résidence des géants, le déchaînement de Loki et « l'obscurcissement des dieux », le ragnarökr[590].

D'autre part, il a toujours existé une relation entre le symbole de la divinité féminine et celui des Eaux et des divinités, même masculines, des Eaux[591]. Or, selon le récit platonicien, l'Atlantide était consacrée à Poséidon, qui est le dieu des eaux marines. Dans certaines figurations iraniennes, c'est un dieu aquatique qui prend la place de Chronos, roi de l'âge d'or, ce qui exprime évidemment le passage au cycle du Poséidon atlantide. Cette interprétation se trouve confirmée par le fait que la succession des quatre âges est parfois représentée par la prédominance successive des quatre chevaux du quadrige cosmique et que le cheval auquel correspond l'élément eau est consacré à Poséidon ; une certaine relation avec la fin de l'Atlantide apparaît également ici dans l'allusion à une catastrophe provoquée par les eaux ou par un déluge[592]. Une convergence existe, en outre, avec le thème des Ben Elohim

---

[589] Cf. Vdluspâ, 7-8. D'après ce texte, avant la venue des femmes « les choses *en or ne souffraient pas de corruption* ». On retrouve ces choses après la fin du cycle de « l'obscurcissement des dieux » (ibid., 59). Selon le *Gyljaginning*, 14, « l'âge d'or se termina avec l'apparition de plusieurs femmes ».
[590] *Vegtamskvidha*, 18-19.
[591] On peut rappeler, à titre d'exemple, la tradition rapportée par PLUTARQUE (*De Is. et Os.*, IX) où Isis apparaît comme une déesse engendrée dans la substance humide.
[592] Cf. CUMONT, *La fin du monde, etc.*, cit. pp. 39, 33-34, 42). La mythologie mexicaine, dans les légendes relatives au Talaloca qui se confond souvent avec la Tullan atlantide, présente un mélange caractéristique des thèmes des deux civilisations successives qui ont dû interférer sur ces terres : car le Talalocan est tantôt le pays des Talaloques, race légendaire de la « terre » ou des « eaux », tantôt, au contraire, le pays du Soleil. La légende de Quetzalcoatl qui jette le « premier soleil » dans les eaux, l'élément des Talaloques, peut

tombés pour s'être unis aux femmes : Poséidon, lui aussi, aurait été attiré par une femme, Kleito, résidant dans la terre atlantide. Pour la protéger, il aurait créé une cité circulaire isolée par des vallées et des canaux, et Atlas, premier roi mythique de cette terre, aurait été le premier enfant de Poséidon et de Kleito[593]. Le dieu Olokun, dont il est question dans les échos de très antiques traditions atlantides du littoral atlantique africain, peut être considéré comme un équivalent de Poséidon, et Poséidon - comme l'ancien Tarqu - jouait précisément avec la déesse Mère, Mu, un rôle caractéristique dans le culte pélasgique (en Crète), qui fut vraisemblablement propre à une colonie atlantide. Le taureau poséidonien qui « vient de la mer », du cycle pélasgique, a en même temps une signification lunaire, comme l'a souvent l'Apis égyptien, engendré par le rayon lunaire[594]. On retrouve, là encore, les signes distinctifs de l'âge d'argent, qui ne furent pas sans rapport avec le démonisme autochtone, car Poséidon ne fut pas considéré seulement comme le « dieu de la mer » : sous son aspect de « secoueur de la terre » où il fut associé à Géa et aux Moires, il est aussi celui qui ouvre la terre, comme pour provoquer l'irruption du monde d'en bas[595].

Sous son aspect chthonien élémentaire, la femme, conjointement aux démons de la terre en général, fut effectivement l'objet principal des cultes aborigènes méridionaux, d'où dériveront les déesses chthoniennes asiatico-médionales, et celles que représentaient déjà les monstrueuses idoles

---

correspondre à la transition dont nous avons parlé plus haut. Cf. BEAUVOIS, *Elysée des Mexicains*, cit., pp. 25-26.

[593] PLATON, *Critias*, 113 e - 114 a. Poséidon fut appelé « le souterrain », et fut conçu également comme l'époux de Déméter : on retrouve de nouveau l'interférence de la Femme, de la Terre et des Eaux, qu'atteste également le fait que le cheval, qui représente souvent la vague et fut consacré à Poséidon, se trouve associé, dans certaines figurations, à une déesse - par exemple la Déméter à la tête de cheval et l'Aphrodite équestre, Maîtresse de la Mer. L'association déjà mentionnée des thèmes du culte atlantico-méridional, pourrait d'ailleurs se retrouver jusque dans l'appellation de *Maris Stella* donnée à la Vierge Marie dans le Catholicisme.

[594] BACHOFEN, *Mutterrecht*, § 21.

[595] HOMERE, *Iliade*, XX, 56-65.

féminines stéatopyges du haut mégalithique⁵⁹⁶. Selon l'histoire légendaire de l'Irlande, cette île aurait été habitée originellement par une déesse, Cessair, mais aussi par des êtres monstrueux et des démons des eaux, les Fomor, c'est-à-dire les « Sous l'Onde » descendus de Dommu, personnification féminine des abîmes des eaux⁵⁹⁷. C'est précisément cette déesse du monde méridional, mais transfigurée, réduite à la forme pure et presque démétrienne qu'elle présente déjà dans les cavernes du Brassampouy de l'homme aurignacien, qui devait s'introduire et dominer dans la nouvelle civilisation d'origine atlantico-occidentale⁵⁹⁸. Du néolithique jusqu'à la période mycénienne, des Pyrénées à l'Égypte, dans le sillage des colonisateurs atlantiques, on retrouve presque exclusivement des idoles féminines et, dans les formes du culte, plus de prêtresses que de prêtres, ou bien, assez fréquemment, des prêtres efféminés⁵⁹⁹. En Thrace, en Illyrie, en Mésopotamie, mais aussi parmi certaines souches celtiques et nordiques, avec des résonances jusqu'au temps des Germains, en Inde, surtout dans ce qui a subsisté dans certaines formes méridionales du culte tantrique et dans les vestiges préhistoriques de la civilisation dite de Mohanjodaro, circule le même thème, sans parler de ses formes plus récentes, dont il sera question plus loin.

---

⁵⁹⁶ Cf. A. MOSSO, *Escursioni nel Mediterraneo*, cit., pp. 211, sqq. ; *Le origini della civiltà mediterranea*, cit., pp. 90, sqq.

⁵⁹⁷ Cf. SQUIRE, *Mytholog. of anc. Britain etc.*, cit., pp. 3-32. Dans d'autres formes de la légende, les Fomors sont guidés par des femmes ; Kefair (« lady Banbha ») et Ladhra exercent des fonctions de chef.

⁵⁹⁸ L'avènement de la civilisation démétrienne, au sens d'une purification et d'une sublimation des cultes tellurico-démoniques méridionaux aborigènes, pourrait correspondre à une des interprétations du mythe d'Athéna, déesse olympienne qui présente des caractères lumineux et personnifie la victoire. Elle détruit les Gorgones, qui seraient nées en Extrême-Occident et y auraient eu leur résidence (HESIODE, *Théog.* 270, sqq.). C'est également en Extrême-Occident que, selon certains, Athéna serait née (Cf. W.H. ROSCHER, *Nektar und Ambrosia - Grundbedeutung der Aphrodite und Athene*, Leipzig, 1883, pp. 93, 94, 98 ; *Die Gorgonon und Vorwandtes*, cit., pp. 37, 130). Qu'on se souvienne, en outre, du conflit entre Athéna et Poséidon pour la domination de l'Attique (Cf. APPOLLODORE, 11, 177), conflit qui reflète l'opposition de deux civilisations, dont celle de Poséidon est la plus ancienne.

⁵⁹⁹ Cf. A. MOSSO, *Escursioni nef méditerraneo*, Milano, 1910, pp. 211, sqq.

Telles sont, brièvement décrites, les racines chthoniennes originelles du thème propre à la « Lumière du Sud », auquel peut être rattachée la composante méridionale des civilisations, des traditions et des institutions qui se sont formées à la suite du grand mouvement de l'Occident vers l'Orient. Composante de dissolution, à laquelle s'oppose ce qui se rattache encore au type originel de spiritualité olympico-ouranienne propre aux races d'origine directement boréale (nordico-atlantique) ou à celles qui parvinrent, malgré tout, à maintenir ou à rallumer le feu de la tradition primordiale dans une aire où s'exerçaient des influences très différentes de celles de la résidence originelle.

En vertu de la relation occulte qui existe entre ce qui se développe sur le plan visible, apparemment en fonction des conditions extérieures, et ce qui obéit à un destin et à un sens spirituel profonds, il est possible, à propos de ces influences, de se reporter aux données du milieu et du climat pour expliquer analogiquement la différenciation survenue. Il était naturel, surtout durant la période du long hiver glaciaire, que chez les races du Nord l'expérience du Soleil, de la Lumière et du Feu lui-même, agissent dans le sens d'une spiritualité libératrice, et donc que des natures ourano-solaires, olympiennes ou de flamme céleste figurent, davantage que chez les autres races, au premier plan de leur symbolisme sacré. En outre, la rigueur du climat, la stérilité du sol, la nécessité de chasser et, enfin, d'émigrer, de traverser des mers et des continents inconnus, durent naturellement conférer à ceux qui conservaient intérieurement cette expérience spirituelle du Soleil, du ciel lumineux et du feu, des tempéraments de guerriers, de conquérants, de navigateurs, favorisant cette synthèse entre la spiritualité et la virilité, dont des traces caractéristiques se conservèrent chez les races aryennes.

Cela permet aussi d'éclairer un autre aspect du symbolisme des *pierres sacrées*. La pierre, le roc, expriment la dureté, la fermeté spirituelle, la virilité sacrée et, en même temps inflexible, des « Sauvés des eaux ». Elle symbolise la qualité principale de ceux qui s'appliquèrent à dominer les temps nouveaux, qui créèrent les centres traditionnels post-diluviens, dans des lieux où réapparaît souvent, sous la forme d'une pierre symbolique, variante de *l'omphalos*, le signe du « centre », du « pôle », de la « maison de Dieu »[600]. D'où le thème hellénique de la *seconde* race, née de la *pierre*, après le déluge[601] : de même Mithra, pensait-on, était, lui aussi, né d'une pierre. Ce sont également des pierres qui indiquent les vrais rois ou qui marquent le début de la « voie sacrée » (le *lapis niger* romain). C'est d'une pierre sacrée qu'il faut extraire les épées fatidiques, et c'est, comme nous l'avons vu, avec des pierres météoriques, « pierres du ciel » ou « de la foudre » que l'on confectionna la hache, arme et symbole des conquérants préhistoriques.

Dans les régions du Sud, il était au contraire naturel que l'objet de l'expérience la plus immédiate ne fût pas le *principe* solaire, mais ses *effets*, dans la luxuriante fertilité liée à la terre ; que donc le centre se déplaçât vers la Mère Terre comme Magna Mater, le symbolisme vers des divinités et entités chthoniennes, les dieux de la végétation et de la fécondité végétale et animale, et que le feu passât, d'un aspect divin, céleste et bénéfique, à un aspect opposé, « souterrain », ambigu et tellurique. Le climat favorable et l'abondance naturelle devaient au surplus inciter le plus grand nombre à l'abandon, à la paix, au repos, à une détente contemplative, et à un dépassement de soi[602]. Ainsi, même sur le plan de ce qui peut être conditionné, dans une certaine mesure, par des facteurs extérieurs, alors que la « Lumière du Nord » s'accompagne, sous des signes solaires et ouraniens, d'un *ethos viril* et spiritualité guerrière, de dure volonté ordonnatrice et dominatrice, dans les traditions du Sud correspond au contraire, à la prédominance du thème chthonien et au *pathos* de la mort et de la résurrection, une certaine inclination à la promiscuité, à l'évasion et à l'abandon, un naturalisme panthéiste à tendance tantôt sensualiste, tantôt

---

[600] Cf. GUENON, *Le Roi du Monde*, chap. X. Le terme *Baithel* ou *Bethyl* correspond à *l'omphalos*, ne signifie rien d'autre, en hébreu - comme Bait-El ou Bethel - que la « maison de Dieu ». Cf. aussi, L.E. de PAINI, *Pierre Volonté* (Paris, 1932) qui traite de ce thème, mais non sans se livrer à des divagations fantaisistes.

[601] ARNOBE, XI, 5.

[602] Dans le *Tsung-Yung* (*X, 1-4*) il est caractéristique que la force virile héroïque (bien que comprise dans un sens matérialisé) et l'attitude de douceur et de compassion soient attribuées respectivement au Nord et au Sud.

mystique et contemplative[603].

L'antithèse du Nord et du Sud pourrait être rapprochée également de celle des deux types primordiaux du Roi et du Prêtre. Au cours des périodes historiques consécutives à la descente des races boréales, se manifeste l'action de deux tendances antagonistes qui se réclament sous une forme ou sous une autre, de cette polarité fondamentale Nord-Sud. Dans chacune de ces civilisations, nous aurons à discerner le produit dynamique de la rencontre ou du heurt de ces tendances, génératrice de formes plus ou moins durables, jusqu'à ce que prévalent les forces et les processus aboutissant aux âges ultérieurs du bronze et du fer. Ce n'est d'ailleurs pas seulement à l'intérieur de chaque civilisation particulière, mais aussi dans la lutte entre les diverses civilisations, dans la prédominance de l'une ou dans la ruine de l'autre, que transparaîtront souvent des significations profondes, et qu'on pourra observer, de nouveau, la victoire ou la défaite de forces se réclamant de l'un ou de l'autre des deux pôles spirituels, et se rattachant plus ou moins étroitement aux filières ethniques qui connurent originellement la « Lumière du Nord » ou subirent au contraire l'enchantement des Mères et les abandons extatiques du Sud.

---

[603] Nous avons déjà dit que le symbolisme des *solstices* a un caractère « polaire », tandis que celui des *équinoxes* se rapporte à la direction ouest-est, et donc, dans le cadre des idées exposées ici, à la civilisation « atlantique ». Il serait intéressant, dans cette perspective, d'examiner le sens de certaines fêtes équinoxiales dans leurs rapports avec les thèmes des civilisations méridionales en général. À cet égard, l'exégèse de l'EMPEREUR JULIEN (*Mat. Deorum, 173 d, 175 a, b*) est fort significative. À l'équinoxe, le soleil semble échapper à son orbite et à sa loi, se disperser dans l'illimité : c'est son moment le plus « antipolaire » et le plus « antiolympien ». Cet élan vers l'évasion correspond pourtant au *pathos* des fêtes mixtes qu'on célébrait chez certains peuples à l'équinoxe du printemps *précisément au nom de la Grande Mère*, fêtes qui se reliaient même, parfois, au mythe de *l'émasculation* de son fils-amant solaire.

6

LA CIVILISATION DE LA MÈRE

Pour développer cette analyse, il est nécessaire de procéder à une définition typologique plus précise des formes de civilisations qui ont succédé à la civilisation primordiale. Nous approfondirons tout d'abord le concept même de « Civilisation de la Mère »[604].

Son thème caractéristique est une transposition métaphysique du concept de la femme, envisagée en tant que principe et substance de la génération. C'est une déesse qui exprime la réalité suprême. Tout être est considéré comme son fils et apparaît, par rapport à elle, comme quelque chose de conditionné et de subordonné, privé de vie propre, donc caduc et éphémère. Tel est le type des grandes déesses asiatico-méditerranéennes de la vie - Isis, Ashera, Cybèle, Aphrodite, Tanit et surtout Déméter, figure centrale du cycle pélasgico-minoen. La représentation du principe solaire sous la forme d'un enfant tenu par la Grande Mère sur ses genoux, c'est-à-dire comme quelque chose d'engendré ; les représentations égypto-minoennes de reines ou de femmes divines portant le lotus et la clef de vie ; Ishtar, dont il est dit dans un des plus anciens hymnes : « Il n'y a aucun vrai dieu en dehors de toi » et qui est appelée Ummu ilani, Mère des dieux ; les diverses allusions, souvent accompagnées de transpositions cosmologiques, à une primauté du principe « nuit » sur le principe « jour » surgissant de son sein, donc des divinités ténébreuses ou lunaires sur celles qui sont manifestes ; le sentiment

---

[604] Nous invitons le lecteur à se reporter à l'ouvrage de J. J. BACHOFEN, *Das Mutterrecht*, Bâle, 1897, afin qu'il puisse apprécier dans quelle mesure nous avons utilisé ici la documentation de cet auteur et dans quelle mesure nous l'avons mise à jour et intégrée dans un ordre d'idées plus vaste.

caractéristique, qui en résulte, que l'« occulte » est un destin, une invisible loi de fatalité à laquelle il n'est donné à personne de se soustraire ; la préséance accordée, dans certains symbolismes archaïques (reposant souvent sur le calcul *lunaire*, plutôt que solaire, du temps) au signe ou au dieu de la Lune sur celui du Soleil (par ex. au Sin babylonien par rapport à Samash) et l'inversion, en vertu de laquelle la Lune prend parfois le genre masculin, et le Soleil le genre féminin ; l'importance donnée au principe des Eaux (Zeus subordonné au Styx ; l'Océan générateur des dieux et des hommes, etc.) et au culte corrélatif du serpent et de divinités analogues ; sur un autre plan, la subordination d'Adonis par rapport à Aphrodite, de Virbius par rapport à Diane, de certaines formes d'Osiris, transmué de sa forme solaire originelle en dieu lunaire des eaux, par rapport à Isis[605], de Bacchus par rapport à Déméter, de l'Héraclès asiatique par rapport à Militta, etc. - tout cela se rattache, plus ou moins directement au même thème.

On retrouve d'ailleurs partout, dans le Sud, de la Mésopotamie jusqu'à l'Atlantique, des statuettes néolithiques de la Mère avec le Fils.

En Crète, la terre d'origine était appelée, au lieu de « patrie », πατρίς, « terre de la mère », μητρίς, particularité qui apparente cette civilisation, d'une façon spécifique, à la civilisation atlanticoméridionale[606] et au substratum de cultes encore plus anciens du Sud. Les dieux y sont mortels ; comme l'été, ils subissent chaque année la mort[607]. Ici, Zeus (Teshub) n'a pas de père et il a pour mère la substance humide terrestre : c'est donc la « femme » qui est au commencement. Lui - le Dieu - est quelque chose

---

[605] PLUTARQUE, *De Iside et Os.*, XLI ; XXXIII. DIODORE (1, 27), rapporte qu'en Égypte, c'est parce qu'Isis, survit à Osiris, et qu'on lui doit la résurrection du dieu et de nombreux bienfaits dispensés à l'humanité - c'est parce qu'elle incorpore donc vraiment le principe immortel et la connaissance -qu'il aurait été décidé que la reine jouirait de pouvoirs et d'honneurs plus grands que ceux du roi. Il convient d'observer, toutefois, que ce point de vue ne concerne que la période de la décadence égyptienne.

[606] Cf. BACHOFEN, *Mutterrecht*, § *1* (*p*. 28). HERODOTE (1, 173) rapporte que les Lyciens, crétois d'origine, « ne se distinguaient pas par le nom du père, mais par celui de la mère. »

[607] Cf. F. CORNELIUS, *Weltgeschichte* etc., cit., pp. 39-40.

d'« engendré » et de mortel : ou en montre le tombeau[608]. A contraire le substratum féminin immuable de chaque vie est immortel. Lorsque se dissipent les ombres du chaos hésodien, c'est la noire Gaia – μέλαινα γαῖα – un principe féminin, qui apparaît. Sans époux Gaia engendre - après les « grandes montagnes », l'Océan et le Pont - son propre mâle ou époux ; et toute la génération divine issue de Gaia, telle qu'elle est indiquée par Hésiode selon une tradition qui ne doit pas être confondue avec celle du pur culte olympien, se présente comme un monde soumis au mouvement, à l'altération, au devenir.

Sur un plan inférieur, les vestiges qui se sont conservés jusqu'aux temps historiques dans divers cultes asiatico-méditerranéens, permettent de préciser le sens de certaines expressions rituelles particulièrement caractéristiques de cette inversion des valeurs, considérons les fêtes sacéennes et phrygiennes. Les fêtes sacéennes en l'honneur de la grande Déesse avaient comme apogée le meurtre d'un être, qui tenait le rôle du mâle royal[609]. La destitution du viril, à l'occasion de la célébration de la Déesse, se retrouve, d'autre part, dans l'émasculation pratiquée, comme nous l'avons vu, dans les Mystères de Cybèle : sous l'inspiration de la Déesse, il pouvait arriver que les mystes, pris de frénésie, se privassent, même physiquement, de leur virilité pour lui ressembler, pour se transformer dans le type féminin, conçu comme la plus

---

[608] CALLIMAQUE, Zeus, 1, 9-15. Cf. BACHOFEN, op. cit., § 36.

[609] Cf. DIONE CRISOST. Or., IV, 66. Si les interprétations modernes de ce rite comme meurtre de l'« esprit de la végétation » rentrent dans les fantaisies habituelles des « ethnologues » elles contiennent toutefois une part de vérité : le caractère *chthonien* qui prédominait dans ces rites sacéens, et que l'on retrouve d'ailleurs chez beaucoup d'autres peuples. PHILON de BYBLOS (fr. 2, 24) rappelle à ce propos que Chronos sacrifie son fils après l'avoir revêtu du vêtement royal. Chronos n'est naturellement pas ici le roi de l'âge d'or, mais représente surtout le temps, qui, au cours des âges ultérieurs, acquiert de la puissance sur toute forme de vie et auquel la nouvelle génération olympienne (Zeus) n'échappe que grâce à la *pierre*. Le sacrifice rappelle le caractère éphémère que présente n'importe quelle vie, même quand elle revêt une forme royale. Et le fait que dans les fêtes sacéennes on choisissait, pour le rôle du roi à tuer, un prisonnier condamné à mort - tout être, selon la vérité de la Mère étant condamné à mort dès sa naissance - pourrait donc renfermer un sens profond. Cf. CLEMEN, *Religionsgeschichte Europas*, cit., v. I, pp. 189-190.

haute manifestation du sacré⁶¹⁰. Du reste, dans les temples d'Artémise, d'Ephèse et d'Astarté, ainsi qu'à Hiéropolis, les prêtres furent souvent des eunuques⁶¹¹. L'Hercule lydien qui servit pendant trois ans, habillé de vêtements de femme, l'impérieuse Omphale, image, comme Sémiramis elle-même, du type de la femme divine ; le fait que les participants à certains Mystères consacrés précisément à Hercule et à Dionysos s'habillaient en femme ; le fait que, chez certains anciens Germains, ce fut aussi en vêtements de femme que les prêtres veillèrent dans le bois sacré ; le renversement rituel du sexe, en vertu duquel certaines statues de Nana-Ishtar à Suse et de Vénus à Chypre portaient des signes masculins cependant que des femmes habillées en homme en célébraient le culte avec des hommes habillés en femme⁶¹² ; la transformation déjà mentionnée de la Lune en Lunus, divinité masculine⁶¹³ ; enfin l'offrande minoïco-pélasgienne d'armes *brisées* à la Déesse⁶¹⁴ et l'usurpation du symbole guerrier et sacré hyperboréen, la hache, par des figures amazoniennes et des divinités féminines du Sud - autant d'échos qui, pour être sans nul doute fragmentaires, matérialisés ou déformés, n'en sont pas moins caractéristiques de la conception générale selon laquelle, le féminin étant devenu le principe fondamental du sacré, de la force et de la vie, c'est un caractère d'insignifiance, d'inconsistance intérieure et de non valeur, de caducité et d'avilissement qui s'associe au masculin et à l'homme en général.

Mater = Terre, *gremius matris terme*. Il en résulte, et c'est là un point essentiel, que c'est au même type de civilisation d'origine « méridionale » et à la même signification générale, que l'on peut rattacher toutes les variétés de cultes, de mythes et de rites où prédomine le thème tellurique, même si l'élément mâle y figure, même s'il s'agit non seulement de déesses, mais aussi

---

⁶¹⁰ Cf. G. FRAZER, *Atys et* Osiris, Paris, s.d., p. 226 ; F. CORNELIUS, *Weltgeschichte*, cit. pp. 11-14 au sujet de conceptions analogues répandues parmi les races chamitiques.
⁶¹¹ Ibid., p. 5.
⁶¹² Cf. MACROBE, *Sat.*, *III*, 7, 2, sqq. ; FRAZER, Op. *cit., pp. 207, 227, 295*. Un échange analogue de sexe avait lieu à Argos, dans la fête des Hybristiques, de même que dans le rituel matrimonial conservé dans certaines traditions antiques ou employé chez certaines communautés sauvages, restes dégénérés de civilisations disparues.
⁶¹³ Cf. BACHOFEN, *Mutterrecht*, §§ 8, 21.
⁶¹⁴ Cf. MOSSO, *Le origini della civiltà mediterranea*, cit., pp. 271-273.

de dieux de la terre, de la croissance, de la fécondité naturelle, des eaux ou du feu souterrain. Dans le monde souterrain, dans l'occulte règnent surtout les Mères, mais au sens de nuit, de ténèbres, opposé à *coeium* qui peut impliquer, lui aussi, l'idée générique de l'invisible, mais sous son aspect supérieur, lumineux et, précisément, céleste. Il existe d'ailleurs une opposition fondamentale et bien connue entre le *Deus*, type des divinités lumineuses des races indo-européennes[615] et l'*Al*, entendu comme l'objet du culte démonico-extatique et frénétique des races obscures du Sud, privées de toute dimension véritablement surnaturelle[616]. En réalité, l'élément inféro-démonique, le royaume élémentaire des puissances souterraines, correspond à un aspect - le plus bas - du culte de la Mère. À tout cela s'oppose la réalité « olympienne », inchangeable et atemporelle dans la lumière d'un monde d'essences intelligibles, ou dramatisée sous la forme de divinités de la guerre, de la victoire, de la splendeur, des hauteurs et du feu céleste.

Ainsi la civilisation de la Mère n'est pas sans rapport avec le totémisme au sens le plus général. Il est déjà significatif que, dans la tradition hindoue, la voie des ancêtres - pitr-yang - opposée à la voie solaire des dieux, apparaisse comme synonyme de la voie de la Mère. Mais il suffit de se rappeler de la signification particulière que nous avons donnée au totémisme[617] pour voir que le rapport des individus avec leur origine ancestrale et leur signification par rapport à celle-ci, coïncident avec ceux de la conception gynécocratique

---

[615] Cf. p. ex. PRELLER, *Römische Mythol.*, cit., pp. *45-46*. Les « dieux », comme l'explique VARRON, (I, *v*, 66), sont précisément des êtres de la lumière et du jour. Ici le ciel est à l'origine de toutes choses et exprime la puissance suprême. La racine de Zeus, comme de Jupiter, qui est le Deus Pater, est la même que celle de *devâ*, Dyaus etc. et se réfère à l'idée de la splendeur du ciel et du jour lumineux.

[616] Cf. GOBINEAU, *Essai etc.*, cit., *128*. FABRE D'OLIVET (*Hist. philosophique du genre humain*, Paris, *1910*, v. *1, pp. 70-71*) remarque que « les nations d'origine blanche (hyperboréenne) ont toujours placé au Sud le domicile de l'Esprit infernal, appelé par cette raison Suth ou Soth par les Égyptiens, Sath par les Phéniciens et Sathan ou Satan par les Arabes et les Hébreux. » Il y a du vrai dans cette opinion malgré le peu de vraisemblance de ces étymologies fantaisistes.

[617] Cf. 1ère partie, Chap. 8 : nous avons déjà indiqué que ce sens généralisé, bien que précis, ne coïncide qu'en partie avec celui qui est donné au totem par certains peuples de l'Amérique du Nord, et qui est devenu courant en ethnologie.

en question. Dans les deux cas, l'individu n'est qu'une apparition finie et caduque, surgissant et disparaissant dans une substance qui existait avant lui et se continuera après lui en engendrant d'autres êtres également privés de vie propre. Par rapport àcette signification commune, à ce destin, le fait que la représentation prédominante du principe totémique soit masculine, passe au second plan[618]. Du fait que c'est au totem que retourne la vie des morts, il arrive fréquemment, comme on l'a vu, que le culte des morts et celui des totems interfèrent. Mais précisément le culte de la Mère et le rite tellurique en général interfèrent souvent, de la même façon, avec le culte des morts : la Mère de la vie est également la Déesse de la mort. Aphrodite, déesse de l'amour, se présente aussi, sous la forme de Libitima, comme la déesse de la mort, et cela est également vrai d'autres divinités, y compris les divinités italiques Feronia et Acca Larentia.

Il convient de signaler, à ce propos, un point d'une particulière importance. Le fait que, dans les civilisations « méridionales » - où prédomine le culte tellurico-féminin - c'est le rite funéraire de l'inhumation qui prévaut, tandis que les civilisations d'origine nordico-aryenne ont surtout pratiqué la crémation, reflète précisément le point de vue dont il s'agit : le destin de l'individu, ce n'est pas la libération par le feu des résidus terrestres, la montée, mais le retour dans la profondeur de la terre, la redissolution dans la *Magna Mater* chthonienne, origine de sa vie éphémère. C'est ce qui explique également la localisation *souterraine*, plutôt que céleste, du lieu des morts, propre surtout aux couches ethniques les plus anciennes du Sud[619]. La signification symbolique du rite de l'inhumation permet donc, en principe,

---

[618] L'aspect chtonien du génie ou lare, se révèle d'ailleurs par la fait qu'il était surtout représenté par le serpent, et que celui-ci a toujours été lié au symbolisme de la Terre, des Eaux et de la Mère. D'autre part, ce complexe s'exprime d'une façon caractéristique dans le fait que, selon les Romains, les Lares résideraient sous terre, sous la garde d'un être féminin, Mania « la muette », leur mère - mater *larum* (cf. VARRON, I, IX, 61 ; OVIDE, *Fastes*, II, 581, sqq.). La plèbe correspondant principalement, à Rome, à l'élément inférieur, lié à la terre, de la hiérarchie sociale, il est intéressant de noter que dans le culte des Lares les *esclaves* jouèrent un rôle important, que ce fut même le seul culte où ils officiaient (cf. SAGLIO, *Dict. Ant.*, v. VI, pp. 939-940).
[619] Cf. Cornelius, Op. cit., pp. 15-16.

de le considérer comme un vestige du cycle de la Mère.

En généralisant, on peut établir également une retalion entre la vision féminine de la spiritualité et la conception *panthéiste* du tout comme une grande mer où le noyau de l'être individuel se dissout et se perd comme le grain de sel, où la personnalité n'est qu'une apparition illusoire et momentanée de l'unique substance indifférenciée, esprit et nature en même temps, qui seule est réelle, et où il n'y a aucune place pour un ordre vraiment transcendant. Mais il faut ajouter - et ce sera important pour déterminer le sens des cycles suivants - que les formes où le divin est conçu comme personne, mais où se trouve souligné le rapport naturaliste d'une *génération* et d'une « créaturalité », avec le *pathos* correspondant de pure dépendance, d'humilité, de passivité, de soumission et de renoncement à sa propre volonté, ces formes, disons-nous, présentent quelque chose de mélangé mais reflètent, au fond, un esprit identique[620]. Il est intéressant de rappeler que, selon le témoignage de Strabon (VII, 3, 4) la prière (sur le plan de la simple dévotion) serait venue à l'homme par la femme.

Nous avons déjà eu l'occasion d'indiquer, du point de vue doctrinal, que la matérialisation du viril est la contrepartie inévitable de toute féminisation du spirituel. Ce thème, qui fera comprendre le sens de certaines transformations ultérieures de la civilisation correspondant, traditionnellement, à l'âge du bronze (ou de l'acier) puis à celui du fer, permet aussi de préciser d'autres aspects de la civilisation de la Mère.

En face d'une virilité conçue d'une façon toute matérielle, c'est-à-dire comme force physique, dureté, fermeture, affirmation violente - la femme, par ses facultés de sensibilité, de sacrifice et d'amour, ainsi que par le mystère de la génération, put apparaître comme l'incarnation d'un principe plus élevé. Là où l'on ne reconnaissait pas seulement la force matérielle, elle put donc acquérir de l'autorité, apparaître, en quelque sorte, comme une image de la

---

[620] Il est évident que nous nous référons ici à des cas où cette attitude n'est pas propre aux seuls état inférieurs d'une civilisation et à l'esprit exotérique d'une tradition, et ne correspond pas non plus à une phase transitoire d'une certaine voie ascétique, mais marque de son empreinte exclusive tout rapport avec le divin.

Mère universelle. Il n'est pourtant nullement contradictoire que dans certains cas la gynécocratie spirituelle et même sociale fasse son apparition, non dans une société efféminée, mais dans une société belliqueuse et guerrière[621]. En vérité, le symbole général de l'âge d'argent et du cycle atlantique n'est pas le symbole démoniquement tellurique et grossièrement naturaliste (cycle des idoles féminines stéatopyges). Le principe féminin s'y élève déjà à une forme plus pure, comme dans le symbole antique de la Lune en tant que Terre purifiée ou céleste – οὐρανίη αἰθερίη λή - ne dominant qu'à ce titre ce qui est terrestre[622] : il s'affirme comme une autorité spirituelle, ou du moins morale, en face d'instincts et de qualités viriles exclusivement matériels et physiques.

Là où c'est principalement sous l'aspect de figures féminines qu'apparaissent les entités qui non seulement protègent la coutume et la loi naturelle et vengent le sacrilège et le crime (des Nornes nordiques aux Erinnyes, à Thémis et à Dike) mais dispensent le don d'immortalité, on doit reconnaître précisément cette forme plus haute, qu'on peut qualifier, d'une façon générale, de *démétrienne*, et qui n'est pas sans rapport avec les chastes symboles de Vierges ou de Mères concevant sans époux, ou de déesses de la croissance végétale ordonnée et de la culture de la terre, comme par exemple Cérès[623]. L'opposition entre le type *démétrien* et le type *aphrodisien* correspond à l'opposition entre la forme pure, transformée, et la forme inférieure, grossièrement tellurique, du culte de la Mère, qui resurgit dans les derniers stades de décomposition et de sensualisation de la civilisation de l'âge d'argent. Opposition identique à celle qui existe, dans les traditions extrême-orientales, entre la « Terre Pure » de la « Femme d'Occident » et le royaume souterrain de Ema-O, et, dans les traditions helléniques, entre le symbole d'Athénée et celui des Gorgones qu'elle combat. C'est *la spiritualité démétrienne, pure et calme comme la lumière lunaire, qui définit*

---

[621] Cf. BACHOFEN, *Mutterrecht*, § 9.
[622] *Ibid.*, §§ 8, 148. JULIEN EMP. (*Hel.*, 150 a) entend Séléné comme le principe qui, même s'il n'atteint pas le monde intelligible ou monde de l'être, « ordonne la matière au moyen de la force et élimine en elle ce qu'elle a de sauvage, de rebelle et de désordonné. »
[623] Cf. BACHOFEN, *Ibid.*, § 68.

typologiquement l'Age d'Argent et, vraisemblablement, le cycle de la première civilisation atlantique. Historiquement, elle n'a pourtant rien de primordial ; c'est déjà un produit de transformation[624]. Là où le symbole devint réalité, s'affirmèrent des formes de gynécocratie effective, dont on peut retrouver les traces dans le substratum le plus archaïque de nombreuses civilisations[625]. De même que les feuilles ne naissent pas l'une de l'autre, mais du tronc, de même, si c'est l'homme qui suscite la vie, celle-ci est effectivement donnée par la mère : telle est ici la prémisse. Ce n'est pas le fils qui perpétue la race ; il a une existence purement individuelle limitée à la durée de sa vie terrestre. La continuité se trouve au contraire dans le principe féminin, maternel. D'où cette conséquence que la femme, en tant que mère, se trouve au centre et à la base du droit de la *gens ou* de la famille et que la transmission se fait par la ligne féminine[626]. Et si de la famille on passe au groupe social, on en arrive aux structures de type collectiviste et communiste : lorsqu'on invoque l'unité d'origine et le principe maternel, dont tout le monde descend d'égale manière, *l'aequitas* devient *aequalitas*, des rapports de fraternité universelle et d'égalité s'établissent spontanément, on affirme une sympathie qui ne connaît pas de limites ni de différences, une tendance à mettre en commun tout ce qu'on possède, et qu'on a d'ailleurs reçu comme un cadeau de la Mère Terre. On retrouve un écho persistant et caractéristique de ce thème dans les fêtes qui, même jusqu'à une époque relativement récente, célébraient les déesses telluriques et le retour des hommes à la grande Mère de la Vie et où

---

[624] Les vues de Bachofen, traditionnellement valables sur beaucoup de points, sont à rejeter, ou du moins à compléter, là où, prenant pour référence et considérant comme l'élément originel et le plus ancien celui du tellurisme inférieur, elles envisagent quelque chose comme une évolution spontanée de l'inférieur vers le supérieur, tandis qu'il s'agit de formes de *croisement* entre l'inférieur (Sud) et le supérieur (élément hyperboréen).

[625] Un exemple caractéristique, est celui de la légende de Jurupary (cf. STRADELLI, *Leggenda dell' Jurupary*, Bollett. Soc. Geograf., 1890, pp. 659 sqq. 798 sqq.) qui reflète vraiesmblablement le sens de l'ultime civilisation péruvienne. Jurupary est un héros, qui apparaît dans une société gouvernée par les « femmes » pour révéler une loi *solaire* secrète réservée aux seuls hommes, destinée à être enseignée dans toutes les terres, contre l'antique loi des mères. Jurupary, comme Quetzalcoatl, se retire ensuite dans la terre sacrée à l'est de l'Amérique.

[626] Cf. BACHOFEN, *Mutterrecht*, §§ 4, 11, 15.

se manifestait la reviviscence d'un élément orgiaque propre aux formes méridionales les plus basses ; fêtes où tous les hommes se sentaient libres et égaux, où les divisions de castes et de classes ne comptaient plus et pouvaient même être bouleversées, où régnaient une licence générale et un goût de la promiscuité[627].

D'autre part, le prétendu « droit naturel », la promiscuité communiste propre à beaucoup de sociétés sauvages, surtout du Sud (Afrique, Polynésie) et jusqu'au mir slave, tout cela nous ramène presque toujours au cadre caractéristique de la « civilisation de la Mère », même là où il n'y eut pas de matriarcat et où il s'agit moins de « mistovariations » de la civilisation boréale primordiale, que de restes du tellurisme inhérent à des races inférieures autochtones. Le thème communiste, uni à l'idée d'une société qui ignore les guerres, qui est libre et harmonieuse, figure d'ailleurs, en dehors du récit de Platon relatif à l'Atlantide des origines, dans diverses descriptions des premiers âges, y compris celui de l'âge d'or. En ce qui concerne ce dernier, il existe toutefois une confusion due à la substitution d'un souvenir récent à un souvenir beaucoup plus lointain. Le thème « lunaire » de la paix et de la communauté, au sens naturaliste, n'a rien à voir avec les thèmes qui, selon des témoignages multiples, caractérisent, comme on l'a vu, le premier âge[628].

Mais une fois cette équivoque dissipée, une fois située de nouveau à leur véritable place - c'est-à-dire, non pas dans le cycle de l'âge d'Or, mais dans celui de l'Argent, de la Mère, qu'il faut considérer comme le *second* âge - les souvenirs qui se rattachent à un monde primordial calme, sans guerres, sans divisions, communautaire, en contact avec la nature, souvenirs communs à un grand nombre de peuples, viennent confirmer, d'une façon très significative, les vues déjà exposées.

---

[627] *Ibid.*, §§ *12, 66.*
[628] Les Saturnales, dont l'objet était de re-évoquer l'âge d'or, où régnait Saturne, célébraient la promiscuité et l'égalité universelle, sous la forme qui, pensait-on, avait été propre à cet âge. En réalité, il s'agit ici d'une déviation : le Saturne évoqué n'est pas le roi de l'âge d'or, mais plutôt un démon chtonien, comme l'indique le fait qu'il est représenté accouplé à Ops, une des formes de la déesse Terre.

D'autre part, en suivant jusqu'au bout cet ordre d'idée, il est possible de dégager une dernière caractéristique morphologique, d'une importance fondamentale. Si l'on se réfère à ce que nous avons exposé dans la première partie de cet ouvrage sur le sens de la royauté primordiale et sur les rapports entre la royauté et le sacerdoce, on peut constater que dans un type de société régie par une caste sacerdotale, donc dominée par le type spirituel « féminin » qui lui est propre, la fonction royale se trouvant reléguée à un plan subordonné et seulement matériel - c'est un esprit gynécocratique et lunaire, une forme démétrienne qui règnent, surtout si cette société est orientée vers l'idéal d'une unité mystique et fraternelle. En face du type de société articulée selon des hiérarchies précises, assumant « triomphalement » l'esprit et culminant dans la super-humanité royale - elle reflète la vérité même de la Mère dans une de ses formes sublimées, correspondant à l'orientation qui caractérisa probablement la meilleure période du cycle atlantique et qui se reproduisit et se conserva dans les colonies qui en rayonnèrent, jusqu'aux Pélasges et au cycle des grandes déesses asiatico-méditerranéennes de la vie.

Ainsi, dans le mythe, dans le rite, dans les conceptions générales de la vie, du sacré et du droit, dans l'éthique et dans les formes sociales elles-mêmes, se retrouvent des éléments qui, sur le plan historique, peuvent n'apparaître que d'une façon fragmentaire, mêlés à d'autres thèmes, transposés sur divers plans, mais se rattachent pourtant, dans leur principe, à une même orientation fondamentale.

Cette orientation correspond, nous l'avons vu, à l'altération méridionale de la tradition primordiale, à la déviation du « Pôle » qui accompagna, sur le plan de l'esprit, celle qui se produisit dans l'espace, lors des « mistovariations » de la souche boréale originelle et chez les civilisations de l'« âge d'argent ». C'est ce que doit retenir celui qui veut comprendre les significations opposées du Nord et du Sud, non seulement morphologiquement, en tant que « types universels de civilisation » (point de vue auquel il est toujours possible de se limiter), mais aussi comme points de référence permettant d'intégrer, dans une signification supérieure, la dynamique et la lutte des forces historiques et spirituelles, au cours du développement des civilisations plus récentes, durant les phases ultérieures de l'« obscurcissement des dieux »[629].

---

[629] Compte tenu de ce que nous avons indiqué, A. ROSENBERG (*Der Mythus des XX. Jahrhunderts*, München, 1930, pp. 45-46) a raison de soutenir, contre Bachofen, qu'il s'agit de choses distinctes et non pas successives ; que cette « civilisation de la Mère » qui, pour Bachofen, représente le stade le plus ancien, dont auraient ensuite « évolué », comme des formes supérieures et plus récentes, la civilisation ouranienne et celle du droit paternel, constitue en réalité un monde à part, hétérogène, se rapportant à d'autres races, et avec lequel entra en contact ou en conflit ce qui demeura fidèle à la tradition nordique. Rosenberg a également raison (*ibid.*, *p.* 132) de considérer comme absurde d'associer, comme le fait Wirth à propos du cycle nordico-atlantique, le culte solaire et celui de la Mère, qui présente toujours des caractères chthoniens, au mieux lunaires, mais non solaires. Des confusions de ce genre sont favorisées par le fait, déjà relevé par nous, qu'en revêtant des formes mythiques, les souvenirs du cycle arctique, qui remontent, au surplus, à un très lointain passé, se confondent, dans beaucoup de traditions, avec ceux du cycle atlantique.

7

LES CYCLES DE LA DÉCADENCE
LE CYCLE HÉROÏQUE

À propos d'une période antérieure au déluge, le mythe biblique parle d'une race d'« hommes puissants qui avait été, anciennement, des hommes glorieux » *isti sunt potentes a saeculo viri famosi* - née de l'union des êtres célestes avec les femmes, qui les avaient « séduits »[630] : union qui, nous l'avons vu, peut être considérée comme un des symboles du processus de mélange, en vertu duquel la spiritualité de l'âge de la Mère succéda à la spiritualité des origines. C'est la race des Géants - Nephelin - qui sont du reste appelés, dans le *Livre d'Enoch*, « gens de l'extrême-Occident ». D'après le mythe biblique, c'est à cause de cette race que la violence régna sur la terre, au point d'attirer la catastrophe diluvienne.

Qu'on se rappelle, d'autre part, le mythe platonicien de l'androgyne. Une race fabuleuse et « androgyne » d'êtres puissants parvient *à inspirer de la crainte aux dieux mêmes*. Ceux-ci, pour la paralyser, séparent ces êtres en deux parties, en « mâle » et en « femelle »[631]. C'est à cette division qui détruit la puissance capable d'inspirer de la terreur aux dieux, que fait parfois

---

[630] *Genèse*, VI, 3, sqq.

[631] PLATON, *Symp.*, 14-15. À propos du thème du « couple », on peut rappeler, en ce qui concerne l'Atlantide, que la femme primordiale Kleito aurait, selon Platon, engendré par couples, ce qui correspond à la tradition mexicaine relative au cycle des Eaux, Atoniatu, tradition selon laquelle la femme-serpent, Ciuatcoalt, engendre un grand nombre de jumeaux. Le cycle mexicain s'achève par un déluge qui, même dans les détails, (sauvetage des rejetons des vivants, envoi d'un vautour qui ne revient pas et d'un colibri qui apporte un rameau vert - Cf. REVILLE, *Op. cit.*, p. 198) correspond au déluge biblique.

allusion le symbolisme du « couple ennemi » qui revient dans beaucoup de traditions, et dont le thème est susceptible d'une interprétation non seulement métaphysique, mais également historique. On peut faire correspondre la race originelle puissante et divine, androgyne, avec le stade durant lequel les Nephelin « furent des hommes glorieux » : c'est la race de l'âge d'or. Ensuite, une division se produit ; le « deux », le couple, la diade, se différencie de l'« un ». Un des termes est la Femme (Atlantide) ; en face de la Femme, l'Homme - mais l'Homme qui n'est plus esprit et pourtant se révolte contre le symbole lunaire en s'affirmant en tant que tel, en se livrant à la conquête violente et en usurpant des pouvoirs spirituels déterminés.

C'est le mythe titanique. Ce sont les « Géants ». C'est l'âge du bronze. Dans le Critias platonicien, la violence et l'injustice, le désir de puissance et l'avidité sont associés à la dégénérescence des Atlantes[632]. Dans un autre mythe hellénique, il est dit que « les hommes des temps primordiaux [auxquels appartient Deucalion, le rescapé du déluge] étaient pleins d'outrecuidance et d'orgueil, commirent plus d'un crime, rompirent les serments et se montrèrent impitoyables ».

Le propre du mythe et du symbole est de pouvoir exprimer une grande diversité de sens qu'il convient de distinguer et d'ordonner en les interprétant cas par cas. Cette remarque s'applique au symbole du couple ennemi et des titans.

C'est en fonction de la dualité Homme-Femme (au sens de virilité matérialisée et de spiritualité simplement sacerdotale), prémisse des nouveaux types de civilisation qui ont succédé involutivement à celle des origines, que nous pouvons entreprendre la définition de ces types.

---

[632] « Quand ils dégénérèrent, ils furent considérés comme inférieurs par ceux qui savaient voir, car ils détruisirent précisément ce qu'il y a de plus beau et ce qui mérite d'être aimé ; mais aux yeux de ceux qui n'étaient pas en mesure de connaître une vie conduisant véritablement à la félicité, ils parurent alors au sommet de la gloire et de la fortune, dans la mesure où ils possédaient, jusqu'à l'excès, une injuste richesse et une puissance injustement acquise. »

La première possibilité est précisément la possibilité titanique au sens négatif, propre à l'esprit d'une race matérialisée et violente, qui ne reconnaît plus l'autorité du principe spirituel correspondant au symbole sacerdotal ou bien au « frère » spirituellement féminin (par exemple Abel en face de Caïn) et s'appuie, quand il ne s'en empare pas, pour ainsi dire par surprise, et pour un usage inférieur, sur des connaissances permettant de dominer certaines forces invisibles qui agissent dans les choses et dans l'homme. Il s'agit donc d'un soulèvement prévaricateur, d'une contrefaçon de ce que pouvait être le droit propre aux « hommes glorieux » antérieurs, c'est-à-dire à la spiritualité virile inhérente à la fonction d'ordre et de domination d'en haut. C'est Prométhée qui usurpe le feu céleste au profit des races seulement humaines, mais ne sait pas comment le supporter. Le feu devient ainsi pour lui une source de tourment et de damnation[633] jusqu'à ce qu'un autre héros, plus digne, réconcilié avec le principe olympien - avec Zeus - et allié à celui-ci dans la lutte contre les Géants - Héraclès - le libère. Il s'agit de la race « très inférieure » tant par sa nature, ῥυήν, que par son intelligence, νόημα. Selon Hésiode elle refuse, dès après le premier âge, de respecter les dieux, s'ouvre aux forces telluriques (à la fin de son cycle, elle devient - toujours selon Hésiode[634] - la race des démons souterrains, ὑποχθόνιοι). Elle prélude ainsi à une génération ultérieure désormais mortelle, caractérisée seulement par la ténacité, la force matérielle, un goût sauvage de la violence, de la guerre et de la toute-puissance (l'âge de bronze d'Hésiode, l'âge d'acier selon les Iraniens,

---

[633] Le châtiment de Prométhée comporte des éléments symboliques qui en expriment le sens réel : un *aigle lui* ronge le foie. En effet l'aigle ou l'épervier, oiseau consacré à Zeus et à Apollon (en Égypte à Horus, chez les nordiques à Odin-Wotan, dans l'Inde au Feu divin - Agni - et à Indra), n'est qu'un des symboles de la « gloire » royale, c'est-à-dire de ce même feu divin que Prométhée à dérobé. Et le foie était considéré comme le siège de l'ardeur belliqueuse et de l'« âme irascible ». Le transfert de la force divine sur le plan de ces qualités purement humaines et impures, qui ne peuvent s'y adapter, est ce qui consume Prométhée et lui sert de châtiment immanent. Nous avons déjà fait allusion, d'autre part, au double aspect du symbolisme d'Atlas, de souche titanique, où l'idée d'une fonction « polaire » et celle d'un châtiment se confondent.
[634] HESIODE, *Op. et D., vv. 129-142*.

des géants - Nephelin - bibliques)[635]. Selon une autre tradition hellénique[636], Zeus aurait provoqué le déluge pour éteindre l'élément « feu » qui menaçait de détruire toute la terre, lorsque Phaéton, fils du Soleil, ne parvint plus à guider et à freiner le quadrige que les chevaux déchaînés avaient entraîné trop haut dans le ciel. « Temps de la hache et de l'épée, temps du vent, temps du Loup, avant que le monde ne s'engloutît. Aucun homme n'épargne l'autre » - tel est le souvenir des Eddas[637]. Les hommes de cet âge « ont le coeur dur comme de l'acier ». Mais, « bien qu'ils suscitent la peur », ils n'en sont pas moins cueillis par la mort noire et disparaissent dans *l'humide* ($εύροεντα$), demeure larvaire de l'Hadès[638]. Si, d'après le mythe biblique, le déluge mit fin à cette civilisation, on doit penser que c'est avec la même lignée que se clôt le cycle atlantique, que c'est la même civilisation qui fut engloutie à la fin de la catastrophe océanique - peut-être (comme le pensent certains) par l'effet de l'abus, mentionné plus haut, de certains pouvoirs secrets (magie noire titanique).

Quoi qu'il en soit, les « temps de la hache », selon la tradition nordique, auraient, d'une façon générale, ouvert la voie au déchaînement des forces élémentaires. Celles-ci finissent par renverser la race divine des Ases - qui peut correspondre ici aux forces résiduelles de la race d'or - et par rompre les barrières de la « forteresse du centre du monde », c'est-à-dire les limites créatrices définies par la spiritualité « polaire » primordiale. C'est, nous l'avons vu, l'apparition des femmes, dans le sens d'une spiritualité dévirilisée, qui avait annoncé le « crépuscule des Ases », la fin du cycle d'or[639]. Et voici que la force obscure que les Ases mêmes avaient nourrie, mais qu'auparavant ils tenaient enchaînée - le loup Fenrir et même les *deux loups* -, se met à « croître démesurément »[640]. C'est la prévarication titanique, immédiatement

---

[635] Cf. HESIODE, Op. et D., vv. 143-155.
[636] HYGINUS, Fab., 152b-154.
[637] Vdluspâ, 46.
[638] HESIODE, Op. et D., 152-154.
[639] Vôluspâ, 8 ; Gylfaginning, 14.
[640] Gylfaginning 34 ; cf. Lokasenna, 39. La liaison intérieure entre les différents « cycles de la décadence » apparaît dans le fait que les deux Loups furent engendrés par une mère des géants (Gyl f., 12).

suivie de la révolte et de l'avènement de toutes les puissances élémentaires, du Feu intérieur du *Sud*, des êtres de la terre - *hrinthursen* - maintenus auparavant hors des murs de l'Asgard. Le lien est rompu. Après l'« époque de la hache » (âge du bronze) ce n'est pas seulement le *Soleil*, « qui a perdu sa force », mais également la *Lune* qui est dévorée par deux Loups[641]. En d'autres termes, ce n'est pas seulement la spiritualité solaire, mais aussi la spiritualité lunaire, démétrienne, qui disparaît. C'est la chute d'Odin, roi des Ases, et Thor lui-même, qui avait réussi à tuer le loup Fenrir, succombe à son poison, c'est-à-dire succombe pour avoir corrompu sa nature divine d'Ase avec le principe mortel que lui transmet cette créature sauvage. Le destin et le déclin - rök - s'accomplit avec l'écroulement de l'arc Bifröst unissant le ciel et la terre[642] ; c'est - après la révolte titanique - la terre laissée à elle-même, privée de tout lien avec le divin. C'est l'« âge sombre » ou « du fer », après celui du « bronze ».

Les témoignages concordants des traditions orales ou écrites de nombreux peuples fournissent, à cet égard, des références plus concrètes. Elles parlent d'une fréquente opposition entre les représentants des deux pouvoirs, le pouvoir spirituel et le pouvoir temporel (royal ou guerrier), quelles que soient les formes spéciales revêtues par l'un et l'autre pour

---

[641] *Gylgaginning*, 51. À propos du « Loup », et de l'« époque du Loup », qui est considérée ici comme synonyme de l'âge du bronze ou de l'âge obscur, il convient de remarquer que ce symbolisme a eu parfois un sens opposé : le Loup fut aussi associé à Apollon et à la lumière (ly-kos, lykè), non seulement chez les Hellènes, mais aussi chez les Celtes. Le sens positif du Loup se retrouve fréquemment dans le cycle romain où le Loup apparaît comme l'animal emblématique de la « ville éternelle », à côté de l'Aigle. Dans les exégèses de JULIEN (Hélies, 154 b) il est associé au principe solaire sous son aspect royal. Ce double sens du symbole du Loup est un exemple de ces cas qui s'expliquent par la dégénérescence d'un culte plus ancien, dont les symboles prennent un sens négatif à l'époque suivante. Le Loup - par rapport à la tradition nordique - qui devait correspondre à l'élément guerrier primordial, acquiert un sens négatif lorsque cet élément dégénère et se déchaîne.

[642] *Ibid.*, 51,13. L'arc - qui renvoie au symbole « pontifical » déjà indiqué - s'écroule au passage des « fils de Muspell » dont Surtr, qui vient du Sud pour combattre contre les Ases, est la souveraine. Ainsi réapparaît la localisation méridionale des forces de destruction (*Vôluspâ, 51*).

s'adapter à la diversité des circonstances[643]. Ce phénomène est un autre aspect du processus qui aboutit au troisième âge. À l'usurpation du prêtre succède la révolte du guerrier, sa lutte contre le prêtre pour s'assurer l'autorité suprême, ce qui prépare l'avènement d'un stade encore plus bas que celui de la société démétriennement, sacerdotalement sacrée. Tel est l'aspect social de l'« âge du bronze », du thème titanique, luciférien, ou prométhéen.

A l'orientation titanique, où il faut voir la dégénérescence, dans un sens matérialiste, violent et déjà presque individualiste, d'une tentative de restauration « virile », correspond une déviation analogue du droit sacré féminin, déviation qui, morphologiquement, définit le phénomène *amazonien*. Symboliquement, on peut voir, avec Bachofen[644], dans l'amazonisme et le type général des divinités féminines armées, une gynécocratie anormalement puissante, une tentative de réaction et de restauration de l'ancienne autorité du principe « féminin » ou lunaire contre la révolte et l'usurpation masculine : défense qui se manifeste toutefois sur le même plan que l'affirmation masculine violente, témoignant ainsi de la perte de cet élément spirituel sur lequel se fondait exclusivement la primauté et le droit « démétriens ». Que l'amazonisme ait été ou non, historiquement et socialement, une réalité, il se présente partout dans le mythe avec des traits à peu près constants qui nous permettent d'utiliser ce terme pour caractériser un certain type de civilisation.

On peut donc négliger le problème de l'existence effective de femmes guerrières au cours de l'histoire ou de la préhistoire, et concevoir, d'une façon générale, l'amazonisme, comme le symbole de la réaction d'une spiritualité « lunaire » ou sacerdotale (aspect féminin de l'esprit), incapable de s'opposer à un pouvoir matériel ou même temporel (aspect matériel de la virilité) qui ne reconnaît plus son autorité (mythe titanique), sinon en s'opposant à lui sur un plan également matériel et temporel, c'est-à-dire en assumant le mode d'être de son opposé (aspect et force viriles de l'« amazone »). Ceci nous ramène à ce qui a déjà été dit au sujet de l'altération des rapports normaux

---

[643] Cf. R. GUENON, *Autorité spirituelle et pouvoir temporel*, cit. pp. 13, sqq.
[644] Cf. 1. 1. BACHOFEN, *Mutterrecht*, §§ 8-9.

entre le sacerdoce et la royauté. Dans la perspective générale où nous nous plaçons à présent, il y a « amazonisme » partout où apparaissent des prêtres qui n'ambitionnent pas d'être rois, mais de *dominer* les rois.

Sur le plan historique, nous nous contenterons de mentionner, et ceci est significatif, que, selon certaines traditions helléniques[645], les Amazones auraient constitué un peuple voisin des Atlantes, avec lesquels elles entrèrent en guerre. Mises en déroute, elles furent repoussées dans la zone des monts Atlantes jusqu'en Libye (certains auteurs ont attiré l'attention sur la survivance, caractéristique, dans ces régions, parmi les Berbères, les Touaregs et les Dahoméens, de traces de constitution matriarcale). De là, elles tentèrent ensuite de s'ouvrir un passage vers l'Europe et vinrent s'établir en Asie. Ainsi qu'on l'a fait observer[646], cette guerre entre les Amazones et les Atlantides ne doit probablement pas être interprétée comme une lutte entre des femmes et des hommes, ni comme une guerre entre deux peuples différents, mais plutôt comme un conflit entre deux couches ou castes d'une même civilisation, comme une sorte de « guerre civile »). Mais la tentative de restauration « amazonienne » devait échouer. Les « amazones » sont chassées, l'Atlantide reste aux mains de la « civilisation des titans ». Par la suite, elles cherchèrent à pénétrer dans les pays de la Méditerranée et réussirent à s'établir surtout en *Asie*. Dans une légende chargée de sens, les Amazones, qui essayent en vain de conquérir la symbolique « île blanche » - l'île Leuke, dont nous avons indiqué les correspondances traditionnelles - sont mises en fuite par l'ombre, non d'un titan, mais d'un *héros* : Achille. Elles sont combattues par d'autres héros, tels que Thésée, qui peut être considéré comme le fondateur de l'état viril à Athènes[647], et Bellérophon. Ayant usurpé la hache bicuspide hyperboréenne, elles viennent en aide à Troie, la cité de Vénus, contre les

---

[645] DIODORE, III, 53-55. La résidence originelle des Amazones aurait été proche du lac Tritonis. Originairement ce lac fut localisé dans l'extrême Occident, dans la région même du Jardin des Hespérides, des Gorgones et d'Athéna qui présente elle-même, sous un aspect différent de celui qui a déjà été indiqué, des traits amazoniens. Ce n'est que plus tard que leur résidence fut localisée en Libye (cf. ROSCHER, *Grundbedeutung der Aphrodite und Athene*, cit. pp. 93-94).

[646] MEREJKOWSKI, *Geheim. des Westens*, cit., p. 402.

[647] Cf. BACHOFEN, *Mutterrecht*, § 26.

Achéens[648] et sont ensuite exterminées définitivement par un autre *héros*, Héraclès, libérateur de Prométhée. Il arrache à leur reine la symbolique ceinture d'Arès-Mars et la λαβρύς ; la hache, qu'il remet comme insigne du pouvoir suprême à la dynastie lydienne des Héraclides[649]. *Amazonisme contre héroïsme « olympien »* - antithèse dont nous examinerons bientôt de plus près le sens.

Une autre possibilité doit être envisagée. Au premier plan se trouve toujours le couple, toutefois une crise se produit : la primauté féminine demeure, mais seulement grâce à un nouveau principe - le principe *aphrodisien*. A la Mère se substitue l'Hétaïre, au Fils, l'Amant, à la Vierge solitaire, le couple divin, qui, ainsi que nous l'avons indiqué, marque fréquemment, dans les mythologies, un compromis entre deux cultes opposés. Mais ici la femme n'est pas, comme par exemple dans la synthèse olympienne, Héra subordonnée à Zeus bien que toujours en désaccord latent avec lui, et l'on ne trouve pas non plus, comme dans la synthèse extrême-orientale, le Yang qui conserve son caractère actif et céleste par rapport au Yin, son complément féminin et terrestre.

La nature tellurique et inférieure pénètre le principe viril et le rabaisse au plan phallique. À présent la femme domine l'homme dans la mesure où celui-ci devient l'esclave des sens et simple instrument de la procréation. Devant la déesse aphrodisienne, le mâle divin apparaît comme démon de la terre, comme dieu des eaux fécondatrices, force trouble et insuffisante soumise à la magie du principe féminin. De cette conception découle

---

[648] Si, d'après la légende, les Amazones furent aussi combattues par le troyen Priam (HOMERE, *Il.*, *III*, 184, sqq.), il faut se rappeler que Priam est le seul qui aurait été épargné par Héraclès, auquel il avait été favorable, et que, de ce fait, il n'apparaît pas comme un élément purement troyen. Il est significatif, également, que Bellérophon ait combattu en Lydie - région où existaient des ramifications gynécocratiques - contre les Amazones (II., *VI, 186*).

[649] Cf. PHILOSTRATE, *Héracl.*, *19-20* ; PLUTARQUE, *Quaest. gr.*, 45. Dans les légendes germaniques, le même thème apparaît dans le conflit entre la figure de Brunhilde, reine de l'île, et Siegfried, qui la vainct ; ce qui n'exclut pas la possibilité d'interprétations différentes, que nous avons d'ailleurs déjà indiquées.

analogiquement, selon diverses adaptations, un type de civilisation qu'on peut donc appeler, indifféremment, phallique ou aphrodisienne. La théorie de l'Eros que Platon relie au mythe de l'androgyne paralysé dans sa puissance en devenant « deux », mâle et femelle, peut avoir le même sens. L'amour sexuel naît parmi les mortels de l'obscur désir du mâle déchu qui, éprouvant sa propre privation intérieure, cherche, dans l'extase fulgurante de l'étreinte, à retrouver la plénitude de l'état « androgyne » primordial. Sous cet aspect se cache donc, dans l'expérience érotique, une modalité de la tentative titanique, avec la différence que, par sa nature même, elle demeure sous le signe du principe féminin. Une civilisation orientée dans ce sens comporte inévitablement un principe de décadence éthique et de corruption, ainsi que l'attestent les différentes fêtes qui, même à une époque relativement récente, s'inspirèrent de l'aphroditisme. Si la Moûru, « création » mazdéenne qui correspond vraisemblablement à l'Atlantide, se rapporte à la civilisation démétrienne, le fait que le dieu des ténèbres lui oppose, comme contre-création, des plaisirs coupables[650], peut se rapporter précisément à la période ultérieure de dégénérescence aphrodisienne de cette civilisation, parallèle au bouleversement titanique, car on trouve des déesses aphrodisiennes fréquemment associées à des figures divines violentes et brutalement guerrières.

Platon, comme on le sait, établit une hiérarchie des formes de l'éros, qui va du sensuel et du profane au sacré[651], en culminant dans l'éros à travers lequel le « mortel cherche à vivre toujours, à être immortel »[652]. Dans le dionysisme, l'éros devient précisément une « manie sacrée », un organe mystique : c'est la plus haute possibilité de cette voie, qui tend à libérer l'être des liens de la matérialité et à produire la transfiguration de l'obscur principe phallico-tellurique à travers le déchaînement, l'excès et l'extase. Mais si le symbole de Dionysos qui combat lui-même les Amazones exprime l'idéal le plus élevé de ce monde spirituel, il n'en demeure pas moins quelque chose d'inférieur si on le compare à ce qui sera la troisième possibilité de la nouvelle

---

[650] *Vendîdâd*, 1, 3.
[651] PLATON, *Symp.*, passim, 14-15, 26-29 ; cf. *Phedr.*, 244-245 ; 251-257 b.
[652] *Symp.*, 26.

ère : la réintégration héroïque, qui seule est vraiment libre par rapport au féminin comme par rapport au tellurique[653]. Dionysos, en effet, de même que Zagreus, n'est qu'un être tellurique et infernal - « Dionysos et l'Hadès ne font qu'un » dit Héraclite[654] - que l'on associe souvent au principe des eaux (Poséidon) ou du feu souterrain (Héphaïstos)[655]. Il est toujours accompagné de figures féminines de Mères de Vierges ou de Déesses de la Nature devenues amantes : Déméter et Korê, Ariane et Aridela, Sémélé et Libéra. La virilité même des corybantes, qui revêtaient souvent des robes de femme tout comme les prêtres du culte phrygien de la Mère est équivoque[656]. Dans le Mystère, dans l'« orgie sacrée », prédomine ici, associé à l'élément sexuel, l'élément extatico-panthéiste de la gynécocratie : des contacts frénétiques avec les forces occultes de la terre, des libérations ménadiques et pandémiques se produisent dans un domaine qui est en même temps que celui du sexe déchaîné, de la nuit et de la mort, et dans une promiscuité qui reproduit les formes méridionales les plus basses et les plus sauvages des cultes collectifs de la Mère. Et le fait qu'à Rome, les bacchanales étaient célébrées surtout, à l'origine, par des femmes[657], le fait que dans les Mystères dyonisiaques les femmes pouvaient figurer comme prêtresses et même comme initiatrices, et qu'historiquement, enfin, tous les souvenirs d'épidémies dionysiaques se relient essentiellement à l'élément féminin[658], dénote clairement que subsiste, dans ce cycle, le thème de la prédominance de la femme, non seulement sous

---

[653] BACHOFEN, *Mutterrecht*, §§ 111-112, reconnaît trois stades dans le culte de Dionysos, qui se rattachent respectivement à son aspect chthonien, à sa nature lunaire et à son caractère de dieu lumineux qui le rapproche d'Apollon, d'un Apollon conçu cependant comme le soleil soumis au changement et à la passion. Sous ce dernier aspect Dionysos entrerait, typologiquement, dans la série des vainqueurs des Amazones. Toutefois, plus que dans le cycle thraciohellénique, la possibilité la plus haute du principe dionysiaque s'affirma dans le cycle indo-aryen correspondant à Soma, principe céleste lunaire *Rg-Veda*, X, 85) qui engendre une ardente ivresse divine - *mada* - *Cf. IX, 92, 2*) et se trouve associé à l'animal royal, l'aigle, ainsi qu'à une lutte contre les démons féminins, dans l'histoire de l'avènement du dieu guerrier Indra (cf. *Rg-Veda*, IV, 18-13 ; IV, 27(2).
[654] *Diels*, fr. 15.
[655] Cf. PLUTARQUE, *Symp.*, V, 3.
[656] Cf. BACHOFEN, *Mutterrecht*, §§, 108-111.
[657] Cf. LIVIUS, *XXXXIX*, 13 ; DEMOSTHENE, *De Cor.*, 259.
[658] Cf. V. MACCHIORO, *Zagreus*, cit., p. 161.

la forme grossièrement aphrodisienne où elle domine grâce au lien que l'éros, dans sa forme charnelle, représente pour l'homme phallique, mais aussi en tant qu'elle favorise une extase signifiant une dissolution, une destruction de la forme donc, au fond, une acquisition de l'esprit, à condition toutefois de renoncer simultanément à le posséder sous une forme virile. Nous avons déjà fait allusion à ces formes du Mystère orgiaque, qui célébraient Aphrodite et la résurrection de son fils et amant Adonis, formes dont le *pathos* n'est pas sans rapport avec l'élan dionysien et où l'initié, au moment de l'extase, frappé de fureur divine, s'émasculait. On pourrait voir dans cet acte, dont nous avons déjà commencé à expliquer la signification, le symbole vécu le plus radical et le plus dramatique du sens intime de la libération dévirilisante et extatique propre à l'apogée dionysiaque de cette civilisation, que nous appellerons *aphrodisienne*, forme nouvelle où dégénère la spiritualité démétrienne, mais où subsiste néanmoins sa signification centrale, le thème caractéristique de la primauté du principe féminin, qui l'oppose à la « Lumière du Nord ».

La troisième et dernière possibilité est la *civilisation des héros*. Hésiode rapporte qu'après l'âge de bronze, avant celui du fer, chez des races dont le destin était désormais l'« extinction sans gloire dans l'Hadès », Zeus créa une race meilleure, qu'Hésiode appelle race des *héros*. La possibilité lui est donnée de conquérir l'immortalité et de participer, malgré tout, à un état semblable à celui de l'âge primordial[659]. Il s'agit donc d'un type de civilisation où se manifeste la tentative de restaurer la tradition des origines sur la base du principe guerrier et de la qualification guerrière. En vérité, les « héros » ne deviennent pas tous immortels et n'échappent pas tous à l'Hadès. Ce n'est là le destin que d'une partie d'entre eux. Et si l'on examine, dans leur ensemble, les mythes helléniques et ceux des autres traditions, on constate, derrière la diversité des symboles, l'affinité des entreprises des titans et de celles des héros, et l'on peut donc admettre, qu'au fond, les uns et les autres appartiennent à une même souche, sont les audacieux acteurs d'une même aventure transcendante qui peut toutefois réussir ou avorter. Les héros qui deviennent immortels sont ceux à qui l'aventure réussit, ceux qui savent

---

[659] HESIODE, *Op. et D.*, vv. 156-173.

réellement éviter, grâce à un élan vers la transcendance, la déviation propre à la tentative titanique de restaurer la virilité spirituelle primordiale et de dépasser la femme - c'est-à-dire l'esprit lunaire, aphrodisien, ou amazonien. Les autres, ceux qui ne savent pas réaliser cette possibilité qui leur est virtuellement conférée par le principe olympien, par Zeus - cette possibilité à laquelle font allusion les Évangiles en disant que le seuil des cieux peut être violé[660] - descendent au même niveau que la race des titans et des géants, frappés de malédiction et de châtiments divers, conséquences de leur témérité, et de la corruption opérée par eux dans les « voies de la chair sur la terre ». À propos de ces correspondances entre la voie des titans et la voie des héros, il est intéressant de signaler le mythe, selon lequel Prométhée, une fois libéré, aurait enseigné à Héraclès le chemin du jardin des Hespérides, où celui-ci devra cueillir le fruit d'immortalité. Mais ce fruit, une fois conquis par Héraclès, est pris par Athénè, qui représente ici l'intellect olympien, et il est remis à sa place, « parce qu'il n'est pas permis de le porter où que ce soit »[661]. Il faut entendre par là que cette conquête doit être réservée à la race à qui elle appartient et ne doit pas être profanée au service de l'humain, ainsi que Prométhée avait l'intention de le faire.

Dans le cycle héroïque apparaît parfois le thème de la diade, c'est-à-dire du couple et de la femme, entendus, non pas dans un sens analogue à celui des divers cas que nous venons d'examiner, mais dans le sens déjà exposé dans la première partie de cet ouvrage à propos de la légende du *Rex Nemorensis*, des « femmes » qui « font » les rois divins, des « femmes » du cycle chevaleresque et ainsi de suite. A propos du contenu différent que présente, selon les cas, par un symbolisme identique, nous nous contenterons de faire observer que la femme qui incarne, soit un principe vivifiant (Eve, « la vivante », Hébé, tout ce qui découle de la relation entre les femmes divines et l'arbre de vie, etc.), soit un principe d'illumination ou de sagesse

---

[660] Le héros chaldéen Gilgamesh, à la recherche du don de vie, emploie aussi la violence et menace de briser la porte du jardin « avec les arbres divins » qu'une figure *féminine*, Sabitu, la « femme sur le trône des *mers* », lui avait fermée (cf. JENSEN, *Das Gilgamesh Epos*, cit., v. 1, p. 28).
[661] APOLLODORE, *Bibl.*, 11, 122.

transcendante (Athéna, sortie du cerveau de Zeus olympien, guide d'Héraclès ; la vierge Sophia, la Dame Intelligence des « Fidèles d'Amour », etc.), soit un pouvoir (la Çakti hindoue, les Walkyries nordiques, la déesse des batailles Morrigu qui offre son amour aux héros solaires du cycle celtique des Ulster, etc.) - que cette femme est l'objet d'une conquête, qu'elle n'enlève pas au héros son caractère viril, mais lui permet de l'intégrer sur un plan supérieur. Plus important, toutefois, dans les cycles de type héroïque est le thème de l'opposition contre toute prétention gynécocratique et toute tentative amazonienne. Ce thème, est comme celui, également essentiel à la définition du concept de « héros », d'une alliance avec le principe olympien et d'une lutte contre le principe titanique[662], a été clairement exprimé dans le cycle hellénique, notamment dans la figure de l'Héraclès dorique.

Nous avons déjà vu qu'à l'instar de Thésée, Bellérophon et Achille, Héraclès combat contre les Amazones symboliques jusqu'à leur extermination. Si l'Héraclès lydien connaît une chute aphrodisienne avec Omphale, l'Hercule dorique demeure fondamentalement celui qui fut appelé μισόγυνος, l'ennemi de la femme. Dès sa naissance, la déesse de la terre, Héra, lui est hostile : en venant au monde, il étrangle deux *serpents* qu'Héra avait envoyés pour le supprimer. Il est continuellement obligé de combattre Héra, sans toutefois être vaincu. Il réussit même à la blesser et à posséder, dans l'immortalité olympienne, sa fille unique Hébé, la « jeunesse éternelle ». Si l'on considère d'autres figures du cycle en question, en occident comme en orient, on retrouvera toujours, dans une certaine mesure, ces mêmes thèmes fondamentaux. C'est ainsi qu'Héra (significativement aidée par Arès, le dieu violent de la guerre) essaie d'empêcher la naissance d'Apollon, en envoyant

---

[662] Dans la tradition nordique le désir éternel des « géants » de posséder la femme divine Freyja et, avec elle, « la Lune et le Soleil » (Cf. *Gylfaginning*, 42, sqq.) est particulièrement significatif de l'aspiration titanique à laquelle s'oppose la spiritualité héroïque des Ases. On peut aussi rappeler la légende d'Idhun, la déesse des pommes du renouvellement de la vie, qui tombe aux mains des géants, mais est reprise par les Ases (cf. GOLTHER, *Op. cit.*, p. 449), et celle d'Odin qui --- ayant pris la forme « royale » de l'Aigle propre autant à Zeus qu'à Indra et à la « gloire » iranienne - enlève le breuvage de jeunesse à la femme des géants Gunnlôd (*ibid.*, pp. 350-353). Dans l'épopée hindoue, on pourrait rappeler la lutte du héros Râma contre les géants -*râkshasa* - *qui lui* avaient pareillement ravi la « femme ».

le serpent Python pour le poursuivre. Apollon doit combattre Tatius, fils de la même déesse qui le protège, mais, dans la lutte, est elle-même blessée par le héros hyperboréen, tout comme Aphrodite est blessée par Ajax. Pour incertaine que soit l'issue finale de l'entreprise du héros chaldéen Gilgamesh à la recherche de la plante d'immortalité, toute son histoire n'est, au fond, que le récit de la lutte qu'il engage contre la déesse Ishtar, type aphrodisien de la Mère de la vie, dont il repousse l'amour en lui reprochant crûment le sort que connurent déjà ses autres amants ; et il tue l'animal dérnonique, l'ureus ou taureau, que la déesse avait lancé contre lui[663]. Indra, prototype céleste du héros, dans un geste considéré comme « héroïque et viril », frappe de son foudre la femme céleste amazonienne Usha, tout en étant le seigneur de cette « femme », qui comme çakti, a aussi le sens de « puissance »[664]. Et lorsque Parsifal provoque par son départ la mort de sa mère, opposée à sa vocation héroïque, qui était aussi de « chevalier céleste »[665] ; lorsque le héros persan Rostam, selon le *Shânami*, doit éventer le piège du dragon qui se présente à lui sous l'apparence d'une femme séductrice, avant de pouvoir libérer un roi qui, grâce à Rostam, reconquiert la vue et cherche à escalader le ciel au moyen de l'« aigle », c'est toujours du même thème qu'il s'agit.

Le piège séducteur d'une femme qui, par des moyens aphrodisiens ou des enchantements, cherche à détourner d'une entreprise symbolique un héros conçu comme destructeur de titans, d'êtres monstrueux ou de guerriers en révolte, ou comme affirmateur d'un droit supérieur, est un thème si fréquent et si populaire, qu'il est inutile de l'illustrer ici par des exemples. Ce qui est bien certain, dans des légendes et sagas de ce genre, c'est que c'est uniquement sur le plan le plus bas que le piège de la femme peut être ramené

---

[663] Cf. MASPERO, *Hist. anc. des peuples de l'Or. crass.*, cit., v. 1, pp. 575, 580, 584.
[664] *Rg-Veda*, x, 138 ; IV, 30, 8. Il est dit, de cette entreprise d'Indra- « Tu as accompli un acte *héroïque, viril -- viryarn Indra cakartha paumsyam* - quand tu as frappé la femme difficile à tuer, la femme céleste. Toi, Indra, qui es grand, tu as anéanti Usha, la fille de Dyanus, quand elle voulut être grande. »
[665] Dans le cycle du Graal, au type sacralement « héroïque », dont il s'agit ici, correspond celui qui peut s'asseoir à la place laissée vide dans l'assemblée des chevaliers, sans être englouti ou foudroyé. On peut également se reporter ici à ce qui a été dit à propos du sens caché du châtiment de Prométhée.

à celui de la chair. S'il est vrai que « si la femme apporte la mort, l'homme la domine à travers l'esprit » en passant de la virilité phallique à la virilité spirituelle[666], il faut ajouter qu'en réalité, le piège tendu par la femme ou par la déesse exprime aussi, ésotériquement, le piège d'une forme de spiritualité qui dévirilise et tend à syncoper, ou à détourner, l'élan vers le véritable surnaturel.

Ce n'est pas le fait d'être la force originelle mais de la dominer, de la *posséder*, c'est cette qualité de ἱαὐτοφυής et de ἱαὐτοτέλεοτς, qui fut souvent étroitement associée, dans l'Hellade, à l'idéal héroïque. Cette qualité s'est parfois exprimée à travers le symbolisme du parricide ou de l'inceste : parricide, dans le sens d'une émancipation, dans le sens de devenir son propre principe ; inceste, dans le sens, analogue, de posséder la *materia prima*. Le type de Zeus, qui aurait tué son propre père et possédé sa mère Rhea quand, pour le fuir, elle avait pris la forme d'un serpent[667], apparaît comme un reflet du même esprit dans le monde des dieux, de même qu'Agni, personnification du feu sacré des races héroïques aryennes qui « à peine né, dévore ses deux parents »[668] et Indra qui, comme Apollon tue Python, extermine le serpent primordial Ahi, mais tue aussi le père céleste Dyaus[669]. Dans le symbolisme de *l'Ars Regia* hermétique, se conserve également le thème de l'« inceste philosophai ».

La tradition hindoue offre un exemple intéressant de la façon dont se présente, dans un cycle héroïque, le thème des « deux ». Il y a tout d'abord le dieu Varuna qui, comme Dyaus (et comme l'Uranus grec, auquel Varuna correspond, même étymologiquement désigne le principe céleste primordial. Mais Varuna, dans les formes ultérieures de la tradition, se transforme, pour ainsi dire, en deux jumeaux, dont l'un continue à porter le même nom de Varuna, et dont l'autre s'appelle Mitra. Or, ce second Varuna n'est plus qu'un dieu lunaire, un dieu des eaux, et Mitra équivalant sous divers aspects à Indra s'oppose à lui comme une divinité héroïque et lumineuse, comme le jour à la

---

[666] BACHOFEN, *Mutterrecht*, § 76, p. 191.
[667] ATHENAGORAS, Xx, 292.
[668] *Rg-Veda*, VIII, 86.
[669] *Rg-Veda*, IV, 18 ; 1, 32 ; IV, 50 etc...

nuit[670]. Il appartient ainsi au cycle héroïque de transfigurer lumineusement ce qui, dans la dualité, s'est différencié dans le sens masculin, c'est-à-dire guerrier, et d'attribuer des caractères négatifs à l'aspect du « ciel » qui devient l'expression d'une spiritualité lunaire.

D'une manière générale, si l'on se réfère aux deux préformations du symbolisme solaire qui nous ont déjà servi à définir le processus de différenciation de la tradition, on peut donc dire que le mythe héroïque correspond au soleil associé à un principe de changement, mais pas d'une façon essentielle pas selon le destin de caducité et de continuelle redissolution dans la Terre Mère, propre aux dieux-année, ou comme dans le pathos dionysiaque mais de manière à se dissocier de ce principe, afin de se transfigurer et de se réintégrer dans l'immutabilité olympienne, dans la nature ouranienne, immortelle, sans passion.

On se trouve ainsi ramené à ce qu'on a appelé *le Mystère de l'Occident* : la région occidentale considérée comme transcendance par rapport à la lumière soumise à la montée et au déclin, considérée comme une résidence de Héros, comme ces Champs-Élysées où ils jouissent d'une vie à l'image de la vie olympienne, c'est-à-dire de l'état primordial. Sur le plan des hiérarchies et des dignités traditionnelles, cela correspond à *l'initiation* et à la *consécration*, c'est-à-dire aux actions par lesquelles sont surnaturellement intégrées les qualités purement guerrières de celui qui, bien que ne possédant pas encore la nature olympienne de dominateur, doit assumer la fonction royale.

Les civilisations héroïques qui surgissent avant l'âge du fer c'est-à-dire avant l'époque dénuée de tout principe spirituel, de quelque nature qu'il soit et en marge de l'âge du bronze, dans le sens d'un dépassement de la spiritualité démétrico-aphrodisienne ou de l'hybris titanique, ou pour anéantir des tentatives amazoniennes, représentent donc des résurrections partielles de la Lumière du Nord, des moments de restauration du cycle d'or arctique. Il est significatif, à cet égard, que parmi les entreprises qui auraient

---

[670] *Artareya-brâhm.*, IV, 10, 9.

conféré à Héraclès l'immortalité olympienne, figure celle du jardin des Hespérides et que, pour atteindre celui-ci, il serait passé, selon certaines traditions, par la symbolique région du nord « que les mortels n'atteignent ni par voie de mer, ni par voie de terre »[671], par le pays des Hyperboréens, d'où ce héros le « beau vainqueur » χαλλίνικος aurait rapporté l'olivier avec lequel on couronne les victorieux[672]. D'un certain point de vue, ces civilisations représentent le bon grain, le résultat positif de l'union des « anges » avec les habitants de la terre ou des dieux immortels avec des femmes mortelles. Et il n'existe, en dernière analyse, aucune différence entre les héros dont la génération est expliquée par l'entrée de forces divines dans les corps humains et par l'union de dieux olympiens avec des femmes[673] et ces « hommes glorieux » que déjà furent les Nephelin, engendrés également par l'union des anges avec les femmes, avant de se livrer à la violence la race héroïque des Völsungen qui, selon la légende des Niebelungen, auraient été engendrés par l'union d'un dieu avec une femme mortelle, et ces rois solaires enfin, auxquels fut souvent attribuée la même origine[674].

Nous avons été ainsi amenés, en résumé, à définir six types fondamentaux de civilisations et de traditions postérieures à la civilisation primordiale (âge d'or) : d'une part, le *démétrisme*, qui est la pureté de la Lumière du Sud (âge d'argent, cycle atlantique, société sacerdotale) ; *l'aphroditisme*, qui est sa forme dégénérescente et *l'amazonisme*, tentative déviée de restauration lunaire. D'autre part, le *titanisme* ou luciférisme, dégénérescence de la Lumière du Nord (âge du bronze, époque des guerriers et des géants) ; le *dionysisrne*, aspiration masculine déviée, dévirilisée dans des formes passives et mêlées de l'extase[675] ; enfin *l'héroïsme*, en tant que

---

[671] PINDARE, *Pyth.*, X, 29, sqq.
[672] PINDARE, *Ol.*, III, 13, sqq. ; PLINE, *Hist. nat.*, XVI, 240.
[673] Cf. SERVIUS, *Ad Aen.*, VI, 13. Héraclès aussi aurait été engendré par l'union de Zeus avec la vierge royale Alcmène, et Apollon par l'union du même Zeus avec Latone.
[674] Dans la tradition royale égyptienne, l'union d'un dieu solaire avec la reine, en vue d'engendrer les rois divins, était rituellement établie, cf. MORET, *Roy. Phar.*, cit., p. 27, sqq., passim.
[675] De la signification que nous donnons ici, dans une morphologie de la civilisation, au dyonisisme, il convient de distinguer celle qu'il peut avoir dans le cadre de la « Vote de la

restauration de la spiritualité olympico-solaire et dépassement de la Mère aussi bien que du *Titan*. Tels sont les moments fondamentaux auxquels, d'une façon générale, on peut réduire analytiquement toutes les formes mêlées des civilisations s'acheminant vers les temps « historiques », c'est-à-dire vers le cycle de l'« âge obscur », ou âge du fer.

Main Gauche », en relation avec une utilisation initiatique spéciale du sexe et de la femme. Cf. j. EVOLA, *Métaphysique du Sexe*, cit.

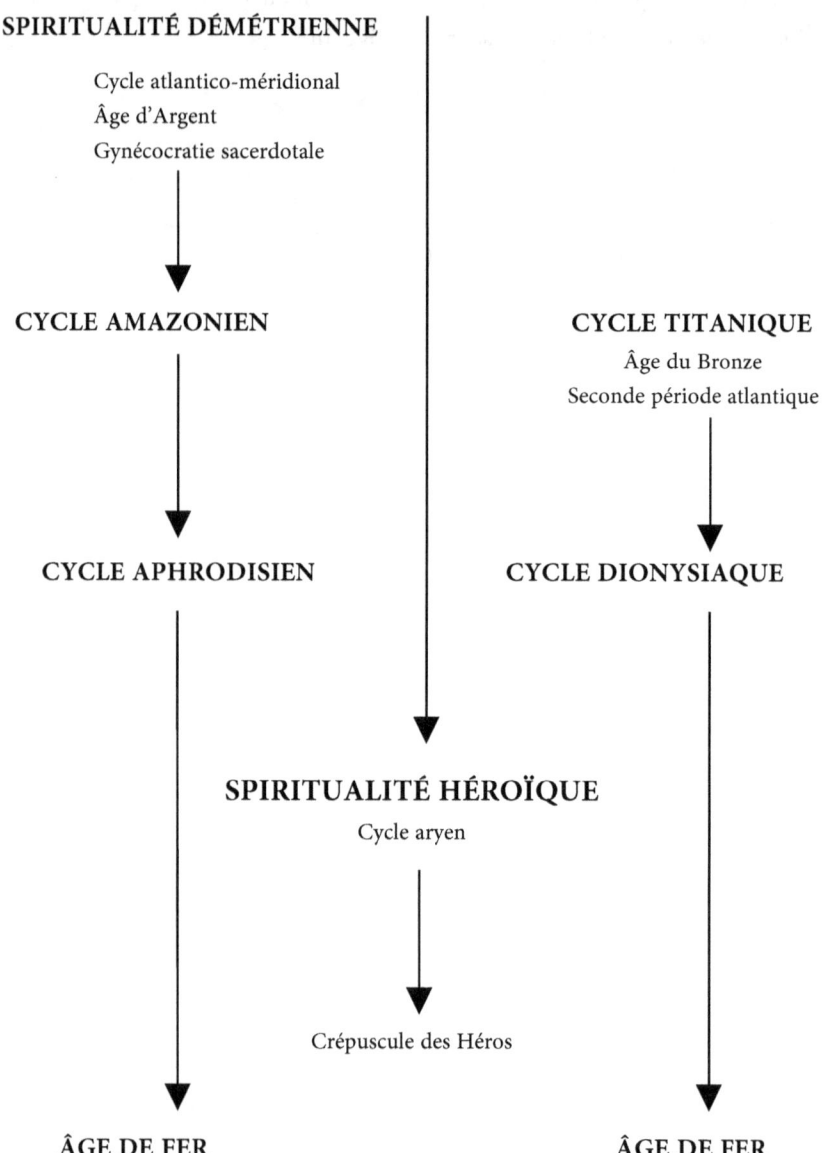

8

Tradition et antitradition

a) Cycle américain - Cycle méditerranéen oriental

Une métaphysique de l'histoire des principales civilisations antiques ne peut évidemment rentrer dans le cadre de cet ouvrage. Nous nous bornerons à mettre en lumière quelques-uns de leurs aspects et de leurs significations les plus caractéristiques, pour fournir un fil conducteur à qui voudrait entreprendre, pour son propre compte, une recherche particulière au sujet de l'une d'entre elles.

D'autre part, notre horizon devra très vite se restreindre au seul occident. En dehors de l'Occident, en effet, la plupart des civilisations conservèrent, d'une façon ou d'une autre, jusqu'à une époque relativement récente, un caractère « sacré » et au sens le plus large du terme, englobant toutes les variétés déjà décrites et les réunissant dans une même opposition au cycle « humaniste » du dernier âge - « traditionnel ». Elles ne le perdirent que sous l'effet de l'action désagrégeante des peuples occidentaux déjà parvenus aux formes ultimes de la décadence. C'est donc essentiellement sur l'Occident qu'il convient de porter son regard si l'on veut suivre les processus qui jouèrent un rôle décisif dans la genèse du monde moderne.

Les traces de la spiritualité nordico-solaire se retrouvent surtout durant les temps historiques dans l'aire de la *civilisation aryenne*. Etant donné l'abus qu'on en a fait dans certains milieux contemporains, le terme « aryen » doit être employé toutefois, sous certaines réserves : il ne doit pas correspondre en effet, à un concept uniquement biologique ou ethnique (il serait plus adéquat alors, de parler de race boréale, ou nord-atlantique, selon les cas), mais surtout au concept d'une *race de l'esprit*, dont la relation avec la race du corps a beaucoup varié selon les civilisations. Du point de vue de l'esprit, « aryen » équivaut plus ou moins à « héroïque » : sous la forme d'une hérédité obscurcie, subsiste le lien avec les origines, mais l'élément décisif est la tension vers la libération. intérieure et la réintégration dans une forme active et combative. Le fait qu'en Inde le mot ârya soit synonyme *de dvîja*, c'est-à-dire de « deux fois né » ou « régénéré », met bien ce point en lumière[676].

Au sujet de l'aire propre à la civilisation aryenne, il est intéressant de rapporter le témoignage de *l'Aitareya-brâhmana*. D'après ce texte, la lutte entre les devas, divinités lumineuses, et les asuras, ennemis des héros divins, s'engagea dans les quatre régions de l'espace. La région où les devas triomphèrent et qui, pour cette raison, reçut le nom de « région invaincue » *sâ-esha dig aparâjita* aurait été située entre le nord et l'est, ce qui correspond précisément à la direction de l'émigration nordico-atlantique[677]. Par contre, le sud, dans l'Inde, est considéré comme la région des démons, des forces ennemies des dieux et des âryas, et dans le rite des trois feux, le « feu méridional » est celui qui est destiné à éloigner ces forces[678]. Dans l'aire occidentale, on peut se référer aux peuples dits « de la hache », qui se relient en général à la culture mégalithique des dolmens. La résidence originelle de ces races demeure, sur le plan des recherches profanes, entourée de mystère, de même que celle des premières races nettement supérieures à l'homme du Neandertal, races que l'on a pu appeler, comme nous l'avons déjà dit, les

---

[676] Sur le concept d'« aryen » cf. EVOLA, *Sintesi di dottrina della razza*, Milano, 1942.

[677] Le même texte dit que les *devas*, s'étant aperçus de leur faiblesse dans les autres régions, appelèrent le roi Soma, et qu'alors la victoire leur fut assurée partout. Soma étant surtout une figure lunaire et se reliant au nectar dans une acception dionysiaque, il doit être possible de voir là une adaptation correspondante de la tradition dans des pays vraiment aryens.

[678] Cf. V. PAPESCO, *Inni del Rg-Veda*, Bologna, 1929, v. 1, p. 65. *Inni del Altharva-Veda*, Bologna, 1933, p. 29. En outre, dans le *Rg-Veda*, X, 15, 5, la direction du sud est celle du sacrifice aux pères, dont la voie est opposée à la voie du nord, du Soleil et des dieux : et c'est aussi celle à laquelle on se réfère dans les pratiques magiques de *l'Atharva-Veda*, pour invoquer les forces obscures et démoniques de destruction, ou pour allumer un feu rituel en vue de constituer un « rempart et une armure » contre l'esprit du mort (AtharvaVeda, XVIII, 4, *yj*.

fragments morainiques de l'antique héritage subsistèrent plus
, dans l'esprit et dans la race, chez certaines souches de l'Amérique
nale. Ici aussi, l'élément héroïque est parfois altéré surtout dans le
cruauté et de la dureté. On peut cependant, d'une façon générale,
à l'opinion de l'auteur qui a parlé, à ce propos, d'une « figure
singulièrement complète : sa dignité, sa générosité et son héroïsme
d'une beauté qui tient, en même temps de l'aigle et du soleil
le respect et font pressentir une spiritualité sans lesquelles ces vertus
ient inintelligibles et comme dénuées de raisons suffisantes » [682].

situation de ce genre se retrouve d'ailleurs en Europe, durant le
e tardif : des races guerrières purent, à ce titre, paraître semi-
n face de sociétés de type démétrico-sacerdotal qu'ils renversèrent,
nt ou absorbèrent. En réalité, malgré une certaine involution, des
l'action formatrice du précédent cycle de la spiritualité nordique,
t visibles chez ces races. Et cela, comme nous le verrons, vaut
pour les épigones, pour beaucoup de peuples nordiques de la
es invasions.

e qui concerne la Chine, nous nous contenterons de relever un fait
ificatif : le rituel conserve les traces d'une ancienne transmission
e par la ligne féminine[683], à laquelle s'oppose certainement l'esprit
ception cosmocratique ultérieure, selon laquelle l'Empereur incarne
lement la fonction solaire de mâle et de « pôle » en face de
des forces non seulement du *demos* mais aussi du monde, de
il incarne l'esprit du droit paternel de la Chine historique qui fut
lus rigoureux. Les vestiges récemment découverts (Smith) d'une
n d'un type voisin de celle des Mayas, avec des caractères d'écriture
qui serait une couche souterraine insoupçonnée, plus archaïque
e la si vieille civilisation chinoise elle-même, peuvent également

---

ON, *in Etudes Traditionnelles*, 1949, IIZ, p. 64.
PERO, *Chine Ant.*, cit., p. 153.

« Hellènes du paléolithique ». Il existe une relation entre l'apparition des peuples de la hache du néolithique et l'expansion des peuples indo-européens (« aryens ») les plus récents en Europe. Il est généralement admis qu'ils sont à l'origine des formes politico-étatiques et guerrières qui s'opposent à celles d'une culture du type démétrien, pacifique, communautaire et sacerdotal, et, souvent, se substituèrent à elles[679].

Certes, les civilisations aryennes ne furent pas les seules à présenter, jusqu'aux temps historiques, des traces de la tradition primordiale. Mais ici, suivre de près le jeu des deux thèmes opposés de Sud et de Nord, en se référant à un élément ethnique, nous entraînerait trop loin et sur un terrain trop mouvant.

En ce qui concerne *l'Amérique précolombienne*, il faut, en tout cas, considérer avant tout le substratum archaïque d'un cycle de civilisation tellurico-méridionale qui n'est pas sans rapport avec le cycle de l'Atlantide. Il englobe la civilisation des Mayas, ainsi que celle de Tiahuanac, des Pueblos et d'autres souches ou centres mineurs. Ses caractéristiques sont assez semblables à celles des traces préhistoriques que l'on retrouve dans une sorte de ceinture méridionale qui, de la Méditerranée pélasgienne, s'étend jusqu'aux vestiges de la civilisation préaryenne de Mohendrodjaro (Inde) et de la Chine prédynastique.

Cette civilisation présente un caractère essentiellement démétrico-sacerdotal. A côté d'une forte composante tellurique, on y constate souvent la survivance de symboles solaires, mais altérés et affaiblis, de sorte qu'on chercherait en vain des éléments qui se rattachent au principe de la virilité spirituelle et de la supériorité olympienne. Cela est également vrai de la civilisation des Mayas, au premier plan de laquelle se trouvent des figures de prêtres et de divinités qui revêtent les insignes de la souveraineté suprême et de la royauté. La figure maya bien connue du *Codex Dresdensis* est, à cet égard, caractéristique : on y voit la divinité, Kakulkalkan, revêtue des insignes de la royauté, et, en face d'elle, un prêtre agenouillé qui accomplit sur lui-

---

[679] Cf. DAWSON, *Age of the gods*, cit., *passim*.

même un sacrifice sanglant de mortification. Le principe démétrien conduit déjà ainsi à une forme de type « religieux », où des jeûnes et des macérations marquent la chute de l'homme par rapport à sa dignité primordiale. Si, comme il semble, les Mayas constituèrent un empire appelé « le royaume du Grand Serpent » (Nachan symbole maya aussi fréquent que significatif), cet empire eut un caractère pacifique, et non pas guerrier ni héroïque. Les sciences sacerdotales s'y développèrent largement, mais une fois atteint un haut degré d'opulence, il dégénéra progressivement en une civilisation hédoniste et aphrodisienne. Il semble que ce soit des Mayas que tire son origine le type du dieu Quelzalcoatl, dieu solaire de l'Atlantide, dévirilisé précisément dans un culte pacifique, de contemplation et de mortification. La tradition veut qu'à un moment donné, Quetzalcoatl ait abandonné ses peuples et se soit retiré dans la région atlantique, d'où il était venu.

Cela correspond vraisemblablement à la descente des races de souche Nahua, des Toltèques et, enfin, des Aztèques, qui prirent l'avantage sur les Mayas et leur civilisation crépusculaire, et créèrent de nouveaux États. Ces races sont celles qui conservèrent le plus nettement le souvenir de la Tulla et de l'Aztlan, c'est-à-dire de la région nordico-atlantique, rentrant vraisemblablement dans un cycle de type « héroïque ». Leur dernière création fut l'ancien empire mexicain, dont la capitale, selon la légende, fut construite à l'endroit où était apparu un *Aigle* étreignant un *Serpent* dans ses serres. On peut dire la même chose de ces lignées d'Incas, envoyés comme dominateurs par le « Soleil », qui créèrent l'empire péruvien en s'imposant à des races de civilisation très inférieure et à leurs cultes animistes et chthoniens[680] qui subsistaient encore dans les couches populaires. Très intéressante est, à cet égard, une légende relative à la race des géants de Tiuhuanac dont le ciel ne connaissait que *la Lune* (cycle lunaire avec sa contrepartie titanique) race qui tue le prophète du soleil et qui est elle-même exterminée et pétrifiée lors de l'apparition suivante du soleil, qu'on peut faire correspondre à la venue des Incas. D'une façon générale, nombreuses sont les légendes relatives à des

---

[680] Selon la loi, tout nouveau roi Inca avait le devoir d'étendre l'Empire et de substituer le culte solaire à celui des indigènes (cf. CORNELIUS, *Wertgesch.*, cit., p. 99 - à cf. avec l'allusion faite à la légende de Jurupari).

races blanches américaines de dominate[...] civilisations[681]. Ce qui est également cara[...] dualité d'un calendrier solaire opposé à u[...] appartenir à la couche plus ancienne de la c[...] surtout à la caste sacerdotale ; la dualité d'un[...] de propriété auquel s'oppose un régime c[...] contraste entre le culte de divinités netten[...] Tezcatlipoca, et les survivances du culte de C[...] plus anciens de ces civilisations on retrouv[...] thème de la lutte contre les géants et celui d[...] par la catastrophe des eaux, génération à [...] comme on l'a rappelé, une femme-serpent [...] qu'elle se présenta lors de l'invasion espagno[...] races témoigne toutefois d'une dégénérescen[...] d'un dionysisme spécial, sinistre, qu'on pou[...] Le thème de la guerre sacrée et de la m[...] immortalisant (thèmes qui chez les A[...] d'importance que chez les races nordiques e[...] se mêle ici à une espèce de frénésie de sacrif[...] et féroce exaltation de détruire la vie pour c[...] même sous la forme de massacres collectifs[...] trouve rien de pareil dans aucune autre civili[...] l'Empire des Incas, d'autres facteurs de dégén[...] des conflits politiques intérieurs, rendirent [...] civilisations qui eurent indubitablement un p[...] quelques bandes d'aventuriers européens. Le[...] ces cycles devaient s'être épuisées depuis lon[...] put constater aucune survivance ni aucune [...] durant les temps qui suivirent la conquête.

---

[681] Cf. L. SPENCE, *The mythologies of ancient Mexico* [...]
On trouve des légendes analogues en Amérique du No[...]
les groupes sanguins appliquées au problème de la ra[...]
les indigènes d'Amérique du Nord et parmi les Pueb[...]
sang très voisin de celui des peuples scandinaves.

faire penser qu'à une phase démétrico-atlantéenne[684], et par des voies qu'on ne peut encore préciser, a succédé un cycle solaire qui n'a d'ailleurs pas toujours su effacer toutes les traces de la première. On en retrouve, en effet, comme un écho, dans certaines conceptions métaphysiques qui trahissent des influences résiduelles de l'idée gynécocratique archaïque : assimilation du « Ciel » à une femme ou à une mère, génératrice primordiale de toute vie ; fréquente affirmation d'une primauté de la gauche sur la droite et opposition entre les notations lunaire et solaire du calendrier ; enfin, le caractère tellurique du culte populaire des démons, le rituel chamanique avec ses formes désordonnées et frénétiques, l'exercice d'une magie qui fut, à l'origine, la prérogative exclusive des femmes, en opposition avec la sévérité si dénuée de mysticisme et presque olympienne de la religion officielle chinoise, patricienne et impériale[685].

Ethiquement, dans l'aire extrême-orientale, on constate la rencontre de deux courants opposés : l'un provenant de l'Occident, avec des caractères propres aux peuples ouralo-altaïques (où l'on trouve, à son tour, une composante aryenne), l'autre se rattachant à l'aire sud-orientale et australe. Les périodes où prédominèrent les éléments du premier courant furent aussi celles de la grandeur de la Chine ; c'est à ce courant que correspondit l'orientation vers la guerre et la conquête, qui prit ensuite un relief particulier, au sein d'un mélange analogue, dans le cycle nippon.

On pourrait certainement, grâce à des recherches convenablement orientées, mettre en lumière beaucoup d'autres données de ce genre. Dans la

---

[684] Cf. H. SCHMIDT, *Prahistorisches aus Ostasien* (Zeitsch. f. Ethnol., 1924, p. 151) en ce qui concerne la possibilité d'actions civilisatrices d'origine occidentale en Extrême-orient durant la période néolithique.

[685] Peut-être l'existence de deux couches dans la conception du trône impérial comme « résidence du dragon », correspond-elle également à un souvenir du même genre, le « dragon » étant en même temps la force qui cherche à dévorer - dans les éclipses - les lumières du ciel, et contre lequel l'empereur combat. Il semble qu'il s'agisse ici d'un ancien culte tellurique vaincu et mis au service du vainqueur, l'idée subsistant cependant d'une puissance insoumise qui peut à chaque moment redevenir redoutable (cf. REVILLE, *Relig. Chin.*, pp. 154, 164-165).

Chine ancienne, le symbole « polaire » de la centralité joua un rôle éminent ; c'est à lui que se rattache la conception de l'« Empire du milieu », soulignée par des éléments géographiques locaux, ainsi que l'idée du « juste milieu » et de l'« équilibre » qui reviennent fréquemment, et sont à l'origine, sur le plan éthique, d'une conception spéciale éclairée et rituelle - de la vie. Ici, comme dans la Rome antique, les représentants du pouvoir revêtaient en même temps un caractère religieux : le type du « prêtre » n'apparut qu'à une période tardive et en relation avec des cultes exogènes. La base de la sagesse traditionnelle chinoise, *le Yi-king*, se relie, d'ailleurs, à une figure du roi, Fo-hi. De même, ce n'est pas à des prêtres ou à des « sages », mais à des princes, que sont attribués les principaux commentaires de ce texte. Les enseignements qu'il contient et qui, à leur tour, selon Fo-hi lui-même, se réfèrent à un passé très lointain et difficile à déterminer servirent de fondement commun à deux doctrines plus récentes qui, du fait qu'elles concernent des domaines différents, semblent, à première vue, n'avoir entre elles que peu de points de contact : le taoïsme et le confucianisme[686]. Ces deux doctrines eurent effectivement le sens d'un redressement dans une période de crise latente et de désagrégation et servirent à vivifier, respectivement, l'élément métaphysique (avec des développements initiatiques et ésotériques) et l'élément éthico-rituel. C'est ainsi qu'une continuité traditionnelle régulière put être conservée en chine, sous des formes particulièrement stables, jusqu'à une époque relativement récente.

Cela est également vrai, et même dans une plus large mesure, du Japon. Sa forme traditionnelle nationale, le shintoïsme, témoigne d'une influence qui a rectifié et élevé un complexe culturel partiellement relié à une couche primitive (rien de particulier ne peut se déduire, toutefois, de la présence du groupe ethnique blanc isolé des Aino). Pendant les temps historiques, c'est l'idée impériale qui se trouve au centre du shintoïsme, la tradition impériale s'identifiant avec la tradition divine : « Selon l'ordre reçu, je descends du ciel » dit, dans le *Ko-gi-ki*, le chef de la dynastie. Dans un commentaire du prince Hakabon Itoé il est dit que « le trône sacré fut créé quand la Terre se sépara du Ciel [c'est-à-dire quand disparut l'unité primordiale du terrestre et

---

[686] Cf. R. GUENON, *Taoïsme et Confucianisme* dans « Voie d'Isis », no 152-153.

du divin, unité dont la tradition chinoise a gardé des traces caractéristiques ; c'est ainsi que dans le idéogrammes chinois « nature » et « ciel » sont souvent synonymes]. Le souverain descend du Ciel. Il est divin et sacré. » Le principe « solaire » lui est également attribué, mais interfère, d'une façon difficile à éclaircir, avec le principe féminin, car Il est supposé descendre de la *déesse* Amaterasu Omikami.

Dans ce cadre général, l'acte de gouverner et de dominer ne fait qu'un avec le culte. Le terme *matsurigoto* signifie soit gouvernement, soit « exercice des choses religieuses ». Dans le cadre du shintoïsme, le loyalisme, la fidélité inconditionnelle au souverain, *ciû-ghi*, revêt donc une signification religieuse et sert de fondement à toute éthique : tout acte répréhensible, bas ou délictueux, est considéré, non comme la transgression d'une norme abstraite plus ou moins anodine et « sociale », mais comme une trahison, une déloyauté et une ignominie : il n'y a pas de « coupables » mais plutôt des « traîtres », des êtres sans honneur.

Ces valeurs générales prennent un relief particulier chez la noblesse guerrière des *bushis* ou samouraïs et dans son éthique, le *bushido*. L'orientation de la Tradition, au Japon, est essentiellement active, voire guerrière, mais avec la contrepartie d'une formation intérieure. L'éthique du samouraï a un caractère aussi bien guerrier qu'ascétique, avec des aspects sacrés et rituels. Elle ressemble, d'une façon remarquable, à celle du Moyen Age chevaleresque et féodal européen. En dehors du shintoïsme, le zen, qui est une forme ésotérique du bouddhisme, a joué un rôle dans la formation du samouraï, mais aussi dans la formation traditionnelle de la vie japonaise en général, y compris les arts et l'artisanat (l'existence de sectes qui ont cultivé le bouddhisme dans ses formes les plus récentes, affadies et religieuses, allant jusqu'à la forme dévotionnelle de l'amidisme, n'ont pas modifié d'une façon notable l'orientation prédominante de l'esprit nippon. En marge du *bushido*, il convient de relever également l'idée traditionnelle de la mort sacrificielle guerrière, qui s'est maintenue jusqu'aux *kamikazé*, les pilotes-suicide de la deuxième guerre mondiale.

Le Japon a fourni, jusqu'à hier, un exemple, unique en son genre, de coexistence entre une orientation traditionnelle et l'acceptation ; sur le plan matériel, des structures de la civilisation technique moderne. Avec la seconde guerre mondiale, une continuité millénaire s'est brisée, cet équilibre s'est rompu, et le dernier état du monde où l'on reconnaissait encore le principe de la royauté solaire de pur droit divin, a disparu. Le destin de l'« âge obscur », la loi en vertu de laquelle le potentiel technique et industriel, la puissance matérielle organisée joue un rôle déterminant dans la lutte des forces mondiales, a marqué, avec l'issue de la dernière guerre, la fin de cette tradition.

En ce qui concerne l'Égypte, les mythes peuvent nous fournir, en dehors de leur signification métaphysique, certaines données relatives à l'histoire primordiale de cette civilisation. Nous avons déjà mentionné la tradition relative à une dynastie très ancienne de « morts divins » qui se confondent avec les « Fidèles d'Horus » - *Shemsu Heru* - marqués par le hiéroglyphe d'Osiris, seigneur de la « Terre sacrée d'Occident », et qui seraient précisément venus de l'Occident[687] ; nous avons dit que cela peut correspondre au souvenir d'une souche primordiale, civilisatrice et dominatrice, atlantique. Il faut remarquer que, conformément au titre attribué aux rois divins, Hor *est un dieu fait d'or, comme Apollon*, c'est-à-dire relié à la tradition primordiale. Nous avons également signalé le symbolisme des « deux », des deux frères rivaux, Osiris et Seth et de leur lutte. Certaines données de la tradition égyptienne permettent de penser que ce symbolisme comporte une contrepartie ethnique, et que la lutte des deux frères correspond à celle de deux souches représentant chacune l'esprit symbolisé respectivement par l'un et l'autre dieu[688]. Si la mort d'Osiris, tué par Seth,

---

[687] Cf. E.A. WALLIS BUDGE, *Egypt in the neotithic and archaic Periods*, London, 192, pp, 1b4-165. Le colonisateur primordial de l'Égypte, Anzij, fut assimilé à Osiris.

[688] Cf. MORET, *Royaut. Pharaon.*, cit., pp. 7-8. Il faudrait développer ici diverses considérations pour faire comprendre le retournement apparent par lequel le nord fut souvent associé à Seth et à la couronne rouge et le sud, au contraire, au solaire Osiris et à la couronne blanche (cf. W. BUDGE, *Egypt etc.*, cit., p. 167). En réalité, cette transposition des symboles ne change rien au sens fondamental qu'ils expriment et résulte certainement d'éléments géographiques locaux. D'autre part, il peut se faire que le peuple du Nord vaincu corresponde aux colonies atlantiques de la Méditerranée, de souche rouge, rencontrées par un noyau de conquérants de la couronne blanche, dont les rois, avant de

« Hellènes du paléolithique ». Il existe une relation entre l'apparition des peuples de la hache du néolithique et l'expansion des peuples indo-européens (« aryens ») les plus récents en Europe. Il est généralement admis qu'ils sont à l'origine des formes politico-étatiques et guerrières qui s'opposent à celles d'une culture du type démétrien, pacifique, communautaire et sacerdotal, et, souvent, se substituèrent à elles[679].

Certes, les civilisations aryennes ne furent pas les seules à présenter, jusqu'aux temps historiques, des traces de la tradition primordiale. Mais ici, suivre de près le jeu des deux thèmes opposés de Sud et de Nord, en se référant à un élément ethnique, nous entraînerait trop loin et sur un terrain trop mouvant.

En ce qui concerne *l'Amérique précolombienne*, il faut, en tout cas, considérer avant tout le substratum archaïque d'un cycle de civilisation tellurico-méridionale qui n'est pas sans rapport avec le cycle de l'Atlantide. Il englobe la civilisation des Mayas, ainsi que celle de Tiahuanac, des Pueblos et d'autres souches ou centres mineurs. Ses caractéristiques sont assez semblables à celles des traces préhistoriques que l'on retrouve dans une sorte de ceinture méridionale qui, de la Méditerranée pélasgienne, s'étend jusqu'aux vestiges de la civilisation préaryenne de Mohendrodjaro (Inde) et de la Chine prédynastique.

Cette civilisation présente un caractère essentiellement démétrico-sacerdotal. A côté d'une forte composante tellurique, on y constate souvent la survivance de symboles solaires, mais altérés et affaiblis, de sorte qu'on chercherait en vain des éléments qui se rattachent au principe de la virilité spirituelle et de la supériorité olympienne. Cela est également vrai de la civilisation des Mayas, au premier plan de laquelle se trouvent des figures de prêtres et de divinités qui revêtent les insignes de la souveraineté suprême et de la royauté. La figure maya bien connue du *Codex Dresdensis* est, à cet égard, caractéristique : on y voit la divinité, Kakulkalkan, revêtue des insignes de la royauté, et, en face d'elle, un prêtre agenouillé qui accomplit sur lui-

---

[679] Cf. DAWSON, *Age of the gods, cit., passim.*

même un sacrifice sanglant de mortification. Le principe démétrien conduit déjà ainsi à une forme de type « religieux », où des jeûnes et des macérations marquent la chute de l'homme par rapport à sa dignité primordiale. Si, comme il semble, les Mayas constituèrent un empire appelé « le royaume du Grand Serpent » (Nachan symbole maya aussi fréquent que significatif), cet empire eut un caractère pacifique, et non pas guerrier ni héroïque. Les sciences sacerdotales s'y développèrent largement, mais une fois atteint un haut degré d'opulence, il dégénéra progressivement en une civilisation hédoniste et aphrodisienne. Il semble que ce soit des Mayas que tire son origine le type du dieu Quelzalcoatl, dieu solaire de l'Atlantide, dévirilisé précisément dans un culte pacifique, de contemplation et de mortification. La tradition veut qu'à un moment donné, Quetzalcoatl ait abandonné ses peuples et se soit retiré dans la région atlantique, d'où il était venu.

Cela correspond vraisemblablement à la descente des races de souche Nahua, des Toltèques et, enfin, des Aztèques, qui prirent l'avantage sur les Mayas et leur civilisation crépusculaire, et créèrent de nouveaux États. Ces races sont celles qui conservèrent le plus nettement le souvenir de la Tulla et de l'Aztlan, c'est-à-dire de la région nordico-atlantique, rentrant vraisemblablement dans un cycle de type « héroïque ». Leur dernière création fut l'ancien empire mexicain, dont la capitale, selon la légende, fut construite à l'endroit où était apparu un *Aigle* étreignant un *Serpent* dans ses serres. On peut dire la même chose de ces lignées d'Incas, envoyés comme dominateurs par le « Soleil », qui créèrent l'empire péruvien en s'imposant à des races de civilisation très inférieure et à leurs cultes animistes et chthoniens[680] qui subsistaient encore dans les couches populaires. Très intéressante est, à cet égard, une légende relative à la race des géants de Tiuhuanac dont le ciel ne connaissait que *la Lune* (cycle lunaire avec sa contrepartie titanique) race qui tue le prophète du soleil et qui est elle-même exterminée et pétrifiée lors de l'apparition suivante du soleil, qu'on peut faire correspondre à la venue des Incas. D'une façon générale, nombreuses sont les légendes relatives à des

---

[680] Selon la loi, tout nouveau roi Inca avait le devoir d'étendre l'Empire et de substituer le culte solaire à celui des indigènes (cf. CORNELIUS, *Wertgesch.*, cit., p. 99 - à cf. avec l'allusion faite à la légende de Jurupari).

races blanches américaines de dominateurs d'« en haut », créateurs de civilisations[681]. Ce qui est également caractéristique, au Mexique, c'est la dualité d'un calendrier solaire opposé à un calendrier lunaire qui semble appartenir à la couche plus ancienne de la civilisation aborigène et être relié surtout à la caste sacerdotale ; la dualité d'un régime aristocratico-héréditaire de propriété auquel s'oppose un régime communisticoplébéien ; enfin, le contraste entre le culte de divinités nettement guerrières, Uitzilpochtli et Tezcatlipoca, et les survivances du culte de Quetzalcoatl. Dans les mythes les plus anciens de ces civilisations on retrouve de même que dans les Eddas le thème de la lutte contre les géants et celui d'une ultime génération, frappée par la catastrophe des eaux, génération à l'origine de laquelle se trouve, comme on l'a rappelé, une femme-serpent génératrice de « couples ». Telle qu'elle se présenta lors de l'invasion espagnole, la civilisation guerrière de ces races témoigne toutefois d'une dégénérescence caractéristique dans le sens d'un dionysisme spécial, sinistre, qu'on pourrait appeler la *frénésie du sang*. Le thème de la guerre sacrée et de la mort héroïque comme sacrifice immortalisant (thèmes qui chez les Aztèques n'eurent pas moins d'importance que chez les races nordiques européennes ou chez les Arabes) se mêle ici à une espèce de frénésie de sacrifices humains, dans une sombre et féroce exaltation de détruire la vie pour conserver le contact avec le divin, même sous la forme de massacres collectifs d'une telle ampleur qu'on ne trouve rien de pareil dans aucune autre civilisation connue. Ici, comme dans l'Empire des Incas, d'autres facteurs de dégénérescence, en même temps que des conflits politiques intérieurs, rendirent possible l'écroulement de ces civilisations qui eurent indubitablement un passé glorieux et solaire devant quelques bandes d'aventuriers européens. Les possibilités vitales internes de ces cycles devaient s'être épuisées depuis longtemps ; c'est pourquoi on ne put constater aucune survivance ni aucune résurgence de l'esprit ancien durant les temps qui suivirent la conquête.

---

[681] Cf. L. SPENCE, *The mythologies of ancient Mexico and Peru*, London, 1914, pp. 76-77. On trouve des légendes analogues en Amérique du Nord. D'autre part, des recherches sur les groupes sanguins appliquées au problème de la race, il semble résulter que c'est parmi les indigènes d'Amérique du Nord et parmi les Pueblos, que l'on trouve les traces d'un sang très voisin de celui des peuples scandinaves.

Des fragments morainiques de l'antique héritage subsistèrent plus longtemps, dans l'esprit et dans la race, chez certaines souches de l'Amérique septentrionale. Ici aussi, l'élément héroïque est parfois altéré surtout dans le sens de la cruauté et de la dureté. On peut cependant, d'une façon générale, se ranger à l'opinion de l'auteur qui a parlé, à ce propos, d'une « figure humaine singulièrement complète : sa dignité, sa générosité et son héroïsme essences d'une beauté qui tient, en même temps de l'aigle et du soleil imposent le respect et font pressentir une spiritualité sans lesquelles ces vertus apparaîtraient inintelligibles et comme dénuées de raisons suffisantes » [682].

Une situation de ce genre se retrouve d'ailleurs en Europe, durant le néolithique tardif : des races guerrières purent, à ce titre, paraître semi-barbares en face de sociétés de type démétrico-sacerdotal qu'ils renversèrent, assujettirent ou absorbèrent. En réalité, malgré une certaine involution, des traces de l'action formatrice du précédent cycle de la spiritualité nordique, demeurent visibles chez ces races. Et cela, comme nous le verrons, vaut également pour les épigones, pour beaucoup de peuples nordiques de la période des invasions.

En ce qui concerne la Chine, nous nous contenterons de relever un fait assez significatif : le rituel conserve les traces d'une ancienne transmission dynastique par la ligne féminine[683], à laquelle s'oppose certainement l'esprit de la conception cosmocratique ultérieure, selon laquelle l'Empereur incarne indiscutablement la fonction solaire de mâle et de « pôle » en face de l'ensemble des forces non seulement du *demos* mais aussi du monde, de même qu'il incarne l'esprit du droit paternel de la Chine historique qui fut l'un des plus rigoureux. Les vestiges récemment découverts (Smith) d'une civilisation d'un type voisin de celle des Mayas, avec des caractères d'écriture linéaires, qui serait une couche souterraine insoupçonnée, plus archaïque encore que la si vieille civilisation chinoise elle-même, peuvent également

---

[682] F. SCHUON, *in Etudes Traditionnelles*, 1949, IIZ, p. 64.
[683] Cf. MASPERO, *Chine Ant.*, cit., p. 153.

faire penser qu'à une phase démétrico-atlantéenne[684], et par des voies qu'on ne peut encore préciser, a succédé un cycle solaire qui n'a d'ailleurs pas toujours su effacer toutes les traces de la première. On en retrouve, en effet, comme un écho, dans certaines conceptions métaphysiques qui trahissent des influences résiduelles de l'idée gynécocratique archaïque : assimilation du « Ciel » à une femme ou à une mère, génératrice primordiale de toute vie ; fréquente affirmation d'une primauté de la gauche sur la droite et opposition entre les notations lunaire et solaire du calendrier ; enfin, le caractère tellurique du culte populaire des démons, le rituel chamanique avec ses formes désordonnées et frénétiques, l'exercice d'une magie qui fut, à l'origine, la prérogative exclusive des femmes, en opposition avec la sévérité si dénuée de mysticisme et presque olympienne de la religion officielle chinoise, patricienne et impériale[685].

Ethiquement, dans l'aire extrême-orientale, on constate la rencontre de deux courants opposés : l'un provenant de l'Occident, avec des caractères propres aux peuples ouralo-altaïques (où l'on trouve, à son tour, une composante aryenne), l'autre se rattachant à l'aire sud-orientale et australe. Les périodes où prédominèrent les éléments du premier courant furent aussi celles de la grandeur de la Chine ; c'est à ce courant que correspondit l'orientation vers la guerre et la conquête, qui prit ensuite un relief particulier, au sein d'un mélange analogue, dans le cycle nippon.

On pourrait certainement, grâce à des recherches convenablement orientées, mettre en lumière beaucoup d'autres données de ce genre. Dans la

---

[684] Cf. H. SCHMIDT, *Prahistorisches aus Ostasien* (Zeitsch. f. Ethnol., 1924, p. 151) en ce qui concerne la possibilité d'actions civilisatrices d'origine occidentale en Extrême-orient durant la période néolithique.

[685] Peut-être l'existence de deux couches dans la conception du trône impérial comme « résidence du dragon », correspond-elle également à un souvenir du même genre, le « dragon » étant en même temps la force qui cherche à dévorer - dans les éclipses - les lumières du ciel, et contre lequel l'empereur combat. Il semble qu'il s'agisse ici d'un ancien culte tellurique vaincu et mis au service du vainqueur, l'idée subsistant cependant d'une puissance insoumise qui peut à chaque moment redevenir redoutable (cf. REVILLE, *Relig. Chin.*, pp. 154, 164-165).

Chine ancienne, le symbole « polaire » de la centralité joua un rôle éminent ; c'est à lui que se rattache la conception de l'« Empire du milieu », soulignée par des éléments géographiques locaux, ainsi que l'idée du « juste milieu » et de l'« équilibre » qui reviennent fréquemment, et sont à l'origine, sur le plan éthique, d'une conception spéciale éclairée et rituelle - de la vie. Ici, comme dans la Rome antique, les représentants du pouvoir revêtaient en même temps un caractère religieux : le type du « prêtre » n'apparut qu'à une période tardive et en relation avec des cultes exogènes. La base de la sagesse traditionnelle chinoise, le *Yi-king*, se relie, d'ailleurs, à une figure du roi, Fo-hi. De même, ce n'est pas à des prêtres ou à des « sages », mais à des princes, que sont attribués les principaux commentaires de ce texte. Les enseignements qu'il contient et qui, à leur tour, selon Fo-hi lui-même, se réfèrent à un passé très lointain et difficile à déterminer servirent de fondement commun à deux doctrines plus récentes qui, du fait qu'elles concernent des domaines différents, semblent, à première vue, n'avoir entre elles que peu de points de contact : le taoïsme et le confucianisme[686]. Ces deux doctrines eurent effectivement le sens d'un redressement dans une période de crise latente et de désagrégation et servirent à vivifier, respectivement, l'élément métaphysique (avec des développements initiatiques et ésotériques) et l'élément éthico-rituel. C'est ainsi qu'une continuité traditionnelle régulière put être conservée en chine, sous des formes particulièrement stables, jusqu'à une époque relativement récente.

Cela est également vrai, et même dans une plus large mesure, du Japon. Sa forme traditionnelle nationale, le shintoïsme, témoigne d'une influence qui a rectifié et élevé un complexe culturel partiellement relié à une couche primitive (rien de particulier ne peut se déduire, toutefois, de la présence du groupe ethnique blanc isolé des Aino). Pendant les temps historiques, c'est l'idée impériale qui se trouve au centre du shintoïsme, la tradition impériale s'identifiant avec la tradition divine : « Selon l'ordre reçu, je descends du ciel » dit, dans le *Ko-gi-ki*, le chef de la dynastie. Dans un commentaire du prince Hakabon Itoé il est dit que « le trône sacré fut créé quand la Terre se sépara du Ciel [c'est-à-dire quand disparut l'unité primordiale du terrestre et

---

[686] Cf. R. GUENON, *Taoïsme et Confucianisme* dans « Voie d'Isis », no 152-153.

du divin, unité dont la tradition chinoise a gardé des traces caractéristiques ; c'est ainsi que dans le idéogrammes chinois « nature » et « ciel » sont souvent synonymes]. Le souverain descend du Ciel. Il est divin et sacré. » Le principe « solaire » lui est également attribué, mais interfère, d'une façon difficile à éclaircir, avec le principe féminin, car Il est supposé descendre de la *déesse Amaterasu Omikami*.

Dans ce cadre général, l'acte de gouverner et de dominer ne fait qu'un avec le culte. Le terme *matsurigoto* signifie soit gouvernement, soit « exercice des choses religieuses ». Dans le cadre du shintoïsme, le loyalisme, la fidélité inconditionnelle au souverain, *ciû-ghi*, revêt donc une signification religieuse et sert de fondement à toute éthique : tout acte répréhensible, bas ou délictueux, est considéré, non comme la transgression d'une norme abstraite plus ou moins anodine et « sociale », mais comme une trahison, une déloyauté et une ignominie : il n'y a pas de « coupables » mais plutôt des « traîtres », des êtres sans honneur.

Ces valeurs générales prennent un relief particulier chez la noblesse guerrière des *bushis* ou samouraïs et dans son éthique, le *bushido*. L'orientation de la Tradition, au Japon, est essentiellement active, voire guerrière, mais avec la contrepartie d'une formation intérieure. L'éthique du samouraï a un caractère aussi bien guerrier qu'ascétique, avec des aspects sacrés et rituels. Elle ressemble, d'une façon remarquable, à celle du Moyen Age chevaleresque et féodal européen. En dehors du shintoïsme, le zen, qui est une forme ésotérique du bouddhisme, a joué un rôle dans la formation du samouraï, mais aussi dans la formation traditionnelle de la vie japonaise en général, y compris les arts et l'artisanat (l'existence de sectes qui ont cultivé le bouddhisme dans ses formes les plus récentes, affadies et religieuses, allant jusqu'à la forme dévotionnelle de l'amidisme, n'ont pas modifié d'une façon notable l'orientation prédominante de l'esprit nippon. En marge du *bushido*, il convient de relever également l'idée traditionnelle de la mort sacrificielle guerrière, qui s'est maintenue jusqu'aux *kamikazé*, les pilotes-suicide de la deuxième guerre mondiale.

Le Japon a fourni, jusqu'à hier, un exemple, unique en son genre, de coexistence entre une orientation traditionnelle et l'acceptation ; sur le plan matériel, des structures de la civilisation technique moderne. Avec la seconde guerre mondiale, une continuité millénaire s'est brisée, cet équilibre s'est rompu, et le dernier état du monde où l'on reconnaissait encore le principe de la royauté solaire de pur droit divin, a disparu. Le destin de l'« âge obscur », la loi en vertu de laquelle le potentiel technique et industriel, la puissance matérielle organisée joue un rôle déterminant dans la lutte des forces mondiales, a marqué, avec l'issue de la dernière guerre, la fin de cette tradition.

En ce qui concerne l'Égypte, les mythes peuvent nous fournir, en dehors de leur signification métaphysique, certaines données relatives à l'histoire primordiale de cette civilisation. Nous avons déjà mentionné la tradition relative à une dynastie très ancienne de « morts divins » qui se confondent avec les « Fidèles d'Horus » - *Shemsu Heru* - marqués par le hiéroglyphe d'Osiris, seigneur de la « Terre sacrée d'Occident », et qui seraient précisément venus de l'Occident[687] ; nous avons dit que cela peut correspondre au souvenir d'une souche primordiale, civilisatrice et dominatrice, atlantique. Il faut remarquer que, conformément au titre attribué aux rois divins, Hor *est un dieu fait d'or, comme Apollon*, c'est-à-dire relié à la tradition primordiale. Nous avons également signalé le symbolisme des « deux », des deux frères rivaux, Osiris et Seth et de leur lutte. Certaines données de la tradition égyptienne permettent de penser que ce symbolisme comporte une contrepartie ethnique, et que la lutte des deux frères correspond à celle de deux souches représentant chacune l'esprit symbolisé respectivement par l'un et l'autre dieu[688]. Si la mort d'Osiris, tué par Seth,

---

[687] Cf. E.A. WALLIS BUDGE, *Egypt in the neotithic and archaic Periods*, London, 192, pp, 1b4-165. Le colonisateur primordial de l'Égypte, Anzij, fut assimilé à Osiris.

[688] Cf. MORET, *Royaut. Pharaon.*, cit., pp. 7-8. Il faudrait développer ici diverses considérations pour faire comprendre le retournement apparent par lequel le nord fut souvent associé à Seth et à la couronne rouge et le sud, au contraire, au solaire Osiris et à la couronne blanche (cf. W. BUDGE, *Egypt etc.*, cit., p. 167). En réalité, cette transposition des symboles ne change rien au sens fondamental qu'ils expriment et résulte certainement d'éléments géographiques locaux. D'autre part, il peut se faire que le peuple du Nord vaincu corresponde aux colonies atlantiques de la Méditerranée, de souche rouge, rencontrées par un noyau de conquérants de la couronne blanche, dont les rois, avant de

peut, en plus du sens « sacrificiel » déjà expliqué dans la première partie de ce livre, exprimer sur le plan historique, une crise avec laquelle se clôt la première ère, appelée ère des « dieux », θεοι⁶⁸⁹ - la résurrection d'Osiris en Horus pourrait peut-être signifier une restauration survenue pendant la seconde ère égyptienne, que les Grecs appelèrent des ἡμίθεοι, et qui pourrait ainsi correspondre à une des formes du cycle « héroïque » dont parle Hésiode. Cette seconde ère se clôt, selon la tradition, avec Manes, et le titre de *Horus âhâ*, Horus combattant, donné à ce roi, confirme, d'une façon caractéristique, la vraisemblance de cette hypothèse.

Toutefois, la crise, dominée une première fois par l'Égypte, a dû se renouveler, plus tard, et produire des effets dissolvants. On en trouve un indice dans la démocratisation du concept d'immortalité, déjà apparent vers la fin de l'Ancien Empire (VIᵉ dynastie) ainsi que dans l'altération du caractère de centralité spirituelle, de « transcendance immanente » du souverain, qui tend à devenir un simple « représentant » du dieu. Ultérieurement, à côté du thème solaire, le thème tellurico-lunaire, lié à la figure d'Isis « Mère de toutes les choses, maîtresse des éléments, née à l'origine des siècles », gagna du terrain⁶⁹⁰. À cet égard, la légende selon laquelle, Isis, conçue comme une enchanteresse, veut se rendre « maîtresse du monde et devenir une déesse semblable au Soleil (Râ) dans le ciel et sur la terre », est extrêmement significative. Isis tend un guet-apens à Râ lui-même, au moment où celui-ci s'établissait sur le « trône des deux horizons » : elle fait en sorte qu'un *serpent le morde* et que le dieu empoisonné consente à ce

---

devenir « seigneurs des deux terres, du Nord et du Sud », avaient déjà en tout cas, l'emblème solaire de l'épervier qui est celui d'« Horus l'ancien » (cf. MORRET, pp. 33-34).
⁶⁸⁹ La tradition rapportée par Eusèbe fait précisément allusion à un intervalle postérieur à la dynastie « divine », qui aurait été marqué par des mois lunaires (cf. W. BUDGE, 4p. cit., p. 164). Il existe une indubitable relation entre Seth et l'élément féminin, soit du fait que Seth est principalement conçu comme femme, soit parce que si Isis - qui sera la déesse principale du cycle de la décadence égyptienne - est représentée à la recherche d'Osiris tué, elle est aussi celle qui, désobéissant à Horus, libère Seth (cf. PLUTARQUE, *De Iside et Os.*, § XII, sqq.).
⁶⁹⁰ APULEE, *Mét.*, XI, 5.

que son « nom » lui soit transféré⁶⁹¹.

On s'oriente ainsi vers une civilisation de la Mère. Osiris, dieu solaire, devient un dieu lunaire, un dieu des eaux au sens phallique, et un dieu du vin, c'est-à-dire de l'élément dionysiaque tandis qu'avec l'avènement d'Isis, Horus se réduit à un simple symbole du monde caduc⁶⁹². Le *pathos* de la « mort et de la résurrection » d'Osiris acquiert déjà des teintes mystiques et évasionnistes en nette antithèse avec la solarité détachée de Râ et d'« Horus l'ancien » du culte aristocratique. C'est souvent une femme divine, dont sis est précisément l'archétype, qui doit servir de médiatrice pour la résurrection, la vie immortelle ; ce sont surtout des figures de reines qui apportent le lotus de la renaissance et la « clef de vie ». Et cela se reflète dans l'éthique et dans les moeurs, dans cette prédominance isiaque de la femme et de la reine, qu'Hérodote et Diodore ont mentionnée à propos de la société égyptienne et qui s'exprime d'une façon typique dans la dynastie des « Adoratrices Divines » de la période nubienne⁶⁹³.

Parallèlement, et d'une façon significative, le centre se déplace, passe du symbole royal au symbole sacerdotal. Vers la XXIe dynastie, les prêtres égyptiens, au lieu d'ambitionner de rester au service du roi divin, tendent à devenir eux-mêmes les souverains et la dynastie thébaine des prêtres royaux

---

⁶⁹¹ Cf. BUDGE, *Book of the Dead*, cit., pp. LXXXIX, sqq.

⁶⁹² Cf. PLUTARQUE, *De Isid.*, XXXIII, LVIII (Osiris est l'eau) ; XLI (Osiris est la lumière lunaire) ; XXXIII-XXXIV (relation d'Osiris avec Dionysos et avec le principe humide) ; XLIII (Horus est la réalité caduque). On arrive même à considérer Osiris comme « Hysiris », c'est-à-dire comme fils d'Isis (XXXIV).

⁶⁹³ Le rapport était complètement différent dans la société égyptienne plus ancienne - et TROVATELLI (*Civiltà e legisr. dell ant. Oriente*, cit., pp. 136-138) rappelle justement à ce propos la figure de Ra-em-ke, où la femme royale est représentée plus petite que l'homme, pour indiquer l'infériorité et la soumission - et se tient derrière lui, en acte d'adoration. Ce n'est qu'au cours d'une période plus tardive qu'Osiris prend le caractère lunaire et qu'Isis apparaît comme la « vivante » au sens éminent et comme la « mère des dieux » (cf. BUDGE, Op. cit., pp. CXIII, CXIV). Pour d'autres souvenirs de la première période, cf. BACHOFEN (*Mutterrecht*, § 68) et surtout la tradition rapportée par HERODOTE (II, 35), selon laquelle aucune femme n'aurait été prêtresse en Égypte, ni dans le culte de divinités mâles, ni dans celui de divinités féminines.

se forme au détriment des pharaons. Manifestation caractéristique de la lumière du Sud, une théocratie sacerdotale remplace la royauté divine des origines[694]. A partir de ce moment, les dieux sont de moins en moins des présences incarnées : ils deviennent des êtres transcendants dont l'influence agissante dépend essentiellement désormais de la médiation du prêtre. Le stade magico-solaire décline, le stade « religieux » lui succède : la prière au lieu du commandement, le désir et le sentiment au lieu de l'identification et de la technique nécessitante.

Alors que l'antique évocateur égyptien pouvait dire : « Je suis Amon qui féconde sa Mère. Je suis le grand possesseur de la puissance, le Seigneur de l'Épée. Ne vous dressez pas contre moi je suis Seth ! Ne me touchez pas je suis Horus ! » alors que l'on pouvait dire, à propos de l'homme osirifié : « Surgis comme un dieu vivant » - « Je suis l'Unique, mon être est l'être de tous les dieux, dans l'éternité » - « S'il [le ressuscité] veut que vous mouriez, ô dieux, vous mourrez ; s'il veut que vous viviez, vous vivrez » - « Tu commandes les dieux » - dans les derniers temps de la civilisation égyptienne l'accent est mis, au contraire, sur le pathos mystique et l'imploration : « Tu es Amon, le Seigneur des Silencieux, qui accourt à l'appel des pauvres. Je crie vers toi dans mon tourment... En vérité tu es le sauveur ! »[695]. Le cycle solaire égyptien s'achève ainsi dans la décadence, dans le signe de la Mère. Selon les historiens grecs, c'est d'Égypte que seraient parvenus aux Pélasges et ensuite aux Hellènes les principaux cultes de type démétrico-tellurique[696]. Quoi qu'il en soit, ce sera, en tant que civilisation isiaque, écho d'une sagesse « lunaire » (comme la pythagoricienne), ce sera en tant que ferment de décomposition aphrodisienne et de mysticisme populaire agité, mêlé et évasionniste, que l'Égypte des derniers temps participera au dynamisme des civilisations méditerranéennes. Les mystères d'Isis et de Sérapis et l'hétaïre royale, Cléopâtre, seront tout ce qu'elle pourra opposer, finalement aux forces de la romanité.

---

[694] Cf. MORET, *Royaut. Phar., cit., pp. 208, 314.*
[695] Textes apud K.G. BITTNER, *Magie Mutter aller* Kultur, München, 1930, pp. 140-143 ; MEREJKOWSKI, Myst. *de l'Orient, cit., p. 163.*
[696] Cf. par ex. HERODOTE, 11, 50 ; 11, 171.

Si de l'Égypte on passe à la Chaldée et à l'Assyrie, on retrouve, sous une forme encore plus nette, et déjà à une époque reculée, le thème des civilisations du Sud, avec ses matérialisations et ses altérations. Dans le substratum le plus ancien de ces peuples, constitué par l'élément summérien, apparaît déjà le thème caractéristique d'une mère céleste primordiale située au-dessus des diverses divinités manifestées, et donc aussi d'un « fils » qu'elle engendre sans père. Ce fils a tantôt les traits d'un héros, et tantôt d'un « dieu y », mais, surtout, est soumis à la loi de la mort et de la résurrection[697]. Dans la culture hittite tardive, la déesse domine le dieu, finit par absorber les attributs du dieu de la guerre lui-même et se présente comme une déesse amazonienne ; on trouve, à côté des prêtres ennuques, les prêtresses armées de la Grande Déesse. En Chaldée, on ne trouve pratiquement aucune trace de l'idée de la royauté divine : abstraction faite d'une certaine influence exercée par la tradition égyptienne, les rois chaldéens, même quand ils revêtirent un caractère sacerdotal, ne se considérèrent que comme les « vicaires » - *patesi* de la divinité, les pasteurs élus pour gouverner le troupeau humain, mais non comme des êtres d'une nature divine[698]. C'était surtout à la divinité de la ville que, dans cette civilisation, l'on donnait le titre de roi, en l'appelant « mon Seigneur » ou « ma maîtresse ». C'était du dieu que le roi humain recevait la cité en fief, c'était par lui qu'il était fait prince, au sens de représentant. Son titre de « en » est surtout sacerdotal : il est le prêtre, le pasteur, au sens de vicaire[699]. La caste sacerdotale demeura une caste distincte et, au fond, c'est elle qui prédomina[700]. Caractéristique est l'humiliation annuelle du roi à Babel, consistant à déposer devant le dieu les insignes royaux, à revêtir les vêtements d'un esclave, à l'implorer en confessant ses « péchés » et à être battu jusqu'aux larmes par le prêtre représentant la divinité. Souvent les rois babyloniens sont « faits » par la « Mère », par Ishtar Mami. Dans le *Code d'Hammurabi* ce roi reçoit de la déesse sa couronne et son sceptre, et le roi Assurbanipal, s'adressant à elle, dit : « De toi l'implore

---

[697] Cf. A. JEREMIAS, *Handb. der altorientalischen Geisteskultur*, Leipzig, 1929.
[698] Cf. MASPERO, *Hist. peupl. Or. class.*, cit., v. I, p. 703 ; v. II, p. 622.
[699] Cf. P.T. PAFFRATH, *Zur Gdttertehre in den adtbabylonischen Kônigsinschriften*, Paderborn, 1913, pp. 35-37, 37-39, 40.
[700] Cf. E. CICCOTTI, *Epitome storica dell'antichità*, Messina, 196, p. 49.

le don de vie ». La formule : « Reine omnipotente, protectrice miséricordieuse, hors de toi, il n'y a pas de refuge » apparaît comme une confession typique de l'âme babylonienne, en raison du *pathos* dont elle entoure déjà le sacré[701].

La science chaldéenne elle-même, qui représente l'aspect le plus élevé de ce cycle de civilisation, appartient, dans une large mesure, au type démétrico-lunaire. C'est une science des astres qui, à la différence de la science égyptienne est plus orientée vers les planètes que vers les étoiles fixes, vers la lune que vers le soleil (pour le Babylonien, la nuit est plus sainte que le jour : Sin, dieu de la Lune, l'emporte sur Jamash, dieu du Soleil). C'est une science qui repose, en réalité, sur une conception fataliste, sur l'idée de la toute-puissance d'une loi ou « harmonie » ; une science peu sensible au plan de la véritable transcendance, et ne dépassant pas, en somme, la limite naturaliste et anti-héroïque dans le domaine de l'esprit.

Quant à la civilisation assyrienne, ultérieurement issue de la même souche, elle apparaît surtout marquée par les caractéristiques des cycles titaniques et aphrodisiens. En même temps que surgissent des races et des divinités viriles du type violent, brutalement sensuel, cruel et belliqueux, s'affirme une spiritualité qui culmine dans des représentations aphrodisiennes du type des Grandes Mères, auxquels les premiers finissent par être subordonnés. Si Gilgamesh apparaît comme le héros solaire qui méprise la Déesse et s'efforce de conquérir tout seul l'arbre de vie, sa tentative avorte : le don de « jeunesse éternelle » qu'il avait réussi à obtenir en atteignant - grâce d'ailleurs à l'intervention d'une femme, la « Vierge des Mers » - la terre symbolique où règne le héros survivant de l'humanité divine pré-diluvienne, Utnapishtim-Atrachasis le Lointain, et qu'il voulait apporter aux hommes « pour qu'ils goûtent à la vie immortelle », ce don lui est de nouveau enlevé par un *serpent*[702]. Symbole, peut-être, de l'incapacité de cette

---

[701] Ce que dit MEREJKCOWSKI (Op. cit., p. 274) est en grande partie vrai, à savoir que l'Égypte (bien entendu, des originels) ignore que le « péché » et le « repentir » et que Babylone les connaît. « L'Égypte reste debout devant Dieu, Babylone se prosterne. »

[702] L'interférence d'un souvenir de l'Atlantide, que quelqu'un a voulu voir, dans le mythe supra-historique de Gilgamesh, n'est pas dénuée de fondement. La *terre occidentale*, où se

race guerrière matérialisée d'atteindre le plan transcendant où elle aurait pu se transformer en une race de « héros », capable d'accueillir et de conserver réellement le « don de vie » et de reprendre la tradition primordiale. D'autre part, de même que la notion assyro-chaldéenne du temps est lunaire, à l'opposé de la notion solaire égyptienne, de même on retrouve fréquemment, dans ces civilisations, des traces de gynécocratie du type aphrodisien. A titre d'exemple particulièrement caractéristique on peut citer Sémiramis, qui, comme par un reflet des rapports propres au couple divin formé par Ishtar et Ninip-Ador, fut la souveraine effective du royaume de Ninus, et Sardanapale l'efféminé. Sur le plan des coutumes aussi, Il semble qu'au début la femme ait joué, chez ces races, un rôle prédominant ; si l'homme prit ultérieurement le dessus[703], il faut y voir, analogiquement, le signe d'un mouvement plus vaste, mais ayant le sens d'une involution ultérieure plutôt que d'une résurrection. Le remplacement des Chaldéens par les Assyriens correspond en effet, à divers égards, au passage d'un stade démétrien à un état « titanique », passage particulièrement apparent dans la façon dont la férocité assyrienne succéda à la sacerdotalité astrologico-lunaire chaldéenne. Et il est très significatif que la légende établisse un rapport entre Nemrod, auquel on attribue la fondation de Ninive et de l'Empire assyrien, et les Nephelim et autres types de ces « géants » prédiluviens, qui, par leur violence, auraient fini par « corrompre les voies de la chair sur la terre ».

b. Cycle hébraïque - Cycle aryo-oriental.

À l'échec de la tentative héroïque du chaldéen Gilgamesh, correspond, dans le mythe d'une autre civilisation du même cycle sémitique, la civilisation

---

trouve l'herbe de la jeunesse éternelle, est défendue par les « eaux profondes de la mort ». D'autre part, Gilgamesh cueille cette herbe en descendant au fond de l'océan, presque comme dans l'abîme des eaux du déluge refermées sur l'Atlantide.

[703] Cf. MASPERO, *Op. cit.*, v. 1, p. 733 ; FRAZER, *Atys et Osiris*, cit., p. 41 : « Même chez les Sémites de l'antiquité, bien que le patriarche ait fini par l'emporter dans les questions de descendance et de propriété, il semble que des traces d'un système matriarcal plus ancien avec des relations sexuelles beaucoup plus relâchées, aient survécu pendant longtemps dans la sphère de la religion. »

hébraïque - la chute d'Adam. Il s'agit ici d'un thème caractéristique et fondamental : la transformation en *péché* de ce qui, dans la forme aryenne du mythe, apparaît comme une audace héroïque, souvent couronnée de succès et qui, même dans le mythe de Gilgamesh, n'échoue qu'en raison de l'état de « sommeil » où le héros se laisse surprendre. Dans le sémitisme hébraïque, celui qui tente de s'emparer de nouveau de l'Arbre symbolique se transforme, d'une façon univoque, en une victime de la séduction de la femme et en un pécheur. Il en sera puni par une malédiction et par un châtiment qu'il devra subir dans un état de sainte terreur devant un dieu redoutable, jaloux et omnipotent et sans autre espérance, finalement, que celle d'un « rédempteur » par qui s'opérera, de l'extérieur, le salut.

On trouve aussi, Il est vrai, dans l'ancienne tradition hébraïque, des éléments de type différent. Moïse lui-même, s'il doit la vie à une femme royale, fut conçu comme un « Sauvé des Eaux » et les aventures de l'« Exode » sont susceptibles d'une interprétation ésotérique. Sans parler d'un Elie et d'un Enoch, Jacob est un vainqueur d'anges et l'on peut rappeler, à ce propos, que le mot même d'« Israël » signifie « vainqueur du Dieu ». Ces éléments, toutefois, sont sporadiques et accusent une curieuse oscillation, caractéristique de l'âme hébraïque en général : d'un côté, sens de la faute, auto-humiliation, « déconsécration », appel de la chair ; de l'autre, orgueil et révolte presque luciférienne. Peut-être cela n'est-il pas étranger au fait que la tradition initiatique propre à l'hébraïsme, et qui joua, en tant que kabbale, un rôle important pendant le Moyen Age européen, présente elle-même des traits particulièrement compliqués, souvent de « science maudite ».

C'est un fait que, pour l'Hébreu en général, l'au-delà se présenta originellement sous la forme du *cheol* obscur et muet, une sorte d'Hadès sans la contrepartie d'une « Ile des Héros », et auquel, pensait-on, même les rois sacrés, comme David, ne pouvaient échapper. C'est le thème de la voie « totémique » des aïeux, du sang, des « pères » qui prend ici un relief particulier, ainsi que le thème d'une distance toujours plus grande entre l'homme et Dieu. Mais, même sur ce plan, on constate une dualité caractéristique. D'une part, pour l'ancien Hébreu, le vrai roi est Jéhovah, si bien qu'il est tenté de voir, dans la dignité royale, au sens intégral, traditionnel du terme, une diminution du droit de Dieu (à cet égard, et quelle que soit sa réalité historique, l'opposition de Samuel à l'établissement de la royauté est significative). D'autre part, le peuple hébreu se considéra comme le « peuple élu » et le « peuple de Dieu », auquel a été promise la domination sur tous les peuples et la possession de toutes les richesses de la terre. Et l'on emprunta enfin, à la tradition iranienne, le thème du héros Çaoshianç, qui, dans l'hébraïsme, devint le « Messie » en gardant pendant un certain temps les caractères d'une manifestation du « Dieu des armées ».

Il y a peut-être une relation, dans l'ancien hébraïsme, entre tout cela et les efforts manifestes d'une élite sacerdotale pour dominer une substance ethnique trouble, hétérogène et turbulente, en l'unifiant grâce à une « forme » reposant sur la « Loi » et en se servant de celle-ci comme d'un succédané de l'unité qui se fonde, chez d'autres peuples, sur une communauté de patrie et d'origine. Cette action formatrice générale, liée à des valeurs sacrées et rituelles, et qui se poursuivit depuis l'antique Torah jusqu'au talmudisme, explique que le type hébraïque qui en est sorti soit une race de l'âme plutôt que du corps[704]. Le substratum originel, toutefois, ne fut jamais complètement étouffé, ainsi qu'en témoigne, dans l'histoire ancienne des Hébreux, l'alternance d'éloignements et de réconciliations entre Israël et son Dieu. Ce dualisme, avec la tension qu'il implique, explique les formes négatives de l'hébraïsme au cours des époques ultérieures.

La période qui se situe entre le VIIe et le VIe siècle av. J.C. fut pour l'hébraïsme, comme pour d'autres civilisations, celle d'un tournant caractéristique. La fortune militaire d'Israël ayant décliné, on interpréta la défaite comme la punition d'un « péché » et l'on attendit qu'après l'expiation Jéhovah revînt aider son peuple et lui donnât la puissance. C'est le thème qui s'affirme dans les prophéties de Jérémie et d'Isaïe. Mais comme rien ne se produisit, la foi prophétique se réduisit au mythe apocalyptico-messianique, à la vision fantastique d'un Sauveur qui rachètera Israël. C'est à partir de ce

---

[704] Israël, à l'origine, ne fut pas une race, mais un peuple, un mélange ethnique. Il représente un des cas typiques où une tradition a « créé » une race, surtout en tant que race de l'âme.

moment que se développe un processus de désagrégation. Ce qui faisait partie de la composante traditionnelle dégénéra en formalisme, devint de plus en plus abstrait, détaché de la vie. Le rôle que jouèrent dans ce cycle les sciences sacerdotales de type chaldéen, apparaît à l'origine de tout ce qui fut plus tard « démétrianisrne » abstrait et parfois aussi mathématique dans l'hébraïsme (y compris la philosophie de Spinoza et la physique « formelle » moderne, dont on connaît la forte composante hébraïque). Ainsi s'explique, en outre, l'apparition d'un type humain « anti-héroïque », qui, du fait qu'il est attaché à des valeurs qu'il ne sait pas réaliser et revêtent donc, à ses yeux, un caractère abstrait et utopique, se sent intolérant et insatisfait en face de tout ordre positif existant et de toute forme d'autorité (surtout lorsqu'il agit, ne serait-ce qu'indirectement, l'ancienne idée selon laquelle l'état de justice voulu par Dieu ne peut être que celui où Israël détient, la puissance, en sorte qu'il est un éternel ferment d'agitation et de révolution. Il faut enfin considérer l'aspect de l'âme hébraïque correspondant au contraire à l'attitude de l'homme qui, ayant échoué dans la réalisation des valeurs sacrées et spirituelles, dans la tentative de dominer cette antithèse entre l'esprit et la « chair » qui se trouve ici exaspérée, se réjouit chaque fois qu'il peut découvrir l'illusion, l'irréalité de ces valeurs et constater, autour de lui, l'avortement de la tendance à la rédemption, car cela lui sert en quelque sorte d'alibi, d'auto-justification[705]. Il s'agit là de développements particuliers du thème originel de la « faute », qui exerceront une influence désagrégeante lors de la sécularisation de l'hébraïsme et de sa diffusion dans la civilisation occidentale moderne.

Le développement de l'ancien esprit hébraïque présente aussi un aspect caractéristique sur lequel il convient d'attirer l'attention. Dans la période de crise déjà mentionnée, se trouve sapé ce qui pouvait se conserver de pur et de viril dans l'ancien culte de Jéhovah et dans l'idéal guerrier du Messie. Avec Jérémie et Isaïe, apparaît déjà une spiritualité désordonnée qui condamne, dédaigne ou considère comme inférieur l'élément hiératico-rituel. C'est précisément là le sens du « prophétisme » hébraïque, qui présenta, à l'origine, des traits analogues à ceux des cultes des castes inférieures, aux formes

---

[705] Cf. LE CLAUSS, *Rasse und Seele*, München, 1936.

pandémiques et extatiques des races du Sud. Au type précédent du « voyant » - *rôeh* succède celui de l'obsédé par l'esprit de Dieu[706]. Il s'y ajoute le *pathos* des « serviteurs de l'Eternel », supplantant la superbe, bien que fanatique confiance du « peuple de Dieu », et un mysticisme équivoque de teinte apocalyptique. Cet élément, libéré de son ancien cadre hébraïque, jouera également un rôle important dans la crise de l'ancien monde traditionnel occidental. À la Diaspora, à la dispersion du peuple hébreu, correspondent précisément ces produits de dissolution spirituelle d'un cycle qui ne connut pas de restauration « héroïque » et où une sorte de fracture interne facilita les processus de caractère antitraditionnel. Selon d'anciennes traditions, Typhon, entité ennemie du Dieu solaire, aurait été le père des Hébreux ; Hiéronimus, ainsi que divers auteurs gnostiques, considèrent de même le dieu hébraïque comme une créature typhonienne[707]. Ce sont là des allusions à cet esprit démonique d'agitation incessante, de contamination obscure, de révolte latente des éléments inférieurs, qui agit, dans la substance hébraïque, beaucoup plus nettement que chez les autres peuples, lorsque celle-ci retourna à l'état libre, se détacha de la « Loi », de la tradition qui lui avait donné une forme, en utilisant en outre, d'une façon dégradée ou invertie, certains thèmes appartenant à son héritage plus ou moins inconscient. Ainsi naquit un des principaux foyers de forces qui, ne serait-ce que par instinct, agirent souvent dans un sens négatif durant les dernières phases du cycle occidental de l'« âge du fer ».

Bien qu'il s'agisse d'un cycle qui se définit au cours de cette période

---

[706] Les Prophètes - *nebiin* - « sont à l'origine des possédés, des personnages qui, soit en vertu d'une aptitude naturelle, soit par des moyens artificiels.., parviennent à un état d'exaltation telle qu'ils se sentent devenir en quelque sorte d'autres êtres, dominés et entraînés par une puissance supérieure à leur propre volonté... Dès lors, ce ne sont plus eux qui parlent, c'est l'esprit du dieu qui, s'étant emparé d'eux, parle par leur bouche ». (J. REVILLE, *Le prophétisme hébreu*, Paris, 1906, pp. 5, 6). Ainsi les prophètes étaient considérés par les castes sacerdotales traditionnelles comme des fous : en face du prophète - *nabï* - parait avoir existé originellement le type plus élevé et « olympien » du voyant, *rôeh* (*ibid.*, p. 9 ; I Samuel, IX, 9) : « Celui qu'on appelle aujourd'hui *nabi*, s'appelait auparavant *rôeh.* »

[707] Cf. T. FRITSCH, *Handbuch der Judenfrage*, Leipzig, 1932, p. 468.

beaucoup plus récente où nous devrons nous limiter à l'histoire de la civilisation européenne, il nous faut mentionner une dernière tradition qui prit forme chez les races d'origine sémite, et parvint, dans une notable mesure, à surmonter les thèmes négatifs qui viennent d'être examinés : nous voulons parler de l'Islam. De même que dans l'hébraïsme sacerdotal, l'élément central est constitué ici par la loi et la tradition, en tant que forces formatrices, auxquelles les souches *arabes* des origines fournirent toutefois une matière beaucoup plus pure, plus noble, et empreinte d'esprit guerrier. La loi islamique, *shâryah*, est la loi divine ; sa base, le Coran, est considérée comme la parole même de Dieu - *kalam Allâh* - comme une oeuvre non-humaine, un livre « incréé », existant *ab aeterno* dans les cieux. Si l'Islam se considère comme « la religion d'Abraham » et a même voulu faire de celui-ci le fondateur de la Kaaba, où réapparaît la « pierre », le symbole du « Centre », il n'en demeure pas moins qu'il affirme son indépendance vis-à-vis de l'hébraïsme comme du christianisme, que le centre de la Kaaba contenant le symbole en question a des origines préislamiques lointaines, difficiles à déterminer, et qu'enfin le point de référence de la tradition ésotérique islamique est la mystérieuse figure du Khidir, considérée comme supérieure et antérieure aux prophètes bibliques. L'Islam rejette le thème caractéristique de l'hébraïsme, qui deviendra, dans le christianisme, le dogme et la base du mystère christique : il maintient, sensiblement affaibli, le thème de la chute d'Adam, sans en déduire, toutefois, la notion du « péché originel ». Il voit en celui-ci une « illusion diabolique » - *talbis Iblis*. D'une certaine façon, même, ce thème est inversé, la chute de Satan Iblis ou Shaitan - étant attribuée, dans le *Coran* (XVIII, 45), au refus de celui-ci de se prosterner, avec les Anges, devant Adam. Ainsi se trouvent repoussées à la fois l'idée centrale du christianisme, celle d'un rédempteur ou sauveur, et l'idée d'une médiation exercée par une caste sacerdotale. Le Divin étant conçu d'une façon purement monothéiste, sans « Fils », sans « Père », sans « Mère de Dieu », tout musulman apparaît directement relié à Dieu et sanctifié par la loi, qui imprègne et organise en un ensemble absolument unitaire toutes les expressions juridiques, religieuses et sociales de la vie. Ainsi que nous avons déjà eu l'occasion de le signaler, l'unique forme d'ascèse conçue par l'Islam des origines fut celle de l'action, sous la forme de *jihad*, de « guerre sainte », guerre qui, en principe, ne doit jamais être interrompue, jusqu'à la complète consolidation de la loi divine. Et c'est précisément à travers la guerre sainte, et non par une action de prédication et d'apostolat, que l'Islam connut une expansion soudaine, prodigieuse, et forma non seulement l'Empire des Califes, mais surtout l'unité propre à une race de l'esprit - *umma* - la « nation islamique ».

Enfin, la tradition de l'Islam présente un caractère particulièrement traditionnel, complet et achevé, du fait que le monde de la *Shâryah* et de la *Sunna*, de la loi exotérique et de la tradtion, trouve son complément, moins dans une mystique que dans de véritables organisations initiatiques – *turuq* - détentrices de l'enseignement ésotérique, le *ta'wil* et de la doctrine métaphysique de l'Identité suprême, *tawhid*. La notion de *masum*, fréquente dans ces organisations et, en général, dans la Shya, notion relative à la double prérogative de l'*isma*, ou infaillibilité doctrinale, et de l'impossibilité, pour les chefs, les Imans visibles et invisibles, et les *mujtahid*, d'être entachés de faute, correspond à l'attitude d'une race demeurée intacte et formée par une tradition d'un niveau supérieur non seulement à l'hébraïsme, mais aussi aux croyances qui conquirent l'Occident.

En Inde, dont l'ancien nom fut *aryâvarta*, c'est-à-dire terre des Aryens, le terme qui désigne la caste, *varna*, signifie également couleur, et la caste servile des *çûdra*, opposée à celle des *àryas* comme à la race des « re-nés », *dvija*, est aussi appelée race noire, *krshna-varna*, race ennemie, *dâsa-varna*, et non-divine, *asurya*. On peut voir là le souvenir de la différence spirituelle existant entre deux races qui, à l'origine, se heurtèrent, ainsi que de la nature de celle qui forma les castes supérieures. En dehors de son contenu métaphysique, le mythe d'Indra est de ceux auxquels on peut attribuer un sens historique. Indra, appelé *pari-yaka*, c'est-à-dire le « blond » ou « à la chevelure d'or », naquit en dépit de sa mère et se délivra du lien maternel : abandonné par elle, il ne périt pas mais sut trouver une voie glorieuse[708]. Dieu lumineux et héroïque, il extermine les hordes des noirs *krshna* et assujettit la couleur *dâsa* en faisant tomber les *dasyu* qui voulaient escalader le « ciel ». Il

---

[708] *Cf. Rg-Veda*, IV, 18 ; *Maitrâyani-samhitâ*, II, I, 12 ; dans l'hymne védique cité il y a aussi une allusion au parricide d'Indra, déjà expliqué p. 304.

aide l'ârya et, avec ses « amis blancs », conquiert des terres toujours plus vastes[709]. Les exploits de ce dieu, qui combat le serpent Ahi et le terrible mage Namuci - il s'agit peut-être de la lutte légendaire des *deva* contre les *asura*[710] enfin, le foudroiement de la déesse de l'aurore « qui voulait être grande » et la destruction du démon Vrtra et de sa mère, par Indra, qui « engendre ainsi le soleil et le ciel »[711], c'est-à-dire le culte ourano-solaire, peuvent contenir des allusions à la lutte du culte des conquérants aryens contre le culte démonique et magique (au sens inférieur) de races aborigènes dravidiennes, paléomalaises, etc.

D'autre part, la dynastie solaire originelle *sûrya-vamça* dont parle la légende et qui semble s'être affirmée en Inde en détruisant une dynastie lunaire, pourrait correspondre à la lutte contre des formes apparentées au cycle « atlantico-méridional »[712] cependant que Râma, sous la forme de Paraçu, c'est-à-dire d'un héros qui apporte la hache symbolique hyperboréenne, aurait anéanti, dans ses différentes manifestations, les guerriers en révolte à une époque où les aïeux des Hindous habitaient encore une région septentrionale et aurait ouvert les voies, en partant du lord, à la race des brahnzâna[713], et que selon la tradition, Vishnu, appelé également le « doré » ou le « blond », aurait détruit les *mlecchas*, souches guerrières dégradées et séparées du sacré[714]. Autant de thèmes qui font allusion à une victoire sur des formes dégénérescentes et à une réaffirmation ou restauration

---

[709] *Cf. Rg-Veda*, 11, 12, 4 ; *VIII, 13, 14* ; *IV, 47, 204* ; *111, 34, 9* ; *1, 100, 18*.

[710] T. SEGERSTEDT, *Les Asouras dans la religion védique*, Rev. Hist. Rel., LVII, 1908, pp. 154, sqq.

[711] *Rg-Veda, IV, 30* ; *I, 32, 4, 9*.

[712] Certaines recherches archéologiques récentes ont mis en lumière les vestiges d'une civilisation hindoue pré-aryenne, d'un type voisin de la civilisation sumérienne (*cf.* V. PAPESSQ, *Inni del Rg-Veda*, Bologna, 1929, v. 1, p. 15), c'est-à-dire de celle qui fournit aux civilisations du cycle méditerranéen sud-oriental leurs principaux éléments. En ce qui concerne, au contraire, l'élément aryen, on peut noter qu'en Inde l'attribut employé pour les divinités et les héros qui « sauvent » est *hari*, et *hari* expression qui veut dire soit le *doré* (en relation avec le cycle primordial : cf. Apollon, Horus, etc...) soit le *blond*.

[713] *Mahâbhârata, Vanaparva*, 11071, sqq. : *Vishnu-purâna, IV, 8*.

[714] *Vishnu-purâna*, IV, 3.

du type « héroïque ».

Toutefois, dans l'Inde historique, on trouve aussi des traces d'une réaction et d'une altération probablement dues au substratum des races autochtones dominées : grâce à une action subtile s'exerçant dans le sens d'une dévirilisation de la spiritualité originelle des conquérants aryens, et bien que subsistassent des formes d'ascèse virile et d'accomplissement héroïque, l'Inde, dans l'ensemble, finit par décliner dans le sens de la « contemplation » et de la « sacerdotalité », au lieu de rester rigoureusement fidèle à l'orientation, royale et solaire, des origines. La période de haute tension s'étend jusqu'au règne de Viçvâmitra, qui incarna encore la dignité royale en même temps que la dignité sacerdotale et exerça son autorité sur toutes les souches aryennes encore réunies dans la région du Pendjab. La période suivante, liée à l'expansion dans la région du Gange, est celle de la scission.

L'autorité que la caste sacerdotale acquit en Inde peut donc, comme dans le cas de l'Égypte, être considérée comme postérieure. Elle a probablement pour origine l'importance que prit peu à peu le *purohita - brâhmana* dépendant du roi sacré - lorsque, avec la dispersion des Aryens dans les nouvelles terres, les dynasties originelles déchurent, au point d'apparaître souvent, en fin de compte, comme une simple noblesse guerrière en face des prêtres[715]. Les épopées contiennent le récit d'une lutte violente et prolongée entre la caste sacerdotale et la caste guerrière pour la domination de l'Inde[716]. La scission, survenue à une période postérieure, n'empêcha d'ailleurs pas le prêtre de garder fréquemment des traits virils et royaux, et la caste guerrière (originellement appelée caste royale : *râjanya*) de conserver souvent sa spiritualité. Spiritualité qui se réaffirma, dans certains cas, vis-à-vis de la spiritualité sacerdotale, et où se retrouvent souvent des traces précises

---

[715] H. ROTH, dans *Zeitschr. der deutsch. morgenlând. Gessellschaft*, v. 1, pp. 81, sqq.

[716] Cf. par ex. *Mahâbhârata* (Çanti-parva, 1800 sqq.) ; *Ramâyâna*, 1, chap. 52. À propos du mélange de thèmes déjà connus, il existe une tradition intéressante relative à une dynastie lunaire qui à travers Soma, est associée à la caste sacerdotale et au monde tellurico-végétal. Cette dynastie s'empare du rite solaire - *râjasurya* -, devient violente, cherche à ravir la femme divine Târâ et provoque une guerre entre les dieux et les asura (*Vishnu-purâna*), IV, fi).

de l'élément boréal originel.

Les traits « nordiques », dans la civilisation indo-aryenne, correspondent au type austère de l'antique *atharvan*, le « Seigneur du feu », celui qui « le premier ouvrit les voies à travers les sacrifices » [717] et du *brâhmana*, qui domine le *brahman brhaspati* et les dieux par ses formules de puissance. Dans la doctrine du Moi absolu - *âtmâ* - de la première période upanishadique qui correspond au principe impassible et lumineux *purusha* du Sâmkhya, l'ascèse virile et consciente, orientée vers l'inconditionné, propre à la doctrine bouddhique de l'éveil ; dans la doctrine, considérée comme d'origine solaire et d'héritage royal, de l'action pure et du pur héroïsme exposée dans la *Bhagavad-gîtâ* ; dans la conception védique du monde comme « ordre » *rta* et loi *dharma*, dans le droit paternel, le culte du feu, le rite symbolique de la crémation des cadavres, le régime des castes, le culte de la vérité et de l'honneur, le type du souverain universel et sacré *cakravarti* se retrouvent sous leurs aspects les plus élevés, et diversement associés, les deux pôles traditionnels de l'« action » et de la « contemplation ».

À une époque plus ancienne on retrouve, en revanche, la composante méridionale, dans tout ce qui, en face des éléments plus purs et plus incorporés du culte védique, trahit une sorte de démonisme de l'imagination, une irruption désordonnée et tropicale de symboles végétaux et animaux qui finiront par prédominer dans la plupart des expressions extérieures, artistico-religieuses, de la civilisation hindoue. Bien qu'il se purifie, une fois repris par le çivaïsme, en une doctrine de ta puissance et en une magie de type supérieur[718], le culte tantrique de la Çakti, avec sa divinisation de la femme et ses aspects orgiaques, correspond à la résurgence d'une racine ancienne, pré-aryenne, congénitalement voisine des civilisations méditerranéo-asiatiques, où dominent précisément la figure et le culte de la Mère[719]. Et il est possible que tout ce qui, dans l'ascétisme hindou, présente un caractère de mortification et de macération, ait cette même origine ; une même veine

---

[717] *Rg-Veda*, 1, 83, 5.
[718] Cf. EVOLA, *Le Yoga delta Potenza*, cit., introduction et *passim*.
[719] Cf. J. WOODRCIFFE, *Shakti et Sâkta*, Maddas-London, 1929, *passim* et p. 19.

idéale le rattacherait alors à ce que nous avons vu apparaître aussi chez les Mayas et les civilisations de souche sumérienne[720].

D'un autre côté, l'altération de la vision aryenne du monde, en Inde, prend naissance là où l'identité entre *l'âtmâ* et le *brahman* est interprétée dans un sens panthéiste, qui ramène à l'esprit du Sud. Le *brahman* n'est plus alors, comme dans la première période atharva-védique et même dans celle des *Brâhmana*, l'esprit, la force magique informe, ayant presque une qualité de « mana » que l'Aryen domine et dirige avec son rite : c'est au contraire l'Un-tout, dont procède toute vie et dans lequel toute vie se redissout. Interprétée dans ce sens panthéiste, la doctrine de l'identité de *l'âtmâ* avec le brahman conduit à la négation de la personnalité spirituelle et se transforme en un ferment de dégénérescence et de confusion - un de ses corollaires sera l'identité de toutes les créatures. La doctrine de la réincarnation comprise au sens d'un destin qui impose une réapparition constante et toujours vaine dans le monde conditionné, ou *samsâra* - doctrine étrangère à la première période védique - prend une importance de premier plan. L'ascèse peut ainsi s'orienter vers une libération ayant davantage le sens d'une évasion que d'un accomplissement véritablement transcendant.

Le bouddhisme des origines, oeuvre d'un ascète de race guerrière, peut être considéré, à divers égards, comme une réaction contre ces tendances et aussi contre l'intérêt purement spéculatif et le formalisme ritualiste qui prévalaient désormais dans beaucoup de milieux brahmanes. La doctrine bouddhique de l'éveil, lorsqu'elle déclare que la voie de « l'homme vulgaire, qui n'a rien connu, sans compréhension de ce qui est saint, étranger à la sainte doctrine, inaccessible à la sainte doctrine ; sans compréhension de ce qui est noble, étranger à la doctrine des nobles, inaccessible à la doctrine des nobles » est la voie de l'identification de soi-même, soit avec les choses et les éléments, soit avec la nature, avec le tout, et même avec la divinité théiste (Brahmâ)[721] pose de la façon la plus nette le principe d'une ascèse aristocratique orientée

---

[720] M. ELIADE, *Yoga ; Essai sur les origines de la mystique hindoue*, Paris - Bucarest, 1936, qui pousse toutefois cette thèse trop loin.
[721] Cf. la séquence du *Majjhimanikâyo*, 1, 1.

vers une fin vraiment transcendante. Il s'agit donc d'une réforme intervenue à l'occasion d'une crise de la spiritualité traditionnelle indo-aryenne, d'ailleurs contemporaine de celles qui se manifestèrent dans d'autres civilisations, tant d'Orient que d'occident. Non moins caractéristique, à cet égard, est l'esprit pragmatique et réaliste qu'oppose le bouddhisme à ce qui est simple doctrine ou dialectique et deviendra en Grèce pensée « philosophique ». Le bouddhisme ne s'oppose à la doctrine traditionnelle de l'âtmâ que dans la mesure où celle-ci ne correspondait plus à une réalité vivante, où elle se dévirilisait, dans la caste *brahmana*, en un système de théories et de spéculations. En déniant à tout être mortel l'âtmâ, en niant, au fond, la doctrine même de la réincarnation (le bouddhisme, en effet, n'admet pas la survivance d'un noyau personnel identique à travers les différentes incarnations : ce n'est pas un « moi », mais c'est le « désir », *tanhâ*, qui se réincarne, en réaffirmant toutefois l'âtmâ sous les espèces du nirvâna, c'est-à-dire d'un état qu'on ne peut atteindre qu'exceptionnellement, par l'ascèse, le bouddhisme met en oeuvre un thème « héroïque » (la conquête de l'immortalité) face aux échos d'une auto-conscience divine primordiale conservée dans différentes doctrines de la caste des *brâhmana*, mais qui, du fait d'un processus d'obscurcissement déjà en cours, ne correspondait plus, chez la plupart des hommes, à une expérience vécue[722].

Dans une période plus tardive, le contraste entre les deux thèmes s'exprime d'une façon caractéristique dans l'opposition entre la doctrine de la *bhakti* de Râmânuj a et la doctrine Vedânta de Çamkara. A divers égards, la doctrine de Çamkara apparaît empreinte de l'esprit d'une ascèse intellectuelle nue et sévère. Dans son fond, elle reste cependant orientée vers le thème démétrico-lunaire du *brahman* informe *nirgüna-brahrnan* par rapport auquel toute détermination n'est qu'une illusion et une négation, un pur produit de l'ignorance. C'est pourquoi l'on peut dire que Çâmkara représente la plus haute des possibilités susceptibles de se réaliser dans une civilisation de l'âge d'argent. Par rapport à lui, Râmânuja peut être considéré

---

[722] Pour un exposé systématique, fondé sur les textes, de la vraie doctrine du bouddhisme des origines, en relation, aussi, avec son lieu historique cf. EVOLA, *La doctrine de l'éveil*, Paris, 1956.

au contraire comme le représentant de l'âge suivant, déterminé seulement par l'humain, et du nouveau thème, qu'on a déjà vu apparaître dans la décadence de l'Égypte et dans les cycles sémites, celui de la distance métaphysique entre l'humain et le divin, qui éloigne de l'homme la possibilité « héroïque » et ne lui laisse que l'attitude dévotionnelle au sens, désormais prédominant, de phénomène purement émotif. Ainsi, alors que dans le Vedânta - le dieu personnel - n'était admis que comme objet d'un « savoir inférieur » et qu'on plaçait au-dessus de la dévotion, conçue comme un rapport de fils à père, *pitr-putra-bhâva*, *le* sommet le plus élevé de *l'ekatâbhâva*, c'est-à-dire d'une suprême unité, Râmânuja attaque cette conception comme un blasphème et une hérésie, avec un *pathos* semblable à celui du premier christianisme[723]. Dans Râmânuja se manifeste donc la conscience, à laquelle l'humanité d'alors était arrivée, de l'irréalité de l'ancienne doctrine de l'âtmâ, et la perception de la distance qui séparait désormais le Moi effectif et le Moi transcendant, l'âtmâ. La possibilité supérieure, bien qu'exceptionnelle, que le bouddhisme affirme, et qui se conserve dans le Vedânta lui-même, dans la mesure où celui-ci fait sien le principe de l'identification métaphysique, est désormais exclue.

On trouve ainsi, dans la civilisation hindoue des temps historiques, un entrelacs, de formes et de sens, qui peuvent se ramener respectivement à la spiritualité aryo-boréale (et là où, sur le plan de la doctrine, nous avons tiré de l'Inde des exemples de « traditionalisme » nous nous sommes référés, précisément, et exclusivement, à cet aspect) et aux altérations de cette spiritualité qui trahissent plus ou moins les influences dues au substratum des races aborigènes subjuguées, à leurs cultes telluriques, à leur imagination déréglée, à leur confusion, à l'élan orgiaque et chaotique de leurs évocations et de leurs extases. Si l'Inde, considérée à une époque plus récente et dans son filon central, apparaît bien comme une civilisation traditionnelle, du fait que la vie tout entière s'y trouve sacralement et rituellement orientée, sa tonalité correspond surtout, ainsi que nous l'avons déjà remarqué, à l'une des deux

---

[723] Cf. R. OTTO, *Die Gnadereligion Indiens und dos Christentuni*, Gotha, *1930*. La même involution se produisit dans diverses formes du bouddhisme devenu « religion », par exemple dans l'amidisme.

possibilités secondaires qui se trouvaient fondues, à l'origine, en une synthèse supérieure celle d'un monde traditionnel *contemplatif*. C'est le pôle de l'ascèse de la « connaissance » et non de l'« action » qui marque l'esprit traditionnel de l'Inde des temps historiques, bien que dans certaines de ses formes, non prédominantes, ressurgisse sur le plan « héroïque » le principe le plus élevé lié à la race intérieure de la caste guerrière.

L'Iran semble être resté plus fidèle à ce principe, même s'il n'arrive pas ici à la hauteur métaphysique atteinte par l'Inde à travers les voies de la contemplation. Le caractère guerrier du culte d'Ahura-Mazda est trop connu pour qu'il soit nécessaire d'y revenir. La même remarque s'applique au culte paléo-iranien du Feu, (dont fait partie la doctrine, que nous avons déjà rappelée du *hvarenô* ou « gloire »), au régime rigoureux du droit paternel à l'éthique aryenne de la vérité et de la fidélité, et à l'idéal du monde conçu comme *rtam* et *asha*, c'est-à-dire comme cosmos, rite et ordre, lié à ce principe ouranien dominateur qui devait conduire plus tard, quand la pluralité originelle des premières souches conquérantes fut dépassée, à l'idéal métaphysique de l'Empire et au concept correspondant du souverain comme « Roi des rois ».

IL est caractéristique qu'originellement, à côté des trois classes qui correspondent aux trois castes supérieures des âryas hindous (*brâhmana*, *kshatriya* et *vaiçya*) on ne trouve pas, en Iran, une classe distincte de çudras, comme si les souches aryennes n'avaient pas rencontré dans ces régions, du moins en quantité appréciable, l'élément aborigène du Sud, auquel on doit vraisemblablement l'altération de l'ancien esprit hindou. L'Iran a en commun avec l'Inde le culte de la vérité, de la loyauté et de l'honneur, et le type de l'athravan médio-iranien seigneur du feu sacré, synonyme, à certains égards, de l'« homme de la loi primordiale », *paoriyâ thaésha* est l'équivalent du type hindou de *l'atharvan* et du *brâhmna* dans sa forme originelle, pas encore sacerdotale. Toutefois, même au sein de cette spiritualité aristocratique, un déclin doit s'être produit, puis une crise, qui suscita, en la personne de Zarathoustra, l'apparition d'une figure et d'une réforme semblables à celles du Bouddha, et se traduisant aussi par une réaction visant à réintégrer les principes du culte original qui tendaient à s'obscurcir dans un sens naturaliste dans une forme plus pure et plus immatérielle, même si, à certains égards, elle n'est pas exempte d'un certain « moralisme ». Une signification particulière s'attache à la légende, rapportée par le *Yaçna* et par le *Bundahesh*, selon laquelle Zarathoustra serait « né » dans l'Airyanem vaéjô, c'est-à-dire dans la terre boréale primordiale, conçue ici comme la « semence de la race des Aryens » et aussi comme le lieu de l'âge d'or et de la « gloire » royale. C'est là que Zarathoustra aurait d'abord révélé sa doctrine. L'époque précise où vécut Zarathoustra est sujette à controverse. Le fait est que « Zarathoustra » comme du reste « Hermès » (l'Hermès égyptien) et d'autres figures du même genre correspond moins à une personne qu'à une influence spirituelle, et que ce nom peut donc avoir été donné à des êtres qui l'ont incarné à des époques distinctes. Le Zarathoustra historique, dont on parle d'habitude, doit être considéré comme la manifestation spécifique de cette influence, et, pourrait-on dire, du Zarathoustra primordial hyperboréen (d'où le thème de sa naissance dans le centre originel), à une époque qui coïncide approximativement avec celle de la crise des autres traditions, et en vue d'exercer une action rectificatrice parallèle à celle du Bouddha[724]. Zarathoustra - détail intéressant - combat le dieu des ténèbres sous la forme d'un démon *féminin*, en invoquant pour soi, dans cette lutte, un courant - le courant Dâita - de l'Airyanem-vaâjo[725]. Sur le plan concret, on fait état des luttes, âpres et répétées, menées par Zarathoustra contre la caste des prêtres mazdéens, que certains textes vont jusqu'à présenter comme des émissaires des *daeva*, c'est-à-dire des entités ennemies du dieu de lumière, indice de l'involution survenue dans cette caste[726]. La tentative du prêtre Gaumata, qui

---

[724] Des analogies existant aussi entre le « mythe » du Bouddha et celui de Zarathoustra ont été mises en lumière par F. SPIEGEL, *Die arische Periode und ihre Zustânde*, Leipzig, 1.887, pp. 125-126 et pp. 289, sqq.

[725] Cf. *Vendîdâd, XIX*, 2.

[726] Dans certaines conceptions et certaines dénominations, il y a entre l'Inde et l'Iran une sorte d'inversion, qui a été fréquemment relevée et qui pourrait donner lieu à des interprétations intéressantes. Pour l'Inde, les *devas* sont les dieux lumineux, les *asuras* sont des divinités plus anciennes, devenues des « titans » ou des « démons », opposés aux *levas*. C'est pourquoi, dans les premiers hymnes védiques, Varuna, Indra, Agni, Rudra, etc., sont appelés *asuras*, étant donné qu'asura prend un double sens selon qu'on le décompose en a-cura ou asu-ra. Au contraire, en Iran, les *daevas* (= *levas*) sont les entités démoniques et

s'efforça d'usurper le pouvoir suprême et de construire une théocratie, mais fut chassé par Darius 1ᵉʳ, montre que dans l'ensemble de la tradition iranienne, dont la « dominante » eut un caractère essentiellement aryen et royal, a subsisté une tension due aux prétentions à l'hégémonie de la caste sacerdotale. C'est toutefois l'unique tentative de ce genre enregistrée par l'histoire iranienne.

Le thème originel, comme s'il reprenait une nouvelle vigueur au contact des formes traditionnelles altérées d'autres peuples, resurgit d'une façon très nette avec le *mithracisme*, sous l'aspect d'un nouveau cycle « héroïque » et avec une base initiatique précise. Mithra, héros solaire, vainqueur du taureau tellurique, dieu déjà ancien de l'éther lumineux, semblable à Indra et au Mitra hindou, dégagé de ces femmes ou déesses qui accompagnent aphrodiquement ou dionysaquement les dieux syriaques et ceux de la décadence égyptienne incarne d'une façon caractéristique l'esprit nordico-ouranien sous sa forme guerrière. Il est significatif que Mithra soit parfois identifié non seulement à l'Apollon hyperboréen, dieu de l'âge d'or, mais aussi à Prométhée[727] : allusion à la transfiguration lumineuse, par laquelle le titan se confond avec la divinité qui personnifie la spiritualité primordiale. A propos du thème qui caractérise aussi le mythe titanique, il suffira de rappeler que Mithra, qui naît d'une « pierre », en ayant déjà le double symbole de l'épée et de la lumière (torche), dépouille l'« arbre » pour se vêtir et entreprend ensuite une lutte contre le

---

la désignation du dieu de lumière - Ahura - peut probablement se relier à a(s)ura (cf. M. HAUG, Essays on *the sacred language, writings and religion of the* Parsis, London, 1878, pp. 260, sqq.). A part l'interprétation déjà donnée, qui reste toujours possible de la lutte entre *asuras* et *devas*, cette opposition de concepts et de noms dans les deux civilisations pourrait peut-être signifier ceci : le culte plus viril de l'Iran a su conserver ou élever dans l'élément lumineux (*apura*) un principe plus primordial (*asuras*, anciens dieux) qui ailleurs, en Inde, avait déchu en devenant un élément titanique lors de l'avènement d'autres divinités (*levas*) propres à un cycle plus récent. Si l'on assimile au contraire aux *devas* tout ce qui, anime comme esprit « tellurique » ou « démonique », put altérer la tradition lumineuse originelle, les *devas* deviennent chez les Iraniens les *daevas*, les entités méchantes associées à la Druj, le démon féminin, et qui doivent être exterminés.
[727] Cf. CUMONT, *Fin du Monde, etc., cit.,* p. 37.

Soleil, qu'il vainc, avant de s'allier et presque de s'identifier avec lui[728].

La structure guerrière de la hiérarchie initiatique mithriaque est bien connue. L'anti-tellurisme qui caractérise le mithracisme est attesté par le fait que, contrairement aux vues des adeptes de Sérapis et d'Isis, il ne situait pas le séjour des libérés dans les profondeurs de la terre, mais bien dans les sphères de la pure lumière ouranienne, après que leur passage à travers les diverses planètes les ait entièrement dépouillés de leur caractère terrestre et passionnel[729]. On doit remarquer, en outre, l'exclusion significative des femmes - rigoureuse et quasi générale - du culte et de l'initiation mithriaques. Si le principe de la fraternité se trouvait affirmé, dans l'*ethos* de la communauté mithriaque, en même temps que le principe hiérarchique, cet ethos était toutefois nettement opposé au goût de la promiscuité, propre aux communautés méridionales, ainsi qu'à l'obscure dépendance du sang si caractéristique, par exemple, de l'hébraïsme. La fraternité des initiés mithriaques, qui prenaient le nom de « soldats », était la fraternité claire, fortement individualisée, qui peut exister entre guerriers associés dans une entreprise commune, plutôt que celle ayant pour base la mystique de la chantas[730]. C'est le même *ethos* qui réapparaîtra à Rome, comme chez les races germaniques.

En réalité, si le mithracisme subit, dans certains de ses aspects, une sorte d'amoindrissement quand Mithra fut conçu comme σότηρ, « Sauveur », et « Médiateur », μεσίτης sur un plan déjà presque religieux, dans son noyau central, et même historiquement, au moment de la grande crise du monde antique, il se présenta pendant un certain temps comme le symbole de l'autre direction possible que l'Occident romanisé aurait pu suivre si le christianisme n'avait pas prévalu en cristallisant autour de lui, ainsi que nous le verrons bientôt, diverses influences désagrégatrices et antitraditionnelles. C'est sur le

---

[728] Cf. CUMONT, *Myst. Mithra*, cit., pp. 134-5

[729] Si, dans les rites funéraires, les Iraniens ne pratiquaient pas l'incinération, comme les autres races nordico-aryennes, cela est dû - comme l'a justement remarqué W. RIDGEWAY (*Early Age of Greece*, Cambridge, 1901, p. 544) - à l'idée que le cadavre porterait atteinte au caractère sacré du feu.

[730] Cf. CUMONT, *Relig. orient. dans le Pagan. etc.*, cit., pp. XV, 160, 152.

mithracisme que chercha essentiellement à prendre appui la dernière réaction spirituelle de l'antique romanité, celle de l'Empereur Julien, initié lui-même aux mystères de ce rite.

Nous rappellerons enfin qu'après l'islamisation de l'aire correspondant à l'ancienne civilisation iranienne, les thèmes liés à la tradition précédente trouvèrent le moyen de se réaffirmer. Ainsi, à partir des Safauridi (1501-1722), la religion officielle de la Perse a été l'imanisme, centré sur l'idée d'un chef (Iman) invisible qui, après une période d'« absence » *ghaiba* réapparaîtra pour « vaincre l'injustice et ramener l'âge d'or sur la terre ». Et les souverains persans se sont considérés eux-mêmes comme des remplaçants provisoires de l'Iman caché dans les siècles de l'absence, jusqu'au moment de sa nouvelle apparition. C'est l'antique thème aryoiranien de Çaoshyançs.

9

LE CYCLE HÉROÏCO-OURANIEN OCCIDENTAL

a) *Le cycle hellénique*

Si nous nous tournons maintenant vers l'Occident, et tout d'abord vers l'Hellade, nous constatons que celle-ci se présente sous un double aspect. Le premier correspond aux valeurs qui ont présidé, ainsi que nous l'avons vu, à la formation d'autres grandes traditions et sont celles d'un monde non encore sécularisé, encore pénétré du principe générique du « sacré ». Le second aspect se réfère, au contraire, à des processus qui préludent au dernier cycle, le cycle humaniste, laïque et rationaliste : et c'est précisément à travers cet aspect que beaucoup de « modernes » voient dans la Grèce le principe de leur civilisation.

La civilisation hellénique comporte, elle aussi, une couche plus ancienne, égéenne et pélasgienne, où l'on retrouve le thème général de la civilisation atlantique de l'âge d'argent, surtout sous forme de démétrianisme, avec de fréquentes interférences de thèmes d'un ordre encore plus bas, liés à des cultes chthonico-démoniques. À cette couche s'oppose la civilisation, proprement hellénique, créée par les races conquérantes achéennes et doriennes. Elle se caractérise par l'idéal olympien du cycle homérique et par le culte de l'Apollon hyperboréen, dont la lutte victorieuse contre le serpent Python, enseveli sous le temple apollinien de Delphes (où, avant ce culte, existait l'oracle de la Mère de Géa, associée au démon des eaux, au Poséidon atlantico-pélasgien), est encore un mythe à double sens - exprimant d'une part un sens métaphysique et, d'autre part, la lutte d'une race de culte ouranien contre une race de culte tellurique. Il faut considérer enfin les effets qu'entraîna la réémergence de la couche originelle, à savoir les divers aspects du dionysisme, de l'aphroditisme, du pythagorisme lui-même et d'autres orientations liées au culte et au rite telluriques, avec des formes sociales et des coutumes correspondantes.

Ces constatations s'appliquent également, dans une large mesure, au plan ethnique. De ce point de vue, on peut distinguer, d'une façon générale, trois couches. La première correspond à des résidus de races complètement étrangères à celles du cycle nordico-occidental ou atlantique, et donc, aussi aux races indo-européennes. Le second élément a probablement pour origine des ramifications de la race atlantico-occidentale, qui, aux temps anciens, avait poussé une pointe avancée dans le bassin de la Méditerranée : on pourrait également l'appeler paléo-indo-européenne, en tenant toutefois compte, sur le plan de la civilisation, de l'altération et de l'involution qu'elle a subies. C'est à cet élément que se rattache essentiellement la civilisation pélasgienne. Le troisième élément correspond aux peuples proprement helléniques, d'origine nordico-occidentale, descendus en Grèce à une époque relativement récente[731]. Cette triple stratification, nous la retrouverons également, avec le dynamisme des influences correspondantes, dans l'ancienne civilisation italique et il est possible, qu'en Hellade, elle ne soit pas étrangère aux trois classes de l'ancienne Sparte : les Spartiates, les Périèques et les Ilotes. La tripartition, au lieu de la quadripartition traditionnelle, s'explique ici par la présence d'une aristocratie qui ainsi que cela se produisit parfois dans la romanité eut un caractère sacré en même temps que guerrier : tel fut par exemple le cas pour la lignée des Héraclides, et celle des Gélons, les « resplendissants », dont Zeus lui-même ou Gélon fut le fondateur symbolique.

La différence qui sépare le monde achéen par rapport à la civilisation pélasgienne précédente[732] ne se reflète pas seulement dans le ton hostile avec lequel les historiens grecs s'exprimèrent souvent au sujet des Pélasges, et la liaison qu'ils établirent entre ce peuple et les cultes et les coutumes de type

---

[731] Une tripartition analogue est indiquée par KRETSCHMER et H. GUENTHER, *Rassengeschichte des hellenischen und rômischen Vorkes*, München, 1929, pp. *11-12*.

[732] HERODOTE (I, 56 ; VIII, 44) considère comme des Pélasges les premiers habitants ioniens d'Athènes et qualifie leur langue de « barbare », c'est-à-dire de non-hellénique.

égypto-syriaque : c'est un fait reconnu par les chercheurs modernes eux-mêmes, de même qu'est reconnue, à l'inverse, l'affinité de race, de coutumes et, généralement, de civilisation, des Achéens et des Doriens avec les groupes nordico-aryens des Celtes, des Germains et des Scandinaves, ainsi qu'avec les Aryens de l'Inde[733]. La. pureté nue des lignes, la clarté géométrique et solaire du style dorique, l'essentialité d'une *simplification* exprimant quelque chose de délivré en même temps que la puissance d'une primordialité qui s'affirme cependant, d'une façon absolue, comme forme et cosmos, en face du caractère chaotiquement organique et ornemental des symboles animaux et végétaux qui s'affirme dans les vestiges de la civilisation créto-minoenne ; les lumineuses figurations olympiennes en face des traditions de dieux-serpents et d'hommes-serpents, de démons à tête d'âne et de déesses noires à tête de cheval, en face du culte magique du feu souterrain ou du dieu des eaux disent assez clairement quelles forces se rencontrèrent en Grèce dans cet événement préhistorique dont un des épisodes est la chute du royaume légendaire de Minos, qui régna sur la terre *pélasgienne* où Zeus est un démon chthonien et mortel[734], où la noire Mère Terre est la plus grande et la plus puissante des divinités, où domine le culte toujours lié à l'élément féminin et peut-être en rapport avec la décadence égyptienne[735] d'Héra, Hestia et Thémis, des Charites et des Néréides, où, en tout cas, la limite suprême n'est autre que le mystère démétrico-lunaire, avec des transpositions gynécocratiques dans le

---

[733] Cf. W. RIDGEWAY, *The early age of Greece*, Cambridge, 1901, v. I, c. IV, pp. 337-406 ; c. V, pp. 407, sgg. 541 et *passim*. Cette oeuvre contient beaucoup de données intéressantes au sujet de la séparation de la composante nordique de la composante pélasgienne dans la civilisation hellénique, bien que l'auteur considère davantage l'opposition des races et de la civilisation, au sens restreint, existant entre ces composantes, que leur opposition spirituelle.

[734] Cf. par ex. CALLIMAQUE, *Zeus*, v. 9.

[735] Cf. par ex. HERODOTE, 11, 50. Il existe deux traditions au sujet du Minos pélasgien : dans l'une il est considéré comme un roi juste, un législateur divin (son nom, vraisemblablement, n'est pas sans rapport étymologique avec le Manu hindou, le Manès égyptien, le Mannus germanique, peut-être avec le Numa latin) ; dans l'autre, il apparaît comme une puissance violente et démonique, maîtresse des eaux (cf. PRELLER, *Grieschisch. Mythol.*, *cit.*, *v. II*, *pp.* 119-120). La tradition relative à l'opposition entre les Hellènes nordiques et Minos se relie à ce deuxième aspect.

rite et les coutumes[736].

Ce substratum pélasgien eut spirituellement des rapports avec les civilisations asiatiques du bassin de la Méditerranée, et l'entreprise achéenne contre Troie, qui n'appartient pas seulement au domaine du mythe, tire néanmoins du mythe son sens le plus profond. Troie se trouve essentiellement sous le signe d'Aphrodite, déesse dont Astarté, Tanit, Ishtar et Militta sont d'autres réincarnations, et ce sont les « amazones » émigrées en Asie qui viennent à son secours contre les Achéens. Selon Hésiode, c'est en combattant contre Troie que serait tombée une partie de cette race de héros que Zeus olympien avait prédestinée à la reconquête d'un stade de spiritualité semblable à la spiritualité primordiale. Et Héraclès, type particulièrement dorien, ennemi éternel de la déesse pélasgienne Héra, qui a reconquis la hache symbolique bicuspide *Labus* - usurpée par des personnages féminins et par des amazones durant le cycle pélasgien, apparaît, dans d'autres traditions, comme le conquérant de Troie et l'exterminateur des chefs troyens. Et lorsque Platon[737] parle de la lutte des ancêtres des Hellènes contre les Atlantes, il s'agit là d'un récit qui, pour être mythique n'en est pas moins significatif, et reflète vraisemblablement l'aspect spirituel d'un épisode des luttes soutenues par les ancêtres nordico-aryens des Achéens. Parmi les indications analogues qui se sont conservées dans le mythe, on peut citer la lutte entre Athénée et Poséidon pour la possession de l'Attique.

---

[736] Cf. BACHOFEN, *Mutterrecht*, § 43 : « La gynécocratie fait partie de l'hérédité de ces races, que Strabon (VII, 321 ; XII, 572) nous présente comme les barbares, comme les premiers habitants préhelléniques de la Grèce et de l'Asie Mineure et dont les migrations continues furent le point de départ de l'histoire ancienne de même que les vagues des peuples nordiques ouvrirent, à une époque ultérieure, l'histoire de notre temps. » Mosso (Les *origines de la civilisation méditerranéenne*, cit., p. 128) remarque que ce sont les prêtresses du sarcophage de Haghia Triada qui accomplissent les fonctions les plus importantes du sacerdoce, tandis que les hommes n'ont qu'un rôle secondaire. Il fait également observer que la religion minoïco-pélasgienne dut conserver longtemps son caractère matriarcal, et que la condition privilégiée de la femme, non seulement dans les rites, mais aussi dans la vie sociale (*Escursioni nei Mediterraneo*, cit., pp. 216, 221), est caractéristique de la civilisation minoenne et rapproche cette civilisation de la civilisation étrusque.

[737] PLATON, *Timaios*, 24 e, 25 a-e ; *Kritias*, 108 e, 109 a.

Poséidon semble avoir été le dieu du culte le plus ancien, supplanté par celui de l'Athéna olympienne. On peut mentionner aussi la lutte entre Poséidon et Hélios, dieu solaire qui conquit l'isthme de Corinthe et Acrocorinthe, que Poséidon avait cédé à Aphrodite.

Sur un plan différent, on trouve dans les « Euménides » d'Eschyle un écho, également symbolique, de la victoire de la nouvelle civilisation sur l'ancienne. Dans l'assemblée divine qui juge Oreste, meurtrier de sa mère Clytemnestre pour venger son père, apparaît clairement le conflit entre la vérité et le droit viril, et la vérité et le droit maternel. Apollon et Athéna se rangent contre les divinités féminines nocturnes, les Erinyes, qui veulent se venger sur Oreste. Le fait d'invoquer la naissance symbolique d'Athéna, opposée à la maternité sans époux des vierges primordiales, pour affirmer qu'on peut être père sans mère – πατήρ μέν, ἄν γένοιτ' ἄνευ μητρός - met précisément en lumière l'idéal supérieur de la virilité, l'idée d'une « génération » spirituelle pure, séparée du plan naturaliste où dominent la loi et la condition de la Mère. Avec l'absolution d'Oreste, c'est donc une nouvelle loi qui triomphe, une nouvelle coutume, un nouveau culte, un nouveau droit comme le constate à regret le choeur des Euménides, les divinités féminines chthoniennes à tête de serpent, filles de la Nuit, symboles de l'ancienne ère préhellénique. Et il est significatif qu'Eschyle ait précisément choisi comme lieu du jugement divin la colline d'Arès, le dieu guerrier, dans l'antique citadelle des Amazones que Thésée avait détruite.

La conception olympienne du divin est, chez les Hellènes une des expressions les plus caractéristiques de la « Lumière du Nord ». C'est la vision d'un monde symbolique d'essences immortelles lumineuses, détachées de la région inférieure des êtres terrestres et des choses soumises au devenir, même si, parfois, une « genèse » est attribuée à certains dieux. C'est une vision du sacré correspondant analogiquement aux cieux resplendissants et aux sommets neigeux, comme dans les symboles de l'Asgard eddique et du Meru védique. La conception du Chaos comme principe originel, de la Nuit et de l'Erèbe comme ses premières manifestations et comme principes de toutes les générations ultérieures, y compris celle de la Lumière et du jour, de la Terre comme Mère universelle antérieure à son époux céleste, toute la contingence, enfin, d'un devenir, d'une mort et d'une transformation chaotiques, introduite chez les natures divines elles-mêmes ces idées, en réalité, ne sont pas helléniques ce sont des thèmes qui, dans le syncrétisme hésodien, trahissent le substratum pélasgien.

En même temps que le thème olympien, l'Hellade connut, sous un aspect particulièrement typique, le thème « héroïque ». Egalement détachés de la nature mortelle et humaine, demi-dieux participant de « l'immortalité olympienne », c'est ainsi qu'apparaissent, helléniquement, les héros. Quand ce n'est pas le sang même d'une parenté divine, c'est-à-dire une supra-naturalité naturelle, c'est l'action qui définit et constitue le héros dorien et achéen. Sa substance, comme celle des types qui en dérivent au cours des cycles plus récents, est entièrement épique. Elle ne connaît pas les abandons de la Lumière du Sud, le repos dans le sein générateur. C'est la « Victoire », Nikè, qui couronne l'Héraclès dorien dans la résidence olympienne. Ici vit une pureté virile que le « titanique » ne touche pas. L'idéal, en effet, n'est pas Prométhée, considéré par l'Hellène comme un vaincu par rapport à Zeus qui apparaît également dans plusieurs légendes, comme le vainqueur des dieux pélasgiens[738]- l'idéal est le héros qui résout l'élément titanique, qui *libère* Prométhée après s'être rangé du côté des Olympiens : c'est Héraclès anti-gynécocratique qui détruit les Amazones, blesse la Grande Mère, s'empare des pommes des Hespérides en vainquant le dragon, rachète Atlas puisque ce n'est pas en tant que châtiment mais en tant qu'épreuve qu'il assume la fonction de « pôle » et soutient le poids symbolique du monde jusqu'à ce qu'Atlas lui apporte les pommes ; qui, enfin, passe définitivement, à travers le *feu*, de l'existence terrestre à l'immortalité olympienne. Des divinités qui souffrent et qui meurent pour revivre ensuite comme les natures végétales produites par la terre, des divinités qui personnifient la passion de l'âme haletante et brisée, sont tout à fait étrangères à cette spiritualité hellénique originelle.

---

[738] Il est intéressant de remarquer que Zeus olympien, après avoir vaincu les Titans, les enferme dans le Tartare ou dans l'Érèbe, qui est non seulement le lieu où est relégué Atlas, mais aussi la résidence d'Hécate, c'est-à-dire d'une des formes de la déesse pélasgienne.

Alors que le rituel chthonien, correspondant aux couches aborigènes et pélasgiennes, se caractérise par la crainte des forces démoniques, δεισιδαιμονία, par le sentiment pénétrant d'une « contamination », d'un mal qu'il faut éloigner, d'un malheur qu'il faut exorciser, ἀποπομπαί, le rituel olympien achéen connaît seulement des relations claires et précises avec les dieux conçus d'une façon positive comme des principes d'influences bénéfiques, sans anxiété, presque avec la familiarité et la dignité d'un *do ut des* au sens supérieur[739]. Même le destin, distinctement reconnu, qui pesait désormais sur la plupart des hommes de l'âge obscur - l'Hadès - n'inspirait pas d'angoisse à cette humanité virile. Elle le contemplait d'un regard calme. *La melior spes* du petit nombre se rattachait à la pureté du feu, auquel on offrait rituellement les cadavres des héros et des grands en vue de faciliter leur libération définitive grâce à l'incinération du corps alors que le rite de restitution symbolique au sein de la Mère Terre, par l'inhumation, était pratiqué surtout par les souches préhelléniques et pélasgiennes[740]. Le monde de l'ancienne âme achéenne ne connut pas le *pathos* de l'expiation et du « salut » : il ignora les extases et les abandons mystiques. Toutefois, il convient de séparer ici ce qui est apparemment uni en restituant à leurs origines antithétiques les éléments dont se compose l'ensemble de la civilisation

---

[739] Cf. J.E. HARRISON, *Prolegomena to the study of Greek religion*, Cambridge, 1903 (spécialement pp. 4-10 avec le texte d'Isocrate, 120, 162, sqq., etc.) où l'on trouvera beaucoup d'observations utiles au sujet de cette opposition entre un rituel olympien achéen et un rituel chthonien dans l'ensemble de la religion grecque.

[740] Cf. RIDGEWAY, *Early Age Greece, cit.*, c. VII, pp. 506, sqq. ; 521-525, etc. où est mise en lumière l'opposition entre les rites de crémation d'origine nordico-aryenne et les rites d'inhumation d'origine égéo-pélasgienne. L'auteur fait remarquer, comme nous l'avons fait nous-mêmes (p. 287), que cette opposition reflète deux conceptions différentes de l'outre-tombe, l'une ouranienne et l'autre tellurique. Les cadavres sont brûlés par ceux qui veulent définitivement éloigner les résidus psychiques des « morts », considérés comme des influences maléfiques, ou bien, sur un plan supérieur, par ceux qui conçoivent pour l'âme du héros » un séjour tout à fait détaché de la terre, qui n'est atteint que lorsque le dernier lien avec les vivants, représenté par le cadavre, est détruit comme dans une suprême *purification* (cf. aussi ROHDE, *Psyché*, cit., x, pp. 27-33). Le rite de la sépulture, en général, exprime au contraire le retour de la « terre à la terre », la dépendance par rapport aux origines telluriquement conçues. Dans la période homérique, ce second rite est inconnu, tout comme est inconnue l'idée d'un « enfer » et de ses terreurs.

hellénique.

Dans la Grèce post-homérique, apparaissent les signes d'une réaction des couches originelles soumises contre l'élément proprement hellénique. Des thèmes telluriques propres à la 'civilisation la plus ancienne, plus ou moins détruite ou transformée, y resurgissent, dans la mesure où les contacts avec les civilisations voisines contribuent à les raviver. La crise se situe, là encore, entre le VIIe et le VIe siècle. C'est à cette époque que le dionysisme fit irruption en Grèce et le fait est d'autant plus significatif, que ce fut surtout l'élément féminin qui lui ouvrit les voies. Nous avons déjà indiqué le sens universel de ce phénomène. Nous nous contenterons de préciser que ce sens se conserve même lorsqu'on passe du caractère sauvage des formes thraces au Dionysos orphique hellénisé, qui demeure, comme Zagreus, un dieu souterrain, associé à la Géa et au Zeus chthoniens. Et alors que, dans le déchaînement et les extases du dionysisme thrace, pouvait encore se produire l'expérience réelle du transcendant, on voit prédominer peu à peu dans l'orphisme un *pathos* déjà proche de celui des religions de rédemption plus ou moins humanisées. En outre, à la doctrine olympienne des deux natures, succède ici la croyance dans la réincarnation, où le principe du changement passe au premier plan et où une confusion s'établit entre un élément mortel présent dans l'immortel et un élément immortel présent dans le mortel.

De même que l'Hébreu se sent maudit par la « chute » d'Adam, conçue comme « péché », de même l'orphique expie le crime des Titans qui ont dévoré le dieu. Ne concevant que rarement la véritable possibilité « héroïque », il attend d'une sorte de « Sauveur » - qui connaît la même passion de la mort et de la résurrection que les dieux-plantes et les dieux-années - le salut et la libération du corps[741]. Comme on l'a justement

---

[741] HERODOTE (II, 81) ne distingue guère Orphée de Bacchus, et s'il y est question des modifications qu'Orphée aurait apportées aux rites orgiaques (cf. DIODORE, 111, 65), il faut voir là une atténuation dans un sens déjà pythagoricien (Orphée, comme musicien, idée de l'harmonie) qui pourtant n'en a pas altéré le caractère fondamental. Selon certains, Orphée serait venu de Crète, c'est-à-dire d'un centre atlantico-pélasgien, alors que d'autres, l'identifiant à Pythagore, le font descendre directement des Atlantes.

remarqué[742], cette « maladie infectieuse » qu'est le complexe de la faute avec la terreur de châtiments d'outre-tombe, avec l'élan désordonné, issu de la partie inférieure et passionnelle de l'être, vers une libération évasionniste, fut toujours ignorée des Grecs au cours de la meilleure période de leur histoire : elle est anti-hellénique et provient d'influences étrangères[743]. La même remarque s'applique à l'« esthétisation » et à la sensualisation de la civilisation et de la société grecque ultérieure, à la prédominance des formes ioniennes et corinthiennes sur les formes doriennes.

Presque en même temps que l'épidémie dionysiaque, eut lieu la crise de l'ancien régime aristocratico-sacré des cités grecques. Un ferment révolutionnaire altère, dans leurs fondements mêmes, les anciennes institutions, l'ancienne conception de l'État, de la loi, du droit et de la propriété. En dissociant le pouvoir temporel de l'autorité spirituelle, en reconnaissant le principe électif et en introduisant des institutions progressivement ouvertes aux couches sociales inférieures et à l'aristocratie impure de la fortune (caste des marchands : Athènes, Cumes, etc.) et, finalement, à la plèbe elle-même, protégée par les tyrans populaires (Argos,

---

[742] Cf. ROHDE, *Psyché*, cit., v.1, p. 319.

[743] HARRISON (*Prolegomena to the study, etc.*, cit., pp. 120, 162) voit dans les fêtes grecques où prédomine le thème féminin (Thesmophoria, Arrephoria, Skiropophoria, Sthenia, etc. - et il est significatif que les premières fêtes, dédiées, selon HERODOTE, 1 1, 171, à Démèter, auraient été introduites et enseignées aux femmes pélasgiennes par les Danaïdes, variété des Amazones), des formes de rites magiques de purification, propres à l'ancien culte tellurique. À une période plus récente, elles constitueraient, d'autre part, selon une hypothèse assez vraisemblable, le germe d'un certain aspect des Mystères. Le concept de purification et d'expiation, pratiquement inconnu du culte olympien, prévaut dans la couche inférieure. Il y eut ensuite une sorte de compromis et de sublimation : l'idée aristocratique et aryenne de la divinité comme « nature » s'étant perdue (nous avons rappelé que la qualité de « héros » était surtout liée à une descendance divine), apparaît l'idée de l'homme mortel qui aspire à l'immortalité. L'ancien thème magico-exorciste des purifications et des expiations se présente alors sous la forme mystique d'une « purification par la mort » et, enfin, d'une purification et d'une expiation « morales », comme dans les aspects décadents des Mystères qui préludent au christianisme.

Corinthe, Sicyone, etc.)[744] il introduisit le régime démocratique. Royauté, oligarchie, bourgeoisie et pour terminer, dominateurs illégitimes qui tirent leur pouvoir d'un prestige purement personnel et s'appuient sur le démos, telles sont les phases de l'involution qui, après s'être manifestée en Grèce, se répète dans la Rome antique et s'accomplit ensuite sur une grande échelle et d'une façon totale dans l'ensemble de la civilisation moderne.

Or il faut voir, dans la démocratie grecque, plus qu'une victoire du peuple grec, une victoire de l'Asie Mineure, et, mieux encore, du Sud, sur les souches helléniques originelles, dont les forces se trouvaient dispersées[745]. Le phénomène politique est étroitement lié à des manifestations similaires qui touchent plus directement le plan de l'esprit. Il s'agit de la démocratisation que subirent la conception de l'immortalité et celle du « héros ». Si les mystères de Déméter à Éleusis, dans leur pureté originelle et leur clôture aristocratique, peuvent être considérés comme une sublimation de l'ancien Mystère pélasgien préhellénique, ce substratum ancien s'insurgea et domina de nouveau à partir du moment où les Mystères éleusiniens admirent n'importe qui à participer au rite qui était censé créer « un destin inégal après la mort »[746], jetant ainsi un germe que le christianisme devait mener plus tard à son plein développement. C'est ainsi que prend naissance et se diffuse en Grèce l'étrange idée que l'immortalité est une chose presque normale pour n'importe quelle âme de mortel ; parallèlement la notion de héros se démocratise au point que dans certaines régions par exemple en Béotie on finit par considérer comme « héros » des hommes qui selon une formule non dépourvue de causticité[747] n'avaient d'héroïque que le simple fait d'être morts.

En Grèce, le pythagorisme traduit, sous divers aspects, un retour de

---

[744] BACHOFEN (*Mutterrecht*, cit., pp. 247-9) a mis en lumière un point intéressant, à savoir que c'est en général à une femme que les tyrans populaires doivent leur pouvoir et qu'ils se succèdent par lignée féminine. Il faut voir là un des signes de la relation qui existe entre la démocratie et la gynécocratie et qui se retrouve également dans le cycle des rois étrangers à Rome.

[745] Cf. ROSENBERG, *Mythus des XX. Jahrhund.*, cit., p. 57.

[746] SOPHOCLE, fr. 753 n.

[747] ROHDE, *Psyché*, V. 11, p. 361.

l'esprit pélasgien. Malgré ses symboles astraux et solaires et bien que l'on puisse même y discerner certains échos hyperboréens, la doctrine pythagoricienne est essentiellement imprégnée par le thème démétrien et panthéiste[748]. C'est, au fond, l'esprit lunaire de la science sacerdotale chaldéenne ou maya qui se reflète dans sa vision du monde comme nombre et harmonie, et c'est le thème obscur, pessimiste et fataliste, du tellurisme qui se conserve dans la conception pythagoricienne de la naissance terrestre comme châtiment et même dans la doctrine de la réincarnation. On sait déjà à quel symptôme celle-ci correspond. L'âme qui perpétuellement s'incarne, n'est que l'âme soumise à la loi tellurique. Le pythagorisme et même l'orphisme, en enseignant la réincarnation, montrent l'importance qu'ils attachent au principe telluriquement soumis à la renaissance, donc à une vérité qui est celle de la civilisation de la Mère. La nostalgie de Pythagore pour les déesses de type démétrien (après sa mort, la demeure de Pythagore devint un sanctuaire de Déméter), le rang que les femmes tenaient dans les sectes pythagoriciennes, où elles figuraient même comme initiatrices, où, fait significatif, le rite funéraire de l'incinération était interdit et où l'on avait le sang en horreur, deviennent, dans cette perspective, très compréhensibles[749]. Dans un semblable cadre, la sortie du « cycle des renaissances » ne put donc pas ne pas présenter un caractère suspect (il est significatif, dans l'orphisme, que le séjour des bienheureux ne soit pas sur la terre, comme dans le symbole achéen des Champs-Élysées, mais sous la terre en compagnie des dieux inférieurs)[750] caractère opposé à l'idéal d'immortalité propre à la « voie de

---

[748] Cf. BACHOFEN, *Mutterrecht*, §§ *149-150*. Au sujet des éléments qui s'opposent dans la doctrine du pythagorisme cf. J. EVOLA *I versi aurei pitagorei*, Roma, 1960.

[749] Selon certains, Pythagore devrait sa doctrine à l'enseignement d'une femme, Themistoclea (DIOGENE LAERCE, *Vit. Pythag.*, V) : il chargea des femmes d'enseigner la doctrine, car il leur reconnaissait plus de dispositions pour le culte divin et certaines formes de sa communauté rappellent le matriarcat (*ibid., passim et* XXI, VIII). PLINE, (*Nat. hist.*, XXXVI, 46) constate que les disciples de Pythagore étaient revenus au rite tellurique de l'inhumation.

[750] Cf. ROHDE, *Psyche*, v. II, pp. 127-8. Les traditions qui tendent à établir une relation entre le pythagorisme et l'apollinisme (Pythagore, comme « celui qui conduit la Pythie », Pythagore identifié à Apollon par sa « cuisse d'or », etc.) ne sauraient effacer la « dionysation » qu'eut à subir le culte apollinien de Delphes, et qui alla jusqu'à

Zeus », qui se réfère à la région de « ceux-qui-sont », détachés, inaccessibles dans leur perfection et leur pureté comme les natures fixes du monde ouranien, de la région céleste où domine, dans les essences stellaires, exemptes de mélange, distinctes et parfaitement elles-mêmes, la « virilité incorporelle de la lumière ». Le conseil de Pindare, μή ματέυη θεός λενέσθαι « ne pas chercher à devenir un dieu », annonce déjà le relâchement de la tension de l'ancien élan héroïque de l'âme hellénique vers la transcendance.

Il ne s'agit là que de quelques-uns des nombreux symptômes de cette lutte entre deux mondes, qui n'eut pas, en Hellade, de conclusion précise. Le centre « traditionnel »[751] du cycle hellénique se trouve dans le Zeus achéen et le culte hyperboréen de la lumière à Delphes, et c'est dans l'idéal hellénique de la « culture » comme forme, comme cosmos qui résout le chaos en loi et clarté, joint à une aversion pour l'indéfini, le sans-limite, άπειρον, c'est dans l'esprit des mythes héroïco-solaires, enfin, que se conserva l'élément nordico-aryen. Mais le principe de l'Apollon delphique et du Zeus olympien ne réussit pas à se former un corps universel, à vaincre vraiment l'élément personnifié par le démon Python, dont on renouvelait tous les huit ans le meurtre rituel, ou encore par ce serpent souterrain, qui apparaît dans le rituel le plus ancien des fêtes olympiques de Diasia. À côté de cet idéal viril de la culture comme forme spirituelle, à côté des thèmes héroïques, des traductions spéculatives du thème ouranien de la religion olympienne, s'insinuèrent avec ténacité l'aphroditisme et le sensualisme, le dionysisrne et l'esthétisme, en même temps que s'affirmaient l'accent mystico-nostalgique des retours orphiques, le thème de l'expiation, la vision contemplative démétrico-pythagoricienne de la nature, le virus de la démocratie et de l'anti-traditionalisme.

Et s'il subsiste bien dans l'individualisme hellénique quelque chose de l'ethos nordico-aryen, Il se manifeste toutefois ici comme une limite ; celle-

---

l'introduction d'un rituel prophétique antiolympien confié à des femmes extatiques ou délirantes (cf. *ibid., p. 42*).

[751] La valeur « polaire » de Delphes fut obscurément sentie par les Hellènes, qui considéraient Delphes comme l'omphalos, comme le « centre » de la terre et du monde. C'est dans l'amphictyonie delphique, en tout cas, qu'ils trouvèrent ce qui les unit sacralement, au-delà du particularisme de chaque cité-état.

ci le rendra incapable de se défendre contre les influences de l'ancien substratum qui le feront dégénérer dans un sens anarchique et destructeur. Cela se répétera à diverses reprises sur le sol italique, jusqu'à la Renaissance, et jouera en outre un rôle déterminant dans le cycle byzantin. Il est significatif que ce soit par la même voie du Nord, parcourue par l'Apollon delphique, que se soit développée, avec l'empire d'Alexandre le Macédonien[752], la tentative d'organiser unitairement l'Hellade. Mais le Grec n'est pas assez fort pour l'universalité qu'implique l'idée de l'Empire. La Polis, dans l'empire macédonien, au lieu de s'intégrer, se dissout. L'unité et l'universalité, favorisent ici, au fond, ce qu'avaient favorisé les premières crises démocratiques et anti-traditionnelles. Elles agissent dans le sens de la destruction et du nivellement, et non de l'intégration de cet élément pluraliste et national, qui avait servi de base solide à la culture et la tradition, dans le cadre de chaque cité. C'est en cela que se manifeste précisément la limite de l'individualisme et du particularisme grecs. La chute de l'empire d'Alexandre, empire qui aurait pu signifier le début d'une nouvelle affirmation contre le monde asiatico-méridional, n'est donc pas due seulement à une contingence historique. Au déclin de cet empire, la calme pureté solaire de l'ancien idéal hellénique n'est plus qu'un souvenir. Le flambeau de la tradition se déplace vers une autre terre.

Nous avons à maintes reprises attiré l'attention sur la simultanéité des crises qui se manifestèrent au sein de diverses traditions entre le VIIIe et le Ve siècle av. J.C., comme si de nouveaux groupes de forces avaient surgi, pour renverser un monde déjà chancelant et donner naissance à un nouveau cycle. Ces forces, ailleurs qu'en Occident, ont été le plus souvent arrêtées par des

---

[752] IL est significatif, spirituellement, que Delphes apollinien - centre traditionnel de l'Hellade - n'ait pas hésité à abandonner la « cause nationale » au contact de civilisations représentant le même esprit qu'elle incarnait : au Ve siècle, en faveur des Iraniens, au milieu du IVe, en faveur des Macédoniens. De leur côté, les Iraniens reconnurent leur dieu dans Apollon hyperboréen, cependant que l'hellénisme assimila très fréquemment Apollon à Mithra, de même que chez les Iraniens, Ahura-Mazda fut assimilé à Zeus, Verethragna à Héraclès, Anâhita à Artémis et ainsi de suite (cf. CUMONT, *Textes et Monuments, etc., cit.*, v. I, pp. 130, sqq.) ; il s'agit là de tout autre chose que d'un simple « syncrétisme ».

réformes, des restaurations ou de nouvelles manifestations traditionnelles. En Occident, au contraire, on dirait que ces forces ont réussi à briser la digue traditionnelle à se frayer un chemin, et donc à préparer la chute définitive. Nous avons déjà parlé de la décadence qui s'est manifestée dans l'Égypte des derniers temps, davantage encore en Israël et dans le cycle méditerranéo-oriental en général, décadence qui devait atteindre la Grèce elle-même. *L'humanisme* thème caractéristique de l'âge de fer s'y annonçait par l'apparition du sentimentalisme religieux et la dissolution des idéaux d'une humanité virilement sacrée. Mais l'humanisme s'ouvre résolument d'autres voies, en particulier dans l'Hellade, avec l'avènement de la *pensée philosophique* et de la recherche *physique*. Et à cet égard, aucune réaction traditionnelle notable ne se manifeste[753] ; on assiste au contraire à son développement régulier, parallèlement au développement d'une critique laïque et antitraditionnelle ; ce fut comme la propagation d'un cancer dans les éléments sains et anti-séculiers qui subsistaient encore en Grèce.

Bien que cela risque d'être difficilement concevable pour l'homme moderne, il est certain qu'historiquement, la prééminence de la « pensée » est un phénomène marginal et récent même s'il est antérieur à la conception purement physique de la nature. Le philosophe et le « physicien » ne sont que des produits dégénérescents apparus à un stade déjà avancé du dernier âge, de l'âge du fer. Cette « décentralisation » qui, au cours des phases déjà considérées, détacha graduellement l'homme des origines, devait finalement faire de lui, au lieu d'un *être, une existence*, c'est-à-dire quelque chose « qui est en dehors », une sorte de fantasme, de tronçon, qui aura pourtant l'illusion de reconstruire à lui seul la vérité, la santé et la vie. Le passage du plan du *symbole* à celui des *mythes*, avec ses personnifications et son « esthétisme » latent, annonce déjà, dans l'Hellade, une première chute de niveau. Plus tard, les dieux, déjà affaiblis par leur transformation en figures mythologiques, devinrent des concepts philosophiques, c'est-à-dire des abstractions, ou bien les objets d'un culte exotérique. L'émancipation de l'individu, par rapport à

---

[753] On a remarqué qu'en Inde, cette réaction se manifesta au contraire par le pragmatisme et le réalisme que le bouddhisme opposa à la spéculation *brâhmana*, à une époque qui coïncide précisément avec celle des premiers philosophes grecs.

la tradition, sous la forme du « penseur », l'affirmation de la raison comme instrument de libre critique et de connaissance profane, découlèrent normalement de cette situation. Et c'est précisément en Grèce qu'elles se manifestèrent, pour la première fois, d'une façon caractéristique.

Ce n'est, bien entendu, que beaucoup plus tard, pendant la Renaissance, que ce phénomène atteindra son complet développement. De même, ce n'est que plus tard, avec le christianisme, que l'humanisme, en tant que pathos religieux, deviendra le thème dominant de tout un cycle de civilisation. La philosophie grecque, d'ailleurs, était généralement centrée malgré tout, moins sur le mental que sur des éléments de nature métaphysique et rnystériosophique, échos d'enseignements traditionnels. D'autre part, cette philosophie s'accompagna toujours même dans l'épicurisme et chez les Cyréniens d'une recherche de formation spirituelle, d'ascèse, d'autarchie. Les « physiciens » grecs, malgré tout, continuèrent, dans une large mesure, à faire de la « théologie » et il faut être ignorant comme certains historiens modernes pour supposer, par exemple, que l'eau de Thalès ou l'air d'Anaximandre furent identifiés aux éléments matériels. Mais il y a plus : on tenta de tourner le nouveau principe contre lui-même, en vue d'une reconstruction partielle.

C'est l'idée de Socrate, qui pensa que le concept philosophique pouvait servir à dominer la contingence des opinions particulières ainsi que l'élément dissolvant et individualiste du sophisme et rétablir des vérités universelles et supra-individuelles. Cette tentative devait malheureusement conduire par une sorte de retournement à la plus fatale déviation : *elle devait substituer la pensée discursive à l'esprit*, en confondant avec l'être une image qui, tout en étant l'image de l'être, reste cependant non-être, chose humaine et irréelle, pure abstraction. Et alors que la pensée, chez l'homme capable d'affirmer consciemment le principe selon lequel « l'homme est la mesure de toutes choses » et d'en faire un usage délibérément individualiste, destructeur et sophistique, montrait ouvertement ses caractères négatifs, au point d'apparaître moins comme un danger que comme le symptôme visible d'une chute la pensée qui cherchait au contraire à exprimer l'universel et l'être dans la forme qui lui est propre c'est-à-dire rationnellement et philosophiquement et à transcender à l'aide du concept, par une « rhétorique »[754], tout ce qui est particulier et contingent dans le monde sensible, cette pensée constituait la séduction et l'illusion la plus dangereuse, l'instrument d'un humanisme et, donc, d'un irréalisme beaucoup plus profond et plus corrupteur, qui devait, par la suite, envoûter complètement l'Occident.

Ce qu'on appelle l'« objectivisme » de la pensée grecque, correspond au soutien qu'elle tira encore, consciemment ou inconsciemment, du savoir traditionnel et de l'attitude traditionnelle de l'homme. Ce soutien une fois disparu, la pensée devient sa propre raison suprême en perdant toute référence transcendante et suprarationnelle, pour aboutir finalement au rationalisme et au criticisme modernes.

Nous nous contenterons de faire brièvement allusion ici à un autre aspect de la révolution « humaniste » de la Grèce, relatif au développement hypertrophique déjà profane et individualiste, des arts et des lettres. Par rapport à la force des origines, il faut voir là aussi, une dégénérescence, une désagrégation. L'apogée du monde antique correspond à la période où, sous la rudesse des formes extérieures, une réalité intimement sacrée se traduisait, sans « expressionnisme », dans le style de vie des dominateurs et des conquérants, en un monde libre et clair. Ainsi, la grandeur de l'Hellade correspond à ce qu'on appelle le « moyen-âge grec » avec son *epos* et son *ethos*, avec ses idéaux de spiritualité olympienne et de transfiguration héroïque. La Grèce civilisée, « mère des arts », celle qu'avec la Grèce philosophique les modernes admirent et sentent si proche, c'est la Grèce crépusculaire. Cela fut très nettement senti par les Romains des origines chez qui vivait encore, à l'état pur, le même esprit viril que celui de l'époque achéenne. C'est ainsi qu'on trouve chez un Caton[755] des expressions de mépris pour l'engeance nouvelle des hommes de lettres et des « philosophes ». Et l'hellénisation de Rome, sous la forme d'une prolifération humaniste et déjà

---

[754] Nous employons le terme rhétorique dans l'acception spéciale de C. MICHELSTAEDTER (*La Persuasione e la Retorica*, Firenze, 1922) où est exposé d'une façon vivante, le sens de la décadence conceptuelle et de l'évasion philosophique socratique, vis-à-vis de la doctrine de l'« être », encore défendue par les Eléates.
[755] AULU-GELLE, N.A.,.VIII, 7, 3.

presque illuministe d'esthètes, de poètes, d'hommes de lettres et d'érudits, prélude, à bien des égards, à sa décadence. Tel est le sens général du phénomène, abstraction faite, par conséquent, de ce que l'art et la littérature grecque conservèrent malgré tout, çà et là, de sacré, de symbolique, d'indépendant de l'individualité de l'auteur, conformément à ce que furent l'art et la littérature au sein des grandes civilisations traditionnelles et ne cessèrent d'être que dans le monde antique dégénéré et, plus tard, dans l'ensemble du monde moderne.

b) *Le cycle romain*

Rome naît au moment où se manifeste un peu partout, dans les antiques civilisations traditionnelles, la crise dont nous avons déjà parlé. Et si l'on fait abstraction du Saint Empire Romain, qui correspond d'ailleurs, dans une large mesure, à une reprise de l'ancienne idée romaine, Rome apparaît comme la dernière grande réaction contre ces crises, la tentative victorieuse pendant un cycle entier d'échapper aux forces de décadence déjà actives dans les civilisations méditerranéennes et d'organiser un ensemble de peuples, en réalisant, sous une forme plus solide et plus grandiose, ce que la puissance d'Alexandre le Grand n'avait pu réussir que durant une brève période.

On ne peut comprendre la signification de Rome, si l'on ne perçoit pas d'abord la différence qui sépare la ligne centrale de son développement des traditions propres à la plupart des peuples de l'Italie au milieu desquels Rome naquit et s'affirma[756].

Ainsi qu'on l'a justement remarqué, on prétend que l'Italie pré-romaine fut habitée seulement par des Etrusques, des Sabins, des Osques, des Sabelles, des Volsques, des Samnites, et, au Sud, par des Phéniciens, des Sicules, des Sicanes, des immigrés grecs, syriaques, etc. et voilà que tout d'un coup, sans

---

[756] Cette opposition constitue la thèse centrale de l'ouvrage de J. J. BACHOFEN : *Die Sage von Tanaquil* (Heidelberg, 1870). Dans les développements qui vont suivre plusieurs idées de Bachofen sur la signification de Rome et sa mission occidentale, ont été reprises et incorporées dans l'ensemble de nos considérations de caractère traditionnel.

qu'on sache ni pourquoi ni comment, une lutte éclate contre presque toutes ces populations, contre leurs cultes, leurs conceptions du droit, leurs prétentions à la puissance politique : un nouveau principe apparaît qui a le pouvoir de tout assujettir, de transformer profondément l'ancien, en témoignant d'une force d'expansion ayant le même caractère inéluctable que les grandes forces des choses. De l'origine de ce principe, il n'est jamais question, ou, si l'on en parle, on en parle sur un plan empirique accessoire, ce qui est pire que de n'en pas parler du tout, de sorte que ceux qui préfèrent s'arrêter devant le « miracle » romain comme devant un fait à admirer, plutôt qu'à expliquer, prennent encore le parti le plus sage. Derrière la grandeur de Rome, nous voyons au contraire, quant à nous, les forces du cycle aria-occidental et héroïque. Derrière sa décadence, nous voyons l'altération de ces mêmes forces. Il est évident que, dans un monde désormais mélangé et déjà loin des origines, il faut essentiellement se référer à une idée supra-historique, susceptible néanmoins d'exercer, dans l'histoire, une action formatrice. C'est en ce sens qu'on peut parler de la présence, à Rome, d'un élément aryen et de sa lutte contre les puissances du Sud. La recherche ne peut donc prendre ici pour base le simple fait racial et ethnique. Il est certain qu'en Italie, avant les migrations celtiques et le cycle étrusque, apparurent des noyaux dérivant directement de la race boréale-occidentale, et qui eurent en face de races aborigènes, ou de ramifications crépusculaires de la civilisation paléo-méditerranéenne d'origine atlantéenne, la même signification que l'apparition des Doriens et des Achéens en Grèce. Les traces qui subsistent de ces noyaux, surtout en matière de symboles (par exemple dans les découvertes de Val Camonica) se rattachent manifestement au cycle hyperboréen et à la « civilisation du renne » et de la « hache »[757]. Il est probable, en outre, que les anciens Latins, au sens strict du terme, représentèrent une veine survivante ou une résurgence de ces noyaux, qui s'étaient mélangés, sous diverses

---

[757] Cf. F. ALTHEIM-TRAUTMANN, *Die dorische Wanderung in Italien*, Amsterdam 1940, et aussi A. PIGANIOL, *Essai sur les origines de Rome* (Paris, 1917), où sont rassemblées beaucoup de données utilisables, relatives aux deux composantes, nordique et méridionale, de la Rome antique, ainsi qu'à l'opposition parallèle entre des éléments correspondant à une civilisation de type ouranien et d'autres éléments correspondant à une civilisation de type tellurique.

formes, avec les autres populations italiques. Mais, cela mis à part, c'est surtout au plan de la « race de l'esprit » qu'il faut se reporter. C'est le type de la civilisation romaine et de l'homme romain qui peut attester de façon certaine la présence et la puissance, dans cette civilisation, de la force même qui fut au centre des cycles héroïco-ouraniens d'origine nordico-occidentale. Autant est douteuse l'homogénéité raciale de la Rome des origines, autant est tangible l'action formatrice que cette force exerça d'une façon décisive et profonde sur la matière à laquelle elle s'appliqua, en l'assimilant, en l'élevant, et en la différenciant de ce qui appartenait à un monde différent.

Nombreux sont les éléments qui témoignent d'une relation entre, d'une part, les civilisations italiques parmi lesquelles naquit Rome, et ce qui fut conservé de ces civilisations dans la première romanité, et, d'autre part, les variantes telluriques, aphrodisiennes et démétriennes des civilisations tellurico-méridionales[758].

Le culte de la déesse, que la Grèce doit surtout à sa composante pélasgienne, constitua vraisemblablement la caractéristique prédominante des Sicules et des Sabins[759]. La principale divinité sabine est la déesse chthonienne Fortuna, qui réapparaît sous les formes de Horta, Feronia, Vesuna, Heruntas, Hora, Héra et Junon, Vénus, Cérès, Bona Dea, Déméter, ne sont au fond que des réincarnations du même principe divin[760]. C'est un fait que le plus ancien calendrier romain fut de type lunaire, que les premiers mythes romains furent très riches de figures féminines : Mater Matuta, Luna, Diane, l'Egérie, etc. et que dans les traditions relatives, notamment, à Mars-Hercule et Flora, à Hercule et Larentia, à Numa et à l'Egérie, circule le thème archaïque de la dépendance du masculin par rapport au féminin. Ces mythes se rattachent toutefois à des traditions préromaines, comme la légende de Tanaquil, d'origine étrusque, où apparaît le type de la femme royale asiatico-

---

[758] L'ouvrage déjà cité de BACHOFEN, signale surtout l'analogie avec les civilisations de la Méditerranée orientale. MOSSO, (*Origini della civ. mediterr.*, cit., p. 274) relève une parenté générale entre la civilisation égéenne (préhellénique) et la civilisation italique pré-romaine.

[759] Cf. PIGANIOL, *Orig. Rome*, cit., *p. 105.*

[760] *Ibid., pp. 105, 110-111.*

méditerranéenne, que Rome chercha par la suite à purifier de ses traits aphrodisiens et à transformer en symbole de toutes les vertus des matronnes[761]. Mais de semblables transformations, qui s'imposèrent à la romanité à l'égard de ce qui était, dans ce qu'elle trouva, incompatible avec son esprit, n'empêchent pas de distinguer, sous la couche la plus récente du mythe, une couche plus ancienne, appartenant à une civilisation opposée à la civilisation romaine[762]. Cette couche se révèle notamment à travers certaines particularités de la Rome antique, telles que la succession royale par voie féminine ou le rôle joué par les femmes dans l'accession au trône, notamment lorsqu'il s'agit de dynasties étrangères ou de rois portant des noms plébéiens. Il est caractéristique que Servius Tullius, parvenu au pouvoir grâce à une femme et défenseur de la liberté plébéienne, aurait été, selon la légende, un bâtard conçu dans une de ces fêtes orgiaques d'esclaves qui se rattachaient précisément, à Rome, à des divinités de type méridional (Saturne chthonien, Vénus et Flore) et célébraient le retour des hommes à la loi d'égalité universelle et de promiscuité, qui est celle de la Grande Mère de la vie.

Les Etrusques et, dans une assez large mesure, les Sabins, présentent des traces de matriarcat. Comme en Crète, les inscriptions indiquent souvent la filiation avec le nom de la mère et non pas celui du père[763] et, en tout cas, la femme est spécialement honorée et jouit d'une autorité, d'une importance et d'une liberté particulières[764]. Nombreuses sont les villes d'Italie qui avaient des femmes pour éponymes. La coexistence du rite de l'inhumation et de l'incinération fait partie des nombreux signes qui attestent la présence de deux couches superposées, correspondant, probablement, à une conception ouranienne et à une conception démétrienne du *post-mortem* : couches

---

[761] Le témoignage de TITE-LIVE (I, 34) qui, à propos de l'arrivée de Tanaquil, rapporte que les femmes étrusques prenaient part au culte en qualité de prêtresse, est intéressant : c'est un trait caractéristique de la civilisation pélasgienne.

[762] BACHOFEN, *Sage von Tanaquil*, cit., pp. 225, sqq.

[763] Cf. E. LATTES, *Interno alla preeminenza delle donne neiľ antichità*, Roma, 1902, p. 529 ; BACHOFEN, Sage, pp. 282, sqq., 73, sqq.

[764] Cf. B. NOOARA, *Gii Etruschi et ta loro civiltà*, Milano, 1933, pp. 90-92. F. ALTHEIM, *Rrimische Geschichte*, Frankfurt a. M., 1953, v. 1, pp. 19, sqq., v. II, pp. 167, sqq.

mélangées, mais qui pourtant ne se confondent pas⁷⁶⁵. Le caractère sacré et l'autorité des matrones - *matronarum sanctitas, mater princeps familiae* - qui se conservèrent à Rome, ne sont pas à proprement parler romains, mais trahissent plutôt la composante pré-romaine, gynécocratique, qui est toutefois subordonnée, dans la nouvelle civilisation, au pur droit paternel, et remise à sa place exacte. Dans d'autres cas, on constate, au contraire, un processus opposé : le Saturne-Chronos romain, tout en conservant quelques-uns de ses traits originels, apparaît, d'autre part, comme un démon tellurique, époux d'Ops, la terre. La même remarque pourrait s'appliquer à Mars et aux divers aspects, souvent contradictoires, du culte d'Hercule. Selon toute probabilité, Vesta est une transposition féminine, due également à l'influence méridionale, de la divinité du feu, qui eut toujours, chez les Aryens, un caractère mâle et ouranien - transposition qui aboutit finalement à associer cette divinité à Bona Dea, adorée comme déesse de la Terre⁷⁶⁶ et célébrée secrètement de nuit, avec interdiction à tout homme d'assister à ce culte et même de prononcer le nom de la déesse⁷⁶⁷. La tradition attribue à un roi non romain, au Sabin Titus Tatius, l'introduction à Rome des plus importants cultes telluriques, comme ceux d'Ops et de Flore, de Rhéa et de Juno curis, de Luna, du Chronos chthonien, de Diane chthonienne et de Vulcain et même celui des Lares⁷⁶⁸ : tout comme on doit aux Livres Sibyllins, d'origine

---

[765] Cf. PIGANIOL, *Origines*, cit., pp. 88-90, 133, sqq. Le fait que la *gens romana* qui demeura fidèle, jusqu'au dernier de ses représentants, au rite de l'inhumation, fut la gens Cornelia, dont le culte caractéristique était celui de la Vénus osque, n'est pas dépourvu de signification.

[766] MACROBE, 1, 12, 21.

[767] Les racines les plus anciennes du culte de Bona Dea, vénérée comme une divinité chaste et démétrienne, réapparaissent dans la période de la décadence romaine, où ce culte s'associa à la licence la plus effrénée. Au sujet de Vesta, on doit remarquer que, de même que la dignité matronale à Rome fut respectée mais subordonnée à l'autorité des patres, de même le culte de cette déesse fut d'abord soumis au *pontifex maximus* et ensuite à l'empereur. Le culte officiel du feu du temps de Romulus, était d'ailleurs confié à des prêtres ; il ne passa aux Vestales que par la volonté de Numa, roi sabin et lunaire. L'empereur julien lui restitua son caractère solaire (*Hel.*, 155a).

[768] Cf. VARRON, V, 74. Ici, les Lares doivent être envisagés sous leur aspect chthonien. Il serait intéressant d'étudier, dans le culte funéraire romain, le mélange de l'élément tellurique, résidu étrusco-pélasgien, avec l'élément « héroïque » et patricien, de même que

asiatico-méridionale, solidaires de la partie plébéienne de la religion romaine, l'introduction de la Grande Mère et d'autres grandes divinités du cycle chthonien telles que Dis Pater, Flore, Saturne, et la triade Cérés-Liber-Libera.

La forte composante pré-aryenne, égéo-pélasgienne et en partie « atlantique » reconnaissable même du point de vue ethnique et philologique chez les peuples que Rome trouva en Italie, est d'ailleurs un fait avéré, et le rapport de ces peuples avec le noyau romain originel est absolument identique à -celui qui existe, en Grèce, entre les Pélasges et les souches achéennes et doriennes. Selon une certaine tradition, les Pélasges, dispersés, passèrent souvent comme esclaves chez d'autres peuples ; dans la Lucanie et dans le Brutium ils constituèrent la plus grande partie des Brutii, soumis aux Sabelliens et aux Samnites. Il est significatif que ces Brutii s'allièrent aux Carthaginois, en lutte contre Rome, au cours d'un des plus importants épisodes de la lutte entre le Sud et le Nord ; c'est pourquoi ils furent ensuite condamnés à des travaux serviles. En Inde, ainsi que nous l'avons vu, l'aristocratie des âryas s'oppose, en tant que souche aryenne dominatrice, à la caste servile de souche aborigène. On peut voir à Rome, avec beaucoup de vraisemblance, quelque chose de semblable, dans l'opposition entre les patriciens et les plébéiens, et selon une heureuse expression[769] considérer les plébéiens comme les « Pélasges de Rome ». D'innombrables exemples montrent que la plèbe romaine se réclama principalement du principe maternel, féminin et matériel, tandis que le patriciat tira du droit paternel sa dignité supérieure. C'est par cette partie féminine et matérielle que la plèbe rentra dans l'État : elle réussit finalement à participer au *Jus Quiritum*, mais non aux attributions politiques et juridiques liées au chrisme supérieur

---

les phases du processus de purification, grâce auquel les Lares se libérèrent de leur caractère originel pré-romain, tellurique (les Lares comme « fils » d'Acca Larentia, équivalent de Bona Dea) et plébéien (une caractéristique du culte des Lares fut que les esclaves y avaient une part importante, et parfois l'accomplissaient eux-mêmes) et assumèrent toujours davantage le caractère d'« esprits divins », de « héros », d'âmes, qui avaient dominé la mort (cf. VARRON, IX, 38, 61 ; VI, 2, 24 ; AUGUSTIN, *Civ. Dei*, Ix, II).

[769] PIGANIOL, *origines de Rome*, cit., p. 111. Cf. H. GUNTHER, *Rassengeschichte des hellenischen und römischen Volkes*, pp. 74, sqq.

propre au patricien, au *patrem ciere posse* qui se réfère aux aïeux divins, *divi parentes*, que seul le patriciat possède, et non la plèbe, considérée comme composée de ceux qui ne sont que « les fils de la Terre »[770].

Même sans vouloir établir une relation ethnique directe entre les Pélasges et les Etrusques[771], ces derniers, dont certains voudraient faire de Rome, à maints égards, la débitrice, présentent les traits d'une civilisation tellurique et, tout au plus, lunaire-sacerdotale, que rien ne saurait identifier avec la ligne centrale et l'esprit de la romanité. Il est vrai que les Etrusques (comme du reste les Assyriens et les Chaldéens) connurent, au-delà du monde tellurique de la fertilité et des Mères de la nature, un monde ouranien de divinités masculines, dont Tinia était le seigneur. Toutefois, ces divinités - *dii consentes* - sont très différentes des divinités olympiennes : elles ne possèdent aucune réelle souveraineté, elles sont comme des ombres sur lesquelles règne une puissance occulte innommable qui *pèse sur tout et plie tout sous les mêmes lois* : *celle des du superiores et involuti*. Ainsi l'ouranisme étrusque, à travers ce thème fataliste, donc naturaliste, trahit, tout comme la conception pélasgienne de Zeus engendré et soumis au Styx, l'esprit du Sud. On sait en effet que d'après celui-ci, tous les êtres, même les êtres divins, sont subordonnés à un principe qui, tout comme le sein de la terre, a horreur de

---

[770] BACHOFEN, *Mutterrecht*, § 67.

[771] La tradition classique la plus répandue à l'époque impériale de Rome est celle qui attribue aux Etrusques une origine asiatique ; elle se résume dans ces paroles de SENEQUE *Tuscos Asia sibi indicat*. Selon certains, les Etrusques seraient de la même souche que les Tursha, c'est-à-dire descendraient de peuples de la mer qui résidaient et exerçaient leur domination dans quelque île ou région de la Méditerranée orientale, et envahirent l'Égypte à la fin de la XVIIIe dynastie. L'opinion la plus récente et la plus digne de foi est celle qui voit dans les Etrusques le reste d'une population antérieure aux noyaux italiques qui peuvent être venus du nord, répandue en Espagne, le long de la mer Tyrrhénienne, en Asie Mineure et jusqu'à une partie du Caucase (des Basques aux Lydiens et aux Hittites) - cf. NOGARA, *Gli Etruschi*, etc. pp. 34-38. Ils rentreraient ainsi dans le cycle atlantico-pélasgien. C'est ainsi qu'ALTHEIM, *Rômische Geschichte et* MOSSO (*Escurs. net Mediterraneo*, *cit.*, *pp. 216-217*) constatent la parenté existent entre la civilisation étrusque et la civilisation minoenne, non seulement à cause du rôle privilégié de la femme dans le culte, mais aussi en raison de leurs affinités évidentes dans le domaine de l'architecture, de l'art, et du costume.

la lumière, et exerce un droit souverain sur tous ceux qui en naissent à une vie contingente. Ainsi réapparaît l'ombre de cette Isis qui avertit : « Personne ne pourra dissoudre ce qu'elle a érigé en loi » [772] et de ces divinités féminines helléniques, créatures de la Nuit et de l'Erèbe, incarnant le destin et la souveraineté de la loi naturelle, cependant que l'aspect démonique et la sorcellerie, qui jouèrent, comme nous l'avons vu, un rôle non négligeable dans le culte étrusque, sous des formes qui contaminent les thèmes et les symboles solaires eux-mêmes[773], témoigne de l'influence qu'exerçait dans cette civilisation l'élément pré-aryen, même sous ses aspects les plus bas.

En réalité, tel qu'il apparaît au temps de Rome, l'Etrusque a peu de traits en commun avec le type héroïco-solaire. Il ne sut jeter sur le monde qu'un regard triste et sombre ; en plus de la terreur de l'outre-tombe, pesait sur lui le sentiment d'un destin et d'une expiation qui allait jusqu'à lui faire prédire la fin de sa propre nation[774]. L'union du thème de l'éros avec celui de la mort se retrouve en lui d'une façon caractéristique : l'homme jouit avec une frénésie voluptueuse de la vie qui fuit vacillant parmi les extases où affleurent les forces inférieures qu'il sent partout[775]. Les chefs sacerdotaux des clans étrusques les Lucumons se considéraient eux-mêmes comme les fils de la Terre, et c'est à un démon tellurique, Tages[776], que la tradition attribue l'origine de la « discipline étrusque » ou aruspicine de ces sciences dont les livres « pénétraient de peur et d'horreur » ceux qui les approfondissaient et qui, au fond, même sous leur aspect le plus élevé, appartiennent au type de

---

[772] Cf. DIODORE, 1, 27, Cf. M. EALLOTTINO, *Etruscorogia*, Milano, 1942, pp. 175-181, 183-6 ; en dehors « d'un abandon, presque d'une abdication de l'activité spirituelle humaine en face de la divinité », il révèle le caractère sombre et pessimiste de la vision étrusque de l'outre-tombe, qui ne connaît pas de perspectives d'immortalité, de survivance divine, même pour les personnages les plus glorieux.

[773] Cf. A. GRUENWEDEL, Tusca, Leipzig, 1922, dont les thèses sont toutefois, à cet égard, quelque peu excessives.

[774] Cf. CENSORINO, xVII, C. Au sujet du pathos d'outre-tombe, G. DE SANCTIS (*Storia di Romani*, v. I, p. 147) considère comme caractéristique de l'âme étrusque « la terreur du monde de l'au-delà qui s'exprime en figurations ressemblant aux démons terrifiants dus à l'imagination macabre du Moyen Age, tel que l'horrible monstre Tuchulcha. »

[775] Cf. M. MICHELET, *Histoire de la République romaine*, Paris, 1843, v. I, pp. 72, 77.

[776] Cf. CICERON, *Divin.*, III, 23 ; OVIDE, *Métam.*, XV, 553.

science fatalistico-lunaire de la sacerdotalité chaldéenne, passée ensuite aux Hittites et avec laquelle la science des aruspices trahit d'évidentes analogies, même du point de vue de la technique de certains procédés[777].

Le fait que Rome put accueillir une partie de ces éléments, qu'à côté de la science augurale dont les patriciens avaient le privilège, elle fit une place aux aruspices étrusques et ne dédaignât pas de les consulter, ce fait même si l'on tient compte du sens différent que les mêmes choses peuvent avoir quand elles sont intégrées dans le cadre d'une civilisation différente révèle un compromis et une antithèse qui demeurèrent souvent latents au sein de la romanité, mais se manifestèrent, toutefois, dans un certain nombre de cas. En réalité, la révolte contre les Tarquin fut une révolte de la Rome aristocratique contre la composante étrusque. L'expulsion de cette dynastie était célébrée tous les ans à Rome par une fête qui rappelle celle par laquelle les Iraniens célébraient la Magophonia, c'est-à-dire le massacre des prêtres mèdes qui avaient usurpé la royauté après la mort de Cambyse[778].

Le Romain, tout en le craignant, eut toujours de la méfiance pour l'aruspice, presque comme pour un ennemi occulte de Rome. Parmi de nombreux épisodes, qui sont, à cet égard, caractéristiques, on peut citer celui des aruspices qui, par haine de Rome, veulent que la statue d'Horatius Coclès soit enterrée. Celle-ci est placée, malgré eux, à l'endroit le plus élevé, et, contrairement aux prédictions, des événements favorables pour Rome se produisent. Accusés de trahison, les aruspices avouent et sont exécutés.

Sur ce fond de populations italiques originelles, liées à l'esprit des anciennes civilisations méridionales, Rome se détache donc en manifestant une nouvelle influence, qui leur est irréductible. Mais cette influence ne peut se développer qu'à travers une lutte âpre, intérieure et extérieure, à travers une série de réactions, d'adaptations et de transformations. En Rome s'incarne l'idée de la virilité dominatrice. Elle se manifeste dans la doctrine

---

[777] Dans l'ouvrage déjà cité, PIGANIOL remarque qu'une opposition dut exister, dans les méthodes divinatoires romaines, entre le rituel ouranien et patricien des augures et le rituel tellurique des aruspices étrusques.
[778] Cf. MICHELET, Ibid., p. 114.

de l'État, de l'*auctoritas* et de l'*imperium*. L'État, placé sous le signe des divinités olympiennes (en particulier du Jupiter capitolin, détaché, souverain, sans généalogie, sans filiations et sans mythes naturalistes), n'est pas séparé, à l'origine, de ce « mystère » initiatique de la royauté - *adytum et initia regis* - qui fut déclaré inaccessible à l'homme ordinaire[779]. L'imperium est conçu dans le sens spécifique, et non hégémonique et territorial, de pouvoir, de force mystique et redoutable de commandement, possédée non seulement par les chefs politiques (chez qui elle garde son caractère intangible malgré le caractère souvent irrégulier et illégitime des techniques d'accession au pouvoir)[780], mais aussi par le patricien et par le chef de famille. Telle est la spiritualité que reflètent aussi le symbole aryo-romain du feu, la sévérité du droit paternel et, en général, un droit que Vico put qualifier à juste titre d'« héroïque ». Dans un domaine plus extérieur, elle inspirait l'éthique romaine de l'honneur et de la fidélité, si intensément vécue qu'elle caractérise, selon Tite-Live, le peuple romain, alors que le barbare se distingue au contraire par l'absence de *fides*, par une soumission à la contingence de la « fortune »[781]. Ce qui est, en outre, caractéristique chez le Romain des origines, c'est une perception du surnaturel comme *numen* c'est-à-dire comme pouvoir plutôt que comme *deus*, où il faut voir la contrepartie d'une attitude spirituelle spécifique. Non moins caractéristiques sont l'absence de pathos, de lyrisme et de mysticisme à l'égard du divin, l'exactitude du rite nécessaire et nécessitant, la clarté du regard. Thèmes qui correspondent à ceux de la première période védique, chinoise et iranienne ainsi qu'au rituel olympique achéen, du fait qu'ils se réfèrent à une attitude virile et magique[782].

---

[779] VARRON, VII, 8.

[780] Cf. H. WAGENVOORT, *Roman Dynamism*, Oxford, 1947.

[781] TITE-LIVE, XXII, 22, C. La *fides* est -- dans ses diverses formes, *Fides Romana*, *Fides Publica* etc. - une des plus anciennes divinités de Rome.

[782] Ici la magie est comprise au sens supérieur - cf. vol. 1, pp. 290 sqq. - et il s'agit de la religion romaine officielle où d'aucuns voudraient voir un pur « formalisme », pauvre de sentiment religieux, là où elle exprime l'ancienne loi de l'action pure. La persécution romaine contre la magie et l'astrologie ne visa que leurs formes inférieures, qui n'étaient souvent que superstitieuses et charlatanesques. En réalité, l'attitude magique comprise comme un commandement et une action s'exerçant sur les forces invisibles à travers le pur déterminisme du rite, constitue l'essence de la première religion romaine et de la

La religion romaine typique se méfia toujours des abandons de l'âme et des élans de la dévotion, et réfréna, au besoin par la force, tout ce qui éloigne de cette dignité grave qui convient aux rapports d'un *civis rornanus* avec un dieu[783]. Bien que l'élément étrusque cherchât à exercer son emprise sur les couches plébéiennes, en diffusant le *pathos* de représentations effrayantes de l'au-delà, Rome, dans sa meilleure partie, resta fidèle à la vision héroïque, semblable à celle que connut originellement l'Hellade : elle eut ses héros divinisés, ou Semones, mais connut aussi des héros mortels impassibles, à qui l'outre-tombe n'inspirait ni espérance ni crainte, rien qui puisse altérer une conduite sévère fondée sur le devoir, la *fides*, l'héroïsme, l'ordre et la domination. À cet égard, la faveur accordée par les Romains à l'épicurisme de Lucrèce est significative, car l'explication par des causes naturelles vise également à détruire la terreur de la mort et la peur devant les dieux, à libérer la vie, à lui fournir le calme et la sécurité. Même dans des doctrines de ce genre subsistait toutefois une conception des dieux conforme à l'idéal olympien : des essences impassibles et détachées qui apparaissent comme un modèle de perfection pour le Sage.

Si, par rapport à d'autres peuples, tels que les Grecs et même les Etrusques, les Romains, à l'origine, firent presque figure de « barbares », un tel manque de « culture » cache comme chez certaines populations germaniques de la période des invasions une force plus originelle, agissant selon un style de vie par rapport auquel toute culture de type citadin présente des traits problématiques sinon même de décadence et de corruption. C'est ainsi que le premier témoignage grec dont on dispose sur Rome est celui d'un ambassadeur qui avoue que le Sénat romain, où il pensait se trouver dans une réunion de barbares, lui était apparu au contraire comme une assemblée de rois[784]. Dès les origines, par des voies invisibles, apparurent à Rome, des

---

conception romaine du sacré (cf. MACROBE, *Roma capta*, pp. 29, sqq., 246, sqq.). Même par la suite, si le Romain abhorra la magie populaire et superstitieuse, il continua d'éprouver un grand respect pour le culte patricien et pour le type du théurge, qui se confondait avec celui du chef et du héros », pénétré de dignité et de pureté ascétique.

[783] Cf. CUMONT, *Relig. oriental.*, cit., p. 30.

[784] PLUTARQUE, Pyrrhus, XIX, 5. De même, dans l'épisode de l'invasion gauloise, l'aspect des anciens est décrit comme « plus qu'humain et même semblable, par sa majesté, celui

signes secrets de « traditionnalité », tels que le « signe du Centre », la pierre noire de Romulus placée à l'entrée de la « voie sacrée » ; tels que le *douze* fatidique et solitaire, correspondant au nombre des vautours qui assurèrent à Romulus le droit de donner son nom à la nouvelle cité, au nombre des licteurs et des verges du faisceau, où l'on retrouve dans la hache le symbole même des conquérants hyperboréens, au nombre assigné par Numa aux *ancilia*, *pignora irnperii*, et aux autels du culte archaïque de Janus ; tels que l'aigle qui, consacré à Jupiter, dieu du ciel lumineux, et en même temps insigne des légions est aussi un des symboles aryens de la « gloire » immortalisante, raison pour laquelle on pensa que c'est sous la forme d'un aigle que les âmes des Césars se libéraient du corps pour passer dans l'immortalité solaire[785] ; tels que le sacrifice du cheval, correspondant à *l'açvamedha* des Aryens de l'Inde et bien d'autres éléments d'une tradition sacrée universelle. Malgré cela, ce sera l'épopée, l'histoire même de Rome, plus que les théories, les religions ou les formes de culture, qui exprimera le « mythe » le plus vrai de Rome, qui parlera de la façon la plus immédiate, comme à travers une série

---

des dieux » - *praeter ornatum habitumque humano augustierem, majestate etiam... simillimos diis* (TITE-LIVE, V, 41).

[785] Selon les traditions classiques, on pensait que celui sur lequel se posait l'aigle était prédestiné par Zeus à de hauts destins ou à la royauté et que l'apparition de l'aigle était le signe de la victoire : symbole si universel que chez les Aztèques ce fut l'aigle qui indiqua l'emplacement de la capitale du nouvel empire. Cela permet de comprendre également des mythes, comme celui de Ganymède, où des êtres sont entraînés par l'aigle jusqu'au trône de Zeus, et aussi la croyance que l'aigle peut, sans baisser les yeux, fixer le soleil (cf. LUCIEN, *Icarom.*, XIV). Le ba, conçu comme partie de l'être humain destinée à une existence céleste éternelle dans des états de gloire, est souvent représenté dans les hiéroglyphes égyptiens par un épervier, équivalent égyptien de l'aigle. C'est sous la forme d'un « épervier », que, dans le rituel, l'âme transfigurée inspire de l'épouvante aux dieux, et l'on trouve dans *le Livre des Morts*, cette formule : « Je suis né à la ressemblance du vautour divin et Horus m'a fait participer, par ressemblance, de son esprit, pour prendre possession de ce qui, dans l'autre monde, correspond à Osiris » (*Book of the Dead*, cit. LXXVIII, Z-4, 4G). Dans le Rg *Veda* (*IV, 18, 13* ; *IV, 27, 2*) c'est l'aigle qui porte à Indra la boisson divine qui le rendra maître des dieux, en laissant derrière lui des forces féminines d'en bas. C'est dans le même esprit que doit être compris doctrinalement le sens caché de l'apothéose impériale romaine - *consecratio* - *où l'aigle qui s'envolait du bûcher correspondait à l'âme du mort qui devenait dieu.*

de grands symboles sculptés par la puissance dans la substance même de l'histoire, de la lutte spirituelle qui forgea le destin et la grandeur de Rome. Chaque phase du développement de Rome se présente en réalité comme une victoire de l'esprit héroïque aryen. C'est lors des plus grandes tensions historiques et militaires que cet esprit brilla de l'éclat le plus vif, alors même que Rome se trouvait déjà altérée, notamment à cause des influences exogènes et du ferment plébéien.

Dès les origines, certains éléments du mythe cachent un sens profond et indiquent en même temps les deux forces qui sont en lutte à Rome. Tel est le cas de la tradition selon laquelle Saturne-Chronos, le dieu royal du cycle d'or primordial, aurait créé Saturnia, considérée tantôt comme une ville et tantôt comme une forteresse, située à l'endroit où Rome devait surgir, et aurait été considéré également comme une force latente - *latens deus* - présente dans le Latium[786]. En ce qui concerne la légende de la naissance de Rome, le thème du couple antagoniste s'annonce déjà avec Numitor et Amulius, celui-ci semblant incorporer le principe violent dans sa tentative d'usurpation à l'égard de Numitor, qui correspond, lui, dans une large mesure, au principe royal et sacré. La dualité se retrouve dans le couple Romulus-Rémus. Il s'agit avant tout, ici, d'un thème caractéristique des cycles héroïques ; les jumeaux auraient été engendrés par une femme, par une vierge gardienne du feu sacré, à laquelle s'unit un dieu guerrier, Mars. Il s'agit, en second lieu, du thème historico-métaphysique des « Sauvés des eaux ». En troisième lieu le figuier Ruminal, sous lequel les jumeaux se réfugient, correspond du fait que dans l'ancienne langue latine *ruminus*, rapporté à Jupiter, désignait sa qualité de « nourrisseur » au symbole général de l'Arbre de vie et à la nourriture surnaturelle qu'il procure. Mais les jumeaux sont aussi nourris par la Louve. Nous avons déjà indiqué le double sens du symbolisme du Loup : non seulement dans le monde classique, mais aussi dans le monde celtique et nordique, l'idée du Loup et celle de la lumière se trouvent souvent associées, si bien que le Loup n'est pas sans rapport avec l'Apollon hyperboréen lui-

---

[786] PLINE dit : « *Saturnia ubi huc Roma est* ». VIRGILE (Aen., 357-358) « *Hanc Janus pater, hanc Saturnus condidit arcern : anicutum huic, illi fuerat Saturnia nomen.* » DIODORE (II, 1). Cf. G. SERGI, *Da Albalonga a Roma*, Torino, 1934, pp. 135-136.

même. D'autre part, le Loup exprime aussi une force sauvage, quelque chose d'élémentaire et de déchaîné ; nous avons vu que dans la mythologie nordique l'« âge du Loup » est celui des forces élémentaires en révolte.

Cette dualité latente dans le principe qui nourrit les jumeaux, correspond, au fond, à la dualité de Romulus-Remus, semblable à la dualité d'Osiris-Seth, de Caïn-Abel, etc.[787] Alors qu'en effet, Romulus, en traçant les limites de la cité, donne à cet acte le sens d'un rite sacré et d'un principe symbolique d'ordre, de limite, de loi, Remus, au contraire, outrage cette délimitation et, pour cette raison, est tué. C'est là le premier épisode, comme le prélude d'une lutte dramatique, lutte intérieure et extérieure, spirituelle et sociale, en partie connue, en partie enfermée dans des symboles muets : le prélude de la tentative de Rome de faire resurgir une tradition universelle de type héroïque dans le monde méditerranéen.

Déjà l'histoire mythique de la période des Rois indique l'antagonisme entre un principe héroïco-guerrier et aristocratique et l'élément correspondant aux plébéiens, aux « Pélasges de Rome », tout comme à la composante lunaire-sacerdotale et, ethniquement, étrusco-sabine, antagonisme qui s'exprima même en termes de géographie mystique avec le Palatin et l'Aventin.

C'est du Palatin que Romulus aperçoit le symbole des douze vautours lui conférant la primauté sur Remus, qui, lui, a pour mont l'Aventin. Après la mort de Remus, la dualité semble renaître, sous forme de compromis, entre Romulus et Tatius, roi des Sabins, qui pratiquaient un culte à prédominance tellurico-lunaire. Et à la mort de Romulus éclate la lutte entre les Albains (souche guerrière de type nordique) et les Sabins. Selon l'ancienne tradition italique, c'est d'ailleurs sur le Palatin qu'Hercule aurait rencontré le bon roi Evandre (qui élèvera significativement, sur le même Palatin, un temple à la

---

[787] Seth, qui est le frère obscur et le meurtrier d'Osiris, est appelé aussi Typhon. Selon Plutarque (*De Is. et Osir.*, *XLIX*) : « On donne à Typhon le nom de Seth, qui veut dire violence, domination, fréquents et brusques retours. » À Seth, sont associés les ennemis de Râ, le principe solaire, appelés *mesubetesh*, c'est-à-dire « les fils de la révolte impuissante ».

Victoire) après avoir tué Cacus, fils du Dieu pélasgien du feu chthonien, et élevé dans sa caverne, située dans l'Aventin, un autel au dieu olympien[788]. Cet Hercule, en tant qu'« Hercule triomphal », ennemi de Bona Dea, sera hautement significatif de même que Jupiter, Mars et plus tard Apollon en tant qu'« Apollon sauveur » du thème de la spiritualité ouranico-virile romaine en général, et sera célébré dans des rites dont les femmes étaient exclues[789]. Du reste, l'Aventin, le mont de Cacus abattu, de Remus tué, est aussi le mont de la Déesse, où s'élève le temple principal de Diane-Lune, la grande déesse de la nuit, temple fondé par Servius Tullius, le roi au nom plébéien et ami de la plèbe. C'est sur l'Aventin que celle-ci, en révolte contre le patriciat sacré, se retire ; c'est là que se célèbrent, en l'honneur de Servius, les fêtes des esclaves ; c'est là que se créent d'autres cultes féminins comme ceux de Bona Dea, de Carmenta, en 392 celui de Iuno-Regina apportée par Véies vaincue et qu'à l'origine les Romains n'aimaient guère ou des cultes tellurico-virils, comme celui de Faunus.

A la série des rois légendaires de Rome correspond une série d'épisodes de la lutte entre les deux principes. Après Romulus, transformé en « héros » sous le nom de Quirinus le « dieu invincible » dont César lui-même se considérera presque comme une incarnation[790] réapparaît, en la personne de Numa, le type lunaire du prêtre royal étrusco-pélasgien, dirigé par le principe féminin (l'Egérie), et avec lui s'annonce la scission entre le pouvoir royale le pouvoir sacerdotal[791]. Chez Tullius Hostilius, au contraire, on constate les

---

[788] Selon PIGANIOL (Op. cit., p. 15) le duel d'Hercule et de Cacus pourrait être une transcription légendaire de la lutte survenue entre une souche aryenne ou parente des Aryens, et un souche aborigène de type pélasgien, dont elle finit par triompher.
[789] Cf. MACROBE, Sat., I, 12, 27.
[790] DIDON CASS., KLIII, 45.
[791] Après Numa, on oppose au roi (qui, à l'origine, était au-dessus des flammes - lesquels offraient une correspondance, même phonétique, avec les brahmanes) le *rex sacrorum*. Celui-ci - comme on l'a justement remarqué (cf. PIGANIOL, *op. cit.*, p. 257) - bien qu'on ait souvent supposé qu'il était un prêtre de rite patricien, fut plutôt une expression du rite plébéien. C'est un intermédiaire entre le peuple et la grande déesse plébéienne, la Lune. Il ne possède pas la spectio, attribut propre aux patriciens, et dans le rituel vient, gynécocratiquement, après les Vestales.

signes d'une réaction du principe viril proprement romain, opposé au principe étrusco-sacerdotal. Il apparaît surtout, en effet, comme le type de *l'imperator*, du chef guerrier, et s'il périt pour avoir gravi l'autel et fait descendre la foudre du ciel comme les prêtres avaient l'habitude de le faire, cela peut signifier, symboliquement, une tentative de réintégration sacrée de l'aristocratie guerrière. À l'inverse, avec la dynastie étrusque des Tarquins, ce sont les thèmes de la prééminence féminine et de la tyrannie favorisant les couches plébéiennes contre l'aristocratie, qui s'entremêlent étroitement à Rome[792].

C'est donc un tournant fondamental de l'histoire, que celui de la révolte de la Rome patricienne, en 509 av. JC. Servius tué, elle chasse le Second Tarquin, met fin à la dynastie étrangère et rompt le lien de la civilisation précédente presqu'en même temps que se produit l'expulsion des tyrans populaires et la restauration dorienne à Athènes (510 av. J C). Après cela, il n'importe guère de suivre les luttes internes, les multiples épisodes de la résistance patricienne et de l'usurpation plébéienne à Rome. En fait, le centre se déplace graduellement de l'intérieur vers l'extérieur. Ce qu'il faut considérer, ce sont moins les compromis auxquels correspondirent certaines institutions et certaines lois jusqu'à l'époque impériale, que ce « mythe » constitué, comme nous l'avons dit, par le processus historique de la grandeur politique de Rome. En effet, malgré la subsistance ou l'infiltration, dans la trame de la romanité, d'un élément hétérogène méridional, les puissances

---

[792] On peut se référer de nouveau à l'ouvrage de Bachof en en ce qui concerne le rapport qui existe entre les figures féminines et les rois de la dynastie étrangère. Nous ajouterons que le nom de Servius (Servius Tullius) indiquait originellement un esclave, de même que celui de Brutus (qui est celui du premier tribun de la plèbe - Junius Brutus - et qu'on ne trouve plus dans les fastes consulaires après la première année) s'appliquait aux esclaves rebelles de souche pélagienne (cf. MICHELET, *Hist. Républ.*, cit., pp. 106-107). Très significatif également est le thème tellurique que met en lumière, en ce qui concerne l'élément plébéien, la tradition selon laquelle l'oracle, ayant annoncé que celui qui régnerait serait celui qui aurait embrassé sa mère, Brutus se serait prosterné pour baiser la Terre, considérée ainsi comme la Mère des hommes. Les Lucumons étrusques, on l'a déjà rappelé, se considéraient comme les fils de la Terre. Et n'est-il pas curieux, enfin, que le meurtrier de César porte le nom des esclaves pélasgiens rebelles, qu'il s'appelle lui aussi Brutus, tout comme le premier usurpateur de l'autorité à Rome ?

politiques où cet élément s'était affirmé de la façon la plus caractéristique, ne furent pas épargnées ; elles furent inexorablement détruites ou ployées sous une civilisation différente, antithétique, et d'un niveau plus élevé.

Que l'on songe, en effet, à l'extraordinaire et significative violence avec laquelle Rome abattit les centres de la civilisation précédente, surtout étrusque, souvent jusqu'à effacer presque entièrement toutes traces de leur puissance, de leurs traditions et même de leur langue. Comme Albe, Véies la ville de Juno Regina[793] Tarquinia et Lucumonia furent rayées l'une après l'autre de l'histoire. Il y a là comme un élément fatidique, même s'il fut « agi » plus que pensé et voulu, par une race qui conserva toujours, cependant, le sentiment de devoir aux forces divines sa grandeur et sa fortune. Et Capoue, centre de mollesse et d'opulence méridionale, personnification de la « culture » de la Grèce esthétisée, aphrodisiée, qui avait cessé d'être dorienne de cette culture qui devait pourtant séduire et amollir une grande partie du patriciat romain, Capoue tombe aussi. Mais c'est surtout dans les guerres puniques, dans la forme muette de réalités et de puissances politiques, que les deux traditions se rencontrent. Avec l'anéantissement de Carthage, la ville de la Déesse (Astarté-Tanit) et de la femme royale (Didon) qui avait déjà essayé de séduire l'aïeul légendaire de la noblesse romaine on peut dire, avec Bachofen[794], que Rome déplace le centre de l'Occident historique, le fait

---

[793] PIGANIOL (Op. cit., pp. 119-259) remarque avec raison que la lutte de Rome contre Véies apparaît presque comme l'incarnation de la lutte d'Apollon contre la Déesse. Une interprétation analogue semble transparaître dans Tite-Live (V, 25, 5-8), qui rapporte que le vainqueur de Véies, Camille, revêtit, en cette qualité, des vêtements de dieu solaire.

[794] Dans le fait que Rome, se conformant aux *Livres Sibyllins*, accueillit la Grande Déesse phrygienne (de même qu'une autre Déesse asiatique, Aphrodite d'Ericinium, déesse, entre autres, de la prostitution, avait été imposée par ces Livres après la défaite de Trasimène) à titre de propitiation pour vaincre Annibal, BACHOFEN (*Sage von Tanag.*, p. XXXVI) voit le revirement de « ville des origines aphrodisiennes qui a presque peur d'avoir négligé si longtemps la Mère et de s'être consacrée si entièrement au principe viril de l'Imperium. » Cette hypothèse est vraisemblable. D'un autre côté, Il faut considérer que, une guerre ne pouvait être vraiment gagnée qu'en invoquant et en attirant à soi les divinités de l'ennemi, en faisant en sorte qu'elles abandonnent l'adversaire : et la grande déesse phrygienne n'était qu'une copie de la Tanit punique. Le culte de cette Déesse, du reste, ne fut

passer du mystère tellurique au mystère ouranien, du monde lunaire des mères au monde solaire des pères. Et le germe originel et invisible de la « race de Rome » façonne intimement la vie, avec un *ethos* et un droit qui consolident cette orientation malgré l'action incessante et subtile de l'élément adverse. En réalité, la loi romaine du droit des armes conquérantes, jointe à l'idée mystique de la victoire, représente l'antithèse la plus nette par rapport au fatalisme étrusque et à tous les abandons contemplatifs. On affirme l'idée virile de l'État, contraire à toutes les formes hiératico-démétriennes, mais comportant cependant, dans chacune de ses structures, la consécration propre à un élément rituel et sacré. Et cette idée fortifie l'âme intime, situe la vie entière sur un plan nettement supérieur à celui de toutes les conceptions naturalistes. L'ascèse de l'« action » se développe dans les formes traditionnelles, dont nous avons déjà parlé. Elle pénètre d'un sens de discipline et de tenue militaire jusqu'aux articulations des associations corporatives. La gens et la famille sont constituées selon le droit paternel le plus strict : au centre, *les pares*, *prêtres* du feu sacré, arbitres de justice et chefs militaires de leur *gens*, de leurs esclaves et de leurs clients, éléments fortement individualisés de la formation aristocratique du Sénat. Et la *civitas* elle-même, qui est la loi matérialisée, n'est que rythme, ordre et nombre. Les nombres mystiques trois, douze, dix et leurs multiples, sont à la base de toutes ses divisions politiques[795].

Bien qu'elle n'ait pas su se soustraire à l'influence des Livres Sibyllins, introduits, semble-t-il, par le second Tarquin, livres qui représentent précisément l'élément asiatique mêlé à un hellénisme bâtard et préparent le rite plébéien, en introduisant, dans l'ancien culte patricien fermé, de nouvelles et équivoques divinités Rome a su réagir chaque fois que l'élément ennemi se manifestait ouvertement et menaçait vraiment sa réalité la plus profonde. On voit ainsi Rome combattre les envahissements bacchico-aphrodisiens et proscrire les Bacchanales ; se méfier des Mystères d'origine asiatique, qui polarisaient désormais autour d'eux un mysticisme malsain ; ne

---

effectivement intégré que plus tard à la romanité et fut adopté surtout dans les couches plébéiennes.
[795] Cf. MICHELET, op. cit., V, I, p. 148.

tolérer les cultes exotiques, parmi lesquels se glissaient avec insistance le thème chthonien et celui des Mères, que dans la mesure rigoureuse où ils n'exerçaient aucune influence nuisible sur un mode de vie virilement organisée. La destruction des livres apocryphes de Numa Pompilius et le bannissement des « philosophes », particulièrement des Pythagoriciens, ne sont pas seulement dus à des motifs politiques et contingents. Ils ont des raisons plus profondes. De même que les résidus étrusques, le pythagorisme, dont l'apparition en Grèce correspond à une reviviscence pélasgienne, peut être considéré, par sa réévocation nostalgique de figures de déesses telles que Rhéa, Déméter et Hestia, par son esprit lunaro-mathématique, par sa coloration panthéiste, par le rôle spirituel qu'il reconnaît à la femme, malgré la présence d'éléments de type différent, comme la ramification d'une civilisation « démétrienne » purifiée, en lutte contre le principe opposé agissant à présent en tant qu'esprit invisible de la romanité. Il est significatif que les auteurs classiques aient vu une relation étroite entre Pythagore et les Etrusques[796] et que les commentaires proscrits des livres de Numa Pompilius tendirent précisément à établir cette relation et à rouvrir les portes sous le masque d'un prétendu traditionalisme à l'influence antithétique, anti-romaine, pélasgico-étrusque[797].

D'autres événements historiques, qui, du point de vue d'une métaphysique de la civilisation, ont également une valeur de symboles, sont la chute de l'empire isiaque de Cléopâtre et la chute de Jérusalem. Ce sont de nouveaux tournants de l'histoire intérieure de l'Occident, qui s'accomplit à travers la dynamique d'antithèses idéales se reflétant dans les luttes civiles elles-mêmes, car chez un Pompée, chez un Brutus, chez un Cassius et chez un Antoine, on peut reconnaître le thème du Sud dans la tentative tenace mais vaine de freiner et de vaincre la nouvelle réalité[798]. Si Cléopâtre est un symbole vivant de la civilisation aphrodisienne, dont Antoine subit

---

[796] Cf. par ex. PLUTARQUE, Symp., VIII, 7, 1-2.

[797] Le pythagorisme se répandit surtout, en Italie, chez les peuples où dominait l'élément pélasgien : chez les Étrusques, les Sabelliens et dans les villes de l'Italie méridionale.

[798] Cf. BACHOFEN, Sage von Tanaquil, cit., p. XXXIX.

l'influence[799], César incarne au contraire le type ario-occidental du dominateur. Ses paroles fatidiques : « Dans ma lignée on trouve la majesté des rois qui, parmi les hommes, l'emportent par la puissance, et le caractère sacré des dieux, entre les mains desquels se trouve le pouvoir des rois »[800], annoncent déjà la réaffirmation, à Rome, de la plus haute conception de l'imperium. En réalité, déjà avec Auguste qui, aux yeux de la romanité, incarnait le *numen* et *l'aeternitas* du fils d'Apollon-Soleil s'était rétabli univoquement l'unité des deux pouvoirs, parallèlement à une réforme tendant à remettre en vigueur les principes de l'ancienne religion ritualiste romaine, en face de l'envahissement des cultes et des superstitions exotiques. Ainsi se réalise un type d'État qui, tirant sa légitimation de l'idée olympico-solaire, devait naturellement tendre à l'universalité. En fait, l'idée de Rome finit par s'affirmer au-delà de tout particularisme, non seulement ethnique, mais aussi religieux. Une fois le culte impérial défini, il respecta et accueillit, dans une sorte de « féodalisme religieux », les différents dieux correspondant aux traditions de tous les peuples compris dans l'œcoumène romain ; mais, au-dessus de chaque religion particulière et nationale, il fallait témoigner d'une *fides* supérieure, liée précisément au principe surnaturel incarné par l'Empereur ou par le « génie » de l'Empereur et symbolisé aussi par la Victoire en tant qu'être mystique, vers la statue de laquelle le sénat se tournait, lorsqu'il prêtait le serment de fidélité.

À l'époque d'Auguste, l'ascèse de l'action, soutenue par un élément fatidique, avait créé un corps suffisamment vaste pour que l'universalité romaine eût une expression tangible et donnât son chrisme à un ensemble complexe de populations et de races. Rome apparut comme « génitrice d'hommes et génitrice de dieux », avec « des temples où l'on n'est pas loin du ciel » et qui, de divers peuples, avait fait une seule nation - « *fecisti patriam diversis gentibus unam* »[801]. La *pax augusta et profonda* sembla peu à peu

---

[799] Le fait, rapporté par DION (L, 5), que Cléopâtre ait pris le nom d'Isis et Antoine celui de Dionysos, rétablissant ainsi les deux types complémentaire d'une civilisation de type « aphrodisien », est intéressant à noter.
[800] SUETONE, *Caes.*, b.
[801] RUTILIUS NAMAZIEN, *De red. suo*, 1, 49 ; 1, 50 ; 1, G2-65.

atteindre, comme *pax romana*, les limites du monde connu. Ce fut comme si la Tradition dût encore une fois renaître, dans les formes propres à un « cycle héroïque ». Il sembla que fût mis fin à l'âge de fer, et que s'annonçât le retour de l'âge primordial, l'âge de l'Apollon hyperboréen. « Le dernier âge de la prophétie de Cumes est enfin arrivé chantait Virgile. Voici que renaît intact le grand ordre des siècles. La Vierge revient, Saturne revient, et une nouvelle génération descend des hauteurs des cieux - *jam nova progenies coela demittitur alto* -. Daigne, ô chaste Lucine, aider à la naissance de l'Enfant, avec laquelle finira la race du fer et s'élèvera sur le monde entier la race d'or, et voilà, ton frère, Apollon, règnera... La vie divine recevra l'Enfant que je chante, et verra les héros se mêler aux dieux, et lui-même à eux - *ille deus vitam accipiet divisque videbit - permixtos heroas et ipse videbitur illis* »[802]. Cette sensation fut si puissante, qu'elle devait encore s'imposer plus tard, élever Rome à la hauteur d'un symbole supra-historique et faire dire aux chrétiens eux-mêmes que tant que Rome restera sauve et intacte, les convulsions effrayantes du dernier âge ne seront pas à craindre, mais que le jour où Rome tombera, l'humanité sera proche de son agonie[803].

---

[802] VIRGILE, *Eglogues*, IV, 5-10, 1.5-18. Parmi ces expressions prophétiques de Virgile, on trouve une allusion à la mort du serpent (*ibid.*, 24) ainsi qu'à un groupe de héros qui renouvellera l'entreprise symbolique d'Argos et à un nouvel Achille qui refera la guerre, également symbolique, des Achéens contre Troie (33-36).
[803] LACTANCE, *Inst.*, VII, 25, b. Cf. TERTULLIEN, *Ad Scapud.*, II.

10

SYNCOPE DE LA TRADITION OCCIDENTALE

Le christianisme des origines

C'est à partir de ce moment que se produit la descente. Nous avons souligné, dans ce qui précède, les facteurs qui jouèrent, à Rome, le rôle d'une force centrale, dans un développement complexe, où les influences hétérogènes ne purent agir que d'une façon fragmentaire, en face de ce qui, agissant derrière les coulisses de l'humain, donna à Rome sa physionomie spécifique.

Or, cette Rome aryenne qui s'était émancipée de ses racines aborigènes atlantiques et étrusco-pélasgiennes, qui avait détruit, un à un, les grands centres de la civilisation méridionale, qui avait méprisé les philosophes grecs et mis à l'index les pythagoriciens, qui, enfin, avait proscrit les bacchanales et réagi contre les premières avant-gardes des divinités alexandrines (persécutions de 59, 58, 53, 50 et 40 av. J.C.), la Rome sacrée, patricienne et virile *du jus*, du *fas* et du *mos* est soumise dans une mesure croissante à l'invasion de cultes asiatiques désordonnés, qui s'insinuent rapidement dans la vie de l'Empire et en altèrent les structures. On y retrouve les symboles de la Mère, toutes les variétés des divinités mystico-panthéistiques du Sud dans leurs formes les plus bâtardes, très éloignées de la clarté démétrienne des origines, associées à la corruption des coutumes et de la *virtus romana* intime, et, plus encore, à la corruption des institutions. Ce processus de désagrégation finit par atteindre l'idée impériale elle-même, dont le contenu sacré se maintient, mais seulement comme un symbole, porté par un courant trouble et chaotique, comme un chrisme auquel correspond rarement la dignité de ceux qui en sont marqués. Historiquement et politiquement, les représentants mêmes de l'Empire travaillent à présent dans une direction opposée à celle qu'eût nécessitée sa défense, sa réaffirmation en tant qu'ordre solide et organique. Au lieu de réagir, de sélectionner, de rassembler les éléments survivants de la « race de Rome » au centre de l'État, pour affronter comme il convenait le choc des forces affluant dans l'Empire, les Césars s'adonnèrent à une oeuvre de centralisation absolutiste et nivellatrice. Le Sénat perdit son autorité et l'on finit par abolir la distinction entre les citoyens romains, les citoyens latins et la masse des autres sujets, en leur accordant indistinctement la citoyenneté romaine. Et l'on pensa qu'un despotisme appuyé sur la dictature militaire, combiné avec une structure bureaucratico-administrative sans âme, pourrait maintenir l'œcoumène romain, pratiquement réduit à une masse désarticulée et cosmopolite. L'apparition sporadique de figures qui possédèrent des traits de grandeur évoquant l'ancienne dignité romaine, qui incarnèrent, en quelque sorte, des fragments de la nature sidérale et de la qualité « pierre », qui gardèrent la compréhension de ce qui avait été la sagesse et reçurent parfois, jusqu'à l'empereur Julien, la consécration initiatique, ne put rien opposer de décisif au processus général de décadence.

La période impériale fait apparaître, dans son développement, cette dualité contradictoire : d'un côté une théologie, une métaphysique et une liturgie de la souveraineté qui prennent une forme toujours plus précise. On continue de se référer à un nouvel âge d'or. Chaque César est acclamé avec l'*expectate veni* ; son apparition a le caractère d'un fait mystique *adventus augusti* marqué par des prodiges dans l'ordre même de la nature, tout comme des signes néfastes en accompagnent le déclin. Il est *redditer lucis aeternae* (Constance Chlore), il est le nouveau *pontifex maximus*, celui qui a reçu du dieu olympien l'empire universel symbolisé par une sphère. C'est à lui qu'appartiennent la couronne rayonnante du soleil et le sceptre du roi du ciel. Ses lois sont considérées comme saintes et divines. Même au Sénat, le cérémonial qui lui est consacré a un caractère liturgique. Son image est adorée dans les temples des différentes provinces, de même que celle qui figure sur les enseignes des légions, comme point de ralliement suprême de la *fides* et du culte des soldats et symbole de l'unité de l'Empire[804].

Mais celle-ci est comme une veine d'en haut, un axe de lumière au milieu d'un ensemble démonique, où toutes les passions, l'assassinat, la cruauté, la trahison se déchaînent peu à peu dans des proportions plus qu'humaines : arrière-plan qui devient de plus en plus tragique, sanglant et déchiré, au fur et à mesure qu'on avance dans le Bas-Empire, malgré l'apparition sporadique de chefs durement trempés, capables, malgré tout, de s'imposer dans un monde qui désormais vacille et s'écroule. Il était inévitable, dans ces conditions, que vînt le moment où la fonction impériale, au fond, ne se survivrait que comme l'ombre d'elle-même. Rome lui demeura fidèle, presque désespérément, dans un monde ébranlé par des convulsions effrayantes. Mais, en réalité, le trône était vide.

À tout cela devait s'ajouter l'action du christianisme.

Si l'on ne doit pas ignorer la complexité et l'hétérogénéité des éléments présents dans le christianisme des origines, on ne peut cependant méconnaître l'antithèse existant entre les forces et le pathos qui prédominent en lui et l'esprit aryen romain originel. Il ne s'agit plus, dans cette deuxième partie de notre ouvrage, d'isoler les éléments traditionnels présents dans les diverses civilisations historiques : il s'agit plutôt de découvrir quelles fonctions ont rempli, selon quel esprit ont agi, les courants historiques envisagés dans leur ensemble. Ainsi, la présence de certains éléments traditionnels dans le christianisme (et ensuite, dans une beaucoup plus large mesure, dans le catholicisme), ne doit pas empêcher de reconnaître le caractère destructeur propre à ces deux courants.

En ce qui concerne le christianisme, on connaît déjà la spiritualité équivoque propre à la branche de l'hébraïsme dont il est originellement issu, ainsi qu'aux cultes asiatiques de la décadence, qui facilitèrent l'expansion de la nouvelle foi au-delà de son foyer d'origine.

Pour ce qui est du premier point, l'antécédent immédiat du

---

[804] Cf. E. STAUFER, *Christus und die Caesaren*, Hamburg, 1948.

christianisme n'est pas l'hébraïsme traditionnel, mais bien le prophétisme et d'autres courants analogues, où prédominent les notions de péché et d'expiation, où s'exprime une *forme désespérée* de spiritualité, où se substitue au type guerrier du Messie, émanation du « Dieu des armées », le type du Messie « Fils de l'Homme », prédestiné à servir de victime expiatoire le persécuté, l'espérance des affligés et des rejetés, objet d'un élan confus et extatique de l'âme. On sait que c'est précisément dans une ambiance saturée de ce pathos messianique, rendu pandémique par la prédication prophétique et par les différentes apocalypses, que la figure mystique de Jésus-Christ prit originellement forme et développa son pouvoir. C'est en se concentrant en elle comme figure du Sauveur, en rompant avec la « Loi », c'est-à-dire l'orthodoxie hébraïque, que le christianisme primitif, en réalité, devait reprendre à l'état pur bien des thèmes typiques de l'âme sémite en général, que nous avons déjà eu l'occasion d'analyser : thèmes caractéristiques d'un type humain déchiré, et particulièrement propres à agir comme un virus antitraditionnel, surtout à l'égard d'une tradition telle que la tradition romaine. Avec le paulinisme, ces éléments furent, en quelque sorte, universalisés et mis à même d'agir indépendamment de leurs origines.

Quant à l'orphisme, il favorisa l'acceptation du christianisme dans diverses zones du monde antique, non en tant qu'ancienne doctrine initiatique des Mystères, mais en tant que profanation de celle-ci, solidaire de la poussée des cultes de la décadence méditerranéenne, où avait pris forme également l'idée du « salut », au sens simplement religieux du terme, et où s'était affirmé l'idéal d'une religion ouverte à tous, étrangère à tout concept de race, de tradition et de caste, c'est-à-dire allant, en fait, au-devant de ceux qui n'avaient ni race, ni tradition, ni caste. Dans cette masse, concurremment à l'influence des cultes universalistes de provenance orientale, une sorte de besoin confus s'intensifia de plus en plus jusqu'au moment où la figure du fondateur du christianisme joua, pour ainsi dire, le rôle d'un catalyseur, d'un centre, de cristallisation, à l'égard de ce qui saturait l'atmosphère. Et il ne s'agit plus dés lors d'un état, d'une influence diffuse, mais bien d'une force précise en face d'une autre force.

Doctrinalement, le christianisme se présente comme une forme désespérée du dionysisme. S'étant formé essentiellement en vue de s'adapter à un type humain *brisé*, il utilisa comme un levier la partie irrationnelle de l'être et, au lieu des voies de l'élévation « héroïque », sapientiale et initiatique, il affirme comme moyen fondamental la foi, l'élan d'une âme agitée et bouleversée, poussée confusément vers le suprasensible. Par ses suggestions relatives à la venue imminente du Royaume, par des images évoquant une alternative de salut éternel ou de damnation éternelle, le christianisme des origines tendit à exaspérer la crise de ce type humain et à renforcer l'élan de la foi jusqu'à ce qu'une voie problématique fût ouverte vers le surnaturel à travers le symbole du salut et de la rédemption dans le Christ crucifié. Si, dans le symbole christique, apparaissent les traces d'un schéma inspiré des anciens Mystères, avec des références à l'orphisme et à des courants analogues, il est caractéristique de la nouvelle religion qu'elle utilise ce schéma sur un plan non plus initiatique, mais essentiellement affectif et, tout au plus, confusément mystique. C'est pourquoi, d'un certain point de vue, il est exact de dire qu'avec le christianisme Dieu se fit homme. On ne se trouva plus en présence d'une pure religion de la Loi comme dans l'hébraïsme orthodoxe, ni d'un vrai Mystère initiatique, mais devant quelque chose d'intermédiaire, un succédané du second formulé de manière à s'adapter au type humain brisé dont il a été question plus haut. Celui-ci se sentit relevé de son abjection, racheté dans la sensation pandémique de la « grâce », animé d'une nouvelle espérance, justifié, libéré du monde, de la chair et de la mort[805]. Or, tout cela représentait quelque chose de fondamentalement étranger à

---

[805] Ainsi, par rapport à l'hébraïsme orthodoxe, le christianisme des origines peut revendiquer tout au plus un caractère mystique comparable à celui du prophétisme, mais, en aucune façon, un caractère initiatique, comme le voudrait F. SCHUON (*De l'unité transcendante des religions*, Paris, 1937), qui se fonde sur des éléments sporadiques existant surtout dans l'Église orientale. On ne devrait pas oublier, en outre, que si le christianisme s'est approprié l'antique tradition hébraïque, l'hébraïsme orthodoxe s'est continué, en tant que direction indépendante et sans reconnaître le christianisme, avec le Talmud, et a eu, avec la Kabbale, une tradition proprement initiatique que le christianisme n'a jamais possédée. C'est ainsi que plus tard, partout où prit forme, en Occident, un véritable ésotérisme, cela se produisit essentiellement en dehors du christianisme, avec l'aide de courants non chrétiens, comme la Kabbale hébraïque, l'hermétisme ou des veines d'origine nordique lointaine.

l'esprit romain et classique, voire, en général, aryen. Historiquement, cela signifiait cette prédominance du *pathos* sur l'*ethos*, cette sotériologie équivoque et émotionnelle, que la haute tenue du patriciat sacré romain, le style sévère des juristes, des Chefs et des ascètes païens avaient toujours combattues. Le Dieu ne fut plus le symbole d'une essence exempte de passion et de changement, qui crée une distance par rapport à tout ce qui n'est qu'humain, ni le Dieu des patriciens qu'on invoque debout, qu'on porte en tête des légions et qui s'incarne dans le vainqueur. Ce qui se trouve au premier plan, c'est plutôt une figure qui, dans sa « passion », reprend et affirme, en termes exclusivistes (« Personne ne va au Père sinon par moi ». « Je suis la voie, la vérité, la vie ») le motif pélasgico-dionysiaque des dieux sacrifiés, des dieux qui meurent et renaissent à l'ombre des Grandes Mères[806]. Le mythe même de la naissance de la Vierge se ressent d'une influence analogue, et évoque le souvenir des déesses qui, comme la Gaïa hésodienne, engendrent sans époux. Le rôle important que devait jouer, dans le développement du christianisme, le culte de la « Mère de Dieu », de la « Vierge divine », est, à cet égard, significatif. Dans le catholicisme, Marie, la « Mère de Dieu », est la reine des anges, des saints, du monde et aussi des enfers ; elle est également considérée comme la mère, par adoption, de tous les hommes, comme la « Reine du monde », « dispensatrice de toute grâce ». Il convient de remarquer que ces expressions, qui sont hors de proportion avec le rôle effectif de Marie dans le mythe des Évangiles, ne font que répéter les attributs des Mères divines souveraines du Sud pré-aryen[807]. En effet, si le christianisme est essentiellement une religion du Christ plus qu'une religion du Père, les figurations, tant de l'enfant Jésus que du corps du Christ crucifié entre les bras de la Mère divinisée, rappellent nettement celles des cultes de la Méditerrannée orientale[808], en contraste avec l'idéal des divinités purement

---

[806] Cf. L. ROUGIER, *Celse*, Paris, 1925.

[807] Il est également significatif que selon de nombreux théologiens catholiques, tout autre signe de prédestination et d'élection est douteux ; la dévotion à la Vierge serait au contraire un signe sûr ; le « vrai serviteur de Marie » aura la vie éternelle. Cf. par ex. J. BERTHIER, *Sommario di teologia dogmatica e morale*, Torino, 1933, §§ 1791-1792.

[808] HIERONYME (*Epist. ad Paulin.*, 49) rappelle que Bethléem « fut un temps ombragée par le bois de Tanmuz-Adonis et dans cette grotte, où vagit le bambin Jésus, fut jadis pleuré le bien-aimé de Vénus. » Cf., aussi, A. DREWS, *Marienmythen* (Iena, 1928), pour

olympiennes, exemptes de passion, détachées de l'élément tellurico-maternel. Le symbole adopté par l'Église elle-même fut celui de la Mère (la Mère Église). Et l'on considéra que l'attitude religieuse, au sens éminent, était celle de l'âme implorante et priante, consciente de son indignité, de sa nature pécheresse et de son impuissance en face du Crucifié[809]. La haine du christianisme des origines pour toute forme de spiritualité virile, le fait qu'il stigmatisa, comme folie et péché d'orgueil, tout ce qui peut favoriser un dépassement actif de la condition humaine, exprime nettement son incompréhension du symbole « héroïque ». Le potentiel que la nouvelle foi sut engendrer chez ceux qui sentaient le mystère vivant du Christ, du Sauveur, et en tirèrent la force nécessaire pour alimenter leur frénésie du martyre, n'empêche pas que l'avènement du christianisme signifie une chute, et qu'il détermina, dans l'ensemble, une forme spéciale de *dévirilisation* propre aux cycles de type lunairesacerdotal.

Même dans la morale chrétienne, la part des influences méridionales et non-aryennes est très visible. Que ce soit par rapport à un Dieu, et non à une déesse, que l'on affirme, spirituellement, l'absence de différence entre les hommes et qu'on élise l'amour comme principe suprême, cela n'a guère d'importance. Cette égalité relève essentiellement d'une conception générale, dont une variante est de « droit naturel », qui était parvenu à s'insinuer dans le droit romain de la décadence. Elle est l'antithèse de l'idéal héroïque de la personnalité, de la valeur attachée à tout ce qu'un être, en se différenciant, en se donnant une forme, conquiert par lui-même dans un ordre hiérarchique. Ainsi, pratiquement, l'égalitarisme chrétien, avec ses principes de fraternité,

---

la connexion générale de la figure de Marie avec celle des déesses antérieures du cycle méridional. À propos de l'élément féminin dans le christianisme, J. DE MAISTRE (*Soirées*, cit., append., 11, 323-4) remarque : « Nous voyons que le salut commence au moyen d'une femme annoncée depuis les origines. Dans toute l'histoire évangélique, les femmes ont une part assez notable. Et dans toutes les conquêtes célèbres du christianisme [comme du reste dans la diffusion de la religion dionysiaque, faites soit sur les individus, soit sur les nations, on voit toujours figurer une femme. »

[809] Dans la Rome pré-chrétienne, les Livres Sibyllins, qui introduisirent le culte de la Grande Déesse, introduisirent aussi la *supplicatio*, c'est-à-dire le rite d'humiliation devant la statue divine, dont on embrassait les genoux et dont on baisait les mains et les pieds.

d'amour, et de réciprocité collectiviste, finit par être la base mystico-religieuse d'un idéal social diamétralement opposé à la pure idée romaine. Au lieu de *l'universalité*, vraie seulement en fonction d'un sommet hiérarchique qui ne supprime pas, mais implique et confirme les différences, surgissait en réalité l'idéal de la *collectivité*, qui se réaffirmait dans le symbole même du corps mystique du Christ, et contenait en germe une influence régressive et involutive, que le catholicisme, lui-même, malgré sa romanisation, ne sut et ne voulut jamais entièrement dépasser.

Pour mettre en valeur le christianisme sur le plan doctrinal, on invoque l'idée du surnaturel et le dualisme qu'il affirme. On se trouve toutefois, ici, devant un exemple typique de l'action différente que peut exercer un même principe selon l'usage qui en est fait. Le dualisme chrétien dérive essentiellement du dualisme propre à l'esprit sémite et agit dans un sens entièrement opposé à celui de la doctrine des deux natures, qui fut, nous l'avons vu, à la base de toutes les réalisations de l'humanité traditionnelle. La rigide opposition chrétienne de l'ordre surnaturel à l'ordre naturel a pu avoir, si on la considère abstraitement, une justification pragmatique, liée à la situation spéciale, historique et existentielle d'un type humain donné[810]. Mais un tel dualisme, en soi, se distingue nettement du dualisme traditionnel, du fait qu'il n'est pas subordonné à un principe supérieur, à une vérité supérieure et qu'il ne revendique pas un caractère relatif et fonctionnel, mais, absolu et ontologique. Les deux ordres, naturel et surnaturel, ainsi que la distance qui les sépare, sont hypostasiés, au point de compromettre tout contact réel et actif. Il en résulte qu'à l'égard de l'homme (et ici également sous l'influence d'un thème hébraïque), prend forme la notion de la « créature », séparée de Dieu en tant que « créateur » et être personnel, par une distance essentielle, et qu'en outre cette distance s'exaspère, du fait de la reprise et de l'accentuation de l'idée, également hébraïque, du « péché originel ». De ce dualisme découle en particulier la conception, sous la forme passive de « grâce », d'« élection », et de « salut », de toutes les manifestations d'influences suprasensibles, ainsi que la méconnaissance, souvent liée,

---

[810] Cf. EVOLA, *Maschera e vorto dello spiritualismo contemporaneo*, Bari, 1949, pp. 112 sqq.

comme nous l'avons dit, à une véritable animosité, de toute possibilité « héroïque » chez l'homme, avec sa contrepartie : l'humilité, la « crainte de Dieu », la mortification, la prière. La parole des Évangiles relative à la violence que la porte des Cieux peut subir, et la reprise du « Vous êtes des dieux », davidique, restèrent pratiquement sans influence sur le pathos prédominant dans le christianisme des origines. Il est évident que le christianisme, en général, a universalisé, rendu exclusives et exalté la voie, la vérité et l'attitude qui ne conviennent qu'à un type humain inférieur ou à ces basses couches de la société pour lesquelles furent conçues les formes exotériques de la Tradition. C'est là un des signes caractéristiques du climat de l'« âge obscur », du Kali-yuga.

Tout cela concerne les rapports de l'homme avec le divin. La seconde conséquence du dualisme chrétien fut la « désacralisation » et la « désanimation » de la nature. Le « surnaturalisme » chrétien eut pour conséquence que les mythes naturels de l'antiquité, une fois pour toutes, ne furent plus compris. La nature cesse d'être quelque chose de vivant, on rejette et stigmatise comme « païenne » la vision magico-symbolique de celle-ci, vision sur laquelle se fondaient les sciences sacerdotales. Après le triomphe du christianisme, celles-ci se mirent, en fait, à dégénérer rapidement, sauf le pâle résidu qui devait correspondre, plus tard, à la tradition catholique des rites. La nature devint quelque chose d'étranger, sinon même de diabolique. Et cela servit à son tour de base à la formation d'une ascèse typiquement chrétienne, de caractère monastique, mortificatoire, ennemie du monde et de la vie, en complète opposition avec la façon de sentir classique et romaine.

La troisième conséquence concerne le domaine politique. Des principes tels que : « Mon royaume n'est pas de ce monde » et « Rendez à César ce qui appartient à César, à Dieu ce qui est à Dieu » attaquaient directement le concept de la souveraineté traditionnelle et cette unité des deux pouvoirs qui s'était, formellement du moins, reconstituée dans la Rome impériale. Après le Christ affirmera Gélase 1er aucun homme ne peut être roi et prêtre ; l'unité du sacerdoce et de la royauté, dans la mesure où elle est revendiquée par un monarque, c'est une ruse diabolique, une contrefaçon de la véritable royauté sacerdotale qui n'appartient qu'au Christ[811]. C'est précisément sur ce point que le contraste entre l'idée chrétienne et l'idée romaine donna lieu à un conflit ouvert. À l'époque où le christianisme se développa, le Panthéon romain se présentait de telle manière, que même le culte du Sauveur chrétien aurait pu, finalement, y trouver place parmi d'autres, à titre de culte particulier schismatiquement issu de l'hébraïsme. Comme nous l'avons dit, c'était le propre de l'universalité impériale que d'exercer une fonction supérieure unificatrice et ordonnatrice, au-delà de tout culte spécial, qu'elle n'avait pas besoin de nier. Elle demandait pourtant un acte qui attestât une *fides*, une loyauté supra-ordonnée, à l'égard du principe d'en haut incarné par le représentant de l'Empire, l'*Augustus*. C'est précisément cet acte le rite de l'offrande sacrificielle devant le symbole impérial que les chrétiens refusèrent d'accomplir, le déclarant incompatible avec leur foi. Et c'est là l'unique raison de cette épidémie de « martyrs », qui devait apparaître au magistrat romain comme une pure folie.

Par cette attitude, la nouvelle croyance, au contraire, se déclarait. En face d'une universalité, une autre s'affirmait, universalité opposée, fondée sur la fracture dualiste. La conception hiérarchique traditionnelle selon laquelle, tout pouvoir venant d'en haut, le loyalisme avait une sanction surnaturelle et une valeur religieuse, était attaquée à la base. En ce monde du péché il n'y a place que pour une *civitas diaboli* ; la *civitas Dei*, l'État divin, se trouve sur un plan séparé, se résout dans l'unité de ceux qu'une aspiration confuse pousse vers l'au-delà, qui, en tant que chrétiens, ne reconnaissent que le Christ pour chef et attendent que le dernier four se lève. Et même là où cette idée ne se transforma pas en un virus directement subversif et défaitiste, là où l'on rendit encore à César « ce qui appartient à César », la *fides* demeura désacralisée et sécularisée : elle n'eut plus que la valeur d'une obéissance contingente envers un simple pouvoir temporel. La parole paulinienne, selon laquelle « tout pouvoir vient de Dieu » devait rester dépourvue de toute signification véritable.

Si donc le christianisme affirma le principe du spirituel et du surnaturel,

---

[811] *De anathematis vinculo*, 18.

ce principe devait agir, historiquement, dans le sens d'une dissociation, sinon même d'une destruction. Il ne représenta pas quelque chose d'apte à galvaniser ce qui, dans la romanité, s'était matérialisé et effrité, mais quelque chose d'hétérogène, un courant différent, qui favorisa ce qui désormais, à Rome, n'était plus romain et les forces que la Lumière du Nord avait su maîtriser pendant un cycle entier. Il servit à couper les derniers contacts, à accélérer la fin d'une grande tradition. C'est avec raison que Rutilius Namatianus considéra les hébreux et les chrétiens comme les ennemis communs de l'autorité de Rome, les premiers pour avoir répandu, au-delà de la Judée soumise par les légions, parmi les gens de Rome, une contagion fatale - *excisae pestis contagia* -, les autres pour avoir distillé un poison altérant l'esprit aussi bien que la race - *tunc mutabantur corpora, nunc animi*[812].

Celui qui considère les témoignages énigmatiques des symboles, ne peut pas ne pas être frappé par la place que tient l'âne dans le mythe de Jésus. Non seulement l'âne figure à côté de l'enfant Jésus, mais c'est sur un âne que la Vierge et le divin enfant s'enfuient, et c'est sur un âne, surtout, que le Christ fait son entrée triomphale à Jérusalem. Or, l'âne est le symbole traditionnel d'une force de dissolution d'« en bas ». C'est, en Égypte, l'animal de Seth, lequel incarne précisément cette force, a un caractère anti-solaire et se relie aux « fils de la révolte impuissante » ; c'est en Inde, la monture de Mudevi, qui représente l'aspect démonique de la divinité féminine ; et c'est, comme on l'a vu, dans le mythe hellénique, l'animal symbolique qui, dans la plaine du Léthé, ronge éternellement le travail d'Oknos, et se trouve associé à une divinité féminine de nature chthonienne et infernale : Hécate[813].

---

[812] *De red. suo*, I, 395-398 ; I, 525-526.
[813] Cf. aussi R. GUENON, Seth, cit., p. 593. Dans le *Rg-Veda*, l'âne porte souvent le nom de *râsaba*, où *râsa* exprime l'idée de tumulte, de bruit, et aussi d'ivresse. Apollon, selon le mythe, change en oreilles d'âne celles du roi Midas pour avoir préféré à sa musique celle de Pan, c'est-à-dire, pour avoir préféré au culte hyperboréen le culte panthéistico-dionysiaque et le meurtre d'ânes était le sacrifice le plus agréable à Apollon chez les Hyperboréens (cf. PINDARE, Pyth., X, 33-5b), Typhon-Seth (correspondant à Python, l'ennemi d'Apollon), vaincu par Horus, fuit dans le désert monté sur un âne (cf. PLUTARQUE, *De Is. et Os.* XXIX - XXXII), et, Apep, le serpent, personnification du principe ténébreux, apparaît souvent en compagnie d'un âne ou porté par un âne (cf.

Ce symbole pourrait donc être considéré comme un signe secret de la force qui s'associa au christianisme des origines et à laquelle il dut, en partie, son triomphe : la force qui émerge et assume un rôle actif chaque fois que, dans une structure traditionnelle, ce qui correspond au principe « cosmos » vacille, se désagrège, perd sa puissance originelle. L'avènement du christianisme, en réalité, eût été impossible si les possibilités vitales du cycle héroïque romain n'avaient pas été déjà épuisées, si la « race de Rome » n'avait pas été déjà prostrée dans son esprit et dans ses hommes (ainsi qu'en témoigne la faillite de la tentative de restauration de l'empereur Julien), si les traditions anciennes ne s'étaient pas obscurcies et si, au milieu d'un chaos ethnique et d'une désagrégation cosmopolite, le symbole impérial n'avait pas été corrompu en se réduisant, comme nous l'avons dit, à une simple survivance, au milieu d'un monde en ruines.

BUDGE, *Book of the Dead*, cit., p. 248). Dionysos lui-même aurait été porté à Thèbes par un âne, raison pour laquelle cet animal lui était associé. Il est intéressant, d'autre part, de remarquer, qu'en vertu d'une influence qui a dû se transmettre souterrainement, dans les fêtes médiévales où figurait la Vierge avec l'enfant sur l'âne conduit par Joseph, les principaux honneurs étaient rendus à l'âne.

11

TRANSLATION DE L'IDÉE D'EMPIRE
LE MOYEN AGE GIBELIN

P ar rapport au christianisme, la puissance de la tradition qui donna à Rome son visage apparaît dans le fait que la nouvelle foi, si elle réussit à renverser l'ancienne, ne sut pas conquérir réellement le monde occidental en tant que christianisme pur ; que là où elle parvint à quelque grandeur, ce ne fut qu'en se trahissant elle-même dans une certaine mesure et davantage à l'aide d'éléments empruntés à la tradition opposée éléments romains et classiques pré-chrétiens qu'à travers l'élément chrétien dans sa forme originelle.

En réalité, le christianisme ne « convertit » qu'extérieurement l'homme occidental, dont il constitua la « foi » au sens le plus abstrait, mais dont la vie effective continua d'obéir à des formes, plus ou moins matérialisées, de la tradition opposée de l'action et, plus tard, au Moyen Age, à un ethos qui, de nouveau, devait être essentiellement empreint de l'esprit nordico-aryen. Théoriquement, l'Occident accepta le christianisme et le fait que l'Europe ait pu accueillir ainsi tant de thèmes relevant de la conception hébraïque et levantine de la vie, est une chose qui remplit toujours l'historien de stupeur ; mais pratiquement, l'Occident resta païen. Le résultat fut donc un hybridisme. Même sous sa forme catholique, atténuée et romanisée, la foi chrétienne fut un obstacle qui priva l'homme occidental de la possibilité d'intégrer son véritable et irréductible mode d'être grâce à une conception du sacré et des rapports avec le sacré, conformes à sa propre nature. A son tour, c'est précisément ce mode d'être qui empêcha le christianisme d'instaurer réellement en accident une tradition du type opposé, c'est-à-dire sacerdotale et religieuse, conforme aux idéaux de l'*Ecclesia* des origines, au pathos évangélique et au symbole du corps mystique du Christ. Nous examinerons plus loin les effets de cette double antithèse sur le développement de l'histoire de l'Occident. Elle tient une place importante parmi les processus qui aboutirent au monde moderne proprement dit.

Au cours d'un certain cycle, l'idée chrétienne, en tant qu'elle mettait l'accent sur le surnaturel, sembla toutefois être absorbée par l'idée romaine sous une forme propre à redonner une remarquable dignité à l'idée impériale elle-même, dont la tradition se trouvait désormais déchue dans le centre représenté par la « Ville éternelle ». Ce fut le cycle byzantin, le cycle de l'Empire Romain d'Orient. Mais ici, historiquement, se répète dans une large mesure ce qui s'était vérifié dans le bas Empire. Théoriquement, l'idée impériale byzantine présente un haut degré de traditionnalité. On y trouve affirmé le concept de βασιλεύς αὐτοκράτωρ, du dominateur sacré dont l'autorité vient d'en haut, dont la loi, image de la loi divine, a une portée universelle, et auquel est en fait assujetti le clergé lui-même, car c'est à lui que revient la direction des choses spirituelles, aussi bien que temporelles. On y trouve affirmé également la notion de ρωμαῖοι, de « Romains », qui exprime l'unité de ceux que le chrisme inhérent à la participation à l'œcoumène romano-chrétien élève à une dignité supérieure à celle de toute autre personne. De nouveau l'Empire est *sacrum* et sa *pax* a une signification supra-terrestre. Mais, plus encore qu'au temps de la décadence romaine, il ne s'agit là que d'un symbole porté par des forces chaotiques et troubles, car la substance ethnique, plus encore que dans le cycle impérial romain, porte le sceau du démonisme, de l'anarchie, du principe d'agitation incessante propre au monde hellénico-oriental désagrégé et crépusculaire. Là aussi, on s'imagine que le despotisme et une structure centraliste bureaucratico-administrative pouvaient recréer ce qu'avait seule pu rendre possible l'autorité spirituelle de représentants qualifiés, entourés d'hommes ayant effectivement, en vertu de leur race non seulement nominale mais surtout intérieure, la qualité de « Romains ». Là aussi, les forces de dissolution devaient donc prendre l'avantage bien qu'en tant que réalité politique Byzance réussit à se maintenir pendant près d'un millénaire. De l'idée romano-chrétienne byzantine ne subsistèrent que des échos, que l'on retrouve, soit sous une forme assez modifiée, chez les peuples slaves, soit lors de la « reprise » correspondant au Moyen Age gibelin.

Afin de pouvoir suivre le développement des forces qui exercèrent sur l'Occident une influence décisive, il est nécessaire de nous arrêter, un instant, sur le catholicisme. Celui-ci prit forme à travers la rectification de certains aspects extrémistes du christianisme des origines, à travers l'organisation, au-delà du simple élément mystico-sotériologique, d'un corpus rituel et symbolique, et grâce à l'absorption et l'adaptation d'éléments doctrinaux et de principes d'organisations tirés de la romanité et de la civilisation classique en général. C'est ainsi que le catholicisme présente parfois des traits « traditionnels », qui ne doivent cependant pas, prêter à équivoque. Ce qui, dans le catholicisme, possède un caractère vraiment traditionnel n'est guère chrétien, et ce qu'il a de chrétien, n'est guère traditionnel. Historiquement, malgré tous les efforts tendant à concilier des éléments hétérogènes et contradictoires[814], malgré toute l'oeuvre d'absorption et d'adaptation, le catholicisme trahit toujours l'esprit des civilisations lunaires-sacerdotales au point de perpétuer, sous une autre forme, l'action antagoniste des influences du Sud, auxquelles elle fournit même un corps : l'organisation de l'Église et ses hiérarchies.

Cela apparaît clairement lorsqu'on examine le développement du principe d'autorité revendiqué par l'Église. Durant les premiers siècles de l'Empire christianisé et la période byzantine, l'Église apparaît encore subordonnée à l'autorité impériale ; dans les conciles, les évêques laissaient le dernier mot au prince, non seulement en matière de discipline, mais aussi en matière de dogme. Progressivement, on glisse toutefois à l'idée de l'égalité des deux pouvoirs, de l'Église et de l'Empire. Les deux institutions paraissent posséder à présent, l'une et l'autre, une autorité et une destination surnaturelle et avoir une origine divine. Si nous suivons le cours de l'histoire, nous constatons que dans l'idéal carolingien subsiste le principe selon lequel

---

[814] La plupart des difficultés et des apories de la philosophie et de la théologie catholiques - surtout la scolastique et le thomisme - ont leur origine dans le fait que l'esprit des éléments empruntés au platonisme et à l'aristotélisme est irréductible à celui des éléments proprement chrétiens et hébraïques. Cf. L. ROUGIER, *La scholastique et le thomisme*, Paris, 1930.

le roi ne gouverne pas seulement le peuple, mars aussi le clergé. Par ordre divin il doit veiller à ce que l'Église remplisse sa fonction et sa mission. Il s'ensuit que non seulement il est consacré par les mêmes symboles que ceux de la consécration sacerdotale, mais qu'il possède aussi l'autorité et le droit de destituer et de bannir le clergé indigne. Le monarque apparaît vraiment, selon le mot de Catwulf, comme le roi-prêtre selon l'ordre de Melchisédech, alors que l'évêque n'est que le vicaire du Christ[815]. Toutefois, malgré la persistance de cette haute et ancienne tradition, l'idée finit par prévaloir que le gouvernement royal doit être comparé à celui du corps et le gouvernement sacerdotal à celui de l'âme. On abandonnait ainsi implicitement l'idée même de l'égalité des deux pouvoirs et l'on préparait une inversion effective des rapports.

En réalité, si, chez tout être raisonnable, l'âme est le principe qui décide ce que le corps exécute, comment concevoir que ceux qui admettaient que leur autorité fût limitée au corps social, ne dussent pas se subordonner à l'Église, à laquelle ils reconnaissaient un droit exclusif sur les âmes et sur leur direction ? C'est ainsi que l'Église devait finalement contester et considérer pratiquement comme une hérésie et une prévarication de l'orgueil humain, la doctrine de la nature et de l'origine divine de la royauté, et voir dans le prince un laïque égal à tous les autres hommes devant Dieu et même devant l'Église, comme un simple fonctionnaire institué par l'homme, selon le droit naturel, pour dominer l'homme, et tenu de recevoir des hiérarchies

---

[815] A. DEMPF, *Sacrum Imperium*, trad. it., Messine-Milan, 1933, p. 87. F. DE COULANGES (*Les transformations de la royauté pendant l'époque carolingienne*, Paris, 1892, p. 527) remarque justement que si Pépin, Charlemagne et Louis le Pieux jurèrent de « défendre » l'Église, « il ne faut pas s'illusionner à propos du sens de cette expression : elle avait alors un sens assez différent de celui de nos jours. Avoir l'Église en sa défense ou mainbour était selon le langage et les idées du temps, exercer sur elle une protectio et une autorité en même temps. Ce qu'on appelait la défense ou *mainbour* était un véritable contrat qui impliquait la dépendance du protégé... Celui-ci était soumis à toutes les obligations que la langue du temps réunissait dans l'unique mot de fidélité. Aussi devait-il prêter serment au prince ». Et Charlemagne s'il revendique pour lui la défense de l'Église, revendique aussi l'autorité et la mission de "la" fortifier à l'intérieur de la vraie foi » (*ibid.*, p. 309).

ecclésiastiques la consécration nécessaire pour que son gouvernement ne soit pas celui d'une *civitas diaboli*[816].

Il faut voir en Boniface VIII, qui n'hésitera pas à monter sur le trône de Constantin avec l'épée, la couronne et le sceptre et à déclarer : « Je suis César, je suis Empereur », la conclusion logique d'un tournant de caractère théocratico-méridional : on finit par attribuer au prêtre les deux épées évangéliques, la spirituelle et la temporelle, et l'on ne voit dans l'Empire qu'un simple *beneficium* conféré par le Pape à quelqu'un qui doit en échange à l'Église le même vasselage et la même obéissance que doit un feudataire à celui qui l'a investi. Mais, du fait que la spiritualité que le chef de l'Église romaine pouvait incarner, demeure, essentiellement, celle des « serviteurs de Dieu », ce guelfisme, loin de signifier la restauration de l'unité primordiale et solaire des deux pouvoirs, montre seulement comment Rome s'était éloignée de son ancienne tradition et représentait, désormais, dans le monde européen, le principe opposé, la domination de la vérité du Sud. Dans la confusion qui se manifestait jusque dans les symboles, l'Église, en même temps qu'elle s'arrogeait, par rapport à l'Empire, le symbole du Soleil par rapport à la Lune, adoptait pour elle-même le symbole de la Mère, et considérait l'Empereur comme un de ses fils. Dans l'idéal de suprématie guelfe s'exprime donc un retour à l'ancienne vision gynécocratique : l'autorité, la supériorité et le droit à la domination spirituelle du principe maternel sur le principe masculin, lié à la réalité temporelle et caduque.

C'est ainsi que s'effectua une translation. L'idée romaine fut reprise par des races de pure origine nordique, que la migration des peuples avait poussées dans l'espace de la civilisation romaine. C'est à présent l'élément germanique qui défendra l'idée impériale contre l'Église, qui éveillera à une vie nouvelle la force formatrice de l'antique *romanitas*. Et c'est ainsi que surgissent, avec le Saint Empire Romain et la civilisation féodale, les deux dernières grandes manifestations traditionnelles que connut l'Occident.

---

[816] Cf. H. BOURGEOIS, *L'État et le régime politique de la société carolingienne à la fin du IXe siècle*, Paris, 1885, pp. 301-308 ; A. SOLMI, *Stato e Chiesa secondo gli scritti politici da Carlomagno sino al Concordato di Worms*, Modena, 1901, pp. 24-33, 101-104.

Les Germains du temps de Tacite apparaissent comme des souches assez voisines des souches achéenne, paléo-iranienne, paléo-romaine et nordico-aryenne en général, qui se sont conservées, à plus d'un égard à partir du plan racial dans un état de pureté « préhistorique ». C'est la raison pour laquelle ils purent apparaître comme des « barbares » comme plus tard les Goths, les Lombards, les Burgondes et les Francs aux yeux d'une « civilisation » qui, « désanimée » dans ses structures juridico-administratives, et, s'étant effritée dans des formes « aphrodisiennes » de raffinement hédonistico-citadin, d'intellectualisme, d'esthétisme, et de dissolution cosmopolite, ne représentait plus que la décadence. Dans la rudesse de leurs coutumes, s'exprimait toutefois une existence forgée par les principes d'honneur, de fidélité et de fierté. C'était précisément cet élément « barbare » qui représentait la force vitale, dont l'absence avait été une des principales causes de la décadence romaine et byzantine.

Considérer les Germains comme des « races jeunes » représente donc l'une des erreurs d'un point de vue auquel échappe le caractère de la haute antiquité. Ces races n'étaient jeunes qu'au sens de la jeunesse que confère le maintien d'un contact avec les origines. En réalité, elles descendaient de souches qui furent les dernières à abandonner les régions arctiques et se trouvèrent, de ce fait, préservées des mélanges et des altérations subies par les peuples voisins qui avaient abandonné ces régions à une époque bien antérieure. Tel avait été le cas des souches paléo-indo-européennes établies dans la Méditerranée préhistorique.

Les peuples nordico-germaniques, à part leur *ethos*, apportaient ainsi dans leurs mythes les traces d'une tradition dérivée directement de la tradition primordiale. Certes, lorsqu'ils apparurent comme des forces déterminantes sur la scène de la grande histoire européenne, ils avaient pratiquement perdu le souvenir de leurs origines et cette tradition ne subsistait que sous forme de résidus fragmentaires, souvent altérés et « primitivisés », mais cela ne les empêchait pas de continuer d'apporter, à titre d'héritage plus profond, les potentialités et la vision innée du monde d'où se développent les cycles « héroïques ».

En effet, le mythe des Eddas connaît aussi bien le destin de la chute, que la volonté héroïque qui s'y oppose. Dans les parties les plus anciennes de ce mythe persiste le souvenir d'une congélation qui arrête les douze « courants » partant du centre primordial, lumineux et ardent, de Muspelsheim, situé « à l'extrémité de la terre », centre qui correspond à l'*airyanemvaëjo*, l'Hyperborée iranienne, à l'île rayonnante du nord des Hindous et aux autres représentations du lieu de l'« âge d'or »[817]. Il est en outre question de l'« Ile Verte »[818] qui flotte sur l'abîme, entourée par l'océan ; c'est là que se situerait le début de la chute et des temps obscurs et tragiques, parce que le courant chaud du Muspelheim rencontre le courant glacé de Huergehrnir (les eaux, dans ce genre de mythes traditionnels, signifiant la force qui donne la vie aux hommes et aux races). Et de même que dans l'Avesta l'hiver glacé et ténébreux qui rendit désert l'*airyanemvaëjo* fut considéré comme un acte du dieu ennemi contre la création lumineuse, de même ce mythe de l'Edda peut être considéré comme une allusion à une altération qui favorisa le nouveau cycle. L'allusion à une génération de géants et d'êtres élémentaires telluriques, de créatures ressuscitées dans le gel par le courant chaud, et contre lesquels luttera la race des Ases[819], vient à l'appui de cette interprétation.

---

[817] Du fait de sa fragmentation et de ses nombreuses stratifications, Il n'est pas facile de se guider dans la tradition des Eddas pour qui ne possède pas déjà l'orientation nécessaire. Ainsi, on se trouve souvent en présence d'un Muspelsheim transposé, c'est-à-dire qui n'est plus localisé dans le nord, et correspond donc à la région nordique plus par les caractères que par le lieu - alors que c'est dans le nord que sont localisés le Niflheim et les géants du gel. En revanche, quand les puissances du sud furent réellement identifiées au Muspelheim, celui-ci ne tarda pas à se changer en son contraire, en acquérant une valeur négative ; il devint la résidence de Surtr, c'est-à-dire « le Noir », qui renversera les dieux et achèvera un cycle : et les fils de Muspel sont précisément des entités ennemies des olympiens, qui feront s'écrouler le pont Bifröst unissant la terre et le ciel (cf. *Gylfaginning*, 4, 5, 13, 51 ; *Yôluspâ*, 50, 51 ; GOLTHER, *Germ. Myth.*, cit., p. 540.

[818] On peut rappeler que dans les noms mêmes de l'Irlande et du Groenland (*Grünes-land* = la terre verte) se conserve cette idée du « vert » et que le Groenland semble avoir gardé jusqu'au temps de Procope une végétation luxuriante.

[819] Le fait que dans les Eddas la race des géants, dont l'ancêtre est Hymir, soit antérieure à celle des Ases, doit être interprété, de même que l'antériorité des *asura* aux *deva* hindous, comme la transposition, dans le mythe des origines, d'une antériorité historique *relative*, concernant une race aborigène chez laquelle la race boréale n'apparut qu'à une période ultérieure. Une autre interprétation est possible, si l'on rapporte le mythe à un cycle

À l'enseignement traditionnel relatif à la chute qui se poursuit durant les quatre âges du monde, correspond, dans l'Edda, le thème connu du *ragnarök* ou *ragna-rökkr* - le « destin » ou « obscurcissement » des dieux. Il agit dans le monde en lutte, dominé désormais par la dualité. Esotériquement, cet « obscurcissement » ne concerne les dieux que métaphoriquement. Il s'agit plutôt de l'obscurcissement des dieux dans la *conscience humaine*. C'est l'homme qui, progressivement perd les dieu, c'est-à-dire les possibilités de contact avec eux. Toutefois ce destin peut être écarté aussi longtemps qu'est maintenu, dans sa pureté, le dépôt de cet élément primordial et symbolique, dont était déjà fait, dans la région originelle de l'Asgard, le « palais des héros », la salle des *douze* trônes d'Odin : l'or. Mais cet or qui pouvait être un principe de salut tant qu'il n'avait pas été touché par la race élémentaire, ni par la main de l'homme, tombe enfin au pouvoir d'Albéric, roi des êtres souterrains, qui deviendront les Nibelungen dans la rédaction plus tardive du mythe. Il s'agit manifestement là d'un écho de ce qui correspond, dans d'autres traditions, à l'avènement de l'âge du bronze, au cycle de l'usurpation titan ico-prométhéenne, à l'époque prédiluvienne des Nephelin. Il n'est peut-être pas sans rapport avec une involution tellurique et magique, au sens inférieur du terne, des cultes précédents[820].

En face, se trouve le monde des Ases, divinités nordico-germaniques qui incarnent le principe ouranien sous son aspect guerrier. C'est Donnar-Thor, exterminateur de Thym et Hymir, « le plus fort des forts », l'« irrésistible »,

---

ultérieur : l'union de Bur avec une femme de la race des géants, peut alors être considérée comme le thème d'un cycle héroïque. De cette union naissent en effet les Ases célestes, qui, dans une première phase, exterminent les géants, mais se trouvent ensuite de nouveau en lutte avec eux, tout en luttant aussi contre les Wanen, race divine plus pacifique qu'héroïque (cycle lunaire). Finalement, les géants ont le dessus, c'est-à-dire qu'une nouvelle civilisation titanique triomphe, les forces élémentaires se déchaînent et un monde prend fin.

[820] C'est probablement pour cela que les Nibelungen et les géants sont représentés comme les artisans d'objets et d'armes magiques, qui passèrent ensuite aux Ases ou aux héros - par ex. le marteau-foudre de Thor, l'anneau d'or et le casque magique de Sigurd. Une légende plutôt compliquée parle de la façon dont les Ases se trouvent liés à eux pour avoir eu recours à leur aide dans la reconstruction de la forteresse de l'Asgard, celle qui barre d'ailleurs le passage aux « natures élémentaires » (*Gylfanning*, 42).

le seigneur de l'« asile contre la terreur » dont l'arme terrible, le double marteau Mjölmir, est, en même temps qu'une variante de la hache symbolique hyperboréenne bicuspide, un signe de la force-foudre propre aux dieux ouraniens du cycle aryen. C'est Wotan-Odin, celui qui octroie la victoire et possède la sagesse, le maître de formules magiques toutes-puissantes qui ne sont communiquées à aucune femme, pas même à une fille de roi, l'Aigle, hôte des héros immortalisés que les Walkyries choisissent sur les champs de bataille et dont il fait ses fils[821] ; celui qui donne aux nobles « de cet esprit qui vit et ne périt pas, même quand le corps se dissout dans la terre »[822] ; celui auquel, d'ailleurs, les lignées royales rapportaient leur origine. C'est Tyr-Tiuz, dieu des batailles lui aussi, en même temps que dieu du jour, du ciel solaire rayonnant, auquel a été associée la rune, Y, qui correspond au signe très ancien, nordico-atlantique, de l'« homme cosmique avec les bras levés »[823].

Un des thèmes des cycles « héroïques » apparaît dans la légende relative à la lignée des Wölsungen, engendrée par l'union d'un dieu avec une femme. C'est de cette race que naîtra Sigmund, qui s'emparera de l'épée fichée dans l'Arbre divin. ; ensuite, le héros Sigurd-Siegfried, qui se rend maître de l'or tombé entre les mains des Nibelungen, tue le dragon Fafnir, variante du serpent Nidhögg, qui ronge les racines de l'arbre divin Yggdrasil (à la chute duquel croulera aussi la race des dieux, et personnifie ainsi la force obscure de la décadence. Si le même Sigurd est finalement tué par trahison, et l'or restitué aux eaux, il n'en demeure pas moins le héros qui possède la *Tarnkappe*, c'est-à-dire le pouvoir symbolique qui fait passer du corporel dans l'invisible, le héros prédestiné à la possession de la femme divine, soit sous la forme d'une reine amazonienne vaincue (Brunhilde comme reine de

---

[821] Selon la conception nordico-germanique originelle, outre les héros choisis par les Walkyries, seuls les nobles, grâce à leur origine non humaine, jouissent de l'immortalité divine ; et il semble que le rite de la crémation ne fut utilisé que pour les héros et pour les nobles. De toute façon, dans la tradition nordique, seul ce rite, prescrit par Odin, permettait d'ouvrir la porte du Walhalla, tandis ceux qui étaient enterrés (rite méridional), restaient, pensait-on, esclaves de la terre.
[822] *Gylfanning*, 3.
[823] Cf. GOLTHER, *Op. cit.*, pp. 211-213.

l'île septentrionale) sort sous la forme de Walkyrie, vierge guerrière passée de la région céleste à la région terrestre.

Les plus anciennes souches nordiques considérèrent comme leur patrie d'origine la Gardarike, terre située dans l'extrême nord. Même lorsque ce pays ne fut plus considéré que comme une simple région de la Scandinavie, il demeura associé au souvenir de la fonction « polaire » du Mitgard, du « Centre » primordial : transposition de souvenirs et passagers du physique au métaphysique, en vertu desquels la Gardarike fut, corrélativement, considérée aussi comme identique à l'Asgard. C'est dans l'Asgard qu'auraient vécu les ancêtres non-humains des familles nobles nordiques, et certains rois sacrés scandinaves, comme Gilfir, y seraient allés pour annoncer leur pouvoir et y auraient reçu l'enseignement traditionnel de l'Edda. Mais l'Asgard est aussi la terre sacrée - *keilakt lant* - la région des olympiens nordiques et des Ases, interdite à la race des géants.

Ces thèmes étaient donc propres à l'héritage traditionnel des peuples nordico-germaniques. Dans leur vision du monde, la perception de la fatalité du déclin, des *ragna-rökkr*, s'unissait à des idéaux et à des figurations de dieux typiques des cycles « héroïques ». Plus tard, toutefois, cet héritage, ainsi que nous l'avons dit, devint subconscient, l'élément surnaturel se trouva voilé par rapport aux éléments secondaires et bâtards du mythe et de la légende et, avec lui, l'élément *universel* contenu dans l'idée de l'Asgard-Mitgard, « centre du monde ».

Le contact des peuples germaniques avec le monde romano-chrétien eut une double conséquence.

D'une part, si leur descente acheva de bouleverser, au cours d'un premier stade, l'appareil matériel de l'Empire, elle se traduisit, intérieurement, par un apport vivifiant, grâce auquel devaient être réalisées les conditions préalables d'une civilisation nouvelle et virile, destinée à raffermir le symbole romain. Ce fut dans le même sens que s'opéra également une rectification essentielle du christianisme et même du catholicisme, surtout en ce qui concerne la vision générale de la vie.

D'autre part, l'idée de l'universalité romaine, de même que le principe chrétien, sous son aspect générique d'affirmation d'un ordre surnaturel, produisirent un réveil de la plus haute vocation des souches nordico-germaniques, servirent à intégrer sur un plan plus élevé et à faire vivre dans une forme nouvelle ce qui s'était souvent matérialisé et particularisé chez eux sous la forme de traditions propres à chacune de ces races[824]. La « conversion » au lieu de dénaturer leurs forces, les purifia et les rendit précisément aptes à reprendre l'idée impériale romaine.

Le couronnement du roi des Francs comportait déjà la formule : *Renovatio romani Imperii* ; en outre, Rome une fois assumée comme source symbolique de leur *imperium* et de leur droit, les princes germaniques devaient finalement se grouper contre la prétention hégémoniste de l'Église et devenir le centre d'un grand courant nouveau, tendant à une restauration traditionnelle.

Du point de vue politique, c'est *l'ethos* inné des races germaniques qui donna à la réalité impériale un caractère vivant, ferme et différencié. La vie des anciennes sociétés nordico-germaniques se fondait sur les trois principes de la personnalité, de la liberté et de la fidélité. Le sens de la communauté indifférenciée leur était tout à fait étranger ainsi que l'incapacité de l'individu de se valoriser en dehors des cadres d'une institution abstraite. La liberté est ici, pour l'individu, la mesure de la noblesse. Mais cette liberté n'est pas anarchique et individualiste ; elle est capable d'un dévouement transcendant la personne, elle connaît la valeur transfigurante de la fidélité envers celui qui en est digne et auquel on se soumet volontairement. C'est ainsi que se formèrent des groupes de fidèles autour de chefs auxquels pouvait s'appliquer l'antique formule : « La suprême noblesse de l'Empereur romain est d'être, non un propriétaire d'esclaves mais un seigneur d'hommes libres, qui aime

---

[824] Cette double influence se trouve exprimée d'une façon typique dans le poème *Heliand*. D'une part, on y trouve représenté un Christ avec des traits guerriers et peu évangéliques ; d'autre part, on y trouve le dépassement de cette notion obscure du destin - la Wurd - qui, dans la période germanique plus tardive, avait pris tant d'importance qu'elle était sensée exercer son pouvoir même sur les forces divines. Dans *l'Heliand*, le Christ est à l'origine de la Wurd. Cette force, dominée par lui, devient le « pouvoir magnifique de Dieu ».

la liberté même chez ceux qui le servent. » Conformément à l'ancienne conception aristocratique romaine, l'État avait pour centre le conseil des chefs, chacun libre, seigneur dans sa terre, chef du groupe de ses fidèles. Au delà de ce conseil, l'unité de l'État et, d'une certaine manière, son aspect super-politique, était incarné par le roi, en tant que celui-ci appartenait - à la différence des simples chefs militaires - à une souche d'origine divine : chez les Goths, les rois étaient souvent désignés sous le nom d'*âmals*, les « célestes », les « purs ». Originellement, l'unité matérielle de la nation se manifestait seulement à l'occasion d'une action, de la réalisation d'un but commun, notamment de conquête ou de défense. C'est dans ce cas seulement que fonctionnait une institution nouvelle. À côté du *rex*, était élu un chef, *dux* ou *heretigo*, et une hiérarchie rigide se formait spontanément, le seigneur libre devenant l'homme du chef, dont l'autorité allait jusqu'à la possibilité de lui ôter la vie s'il manquait aux devoirs qu'il avait assumé. « Le prince lutte pour la victoire, le sujet pour son prince. » Le protéger, considérer comme l'essence même du devoir de fidélité « d'offrir en l'honneur du chef ses propres gestes héroïques » - tel était, déjà selon Tacite[825], le principe. Une fois l'entreprise achevée, on retournait à l'indépendance et à la pluralité originelles.

Les comtes scandinaves appelaient leur chef « l'ennemi de l'or », parce qu'en sa qualité de chef, il ne devait pas en garder pour lui et aussi « l'hôte des héros » parce qu'il devait mettre un point d'honneur à accueillir dans sa maison, presque comme des parents, ses guerriers fidèles, ses compagnons et pairs. Chez les Francs aussi, avant Charlemagne, l'adhésion à une entreprise était libre : le roi invitait, ou procédait à un appel, ou bien les princes eux-mêmes proposaient l'action mais il n'existait en tout cas aucun « devoir » ni aucun « service » impersonnel : partout régnaient des rapports libres, fortement personnalisés, de commandement et d'obéissance, d'entente, de fidélité et d'honneur[826]. La notion de libre personnalité demeurait ainsi la

---

[825] TACITE, *Germ.*, XIV.
[826] Cf. GOBINEAU, op. cit., pp. 163-170 ; M. GUIZOT, *Essai sur l'Histoire de France*, cit., pp. 86, 201 ; O. GIERKE, *Rechtsgeschichte der deutschen Genossenschaften*, cit., v. I, pp. 13, 29, 105, 111, etc.

rase fondamentale de toute unité et de toute hiérarchie. Tel fut le germe « nordique » d'où devait naître le régime féodal, substratum de la nouvelle idée impériale.

Le développement qui aboutit à ce régime prend naissance avec l'assimilation de l'idée de roi à celle de chef. Le roi va maintenant incarner l'unité du groupe même en temps de paix. Ceci fut rendu possible par le renforcement et l'extension du principe guerrier de la fidélité à la vie du temps de paix. Autour du roi se forme une suite de fidèles (les *huskarlar* nordiques, les *gasindii* lombards, les *gardingis* et les palatins goths, les *antrustiones* ou *convivae regis* francs, etc.) des hommes libres, mais considérant pourtant le fait de servir leur seigneur et de défendre son honneur et son droit, comme un privilège et comme une manière d'accéder à un mode d'être plus élevé que celui qui les laissait, au fond, principe et fin d'eux-mêmes[827]. La constitution féodale se réalise grâce à l'application progressive de ce principe, apparu originellement chez la royauté franque, aux différents éléments de la communauté.

Avec la période des conquêtes s'affirme un second aspect du développement en question : l'assignation, à titre de fief, des terres conquises, avec la contrepartie de l'engagement de fidélité. Dans un espace qui débordait celui d'une nation déterminée, la noblesse franque, en rayonnant, servit de facteur de liaison et d'unification. Théoriquement, ce développement semble se traduire par une altération de la constitution précédente ; la seigneurie apparaît conditionnée ; c'est un bénéfice royal qui implique la loyauté et le service. Mais, en pratique, le régime féodal correspond à un principe, non à une réalité cristallisée ; il repose sur la notion générale d'une loi organique d'ordre, qui laisse un champ considérable au dynamisme des forces libres, rangées, les unes à côté des autres ou les unes contre les autres, sans atténuations et sans altérations le sujet en face du seigneur, le seigneur en face du seigneur en sorte que tout liberté, honneur, gloire, destin, propriété se fonde sur la valeur et le facteur personnel et rien, ou presque, sur un élément collectif, un pouvoir public ou une loi abstraite. Comme on l'a justement

---

[827] Cf. GIERKE, *Op. cit.*, pp. 89-105.

remarqué, le caractère fondamental et distinctif de la royauté ne fut pas, dans le régime féodal des origines, celui d'un pouvoir « public », mais celui de forces en présence d'autres forces, chacune responsable vis-à-vis d'elle-même de son autorité et de sa dignité. C'est la raison pour laquelle cette situation présenta souvent plus de ressemblance avec l'état de guerre qu'avec celui de « société » mais c'est aussi pourquoi elle comporta éminemment une différenciation précise des énergies. Jamais, peut-être, l'homme ne s'est vu traité plus durement que sous le régime féodal, et pourtant ce régime fut, non seulement pour les feudataires, tenus de veiller par eux-mêmes et continuellement sur leurs droits et sur leur prestige, mais pour les sujets aussi, une école d'indépendance et de virilité plutôt que de servilité. Les rapports de fidélité et d'honneur y atteignirent un caractère d'absolu et un degré de pureté qui ne furent atteints à aucune autre époque de l'histoire d'Occident[828].

D'une façon générale, chacun put trouver, dans cette nouvelle société, après la promiscuité du Bas Empire et le chaos de la période des invasions, la place conforme à sa nature, ainsi qu'il arrive chaque fois qu'existe un centre immatériel de cristallisation dans l'organisation sociale. Pour la dernière fois en Occident, la quadripartition sociale traditionnelle en serfs, bourgeois, noblesse guerrière et représentants de l'autorité spirituelle (le clergé du point de vue guelfe, les Ordres ascético-chevaleresques du point de vue gibelin) se constitua d'une façon presque spontanée, et se stabilisa.

Le monde féodal de la personnalité et de l'action n'épuisait pas, toutefois, les possibilités les plus profondes de l'homme médiéval. La preuve en est que sa *fides* sut aussi se développer sous une forme, sublimée et purifiée dans l'universel, avant pour centre le principe de l'Empire, senti comme une réalité déjà supra-politique, comme une institution d'origine surnaturelle formant un pouvoir unique avec le royaume divin. Cependant que continuait à agir en lui l'esprit formateur des unités féodales et royales particulières, il avait pour sommet l'empereur, qui n'était pas simplement un homme, mais bien, selon des expressions caractéristiques, *deus-homo totus deificatus et*

---

[828] Cf. GUIZOT, *Op. cit.*, pp. 261, 262, 305-307, 308-311.

sanctificatus, adorandum quia praesul princeps et summus est[829]. L'empereur incarnait ainsi, au sens éminent, une fonction de « centre » et il demandait aux peuples et aux princes, en vue de réaliser une unité européenne traditionnelle supérieure, une reconnaissance de nature aussi spirituelle que celle à laquelle l'Église prétendait pour elle-même. Et tout comme deux soleils ne peuvent coexister dans un même système planétaire, image qui fut souvent appliquée à la dualité Église-Empire, de même le contraste entre ces deux puissances universelles, références suprêmes de la grande *ordinatio ad unum* du monde féodal, ne devait pas tarder à éclater.

Certes, de part et d'autre, les compromis ne manquèrent pas, non plus que des concessions plus ou moins conscientes au principe opposé. Toutefois le sens de ce contraste échappe à celui qui, s'arrêtant aux apparences et à tout ce qui ne se présente, métaphysiquement, que comme une simple cause occasionnelle, n'y voit qu'une compétition politique, un heurt d'intérêts et d'ambitions, et non une lutte à la fois matérielle et spirituelle, et considère ce conflit comme celui de deux adversaires qui se disputent la même chose, qui revendiquent chacun pour soi la prérogative d'un même type de pouvoir universel. À travers cette lutte se manifeste au contraire le contraste entre deux points de vue incompatibles, ce qui nous ramène à nouveau aux antithèses du Nord et du Sud, de la spiritualité solaire et de la spiritualité lunaire. À l'idéal universel de type « religieux » de l'Église, s'oppose l'idéal impérial, marqué par une secrète tendance à reconstruire l'unité des deux pouvoirs, du royal et du hiératique, du sacré et du viril. Bien que l'idée impériale, dans ses manifestations extérieures, se bornât souvent à revendiquer le domaine du *corpus* et de *l'ordo* de l'univers médiéval ; bien que ce ne fût souvent qu'en théorie que les Empereurs incarnèrent la *lex viva* et furent à la hauteur d'une ascèse de la puissance[830], en fait, cependant, on

---

[829] Cf. DEMPF, *Sacrum Imperium*, cit., 143 ; F. KERN, *Der rex et sacerdos im Bilde* (*Forschungen und Versuche zut Geschichte des Mittelalters und der Neuzeit*, Iena, 1913).

[830] On a justement remarqué (cf. BLOCH, *Rois Thaumaturges*, cit., p. 186) que, bien que puissant et fier, aucun monarque du Moyen Age ne se sentit capable de célébrer - comme les anciens rois sacrés - la fonction du rite et du sacrifice qui était passée au clergé. Pour loin que soient allés les Hohenstaufen dans la revendication du caractère surnaturel de l'Empire, ils ne surent pas réintégrer dans son représentant la fonction primordiale du *rex*

revient à l'idée de la « royauté sacrée » sur un plan universel. Et là où l'histoire n'indique qu'implicitement cette aspiration supérieure, c'est le mythe qui en parle le mythe qui, ici encore, ne s'oppose pas à l'histoire, mais la complète, en révèle la dimension en profondeur. Nous avons déjà vu que dans la légende impériale médiévale figurent de nombreux éléments qui se relient plus ou moins directement à l'idée du « Centre » suprême. A travers des symboles variés, ils font allusion à un rapport mystérieux entre ce centre et l'autorité universelle et la légitimité de l'empereur gibelin. C'est à l'Empereur que sont transmis les objets emblématiques de la royauté initiatique et qu'est appliqué le thème du héros « jamais mort », ravi dans le « mont » ou dans une région souterraine. C'est en lui qu'on pressent la force qui devra se réveiller à la fin d'un cycle, faire fleurir l'Arbre Sec, livrer l'ultime bataille contre l'invasion des peuples de Gog et Magog. C'est surtout à propos des Hohenstaufen que s'affirma l'idée d'une « souche divine » et « romaine », qui non seulement détenait le *regnum*, mais était capable de pénétrer les mystères de Dieu, que les autres peuvent seulement pressentir à travers des images[831].

---

sacrorum, tandis que le chef de l'Église s'était approprié le titre de *pontifex maximus*, propre aux empereurs romains. Dans la doctrine gibeline d'Hugues de Fleury, la priorité, bien que sacrée, de l'Empire, est limitée à l'*ordo* - c'est-à-dire à la constitution extérieure de la chrétienté - et exclue de la *dignitas*, qui appartiendrait à la seule Église.

[831] Cf. KANTOROWICZ, *Friedrich II*, cit., pp. 523, où l'on parle du « sang impérial » en se référant aux Hohenstaufen : « Une grâce spéciale est liée à ce sang, puisqu'à ceux qui en surgissent il est donné de connaître les mystères du royaume de Dieu... que les autres peuvent contempler seulement à travers des images... C'est la maison divine des Césars romains qui réapparaît avec les Hohenstaufen, la maison divine des divins Augustes dont l'étoile brille toujours, qui d'Énée, le père du peuple romain, à travers César conduit jusqu'à Frédéric et à ses descendants, par filiation directe. C'est pourquoi les membres de cette maison impériale sont appelés divins. Et ce ne sont pas seulement les aïeux morts qui s'assirent sur le trône impérial qui sont appelés divins, mais aussi les vivants et, en général, tous ceux qui appartiennent à la souche impériale des Hohenstaufen... Ainsi, peu à peu, ce n'est pas uniquement la fonction royale comme telle, qui apparut divine, comme déjà du temps de Barberousse, et ce n'est pas non plus la seule personne de Frédéric : c'est le sang des Hohenstaufen, qui fut considéré comme césarien et divin. Si la domination des Hohenstaufen avait duré encore un demi-siècle, si Frédéric III, annoncé par les Sybilles était venu, l'Occident aurait revu le divin Auguste franchir les portes de Rome et aurait

Tout cela a donc pour contrepartie la spiritualité secrète, dont nous avons déjà parlé (1, § 14), qui fut propre à une autre culmination du monde féodal et gibelin, la *chevalerie*.

En formant, de sa propre substance, la chevalerie, le monde du Moyen Age démontra de nouveau l'efficience d'un principe supérieur. La chevalerie fut le complément naturel de l'idée impériale, vis-à-vis de laquelle elle se trouvait dans le même rapport que le clergé vis-à-vis de l'Église. Ce fut comme une sorte de « race de l'esprit », dans la formation de laquelle la race du sang eut toutefois une part qui ne fut pas négligeable : l'élément nordico-aryen s'y purifia en un type et en un idéal de valeur universelle, analogue à ce qu'avait représenté à l'origine, dans le monde, le *civis romanus*.

Mais la chevalerie permet aussi de constater à quel point les thèmes fondamentaux du christianisme évangélique avaient été dépassés et dans quelle large mesure l'Église fut contrainte de sanctionner, ou, du moins, de tolérer, un ensemble de principes, de valeurs et de coutumes pratiquement irréductibles à l'esprit de ses origines. La question ayant déjà été traitée dans la première partie de cet ouvrage, nous nous contenterons de rappeler ici quelques points fondamentaux.

En prenant pour idéal le héros plutôt que le saint, le vainqueur plutôt que le martyr ; en plaçant la somme de toutes les valeurs dans la fidélité et dans l'honneur plutôt que dans la charité et l'humilité ; en considérant la lâcheté et la honte comme un mal pire que le péché ; en ne respectant guère la règle qui veut que l'on ne résiste pas au mal et qu'on rende le bien pour le mal en s'attachant plutôt à punir l'injuste et le méchant ; en excluant de ses rangs celui qui s'en serait tenu littéralement au précepte chrétien de « ne pas tuer » ; en ayant pour principe non d'aimer l'ennemi, mais de le combattre et de n'être magnanime qu'après l'avoir vaincu[832] la chevalerie affirma, presque sans altération, une éthique nordico-aryenne au sein d'un monde qui n'était

---

brûlé l'encens devant sa statue sur les autels. Avec les Hohenstaufen, apparut pour la dernière fois, en Occident, une "race divine". »

[832] Cf. COUDENHOVE-KALERGI, *Hold Oder Heitiger*, Wien, 1927, pp. 68-69.

que nominalement chrétien.

D'autre part, l'« épreuve des armes », la solution de tout problème par la force, considérée comme une vertu confiée par Dieu à l'homme pour faire triompher la justice, la vérité et le droit sur la terre, apparaît comme une idée fondamentale qui s'étend du domaine de l'honneur et du droit féodal jusqu'au domaine théologique, car l'expérience des armes et l'« épreuve de Dieu » fut proposée même en matière de foi. Or cette idée non plus n'est guère chrétienne ; elle se réfère plutôt à la doctrine mystique de la « victoire » qui ignore le dualisme propre aux conceptions religieuses, unit l'esprit et la puissance, voit dans la victoire une sorte de consécration divine. L'interprétation théiste atténuée selon laquelle, au Moyen Age, on pensait à une intervention directe d'un Dieu conçu comme personne, n'enlève rien à l'esprit intime de ces coutumes.

Si le monde chevaleresque professa également la « fidélité » à l'Église, beaucoup d'éléments font penser qu'il s'agit là d'une soumission assez voisine de celle qui était professée à l'égard de divers idéaux et à l'égard des « dames » auxquels le chevalier se vouait impersonnellement, puisque pour lui, pour sa voie, seule était décisive la capacité générique de la subordination héroïque de la félicité et de la vie, non le problème de la foi au sens spécifique et théologal. Enfin, nous avons déjà vu que la chevalerie, de même que les Croisés, posséda, en plus de son côté extérieur, un côté intérieur, ésotérique.

Pour ce qui est de la chevalerie, nous avons dit qu'elle eut ses « Mystères ». Elle connut un Temple qui ne s'identifiait pas purement et simplement à l'Église de Rome. Elle eut toute une littérature et des cycles de légendes, où revécurent d'anciennes traditions pré-chrétiennes : caractéristique entre toutes est le cycle du Graal, en raison de l'interférence du thème de la réintégration héroïco-initiatique avec la mission de restaurer un royaume déchu[833]. Elle forgea un langage secret, sous lequel se cacha

---

[833] Cf. EVOLA, *Il mistero del Graal*, cit. Si les « rois du Graal » peuvent être considérés comme le symbole central de la tradition secrète gibeline, la généalogie symbolique donnée par Wolfram von Eschenbach fait apparaître la relation de cette tradition avec l'idée du « roi du Monde » et avec l'aspect antiguelfe des Croisades. Cette généalogie relie les rois

souvent une hostilité marquée contre la Curie romaine. Même dans les grands ordres chevaleresques historiques, où se manifestait nettement une tendance à reconstituer l'unité du type du guerrier et de celui de l'ascète, des courants souterrains agirent qui, là où ils affleurèrent attirèrent sur ces ordres le légitime soupçon et, souvent même, la persécution des représentants de la religion dominante. En réalité, dans la chevalerie, agit également l'élan vers une reconstitution « traditionnelle » dans le sens le plus élevé, impliquant le dépassement tacite ou explicite de l'esprit religieux chrétien (on se rappelle le rite symbolique du rejet de la Croix chez les Templiers). Et tout cela avait pour centre idéal l'Empire. C'est ainsi que surgirent même des légendes, reprenant le thème de l'Arbre Sec, où la refloraison de cet arbre coïncide avec l'intervention d'un empereur qui déclarera la guerre au Clergé, au point que parfois par exemple dans le *Compendium Theologiae*[834] on arriva à lui attribuer les traits de l'Antéchrist : obscure expression de la sensation d'une spiritualité irréductible à la spiritualité chrétienne.

À l'époque où la victoire sembla sourire à Frédéric II, déjà les prophéties populaires annonçaient : « Le haut cèdre du Liban sera coupé. Il n'y aura plus qu'un seul Dieu, c'est-à-dire un monarque. Malheur au clergé ! S'il tombe, un nouvel ordre est prêt »[835].

À l'occasion des croisades, pour la première et dernière fois dans l'Europe post-romaine, se réalisa, sur le plan de l'action, par un merveilleux élan et comme dans une mystérieuse répétition du grand mouvement préhistorique du Nord et du Sud et de l'Occident vers l'Orient, l'idéal de l'unité des nations représentées, en temps de paix, pour l'Empire. Nous avons déjà dit que l'analyse des forces profondes qui déterminèrent et dirigèrent les croisades, ne saurait confirmer les vues propres à une histoire à deux dimensions. Dans le courant en direction de Jérusalem se manifesta souvent

---

du Graal avec le « Prêtre Jean » (qui est précisément une des figurations médiévales du « Roi du Monde ») et avec le Chevalier du Cygne, qui à son tour, comme on va le voir, eut un rapport symbolique avec des chefs croisés, comme Godefroi de Bouillon.

[834] Cf. A. GRAF, *Roma nella memoria e nelle imaginaz. del Medioevo*, cit., v. 11, pp. 500-503.
[835] Cf. E. GEBHART, *L'Italia mistica*, Bari, 1934, p. 117.

un courant occulte contre la Rome papale que, sans le savoir, Rome elle-même alimenta, dont la chevalerie était la milice, l'idéal héroïco-gibelin la force la plus vivante et qui devait prendre fin avec un Empereur que Grégoire IX stigmatisa comme celui qui « menace de substituer à la foi chrétienne les anciens rites des peuples païens et, en s'asseyant dans le temple, usurpe les fonctions du sacerdoce »[836]. La figure de Godefroi de Bouillon, ce représentant si caractéristique de la chevalerie croisée, appelé *lux monachorum* (ce qui témoigne de nouveau de l'unité du principe ascétique et du principe guerrier propre à cette aristocratie chevaleresque) est bien celle d'un prince gibelin qui ne monta sur le trône de Jérusalem qu'après avoir porté à Rome le fer et le feu, après avoir tué de sa main l'anticésar Rodolphe de Rhinfeld et avoir chassé le pape de la ville sainte[837]. De plus, la légende établit une parenté significative entre ce roi des croisés et le mythique *chevalier du cygne* - l'Hélias français, le Lohengrin germanique[838] – qui incarne à son tour des symboles impériaux romains (son lien généalogique symbolique avec César lui-même), solaires (relation étymologique possible entre Hélias, Helios, Elie) et hyperboréens (le cygne qui amène Lohengrin de la « région céleste » est aussi l'animal emblématique d'Apollon chez les Hyperboréens et c'est un thème qui se retrouve fréquemment dans les vestiges paléographiques du culte nordico-aryen). Il résulte de ces éléments historiques et mythiques que, sur le plan des Croisades, Godefroi de Bouillon représente, lui aussi, un symbole du sens de cette force secrète dont il ne faut voir, dans la lutte politique des empereurs teutoniques et même dans la victoire d'Othon 1er, qu'une manifestation extérieure et contingente.

L'éthique chevaleresque et l'articulation du régime féodal, si éloignés de l'idéal « social » de l'Église des origines ; le principe ressuscité d'une caste guerrière ascétiquement et sacralement réintégrée ; l'idéal secret de l'empire et celui des croisades, imposent donc à l'influence chrétienne de solides

---

[836] *Ibid.*, p. 115.

[837] *Cf.* AROUX, *Myst. de la Cheval.*, cit., p. 93.

[838] *Cf. La Chanson du Chevalier au Cygne et Godefroi de Bouillon*, éd. Hippeau, Paris, 1874-7. Dans le Chevalier du Cygne, dont la patrie est la région céleste et qui se soustrait à l'amour d'Elsa, on trouve donc le thème antigynécocratique, propre aux cycles héroïques et déjà présent dans les mythes d'Héraclès, Enée, Gilgamesh, Rostam, etc.

limites. L'Église les accepte en partie : elle se laisse dominer se « romanise » pour pouvoir dominer, pour pouvoir se maintenir au sommet de la vague. Mais elle résiste en partie, elle veut saper le sommet, dominer l'Empire. Le déchirement subsiste. Les forces suscitées échappent çà et là des mains de leurs évocateurs. Puis les deux adversaires se dégagent de l'étreinte de la lutte, l'un et l'autre s'engagent sur la voie d'une égale décadence. La tension vers la synthèse spirituelle se ralentit. L'Église renoncera toujours plus à la prétention royale, et la royauté à la prétention spirituelle. Après la civilisation gibeline splendide printemps de l'Europe, étranglée à sa naissance le processus de chute s'affirmera désormais sans rencontrer d'obstacles.

12

DÉCLIN DE L'ŒCOUMÈNE MÉDIÉVAL
LES NATIONS

Ce furent à la fois des causes d'« en haut » et des causes d'« en bas », qui provoquèrent la décadence du Saint Empire Romain et, plus généralement, du principe de la vraie souveraineté. Au nombre des premières, figurent la sécularisation et la matérialisation progressive de l'idée politique. Déjà chez un Frédéric II, la lutte contre l'Église, bien qu'entreprise pour défendre le caractère surnaturel de l'empire, laisse apparaître l'amorce d'une évolution de ce genre, qui se traduit, d'une part, par l'humanisme, le libéralisme et le rationalisme naissant de la cour sicilienne, la constitution d'un corps de juges laïcs et d'employés administratifs, l'importance prise par les *legistae* et les *decretistae* et par ceux qu'un juste rigorisme religieux, en allumant des autodafés et des bûchers savonaroliens pour les premiers produits de la « culture » et de la « libre pensée », qualifiait avec mépris de *theologi philosophantes* et, d'autre part, par la tendance centralisatrice et déjà anti-féodale de certaines nouvelles institutions impériales. Or, au moment où un empire cesse d'être sacré, il commence à ne plus être un *Empire*. Son principe et son autorité baissent de niveau et, une fois atteint le plan de la matière et de la simple « politique », ils ne peuvent se maintenir, parce que ce plan, par sa nature même, exclut toute universalité et toute unité supérieure. En 1338 déjà, Louis IV de Bavière déclare que la consécration impériale n'est plus nécessaire et que le prince élu est empereur légitime en vertu de cette seule élection : émancipation que Charles IV de Bohême achève avec la « Bulle d'Or ». Mais, du fait que la consécration ne fut remplacée par rien de métaphysiquement équivalent, les empereurs détruisirent ainsi eux-mêmes leur *dignitas* transcendante. On peut dire que, depuis cette époque, ils perdirent le « mandat du Ciel » et que le

Saint Empire ne fut plus qu'une survivance[839]. Frédéric III d'Autriche fut le dernier Empereur couronné à Rome (1432), après que le rite se fut réduit à une cérémonie vide et sans âme.

En ce qui concerne l'autre aspect du déclin, on a justement remarqué que la plupart des grandes époques traditionnelles se caractérisent par une constitution de forme féodale, celle-ci convenant mieux que toute autre à la formation régulière de leurs structures[840]. Là où l'accent est mis sur le principe de la pluralité et de l'autonomie politique des unités particulières, apparaît en même temps le véritable lieu de ce principe universel, de cet *unum quod non est pars*, capable de les ordonner et les unifier réellement, non pas en s'opposant à chacun d'eux, mais en les dominant grâce à la fonction transcendante, supra-politique et régulatrice à laquelle il correspond (Dante). On se trouve alors en présence d'une royauté qui s'accorde avec l'aristocratie féodale, d'une « impérialité » œcuménique qui ne porte pas atteinte à l'autonomie des principautés ou des royaumes particuliers et qui intègre, sans les dénaturer, les nationalités particulières. Lorsque, au contraire, déchoit la *dignitas* qui permet de trôner au-dessus du multiple, du temporel et du contingent ; lorsque diminue, d'autre part, la capacité d'une *fides*, d'une allégeance plus que simplement matérielle, de la part de chaque élément subordonné, alors surgit la tendance centralisatrice, l'absolutisme politique qui cherche à maintenir la cohésion de l'ensemble au moyen d'une unité violente, politique et étatique, et non plus essentiellement supra-politique et spirituelle. Ou bien ce sont les processus du particularisme pur et de la dissociation qui prennent le dessus. C'est par ces deux voies que s'accomplit la destruction de la civilisation médiévale. Les rois commencent à revendiquer pour leurs unités particulières le principe d'autorité absolue propre à l'empire[841], en le matérialisant et en proclamant finalement l'idée nouvelle et subversive de l'État national. Un processus analogue fait surgir une multitude de communes, de villes libres et de républiques, d'entités qui

---

[839] Cf. J. REYOR, *Le Saint-Empire et l'Imperator rosicrucien* (Voile d'Isis, no 179, p. 197).
[840] R. GUENON, *Autorité spirituelle et pouvoir temporel*, cit., p. 111.
[841] En Europe les légistes français furent les premiers à affirmer que le roi de l'État national tient directement son pouvoir de Dieu, qu'il « est empereur dans son royaume ».

tendent à se constituer chacune pour soi, en passant à la résistance et à la révolte, non seulement contre l'autorité impériale mais aussi contre la noblesse. Et le sommet s'abaisse, l'œcoumène européen se défait. Le principe d'une législation unique, laissant toutefois un champ suffisant au *jus singulare*, correspondant à une langue unique et à un unique esprit, disparaît ; la chevalerie elle-même déchoit et, avec elle, l'idéal d'un type humain formé par des principes purement éthiques et spirituels.

Les chevaliers en arrivent à défendre les droits et à soutenir les ambitions temporelles de leurs princes et, finalement, des États nationaux. Les grands ralliements inspirés par l'idéal supra-politique de la « guerre sacrée » et de la « guerre juste » font place aux combinaisons, guerrières ou pacifiques, échafaudées en nombre croissant par l'habileté diplomatique. Non seulement l'Europe chrétienne assiste, inerte, à la chute de l'Empire d'Orient et de Constantinople provoquée par les Ottomans, mais un roi de France, François 1er, donne le premier coup au mythe de la « Chrétienté », base de l'unité européenne, en n'hésitant pas, dans sa lutte contre le représentant du Saint Empire Romain, non seulement à soutenir les princes protestants en révolte, mais même à s'allier avec le Sultan. La Ligue de Cognac (1526) vit le chef de l'Église de Rome suivre le même chemin. On assista à cette absurdité : Clément VII, allié de la Maison de France, entre en lice contre l'empereur en s'alliant au Sultan précisément au moment où l'avance de Soliman II en Hongrie menaçait toute l'Europe et où le protestantisme en armes était en train de bouleverser son centre. Et l'on verra de même un prêtre au service de la Maison de France, Richelieu, soutenir de nouveau, dans la dernière phase de la guerre de Trente Ans, la ligue protestante contre l'empereur, jusqu'à ce que, après la paix d'Augusta (1555), les traités de Westphalie (1648) suppriment les derniers restes d'élément religieux, décrètent la tolérance réciproque entre les nations protestantes et les nations catholiques et accordent aux princes révoltés une indépendance presque complète vis-à-vis de l'Empire. À partir de cette époque, l'intérêt suprême et l'enchère des conflits ne seront plus du tout la défense idéale d'un droit dynastique ou féodal, mais une simple dispute autour de morceaux du territoire européen : l'Empire est définitivement supplanté par les impérialismes, c'est-à-dire par les menées des États nationaux désireux de s'affirmer militairement ou économiquement sur les autres nations. La Maison de France joua, dans ce bouleversement, tant sur le plan de la politique européenne, que dans sa fonction nettement anti-impériale, un rôle prépondérant.

Dans l'ensemble de ces développements, et en dehors de la crise de l'idée impériale, la notion même de souveraineté se sécularise sans cesse davantage. Le roi n'est plus qu'un guerrier, le chef politique de son État. Il incarne encore, pendant un certain temps, une fonction virile et un principe absolu d'autorité, mais qui ne se réfèrent plus à une réalité transcendante, sinon dans la formule résiduelle et vide du « droit divin », telle qu'elle fut définie, pour les nations catholiques, après le concile de Trente, dans la période de la Contre-Réforme. L'Église se déclarait prête à sanctionner et à consacrer l'absolutisme de souverains intimement déconsacrés, à condition qu'ils se fissent le bras séculier de cette même Église qui suivait désormais la voie de l'action indirecte.

C'est pourquoi, au cours de la période consécutive au déclin de l'oecuméne gibelin, disparaît peu à peu, dans chaque État, la prémisse en vertu de laquelle l'opposition à l'Église pouvait se poursuivre sur la base d'un sens supérieur : une reconnaissance plus ou moins extérieure est accordée à l'autorité de Rome en matière de simple religion, chaque fois que l'on peut obtenir, en échange, quelque chose d'utile à la raison d'État. Ou bien l'on assiste à des tentatives ouvertes de subordonner directement le spirituel au temporel, comme dans le mouvement anglican ou gallican, et, plus tard, dans le monde protestant, avec les Églises nationales contrôlées par l'État. En avançant dans l'âge moderne, on verra les patries se constituer en autant de véritables schismes et s'opposer les unes aux autres, non seulement en tant qu'unités politiques et temporelles, mais aussi en tant qu'entités quasi mystiques refusant d'admettre une autorité supérieure quelconque.

De toute façon, un point apparaît bien clairement : si désormais l'Empire décline et ne fait que se survivre à lui-même, son adversaire, l'Église, bien qu'ayant le champ libre, *ne sait pas en assumer l'héritage*, donnant ainsi la preuve décisive de son incapacité d'organiser l'Occident selon son propre idéal, c'est-à-dire selon l'idéal guelfe. Ce qui succède à l'Empire, ce n'est pas l'Église, ce n'est pas une « Chrétienté » renforcée, mais une multiplicité d'États nationaux, de plus en plus intolérants à l'égard de tout principe supérieur d'autorité.

D'autre part, la « déconsécration » des princes, de même que leur insubordination vis-à-vis de l'Empire, en privant les organismes dont ils sont les chefs du chrisme d'un principe plus élevé, les poussent fatalement dans l'orbite de forces inférieures, qui prendront progressivement le dessus. En général, il est fatal que chaque fois qu'une caste se révolte contre la caste supérieure et se rend indépendante, elle perde le caractère spécifique qu'elle avait dans l'ensemble hiérarchique, pour refléter celui de la caste immédiatement inférieure[842]. L'absolutisme transposition matérialiste de l'idée unitaire traditionnelle prépare les voies de la démagogie et des révolutions nationales antimonarchiques. Et là où les rois, dans leur lutte contre l'aristocratie féodale et dans leur oeuvre de centralisation politique, furent portés à favoriser les revendications de la bourgeoisie et de la plèbe elle-même le processus s'accomplit plus rapidement. C'est avec raison que l'on a attiré l'attention sur la figure de Philippe le Bel, qui annonce déjà et contient en germe les différentes étapes du processus de décadence du monde moderne. C'est Philippe le Bel, en effet, qui, en détruisant, d'accord avec le pape, les Templiers, détruisit en même temps l'expression la plus caractéristique de cette tendance à reconstituer l'unité de l'élément guerrier et de l'élément sacerdotal, qui était l'âme secrète de la chevalerie ; c'est lui qui commença le travail d'émancipation laïque de l'État vis-à-vis de l'Église, poursuivi presque sans interruption par ses successeurs, de même que fut poursuivie - surtout par Louis XI et Louis XIV - la lutte contre la noblesse féodale, lutte qui ne dédaignait pas l'appui de la bourgeoisie et tolérait même, pour atteindre son but, l'esprit de révolte de couches sociales encore plus basses ; c'est lui qui favorisa déjà une culture antitraditionnelle, grâce à ses « légistes » qui furent, avant les humanistes de la Renaissance, les véritables précurseurs du laïcisme moderne[843]. S'il est significatif que ce soit un prêtre - le cardinal de Richelieu - qui ait affirmé, contre la noblesse, le principe de la centralisation, en préparant le remplacement des structures féodales par

---

[842] R. GUENON, *Autorité* etc., p. 111.
[843] R. GUENON, *Autorité* etc., pp. 112, sqq.

binôme nivellateur moderne du gouvernement et de la nation, il est incontestable que Louis XIV, en façonnant les pouvoirs publics, en développant systématiquement l'unité nationale, et en la renforçant sur le plan politique, militaire et économique, a pour ainsi dire, préparé un corps pour l'incarnation d'un nouveau principe, celui du peuple, de la nation conçue comme simple collectivité bourgeoise ou plébéienne[844]. Ainsi, l'oeuvre anti-aristocratique entreprise par les rois de France, dont on a déjà souligné l'opposition constante contre le Saint Empire, devait logiquement, avec un Mirabeau, se retourner contre eux et les chasser finalement du trône contaminé. On peut affirmer que c'est précisément pour s'être engagée la première dans cette voie et avoir, de ce fait, sans cesse accru le caractère centralisateur et nationaliste de la notion d'État, que la France connut la première l'écroulement du régime monarchique et, d'une façon précise et ouverte, avec l'avènement du régime républicain, le passage du pouvoir entre les mains du Tiers État. Elle devint ainsi, au sein des nations européennes, le principal foyer de ce ferment révolutionnaire et de cette mentalité laïque et rationaliste, qui devaient détruire les derniers vestiges de la traditionnalité[845].

Il est un autre aspect complémentaire de la Némésis historique qui est non moins précis et intéressant. À l'émancipation, vis-à-vis de l'Empire, des États devenus « absolus », devait succéder l'émancipation, vis-à-vis de l'État, des individus souverains, libres et autonomes. Une usurpation appela et prépara l'autre, jusqu'à ce que, dans les États qui, en tant qu'États souverains nationaux, étaient tombés dans l'étatisation et l'anarchie, la souveraineté usurpée de l'État s'inclinât devant la souveraineté populaire, dans le cadre de laquelle l'autorité et la loi ne sont légitimes que dans la mesure où elles

---

[844] On connaît l'expression de Louis XIV : « Autant augmenterons-nous l'argent comptant et autant augmenterons-nous la puissance, l'agrandissement et l'abondance de l'État. » C'est déjà la formule de l'idée politique descendue, à travers le nationalisme, au niveau de la caste des marchands, le début de la subversion générale que la souveraineté de l'« économique » devait réaliser en occident.

[845] Cf. *Ibid.* Par contre, le fait que les peuples germaniques, malgré la Réforme, conservèrent, plus que tous les autres, des structures féodales, explique qu'ils furent les derniers à incarner - jusqu'à la guerre de 1914 - une idée supérieure opposée à celle des nationalismes et des démocraties mondiales.

expriment la volonté des citoyens considérés comme des individus particuliers et seuls souverains en attendant la dernière phase, la phase purement collectiviste.

En dehors des causes d'« en haut » qui déterminèrent la chute de la civilisation médiévale, celles d'« en bas », distinctes, bien que solidaires des premières, ne doivent pas être négligées. Toute organisation traditionnelle est une formation dynamique, qui suppose des forces de chaos, des impulsions et des intérêts inférieurs, des couches sociales et ethniques plus basses, qu'un principe de « forme » domine et freine : elle implique le dynamisme de deux pôles antagonistes, dont le pôle supérieur, inhérent à l'élément supranaturel des castes supérieures, cherche à entraîner l'autre vers le haut, tandis que l'autre le pôle inférieur lié à la masse, le *demos* cherche à attirer le premier vers le bas[846]. Ainsi, à tout affaiblissement des représentants du principe supérieur, à toute déviation ou dégénérescence du sommet, correspondent, à la façon d'un contrepoint, une émergence et une libération dans le sens d'une révolte des couches inférieures. Or, du fait des processus déjà analysés, le droit de demander aux sujets la *fides*, au double sens, spirituel et féodal, du mot, devait progressivement déchoir, cependant que les mêmes processus ouvraient virtuellement la voie à une matérialisation de cette *fides* dans un sens politique, et, ensuite, à la révolte en question. En effet, tandis que la fidélité spirituellement fondée est inconditionnée, celle qui se relie au plan temporel est, au contraire, conditionnée et contingente, sujette à révocation selon les circonstances et pour des motifs empiriques et le dualisme, l'opposition persistante de l'Église à l'Empire, devaient contribuer, pour leur part, à ramener toute *fides* à ce niveau inférieur et précaire.

Du reste, déjà au Moyen Age, l'Église n'éprouve pas de scrupules à

---

[846] Cette conception dynamico-antagoniste de la hiérarchie traditionnelle est clairement indiquée dans la tradition indo-aryenne : c'est le symbole même de la lutte qui avait lieu au cours de la fête du gavâmyana, entre un représentant de la caste lumineuse des ârya et un représentant de la caste obscure des çudra, lutte qui avait pour objet la conquête d'un symbole solaire et se terminait par le triomphe du premier (cf. WEBER, *Indische Studien*, cit., v. X, p. 5). Le mythe nordique de la lutte constante entre un chevalier blanc et un chevalier noir a un sens analogue (GRIMM, *Deutsche Myth.*, cit., p. 802).

« bénir » l'infraction à la *fides* en se rangeant du côté des Communes italiennes, en soutenant moralement et matériellement la révolte qui, en dehors de son aspect extérieur, exprimait simplement l'insurrection du particulier contre l'universel, et s'inspirait d'un type d'organisation sociale ne reposant plus du tout sur la caste guerrière, mais directement sur la troisième caste, celle des bourgeois et des marchands. Ceux-ci usurpent la dignité du pouvoir politique et du droit aux armes, fortifient leurs villes, lèvent leurs étendards, organisent leurs milices contre les cohortes impériales et l'alliance défensive de la noblesse féodale. C'est ici que commence le mouvement d'« en bas », le soulèvement de la marée des forces inférieures.

Les Communes préfigurent l'idéal tout à fait profane et antitraditionnel d'une organisation démocratique fondée sur le facteur économique et mercantile et sur le trafic judaïque de l'or, mais leur révolte démontre surtout que le sentiment du sens spirituel et éthique du loyalisme et de la hiérarchie était, déjà en ce temps-là, sur le point de s'éteindre. On ne reconnaît plus dans l'Empereur qu'un chef politique, aux prétentions politiques duquel on peut résister. On affirme cette mauvaise liberté qui détruira et méconnaîtra tout principe de véritable autorité, de manière à laisser les forces inférieures à elles-mêmes, et à faire descendre toutes les formes politiques sur un plan purement humain, économique et collectif, aboutissant à l'omnipotence des marchands et, plus tard, des « travailleurs » organisés. Il est significatif que le foyer principal de ce cancer ait été le sol italien, berceau de la romanité. Dans la lutte des Communes appuyées par l'Église contre les armées impériales et le *corpus saecularium principum*, on trouve les derniers échos de la lutte entre le Nord et le Sud, entre la tradition et l'anti-tradition.

Frédéric Ier figure que la falsification plébéienne de l'histoire « patriotique » italienne s'est efforcée de discréditer combattit en réalité au nom d'un principe supérieur et d'un devoir que sa fonction même lui imposait, contre une usurpation laïque et particulariste fondée, entre autres, sur des ruptures unilatérales de pactes et de serments. Dante verra en lui le « bon Barberousse », légitime représentant de l'Empire, qui est la source de toute véritable autorité ; il considéra la révolte des villes lombardes comme illégale et factieuse, conformément à son noble mépris pour les « gens nouveaux et les gains subits » [847], éléments de la nouvelle et impure puissance communale, de même qu'il avait reconnu une hérésie subversive dans le « libre régime des peuples particuliers », et dans la nouvelle idée nationaliste[848]. En réalité, ce ne fut pas tant pour imposer une reconnaissance matérielle et pour satisfaire des ambitions territoriales, qu'au nom d'une revendication idéale et pour la défense d'un droit supra-politique, que luttèrent les Otton et ensuite les Souabes : ce n'était pas en tant que princes teutoniques, mais en tant qu'Empereurs « romains » - *romanorum reges* - donc supranationaux, qu'ils exigeaient l'obéissance. C'est pour l'honneur et pour l'esprit qu'ils luttèrent contre la race des marchands et des bourgeois en armes[849], et c'est pourquoi ceux-ci furent considérés comme rebelles, moins contre l'empereur que contre Dieu - *obviare Deo*. Par ordre divin - *jubente Deo* - le prince les combat comme représentant de Charlemagne, avec l'« épée vengeresse », pour restaurer l'ordre antique : *redditur res publica statui votuta*[850].

Enfin, si nous continuons à considérer surtout l'Italie, les Seigneuries, contreparties ou successions des Communes, apparaissent comme un autre aspect du nouveau climat dont « Le Prince », de Machiavel, est un indice barométrique. On ne conçoit plus, comme chef, que l'individu puissant qui ne domine pas en vertu d'une consécration, en vertu de sa noblesse, parce qu'il représente un principe supérieur et une tradition, mais qui domine au nom de lui-même, se sert de l'astuce et de la violence, fait appel aux ressources de la politique entendue désormais comme un « art », comme une technique

---

[847] *Inferno*, XVI, 73.

[848] Cf. E. FLORI, *Dell'idea imperiale di Dante*, Bologne, s.d., pp. 38, 86-87.

[849] Dante n'hésita pas à accuser l'aberration nationaliste naissante, en combattant particulièrement la maison de France et en reconnaissant le droit de l'Empereur. Par rapport à Henri VII, il comprit bien, par ex., que l'Italie, pour faire rayonner sa civilisation dans le monde, devait disparaître dans l'Empire puisque seul l'Empire est universalité et que toute force rebelle, selon le nouveau principe des « villes » et des patries, ne pouvait représenter qu'un obstacle au « règne de la justice ». Cf. FLORI, Cep. cit., pp. 101, 71.

[850] Ce sont les expressions de l'Archipoète. Il est intéressant de noter également que le symbolisme d'Héraclès, le héros allié aux puissances olympiennes en lutte contre celles du chaos, fut appliqué à Barberousse, dans sa lutte contre les Communes.

dénuée de scrupules ; l'honneur et la vérité n'ont pour lui aucun sens, et il ne se sert éventuellement de la religion elle-même que comme d'un instrument parmi d'autres. Dante avait dit justement : *Italorum principum... qui non heroico more sed plebeo, secuntur superbiam*[851]. La substance de ce gouvernement n'est donc pas « héroïque », mais plébéienne ; c'est à ce niveau que se trouve ravalée la *virtus antica*, de même que la supériorité par rapport au bien et au mal inhérente à celui qui dominait en vertu d'une loi non-humaine. On voit réapparaître ici le type de certains tyrans de l'antiquité, et l'on trouve en même temps l'expression de cet individualisme déchaîné qui, comme nous le verrons, caractérise, sous des formes multiples, ce tournant de l'histoire. On peut y voir enfin la préfiguration brutale de la « politique absolue » et de la volonté de puissance qui se réaffirmera, sur une échelle bien plus vaste, à une époque récente, lors de l'émergence du Quatrième État.

Ces processus marquent donc la fin du cycle de la restauration médiévale. D'une certaine façon, se réaffirme l'idée gynécocratico-méridionale, dans les cadres de laquelle le principe viril, en dehors des formes extrêmes qui viennent d'être mentionnées, et même quand il est incarné dans la figure du monarque, n'a qu'un sens matériel (politique, temporel), tandis que l'Église demeure dépositaire de la spiritualité sous la forme « lunaire » de religion dévotionnelle et, au mieux, de contemplation, dans les Ordres monastiques. Cette scission une fois confirmée, le droit du sang et de la terre ou les manifestations d'une simple volonté de puissance imposent leur suprématie. Le particularisme des villes, des patries et des nationalismes en est l'inévitable conséquence, de même que, plus tard, le début de la révolte du démos, de l'élément collectif, sous-sol de l'édifice traditionnel, qui tendra à s'emparer des structures nivelées et des pouvoirs publics unifiés créés dans la phase anti-féodale précédente.

La lutte la plus caractéristique du Moyen Age, celle du principe « héroïco »-viril contre l'Église, avorta. Désormais, l'homme occidental ne

---

[851] *De vulgari eloquentia*, I, 12. À propos de la Renaissance, F. SCHUON a eu raison de parler d'un « césarisme des bourgeois et des banquiers » (*Perspectives spirituelles et faits humains*, Paris, 1953, p. 48) auxquels il faut ajouter les types obscurs de « condottieri », chefs de mercenaires qui deviennent des souverains.

tend à l'autonomie et à l'émancipation du lien religieux que sous la forme d'une déviation contaminatrice et allant, politiquement, jusqu'à ce qu'on pourrait appeler un retournement démoniaque du gibelinisme, que préfigurait du reste l'utilisation que les princes germaniques firent des idées du luthéranisme. D'une manière générale, en tant que civilisation, l'Occident ne s'émancipe de l'Église et de la vision catholique du monde, après le Moyen Age, qu'en se laïcisant et en sombrant dans le naturalisme, en exaltant comme une conquête l'appauvrissement propre à un point de vue et à une volonté qui ne reconnaissent plus rien au-delà de l'homme ni au-delà de ce qui est entièrement conditionné par l'humain.

L'exaltation polémique de la civilisation de la Renaissance contre celle du Moyen Age fait partie des conventions de l'historiographie moderne. S'il ne s'agissait là d'une des nombreuses suggestions diffusées dans la culture moderne par les dirigeants de la subversion mondiale, il faudrait y voir l'expression d'une incompréhension typique. *Si, depuis la fin du monde antique, il y eut une civilisation qui mérita le nom de Renaissance, ce fut bien celle du Moyen Age.* Dans son objectivité, dans son « virilisme », dans sa structure hiérarchique, dans sa superbe élémentarité anti-humaniste, si souvent pénétrée de sacré, le Moyen Age fut comme une nouvelle flambée de l'esprit de la civilisation, universelle et une, des origines. Le vrai Moyen Age nous apparaît sous des traits classiques, et nullement romantiques. Le caractère de la civilisation qui lui succéda a une toute autre signification. La tension qui, durant le Moyen Age, avait eu une orientation essentiellement métaphysique, se dégrade et change de polarité. Le potentiel recueilli précédemment sur la direction verticale vers le haut, comme dans le symbole des cathédrales gothiques se décharge à présent dans la direction horizontale, vers l'extérieur, en produisant, par super-saturation des plans subordonnés, des phénomènes capables de frapper l'observateur superficiel : irruption tumultueuse, dans la culture, de multiples manifestations d'une créativité pratiquement dépourvue de toute base traditionnelle ou seulement symbolique, donc profane et désacralisée sur le plan extérieur, expansion quasi explosive des peuples européens dans l'ensemble du monde à l'époque des découvertes, des explorations et des conquêtes coloniales, qui correspond, plus ou moins, à celle de la Renaissance et de l'Humanisme. Ce sont là les effets d'une libération de forces identique à celle qui se produit lors de la décomposition d'un organisme.

On voudrait voir dans la Renaissance, sous beaucoup de ses aspects, une reprise de la civilisation antique, découverte de nouveau et réaffirmée contre le monde morne du christianisme médiéval. Il s'agit là d'un grave malentendu. La Renaissance ne reprit du monde antique que des formes décadentes et non celles des origines, pénétrées d'éléments sacrés et suprapersonnels, ou les reprit en négligeant complètement ces éléments et en utilisant l'héritage antique dans une direction tout à fait différente. Dans la Renaissance, en réalité, la « paganité » servit essentiellement à développer la simple affirmation de l'Homme, à fomenter une exaltation de l'individu, qui s'enivre des productions d'un art, d'une érudition et d'une spéculation dénuées de tout élément transcendant et métaphysique.

Il convient, à ce propos, d'attirer l'attention sur un phénomène qui se produit à l'occasion de semblables bouleversements, et qui est celui de *la neutralisation*[852]. La civilisation, même en tant qu'idéal, cesse d'avoir un axe unitaire. Le centre ne commande plus chaque partie, non seulement sur le plan politique, mais aussi sur le plan culturel. Il n'existe plus de force unique qui organise et anime la culture. Dans l'espace spirituel que l'Empire embrassait unitairement dans le symbole œcuménique, naissent, par dissociation, des zones mortes, « neutres », qui correspondent précisément aux diverses branches de la nouvelle culture. L'art, la philosophie, la science, le droit, se développent séparément, chacune dans ses frontières, dans une indifférence systématique et affichée à l'égard de tout ce qui pourrait les dominer, les libérer de leur isolement, leur donner de vrais principes : telle est la « liberté » de la nouvelle culture. Le dix-septième siècle, en correspondance avec la fin de la guerre de Trente Ans et avec le *déclin définitif* de l'autorité de l'Empire, est l'époque où ce bouleversement prit une forme précise, où se trouvent préfigurées toutes les caractéristiques de l'âge Moderne.

---

[852] Cf. C. STEDING, *Das Reich und die Krankheit der europciischen Kultur*, Hamburg, 1938 ; J. EVOLA, *Chevaucher le Tigre*, Paris 1964, chap. 26.

L'effort médiéval pour reprendre le flambeau que Rome avait reçu de l'Hellade héroïco-olympienne s'achève donc définitivement. La tradition de la royauté initiatique cesse, à ce moment, d'avoir des contacts avec la réalité historique, avec les représentants d'un quelconque pouvoir temporel européen. Elle ne se conserve que souterrainement, dans des courants secrets comme ceux des Hermétistes et des Rosicruciens, qui se retirèrent toujours plus dans les profondeurs au fur et à mesure que le monde moderne prenait forme lorsque les organisations qu'ils avaient déjà animées ne furent pas victimes elles-mêmes d'un processus d'involution et d'inversion[853]. En tant que « mythe », la civilisation médiévale laisse son testament dans deux légendes. La première est celle selon laquelle, chaque année, la nuit de l'anniversaire de la suppression de l'Ordre du Temple, une ombre armée, vêtue du manteau blanc à la croix rouge, apparaîtrait dans la chambre sépulcrale des Templiers pour demander qui veut libérer le Saint Sépulcre. « Personne, personne est-il répondu parce que le Temple est détruit. » L'autre est celle de Frédéric Ier qui, sur les hauteurs du Kifhauser, à l'intérieur du mont symbolique, continuerait à vivre avec ses chevaliers dans un sommeil magique. Et il attend : il attend que l'heure marquée ait sonné pour redescendre dans la vallée avec ses fidèles, pour livrer la dernière bataille dont dépendra la nouvelle floraison de l'Arbre Sec et le commencement d'un nouvel âge[854].

---

[853] Cf. EVOLA, *Mistero del Graal*, cit., § 29 - surtout pour la genèse et le sens de la maçonnerie moderne et de l'illuminisme.

[854] Cf. B. KUOLER, *Storia delle Crociate*, trad. it., Milano, 1887, p. 538 ; F. KAMPERS, *Die deutsche Kaiseridee in Prophetie und Sage*, Berlin, 1896. Du contexte des différentes versions de la seconde légende, il ressort qu'une victoire est possible, mais non certaine. Dans plusieurs versions de la saga - qui conservent probablement la trace du thème du ragna rök eddique - le dernier empereur ne peut faire face aux forces du dernier âge et meurt, après avoir suspendu à l'Arbre Sec le sceptre, la couronne et l'écu.

13

L'IRRÉALISME ET L'INDIVIDUALISME

Pour suivre les phases ultérieures de la décadence de l'Occident, il faut se reporter à ce que nous avons dit à propos des premières crises traditionnelles, en prenant comme point de référence la vérité fondamentale du monde de la Tradition relative aux deux « régions », à la dualité qui existe entre le monde et le supra-monde. Pour l'homme traditionnel, ces deux régions *existaient*, étaient des réalités ; l'établissement d'un contact objectif et efficace entre l'une et l'autre était la condition préalable de toute forme supérieure de civilisation et de vie.

L'interruption de ce contact, la concentration de toutes les possibilités dans un seul monde, le monde humain et temporel, la substitution à l'expérience du supra-monde de fantasmes éphémères évoqués par les exhalaisons troubles de la nature mortelle, tel est le sens général de la civilisation « moderne », qui entre maintenant dans la phase où les diverses forces de décadence, qui s'étaient manifestées à des époques antérieures, mais avaient été alors freinées par des réactions ou par le pouvoir de principes opposés, atteignent leur pleine et redoutable efficience.

Dans son sens le plus général, *l'humanisme* apparaît comme le stigmate et le mot d'ordre de toute la nouvelle civilisation qui se libère des « ténèbres du Moyen Age ». Cette civilisation, en effet, ne connaîtra plus que l'homme : c'est dans l'homme que commenceront et finiront toutes choses ; c'est dans l'homme que se trouveront les seuls cieux et les seuls enfers, les seules glorifications et les seules malédictions que l'on connaîtra désormais. C'est ce Monde - *l'autre* du véritable monde - avec ses créations de la fièvre et de la soif, avec ses vanités artistiques et ses « génies », avec sa jungle de machines et d'usines, qui constituera pour l'homme la limite.

La première forme sous laquelle apparaît l'humanisme est *l'individualisme*. Il se caractérise par la constitution d'un centre illusoire hors du centre véritable, par la prétention prévaricatrice d'un « Moi » qui est simplement le « moi » mortel du corps - et pouvait résister par la construction au moyen de facultés purement naturelles : celles-ci suscitent, modèlent et soutiennent désormais, à travers les arts et les sciences profanes, des apparences diverses qui, hors de ce centre faux et vain, n'ont aucune consistance, des vérités et des lois marquées par la contingence et par la caducité inhérentes à tout ce qui appartient au monde du devenir.

D'où l'irréalisme radical, l'inorganicité foncière de tout ce qui est moderne. Intérieurement comme extérieurement, rien ne sera plus vie, tout sera construction : à l'être désormais éteint, se substituent dans tous les domaines le « vouloir » et le « Moi », comme un sinistre étayage, rationaliste et mécaniste, d'un cadavre. De même que dans le pullulement vermiculaire des putréfactions, se développent alors les innombrables conquêtes, dépassements et créations de l'homme nouveau. On ouvre la voie à tous les paroxysmes, à toutes les manies innovatrices et iconoclastes, à tout un monde de *rhétorique* fondamentale où, l'image de l'esprit se substituant à l'esprit, la fornication incestueuse de l'homme dans la religion, la philosophie, l'art, la science et la politique, ne connaîtra plus de limites.

Sur le plan religieux, l'irréalisme est en rapport étroit avec la perte de la tradition initiatique. Nous avons déjà eu l'occasion de signaler qu'à partir d'une certaine époque seule l'initiation assurait la participation objective de l'homme au supramonde. Mais après la fin du monde antique, et avec l'avènement du christianisme, les conditions nécessaires pour que la réalité initiatique pût constituer la référence suprême d'une civilisation traditionnelle, firent désormais défaut. D'une certaine manière, le « spiritualisme » lui-même fut, à cet égard, l'un des facteurs qui agirent de la façon la plus négative : l'apparition et la diffusion de l'étrange idée de l'« immortalité de l'âme », conçue comme le destin naturel de chacun, devait rendre incompréhensible la signification et la nécessité de l'initiation en tant qu'opération réelle, destructrice de la nature mortelle. À titre de succédané, on eut le mystère christique et l'idée de la rédemption en Christ, où le thème de la mort et de la résurrection, qui dérivait en partie de la doctrine des Mystères, perdit tout caractère initiatique et s'appliqua, en se dégradant, au plan simplement religieux de la foi. D'une façon plus générale, il s'agit d'une « morale » ; de vivre en tenant compte des sanctions qui, selon la croyance nouvelle, pouvaient frapper « l'âme immortelle » dans l'au-delà. Alors que l'idée impériale médiévale se trouve souvent reliée, comme on l'a vu, à l'élément initiatique, l'Église créa bien une doctrine des sacrements, reprit le symbole « pontifical », parla d'une régénération, mais l'idée de l'initiation proprement dite était opposée à son esprit, et lui resta étrangère. La tradition chrétienne constitua, de ce fait, une anomalie, quelque chose de tronqué par rapport à toutes les formes traditionnelles complètes, y compris l'islam. Le caractère spécifique du dualisme chrétien agit ainsi comme un puissant stimulant de l'attitude subjectiviste, et donc irréaliste, devant le problème du sacré. Celui-ci cessa de se poser sur le plan de la réalité, de l'expérience transcendante, pour devenir un problème de foi, un problème affectif, ou l'objet de spéculations théologiques. Les quelques sommets d'une mystique chrétienne purifiée n'empêchèrent pas que Dieu et les dieux, les anges et les démons, les essences intelligibles et les cieux, prissent la forme de mythes : l'Occident christianisé cessa de les connaître en tant que symboles d'expériences supra-rationnelles possibles, de conditions supra-individuelles d'existence, de dimensions profondes de l'être intégral de l'homme. Déjà le monde antique avait assisté au passage involutif du symbolisme à la mythologie, à une mythologie qui devint sans cesse plus opaque et muette et dont s'empara l'arbitraire de la fantaisie artistique. Quand, plus tard, l'expérience du sacré se réduisit à la foi, au sentiment et au moralisme, et l'*intuitio intellectualis* à un simple concept de la philosophie scolastique, l'irréalisme de l'esprit couvrit la quasi-totalité du domaine surnaturel.

Cette tendance se poursuivit avec le protestantisme, dont il est significatif qu'il ait été contemporain de l'Humanisme et de la Renaissance.

Abstraction faite de son sens ultime dans l'histoire des civilisations, de la fonction antagoniste qu'elle exerça, comme nous l'avons vu, au Moyen Age, et de l'absence d'une dimension initiatique et ésotérique, on doit reconnaître à l'Église catholique un certain caractère traditionnel, qui la différencia de ce qu'avait été le simple christianisme, grâce à tout un appareil de dogmes, de symboles, de mythes, de rites et d'institutions sacrées, où se conservaient parfois, bien que par reflet, des thèmes d'un savoir supérieur. En affirmant rigidement le principe de l'autorité et du dogme, en défendant le caractère d'extra-naturalité et de supra-rationalité de la « révélation » dans le domaine de la connaissance, en défendant le principe de la transcendance de la grâce dans le domaine de l'action, l'Église défendit presque d'une façon désespérée le caractère non-humain de son dépôt contre toutes les prévarications individualistes. Cet effort extrême du catholicisme (qui explique d'ailleurs, dans une large mesure, le caractère violent et tragique de son histoire) devait pourtant rencontrer une limite. La digue ne pouvait résister ; à certaines formes qui se justifiaient sur le plan simplement religieux, le caractère d'absolu, propre au non-humain, ne pouvait être conservé, là où non seulement manquait la connaissance supérieure, mais où devenait sans cesse plus évidente la sécularisation de l'Église, la corruption et l'indignité d'une grande partie de ses représentants, l'importance que prenaient progressivement pour elle les intérêts politiques et contingents. Le climat devint ainsi toujours plus favorable à une réaction, qui devait porter un coup sérieux à l'élément traditionnel ajouté au christianisme, exaspérer le subjectivisme irréaliste et affirmer l'individualisme, même sur le plan religieux. Telle fut précisément l'œuvre de la Réforme.

Ce n'est pas par hasard que les paroles de Luther contre la « papauté instituée par le diable à Rome », contre Rome présentée comme *regnum Babylonis*, comme réalité obstinément païenne et ennemie de l'esprit chrétien, ressemblent à celles qui furent employées par les premiers chrétiens et par les Apocalypses hébraïques contre la ville impériale de l'Aigle et de la Hache. L'esprit de la Réforme s'apparente beaucoup au *pathos* et à l'*animus* du christianisme des origines dans son aversion pour l'idéal hiérarchico-rituel de la Rome antique. En rejetant tout ce qui, dans le catholicisme, en face des simples Évangiles, est tradition, Luther témoigne précisément d'une incompréhension fondamentale à l'égard de ce contenu supérieur qui, par plus d'un aspect, n'est réductible ni au substratum hébraïco-méridional, ni au monde de la simple dévotion, et qui prit forme peu à peu dans l'Église en vertu d'une influence secrète d'en haut[855]. Les Empereurs gibelins s'étaient insurgés contre la Rome papale au nom de Rome, parce qu'ils réaffirmaient l'idée supérieure du Saint Empire contre la spiritualité simplement religieuse de l'Église et ses prétentions hégémoniques. Luther ne se révolta au contraire contre la Rome papale que par intolérance envers l'autre aspect, positif, de Rome, envers la composante traditionnelle et hiérarchico-rituelle qui subsistait dans le compromis catholique.

Sur le plan politique également, Luther favorisa, à divers égards, une émancipation mutilatrice. Les princes germaniques, au lieu de reprendre l'héritage d'un Frédéric II, passèrent, en soutenant la Réforme, dans le camp anti-impérial. Chez l'auteur de la *Warnung an seine lieben Deutschen*, qui se présentait comme le « prophète du peuple allemand », ils trouvèrent précisément des doctrines qui légitimaient la révolte contre le principe impérial d'autorité et leur donnaient le moyen de présenter comme une croisade anti-romaine menée au nom des Évangiles, en même temps que leur insubordination, cette renonciation par laquelle ils ne devaient plus ambitionner que d'être libres comme souverains allemands, émancipés de tout lien hiérarchique supranational. D'un autre point de vue également, Luther favorisa un processus involutif. Sa doctrine eut pour conséquence de subordonner la religion à l'État dans toutes ses manifestations concrètes. Mais du fait que seuls des princes séculiers régissaient à présent les États et qu'un thème démocratique, qui deviendra plus précis chez Calvin, s'annonce déjà chez Luther (les souverains ne gouvernent pas en tant que tels, mais comme représentants de la communauté, du fait que la Réforme se caractérise, d'autre part, par la négation la plus nette de l'idéal « olympien » ou « héroïque », de toute possibilité pour l'homme d'aller au-delà de lui-même par l'ascèse ou la consécration et d'être ainsi qualifié pour exercer le droit d'« en haut » des vrais Chefs ; pour ces diverses raisons les vues de Luther au sujet de l'« autorité séculière » - *die Lvettliche Obrigkeit* -

---

[855] Naturellement, cette incompréhension n'était pas moindre chez les représentants du catholicisme ; c'est pourquoi PARACELSE avait parfaitement raison de dire : « Qu'est-ce que tout ce bruit qu'on fait autour des écrits de Luther et de Zwingli, comme en une vaine bacchanale ; si je devais commencer à écrire, je les enverrais à l'école, et eux et le Pape. »

représentèrent pratiquement le renversement complet de la doctrine traditionnelle relative à la primauté royale et préparèrent les usurpations de l'autorité spirituelle de la part du pouvoir temporel. En traçant le schéma du Leviathan, de l'« État absolu », Hobbes proclamera de même : *civitatem et ecctesiam eadem rem esse.*

Du point de vue de la métaphysique de l'histoire, le rôle positif et objectif du protestantisme est d'avoir mis en lumière le fait qu'aucun principe vraiment spirituel n'étant plus « immédiatement » et « naturellement » présent chez l'homme moderne, celui-ci devait se représenter ce principe comme quelque chose de transcendant. C'est la raison pour laquelle le catholicisme avait déjà assumé le mythe du péché originel. Le protestantisme exaspère ce mythe, en soutenant l'impuissance fondamentale de l'homme à atteindre tant seul un salut quelconque ; en généralisant, il considère toute l'humanité comme une masse maudite, condamnée à accomplir automatiquement le mal, et il ajoute, à la vérité obscurément indiquée par ce mythe, la nuance d'un véritable masochisme syriaque, qui s'exprime en images répugnantes pour tout esprit aryen. En réalité, en face de l'antique idéal de virilité spirituelle, Luther n'hésite pas à appeler « noces royales » celles où l'âme, conçue comme une « prostituée » et comme « la créature la plus misérable et la plus pécheresse », joue le rôle de la femme (in « *De liberiate christiana* ») et à comparer l'homme à une pauvre bête de somme, sur laquelle chevauche, à volonté, Dieu ou le diable, sans que lui en puisse (in « *De servo arbitrio* »).

Mais, alors que la reconnaissance de cette situation existentielle aurait dû entraîner comme conséquence l'affirmation de la nécessité, soit du soutien propre à un système rituel et hiérarchique, soit de la plus sévère ascèse réalisatrice, Luther nie l'un et l'autre. Tout le système de Luther est visiblement conditionné, en effet, par l'équation personnelle et par la sombre intériorité de son fondateur, qui fut un moine raté, un homme incapable de vaincre une nature dominée par la passion, la sensualité, la colère et l'orgueil. Cette équation personnelle se reflète déjà dans la singulière doctrine selon laquelle les dix commandements n'auraient pas été donnés à l'homme par la divinité pour être réalisés dans la vie, mais parce que l'homme, reconnaissant son impuissance à les suivre, sa nullité, l'invincibilité de la concupiscence et de la tendance au péché, s'en remet au dieu conçu comme une personne, en plaçant, désespérément, tout son espoir dans sa grâce gratuite. Cette « justification au moyen de la foi pure », cette condamnation des oeuvres, conduit Luther à se déchaîner contre le monachisme et la vie ascétique, qu'il appelle « vie vaine et perdue », détournant ainsi l'homme occidental de ces dernières possibilités de réintégration offertes par la vie purement contemplative, que le catholicisme avait conservées et qui culminèrent dans des figures comme celles d'un Saint Bernard de Clairvaux, d'un Ruysbroeek, d'un Saint Bonaventure et d'un Maître Eckhart[856]. En second lieu, la Réforme nie le principe de l'autorité et de la hiérarchie sur le plan du sacré. L'idée qu'un être, en tant que *pontifex*, puisse être infaillible en matière de doctrine sacrée et puisse donc revendiquer légitimement une autorité n'admettant pas de discussions, est considérée comme aberrant et absurde, le Christ n'ayant donné à aucune Église, pas même à l'Église protestante, le privilège de l'infaillibilité[857]. IL appartient donc à chacun de juger, grâce à un libre examen individuel, en matière de doctrine et d'interprétation des livres sacrés, indépendamment de tout contrôle et de toute tradition. Ce n'est pas seulement dans le domaine de la connaissance que la distinction entre laïque et prêtre est fondamentalement abolie : on nie également la dignité sacerdotale comprise, non comme un attribut vide, mais comme la dignité de celui qui, à la différence des autres hommes, est muni d'un chrisme surnaturel

---

[856] C'est la différence fondamentale entre le bouddhisme et le protestantisme, conférant au premier un caractère positif et au second, au contraire, un caractère négatif. Les deux courants partent de prémisses pessimistes - la *concupiscientia invincibilis* de Luther correspond, d'une certaine manière, à la « soif de vie » du bouddhisme - et l'un et l'autre s'insurgent contre l'autorité d'une caste sacerdotale déchue. Mais le bouddhisme indiqua une voie en créant un solide système d'ascèse et de dépassement de soi, tandis que le protestantisme nia jusqu'aux formes réduites d'ascèse propres à la tradition catholique.

[857] J. de MAISTRE (*Du Pape*, Lyon, 1819, concl., V) remarque justement, à cet égard, que, sur le point même d'affirmer un dogme, on déclare n'avoir aucun droit de *l'affirmer* : parce que c'est précisément comme un dogme déguisé, que le protestantisme affirme l'idée que Dieu n'aurait concédé l'infaillibilité, ni à l'homme ni à une Église. En Islam l'infaillibilité - *isma* - est considérée comme naturelle, non pas chez un seul homme mais chez tous les interprètes légitimes du ta'wil, c'est-à-dire de l'enseignement ésotérique.

et porte l'empreinte d'un « caractère indélébile » qui lui permet d'activer les rites (ce sont là des vestiges de l'idée antique du « Seigneur des rites »[858]. Ainsi, le sens objectif et non-humain que pouvait avoir, non seulement le dogme et le symbole, mais aussi le système des rites et des sacrements se trouve nié et méconnu.

On peut objecter que tout cela n'existait plus dans le catholicisme, et n'avait même jamais existé, sauf dans la forme, ou, comme nous l'avons dit, à titre de reflet. Mais, dans ce cas, il n'y aurait eu qu'une seule façon d'opérer une véritable réforme : *agir sérieusement* et substituer, à des représentants indignes d'un principe et d'une tradition, des représentants qui en fussent dignes. Le protestantisme adopta, au contraire, une attitude de destruction et de négation, qui n'était compensée par aucun principe vraiment constructif, mais seulement par une illusion, la pure foi. Le salut n'existe que dans la simple conviction subjective de faire partie de la troupe de ceux que la foi en Christ a sauvés et qui ont été « élus » par grâce. De cette façon, on alla encore plus loin dans la voie de l'irréalisme spirituel, mais le contrecoup matérialiste devenait inévitable.

Une fois nié le concept objectif de la spiritualité comme réalité vivante superposée d'en haut à l'existence profane, la doctrine protestante permit à l'homme de se sentir, dans toutes les formes de l'existence, comme un être à la fais spirituel et terrestre, justifié et pécheur. Et cela devait finalement aboutir à une sécularisation complète de toute vocation supérieure, non à la sacralisation, mais au moralisme et au puritanisme. Dans le développement historique du protestantisme, surtout dans le calvinisme et le puritanisme anglo-saxons, l'idée religieuse devient de plus en plus étrangère à tout intérêt

---

[858] D'autre part, on doit remarquer que dans le cadre du catholicisme, par une confusion entre ce qui est propre à l'ascèse et ce qui est propre au sacerdoce, le clergé n'a jamais constitué une vraie caste. Le principe du célibat, une fois établi, exclut, par là même, la possibilité de lier aux forces profondes d'un sang préservé de tout mélange le dépôt d'influences spirituelles déterminées. Le clergé, en face de la caste nobiliaire, se ressentit donc toujours de la promiscuité primitive ; il constituait une classe qui recrutait ses membres dans toutes les couches sociales, et qui se trouvait ainsi privée d'une hase organique, c'est-à-dire biologique et héréditaire.

transcendant, se réduit sans cesse davantage à un simple moralisme prêt à sanctifier n'importe quelle réalisation temporelle, au point de donner naissance à une sorte de mystique du service social, du travail, du « progrès » et, finalement, du gain. Ces formes de protestantisme anglo-saxon finiront par exclure, comme nous le verrons, non seulement l'idée d'une Église, mais aussi celle d'un État organisé d'« en-haut ». De même que l'on assimile l'Église à la communauté des fidèles, sans chef représentant un principe transcendant d'autorité, de même l'idéal de l'État se ramène à celui de la simple « société » des « libres » citoyens chrétiens. Dans une société de ce genre, le signe de l'élection divine deviendra le succès, c'est-à-dire, dans la phase où le critère prépondérant sera le critère économique, la richesse et la prospérité. Ici apparaît très clairement l'un des aspects de l'inversion dégradante déjà indiquée : cette théorie calviniste se présente, au fond, comme la contrefaçon matérialiste et laïque de l'ancienne doctrine mystique de la victoire. Elle fournira, pendant un certain temps, une justification éthico-religieuse à la volonté de puissance de la caste des marchands, du Tiers État, au cours du cycle qui porte sa marque, celui des grandes démocraties modernes et du capitalisme.

L'individualisme inhérent à la théorie protestante du libre examen, ne fut pas sans rapport avec un autre aspect de l'humanisme moderne : *le rationalisme*. L'individu qui a liquidé la tradition dogmatique et le principe de l'autorité spirituelle en prétendant détenir en lui-même la capacité du juste discernement, s'oriente progressivement vers le culte de ce qui est chez lui, en tant qu'être humain, la base de tout jugement, à savoir la raison, en faisant d'elle la mesure de toute certitude, vérité et norme. C'est précisément ce qui advint en Occident après la Réforme. Certes, le rationalisme existait déjà dans l'Hellade (avec la substitution socratique du concept de la réalité à la réalité) et au Moyen Age (avec la théologie réduite à la philosophie). Mais à partir de la Renaissance le rationalisme se différencie, assume, dans un de ses courants les plus importants, un caractère nouveau, de spéculatif devient *agressif*, au point d'engendrer l'encyclopédisme, la critique antireligieuse et révolutionnaire. Il convient de signaler également, à cet égard, les effets de processus ultérieurs d'involution et d'inversion, qui présentent un caractère nettement sinistre du fait qu'ils visent certaines organisations subsistantes de type initiatique : c'est le cas des Illuminés et de la maçonnerie moderne. La supériorité, par rapport au dogme et aux formes occidentales de type purement religieux, qui confère à l'initié la possession de l'illumination spirituelle, est désormais revendiquée par ceux qui défendent le droit souverain de la raison et appartiennent précisément aux organisations en question où ils se font les instruments de cette inversion, jusqu'à transformer les groupes auxquels ils se rattachent en instruments actifs de diffusion de la pensée antitraditionnelle et rationaliste. On peut citer, à cet égard, à titre d'exemple particulièrement marquant, le rôle que joua la maçonnerie dans la révolution américaine, comme dans la préparation idéologique souterraine de la Révolution française et d'un grand nombre de révolutions ultérieures (Espagne, Italie, Turquie, etc.). Ce n'est donc plus seulement à travers des influences générales, mais aussi à travers des centres précis d'action concertée leur servant de support, que s'est formé ce qu'on peut appeler le front secret de la subversion mondiale et de la contre-tradition.

Dans une autre direction, limitée pourtant au domaine de la pensée spéculative, le rationalisme devait développer l'irréalisme jusqu'aux formes de l'idéalisme absolu et du panlogisme. On célèbre l'identité de l'esprit et de la pensée, du concept et de la réalité, et les hypostases logiques, telles que le « Moi transcendantal », supplantent aussi bien le Moi réel, que tout pressentiment du véritable principe surnaturel chez l'homme. La prétendue « pensée critique » parvenue à la conscience de soi déclare : « Tout ce qui est réel est rationnel et tout ce qui est rationnel est réel. » La forme limite de l'irréalisme se trouve ici atteinte[859]. Mais, pratiquement, c'est beaucoup moins par de semblables abstractions philosophiques qu'en jouant le rôle d'instrument auxiliaire associé à l'empirisme et à l'expérimentalisme dans le domaine du naturalisme scientiste, que le rationalisme joue son rôle

---

[859] L'idéalisme critique - ou, comme on dit en jargon universitaire, « gnoséologique » - prétendit être la prise de conscience de tous les autres systèmes philosophiques ; ce en quoi il avait effectivement raison. C'est l'irréalisme de la philosophie en général qui prend conscience de soi dans le système, où le réel devient identique au « rationnel », le monde, au « concept » du monde et le « Moi » lui-même à l'« idée » du Moi. Pour le « lieu » de ces formes philosophiques cf. J. EVOLA, *Fenomenologia dell'Individuo assoluto*, cit., passim.

important dans la construction du monde moderne.

La naissance de la pensée naturalistico-scientifique moderne est elle aussi presque contemporaine de la Renaissance et de la Réforme, car en tout cela, au fond, il s'agit des expressions solidaires d'une révolution unique. Le naturalisme découle nécessairement de l'individualisme.

Avec la révolte de l'individu, toute conscience du monde supérieur est perdue. La seule vision omnicompréhensive et certaine qui demeure est la vision matérielle du monde, la vision de la nature comme extériorité et comme phénomène. Les choses vont être vues comme elles ne l'avaient encore jamais été. Il y avait déjà eu des signes avant-coureurs de ce bouleversement, nais il ne s'agissait, en réalité, que d'apparitions sporadiques, qui n'étaient jamais devenues des forces formatrices de la civilisation[860]. C'est maintenant que réalité devient synonyme de matérialité. Le nouvel idéal de la science concerne uniquement ce qui est physique pour s'épuiser ensuite dans une *construction* : *ce* n'est plus la synthèse d'une intuition intellectuelle illuminante, mais l'effet de facultés purement humaines en vue d'unifier par l'extérieur, « inductivement », par tâtonnements sporadiques et non par une vision, la variété multiple des impressions et des apparitions sensibles, pour atteindre des rapports mathématiques, des lois de constance et de séries uniformes, des hypothèses et des principes abstraits, dont la valeur est uniquement fonction d'une possibilité de prévision plus ou moins exacte, sans qu'ils apportent aucune connaissance essentielle, sans qu'ils découvrent des significations, sans qu'ils conduisent à une libération et à une élévation intérieures. Et cette connaissance morte de choses mortes aboutit à l'art sinistre de produire des êtres artificiels, automatiques, obscurément démoniaques. À l'avènement du rationalisme et du scientisme devait fatalement succéder l'avènement de la technique et de la machine, centre et apothéose du nouveau monde humain.

---

[860] Au Moyen-Âge, on assista même à la reprise de certaines sciences traditionnelles, et la vision de la nature que la scolastique construisit surtout sur la base de l'aristotélisme, bien que rendue rigide par un mécanisme conceptualiste, s'en tient au point de vue de la qualité, des *virtutes* formatrices.

C'est à la science moderne que l'on doit, d'autre part, la profanation systématique des deux domaines de l'action et de la contemplation, en même temps que le déchaînement de la plèbe à travers l'Europe. C'est elle qui a dégradé et démocratisé la notion même du savoir, en établissant le critère uniformiste du vrai et du certain, fondé sur le monde sans âme des chiffres et sur la superstition de la méthode « positive », indifférente à toute donnée de l'expérience ayant un caractère qualitatif et une valeur de symbole. C'est elle qui a rendu impossible la compréhension des disciplines traditionnelles et, grâce au mirage d'évidences accessibles à tous, a affirmé la supériorité de la culture laïque en créant la superstition de l'homme cultivé et du savant. C'est la science qui, en fuyant les ténèbres de la « superstition » et de la « religion », en insinuant l'image de la nécessité naturelle, a détruit progressivement et objectivement toute possibilité de rapport « subtil » avec les forces secrètes des choses c'est elle qui a arraché l'homme à la voix de la terre, des mers et des cieux, et a créé le mythe de l'« époque nouvelle », du « progrès », en ouvrant indistinctement toutes les voies à tous les hommes en fomentant enfin la grande révolte des esclaves.

C'est la science qui, en fournissant aujourd'hui les moyens de contrôler et d'utiliser toutes les forces de la nature selon les idéaux d'une conquête ahrimanique du monde, a fait naître la tentation la plus dangereuse qui se soit peut-être jamais offerte à l'homme : celle de considérer comme une gloire sa propre renonciation et de confondre la puissance avec le fantasme de la puissance.

Ce processus de détachement, de perte du monde supérieur, de perte de la tradition, de laïcisme agressif, de rationalisme et de naturalisme triomphants, se manifeste d'une façon identique sur le plan des rapports de l'homme avec la réalité et sur le plan de la société, de l'État et des mœurs. Ainsi que nous l'avons déjà dit en traitant du problème de la mort de la civilisation, la soumission intime de l'humble et de l'homme dépourvu de connaissances aux principes et aux institutions traditionnelles se justifiait dans la mesure où elle permettait un rapport hiérarchique efficace avec des êtres qui savaient et qui « étaient », qui attestaient et maintenaient vivante la spiritualité non humaine, dont chaque loi traditionnelle est le corps et l'adaptation. Mais quand ce centre de référence n'existe plus, ou qu'il n'en subsiste que le symbole vide, alors la soumission est vaine, l'obéissdnce stérile : il en résulte une pétrification, non une participation rituelle. Ainsi, dans le monde moderne, humanisé et privé de la dimension de la transcendance, il était fatal que disparût toute loi s'inspirant d'un principe de hiérarchie et de stabilité, même sur le plan le plus extérieur, et que l'on aboutit à une véritable atomisation de l'individu, non seulement en matière de religion, mais aussi dans le domaine politique, en même temps que la méconnaissance de toute valeur, de toute institution, et de toute autorité traditionnelle. La *fides* une fois sécularisée, à la révolte des âmes succède la révolte des hommes ; à la révolte contre l'autorité spirituelle succèdent la révolte contre le pouvoir temporel et la revendication des « droits de l'homme », l'affirmation de la liberté et de l'égalité de chacun, l'abolition définitive de l'idée de caste et de privilège, la désagrégation libertaire.

Mais une loi d'action et réaction veut que toute usurpation individualiste entraîne automatiquement une limitation collectiviste. Le sans-caste, l'esclave émancipé et le paria glorifié - « l'homme libre » - moderne trouve en face de lui la nasse des autres sans-caste, et finalement, la puissance brutale du collectif. C'est ainsi que l'écroulement se poursuit : du personnel on rétrograde dans l'anonyme, dans le troupeau, dans la quantité pure, chaotique et inorganique. Et de même que la construction scientifique a cherché, en agissant de l'extérieur, à recomposer la multiplicité des phénomènes particuliers désormais privés de cette unité intérieure et véritable qui n'existe que sur le plan de la connaissance métaphysique de même les modernes ont cherché à remplacer l'unité qui résultait, dans les sociétés antiques, des traditions vivantes et du droit sacré, par une unité extérieure, anonyme, mécanique, dont tous les individus subissent la contrainte, sans n'avoir plus entre eux aucun rapport *organique* et sans apercevoir de principes ou de figures supérieures, grâce auxquels l'obéissance soit aussi un assentiment et la soumission une reconnaissance et une élévation. Essentiellement fondés sur les données de l'existence matérielle et de la vie purement sociale, dominée sans lumière par le système impersonnel et nivellateur des « pouvoirs publics », des êtres-masse font ainsi leur apparition, qui font une inversion de l'état de l'individualisme. Qu'ils se présentent sous le masque de la démocratie ou bien d'États nationaux, de républiques ou de dictatures, ces êtres ne tardent d'ailleurs pas à être entraînés par des forces infra-humaines indépendantes.

L'épisode le plus décisif du déchaînement de la plèbe européenne, à savoir la Révolution française, fait déjà apparaître les traits typiques de ce bouleversement. Il permit de constater comment les forces échappent au contrôle de ceux qui les ont apparemment suscitées. Une fois déchaînée, on dirait que cette révolution a marché toute seule, guidant les hommes plus que ceux-ci ne la guidèrent. Un à un, elle renverse ses fils. Les chefs, plutôt que de véritables personnalités, paraissent être ici des incarnations de l'esprit révolutionnaire, emportées par le mouvement comme le serait quelque chose d'inerte et d'automatique. Ils émergent sur la vague aussi longtemps qu'ils suivent le courant et servent les fins de la révolution ; mais à peine cherchent-ils à la dominer ou à la freiner, que le tourbillon les submerge. La toute-puissance pandémique de la contagion, la force-limite des « états de foule » où la résultante dépasse et entraîne la somme de toutes les composantes, la rapidité avec laquelle les événements se succèdent, avec laquelle tous les obstacles sont surmontés, le caractère fatidique de tant d'épisodes constituent autant d'aspects spécifiques de la Révolution française, à travers lesquels se manifeste l'apparition d'un élément non humain, de quelque chose de sub-personnel qui possède toutefois une vie et une intelligence propres, et dont les hommes deviennent les simples instruments[861].

Car ce phénomène est également perceptible à des degrés et sous des formes différentes, dans certains aspects saillants de la société moderne en général, après la rupture des dernières digues. Politiquement, l'anonymat des structures conférant au peuple et à la « nation » l'origine de tout pouvoir ne s'interrompt que pour donner lieu à des phénomènes absolument semblables aux anciennes tyrannies populaires : des personnalités émergent d'une façon fugace, grâce à l'art d'éveiller et d'entraîner les forces du *démos*, sans s'appuyer sur un principe vraiment supérieur, et en ne dominant que d'une façon illusoire les forces qu'elles suscitent. La loi d'accélération propre à toute

---

[861] D'après J. de MAISTRE, *Considérations sur la France*, Lyon, 1864, pp. 5-8.

chute implique le dépassement de la phase de l'individualisme et du rationalisme et l'émergence consécutive de forces irrationnelles élémentaires assorties d'une mystique correspondante. Cie sont là les phases ultérieures du processus d'inversion, qui s'accompagnent, dans le domaine de la culture, du bouleversement que quelqu'un a appelé la *trahison des clercs*[862].

Ces hommes qui, en se consacrant à des formes désintéressées d'activité et à des valeurs universelles, servaient encore de réactif au matérialisme des masses et, en opposant à la vie passionnelle et irrationnelle de celles-ci leur fidélité à des intérêts et des principes supérieurs, affirmaient une sorte d'arrière-plan de transcendance qui empêchait, du moins, les éléments inférieurs de transformer en religion leurs ambitions et leur mode général d'existence ces hommes se sont mis récemment à célébrer précisément ce réalisme plébéien et cette existence inférieure « déconsacrée », en leur conférant l'auréole d'une mystique, d'une morale, d'une religion. Non seulement ils se sont mis à cultiver eux-mêmes les passions matérielles, les particularismes et les haines politiques, non seulement ils se sont abandonnés à l'ivresse des réalisations et des conquêtes temporelles au moment précis où, devant la puissance croissante de l'élément inférieur, leur rôle de contraste eut été le plus nécessaire mais, chose infiniment plus grave, ils ont prétendu exalter en tout cela les seules possibilités humaines qu'il soit beau et noble de cultiver, les seules qui permettent à l'homme d'atteindre la plénitude de la vie morale et spirituelle. Ils ont ensuite fourni à ces passions une puissante armature doctrinale, philosophique, et même religieuse (et par cela même en ont démesurément accru la force) en couvrant en même temps de ridicule et d'abjection tous les intérêts ou principes transcendants, supérieurs aux particularismes raciaux ou nationaux, libres des conditionnements humains et politico-sociaux[863]. C'est là qu'apparaît de nouveau le phénomène d'une inversion pathologique de polarité : la personne, dans ses facultés supérieures,

---

[862] J. BENDA, *La Trahison des Clercs*, Paris, 1928.
[863] Cf. A. TILGHER, *J. Benda e il problema del tradimento dei chieriei*, Roma, 1930. Par rapport au phénomène dont il s'agit, la « trahison des clercs », telle que la conçut Benda, ne représente qu'un cas particulier. Le type du « clerc » conçu comme simple lettré, philosophe ou moraliste (et Benda s'arrête à ce niveau) représente déjà celui d'un « clerc traître ».

devient l'instrument d'autres forces qui la supplantent et qui, souvent sans qu'elle le soupçonne, utilisent ces facultés à des fins de destruction spirituelle[864].

La « trahison » commença, d'ailleurs, à partir du moment où les facultés intellectuelles furent appliquées massivement à la recherche naturaliste, et où la science profane qui en dériva prétendit être l'unique science véritable, se fit l'alliée du rationalisme dans son attaque contre la tradition et la religion, et se mit essentiellement au service des besoins matériels de la vie, de l'économie, de l'industrie, de la production et de la superproduction, de la soif de pouvoir et de richesse.

C'est selon une direction identique que la loi et la morale se sécularisent, ne sont plus orientées « d'en haut et vers le haut », perdent toute justification et toute finalité spirituelle, acquièrent un sens purement social et humain. Il est significatif, toutefois, que dans certaines idéologies récentes, elles aient fini par revendiquer leur ancienne autorité, mais selon une direction inversée ; « d'en bas et vers le bas ». Nous nous référons ici à la « morale » qui ne reconnaît de valeur à l'individu qu'en tant que membre d'un être collectif acéphale, identifiant son destin et son bonheur avec ceux de cette entité et dénonçant comme « décadentisme » et « aliénation » toute forme d'activité qui ne soit pas « engagée », qui ne soit pas au service de la plèbe organisée, en marche vers la conquête de la planète. Nous reviendrons là-dessus lorsque nous examinerons les formes spécifiques sous lesquelles le présent cycle est sur le point de se clore. Nous nous contenterons de signaler ici une des

---

[864] La tradition extrême-orientale (MENG-TZE, 111, 12) donne des indications au sujet de ce processus par lequel l'individualisme ouvre les voies à un phénomène obsédant en mettant les principes supérieurs de l'homme à la merci des principes sub-personnels et irrationnels. L'« esprit vital » exprimant ici l'élément sub-personnel « vie », il est dit que : « Si l'intelligence s'abandonne à son action individuelle, alors elle devient l'esclave soumise de l'esprit vital ; si l'esprit vital s'abandonne à son action individuelle, alors il obscurcit l'intelligence. » Le thème de la « trahison des clercs » se retrouve aussi dans le passage où il est dit (ibid., 1V, 9) qu'alors que chez les hommes antiques supérieurs toute faute était aussi évidente qu'une éclipse du soleil, « les hommes supérieurs, de nos jours, non seulement continuent à suivre la mauvaise voie, mais cherchent même à la justifier ».

conséquences de cette situation, à savoir le renversement définitif des revendications individualistes qui sont à l'origine du processus de désagrégation et qui ne subsistent plus que dans les vestiges et les velléités d'un pâle et impuissant « humanisme » de littérateurs bourgeois. On peut dire qu'avec le principe selon lequel l'homme, avant de se sentir personne, doit se sentir groupe, faction, parti, et finalement collectivité, et valoir essentiellement par rapport à ceux-ci, réapparaît la relation qui existait entre le sauvage et le totem de sa tribu, quand ce n'est pas dans le cadre d'un fétichisme encore plus grossier.

En ce qui concerne la vision générale de la vie, les modernes ont considéré comme une conquête le passage d'une « civilisation de l'être à une « civilisation du devenir ». Une des conséquences en a été la valorisation de l'aspect purement temporel de la réalité sur le plan de l'histoire, c'est-à-dire l'historicisme. Détaché des origines, le mouvement indéfini, insensé et accéléré de ce que l'on a justement appelé la « fuite en avant » est devenu le thème dominant de la civilisation moderne, souvent sous l'étiquette de l'évolutionnisme et du progressisme. À vrai dire, les germes de cette mythologie superstitieuse appliquée au temps se retrouvent dans l'eschatologie et le messianisme hébraïco-chrétien, mais aussi dans la première apologétique catholique ; celle-ci attribuait en effet de la valeur au caractère de « nouveauté » de la révélation chrétienne, au point que l'on peut voir, dans la polémique de Saint Ambroise contre la tradition romaine, une première ébauche de la théorie du progrès. La « découverte de l'homme », propre à la Renaissance, prépara le terrain, particulièrement fertile, où ces germes devaient se développer jusqu'à la période de l'illuminisme et du scientisme, après quoi le spectacle du développement des sciences de la nature, de la technique, des inventions etc., a joué le rôle de stupéfiant, a détourné les regards, afin d'éviter que fût comprise la signification sous-jacente et essentielle de tout le mouvement : l'abandon de l'être, la dissolution de toute centralité chez l'homme, son identification au courant du devenir, désormais plus fort que lui. Et quand les chimères du progressisme le plus grossier risquent d'apparaître sous leur vrai jour, les nouvelles religions de la Vie et de l'élan vital, l'activisme et le mythe faustien, viennent fournir d'autres stupéfiants, afin que le mouvement ne s'arrête pas mais soit au contraire stimulé, acquière un sens en soi, aussi bien en ce qui concerne l'homme que l'existence en général.

Encore une fois, le renversement est évident. Le centre s'est déplacé vers cette force élémentaire et fuyante de la région inférieure qui a toujours été considérée, dans le monde de la Tradition, comme une puissance ennemie dont l'assujettissement et la fixation en une « forme », en une possession et en une libération illuminée de l'âme, constituait la tâche de celui qui aspirait à l'existence supérieure préconisée par le mythe héroïque et olympien. Les possibilités humaines qui, traditionnellement, s'orientaient dans cette voie de désidentification et de libération ou qui, du moins, en reconnaissaient la dignité suprême au point d'en faire la clef de voûte du système des participations hiérarchiques, ces possibilités, en changeant brusquement de polarité, sont donc passées dans le monde moderne au service des puissances du devenir, en leur disant *oui*, en aidant, en excitant, en accélérant et en exaspérant leur rythme, en y voyant non seulement ce qui est, mais aussi ce qui *doit* être, qu'il est bien qu'il soit.

Il en résulte que l'activisme moderne, au lieu de représenter une voie vers le supra-individuel comme ce fut le cas, nous l'avons vu, de l'antique ascèse héroïque représente une voie vers le sub-individuel, qui favorise et provoque des irruptions destructrices de l'irrationnel et du collectif dans les structures déjà vacillantes de la personnalité humaine. C'est un phénomène « frénétique » analogue à celui de l'antique dionysisme, mais qui se situe évidemment sur un plan beaucoup plus bas et obscur, parce que toute référence au sacré en est absente, parce que les circuits humains sont les seuls à accueillir et à absorber les forces évoquées. Au dépassement spirituel du temps, qu'on obtient en s'élevant jusqu'à une sensation de l'éternel, s'oppose aujourd'hui sa contrefaçon : un dépassement *mécanique* et illusoire obtenu par la rapidité, l'instantanéité et la simultanéité, en utilisant comme moyens les ressources de la technique et les diverses modalités de la nouvelle « vie intense ». Celui qui réalise en lui-même ce qui n'appartient plus au temps peut embrasser d'un seul coup ce qui se présente dans le devenir sous l'aspect de la succession, tout comme celui qui monte au sommet d'une tour peut embrasser d'un seul regard et saisir dans leur unité et leur ensemble les choses isolées qu'en passant parmi elles, il n'aurait pu voir que successivement. Mais celui qui, par un mouvement opposé, se plonge au contraire dans le devenir, pour se donner l'illusion de le dominer, ne peut connaître que l'orgasme, le vertige, l'accélération convulsive de la vitesse, l'excès pandémique de la sensation et de l'agitation. Chez celui qui s'est « identifié », cette précipitation qui contracte le rythme, qui désorganise la durée, qui détruit l'intervalle et la libre distance aboutit à l'instantanéité, donc à une véritable désintégration de l'unité intérieure. C'est la raison pour laquelle être, *subsister en soi-même*, sont synonymes de mort pour le moderne, qui ne vit pas s'il n'agit pas, s'il ne s'agite pas, s'il ne s'étourdit pas d'une façon ou d'une autre. Son esprit - si l'on peut encore parler d'esprit ne se nourrit que de *sensations*, de vertiges, de dynamisme, et sert de support à l'incarnation frénétique des forces les plus obscures.

Les divers « mythes » modernes de l'action apparaissent ainsi comme les signes précurseurs d'une phase ultime et résolutive. Les clartés désincarnées et stellaires du monde supérieur s'étant évanouies dans le lointain comme les hauts sommets, au-delà des constructions rationalistes et des dévastations mécanicistes, au-delà des feux impurs de la substance vitale collective, des brouillards et des mirages de la « culture » moderne, une époque semble s'annoncer où l'affirmation individualiste « luciférienne » et théophobe sera définitivement vaincue et où des puissances incontrôlables entraîneront dans leur sillage ce monde de machines et d'êtres ivres et éteints qui avaient, dans leur chute, élevé pour elles des temples titaniques et leur avaient ouvert les voies de la terre.

Il est intéressant de remarquer, d'autre part, que le monde moderne est également marqué par un retour, sous une forme singulière, des thèmes propres aux anciennes civilisations gynécocratiques méridionales. Dans les sociétés modernes, le socialisme et le communisme ne sont-ils pas, en effet, des réapparitions matérialisées et mécanisées de l'ancien principe tellurico-méridional de l'égalité et de la promiscuité dans la Terre Mère ? Tout comme dans la gynécocratie aphrodisienne, l'idéal prédominant de la virilité est, dans le monde moderne, physique et phallique. Le sentiment plébéien de la Patrie, qui s'est affirmé avec la Révolution française et s'est développé avec les idéologies nationalistes comme mystique de la race et de la Mère Patrie sacrée et omnipotente, est effectivement la reviviscence d'une forme de totémisme féminin. Et les rois et les chefs de gouvernement dénués de toute autorité réelle, « premiers serviteurs de la nation », attestent la disparition du principe absolu de la souveraineté paternelle et du retour au type qui tire de la Mère de la substance du *demos* l'origine de son pouvoir. Hétaïrisme et amazonisme sont également présents, sous de nouvelles formes : c'est l'effritement de la famille, le sensualisme moderne, l'incessante et trouble recherche de la femme et du plaisir, d'autre part, c'est la masculinisation de la femme, la lutte pour son émancipation, pour l'égalité de ses droits dans tous les domaines, son abâtardissement sportif. Aujourd'hui encore, l'amazone et l'hétaïre ont supplanté toute expression supérieure de la féminité et règnent sur l'homme devenu esclave des sens ou animal de rendement. Et quant au masque de Dionysos, nous l'avons reconnu plus haut, dans la conception de la vie et l'élan frénétique de l'activisme et du « devenirisme ». C'est ainsi que revit exactement aujourd'hui, la même civilisation de décomposition qui était déjà apparue dans l'ancien monde méditerranéen. Elle revit toutefois dans ses manifestations les plus basses. Il lui manque en effet tout sens du sacré, tout équivalent de la chaste et calme possibilité démétrienne. Plus qu'aux survivances de la religion positive qui a régné en occident, il faut attacher aujourd'hui une valeur de symptôme aux évocations obscures propres aux divers courants médiunlnico-spirites et théosophistes, aux courants orientés vers la valorisation du subconscient, aux courants mystiques à fond panthéistique et naturaliste, dont la prolifération présente un caractère particulièrement épidémique là où comme dans les pays anglo-saxons la matérialisation du type viril et de l'existence quotidienne a atteint son maximum et où le protestantisme a appauvri et sécularisé l'idéal religieux lui-même[865]. Ainsi, le parallélisme est complet et le cycle est en train de se fermer.

---

[865] Cf. J. EVOLA : *Maschera et volto dello spiritualismo contemporaneo*, Bari, 1949. *Chevaucher le Tigre*, Paris, 1964.

14

LA RÉGRESSION DES CASTES

Si nous voulons dégager à présent une vue d'ensemble, nous trouverons dans ce qui précède tous les éléments nécessaires à la formulation d'une loi générale objective concernant la chute dont nous avons indiqué successivement les moments les plus caractéristiques : c'est la loi de la *régression des castes*[866]. Le sens de l'histoire, à partir des temps préantiques, correspond exactement à la descente progressive du pouvoir et du type de civilisation de l'une à l'autre des quatre castes les chefs sacrés, la noblesse guerrière, la bourgeoisie (économie, « marchands ») et les esclaves qui correspondaient, dans les civilisations traditionnelles, à la différenciation qualitative des principales possibilités humaines. Par rapport à ce mouvement général, tout ce qui concerne les conflits entre les peuples, la vie des nations et les autres contingences historiques, ne présente qu'un caractère secondaire et épisodique.

Nous avons constaté, tout d'abord, le déclin de l'ère de la première caste. Les représentants de la royauté divine, les chefs qui réunissent en eux, d'une façon absolue, les deux pouvoirs, sous le signe de ce que nous avons appelé la virilité spirituelle et la souveraineté olympienne, appartiennent, en Occident, à un passé lointain, presque mythique. Nous avons suivi, à travers

---

[866] L'idée de la régression des castes, déjà indiquée dans notre ouvrage *Imperialismo Pagano* (Roma, 1927), a été précisée par V. VEZZANI, puis par R. GUENON (*Autorité spirituelle et pouvoir temporel*, Paris, 1929) et a été finalement exposée, séparément, par H. BERLS (*Die Heraufkunft des fünften Standes*, Karlsruhe, 1931). Cette idée correspond d'ailleurs, analogiquement, à la doctrine des quatre âges, car dans les quatre castes on retrouve, en quelque sorte, coexistant dans les couches sociales distinctes, les valeurs qui, selon cette doctrine, ont successivement prédominé dans un processus quadripartite de régression.

l'altération progressive de la Lumière du Nord, le développement du processus de décadence, et vu dans l'idéal gibelin du Saint Empire Romain, comme l'ultime écho de la plus haute tradition.

Le sommet disparu, l'autorité passa immédiatement au niveau inférieur, à la caste des guerriers. Au premier plan se trouvent désormais des monarques, qui sont simplement des chefs militaires, des maîtres de la justice temporelle, et, finalement, des souverains politiques absolus. C'est la royauté du sang, non plus la royauté de l'esprit. Parfois subsiste la notion de « droit divin », mais en tant que formule dépourvue de tout véritable contenu. Derrière des institutions qui ne conservaient que dans leurs formes extérieures les traits de l'ancienne constitution sacrée, on ne trouve le plus souvent, déjà dans l'antiquité, que des rois de ce type. En tout cas, lors de la dissolution de l'œcoumène médiéval, le passage dans la nouvelle phase devient, en occident, général et définitif. La *fides*, ciment de l'État, perd, à ce niveau, son caractère spirituel, pour ne garder qu'un caractère guerrier et un sens de loyalisme, de fidélité, d'honneur. Il s'agit, essentiellement, de l'ère et du cycle des grandes monarchies européennes.

Seconde chute : même les aristocraties déclinent, les monarchies vacillent ; à travers les révolutions et les constitutions, quand elles ne sont pas supplantées par des régimes de type différent (républiques, fédérations), elles ne sont plus que de vaines survivances, soumises à la « volonté de la nation », et à la règle selon laquelle « le roi règne, mais ne gouverne pas ». Dans les démocraties parlementaires, républicaines ou nationales, la constitution des oligarchies capitalistes exprime alors le passage du pouvoir de la seconde caste à l'équivalent moderne de la troisième : le pouvoir passe du guerrier au marchand. Les rois du charbon, du fer, du pétrole, prennent finalement la place des rois du sang et de l'esprit. L'antiquité aussi avait parfois connu, sporadiquement, ce phénomène : à Rome et en Grèce, l'« aristocratie du cens » a souvent forcé l'appareil hiérarchique, en accédant à des charges nobiliaires, en minant les lois sacrées et les institutions traditionnelles, en pénétrant dans l'armée et jusque dans le sacerdoce ou le consulat. Plus tard, on a vu la révolte des Communes et l'apparition, sous des formes diverses, d'une puissance commerciale. La proclamation solennelle des droits du

« Tiers État », en France, constitua l'étape décisive à laquelle succédèrent les diverses variétés de la « révolution bourgeoise », c'est-à-dire précisément de la troisième caste, à laquelle les idéologies libérales et démocratiques servirent d'instruments. Parallèlement, la théorie du *contrat social* est caractéristique de cette ère : on ne trouve même plus à présent, comme lien social, une *fides* de type guerrier, des rapports de fidélité et d'honneur. Le lien social revêt un caractère utilitaire et économique : c'est un accord fondé sur la convenance et l'intérêt matériel le seul qu'un *marchand* puisse concevoir. L'or sert d'intermédiaire et celui qui s'en empare et sait le multiplier (capitalisme, finance, trusts, industrie) contrôle virtuellement, derrière la façade démocratique, le pouvoir politique et les instruments servent à former l'opinion publique. L'aristocratie cède la place à la ploutocratie ; le guerrier au banquier et à l'industriel. L'économie triomphe sur toute la ligne. Le trafic de l'argent et l'agiotage, jadis confiné aux ghettos, envahit toute la nouvelle civilisation. Selon l'expression de Sombart, dans la terre promise du puritanisme protestant, avec l'américanisme et le capitalisme, ne vit que de l'« esprit hébraïque distillé ». Et il est naturel, compte tenu de cette parenté, que les représentants modernes de l'hébraïsme sécularisé aient vu s'ouvrir devant eux, durant cette phase, les voies de la conquête du monde. Le passage suivant de Karl Marx est, à cet égard, caractéristique : « Quel est le principe mondain de l'hébraïsme ? L'exigence pratique, l'avantage personnel. Quel est son dieu terrestre ? L'argent. L'Hébreu s'est émancipé d'une manière hébraïque non seulement parce qu'il s'est approprié la puissance de l'argent, mais aussi parce que, grâce à lui, l'argent est devenu une puissance mondiale et que l'esprit pratique hébraïque est devenu l'esprit pratique des peuples chrétiens. *Les Hébreux se sont émancipés dans la mesure où les Chrétiens sont devenus des Hébreux.* Le dieu des Hébreux s'est mondanisé et est devenu le dieu de la terre. Le *change* est le vrai dieu des Hébreux » [867]. En réalité la codification religieuse du trafic de l'or comme du prêt à intérêt, propre aux Hébreux, peut être considérée comme la base même de l'acceptation et du développement aberrant, dans le monde moderne, de tout ce qui est banque, finance, économie pure, phénomène comparable à l'envahissement d'un

---

[867] *Deutsh-französische Jahrbücher*, Paris, 1844, pp. 209-212 (*apud* FRITSCH, *Handbuch der Juden frage*, cit., p. 496).

véritable cancer. Tel est le moment fondamental de l'« époque des marchands ».

Enfin, la crise de la société bourgeoise, la lutte des classes, la révolte prolétarienne contre le capitalisme, le manifeste de la « Troisième Internationale » et l'organisation corrélative des groupements et des masses dans les cadres d'une « civilisation socialiste du travail » marquent le troisième effondrement, par lequel le pouvoir tend à passer à la dernière des castes traditionnelles, à celle de l'homme de peine et de l'homme-masse, ce qui entraîne comme conséquence la réduction de tous les horizons et de toutes les valeurs au *plan de la matière*, de la machine et du nombre. La révolution russe en est le prélude. Le nouvel idéal est l'idéal « prolétarien » d'une civilisation universelle communiste[868].

Le réveil et l'irruption des forces élémentaires sub-humaines dans les structures du monde moderne correspond, a le même sens que ce qui arrive à un individu qui ne supporte plus la tension de l'esprit (première caste), ne supporte pas même, ensuite, celle de la volonté en tant que pouvoir libre qui meut le corps (caste guerrière) s'abandonne aux forces sub-personnelles du système corporel, mais, tout d'un coup, se relève magnétiquement sous l'impulsion d'une *autre vie* qui se substitue à la sienne. Les idées et les passions du *demos* finissent par ne plus appartenir aux hommes, elles agissent comme si elles avaient une vie autonome et redoutable et en se jouant d'elles à travers les intérêts ou les « idéaux » qu'elles pensent poursuivre jettent les nations et les collectivités les unes contre les autres, dans des conflits ou des crises dont l'histoire ne connaissait pas d'exemple, avec, à la limite, la perspective de l'écroulement total, de l'internationale mondiale placée sous les signes brutaux de la faucille et du marteau.

Tels sont les horizons du monde contemporain. De même que l'homme ne peut vraiment être libre qu'en adhérant à une activité libre, de même, en

---

[868] D. MEREIKOWSKt, *Les Mystères de l'Orient*, cit., p. 24 : « Le mot prolétaire vient du latin *proles*, postérité, génération. Les prolétaires sont des "producteurs", générateurs par le corps mais eunuques par l'esprit ; ce ne sont plus des hommes ni des femmes, mais les terribles "camarades", fourmis impersonnelles et asexuées de la fourmilière humaine.

se concentrant sur des buts pratiques et utilitaires, sur des réalisations économiques et sur tout ce qui appartient, en principe, au domaine des seules castes inférieures, l'homme abdique, se désintègre, se décentre, se rouvre aux forces inférieures, dont il est destiné à devenir rapidement et sans même qu'il s'en aperçoive, l'instrument. La société contemporaine se présente précisément comme un organisme qui est passé du type humain au type sub-humain, chez lequel toute activité et toute réaction est déterminée par des besoins et des tendances de la vie purement corporelle. Ses principes dominants coïncident, exactement avec ceux qui étaient propres à la partie physique des hiérarchies traditionnelles : l'or et le travail. Les choses sont orientées de telle sorte que ces deux éléments conditionnent aujourd'hui, presque sans exception, toute possibilité d'existence et forgent des idéologies et des mythes qui font apparaître on ne peut plus clairement le degré de perversion de toutes les valeurs.

La régression quadripartite n'a pas seulement une portée politico-sociale, mais se vérifie dans tous les domaines de la civilisation.

En architecture, elle est marquée par le passage du thème dominant du temple (première caste) à celui de la forteresse et du château (caste des guerriers), puis à celui de la cité communale entourée de murs (époque des marchands) et enfin à celui de l'usine et des édifices rationalisés et sans âme, des ruches humaines de l'homme-masse. La famille qui, originellement, avait eu un fondement sacré (cf. p. 73 et sqq.), revêt ensuite un caractère autoritaire (*patria potestas* au sens simplement juridique du terme), puis bourgeois et conventionnel, avant de s'approcher de sa dissolution. On constate des phases analogues en ce qui concerne la notion de guerre : de la doctrine de la « guerre sacrée » et de la *mors triumphalis* (première caste) on passe à la guerre faite pour le droit et l'honneur de son prince (caste guerrière) ; dans une troisième étape ce sont les ambitions nationales liées aux plans et aux intérêts d'une économie et d'une industrie visant à l'hégémonie qui déchaînent les conflits (caste des marchands) ; enfin apparaît la théorie communiste, qui considère la guerre entre nations comme un résidu bourgeois, la seule guerre juste étant la révolution mondiale du prolétariat contre la société capitaliste et soi-disant « impérialiste » (caste des esclaves).

Dans le domaine esthétique, d'un art symbolico-sacré associé à la voyance et à la magie (première caste), on passe à l'épopée, à l'art épique (caste des guerriers), puis à un art romantico-conventionnel, sentimental, érotico-psychologique essentiellement forgé pour le plaisir du bourgeois, jusqu'à ce que se manifestent des conceptions « sociales » et « engagées » de l'art, vivant à un « art de masse ». Le monde traditionnel connaissait l'unité supra-individuelle propre aux ordres, et en dernier lieu, en occident, aux ordres ascético-monastiques. Les ordres chevaleresques (caste des guerriers) leur succédèrent : après ceux-ci, apparaît l'unité jurée des loges maçonniques en vue de la préparation des révolutions du Tiers État et de l'avènement de la démocratie ; enfin le réseau des cellules révolutionnaires et activistes de l'internationale communiste (dernière caste), ayant pour but la destruction de l'ordre précédent.

Mais c'est sur le plan de l'éthique que le processus de dégradation est particulièrement visible. Alors que la première époque se caractérisait par l'idéal de la « virilité spirituelle », l'initiation et l'éthique du dépassement du lien humain, alors que l'époque des guerriers reposait encore sur l'idéal de l'héroïsme, de la victoire et de la seigneurie, sur l'éthique aristocratique de l'honneur, de la fidélité et de la chevalerie, à l'époque des marchands l'idéal devient l'économie pure, le gain, la *prosperity* et la science comme instrument d'un progrès technico-industriel au service de la production et de nouveaux gains, jusqu'à ce que l'avènement des esclaves élève à la hauteur d'une religion le principe de l'esclave : le travail. La haine de l'esclave va jusqu'à proclamer sadiquement que « celui qui ne travaille pas ne mange pas », et son idiotie, en se glorifiant elle-même, fabrique des encens sacrés avec les exhalaisons de la sueur humaine : « le travail élève l'homme », « la religion du travail », « le travail comme devoir social et éthique », « l'humanisme du travail ». Nous avons déjà vu que le monde antique dédaigna le travail parce qu'il connaissait l'action : l'opposition entre l'action et le travail, en tant qu'opposition entre le pôle spirituel, pur et libre, et le pôle matériel, impur et pesant des possibilités humaines, était à la base de ce mépris. C'est la perte du sens de cette opposition, la réduction bestiale du premier terme au second, qui caractérise au contraire les derniers âges. Et alors qu'anciennement, par une transfiguration intérieure due à sa pureté et à sa valeur d'« offrande » orientée vers le haut, tout travail pouvait se racheter jusqu'à devenir un symbole d'action, en sens inverse, à l'époque des esclaves, tout reste d'action tend à se dégrader en travail. Le degré de décadence de la morale moderne plébéo-matérielle par rapport à l'ancienne éthique aristocratico-sacrée est illustrée par ce passage du plan de l'action à celui du travail. Les hommes supérieurs, même à une époque relativement récente, *agissaient ou dirigeaient* des actions. L'homme moderne travaille[869]. La différence, aujourd'hui, n'existe qu'entre les divers genres de travail : il y a les travailleurs « intellectuels » et il y a ceux qui offrent leurs bras et travaillent à la machine. En même temps que la personnalité absolue, l'action, dans le monde moderne, est en train de mourir. De plus, alors que l'antiquité considérait comme particulièrement méprisables, parmi les arts rétribués, ceux qui étaient au service du plaisir - *minimaeque artes eas probandae, quae ministrae sont voluptatum*[870] - c'est là, au fond, le genre de travail le plus considéré aujourd'hui du savant, du technicien, de l'homme politique, du système rationalisé de l'organisation productive, le « travail » converge vers la réalisation d'un idéal d'animal humain : une vie plus aisée, plus agréable, plus sûre, le maximum de bien-être et le maximum de confort physique. Dans l'aire bourgeoise, même l'engeance des artistes et des « créateurs », s'identifie pratiquement à cette classe qui est au service du plaisir et des distractions d'une certaine couche sociale, à cette classe de « serviteurs de luxe » qui lui correspondit chez le patriciat romain ou chez les seigneurs féodaux du Moyen Age.

Si les thèmes propres à cette dégradation trouvent sur le plan social et dans la vie courante leurs expressions les plus caractéristiques, ils ne manquent pas d'apparaître aussi sur le plan idéal et spéculatif. Pendant la période de l'Humanisme, le thème anti-traditionaliste et plébéien s'annonce déjà dans les vues d'un Giordano Bruno, qui, en intervertissant les valeurs, exalte d'une façon masochiste et particulièrement béotienne, par rapport à

---

[869] Cf. O. SPENGLER, *Untergang des Abendlandes*, Vienne-Leipzig, 1919, v. I, pp. 513-619. Le mot « action » est employé ici comme synonyme d'activité spirituelle et désintéressée, et implique donc la contemplation qui, selon la conception classique, était souvent considérée, effectivement, comme la forme la plus pure d'activité, ayant en soi-même son objet et n'ayant pas besoin d'« autre chose » pour passer à l'acte.
[870] CICERON, *De off.*, 1, 42.

l'âge d'or - dont il ne sait rien - l'âge humain de la fatigue et du *travail* ; il appelle donc « divine » la brutale poussée du besoin, parce qu'elle crée « des arts et des inventions toujours plus merveilleux », éloigne toujours plus de cet âge d'or, considéré comme un âge animalesque et oisif, et rapproche les hommes de la « divinité »[871]. On trouve là comme une anticipation de ces idéologies, liées d'une façon très significative à la Révolution française, qui considérèrent précisément le travail comme la clef du mythe social et évoqueront de nouveau le thème messianique en termes de travail et de machinisme, en glorifiant le progrès et le triomphe sur l'obscurantisme. Voici d'ailleurs que l'homme moderne, consciemment ou inconsciemment, commence à étendre à l'univers et à projeter sur un plan idéal les expériences faites dans l'usine, et dont le travail productif est l'âme. Bergson, le philosophe de l'élan vital, est aussi celui qui a indiqué l'analogie entre l'activité technique fabricatrice, reposant sur un principe purement utilitaire, et les procédés de l'intelligence elle-même, telle qu'un moderne peut la concevoir. D'autre part, le ridicule ayant été jeté à pleines mains sur l'ancien idéal « inerte » de la connaissance contemplative, « tout l'effort de la philosophie moderne de la connaissance, dans ses courants les plus vivants, tend à ramener la connaissance au travail productif. Connaître c'est faire. On connaît vraiment ce que l'on fait »[872]. *Verum et factum convertuntur.* Et du fait que, selon l'irréalisme propre à ces courants, être signifie connaître, esprit veut dire mental et que le processus productif et immanent de la connaissance s'identifie au processus de la réalité, ce qui se reflète jusque dans les régions les plus élevées, et s'impose précisément comme « vérité » pour elles, c'est le mode de la dernière des castes : le travail productif divinisé. Il existe donc, sur le plan même des théories philosophiques, un activisme qui parait être solidaire du monde créé par l'avènement de la dernière caste, solidaire de la « civilisation du travail ».

Et en vérité, les idéologies modernes relatives au « progrès » et à l'« évolution », et qui ont eu pour conséquence de pervertir avec une inconscience scientifique toute vision supérieure de l'histoire, de fomenter la

---

[871] G. BRUNO, *Spaccio delta Bestia trionfante*, Dialogue III.
[872] Cf. A. TILGHER, *Homo Faber*, cit., pp. 120, 121, 87.

destruction définitive des vérités traditionnelles, de créer les alibis les plus captieux pour la justification et la glorification du dernier homme, ne reflètent, en général, rien d'autre que cet avènement. Nous l'avons déjà dit : *le mythe de l'évolution n'est pas autre chose que la profession de foi du parvenu.* Si l'Occident considère désormais comme vérité, non plus la provenance d'en haut mais la provenance d'en bas, non plus la noblesse des origines, mais bien l'idée que la civilisation naît de la barbarie, la religion de la superstition, l'homme de la bête (Darwin), la pensée de la matière, toute forme spirituelle de la « sublimation » ou transposition de la matière originelle de l'instinct, de la *libido*, des complexes de « l'inconscient collectif » (Freud, Jung), et ainsi de suite il faut voir dans tout cela beaucoup moins le résultat d'une recherche déviée, qu'un alibi, quelque chose que *devait* nécessairement être portée à croire et *vouloir* comme vrai, une civilisation créée par des êtres venant d'en bas, par la révolution des esclaves et des parias contre l'ancienne société aristocratique. Et il n'existe pas de domaine où, sous une forme ou sous une autre, le mythe évolutionniste ne se soit insinué d'une façon destructrice, au point de renverser toute valeur, d'empêcher toute vérité de poindre, d'élaborer et de consolider dans toutes ses parties, presque comme dans un cercle magique sans issue, le système du monde propre à une humanité « déconsacrée » et prévaricatrice. L'historicisme, complice du prétendu « idéalisme » post-hégélien arrive à voir l'être de l'« Esprit absolu » dans son « se faire lui-même », dans son « autoctise ». Il n'est plus l'Être qui est, qui domine, qui se possède lui-même : le modèle métaphysique devient le *self-made man*.

Distinguer la chute qui se produit le long des chemins de l'or (époque des marchands) de celle qui se produit le long des chemins du travail (époque des esclaves) n'est pas facile, car toutes deux sont unies par des rapports d'interdépendance. En effet, de même que de nos jours on ne trouve plus répugnant, absurde et contre nature de considérer le travail comme un devoir universel, on ne trouve pas davantage répugnant, mais au contraire tout à fait naturel, d'être payé. Mais l'argent, qui ne brûle plus aucune main, a créé le lien invisible d'un esclavage beaucoup plus dur et abject, que celui que justifiait et maintenait dans l'antiquité, au moins la haute stature de Seigneurs et de Conquérants. Toute forme d'action tendant à devenir une forme de travail, il s'y associe toujours une récompense et alors que dans les sociétés modernes l'action, assimilée au travail, se mesure à son rendement et l'homme à son succès pratique et à ses gains, alors que Calvin a servi, comme on l'a dit, d'entremetteur, pour que le lucre et la richesse s'entourent presque de l'auréole mystique d'une élection divine attestée - le spectre de la faim et du chômage pèse sur les nouveaux esclaves comme une menace plus terrible encore que celle du fouet antique.

Il est possible, en tout cas, de distinguer approximativement une phase dans laquelle la volonté de gain des individus qui centralisent la richesse et donc le pouvoir, constitue le thème central, phase qui correspond à l'avènement de la *troisième* caste - et une phase ultérieure en formation, caractérisée par une économie devenue indépendante, collective ou socialistiquement étatisée (avènement de la dernière caste).

À cet égard il est intéressant de remarquer que la dégradation du principe « action » dans la forme propre aux castes inférieures (travail, production) s'accompagne souvent d'une dégradation analogue du principe « ascèse ». On voit naître une ascèse de l'or et du travail[873]. L'un et l'autre, de moyens, deviennent des fins, des choses à aimer et à rechercher pour elles-mêmes. Travailler et poursuivre la richesse ne signifie même plus poursuivre indirectement le plaisir, mais devient une vocation et presque une mission dans certaines couches des nouvelles sociétés. On voit ainsi, en particulier en Amérique, certains capitalistes jouir moins de leur richesse que le dernier de leurs employés ou de leurs ouvriers ; il ne s'agit pas, pour eux, de posséder la richesse, d'être libres envers elle et de s'en servir pour déployer certaines formes de magnificence, de qualité, de sensibilité pour diverses choses, précieuses et privilégiées (comme c'était le cas dans les aristocraties) loin de là, ils n'en sont, pour ainsi dire, que les simples administrateurs. Dans la richesse, ces êtres ne poursuivent que la possibilité d'une activité plus grande ; ils sont comme des instruments, impersonnels et ascétiques, dont l'activité

---

[873] Ceci correspond entièrement à l'enseignement traditionnel, selon lequel l'âge du fer commence quand un *çûdra*, ou esclave, s'adonne à l'ascèse. Naturellement, cette ascèse ne pourra s'appliquer qu'au *mode d'être d'un çûdra*, c'est-à-dire au travail : ce sera l'ascèse du travail et de la production.

est vouée à recueillir, à multiplier et à lancer dans des filets toujours plus vastes, qui renferment parfois des millions d'êtres et les destins des nations, les forces sans visage de l'argent et de la production[874]. *Fiat productio, pereat homo* dit justement Sombart, en exposant le processus par lequel les destructions spirituelles, le vide même que l'homme devenu « homme économique » et grand entrepreneur capitaliste s'est créé autour de lui, le contraignent à faire de son activité même gain, affaires, rendement une fin, à l'aimer et à la vouloir pour elle-même, sous peine d'être pris par le vertige de l'abîme, par l'horreur d'une vie totalement dénuée de sens[875].

La relation de l'économie moderne avec la machine est également caractéristique d'une situation où les forces déclenchées dépassent les plans de celui qui les a originellement évoquées et entraînent tout avec elles. Une fois que tout intérêt pour ce que la vie peut donner dans l'ordre d'un « plus que vivre » eut été perdu ou tourné en dérision, il ne devait rester, comme unique point de repère, que le besoin de l'homme, au sens purement matériel et animal ; au principe traditionnel de la limitation du besoin dans les cadres d'une économie normale, c'est-à-dire d'une économie équilibrée de consommation, devait se substituer le principe de l'acceptation et de la multiplication du besoin, en étroite relation avec la révolution industrielle et l'avènement de la machine. La machine a conduit automatiquement de la production à la superproduction. Du fait de l'éveil simultané de l'ivresse « activiste », du fait aussi du circuit de l'argent qui se multiplie par la production pour se relancer ensuite dans d'autres investissements productifs, se multiplier encore, se relancer, et ainsi de suite on en est arrivé au point où les rapports entre le besoin et la machine (ou travail) se sont complètement renversés : ce n'est plus le besoin qui demande le travail mécanique, mais c'est le travail mécanique (la production) qui a besoin du besoin. Dans un régime

---

[874] Cf. M. WEBER, *Gesammelte Aufsätze zur Religion und Sozioiogie*, Tübingen, 1924, v. III, où sont montrées les racines protestantes de ce retournement « ascétique » du capitalisme : au début, il y eut la séparation du gain comme « vocation », de la jouissance de la richesse, celle-ci étant considérée comme un facteur condamnable de divinisation et d'orgueil de la créature. Naturellement, le courant a ensuite éliminé le facteur religieux originel et s'est orienté vers des formes purement laïques et sans scrupules.
[875] W. SOMBART, *Le Bourgeois*, Paris, 1928, pp. 204-222, 400-409.

de superproduction, pour que tous les produits soient vendus, il faut que les besoins des individus, loin d'être réduits, soient maintenus et même multipliés, afin que l'on consomme toujours plus, et qu'on tienne toujours le mécanisme en mouvement sous peine d'arriver à un embouteillage fatal, qui entraîne l'une ou l'autre de ces deux conséquences : la guerre, comprise comme moyen d'assurer par la violence des débouchés à une plus grande puissance économique et industrielle qui « manque d'espace » ; ou bien le chômage (désarmement industriel en face de la crise de « placement » et de consommation) avec ses conséquences diverses crises et tensions sociales particulièrement favorables au soulèvement du Quatrième État.

Ainsi l'économie a agi dans l'essence intérieure de l'homme moderne et à travers la civilisation créée par lui, à l'instar du feu qui se transmet d'un point à un autre tant que tout ne brûle pas. Et la « civilisation » correspondante, en partant des foyers occidentaux, a étendu la contagion à toutes les terres encore saines, a apporté l'inquiétude, l'insatisfaction, le ressentiment, l'incapacité de se posséder dans un style de simplicité, d'indépendance et de mesure, la nécessité d'aller sans cesse plus avant et sans cesse plus rapidement, au sein de toutes les couches sociales et de toutes les races ; elle a poussé l'homme toujours plus loin, lui a imposé la nécessité d'un nombre toujours plus grand de choses, l'a donc rendu toujours plus insuffisant et toujours plus impuissant ; chaque nouvelle invention, chaque nouvelle trouvaille technique, au lieu d'être une conquête, marque une nouvelle défaite, est un nouveau coup de fouet destiné à rendre la course encore plus rapide et plus aveugle. C'est ainsi que les différentes voies convergent : la civilisation mécanique, l'économie souveraine, la civilisation de la production, coïncident avec l'exaltation du devenir et du progrès, de l'élan vital illimité - en bref, avec la manifestation du « démonique » dans le monde moderne[876].

En matière d'ascèse dégradée, il convient de signaler l'esprit d'un

---

[876] La caractéristique des « hommes démoniques » donnée il y a des siècles par *la Bhagavad-Gitâ* (XVI, 11), convient très bien à l'homme moderne : « Adonnés à des projets sans fin qui s'achèvent avec la mort, ils se proposent comme but suprême la satisfaction du désir, convaincus que c'est la seule chose qui compte. »

phénomène propre au plan du « travail » (c'est-à-dire de la quatrième caste). Le monde moderne connaît une sorte de sublimation du travail, grâce à laquelle même celui-ci devient « désintéressé », se dissocie du facteur économique et même de la notion d'une fin pratique ou productive, et devient donc, lui aussi, une sorte d'ascèse. Il s'agit du sport. Le sport est une façon de travailler, où l'objet et le but productif ne comptent plus, qui est donc voulu pour lui-même, en tant que simple activité. On a dit avec raison qu'il représente la religion de l'ouvrier[877]. Le sport est une contrefaçon typique de l'action entendue au sens traditionnel. Bien que travail « à vide », il n'en garde pas moins la vulgarité du travail, et appartient, comme lui, à la souche privée de lumière, irrationnelle et physique, des activités qui s'exercent dans les divers foyers de la contamination prolétarienne. S'il parvient parfois, dans ses culminations, à l'évocation fragmentaire de forces profondes, il ne s'agit toutefois que de la jouissance de la *sensation*, du vertige - tout au plus de l'ivresse de diriger les énergies, et de vaincre - sans aucune référence supérieure et transfigurante, sans avoir le sens d'un « sacrifice » ou d'une offrande que désindividualisent. L'individualité physique est au contraire flattée et renforcée par le sport, la chaîne est donc consolidée et tout vestige de sensibilité plus subtile étouffé ; l'homme tend à perdre son caractère d'être organique, à se réduire à un faisceau de réflexes, presque à un mécanisme. Et si ce sont précisément les couches les plus basses de la société qui montrent le plus de frénésie pour le sport, surtout sous la forme de grandes manifestations collectives - cela n'est pas sans signification. On pourrait voir dans le sport un des signes précurseurs de ce type de société - dont parle Chigalew, dans *Les Possédés*, de Dostoïewski - où, après le temps nécessaire pour une éducation méthodique et raisonnée destinée à éliminer de chacun le mal constitué par le Moi et par le libre arbitre, les hommes, ne s'apercevant plus qu'ils sont esclaves, reviendraient à l'innocence et à la félicité d'un nouvel Eden, différent de l'Eden biblique par le seul fait qu'il serait soumis à la loi générale du travail. Le travail comme sport et le sport comme travail, dans un monde qui ne connaît pas de cieux et qui a perdu toute trace du véritable sens de la personnalité, serait en effet la meilleure façon de réaliser un idéal messianique de ce genre. Il est significatif que dans beaucoup de sociétés

---

[877] Cf. TILGHER, *Homo Faber*, cit., p. 162.

nouvelles aient surgi, d'une façon spontanée ou sur l'initiative de l'État, de vastes organisations sportives variées d'appendices des diverses classes de travailleurs et lieux de rencontre entre les deux domaines du travail et du sport.

15

NATIONALISME ET COLLECTIVISME

Alors que les civilisations traditionnelles étaient couronnées par le principe de l'universalité, la civilisation moderne se trouve donc essentiellement placée sous le signe de la collectivité.

Le collectif est à l'universel ce que la « matière » est à la « forme ». La différenciation de la substance mêlée du collectif et la constitution d'êtres personnels grâce à l'adhésion à des principes et à des intérêts supérieurs, représentent les premiers pas vers ce qu'au sens éminent et traditionnel on a toujours entendu par « culture », Quand l'individu est arrivé à donner une loi et une forme à sa propre nature, de manière à « s'appartenir » plutôt que de dépendre de la seule composante « naturelle » de son être, la condition préliminaire d'un ordre supérieur, où la personnalité n'est pas abolie, mais intégrée, se trouve déjà remplie : et tel est l'ordre même des « participations » traditionnelles, dans lesquelles tout individu, toute fonction et toute caste acquiert son juste sens en reconnaissant ce qui lui est supérieur, et en s'y rattachant organiquement. À la limite, l'universel est atteint comme couronnement d'un édifice, dont les bases solides sont constituées, tant par l'ensemble des personnalités différenciées et formées, chacune fidèle à sa fonction, que par des organismes ou unités partiels, avec leurs droits et leurs lois propres, qui ne se contredisent pas mais se coordonnent solidairement à travers un élément commun de spiritualité et une même disposition active et commune au dévouement supra-individuel.

Ainsi que nous l'avons montré, la société moderne suit une direction diamétralement opposée, correspondant à un recul vers le collectif et non à un progrès vers l'universel, l'individu apparaissant toujours plus incapable de s'affirmer, sinon en fonction de quelque chose qui lui fait perdre son propre visage. Et cela devient de plus en plus sensible au fur et à mesure qu'on s'approche du monde du Quatrième État. On peut considérer comme une phase de transition celle du *nationalisme moderne*, auquel il convient de consacrer quelques considérations supplémentaires.

Il faut distinguer entre nationalité et nationalisme. Le Moyen Age connut des nationalités, non des nationalismes. La nationalité est une donnée naturelle, qui circonscrit un certain groupe de qualités élémentaires communes, de qualités qui se maintiennent autant dans la différenciation que dans la participation hiérarchique, auxquelles elles ne s'opposent en aucune manière. C'est ainsi qu'au Moyen Age les nationalités s'articulaient en castes, en corps et en ordres : mais bien que le type du guerrier, du noble, du marchand ou de l'artisan, fût conforme aux caractéristiques de chaque nation, ces organisations représentaient en même temps des unités plus vastes, internationales. D'où la possibilité, pour les membres d'une même caste appartenant à des nations différentes, de se comprendre peut-être mieux que ne le pouvaient, dans certains cas, les membres de deux castes différentes à l'intérieur d'une même nation.

Le nationalisme moderne représente le contraire de cette conception. Il se fonde sur une unité qui n'est pas naturelle, mais artificielle et centralisatrice, et dont on éprouva toujours plus le besoin, au fur et à mesure que le sens naturel et sain de la nationalité se perdit et que toute tradition véritable et toute articulation qualitative étant détruite, les individus s'approchèrent de l'état de pure quantité, de simple masse. C'est sur cette masse qu'agit le nationalisme, au moyen de mythes et de suggestions propres à la galvaniser, à réveiller des instincts élémentaires, à la flatter par des perspectives chimériques de primauté, de privilèges et de puissance. Quelles que soient ses prétentions à se référer à une race ou à une autre, la substance du nationalisme moderne n'est pas un *ethnos*, mais un *demos*, et son prototype demeure le prototype plébéien suscité par la Révolution française.

C'est pourquoi le nationalisme a un double visage. D'un côté, Il exaspère et confère une valeur absolue à un principe particulariste, si bien que les possibilités de compréhension et de véritable collaboration entre nations se trouvent réduites à un minimum. On retrouve ici, semble-t-il, la même tendance en vertu de laquelle la désagrégation de l'œcoumène européen coïncida avec la naissance des États nationaux. En réalité, on sait qu'au XIXe siècle, le nationalisme, en Europe, fut purement et simplement synonyme de révolution, et qu'il agit dans le sens précis d'une dissolution des organismes supranationaux survivants et d'un amoindrissement du principe politique de la souveraineté légitime, au sens traditionnel du terme. Mais si l'on considère les rapports entre l'individu, envisagé en tant que personnalité, et le tout, on voit apparaître clairement, dans le nationalisme, un aspect opposé, qui est précisément l'aspect intégrant et collectivisant. Dans le cadre du nationalisme moderne s'annonce déjà l'inversion dont nous avons précédemment parlé : la nation, la patrie, devient l'élément primaire, devient presque un être en soi, exigeant de l'individu qui fait partie de lui une soumission inconditionnelle, non seulement en tant qu'être naturel et « politique », mais aussi en tant qu'être moral. Même la culture devrait cesser d'être le soutien de la formation et de l'élévation de la personne et valoir essentiellement par son caractère national. Ainsi, les formes les plus poussées de nationalisme entraînent déjà une crise de l'idéal libéral et de la « culture neutre » (cf. p. 404) ; ceux-ci sont considérés comme suspects, mais selon une perspective opposée à celle selon laquelle le libéralisme et la culture neutre, laïque et apolitique purent apparaître comme une dégénérescence ou un effritement dans le cadre des précédentes civilisations organiques.

Même quand le nationalisme parle de tradition, c'est dans un sens tout différent de celui qu'avait ce mot dans les civilisations antiques. Ici aussi, il s'agit plutôt d'un mythe ou d'une continuité fictive fondée sur le plus petit commun dénominateur, à savoir la simple appartenance à un groupe donné. C'est pourquoi la « tradition » dont il s'agit ici est susceptible de revendiquer pêle-mêle comme ses représentants des personnalités n'ayant que fort peu de choses en commun, alors que, sur un plan supérieur, seule une « race de l'esprit » identique, et non la « nationalité », est capable d'établir des rapports de vraie communauté, d'homogénéité et de continuité. Mais en réalité, le nationalisme vise, grâce à cette « tradition », à consolider un état de masse dans la dimension du temps, autant que de l'espace, en plaçant derrière l'individu l'unité mythique, divinisée et collectiviste de tous ceux qui le précédèrent. Lorsque Chesterton qualifia la tradition ainsi comprise de

« démocratie des morts », il eut donc certainement raison. La dimension de la transcendance, de ce qui est supérieur à l'histoire, en est totalement absente.

Ces aspects du nationalisme moderne, en même temps qu'ils consacrent l'abandon d'une unification orientée vers le haut et prenant appui sur des éléments « supra-naturels » potentiellement universels, ne se distinguent que par une simple différence de degré de l'anonymat propre aux idéaux du Quatrième État et de ses « Internationales », qui nient tout concept de patrie et d'État national. En fait, lorsque le peuple est devenu souverain, et que le roi ou le Chef n'est plus d'« en haut », qu'il n'existe que « par la volonté de la nation » et non plus « par la grâce de Dieu », cet attribut, même quand Il est conservé, ne correspondant plus qu'à une formule vide à ce moment, l'abîme qui sépare du communisme un organisme politique de type traditionnel est virtuellement franchi, la rupture est consommée, toutes les valeurs sont déplacées, et même interverties, et il ne reste plus qu'à attendre que se réalise, progressivement, cet état final. C'est donc plus que par simple tactique, que les dirigeants de la subversion mondiale, dont la forme ultime est le communisme soviétique, ont pour principe d'exciter, de fomenter et de soutenir le nationalisme, même là où le nationalisme, étant anticommuniste, semblerait devoir se retourner contre eux. En réalité ils voient loin, à l'instar de ceux qui employèrent le nationalisme lors de la première révolution, la révolution libérale, en parlant de « nation » mais en entendant par-là en réalité « anti-tradition », négation du principe de la vraie souveraineté. Ils perçoivent le moment « collectivisant » du nationalisme, qui, au-delà des antithèses contingentes, orientera finalement les organismes qu'il contrôle dans la voie du collectivisme.

De même, il n'y a qu'une simple différence de degré entre le nationalisme et les tendances démocratico-humanitaires, qui contrecarrent son particularisme et son esprit de division. Bien qu'il s'y présente sous une forme moins nette, le phénomène régressif qui est à la base du nationalisme moderne ne s'en manifeste pas moins dans ces tendances, où n'agit qu'une impulsion vers un agglomérat encore plus vaste, homogène et standardisé. Les formules intermédiaires, fondées sur les grands mots si chers à la démocratie, n'ont qu'une importance accessoire. Essentiellement, dans l'un et l'autre cas, on arrive, finalement, à une religion de l'homme « terrestrifié ». Comme dit Benda, l'ultime perspective c'est que l'humanité tout entière, et non plus une fraction de celle-ci, se prenne elle-même pour objet de son culte. On tend vers une fraternité universelle qui, loin d'abolir l'esprit national avec ses appétits et ses orgueils, en apparaîtra au fond comme la forme suprême, la nation s'appelant l'Homme et l'ennemi Dieu[878]. Unifiée dans une armée immense, dans une immense usine, ne connaissant plus que des disciplines et des inventions, flétrissant toute activité libre et désintéressée et n'ayant pour Dieu qu'elle-même et ses volontés, l'humanité parviendra alors à ce que de telles tendances conçoivent, sous une forme quasi messianique, comme la fin dernière de l'effort civilisateur[879].

Avant d'en terminer avec le nationalisme moderne, il importe de remarquer qu'alors qu'il correspond d'un côté à une construction, à un être artificiel, cet être, en vertu du pouvoir des mythes et des idées qu'on évoque confusément pour maintenir la cohésion d'un groupe humain donné et le galvaniser, reste ouvert à des influences qui, sans qu'il s'en rende compte, en font l'instrument du plan général de la subversion. Ce sont les nationalismes modernes, avec leur intransigeance, leur égoïsme aveugle et leur brutale volonté de puissance, avec leurs antagonismes, les tensions et les guerres suscitées par eux d'une façon insensée, qui ont servi à achever l'œuvre de destruction, c'est-à-dire à passer de l'ère du Troisième État à l'ère du Quatrième État, si bien qu'ils ont fini par creuser eux-mêmes leur propre tombe.

* * *

La possibilité s'était présentée pour l'Europe, sinon d'arrêter, du moins de contenir, le processus d'écroulement dans un espace assez vaste, après la chute de celui qui, bien qu'il eût repris le symbole impérial et ambitionné

---

[878] PROUDHON avait déjà déclaré (*Système des contradictions économiques*, chap. VIII) que « le vrai remède... n'est pas d'identifier, l'humanité avec Dieu... ; c'est de prouver à l'humanité que Dieu, au cas qu'il y ait un Dieu, est son ennemi ».
[879] BENDA, *La Trahison des Clercs*, cit., in fine.

même la consécration romaine, resta pourtant « le fils de la Grande Révolution », dont il servit à répandre le virus, grâce au bouleversement provoqué par ses guerres victorieuses, dans les États de l'Europe traditionnelle et aristocratique : Napoléon Bonaparte. Avec la *Sainte Alliance* il eût été possible de dresser une digue contre les destins des derniers temps. Metternich put, avec raison, se considérer comme le dernier grand Européen[880].

Personne ne sut voir comme lui, avec la même lucidité prévoyante et le même regard d'ensemble, le jeu des forces subversives, ni percevoir comme lui l'unique moyen de les paralyser en temps opportun.

Metternich reconnut tous les points essentiels : il vit que les révolutions ne sont pas spontanées, ne sont pas des phénomènes populaires, mais des phénomènes artificiels provoqués par des forces qui, dans le corps sain des peuples et des États, ont la même fonction que les bactéries dans la production des maladies ; que le nationalisme n'est qu'un masque de la révolution et la révolution un fait essentiellement international, phénomènes révolutionnaires particuliers n'étant que les manifestations locales et partielles d'un courant de subversion unique aux dimensions mondiales. Metternich reconnut en outre très clairement comment les différents degrés des révolutions s'enchaînent : le libéralisme et le constitutionalisme préparent fatalement la démocratie, celle-ci prépare le socialisme, celui-ci le radicalisme et enfin le communisme toute la révolution libérale du Troisième État ne servant qu'à aplanir la voie pour la révolte du Quatrième État, destinée elle-même à saper inexorablement les représentants de la première et leur monde, une fois remplie leur mission d'avant-garde et une fois ouvertes les brèches[881].

---

[880] E. MALINSKY et L. DE PONCINS, *La Guerre Occulte*, Paris, 1936.

[881] Cf. H. von SRBIK, *Metternich*, München, 1925. F. ENGELS, à l'occasion des premiers succès de la révolution libérale, devait écrire en *1848* (Neue Brüsseller Zeitung du 28 janvier) ces paroles extrêmement significatives : « Ces messieurs croient vraiment travailler pour eux-mêmes. Ils sont stupides au point de penser qu'en vainquant, c'est eux qui donneront au monde un ordre. IL est évident qu'ils ne font, au contraire, qu'aplanir la voie poux nos démocrates et communistes et qu'ils seront sapés tout de suite après... Continuez donc à lutter courageusement, chers seigneurs du capital. À présent, nous avons

C'est pourquoi Metternich dénonça la folie de pactiser avec la subversion : car lui accorder un doigt, c'est l'inviter à demander plus tard le bras et finalement le corps entier. Ayant saisi le phénomène révolutionnaire dans son unité et dans son essence ; Metternich indiqua l'unique antidote possible : le front également supra-national de tous les États traditionnels, la ligue défensive et offensive de tous les souverains de droit divin. Telle devait être la Sainte Alliance.

Malheureusement, les conditions préalables manquèrent pour qu'une idée si grandiose pût se réaliser pleinement : conditions matérielles, aussi bien que spirituelles. Autour de Metternich, il n'y eut pas assez d'hommes ni de chefs à la hauteur de la tâche. L'unité d'un front défensif sur le plan politico-social se présentait comme un concept clair et évident ; mais l'idée capable de servir de référence positive et de chrisme à cette alliance, afin qu'elle pût vraiment être considérée comme sainte, n'était guère apparente. Sur le plan religieux, l'unité faisait défaut, car la ligue ne comprenait pas seulement des souverains catholiques, mais aussi des souverains protestants et orthodoxes, de sorte qu'elle n'eut pas même la sanction directe et « engageante » de l'Église, dont le chef demeura à l'écart, et qu'au fond, les concours dont elle bénéficia furent accordés pour des fins temporelles et contingentes, plus que pour des fins spirituelles. C'eût été, au contraire, d'une reprise de l'esprit du Moyen Age, et même de l'esprit des Croisades, dont on aurait eu besoin il ne suffisait pas de recourir à l'action répressive et à l'intervention militaire chaque fois que dans les pays de l'Alliance s'allumait la flamme révolutionnaire ; en dehors de mesures accessoires de ce genre, il eût fallu quelque chose comme un nouveau *Templarisme*, un ordre, un bloc d'hommes unis dans l'idée, inexorables dans l'action, qui eussent été de vivants témoignages, dans chaque pays, du retour d'un type humain supérieur, et non

---

besoin de vous, et même de votre domination. Vous devez déblayer pour nous les restes du Moyen Age et de la monarchie absolue, vous devez détruire le patriarcalisme, vous devez centraliser, vous devez transformer toutes les classes les moins riches en vrais prolétaires, en recrues pour nous-mêmes ; grâce à vos usines et à vos échanges commerciaux, vous devez nous fournir la base matérielle nécessaire au prolétariat pour sa libération. Comme récompense, on vous concédera de régner pour un temps court. Mais ne l'oubliez pas : le bourreau attend derrière la porte » (apud SRBIK, op. cit., 11, p. 275).

des gens de cour et de salon, des ministres de police, des ecclésiastiques prudents et des diplomates ne se préoccupant que d'un « système d'équilibre ». En même temps, une attaque aurait dû être déclenchée sur le plan de la vision du monde et de la vie : mais où étaient alors les représentants du pur esprit traditionnel capables de détruire les foyers de la mentalité rationaliste, illuministe et scientiste qui étaient les véritables ferments de la révolution, capables de détrôner cette culture à laquelle depuis le XVIIe siècle il était de mode de se livrer, même dans les cours et parmi l'aristocratie, capables de couvrir de ridicule ceux qui se posaient romantiquement en apôtres et en martyrs des « grandes et nobles idées de la révolution » et de la « liberté des peuples » ? Privée d'âme véritable, constituée précisément au moment où, par renoncement volontaire des Habsbourg, le Saint Empire Romain avait cessé, même nominalement, d'exister et où son centre, Vienne, brillait surtout comme la « ville des valses », la Sainte Alliance, après avoir assuré à l'Europe une courte période de paix relative et d'ordre, se défit, et le jeu des nationalismes révolutionnaires, entraînant avec lui la désagrégation des précédentes unités politico-dynastiques, ne rencontra plus que des résistances insignifiantes.

Avec la Première Guerre mondiale, la révolution russe et la Seconde Guerre mondiale, les événements, décisifs pour le dernier âge, se précipitent.

En 1914 les Empires Centraux représentaient encore un reste de l'Europe féodale et aristocratique au sein du monde occidental, malgré d'indéniables aspects, d'hégémonisme militariste et certaines alliances suspectes capitalisme, surtout dans l'Allemagne de Guillaume. La coalition qui se forma contre eux fut une coalition déclarée du Troisième État contre ce qui subsistait des forces du Second État ; ce fut une coalition des nationalismes et des grandes démocraties se réclamant plus ou moins des « immortels principes » de la Révolution française, à laquelle on entendit faire faire un nouveau pas décisif en avant, sur le plan international[882] ce qui

---

[882] Cela fut explicitement déclaré dans un convent international secret de la maçonnerie tenu alors que la Première Guerre mondiale durait encore - cf. L. de PONCINS, *La Société des Nations, super-état maçonnique*, Paris, 1937.

n'empêchait d'ailleurs pas l'idéologie humanitaire et patriotique de faire simultanément le jeu d'une industrie cupide et hégémoniste. La guerre de 1914-1918 se présente, à un degré que l'on trouve rarement dans d'autres guerres de l'histoire, non comme un conflit entre États et nations, mais comme une lutte entre les idéologies des diverses castes. Ses résultats directs et voulus furent la destruction de l'Allemagne monarchique et de l'Autriche catholique, les résultats indirects, l'écroulement de l'Empire des Czars, la révolution russe et la création, en Europe, d'une situation politico-sociale tellement chaotique et contradictoire, qu'elle contenait toutes les prémices d'une nouvelle conflagration.

Et ce fut la Deuxième Guerre mondiale. Les positions idéologiques n'y furent pas, tout d'abord, aussi précises que dans la précédente. Des États qui, comme l'Allemagne et l'Italie, avaient adopté l'idée autoritaire antidémocratique et s'étaient groupés contre les forces de gauche, tout en affirmant, dans une première phase de cette guerre, le droit des « nations prolétariennes » contre la ploutocratie mondiale, parurent presque épouser le marxisme sur le plan international en donnant à leur guerre le sens d'une insurrection du Quatrième État contre les grandes démocraties, où s'était consolidée la puissance du Troisième État. Mais, dans l'ensemble, et en particulier après la nouvelle intervention nord-américaine, la principale idéologie, qui se précisa toujours davantage, fut celle qui avait déjà inspiré la première guerre mondiale, voire la croisade des nations démocratiques pour « libérer » les peuples encore esclaves de « systèmes rétrogrades » de gouvernement[883]. Cette idéologie, toutefois, devait rapidement devenir une simple façade à l'égard des nouveaux groupements qui se formèrent. En ! s'alliant avec la Russie soviétique à seule fin d'abattre les puissances de

---

[883] À propos de l'incertitude des prises de position idéologiques dans la Seconde Guerre mondiale, il faut relever, chez les deux puissances de l'« Axe », l'élément négatif propre au « totalitarisme » et à de nouvelles formes de « bonapartisme ». Chez l'autre puissance du « Pacte Tripartite », le Japon, il eût été intéressant de voir le résultat d'une expérience sans précédent, c'est-à-dire une « européanisation » extérieure à côté de laquelle se maintenait l'esprit traditionnel d'un Empire de droit divin. Au sujet des aspects positifs et négatifs du fascisme, cf. J. EVOLA, *Il fascismo - Saggio di una analisa critica dal punto di vista della Destra* (Roma, 1964).

l'« Axe » et en se refusant à dévier d'un radicalisme insensé, les puissances démocratiques répétèrent l'erreur consistant à penser que l'on peut impunément utiliser les forces de la subversion à ses propres fins, et à ignorer qu'en vertu d'une logique fatale, lorsque des forces correspondant à des degrés différents de la subversion se rencontrent ou se heurtent, ce sont celles qui correspondent au degré 1e plus avancé, qui auront finalement le dessus. En réalité, il est clair que du côté soviétique la « croisade démocratique » n'avait été conçue que comme un utile travail préparatoire, par rapport aux plans mondiaux du communisme. La fin des hostilités marqua également la fin de cette alliance hybride et le véritable résultat de la Seconde Guerre mondiale fut d'éliminer l'Europe comme facteur de la grande politique mondiale, de balayer toutes les formes intermédiaires et de laisser les États-Unis et la Russie face à face, en tant que représentants supranationaux des forces du Troisième et Quatrième État.

Ce que serait l'issue d'un conflit armé éventuel entre ces deux puissances, en dernière analyse, importe peu. Les déterminismes d'une sorte de justice immanente sont en marche et, en tout cas, d'une manière ou d'une autre, le processus se déroulera jusqu'au bout. Par ses répercussions sociales, une troisième guerre mondiale entraînerait le triomphe définitif du Quatrième État, soit d'une manière violente, soit sous forme d'« évolution », soit des deux façons à la fois. Il y a plus. Sur le plan des forces politiques tendues vers la domination universelle, la Russie et l'Amérique se présentent aujourd'hui dans un rapport d'antagonisme. Mais si l'on examine dans leur essence les thèmes qui prédominent dans chacune des deux civilisations, si l'on approfondit leurs idéaux et surtout la tendance centrale des transformations effectives qu'y ont subi, ou sont en train d'y subir, toutes les valeurs et tous les intérêts de la vie, on découvre une convergence et une ressemblance fondamentales. La Russie et l'Amérique apparaissent comme deux expressions différentes d'une chose unique, comme deux voies pour aboutir à la formation de ce type humain qui est la conclusion extrême des processus présidant au développement du monde moderne. Il convient d'examiner ces convergences. Ion seulement en tant que puissances politiques, mais en tant que « civilisations », la Russe et l'Amérique sont les deux branches d'une seule tenaille, qui, de l'orient et de l'Occident, est en train de se refermer rapidement autour du noyau, désormais épuisé, dans ses énergies et dans ses hommes, de l'ancienne Europe. Les conflits extérieurs, les nouvelles crises, les nouvelles destructions ne seront que des moyens pour ouvrir définitivement les voies aux diverses formes du monde du quatrième État.

16

LE CYCLE SE FERME

a) La Russie

Certains traits typiques de la révolution bolchevique méritent d'être mis en lumière. Elle ne présenta qu'à un faible degré le caractère romantique, orageux, chaotique et irrationnel propre aux autres révolutions, surtout à la Révolution française. On y voit au contraire apparaître une intelligence, un plan bien médité et une technique. Lénine lui-même étudia, du début jusqu'à la fin, le problème de la révolution prolétarienne, de la même façon que le mathématicien affronte un problème de calcul supérieur, en l'analysant, froidement et avec calme, dans les moindres détails. Selon ses propres paroles, « les martyrs et les héros ne sont pas nécessaires à la cause de la révolution : C'est une logique qu'il lui faut et une main de fer ». « Notre mission n'est pas d'abaisser la révolution au niveau du dilettante, mais d'élever le dilettante au niveau du révolutionnaire ». C'est à cette règle qu'obéit l'activité d'un Trotsky, qui fit de l'insurrection et du coup d'État, moins un problème populaire et de masse qu'un problème de technique, demandant l'emploi de troupes spécialisées et bien dirigées[884].

On constate, en conséquence, chez les chefs, un impitoyable esprit de suite. Ils sont indifférents aux conséquences pratiques, aux calamités sans nom qui résulteront de l'application de principes abstraits. L'homme, pour eux, n'existe pas. Ce furent comme des forces élémentaires qui s'incarnèrent, avec le bolchevisme, dans un groupe d'hommes où la féroce concentration du fanatique s'unit à la logique exacte, à la méthode, à la recherche exclusive

---

[884] Cf. C. MALAPARTE, *La technique du coup d'État*, Paris, 1931, pp. 13, sqq.

du moyen le mieux adapté au but poursuivi, qui sont le propre du technicien. Ce n'est qu'au cours d'une deuxième phase, suscitée par eux et maintenue, dans une large mesure, entre des digues préétablies, que se produisit le déchaînement du sous-sol de l'ancien Empire russe, le régime de terreur de la masse s'appliquant à détruire et à extirper frénétiquement tout ce qui se rattachait aux classes dominantes précédentes et à la civilisation russo-boyard en général.

Un autre trait caractéristique c'est que, tandis que les révolutions antérieures, dans leur démonisme, échappèrent presque toujours des mains de ceux qui les avaient suscitées et dévorèrent leur fils, ce phénomène ne s'est vérifié en Russie que dans une faible mesure : le pouvoir et la terreur s'y sont stabilisés. Si la logique inexorable de la révolution rouge n'a pas hésité à éliminer et à abattre les bolcheviques qui tendaient à s'éloigner de la direction orthodoxe, sans égard aux personnes et sans scrupules quant au choix des moyens, le centre ne connut pas de crises ni d'oscillations importantes. Et c'est là un trait aussi caractéristique que sinistre, car il préfigure l'époque où les forces des ténèbres cesseront d'agir, comme auparavant, de derrière les coulisses, mais ne feront qu'un avec le monde des hommes, car elles auront trouvé une parfaite incarnation chez des êtres où le démonisme s'unit à l'intelligence la plus lucide, à une méthode, à un pouvoir exact de domination. Une des caractéristiques les plus marquantes du point final de chaque cycle est précisément un phénomène de ce genre.

Quant à l'idée communiste, quiconque ignore qu'il existe, dans le communisme, deux vérités, sera induit en erreur. Une de ces vérités, ésotérique pour ainsi dire, présente un caractère dogmatique et immuable ; elle correspond aux principes de base de la révolution et se trouve formulée dans les écrits et dans les directives de la première période bolchévique. La seconde est une vérité changeante, « réaliste », forgée cas par cas, souvent en opposition apparente avec la première et comporte d'éventuels compromis avec les idées du monde « bourgeois » (idée patriotique, adoucissements apportés au régime de la propriété collective, mythe slave, etc.). Les diverses manifestations de cette seconde vérité sont abandonnées dès qu'elles ont accompli leur but tactique : elles ne sont que de simples instruments au service la première vérité, et ceux qui s'y laissent prendre, et penseront, à un moment quelconque que le bolchevisme a été « dépassé », qu'il a « évolué » et s'oriente vers des formes normales de gouvernement et de relations internationales, ceux-là sont bien naïfs.

Mais il ne faut pas se laisser tromper non plus par la première vérité : ce n'est pas le mythe économique marxiste qui est ici l'élément primaire, mais bien la négation de toute valeur d'ordre spirituel et transcendant. La philosophie et la sociologie du matérialisme historique ne sont que de simples expressions de cette négation ; elles dérivent de celle-ci, et non inversement, tout comme la pratique communiste correspondante ne représente qu'une des méthodes pour la réaliser systématiquement. Le résultat auquel on parvient en suivant cette direction jusqu'au bout comme le fait le communisme soviétique est important : c'est l'intégration, c'est-à-dire la désintégration de l'individu dans ce qu'on appelle le « collectif », dont le droit est souverain. Et le but que poursuit le monde soviétique, c'est précisément l'élimination, chez l'homme, de tout ce qui a une valeur de personnalité autonome, de tout ce qui peut représenter pour lui un intérêt indépendant du collectif. La mécanisation, la désintellectualisation et la rationalisation de l'activité, sur tous les plans, font notamment partie des moyens mis en oeuvre pour atteindre ce but, et ne sont pas considérées, ainsi que dans l'actuelle civilisation européenne, comme les conséquences de processus fatals que l'on doit subir mais que l'on déplore. Tout horizon étant limité à l'économie, la machine devient le centre d'une nouvelle promesse messianique et la rationalisation apparaît également comme l'un des moyens de liquider les « résidus » et les « accidents individualistes » de l'« époque bourgeoise ».

Dans cette perspective, l'abolition de la propriété et de l'initiative privée, qui demeure une idée de base de la doctrine interne du communisme, malgré certains compromis de caractère contingent, ne représente, en U.R.S.S., qu'un épisode et un moyen en vue d'une fin. La fin étant précisément la réalisation de l'homme-masse et du matérialisme intégral, dans tous les domaines, sans commune mesure avec le contenu d'un mythe purement économique. Le propre du système est de considérer le « Moi », l'« âme » et la notion du « mien » comme des illusions et des préjugés bourgeois, comme des idées fixes, principes de tout mal et de tout désordre, dont une culture réaliste et une pédagogie adéquates devront libérer l'homme de la nouvelle civilisation soviétique et socialiste. On procède ainsi à la liquidation en bloc de toutes les prévarications individualistes, libertaires et humanistico-romantiques de la phase que nous avons appelée la phase de l'irréalisme occidental. On connaît le mot de Zinovieff : « Dans tout intellectuel je vois un ennemi du pouvoir soviétique ». L'art doit devenir un art de masse, il doit cesser de faire de la « psychologie », de s'occuper des affaires privées de l'individu, de servir au plaisir des classes supérieures parasites ; il ne doit pas être une création individualiste, mais se dépersonnaliser et se transformer en « un puissant marteau qui incite le prolétaire à l'action ». Que la science même puisse faire abstraction de la politique, c'est-à-dire de l'idée communiste comme force formatrice, et être « objective », on le conteste, on y voit une périlleuse déviation idéologique « contre-révolutionnaire ». Un exemple caractéristique est celui de Vasileff et d'autres biologistes relégués en Sibérie parce que la théorie génétique qu'ils soutenaient en reconnaissant le facteur « hérédité » et « disposition innée », en présentant l'homme autrement que comme une substance amorphe ne prenant forme qu'à travers l'action extérieure du milieu, comme le veut le marxisme, ne répondait pas à l'idée centrale du communisme. Ce qu'il y a de plus extrême en fait de matérialisme évolutionniste et de scientisme sociologique dans la pensée occidentale est utilisé comme dogme et « pensée d'État », afin qu'un lavage de cervelle se produise dans les nouvelles générations et que prenne forme une mentalité adéquate, profondément enracinée. Quant à la campagne antireligieuse, qui n'a pas ici le caractère d'un simple athéisme, mais bien d'une véritable contre-religion, on la connaît suffisamment : c'est en elle que se trahit la véritable essence du bolchevisme, c'est elle qui lui fournit les moyens les plus efficaces de faire disparaître la grande maladie de l'homme occidental, cette « foi » et ce besoin de « croire » qui servirent de succédané alors que se perdait la possibilité de contacts réels avec le monde supérieur. Une « éducation des sentiments » semblablement orientée, est aussi envisagée, afin que les complications de l'« homme bourgeois », le sentimentalisme, l'obsession de l'éros et de la passion soient « dédramatisés ». Les classes étant nivelées, les sexes le sont aussi, l'égalité complète de la femme par rapport à l'homme est légalement instituée dans tous les domaines. L'idéal est qu'il n'existe plus de femmes en face d'hommes, mais seulement des « camarades » au sein d'une masse pratiquement asexuée... Ainsi, même la famille, non seulement telle qu'elle existait dans l'« ère du droit héroïque », mais telle qu'elle subsistait encore, sous une forme résiduelle, dans la tradition bourgeoise du foyer, avec ses sentimentalismes et son conventionnalisme est virtuellement dissoute, ce qu'on appelle les *zags* ayant déjà représenté, à cet égard, un bouleversement caractéristique ; et l'on connaît toutes les mesures prises en U.R.S.S. pour que l'éducation devienne exclusivement la chose de l'État, pour que, dès l'enfance, la vie collective soit préférée à la vie familiale et pour que les classes, l'État et le parti supplantent le lien familial, de même que tout autre lien de nature particulière.

Dans l'idéologie bolchevique interne il n'y a pas de place pour le concept de patrie ou de nation ; ces idées sont « contre-révolutionnaires », même si, comme nous l'avons dit, il est permis d'en faire un emploi tactique hors de l'Union soviétique, en vue d'exercer une action désagrégeante préliminaire. Selon la première constitution soviétique, un étranger fait obligatoirement et automatiquement partie de l'Union des Soviets s'il est un travailleur prolétarien, alors qu'un Russe, s'il n'est pas un travailleur prolétarien, en est exclu, est, pour ainsi dire « dénaturalisé », devient un paria privé de personnalité juridique[885]. Selon la stricte orthodoxie communiste, la Russie n'est que la terre où la révolution mondiale du Quatrième État a triomphé et s'est organisée, pour se répandre ultérieurement. Le peuple russe s'était toujours caractérisé par une mystique de la collectivité, en même temps que par une confuse impulsion messianique : Il s'était considéré comme le peuple théophore - porteur de Dieu - prédestiné à une œuvre de rédemption universelle. Tout cela fut repris, sous une forme inversée et modernisée, par

---

[885] Cf. *Constitution russe de 1918*, §§ 20-22 ; M. SERTOLI, *La costituzione russa*, Firenze, 1928, pp. 57-85. On se trouve en présence de ce paradoxal retournement : la classe des parias constituée en une organisation toute-puissante condamne à l'état de paria quiconque, de quelque façon, adhère à ces valeurs et demeure fidèle à ces principes de classe qui traditionnellement définissaient le non-paria. Le terme « patrie soviétique » utilisé en URSS n'est qu'un expédient pour pouvoir manipuler, dans certains cas, certains sentiments ataviques résiduels : il en fut ainsi pour le « patriotisme » exalté en Russie durant la Deuxième Guerre mondiale.

la théorie marxiste. Dieu s'est transformé en s'identifiant avec l'homme « terrestrifié » et collectivisé, et le « peuple théophore » est celui qui s'applique à en faire triompher, par tous les moyens, la civilisation, sur l'ensemble de terre.

Tout cela fait essentiellement partie de la vérité interne du bolchevisme ; c'est son axe de marche[886]. Du point de vue historique, arrivé à la phase stalinienne du bolchevisme, le mythe de la « révolution » au sens ancien, associé au chaos et au désordre, apparaît déjà lointain : c'est au contraire vers une nouvelle forme d'ordre, de système et d'unité qu'on s'achemine. La révolution devient, selon la formule connue, « révolution permanente » et se manifeste dans le totalitarisme. La société devient une machine ne comportant qu'un seul moteur, l'État communiste. L'homme n'est qu'un levier ou un rouage de cette machine et il suffit qu'il s'y oppose pour être immédiatement emporté et brisé par l'engrenage, pour lequel la valeur de la vie humaine est nulle et n'importe quelle infamie licite. Matière et esprit sont enrôlés dans l'entreprise unique, en sorte que l'U.R.S.S. se présente comme un bloc qui englobe tout, qui est simultanément État, trust et Église, système politique, idéologique et économico-industriel, dans le cadre de structures intégralement centralisées.

C'est l'idéal du Super-état, inversion sinistre de l'idéal organique traditionnel.

D'une manière générale, dans la civilisation soviético-communiste s'annonce donc quelque chose de semblable à une *singulière ascèse ou catharsis en grand tendant à un dépassement radical de l'élément individualiste et humaniste et à un retour au principe de la réalité absolue et de l'impersonnalité mais inversé, dirigé non vers le haut, mais vers le bas, non vers le supra-humain, mais vers le sub-personnel, non vers l'organicité mais vers le mécanisme, non vers la libération spirituelle, mais vers l'asservissement social total.* Telle est la caractéristique du bolchevisme, son vrai visage, son

---

[886] À cet égard une bonne partie de la documentation recueillie par R. FÜLLÖPMILLER, *Mind and face of the Bolshevism* (London-New York, 1927), garde sa valeur.

sens ultime.

Que le primitivisme de la grande masse hétéroclite dont se compose l'Union Soviétique, où les massacres ont fait disparaître presque tous les éléments racialement supérieurs, contribue à repousser jusqu'à un avenir encore lointain la formation effective de l'« homme nouveau », de l'« homme soviétique » - cela n'a guère d'importance. La *direction* est donnée. Le mythe terminal du monde du Quatrième État a pris une forme précise et une des plus grandes concentrations de puissance du monde est à son service, une puissance qui est en même temps le centre d'une action organisée, souterraine ou ouverte, de subornation et d'agitation des masses internationales ou des peuples de couleur contre l'hégémonie européenne.

b) *L'Amérique*

Alors que le bolchevisme, selon les paroles de Lénine, considéra le monde romano-germanique comme « le plus grand obstacle à l'avènement de l'homme nouveau » et parvint, en profitant de la croisade des nations démocratiques aveuglées, à lui enlever pratiquement toute influence sur l'orientation des destins européens, il a vu, idéologiquement, dans les États-Unis, une sorte de terre promise. Les dieux antiques partis, l'exaltation de l'idéal technico-mécanique devait avoir pour conséquence une sorte de « culte de l'Amérique ». « La tempête révolutionnaire de la Russie soviétique doit s'unir au rythme de la vie américaine ». « Intensifier la mécanisation déjà en cours en Amérique et l'étendre à tous les domaines, telle est la tâche de la nouvelle Russie prolétarienne » - ces formules correspondent à des directives quasi officielles. C'est ainsi qu'un Gasteff a proclamé le « super-américanisme » et que Majekowski a adressé à Chicago, « métropole électro-dynamo-mécanique », son hymne collectiviste[887]. L'Amérique en tant que citadelle haïe de l'« impérialisme capitaliste » passe évidemment ici au second

---

[887] FÜLLÖP-MILLER, *Op. cit.*, trad. ital. Milano, 1921, pp. 13, sqq., 21, sqq.. STALINE (*Principi del leninismo*, trad. ital. Roma, 1949, pp. 126-128) déclare que l'union de l'esprit révolutionnaire et de l'américanisme définit le « style du léninisme... dans le travail du parti et de l'État » ainsi que « le type complet du militant léniniste ».

plan par rapport à l'Amérique qui symbolise la civilisation de la machine, de la quantité et de la technique. Les éléments de ressemblance, loin d'être extrinsèques, trouvent une confirmation dans beaucoup d'autres domaines.

Tout le monde connaît la nature et le nombre des divergences qui séparent la Russie et l'Amérique du Nord sur le plan ethnique, historique, caractériel, etc. IL n'est donc pas nécessaire de les souligner à nouveau. Ces divergences, toutefois, ne modifient en rien ce fait fondamental : certaines parties d'un « idéal », qui, dans le bolchevisme, n'existe encore que comme tel, ou a été imposé par une contrainte extérieure, se sont réalisées en Amérique en vertu d'un processus quasi spontané. Ce ne sont pas là des « théories », mais une réalité de fait, naturelle et évidente. C'est donc dans un milieu encore plus vaste que celui auquel songeait Engels, que s'est réalisée sa prophétie, à savoir que ce serait le monde du capitalisme qui aplanirait la voie pour le monde du Quatrième État.

L'Amérique aussi, dans sa façon essentielle de considérer la vie et le monde, a créé une « civilisation », qui se trouve en parfaite contradiction avec l'ancienne tradition européenne. Elle a définitivement instauré la religion de l'utilitarisme et du rendement, elle a placé l'intérêt pour le gain, la grande production industrielle, la réalisation mécanique, visible, quantitative, au-dessus de tout autre. Elle a donné naissance à une grandeur sans âme de nature purement technico-collective, privée de tout arrière-plan de transcendance, de toute lumière d'intériorité et de vraie spiritualité. Elle aussi a opposé à la conception de l'homme intégré en tant que qualité et personnalité dans un système organique, une conception où il n'est plus qu'un simple instrument de production et de rendement matériel dans un conglomérat social conformiste.

Alors que dans le processus de formation de la nouvelle mentalité soviético-communiste l'« homme-masse », qui vivait déjà mystiquement dans le sous-sol de la race slave, a joué un rôle important, et qu'il n'y a de moderne que le plan en vue de son incarnation rationnelle dans une structure politique omnipotente en Amérique le phénomène procède du déterminisme inflexible par lequel l'homme, en se séparant du spirituel pour se consacrer à une volonté de grandeur temporelle, cesse, par-delà toute illusion individualiste, de s'appartenir à lui-même, pour devenir partie intégrante d'une entité dont il dépend et qu'il finit par ne plus pouvoir dominer. C'est précisément l'idéal de conquête matérielle poursuivi par une vague d'émigrés qui furent les premiers à donner le signal des révolutions et que leur éthique dominante, protestante et puritaine, devait rendre extrêmement réceptifs à l'action de l'esprit hébraïque, qui a entraîné la transformation et la perversion que l'on constate en Amérique. On a dit avec raison que dans sa course vers la richesse et la puissance, l'Amérique a abandonné la voie de la liberté pour suivre celle du rendement. « Toutes les énergies, y compris celles de l'idéal et presque celles de la religion, concourent à ce même but productif : on est en présence d'une société de rendement, presque d'une théocratie de rendement, qui vise finalement à produire des choses plus encore que des hommes », ou des hommes, seulement en tant que plus efficaces producteurs de choses. Une sorte de mystique exalte, aux États-Unis, les droits suprêmes de la communauté. « L'être humain, devenu moyen plutôt que but, accepte ce rôle de rouage dans l'immense machine, *sans penser un instant qu'il puisse en être diminué* » - d'où « un collectivisme de fait, voulu des élites et allégrement accepté de la masse, qui, subrepticement, mine la liberté de l'homme et canalise si étroitement son action que, sans en souffrir et sans même le savoir, il confirme lui-même son abdication. » « La jeunesse, elle, ne laisse apparaître aucune protestation, aucune réaction contre la tyrannie collective : elle l'accepte manifestement comme allant de soi, elle n'a pas la mentalité individualiste ; bref, le régime lui convient »[888].

Cet état de choses provoque l'apparition de thèmes identiques, en ce sens que, même dans le domaine plus général de la culture, s'établit nécessairement et spontanément une correspondance avec les principes formateurs de la nouvelle « civilisation » soviétique.

Ainsi, bien que l'Amérique ne pense pas du tout à bannir tout ce qui est

---

[888] Cf. A. SIEGFRIED, *Les États-Unis d'aujourd'hui*, Paris, 1927, pp. 346, 349, 350. Il faut examiner à part le phénomène opposé représenté plus récemment par la *beat generation* et par les *hipsters*, où la révolte existentielle d'une certaine jeunesse contre la civilisation américaine n'a qu'un caractère anarchique et destructeur et s'épuise en elle-même sans « avoir de bannière » ni aucun point de référence supérieur.

intellectualité, il est certain qu'elle éprouve à l'égard de celle-ci, dans la mesure où elle n'apparaît pas comme l'instrument d'une réalisation pratique, une indifférence instinctive, comme à l'égard d'un luxe auquel ne doit pas trop s'attarder celui qui est porté vers les choses sérieuses telles que le « *get rich quick* », le « *service* », une campagne en faveur de tel ou tel préjugé social et ainsi de suite. En général, tandis que les hommes travaillent, ce sont surtout les femmes qui s'occupent, en Amérique, de « spiritualisme » : d'où le très important pourcentage de membres féminins dans les milliers de sectes et de sociétés où le spiritisme, la psychanalyse et des doctrines orientales déformées se mêlent à l'humanitarisme, au féminisme et au sentimentalisme, puisqu'en dehors du puritanisme socialisé et du scientisme, c'est à peu près à ce niveau que se situe la « spiritualité » américaine. Et même lorsque l'Amérique attire avec ses dollars les représentants et les œuvres de l'ancienne culture européenne, utilisés volontiers pour la détente des seigneurs du Troisième État, le véritable centre se trouve pourtant ailleurs. En Amérique, l'« inventeur » de quelque nouvel engin qui multiplie le « rendement » sera toujours, en fait, plus considéré que le type traditionnel de l'intellectuel ; il n'arrivera jamais que tout ce qui est gain, réalité et action au sens matériel, pèse moins dans la balance des valeurs que tout ce qui peut procéder d'une attitude de dignité aristocratique. Si l'Amérique n'a pas banni officiellement, comme le communisme, l'ancienne philosophie, elle a fait mieux : par la bouche d'un William James, elle a déclaré que l'utile est le critère du vrai et que la valeur de toute conception, même métaphysique, doit être mesurée à son efficacité pratique, c'est-à-dire, en fin de compte, selon la mentalité américaine, son efficacité économico-sociale. Le *pragmatisme est* une des marques les plus caractéristiques de la civilisation américaine envisagée dans son ensemble, ainsi que la théorie de Dewey et le behaviorisme, qui correspond exactement aux théories tirées, en U.R.S.S., des vues de Pavlov sur les réflexes conditionnés et, comme celles-ci, exclut totalement le Moi et la conscience en tant que principe substantiel. L'essence de cette théorie typiquement « démocratique » est que n'importe qui peut devenir n'importe quoi - moyennant un certain *training* et une certaine pédagogie - ce qui revient à dire que l'homme, en soi, est une substance informe, malléable, tout comme le conçoit le communisme, qui considère comme anti-révolutionnaire et anti-marxiste la théorie génétique des qualités innées. La puissance de la publicité, de *l'advertising*, en Amérique, s'explique d'ailleurs par l'inconsistance intérieure et la passivité de l'âme américaine, qui, à maint égard, présente les caractéristiques bidimensionnelles, non de la jeunesse, mais de l'infantilisme.

Le communisme soviétique professe officiellement l'athéisme. L'Amérique n'en est pas arrivée là, mais, sans s'en apercevoir, tout en étant même souvent convaincue du contraire, elle glisse le long d'une pente où rien ne subsiste de ce qui, même dans le cadre du catholicisme, avait le sens d'une religion. Nous avons déjà vu à quoi la religiosité se réduit dans le protestantisme : ayant repoussé tout principe d'autorité et de hiérarchie, s'étant libérée de tout intérêt métaphysique, des dogmes, des rites, des symboles et des sacrements, elle s'est appauvrie en un simple moralisme qui, dans les pays anglo-saxons puritains et surtout en Amérique, passe au service de la collectivité conformiste.

Siegfried[889] remarque justement que la seule véritable religion américaine est le calvinisme, qui professe que « la cellule véritable de l'organisme social... ce n'est pas l'individu, mais le groupe. » La fortune étant considérée comme un signe de l'élection divine, « il devient difficile de distinguer l'aspiration religieuse de la poursuite de la richesse. » On admet ainsi comme moral et désirable que l'esprit religieux devienne un facteur de progrès social et de développement économique. En conséquence, les vertus nécessaires à la poursuite de fins surnaturelles finissent par apparaître inutiles et même nocives. Aux yeux d'un pur Américain, l'ascète n'est qu'un homme qui perd son temps, un parasite de la société ; le héros au sens antique, n'est qu'une sorte de fou dangereux qu'il convient d'éliminer en recourant à d'opportunes prophylaxies pacifistes et humanitaires tandis que le moraliste puritain et fanatique est entouré d'une resplendissante auréole.

Tout cela est-il très éloigné du principe de Lénine consistant à bannir « toute conception surnaturelle ou de quelque façon étrangère aux intérêts de classe », à détruire comme un mal infectieux tout vestige de spiritualité

---

[889] *Op. cit.*, pp. 35-36, 40, 51.

indépendante ? N'est-ce pas selon la même mystique de l'homme « terrestrifié » ? et tout puissant que prend forme, en Amérique comme en Russie, l'idéologie du messianisme technique ?

Il est un autre point sur lequel il convient d'attirer l'attention. Avec la NEP, on n'avait aboli le capitalisme privé, en Russie, que pour lui substituer un capitalisme d'État, capitalisme centralisé sans capitalistes visibles, lancé, pour ainsi dire, dans une entreprise gigantesque à fonds perdus. Théoriquement, tout citoyen soviétique est simultanément ouvrier et actionnaire du trust omnipotent et universel de l'État prolétarien. Pratiquement, toutefois, c'est un actionnaire qui ne reçoit pas de dividendes : en dehors de ce qu'il reçoit pour vivre, le produit de son travail va immédiatement au Parti qui le relance dans d'autres entreprises sans permettre jamais qu'il s'accumule chez l'individu, mais faisant au contraire en sorte qu'il en résulte une puissance toujours plus grande de l'homme collectif, conformément aux plans de la révolution et de la subversion mondiales. Or, si l'on se rappelle ce que nous avons dit à propos de l'ascèse capitaliste phénomène surtout américain, à propos de la richesse qui, au lieu d'être le but du travail et l'instrument, soit d'une grandeur extra-économique, soit tout simplement du libre plaisir de l'individu, devient, en Amérique, le moyen de produire un nouveau travail, une nouvelle richesse et ainsi de suite, par des procédés en chaîne qui vont toujours plus loin et n'admettent pas de trêve on arrive de nouveau à cette constatation qu'en Amérique s'arme de divers côtés, d'une façon spontanée et dans un régime de « liberté », un style identique à celui que, d'une manière sombre et violente, les structures centralisées de la Russie soviétique sont en voie de réaliser. Ainsi, dans la taille inquiétante des métropoles américaines où l'individu, devenu le « nomade de l'asphalte », prend conscience de sa nullité infinie devant le règne immense de la quantité, devant les groupements, les trusts et les *standards* tout-puissants, la jungle tentaculaire des gratte-ciel et des usines, tandis que les dominateurs sont enchaînés aux choses mêmes qu'ils dominent le collectif se manifeste encore davantage, et sous une forme encore plus dépourvue de visage, que dans la tyrannie exercée par le régime soviétique sur des éléments primitifs et souvent abouliques.

La standardisation intellectuelle, le conformisme, la « moralisation » obligatoire et organisée en grand sur des bases puritaines, sont des phénomènes typiquement américains mais cadrant cependant avec l'idéal soviétique d'une « pensée d'État » valable pour toute la collectivité. On a remarqué avec raison que tout Américain qu'il s'appelle Wilson ou Roosevelt, Bryan ou Rockefeller est un évangéliste qui ne peut laisser ses semblables tranquilles, qui considère comme son devoir constant de prêcher et de convertir, de purifier, d'élever chacun au niveau moral « standard » des États-Unis, dont il ne doute pas qu'il soit le plus élevé. On a commencé par l'abolitionnisme dans la guerre de Sécession, et l'on a fini par la double « croisade » démocratique wilsonienne et rooseveltienne. Mais, même sur une plus petite échelle, qu'il s'agisse de la prohibition, de la propagande féministe, pacifiste, naturiste, de l'apostolat eugénique et ainsi de suite l'esprit reste le même, c'est toujours la même volonté de standardisation, l'intrusion insolente du collectif et du social dans la sphère individuelle. Il est absolument faux de prétendre que l'âme américaine soit « ouverte », sans préjugés : il n'en est pas qui aient autant de tabous. Mais elle se les est assimilés de telle façon, qu'elle ne s'en aperçoit même pas.

Nous avons déjà dit qu'une des raisons de l'intérêt que porte l'idéologie bolchevique à l'Amérique, est l'importante contribution que la technicité apporte, dans ce type de civilisation, à l'idéal de la dépersonnalisation. Le « standard » moral correspond au « standard » pratique de l'Américain. Le « comfort » à la portée de tous et la superproduction qui caractérisent l'Amérique ont été payés d'un prix tragique : des millions d'hommes réduits à l'automatisme dans le travail, à une spécialisation à outrance qui restreint le champ mental et émousse toute sensibilité. À la place de l'ancien artisan, pour qui tout métier était un art, en sorte que tout objet portait une marque de personnalité et, en tout cas, était produit par ses propres mains, supposait une connaissance personnelle, directe, qualitative de ce métier même on trouve une « horde de parias qui servent stupidement des mécanismes dont un seul, celui qui les répare, connaît les secrets, avec des gestes presque aussi automatiques et uniformes que les mouvements de leurs machines. » Staline et Ford se donnent ici la main et, tout naturellement, un circuit s'établit : la standardisation inhérente à tout produit mécanique et quantitatif détermine et impose la standardisation de celui qui s'en sert, l'uniformité des goûts, une réduction progressive à quelques types, conformes aux tendances qui se manifestent directement dans la mentalité. Et tout, en Amérique, concourt à ce but : le conformisme, sous la forme de *matter-of-fact likemindedness* est, sur tous les plans, le mot d'ordre. Ainsi, quand les digues ne sont pas rompues par le phénomène de la criminalité organisée et par d'autres formes sauvages de « super-compensation » (nous avons déjà fait allusion à la *beat generation*) l'âme américaine, allégée par tous les moyens du poids d'une vie responsable d'elle-même, portée vers la sensibilité et l'action sur les rails déjà posés, clairs et sûrs de Babbitt, devient simple et naturelle comme peut l'être un légume, solidement protégée contre toute préoccupation transcendante par les œillères de l'« idéal animal » et de la vision moraliste, optimiste et sportive du monde.

On pourrait parler, en ce qui concerne la masse des Américains, d'une réfutation en grand du principe cartésien « Cogito, ergo sum » : ils « ne pensent pas mais sont », ils « sont », même, souvent, comme des êtres dangereux et il arrive parfois que leur primitivisme dépasse de très loin celui du Slave qui n'est pas encore entièrement transformé en « homme soviétique ».

Le nivellement, naturellement, ne manque pas de s'étendre aux sexes. L'émancipation soviétique de la femme concorde avec celle qu'en Amérique l'idiotie féministe, tirant de la « démocratie » toutes ses conséquences logiques, avait déjà réalisée depuis longtemps, en corrélation avec la dégradation matérialiste et utilitariste de l'homme. Avec les divorces en chaîne et à répétition, la désagrégation de la famille se poursuit en Amérique à un rythme analogue à celui auquel on peut s'attendre dans une société qui ne connaît que des « camarades » des deux sexes. Des femmes qui, ayant abdiqué en tant que telles vis-à-vis d'elles-mêmes, croient s'élever en assumant et en exerçant une forme quelconque d'activité masculine ; des femmes qui semblent ne savoir plus être que chastes, dans le culte narcissiste de leur corps, et même dans les perversions les plus extrêmes, ou qui demandent à l'alcool le moyen de se décharger des énergies réprimées ou déviées de leur nature[890] ; des hommes et des jeunes filles, enfin, qui, dans une promiscuité amicale et sportive semblent ne plus guère connaître la polarité et le magnétisme élémentaire du sexe ce sont là des phénomènes de pure marque américaine, même si leur diffusion infectieuse dans la quasi-totalité du monde ne permet pratiquement plus, désormais, d'en connaître l'origine. Dans l'état actuel des choses, s'il existe, à cet égard, une différence, par rapport à la promiscuité souhaitée par le communisme, cette différence n'est pas en faveur de l'Amérique ; elle correspond en effet à la prédominance du facteur gynécocratique que l'on constate en Amérique comme dans les pays anglo-saxons en général, toute femme et toute jeune fille considérant comme parfaitement naturel qu'on lui reconnaisse de droit une sorte de prééminence et d'intangibilité morale.

Aux débuts du bolchevisme, quelqu'un avait proposé l'idéal d'une musique faite de bruits ayant un caractère collectif, en vue de purifier également ce domaine des concrétions sentimentales bourgeoises. C'est ce que l'Amérique a réalisé en grand et a diffusé dans le monde entier sous la forme d'un phénomène extrêmement significatif : le *jazz*. Dans les grandes salles des villes américaines où des centaines de couples se secouent de concert comme des pantins épileptiques et automatiques aux rythmes syncopés d'une musique nègre, c'est vraiment un « état de foule », la vie d'un être collectif mécanisé, qui se réveille[891]. Il est peu de phénomènes qui expriment, comme celui-là, la structure générale du monde moderne dans sa dernière phase : cette structure se caractérise, en effet, par la coexistence d'un élément mécanique, sans âme, essentiellement fait de mouvement, et d'un élément primitiviste et sub-personnel qui entraîne l'homme, dans un climat de troubles sensations (« une forêt pétrifiée dans laquelle s'agite le chaos » H. Miller). En outre, certaines représentations « théâtralisées » du réveil du morde prolétarien, qui faisaient partie du programme bolchevique, et ont été

---

[890] Selon une enquête de la « Ligue anti-alcoolique américaine », les États-Unis comptaient en 1945 plus de *huit cent mille* jeunes femmes chroniquement alcooliques.

[891] On pourrait aussi remarquer, à ce propos, combien est expressive la création, typiquement américaine, des chaînes de chorus-girls - pur collectif féminin caractérisé par des gestes et des mouvements absolument uniformes, une nudité banale et une rythmique sans âme, épileptico-mécanique.

réalisées, çà et là, comme moyen d'activation systématique des masses, ont depuis longtemps leur équivalent, sur une bien plus vaste échelle et sous une forme spontanée, en Amérique : c'est le délire insensé des meetings sportifs, centrés sur une dégradation plébéienne et matérialiste du culte de l'action phénomène d'irruption du collectif et de régression dans le collectif, qui ont d'ailleurs comme chacun sait, franchi depuis longtemps l'océan.

L'américain Walt Whitman, poète et mystique des démocraties sans visage, peut être considéré comme un précurseur de cette « poésie collective » incitant à l'action, qui, nous l'avons dit, est un des idéaux du communisme et fait partie de son programme. C'est, au fond, un lyrisme de ce genre qui imprègne de nombreux aspects de la vie américaine : sport, activisme, production, service. De même qu'en U.R.S.S. il suffit d'attendre que des développements adéquats dissolvent les résidus primitifs et chaotiques de l'âme slave, il suffit d'attendre, aux États-Unis, que les résidus individualistes de l'esprit des *rangers*, des pionniers de l'Ouest, et de ce qui se déchaîne encore et cherche une compensation dans les exploits des gangsters, des existentialistes anarchiques, et autres phénomènes du même genre, soient réduits et repris dans le courant central.

Si le cadre de cet ouvrage le permettait, il serait facile de mettre en lumière d'autres points de correspondance, permettant de voir dans la Russie et l'Amérique *deux faces d'une même chose*, deux mouvements correspondant aux deux plus grands centres de puissance du monde qui convergent dans leur œuvre de destruction. L'une réalité en voie de formation, sous la poigne de fer d'une dictature, à travers une étatisation et une rationalisation intégrales. L'autre - réalisation spontanée (et de ce fait encore plus préoccupante) d'une humanité qui accepte d'être et *veut* être ce qu'elle est, qui se sent saine, libre et forte et parvient d'elle-même au même point, sans l'ombre quasi personnifiée de l'« homme collectif », qui pourtant la tient dans son filet, et sans l'engagement fanatico-fataliste du Slave communiste. Mais derrière l'une et l'autre « civilisation », derrière l'une et l'autre grandeur, celui qui sait voir reconnaît les prodromes de l'avènement de la « Bête sans Nom ».

Malgré cela, il en est qui s'attardent encore à l'idée que la « démocratie » américaine est l'antidote du communisme soviétique, l'autre terme de l'alternative du soi-disant « monde libre ». On reconnaît en général le péril quand il se présente sous la forme d'une attaque brutale, physique, extérieure ; on ne le reconnaît pas, quand il suit des voies intérieures. Depuis longtemps déjà l'Europe subit l'influence de l'Amérique, et donc l'action pervertissante des valeurs et des idéaux, propre au monde nord-américain. Cela par une sorte de contrecoup fatal. En effet, comme on l'a dit avec raison, l'Amérique ne représente qu'un « extrême Occident », que le développement jusqu'à l'absurde des tendances de base de la civilisation occidentale moderne, en général. C'est pourquoi une véritable résistance est impossible quand on s'en tient aux principes de cette civilisation et surtout au mirage de la technique et de la production. Avec le développement de cette influence accélératrice, il pourrait donc arriver qu'à la fermeture de la tenaille de l'orient et de l'Occident autour d'une Europe qui, après la deuxième guerre mondiale, privée désormais de toute idée vraie, a cessé, politiquement aussi, d'avoir le rang d'une puissance autonome et hégémoniste mondiale, il pourrait arriver, disons-nous, qu'on n'éprouve même pas le sentiment d'une capitulation. Il se pourrait que l'écroulement final n'ait même pas les caractères d'une tragédie.

La Russie et l'Amérique, dans leur certitude d'être investies d'une mission universelle, expriment une réalité de fait. Comme nous l'avons dit, un conflit éventuel entre les deux pays correspondrait, dans le plan de la destruction mondiale, à la dernière des opérations violentes, impliquant l'holocauste bestial de millions de vies humaines, afin que se réalise complètement la dernière phase de l'involution et de la descente du pouvoir, jusqu'à la plus basse des anciennes castes, afin que se réalise l'avènement du pur collectif. Et même si la catastrophe redoutée par certains, résultant de l'utilisation des armes atomiques, ne devait pas se réaliser, lorsque s'accomplira ce destin, toute cette civilisation de titans, de métropoles d'acier, de verre et de ciment, de masses pullulantes, d'algèbre et de machines enchaînant les forces de la matière, de dominateurs de cieux et d'océans, apparaîtra comme un monde qui oscille dans son orbite et tend à s'en détacher pour s'éloigner et se perdre définitivement dans les espaces, là où il n'y a plus aucune lumière, hormis la lumière sinistre qui naîtra de l'accélération de sa propre chute.

Conclusion

Ceux que l'évidence des faits a désormais conduits à constater certains aspects partiels de ce qu'ils ont appelé le « déclin de l'Occident », ont coutume de faire suivre leurs considérations d'appels variés destinés à créer des défenses, à susciter des réactions.

En ce qui nous concerne, il ne s'agit, ni de nous leurrer nous-mêmes, ni de leurrer les autres, ni de se laisser détourner, par l'attrait des consolations d'un optimisme facile, d'une vision objective de la réalité.

Celui qui accepte des points de vue déjà conditionnés, entachés eux-mêmes du mal qu'il s'agirait précisément de vaincre, peut encore nourrir des espérances. Mais celui qui, ayant pris comme référence l'esprit et les formes qui caractérisèrent toute civilisation véritable, toute civilisation traditionnelle, a pu remonter aux origines et suivre toutes les phases du mouvement général, sait aussi qu'un travail immense, non humain, serait nécessaire, non pour revenir à un ordre normal, mais seulement pour s'en approcher. Pour lui, la vision de l'avenir ne peut donc se présenter de la même façon que pour les autres.

Le lecteur qui nous a suivi jusqu'à présent comprend que les transformations et les événements à travers lesquels l'Occident est parvenu au point actuel, ne sont pas arbitraires et contingents, mais procèdent d'un enchaînement précis de causes. Notre point de vue n'est pas déterministe. Nous ne croyons donc pas qu'agit ici un destin différent de celui que les hommes se sont créé. Le fleuve de l'histoire suit le lit qu'il s'est lui-même creusé. Mais affirmer qu'on puisse encore modifier la direction du courant quand il est devenu impétueux et total, et s'approche de l'embouchure, ne peut se faire aujourd'hui à la légère. Celui qui n'admet pas qu'un déterminisme soit intervenu dans le processus de chute doit admettre que le déterminisme ne joue pas davantage dans le sens opposé, c'est-à-dire qu'il est impossible d'affirmer qu'après l'épuisement d'un cycle, une nouvelle phase ascendante doive commencer, qui présente un certain caractère de continuité par rapport à ce qui l'a précédée.

Seul, en tout cas, *un retour à l'esprit traditionnel dans une nouvelle conscience unitaire européenne* pourrait sauver l'occident. Or, qu'est-ce qui pourrait vraiment servir de base, aujourd'hui, à un tel retour ?

Nous disons bien : dans une conscience unitaire européenne. Voilà le vrai problème. Il s'agit, pour l'Occident, d'un retour à la Tradition, au sens grand, universel, unanime, comprenant toutes les formes de vie et de lumière, c'est-à-dire au sens d'un esprit et d'un ordre unique qui règnent souverainement dans chaque homme, dans chaque groupe d'hommes et dans tous les secteurs de l'existence. Il ne s'agit pas de la Tradition au sens aristocratique et secret, au sens d'un dépôt gardé par une élite qui se tient derrière les coulisses de l'histoire. Dans ce sens souterrain, la Tradition a toujours existé, elle existe même aujourd'hui et ce n'est pas par un hasard quelconque des destins humains qu'elle se perdra. Mais la présence d'une tradition comprise dans ce sens n'a pas empêché le déclin de la civilisation occidentale. On a remarqué avec raison qu'une élite est une veine, une veine précieuse, mais cependant seulement une veine : il faut d'*autres* veines et il faut que toutes les veines convergent, bien que seule la veine centrale, la plus cachée, avance royalement et, tout en se cachant, en agissant dans la profondeur[892]. S'il n'y a pas d'ambiance, il n'y a pas de résonance : si les conditions intérieures et extérieures pour que *toutes* les activités humaines puissent acquérir de nouveau un sens, pour que tous puissent *tout* demander à la vie et, en la portant à la hauteur d'un rite et d'une offrande, puissent l'orienter autour d'un axe unique qui ne soit pas seulement humain si ces conditions font défaut, tout effort est vain, il n'y a pas de graine qui puisse germer, l'action d'une élite demeure paralysée.

Ce sont précisément ces conditions qui, de nos jours, sont absentes. Plus que jamais, l'homme d'aujourd'hui a perdu toute possibilité de contact avec la réalité métaphysique, avec ce qui se trouve avant et derrière lui. Il ne s'agit

---

[892] Cf. G. DE GIORGIO, *Ascesi e Antieuropea* (dans *Introduz. alla Magia, etc*) v. 11, p. 194.

pas de croyances, de philosophies, d'« attitudes » : rien de tout cela ne compte ni ne constituerait d'obstacle ; à cet égard, l'entreprise, en réalité, serait facile. Mais comme nous l'avons dit au début, il existe chez le moderne un matérialisme qui, à travers une hérédité déjà séculaire, est devenu désormais quasi structurel, représente une donnée congénitale de son être. Sans que la conscience extérieure s'en aperçoive, il étrangle toute possibilité, dévie toute intention, paralyse tout élan, condamne tout effort, même justement orienté, à n'être qu'une « construction » stérile, inorganique. D'autre part, l'ensemble des conditions de la vie quotidienne auxquelles, dans la civilisation actuelle, presque aucun de nos contemporains ne peut pratiquement plus se soustraire, le type d'éducation qui prédomine, tout ce que l'on subit, consciemment ou inconsciemment, comme suggestions de la part du milieu et de la psyché collective, les idoles, les préjugés, les façons de juger et de sentir, les formes de la fausse connaissance et de la fausse action enracinées dans les âmes tout cela renforce la chaîne. Il faudrait une catharsis totale, une dénudation qui n'épargne rien, capable de dégager l'homme contemporain de ses concrétions, de son « moi », de ses orgueils et de ses œuvres, de ses espérances et de ses angoisses. Les effets de l'« évolution » ont été tels, que cette condition est devenue nécessaire pour qu'un point de référence transcendant puisse être de nouveau reconnu, pour qu'une *fides* au sens absolu, traditionnel, puisse renaître de façon à redonner à chaque chose et tout d'abord à l'homme une signification nouvelle, de façon à réabsorber et à racheter dans une pureté nouvelle tout ce qui a été profané et dégradé. Mais s'il est difficile de s'attendre aujourd'hui à ce que quelques individus accomplissent une telle oeuvre de libération intérieure, comment pourrait-on la concevoir pour les masses ? Si elle dépasse les possibilités de ceux qui continuent à jouer avec les fétiches de la Science, de l'Art et de l'Histoire, de la Foi et de la Philosophie, comment pourrait-elle être à la portée des masses prises dans le démonisme du collectivisme, bouleversées par la toute-puissance du fantasme économique et du fantôme technique, les paroxysmes de l'activisme, les passions politiques et tout ce qui converge vers un idéal arhimanique de puissance ou d'illusoire prospérité ?

D'autre part, l'Occident semble, à tous égards, manquer d'une idée supérieure susceptible de servir de base, sinon à une réalisation de l'esprit traditionnel, du moins à quelque chose qui s'en rapproche.

Parmi les auteurs qui ont su dénoncer la crise du monde moderne dans les termes les plus nets, il en est qui ont cru dans les possibilités du catholicisme. Considérant que si l'Occident a jamais eu un ordre conforme à la tradition, c'est à l'Église qu'il l'a dû, on a estimé que le retour de l'Europe à un catholicisme traditionnellement intégré pourrait ouvrir la voie à un relèvement de l'occident. Mais nous nous trouvons, là aussi, devant une illusion[893].

Peut-on espérer, tout d'abord, que, particulièrement aujourd'hui, le catholicisme possède cette force de conversion intégrale et universelle dont, au fond, il s'est montré dépourvu même dans des conditions matérielles, morales et intellectuelles infiniment plus propices ? Saurait-il, particulièrement aujourd'hui, reprendre ce corps qu'il a laissé échapper depuis des siècles ce corps qui possède désormais une vie et un esprit propres, que la science profane et la culture laïque ont profané dans chaque fibre et qui, bien qu'il professe encore extérieurement, la foi chrétienne, ne représente rien d'essentiel ni de déterminant dans la vie effective des individus et des peuples ?

Il ne s'agit pas de compromis ni d'adaptations. Le jeu des compromis et des adaptations n'a que trop longtemps duré et n'a pu empêcher le bouleversement de l'occident. Ou la religion devient unanime, absolue, et manifeste à nouveau la puissance présente et agissante du transcendant ou elle n'est rien. Ici non plus, il ne s'agit pas de possibles intégrations marginales

---

[893] Il nous paraît intéressant de reproduire ici le passage d'une lettre que R. GUENON nous écrivit du Caire le 21 novembre 1933 : « à propos de la page 293 [de la première édition italienne de ce livre, dont R. GUENON avait examiné les épreuves, correspondant aux pages 860-861 de cette traduction française], où il me semble que vous avez eu en vue certaines choses que j'ai écrites, je dois vous dire ceci : je n'ai jamais cru à une restauration effective de l'esprit traditionnel en occident sur la base du Catholicisme ; vous devez bien penser que je ne suis pas si naïf que cela ; mais, pour des raisons qu'il ne m'est malheureusement pas possible d'expliquer par lettre, il était nécessaire de dire ce que j'ai dit et d'envisager cette possibilité, ne fût-ce que pour établir une situation nette ; et cela a eu pleinement le résultat (négatif) que j'en attendais ».

en la personne de tel ou tel catholique d'exception. Ce n'est que dans le bloc de l'orthodoxie animée d'un tout autre esprit, que le catholicisme, malgré sa nature bâtarde, pourrait servir de point de référence à beaucoup de forces dispersées et fractionnées. Or, peut-on précisément envisager que le catholicisme dépasse aujourd'hui l'exclusivisme factieux et, au fond, antitraditionnel, propre à sa doctrine, et s'élève à un point de vue supérieur, métaphysique et ésotérique, qui le libère de ses limitations ? N'est-il pas évident qu'il cherche plutôt, aujourd'hui, à s'accorder de toutes les façons avec la pensée moderne, que l'élément ascétique et contemplatif s'y trouve toujours plus négligé au profit de l'élément moraliste et social et que, dans le domaine politique, l'Église, depuis longtemps déjà, vit au jour le jour, composant tantôt avec un système, tantôt avec un autre, évitant de s'engager dans une direction unique et inflexible, et ne songeant qu'à manœuvrer ?

Spirituellement, une tradition qui n'est plus qu'un système de foi et de théologie intellectualisante, de symboles et de rites qui ne sont pas compris dans leur sens le plus profond, ne peut agir d'une façon universelle et vivifiante, et l'on peut se demander jusqu'à quel point le clergé catholique présente encore l'aspect d'un corps effectivement investi par une force d'en haut. Matériellement, dans l'espace du christianisme européen, il faudrait ensuite éliminer le schisme protestant et le schisme orthodoxe, tâche qui paraît utopique sous la forme d'un retour rigoureux au point de départ ; et une éventuelle solidarité défensive des Églises chrétiennes contre les forces en marche de l'anti-religion, à part les inévitables clivages unionistes, ne pourrait certes remplacer la réaffirmation d'une idée universelle. Le problème de la puissance ne saurait être négligé non plus, compte tenu des conditions générales de l'époque actuelle : il faudrait le contrôle d'un bloc de puissances puissance économique, militaire et industrielle, qui fût à la hauteur de celles qui, en orient et en occident, se disputent la maîtrise du monde, de manière à créer, même sur le plan matériel, une digue et un rempart.

D'autre part, l'idée selon laquelle c'est au catholicisme que l'Occident serait redevable de ce, qu'il eut de traditionnel, ne peut être accepté que sous d'expresses réserves. Il ne faut pas oublier le caractère composite du catholicisme. Nous avons déjà vu que là où il s'est manifesté comme une force d'ordre et de hiérarchie, en fournissant effectivement un appui à l'homme européen, ce furent surtout les influences du monde romano-germanique qui agirent. Là où s'affirma au contraire, dans le catholicisme, la composante vraiment chrétienne, son action s'exerça en occident dans un sens plus antitraditionnel que traditionnel. L'esprit lunaire-sacerdotal, son dualisme particulier, les diverses conceptions d'origine hébraïque qui ont constitué une partie essentielle de l'esprit chrétien, représentèrent, dans le catholicisme, une sorte de barrage qui a paralysé la possibilité de donner au corps de l'Europe une spiritualité qui lui fût adaptée, c'est-à-dire en harmonie avec celle que nous avons appelée la Lumière du Nord. Mais il y a plus. Il en est résulté cette conséquence que les forces plus réelles, précisément parce qu'elles trouvèrent la voie d'en haut obstruée, se déversèrent dans le domaine matériel et ne réalisèrent qu'en lui les valeurs les plus caractéristiques de l'âme occidentale. On sait que c'est précisément sous la forme d'une réaction contre le catholicisme que débuta, sous la Renaissance, la réaffirmation de l'Homme et de la Vie : déviation évidente, mais en grande partie favorisée par la situation que nous venons de décrire.

D'une façon générale, on doit donc dire, en bref, que celui qui se croit aujourd'hui un homme de la Tradition parce qu'il se réclame du simple catholicisme *s'arrête véritablement à mi-chemin*, ignore les premiers anneaux dans l'enchaînement des causes et, surtout, le monde des origines et des valeurs absolues. Dans le matérialisme occidental, virilement orienté, et dans la présence d'une spiritualité qui, comme la spiritualité chrétienne, est inséparable d'éléments non occidentaux, « méridionaux », en dehors du fait qu'elle se trouve privée de la dimension supérieure et ésotérique propre à tout système traditionnel complet il convient de reconnaître les deux aspects antagonistes, mais cependant solidaires, d'une situation unique.

Un semblable dualisme structurel ne peut que compromettre au départ, en l'orientant dans une fausse direction, toute tentative de reconstruction traditionnelle.

Dans la civilisation actuelle, la situation est telle que toute évocation de cette spiritualité des origines qui permettrait de franchir l'obstacle, de surmonter la division, de transporter et de libérer à un niveau de lumière les puissances d'action enfermées dans le monde sombre et barbare de la grandeur moderne se traduirait fatalement par un titanisme et un humanisme exaspérés et pire encore peut-être que celui qui fit son apparition à l'époque de la Renaissance. La tendance est désormais trop forte, chez l'homme moderne, à ne concevoir qu'en termes matériels et purement humains la virilité, la personnalité, l'action et l'autonomie, pour que toute doctrine se référant au sens et au droit originel que tout cela pouvait avoir dans une perspective transcendante, traditionnelle, ne soit pas immédiatement ramenée à une perspective humaine, au point de transmuer, non pas le profane en sacré, mais le sacré en profane. Si l'on parlait aujourd'hui du droit de l'Empire vis-à-vis de l'Église, qui donc parviendrait, en effet, à y voir autre chose que les revendications plébéiennes et laïques du pouvoir temporel en face de l'autorité spirituelle, que les prévarications usurpatrices propres aux nouveaux « super-états » et aux nouvelles mystiques nationalistes ou collectivistes ? Si l'on parlait aujourd'hui de la supra-individualité, la pensée n'irait-elle pas encore au-delà des pires aspects du « Surhomme » de Nietzsche ? Si l'on parlait aujourd'hui de la « civilisation de l'action » comme d'une valeur de même rang que celle de la « contemplation », tout le monde croirait-il pas la voir triompher précisément à notre époque, qui démontre d'une façon irréfutable sa supériorité sur toutes les époques du passé, grâce à la conquête mécanique, technique et militaire du monde que l'homme européen a réalisé en moins d'un siècle, précisément à travers son « culte de l'action » ? Et la récente réévocation de certains mythes, tels que le mythe romain et le mythe nordico-germanique, l'idée de la race, de l'arianité, et ainsi de suite, n'a-t-elle pas pris souvent des directions tout à fait problématiques, dans le cadre des événements politiques qui ont accéléré, en Europe, les derniers effondrements ?

On est donc amené à constater que la voie est doublement barrée. La prison de l'homme occidental est une des plus effroyables qui soit, parce qu'elle est de celles qui n'ont pas de murs. Il n'est pas facile de se redresser, quand il n'existe aucun support qui tienne bon lorsqu'on s'y appuie pour prendre son élan. En sapant toujours plus l'influence effective du christianisme et du catholicisme, l'Occident a coupé les derniers liens avec une spiritualité qui ne lui était pas propre ; dans les formes qui lui sont propres, en revanche, il n'y a pas d'esprit et il n'est pas susceptible de s'en créer un.

Dans ces conditions, on peut penser qu'il est inévitable que les destins s'accomplissent. Nous l'avons dit : il n'est pas vraisemblable qu'ayant descendu l'avant-dernier échelon, qu'étant au seuil de l'avènement universel de la vérité et de la puissance de la dernière des anciennes castes, ne doive pas s'accomplir ce qui nous sépare encore du fond de l'« âge sombre » ou « de fer » prévu par les enseignements traditionnels, et dont les caractères généraux correspondent à ceux de la civilisation contemporaine.

De même que les hommes, les civilisations ont leur cycle, un commencement, un développement, une fin, et plus elles sont plongées dans le contingent, plus cette loi est fatale. Bien entendu, cela n'est pas de nature à impressionner l'homme enraciné dans ce qui, étant au-dessus du temps, ne saurait être altéré par rien et demeure comme une présence éternelle. Même si elle devait disparaître définitivement, la civilisation moderne ne serait certes pas la première qui serait éteinte, ni la dernière. Les lumières s'éteignent ici et se rallument ailleurs, selon les contingences de ce qui est conditionné par le temps et par l'espace. Des cycles se ferment et des cycles se rouvrent. Comme nous l'avons dit, la doctrine des cycles fut familière à l'homme traditionnel, et seule l'ignorance des modernes leur a fait croire, pour un temps, que leur civilisation, plus enracinée que ne le fut toute autre dans le temporel et le contingent, pût avoir un destin différent et privilégié.

Pour celui qui possède, au contraire, une vision conforme à la réalité, le problème essentiel consiste plutôt *à savoir dans quelle mesure existeront des rapports de continuité entre le monde qui meurt et le monde qui pourra naître* : de savoir, en d'autres termes, ce qui peut se perpétuer d'un monde dans l'autre. La conception prédominante, dans l'ancien enseignement traditionnel, est qu'une sorte de hiatus sépare un cycle de l'autre : il n'y aurait pas une remontée et un redressement progressifs du monde précédent, mais un nouveau début, une mutation brusque, correspondant à un fait d'ordre divin et métaphysique. De même, le vieil arbre ne renaît pas, mais il meurt, et c'est un nouvel arbre qui peut éventuellement surgir de sa graine. Cela indique clairement que les rapports de continuité entre deux cycles peuvent n'être que relatifs et, de toute façon ne peuvent concerner les masses et les grandes structures d'une civilisation. Ils se restreignent à des éléments vitaux essentiels, tout comme la graine par rapport à la plante.

C'est pourquoi il convient de combattre, entre autres, l'illusion de ceux qui s'efforcent de voir une logique supra-ordonnée dans les processus de dissolution, qui pensent que, d'une manière ou d'une autre, le monde ancien devait périr pour faire place à un monde nouveau, vers lequel, malgré tout, on est aujourd'hui en marche. L'unique monde vers lequel on marche, nous avons déjà dit ce qu'il est : c'est simplement celui qui recueille et réassume, sous une forme extrême, les facteurs qui ont agi durant la phase de destruction. La nature de ce monde est telle, qu'il ne peut servir de base à rien, qu'il ne peut fournir une matière permettant à ses valeurs traditionnelles de se manifester de nouveau en lui sous une forme différente car il ne représente que la négation organisée et incarnée de ces valeurs. Pour la civilisation moderne envisagée dans sa masse, il n'y a pas d'avenir, au sens positif du terme. C'est pure fantaisie que de croire à une fin et à un avenir justifiant, d'une façon ou d'une autre, tout ce que l'homme a détruit, en lui et hors de lui.

Les possibilités qui demeurent ne concernent qu'une minorité et peuvent être précisées comme suit.

En marge des grands courants du monde, existent encore aujourd'hui des hommes ancrés dans les « terres immobiles ». Ce sont, en général, des inconnus, qui se tiennent à l'écart de tous les carrefours de la notoriété et de la culture moderne. Ils gardent les lignes de faîte, n'appartiennent pas à ce monde bien qu'ils se trouvent dispersés sur la terre et, bien qu'ils s'ignorent souvent les uns les autres, sont invisiblement unis et forment une chaîne infrangible dans l'esprit traditionnel. Cette phalange n'agit pas : sa seule fonction est celle qui correspond au symbole du « feu éternel ». Grâce à ces hommes, la tradition est malgré tout présente, la flamme brûle invisiblement, quelque chose relie toujours le monde au monde supérieur. Ce sont « ceux qui veillent », les ἐγρήγοροι.

Il existe, en plus grand nombre, des individualités qui, sans savoir au nom de quoi, éprouvent un besoin confus mais réel de libération. Orienter ces personnes, les mettre à l'abri des périls spirituels du monde actuel, les amener à reconnaître la vérité, et rendre leur volonté absolue afin que quelques-unes d'entre elles puissent rejoindre la phalange des premiers, c'est encore le mieux qu'on puisse faire. Mais il s'agit, là encore, d'un rôle qui ne concerne qu'une minorité et il ne faut pas nourrir l'illusion qu'il puisse en résulter un changement appréciable dans l'ensemble des destins. C'est, en tout cas, l'unique justification de l'action tangible que peuvent encore exercer certains hommes de la Tradition dans le monde moderne, dans un milieu avec lequel ils n'ont aucun lien. Il est bon, pour l'action d'orientation dont nous avons parlé, que ces « témoins » soient présents, que les valeurs de la Tradition soient toujours affirmées et cela sous une forme d'autant moins atténuée, d'autant plus dure, que le courant opposé acquiert davantage de force. Même si ces valeurs ne peuvent être réalisées aujourd'hui, ce n'est pas pour autant qu'elles se réduisent à de simples idées. Ce sont des *mesures*. Si la capacité élémentaire de mesurer, venait, elle aussi, à être complètement perdue, c'est alors que, véritablement, la dernière nuit descendrait. Laissons les hommes de notre temps parler, à ce propos, avec plus ou moins de suffisance et d'impertinence, d'anachronisme et d'anti-histoire. Nous savons bien que ce ne sont là que les alibis de leur défaite. Laissons-les à leurs « vérités » et ne faisons attention qu'à une seule chose : à rester debout dans un monde de ruines. Si, comme nous l'avons dit, une action réalisatrice, efficace et générale, n'a que des chances de succès infimes, il reste toujours au groupe dont nous avons parlé la ressource d'une défense intérieure. Dans un ancien texte d'ascèse, il est dit que si, à l'origine, la loi d'en haut put être réalisée, ceux qui vinrent après ne purent réaliser que la moitié de ce qui avait été fait précédemment, et qu'au cours des derniers temps bien peu pourra être réalisé, mais que pour les hommes de ces temps naîtra la grande tentation, et que ceux qui y résisteront seront plus grands que les hommes d'un temps riche en œuvres[894]. Rendre bien visibles les valeurs de la vérité, de la réalité et de la Tradition à celui qui, de nos jours, ne veut pas « ceci » et cherche confusément « autre chose », veut dire contribuer à ce que la grande tentation ne l'emporte pas chez tous, là où la matière semble être désormais

---

[894] Dans *Apoftegmata Patrum* (apud A. STOLZ, *L'ascesi cristiana*, Brescia, 1944, p. 2).

plus forte que l'esprit.

Il faut envisager, enfin, une troisième possibilité. Pour quelques-uns, la voie de l'accélération peut être la plus appropriée pour s'approcher de la solution, parce que, dans certaines conditions, beaucoup de réactions équivalent à ces crampes qui ne servent qu'à prolonger l'agonie et, en retardant la fin, retardent aussi le nouveau commencement. Il s'agirait d'assumer, dans une orientation intérieure spéciale, les processus les plus destructeurs de l'ère moderne, pour les utiliser en vue d'une libération. Comme en retournant le poison contre lui-même ou comme en chevauchant le tigre[895].

En étudiant le processus de chute de l'homme occidental, c'est dans l'irréalisme que nous avons discerné son aspect le plus significatif. A un certain moment de l'histoire, l'individu se trouve ne plus rien savoir de la spiritualité en tant que réalité. Il n'est pas jusqu'au sens de soi-même qu'il ne vive plus qu'en termes de pensée, de reflet : psychologisme. La pensée et la réflexion lui construisent alors un monde de mirages, de fantasmes et d'idoles, qui se substitue à la réalité spirituelle : mythe humaniste de la culture, caverne des ombres. Conjointement au monde abstrait de la pensée surgit le monde romantique de l'« âme ». On voit apparaître les diverses créations de la sentimentalité et de la foi, du *pathos* individualiste et du *pathos* altruiste, du sensualisme et de l'héroïsme pléthorique, de l'humilité et de la révolte. Mais on a vu aussi que ce monde irréaliste s'achemine désormais vers son déclin, que des forces plus profondes, élémentaires, sont en train de bouleverser les mythes de l'homme romantique et individualiste dans un monde où le réalisme l'emporte sur n'importe quel idéalisme ou sentimentalisme et où le « culte humaniste » de l'âme est dépassé. Nous avons parlé des mouvements qui posent la destruction du « Moi » et la libération de l'homme de l'« esprit » comme les conditions préalables d'une nouvelle civilisation universelle.

---

[895] Dans notre livre, qui s'intitule précisément *Chevaucher le Tigre* (Paris, 1964) nous avons cherché à indiquer les orientations existentielles qui, dans une époque de dissolutions, peuvent servir à cette fin.

Or, dans la voie dont nous venons de parler, il s'agit de déterminer jusqu'à quel point on peut tirer parti de ces bouleversements destructeurs : jusqu'à quel point, grâce à une fermeté intérieure et une orientation vers la transcendance, le non-humain du monde réaliste et activiste moderne, au lieu de conduire vers le sub-humain - comme c'est le cas pour la plupart de ses formes actuelles peut favoriser les expériences d'une vie supérieure, d'une liberté supérieure.

C'est là tout ce qu'on peut dire, en vue de l'accomplissement des temps, au sujet d'une certaine catégorie d'hommes, correspondant nécessairement, elle aussi, à une minorité. Cette voie dangereuse peut également être tentée. C'est une épreuve. Et pour qu'elle soit complète, décisive, il faut même dire : les ponts sont coupés, il n'y a pas d'appuis, il n'y a pas de « retours », on ne peut qu'aller de l'avant.

C'est une vocation héroïque que d'affronter la vague la plus tourbillonnante et de savoir que deux destins sont à égale distance le destin de ceux qui finiront avec la dissolution du monde moderne et le destin de ceux qui se retrouveront dans l'axe central et royal du nouveau courant.

Devant la vision de l'âge de fer, Hésiode s'écriait : « Puissé-je n'y être jamais né ! ». Mais Hésiode, au fond, n'était qu'un esprit pélasgien, fermé à une plus haute vocation. A d'autres natures s'applique une autre vérité, qui correspond à l'enseignement mentionné plus haut, et que l'Orient connaissait également[896] : si le dernier âge, le *kali-yuga*, est un âge d'effrayantes destructions, ceux qui parviennent, malgré tout, à s'y tenir debout, peuvent obtenir des fruits difficilement accessibles aux hommes des autres âges.

---

[896] Cf. p. ex. *Vishnu-purâna*, VI, 2.

Appendice

Sur « l'âge obscur »

Pour compléter ce qui a été dit sur l'actualité de ce que les anciennes traditions appelèrent « l'âge sombre » - *kali-yuga* - il est intéressant de rapporter quelques-unes des prédictions du *Vishnupurâna* relatives aux caractéristiques de cet âge. Nous transcrirons ce texte en l'adaptant à la terminologie actuelle[897].

« Des races d'esclaves, de hors-caste et de barbares se rendront maîtres des rives de l'Indus, du Dârvika, du Candrabllâgâ et du Kâshmir... Les chefs [de cette ère] régneront [alors] sur la terre, seront des natures violentes... qui s'empareront des biens de leurs sujets. Limités dans leur puissance, la plupart surgiront et tomberont rapidement. Brève sera leur vie, insatiables leurs désirs, et ils seront impitoyables. Les peuples des différents pays, en se mêlant à eux, suivront leur exemple.

« La caste prédominante sera celle des esclaves. Ceux qui possèdent [*vaiçya*, caste des "marchands"] abandonneront l'agriculture et le commerce et trouveront des moyens de subsistance en devenant esclaves ou en exerçant des professions mécaniques [prolétarisation et industrialisation]. »

« Les chefs, au lieu de protéger leurs sujets, les dépouilleront, et sous des prétextes fiscaux déroberont la propriété à la caste des marchands [crise du capitalisme et de la propriété privée, socialisation, nationalisation,

---

[897] Nos citations sont empruntées à la traduction anglaise du *Vishnu-purâna* de H. H. WILSON (London, 1868 ; vv. IV et VI). Les passages que nous avons reproduits, en les présentant dans un ordre différent de celui du texte original, sont compris dans le livre IV, c. 124 et VI, c. I, correspondant aux pp. 222-229 (v. IV) et aux pp. 171-177 (v. VI) de cette traduction.

nationalisation et communisme]. »

« La santé [intérieure] et la loi [conforme à sa propre nature : *svâdharma*] diminueront de jour en jour jusqu'à ce que le monde soit entièrement perverti. Seuls les biens conféreront le rang [la quantité de dollars]. Le seul mobile de la dévotion sera la santé [physique], le seul lien entre les sexes sera le plaisir, le seul moyen de succès dans les compétitions, la fausseté. » « La terre ne sera appréciée que pour ses trésors minéraux [exploitation à outrance du sol, mort de la religion de la terre]. » « Les vêtements sacerdotaux remplaceront la qualité du prêtre. » « La faiblesse sera la seule cause de la dépendance [lâcheté, mort de la *fides* et de l'honneur dans les hiérarchies modernes]. » « Une simple ablution [dénuée de la force du véritable rite] signifiera purification [la prétention "salutifère" des sacrements ne s'est-elle pas réduite à cela aujourd'hui ?]. » « *La race sera incapable de produire des naissances divines.* »

« Détournés par les mécréants, les hommes demanderont : quelle autorité ont les textes traditionnels ? qui sont ces dieux, qu'est la suprahumanité solaire [*brâhmana*] ? » « L'observance des castes, de l'ordre et des institutions [traditionnelles] déclinera durant l'âge sombre. » « Les mariages cesseront d'être un rite et les normes qui lient un disciple à un maître spirituel n'auront plus de force. On pensera que quiconque peut atteindre, par n'importe quelle voie, l'état de régénéré [la démocratie appliquée au plan de la spiritualité] ; les actes de dévotion qui pourront encore être exécutés ne donneront aucun résultat [religion "humanisée" et conformiste, cf. p. 407] » « Le type de vie sera uniforme, au sein d'une promiscuité générale. » « Celui qui distribuera le plus d'argent dominera les hommes et la lignée cessera d'être un titre à la prééminence [fin de la noblesse traditionnelle, ploutocratie] » « Les hommes concentreront leurs intérêts sur l'acquisition de la richesse, même si elle est malhonnête. » « N'importe quel homme s'imaginera être l'égal d'un brahmana [usurpations et présomptions des intellectuels et de la culture moderne] » « Les gens éprouveront, plus que jamais, la terreur de la mort et la pauvreté les épouvantera : ce n'est que pour cela que subsistera [une apparence de] ciel [sens des résidus religieux propres aux masses modernes] »

« Les femmes n'obéiront pas aux maris et aux parents. Elles seront égoïstes, abjectes, désaxées, menteuses et c'est à des dissolus qu'elles s'attacheront. » « Elles deviendront simplement un objet de satisfaction sexuelle. »

« L'impiété prévaudra parmi les hommes déviés par l'hérésie et la durée de leur vie sera de ce fait plus brève »[898].

Toutefois, dans le même *Vishnu-purâna*, on fait allusion aux éléments de la race primordiale, ou de « Manu », demeurés ici-bas pendant l'âge sombre, pour être les germes de nouvelles générations : et l'idée connue d'une nouvelle manifestation finale d'en haut réapparaît[899].

« Quand les rites enseignés par les textes traditionnels et les institutions établies par la loi seront sur le point de disparaître et que le terme de l'âge sombre sera proche, une partie de l'être divin existant par sa propre nature spirituelle selon le caractère de Brahman, qui est le commencement et la fin... descendra sur la terre... Sur la terre, il rétablira la justice : et les intelligences de ceux qui seront vivants à la fin de l'âge sombre s'éveilleront et acquerront une transparence cristalline. Les hommes ainsi changés, sous l'influence de cette époque spéciale, constitueront une semence d'êtres humains [nouveaux] et donneront naissance à une race qui suivra les lois de l'âge primordial [*krta-yuga*]. »

IL est dit, dans le même texte, que la souche dans laquelle « naîtra » ce principe divin est une race de *Shanbhala* : et *Shanbhala* - on s'en souvient - se relie à la métaphysique du « Centre », du « Pôle », au mystère hyperboréen et aux forces de la tradition primordiale.

---

[898] Cette dernière prophétie pourrait paraître fausse, si l'on ne distinguait pas le cas où la vie plus longue est due à un contact avec ce qui dépasse le temps, du cas d'une « construction », comme telle privée de sens et véritable parodie du premier cas, réalisée avec les moyens de la science profane et de l'hygiène moderne.

[899] *Vishnu-purâna*, IV, 24 (pp. 237, 228-29).

Autres ouvrages

«Nous nous étendons souvent sur les erreurs et les confusions qui sont commises au sujet de l'initiation...»

On se rend compte du degré de dégénérescence auquel en est arrivé l'Occident moderne...

«... on voit une barque portée par le poisson, image du Christ soutenant son Église » ; or on sait que l'Arche a souvent été regardée comme une figure de l'Église... »

Le Vêda, qu'il faut entendre comme la Connaissance sacrée dans son intégralité

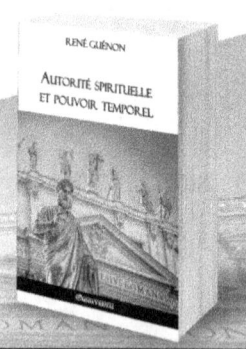

« la distinction des castes constitue, dans l'espèce humaine, une véritable classification naturelle à laquelle doit correspondre la répartition des fonctions sociales »

L'égalité n'existe nulle part en réalité

« ... ce terme de « réincarnation » ne s'est introduit dans les traductions de textes orientaux que depuis qu'il a été répandu par le spiritisme et le théosophisme... »

... la « réincarnation » a été imaginée par les Occidentaux modernes...

« On tient d'autant plus à ne voir que de l'« humain » dans les doctrines hindoues que cela faciliterait grandement les entreprises « annexionnistes » dont nous avons déjà parlé »

Il s'agit en fait de deux traditions, qui comme telles sont d'essence également surnaturelle

« ... l'état suprême n'est pas quelque chose à obtenir par une « effectuation » quelconque ; il s'agit uniquement de prendre conscience de ce qui est. »

... l'éloignement du Principe, nécessairement inhérent à tout processus de manifestation

OMNIA VERITAS LTD PRÉSENTE :

RENÉ GUÉNON

FORMES TRADITIONNELLES & CYCLES COSMIQUES

« Les articles réunis dans le présent recueil représentent l'aspect le plus original de l'œuvre de René Guénon »

Fragments d'une histoire inconnue

Omnia Veritas Ltd présente :

**RENÉ GUÉNON
INITIATION
ET
RÉALISATION SPIRITUELLE**

« Sottise et ignorance peuvent en somme être réunies sous le nom commun d'incompréhension »

Le peuple est comme un « réservoir » d'où tout peut être tiré, le meilleur comme le pire

OMNIA VERITAS LTD PRÉSENTE :

RENÉ GUÉNON

INTRODUCTION GÉNÉRALE À L'ÉTUDE DES DOCTRINES HINDOUES

« Bien des difficultés s'opposent, en Occident, à une étude sérieuse et approfondie des doctrines hindoues »

... ce dernier élément qu'aucune érudition ne permettra jamais de pénétrer

Omnia Veritas Ltd présente :
RENÉ GUÉNON
LA CRISE DU MONDE MODERNE

«Il semble d'ailleurs que nous approchions du dénouement, et c'est ce qui rend plus sensible aujourd'hui que jamais le caractère anormal de cet état de choses qui dure depuis quelques siècles»

Une transformation plus ou moins profonde est imminente

Omnia Veritas Ltd présente :
RENÉ GUÉNON
LA GRANDE TRIADE

«On veut trouver dans tout ternaire traditionnel, quel qu'il soit, un équivalent plus ou moins exact de la Trinité chrétienne»

Il s'agit bien évidemment d'un ensemble de trois aspects divins

Omnia Veritas Ltd présente :
RENÉ GUÉNON
LA MÉTAPHYSIQUE ORIENTALE & SAINT BERNARD

« La métaphysique pure étant par essence en dehors et au-delà de toutes les formes »

et de toutes les contingences, n'est ni orientale ni occidentale, elle est universelle.

« Car tout ce qui existe en quelque façon que ce soit, même l'erreur, a nécessairement sa raison d'être »

... et le désordre lui-même doit finalement trouver sa place parmi les éléments de l'ordre universel

« Un principe, l'Intelligence cosmique qui réfléchit la Lumière spirituelle pure et formule la Loi »

Le Législateur primordial et universel

«La considération d'un être sous son aspect individuel est nécessairement insuffisante»

... puisque qui dit métaphysique dit universel

« Notre but, disait alors Mme Blavatsky, n'est pas de restaurer l'Hindouïsme, mais de balayer le Christianisme de la surface de la terre »

Le vocable de théosophie servait de dénomination commune à des doctrines assez diverses

« Il y a, à notre époque, bien des « contrevérités », qu'il est bon de combattre... »

Parmi toutes les doctrines « néo-spiritualistes », le spiritisme est certainement la plus répandue

« L'Infini est, suivant la signification étymologique du terme qui le désigne, ce qui n'a pas de limites »

La notion de l'Infini métaphysique dans ses rapports avec la Possibilité universelle

OMNIA VERITAS

www-omnia-veritas.com

www.ingramcontent.com/pod-product-compliance
Lightning Source LLC
Chambersburg PA
CBHW070833230426
43667CB00011B/1786

SAN SALVADOR

BY

MARY AGNES TINCKER

AUTHOR OF "SIGNOR MONALDINI'S NIECE," "TWO CORONETS," ETC.

*Unless the Lord build the house,
they labor in vain that build it:
unless the Lord keep the city, he
watcheth in vain that keepeth it*

BOSTON AND NEW YORK
HOUGHTON, MIFFLIN AND COMPANY
The Riverside Press, Cambridge
1892

PROLOGUE.

Scene I.

The family in Palazzo Loredan, in the Grand Canal, Venice, had finished their midday breakfast, and coffee was brought in.

There was the Marchesa Loredan, a widow, her widowed only daughter with a little son and his tutor, and Don Claudio Loredan, the Marchesa's second son. Her eldest son was married; and the youngest, Don Enrico, was a monsignore, and coadjutor of an old canon whom he was impatiently waiting to succeed.

The breakfast had not been a cheerful one. Don Claudio, usually the life of the family and its harmonizing element, had been silent and preoccupied; and Madama Loredan's black brows had two deep lines between them, — sure signs of a storm.

She rose as the coffee was bought in.

"Carry a tête-à-tête down to the arbor," she said to the servant; and to her son, "I wish to speak to you, Claudio."

The tutor rose respectfully, making sly but intense signals to his pupil to do the same. But the boy, occupied in counting the cloves of a mandarin orange, did not choose to see them.

A long window of the dining-room opened on a

balcony, and from the balcony a stair descended to the garden. This garden, a square the width of the house, would soon be a mass of bloom; but spring had hardly come as yet. The little arbor in the centre was covered with rosebuds, and the orange-trees were in blossom. There was a table in the arbor, with a chair at each side.

Madama literally swept across the dining-room; for she did not lift a fold of the trailing robe of glossy white linen bordered with black velvet that followed her imperious steps.

Don Claudio was familiar with the several indications of his mother's moods, and he followed in silence, carefully avoiding the glistening wake of her progress. When she had seated herself in the arbor, he took the chair opposite her, half filled a little rose-colored cup with coffee, dropped a single cube of sugar into it, stirred it with a tiny spoon that had the Loredan shield at the end of its slender twisted stem, and gravely set the cup before her.

He had not once raised his eyes to her face.

She watched him with a scrutinizing gaze. He was evidently expecting a reprimand; yet there was neither anger nor confusion in his handsome face. It had not lost its preoccupied and even sorrowful expression. She sipped her coffee in silence, and waited till he had drunk his.

"You were at Ca' Mora last evening and this morning," she said abruptly, when he set his cup down.

"My master is dying!" he responded quietly.

Madama was for a moment disconcerted. The old professor with whom her son had for two years been studying oriental languages was a man of note among the learned. He had exercised a beneficial influence over the mind of Don Claudio; and for a while she had been glad that an enthusiasm for study should counteract the natural downward tendency of a life full of worldly prosperity and its attendant temptations. Only of late had she become aware of any danger in this intimacy.

"Dying!" she echoed. "I did not know that he was ill." She hesitated a moment, then bitterness prevailed.

"Of course his granddaughter has need of consolation," she added with a sneer.

"I have not seen her to-day," Don Claudio said, controlling himself. Then, with a sudden outburst, "I would gladly console her!" he exclaimed, and looked at his mother defiantly.

His defiance of her was like the flash of a wax taper on steel. Madama leaned forward and raised a warning finger.

"You will leave her to be consoled by her equals," she said. "And when her grandfather is dead, you will see her no more. Woe to her if you disobey me!"

The young man shrugged his shoulders to hide a tremor.

"Woe to her!" repeated his mother, marking the tremor.

Don Claudio remained silent.

"Has she succeeded in compromising you?" Madama asked.

The quick blood covered her son's face.

"You might, at least, refrain from slandering her!" he exclaimed. Then his voice became supplicating. "Mamma, all that Tacita Mora lacks is rank. She has a fair portion; and she has been delicately reared and guarded. Her manners are exquisite. And there can be no undesirable connection, for she will be quite alone in the world."

His mother made an impatient gesture, and was about to speak; but he held his hands out to her.

"Mamma, I love her so!" he exclaimed. "You do not know her. She is not one of those girls who give a man opportunities, and are always on the lookout for a lover. We have never spoken a word of love. We have only looked at each other. But I cannot lose her!"

He threw himself on his knees at his mother's side, and burst into tears.

She drew his head to her shoulder, and kissed him.

"You have only looked at each other!" she repeated. "My poor boy! As if that were not enough! Claudio, we all have to go through with it, as with teething. It is a madness. The only safe way is to follow the counsel of those who have had experience. It is only the pang of a day. This kind of passion does not endure; but order does. This is a passing fever of the fancy and the blood. Be patient a little while, and it will cure itself. Do not allow it to compromise your future. You will be glad of having listened to me when your love shall have died out."

"It will never die!" he sobbed.

"It will die!" she said. "And now, listen to me. I have told the Sangredo that you are going to visit them this afternoon. It is a week since Bianca came home from school. You should have gone sooner. Go, and make yourself agreeable. If you do so, I will consent to your going once more to see Professor Mora, and I will myself go to inquire for him."

The young man rose, and stood hesitating and frowning.

"Go, my dear!" his mother urged. "It is only a civility, and commits you to nothing."

He went slowly away, knowing well that further appeal was useless. His mother followed him after a moment.

"My gondola!" she said to a servant who was taking off the tablecloth, and went on to an adjoining boudoir where her daughter sat.

"Boys are such a trial!" she said with an impatient sigh, and dropped into a sofa. "Alfonso has, happily, reached the age of reason. Enrico is under good guardianship, or I should tremble for his future, he is so impatient. It is true, Monsignor Scalchi does live longer than we thought he would; but, as I say to Enrico, can I kill Monsignor Scalchi in order that you may be made a canon at once? Wait. He cannot live long. Enrico declares that he will never die. And now Claudio, with his folly!"

"What will he do?" the daughter asked.

"He will do as I command him!" the Marchesa answered sharply. "I only wish, Isabella, that you would be half as resolute with your son. Peppino may go without his dessert this evening. It may make him remember to rise the next time that the mistress of the house leaves the table."

Scene II.

In a boarding-house, on the Riva degli Schiavoni, a number of tourists, among them some artists, are seated at their one o'clock dinner.

Says a lady, "They say that the old Greek, or Arabic, or Turkish, or Hindu, or Boston Professor whom we met at the Lido last month — you remember him, Mr. James? — well — where did I begin? I've lost my nominative case."

2d Lady. They say that he is dying, poor old man! My gondolier told me this morning that Professor Mora has visited every part of the globe, and knows a thousand languages. He seemed even to doubt if the professor might not have been to the moon. The gondolier evidently looks upon him with wonderment. And as for the professor's granddaughter, she is one of the marvels of the earth.

1st Lady. Mr. James can tell you all about

that. I think he did succeed in getting a sketch of the girl, if not of her grandfather. I don't know where he keeps it, unless it is worn next his heart. It is not among the sketches that he shows to people. In fact, everything about this family in mysterious and uncommon.

A gentleman. What is it, Mr. James? The story promises to be interesting.

Mr. James (*sotto voce*). Damn the women! (*Aloud.*) This old professor, I am told, came here fifteen years ago, some say, from the East. Shortly after, his widowed daughter with her little girl followed him. I am not aware that they behaved in a mysterious manner, unless it is a mystery that people should be able to live quietly and innocently, and mind their own business; all which the Mora certainly achieved. They were not rich, but to the poor and unfortunate they were angels of mercy.

1*st Lady* (*striking in*). Everybody didn't think so.

Mr. James. Everybody doesn't think that God is good. Of course there were servants' stories and gossips' stories, and those who wished to believe them did believe them.

Gentleman. Will the girl be left alone?

1*st Lady.* Do not cherish any hopes, sir. The mother is dead; but the young lady has an admirer. He is a fine young man with a palace and an ancestry, and the most beautiful eyes in the world. She goes out with him in his gondola by moonlight. It is so romantic!

Mr. James. Did you ever see them out together by moonlight, or at any other hour?

1st Lady. Others have.

Mr. James. What others? Name one!

1st Lady. Really, sir! (*leaves the table*).

Mr. James. The Signorina Mora will not be left alone. There is a respectable woman with her —

2d Lady. A nurse!

Mr. James. — a very respectable woman with her who has been here since her mother died, two years ago. She is an elderly woman of very pleasant appearance and manners. Some one has said that she belongs to some charitable order that nurses the sick.

2d Lady (*in a stage voice*). "Juliet! Where's the girl? What, Juliet!"

Gentleman. Ahem!

Scene III.

In the church of Saint X. the half of the Chapter on duty that week had just come out of choir, and were taking off their vestments and laying them away, each in his proper drawer in the wall of the sacristy. The sound of alternate singing and praying yet came from the church. A Novena was going on; and Monsignor Scalchi, the old *canonico* for whose place Monsignor Loredan waited so impatiently, officiated.

Some of the clergy hastened away, others lingered, chatting together. One stood watching the gloomy way in which Monsignor Loredan flicked a speck of dust from his broad-brimmed hat.

"Well?" said the young man, aware of the other's gaze, but without looking at him.

"I was wondering how Monsignor Scalchi is," his friend said.

"When he sees me, he coughs," said the coadjutor.

At that moment the person of whom they spoke entered the sacristy, with a priest at either hand. A rustling cope of cloth of gold covered his whole person, his eyes were downcast, his hands folded palm to palm, and he murmured prayers as he came.

The young men stood respectfully aside as he passed, his garments smelling of incense, and went to disrobe at the other end of the sacristy.

"Don't lose courage, Don Enrico!" said one of the group. "He looks feeble. He can scarcely lift his feet from the floor."

"Poh!" exclaimed Don Enrico. "He is as strong as I am. He buys his shoes too long, so that they may drag at the heels and make him seem weak in the legs."

He yawned, saluted with a graceful wave of the hand, and sauntered out into the silent piazza.

"Don Enrico is out of temper about his brother's affairs, as well as his own," one of his friends said when he was out of hearing. "They say that Claudio is in love with Tacita Mora, and is making a fool of himself. If he should offend the Sangredo, Don Enrico will lose the cardinal's patronage. Professor Mora was as blind as a bat. He thought that Tacita was a child, and that Don Claudio was enamored of the Chinese language."

"But the nurse never leaves the girl," some one said.

"Oh! the nurse is dark!" said one of the sacristans.

Yes; they all agreed that the nurse was dark.

One after another they dropped away, till only Monsignor Scalchi was left kneeling at a *prie-dieu*, and an under-sacristan going about his work, filling a silver lamp for the shrine of Saint X., shaving down the lower ends of great yellow wax torches to set in triple-footed iron stands for a funeral, counting out wafers for the altar. There was silence save for a light lapse of water against the steps outside; there was a sleepy yellow sunshine on the marble floor, and a smell of incense in the soft air.

As Monsignor Scalchi rose from his knees, a second under-sacristan entered.

"Here are the books from San Lazzaro, Monsignore," he said. "But the translations from the Turkish are not yet ready. The illness of Professor Mora delayed them. He was to have looked them over."

"Did you learn how the professor is?" asked the prelate, glancing over the books given him.

"I went to ask, Monsignore. Gian says that he

is failing fast. The Marchesa Loredan has been to see him."

"Ah!" exclaimed Monsignor Scalchi, looking up from the volume in his hand.

"Yes; and Gian says that the nurse watches over everything."

"The nurse seems to be a dark one," monsignore remarked.

"Yes," said the sacristan, "the nurse is dark."

Scene IV.

The mistress of Palazzo Sangredo sat in one of her stateliest salons talking with her cousin, the Countess Bembo. At some distance from them, half enveloped in the drapery of a great window, Bianca Sangredo peeped out into the Canal.

"I saw him myself!" said the countess in a vehement whisper. "I saw him go into the house, and I saw him come out. And he was there again this morning, and stopped half an hour. You ought to have an explanation with the marchesa. Everybody knows that the families wish for a marriage between him and Bianca. If Sangredo would stay at home and attend to his duties, Don Claudio would not dare to behave so. But Sangredo never is at home."

"Oh, yes, he is!" said Sangredo's wife languidly. "He is always at home in Paris. But the marchesa declares that Claudio goes to Ca' Mora to study, and that he already speaks Arabic like a sheik. Professor Mora is famous. Papadopoli says that since Mezzofanti no one else has known so many languages."

"Yes," said her cousin sharply. "And the professor's granddaughter will teach him to conjugate *amore* in every one of them."

"Mamma," said Bianca from the window, "Don Claudio's gondola is at the step."

"Come and sit by me, child!" her mother said hastily.

When their visitor entered the salon, the two elder ladies received him with the utmost cordiality. Bianca only bent her head, and did not leave her mother's side; but her childlike dimpling smile was full of kindness. She had a charming snowdrop stillness and modesty.

"I have already seen you to-day, Don Claudio," said the Countess Bembo. "I passed you near the Giudecca; and you did not look at me, though our gondolas almost touched."

"I beg your pardon!" he said seriously. "I had been, or was going, to the house of Professor Mora, and I saw no one. He lies at the point of death. It is a great grief to me."

The ladies began to question and sympathize. After all, things might not be so bad as they had feared.

"He will be a loss to the world, as well as to his friends," Don Claudio said. "His knowledge of languages is something wonderful. Besides that, he is one of the best of men. His mode of teaching caught the attention at once. 'Sometimes,' he once said to me, 'you may see protruding from the earth an ugly end of dry stick. Pull it, and you find a long root attached. Follow the root, and it may lead you to a beautiful plant laden with blossoms. And so a seemingly dry and insignificant fact may prove the key to a treasure of hidden knowledge.' That was his way of teaching. However dry the proposition with which he began a discourse, it was sure to lead to something interesting."

"You must feel very sad!" the young girl said compassionately.

"It is sad," he answered, and let his eyes dwell on her fair, innocent face. Then, the entrance of other visitors creating a little stir, he bent toward her and murmured "Thanks!"

SAN SALVADOR.

CHAPTER I.

It was a still night, and all eastward-looking Venice, above a certain height, was enameled as with ivory by the light of a moon but little past its full. Below, flickering reflections from the water danced on the dark walls. The bending lines of street lamps showed in dull golden blotches in that radiant air. The same golden spots were visible on gun-boat or steamship, and on a gondola moored at the steps of Casa Mora.

Above this waiting gondola a window stood wide open to the night. It seemed to be the only open window in Venice. All the others had their iron shutters closed.

Seen from without, this open window was as dark as the mouth of a cave. But inside, so penetrating an effulgence filled the room, one might have read the titles of the books in cases that lined all the walls.

The wide-open, curtainless window admitted a square of moonlight so splendid as to seem tangible; and in the midst of it, on a pallet, lay the old professor, his face, hair, and beard almost as white as the pillow they rested on. A slender girl knelt at his right hand, her head bowed down. One could see that her thick knot of hair was floss-fine and gold-tinted, and her neck white and smooth. At the opposite side of the couch a young man was seated, bending toward it. In an arm-chair near the foot, with her back to the light, sat a woman. Her cheek resting on her hand, she gazed intently at the dying man.

After a prolonged silence he stirred, and stretched a thin hand to touch the girl's head.

"Go and rest awhile, my Tacita!" he said. "I will recall thee. Go, Elena. I will recall thee."

The two rose at once and went out of the room, hand in hand, closing the door.

"I charge thee to let the girl alone!" Professor Mora exclaimed the moment they were gone.

The young man started.

"This is no time for idle compliments,". the other pursued with a certain vehemence. "I know that thou hast taken a fancy to Tacita because she is beautiful and good. She is of a tender nature, and may have some leaning toward thee. I should have been a more jealous guardian of both."

"I know that my mother has been here to-day," Don Claudio said bitterly.

"Thy mother is a worldly woman," the old man replied. "But in this she is right. Marry the girl they have chosen for thee. It is not in thy nature, boy, to be immovable and persistent in rebellion even against manifest injustice. Thy protest would be the passion of a moment. They would wear out thy courage and endurance. But even with their consent, Tacita is not for thee. I forbid it! Dost thou hear, Don Claudio Loredan? I forbid it!"

"You seemed to like me!" Don Claudio exclaimed reproachfully.

The professor moved his hand toward the speaker. "I love thee, Claudio. But that makes no difference. He who would have Tacita must live even as I have, without luxury or splendor, striving to learn what human life means, and following the best law that his soul knows."

The young man sighed. He had no such plan of life.

"It will be a moment's pain," the other went on. "But thy honor and her peace are at stake. I charge thee" — he half rose in his earnestness — "I charge thee to let the girl alone! Remember that one day thou wilt have to lie as I lie here now, all earthly passion burned to ashes, and only the record of thy conscience to support, or cast thee down."

"Be tranquil!" said Don Claudio faintly, and bowed his face into his hands. "I will obey."

The old man sank back upon his pillow with a murmured word of blessing, and looked out at the violet sky. For a while he remained silent. Then he spoke again, as if soliloquizing.

"The unfathomable universe! The baffling

problem! Only the shades of night and of life reveal something of the mystery to us. For eighty years I have studied life from every side. I was hungry to know. And the more I learned of any subject the more clearly I perceived the vastness of my own ignorance. (I tried in vain to grasp the plan of it all. I built up theories, fitting into them the facts I knew. Sometimes the mosaic grew to show a pattern; and then, just as I began to rejoice, all became confusion again. I was Tantalus. Again and again the universe held its solution before my soul. Only a line more, and it was mine! Yet it was forever snatched away."

He was silent a little while; then resumed: "In one of those moments of disappointment I recollected a text of the Hebrew Bible taught me in my childhood: *The fear of the Lord is the beginning of wisdom.* When I learned it, two paths of life were opening out before my mind. One was like a hidden rivulet, flowing ever in lowly places, seeking ever the lowest place, refreshing, beneficent. The other was like a mountain path, and a star shone over it. I chose the mountain path. It was often steep and hard, and the star recedes as you climb. But the air on those heights is sometimes an elixir. We had a song at home: —

'Sweet is the path that leads to what we love.'

How many a time I sang it to keep my courage up!

"In that moment of recollection I asked myself if I might not have more surely attained to what I sought by taking the lowlier way, if the supernatural might not have aided material science, as imagination aids in the mathematics. What means the story of the tree of knowledge and the tree of life? Many of those old tales contain a golden lesson. We do not study the past enough; and therefore human life becomes a series of beginnings without visible results. There are a few centuries of progress, something is learned, something gained, a clearer light seems to announce the dawn of some great day, and men begin to extol themselves; and then a shadowy hand sweeps the board clean, and the boasters disappear, they and their achievements. Perhaps out of each fading cycle God gathers up a few from destruction. *Many are called, but few chosen*, said the King. For the others the story of Sisyphus was told."

Again there was a pause; and again he spoke:

"I was tossed hither and thither. I had such failures that life seemed to me a mockery, and such successes that I would fain have lived a thousand years. Of one thing in it all I am glad: I never complained of God in failure, nor glorified myself in success. I give thanks for that!"

He closed his eyes and seemed to pray.

After a moment he spoke again.

"I have known one perfect thing on earth," he said, and clasped his hands. "I have found in life one beauty that grows on the soul forever. One being in touching the earth has consecrated it. There is no flaw in Jesus of Nazareth."

The pause that followed was so long that Don Claudio bent to touch the cold hands.

The dying man roused himself.

"Farewell, my beloved pupil!" he said. "God be with thee! Go in peace! And tell them to come to me."

The young man knelt, and weeping, pressed his lips to the cold hand that could not lift itself.

"Farewell! God be with you!" he echoed in a stifled voice; and rose and went out of the room.

A light shone through the open door of an adjoining chamber, and Tacita and the nurse could be seen each lying on a sofa inside. They started up at the sound of Don Claudio's step.

"He wants you," the young man said, and pressed the hand of each as they passed by him, then went down to his gondola. A moment later they heard the ripple of his passage across the lagoon.

Tacita knelt beside her grandfather and took his hand in hers. He drew her, and she put her face close to his.

"Dost thou remember all, my child?" he whispered.

"I remember all!" she whispered back.

"Thou wilt be strong and faithful?" he asked in the same tone.

"I will be strong and faithful," she answered.

He said no more. His breath fluttered on her cheek, and seemed to stop.

"Elena!" she cried.

After bending for a moment over the bed, the nurse had gone to the window, and stepped out into the balcony. She returned at that frightened call, and knelt by the bed.

In the silence that followed, a gondola slipped under the balcony; and presently there rose from it a singing voice, low toned, but impassioned and distinct. It sang: —

> "San Salvador, San Salvador,
>   We cry to thee!
>   Danger is in our path,
>   The enemy, in wrath,
> Lurks to delude our souls from finding thee!
>   We cry to thee! We cry to thee!
>   San Salvador,
>   We cry to thee!"

The dying man, half sunk into a lethargy, started awake.

"The mountains!" he exclaimed, looking eagerly out at the dark outline of housetops against the eastern sky. "The mountains and the bells!"

He panted, listened, sighed at the silence, and sank back again.

The singer recommenced more softly; but every word was so distinctly uttered that it seemed to be spoken in the chamber: —

> "San Salvador, San Salvador,
>   We turn to thee!
>   All mercy as thou art,
>   Forgive the erring heart
> That wandered far, but, weeping, homeward flies.
>   We turn to thee! We turn to thee!
>   San Salvador,
>   **We turn to thee.**"

"The mountains!" murmured the dying man. "The curtain and the Throne!"

Again the voice sang: —

> "San Salvador, San Salvador,
> We live in thee!
> 'T is love that holds the threads of fate;
> Death's but the opening of a gate,
> The parting of a mist that hides the skies.
> We live in thee! We live in thee!
> San Salvador,
> We live in thee!"

There was one more sigh from the pillow. A whisper came: "We live in Thee!"

"My dear," said the nurse, laying her hand softly on Tacita's bowed head, "Professor Mora is no longer an infirm old man."

CHAPTER II.

PROFESSOR MORA was buried in the cemetery of San Michele, with the rites of the Roman Church, though he had not received the last sacraments. That he had not, was supposed to have been the fault of the nurse. It was known, however, that he had made his Easter Communion; and those who had seen him before the altar at San Giorgio on that occasion spoke of his conduct as very edifying.

Many of them would doubtless have been puzzled, and even scandalized, could they have read his mind. That he was, in soul, prostrate at the feet of his Creator, there could be no doubt. He had often, of late years, spent an hour in some church, kneeling, or sitting in deep thought. He found it easier to recollect himself in the quiet of such a place, surrounded by religious images.

On this last Easter he had questioned: —

"Shall I confess my sins to a priest? Why not? It can do me no harm, and it may do me good. I will declare what I know of my own wrong-doing, addressing God in the hearing of this man. He uses many instruments. Perhaps the forgiveness of God may be spoken to me by the lips of this man. Shall I tell this man that I do not know whether he has any authority, or not? No. I am doing the best that I can; and his claim that he has authority will have no weight with me."

It was the same with his communion.

"Is it true that the Blessed Christ, the Son of God, is mystically concentrated and hidden in the wafer which will be placed upon my tongue, and that he will pervade my being, as the souls of a thousand roses are concentrated in a vial of attar, and scent all the house with their sweetness? I do not know. Nothing that God wills is impossible. If I cry out to him, O my Father, I search, and grope, and cannot find my Saviour! Send him, therefore, to meet my soul in this wafer, that I may live! At this point let me touch him, and receive help, as the sick woman received it from his garment's hem! — he could meet me there, if it were his will, and pour all heaven into my soul through that channel. Does he will it? I do not know. But since it is not impossible, I will bow myself as if he were here. Is there a place where God is not?"

Such was Professor Mora's Easter Communion; and many a formal communicant was less devout.

It is true that he had bent in heathen temples with an almost equal devotion; but it was always to the same God.

"Show me the path by which the instinct of worship in any people, or individual, climbs to what it can best conceive of the Divine," he said, "and there I will find the footsteps of God coming to meet that soul. A sunbeam falls on limpid water and a lily, and they shine like jewels. The same beam, turning, falls unshrinkingly on the muddy pool, that brightens also after its manner, and as well as it can."

To him the Indian praying-wheel, so often denounced as the height of material superstition, might be made to indicate a fuller conception of the infinity of God than was to be found in much of the worship that calls itself intelligent and spiritual. Written over and over on the parchment wound about this wheel is the one brief prayer, "O Jewel in the Lotos, Amen!" Their Divine One was as the light of the morning embodied and seated on a lotos-flower. Their prayer confesses nothing and asks nothing; yet it confesses and asks all. It is a dull longing in the dull, and a lark song in the spiritual. It expresses their despair of being able to tell his greatness, or their need of him. It repeats itself as the flutterings of a bird's wings repeat themselves when it soars. The soul says, "As many times as it is here inscribed, multiplied by as many times as the wheel revolves when I touch it, and yet a million times more, do I praise thee, do I implore thee, do I love thee, O thou Divine Light of the world! Even as the planets whirl ceaselessly wrapped about in the hieroglyphs of obedience to thy laws, so does this wheel, encircled by the aspirations of our worship, speak to thee for us."

He entered one of their temples with respect, and kneeling there, remembered what their Hindu teachers had said to him:

"Owing to the greatness of the Deity, the One Soul is lauded in many ways. The different Gods are the members of the One Soul."

And also: "One cannot attain to the Divine Sun through the word, through the mind, or through the eye. It is only reached by him who says, 'It is! It is!'"

As he meditated then with the door of his soul wide open, it had seemed to him that all the gods and all the worships of men had gathered themselves before him, and mingled, as mists gather into a cloud, and that from turbulent they had grown still, and from dark they had gathered to themselves light, growing more golden in the centre, as though their divers elements were purifying themselves to form some new unity, till the crude and useless all melted away, parting to disclose an infant seated on a lotos-flower, and shining like the morning sun. And the lotos-flower was the figure of a pure woman.

"It is! It is!" he had said then. And that wide essential faith had survived, though for details of dogma he had gone out of the world with the same word with which he had begun his studies: "I do not know!"

A funeral gondola came and took his body away, several gentlemen, Don Claudio among them, accompanying.

Tacita, wrapped in the window curtain, watched them till the gondola disappeared under the Rialto bridge, then threw herself, sobbing, into her companion's arms.

The nurse persuaded her to seek some occupation. "Come and help me make out the list of books that Don Claudio is to have," she said.

Professor Mora had given a large part of his choice library to Don Claudio.

This woman, Elena, had an interesting face. There was something noble in the calm, direct look of her eyes, and in her healthy matronly figure. It would be difficult to describe her manners, except by saying that there was nothing lacking, and nothing superfluous.

One sees occasionally a great lady whose character is equal to her social position, who has that manner without mannerism. A certain transparency of action follows the outlines of the intention. When this woman spoke, she had something to say, not often anything brilliant, or profound, but something which the moment required.

Tacita at once busied herself with the list, and found comfort in it. She needed comforting; for she was of a tenderly loving nature, and her almost cloistered life had confined her interests to that home circle now quite broken up. Her father had died in her infancy. Her mother, not much older than herself, had been her constant companion, friend and confidant. The loss of her had been a crushing one; and the wound still bled.

But she and her grandfather had consoled each other; and while he lived the mother had seemed near. Now he, too, was gone!

And there was yet another pain. Some little tendrils of habit and affection had wound themselves about her grandfather's favorite pupil, and they bled in the breaking. For they were to separate at once. Nor had she any wish to remain in Venice. She well knew that she would not be allowed to see Don Claudio, except at her peril, and that jealous eyes were already fixed upon them.

Yet how slight, how innocent their intercourse had been! She went over it all again in fancy as she took down book after book.

She and Don Claudio had always saluted each other when he came; at first, with a ceremonious bow, later, with a smile. They seldom spoke.

The table, piled with books, at which the professor and his pupil sat, was placed before the lagoon window, where, later, the old man's deathbed had been drawn. Her place was at a little casement window on the *rio* that ran beside the house. They spoke in languages which she did not understand, and she had often dropped her work to listen.

Sometimes, in going, his eyes had looked a wish to linger; but she did not know how he had longed to stay, nor how many glances had strayed from the piles of books to her face. The graceful contours of her form, her delicate whiteness, her modesty, her violet eyes, the golden lights in her hair — he had learned them all by heart.

"Tacita. Yes," he had thought, "that is the right name for her. She stays there in that flickering light and shade as silent as any lily!"

Their world had been the world of a Claude landscape, all floating in a golden haze.

Once they had all gone out into the balcony to watch a steamship from Cairo move up the lagoon that was all radiant and red with the setting sun. Another time a thunder-storm had darkened about them, so that they could scarcely see each other, and Don Claudio, coming to her table, had asked softly, —

"Are you afraid, Tacita?"

Another time he had brought her some roses from his mother's garden.

And now, everything was ended!

"He will come to-morrow for his books," she thought; "and, after that, we shall never see each other again. But we shall be alone together once, and speak a word of the past, and say farewell, like friends."

It was all that she expected, or consciously wished for, a friendly and sympathizing word, a clasp of the hand, the first and the last, and a "God be with you!" It would have sweetened her sorrow and loneliness.

After the visit of the Marchesa Loredan, Tacita's grandfather had talked with her; and the girl had assured him that there was nothing between her and Don Claudio but the calmest good-will. Her naturally quiet disposition had not been disturbed in his regard. But the thought that this was to be their last meeting, and that for the first time they would be alone, could not fail to agitate her somewhat; and when morning came, her expectation became a fluttering.

The books were all sorted, the house all ready for their departure. She and Elena would leave Venice the next morning. She was alone in the room where her grandfather had studied, taught, and died.

There was a sound of oars that came nearer. She listened, but would not look. "What can it mean?" she thought. "There are double oars; and he has but one gondolier."

Gian, the man-servant, entered and announced the Marchesa Loredan and Don Claudio; and at the same instant Elena slipped hastily into the room, that her charge might not be found alone.

Tacita's heart sank heavily. She greeted her visitors with an equal coldness, though Don Claudio's face implored her pardon.

"Your books are all ready, Don Claudio," she said, when she could speak. "Professor Mora said that you were to have those that are marked with a white star. Gian will take them down. Here is the list."

She gave him the paper, and he received it, blushing with shame. He could not utter a word. But the Marchesa's voluble condolences and compliments covered all defects in the conversation.

She was glad that the signorina was going to

travel for a time. Nothing distracted one from sorrow like traveling. Was there anything that the Marchesa could do for her? She would send her maid to the railway-station the next morning with a basket of luncheon for the travelers. If she could help them in any other way, the signorina might speak freely.

Tacita recollected the reply of Diogenes when Alexander asked: "Is there anything that I can do for you?"

"Only stand a little out of my sunshine," said Diogenes.

The Marchesa was most grateful for Professor Mora's gift to her son; and with the signorina's approval, Don Claudio proposed to erect a memorial tablet in St. Michael's to his honored preceptor.

The proposal pleased and touched the desolate girl, and she tearfully thanked Don Claudio.

From her own point of view the Marchesa Loredan had been very kind. Her visit would put a stop to any serious gossip about her son and Tacita; and she had shown a gracious regard and respect for the dead *savant* and his family.

She had a very comfortable sense of having done her duty, and been prudent in her own affairs at the same time. That both Tacita and her grandfather would have regarded such gossip with loathing and contempt, and that they set no very high value on her approval, she did not dream.

"Don Claudio should have been the one to tell me this," Tacita thought.

The books were carried down, the laborious visit came to an end, the orphan was alone again, her sweet, sad hope crushed like a fragile flower.

"Elena, take me away from here!" she exclaimed. "No one has any heart. Take me away!"

"Don't cry, dear! We will go in the morning," her friend said soothingly. "Don Claudio will come to take leave of you at the station. He found a chance to tell me so. He said that he could not get away alone this morning."

"She is cruel, and he is weak," said Tacita. "I like not a weak man."

Elena shook her head. "Ah! my dear, a man is usually weak before a strong-willed woman who loves herself better than she does him."

Don Claudio was, in fact, waiting at the station when they arrived there the next morning.

"I could not let you go without a word," he said in an agitated murmur. "I shall always remember, and regret. Oh! the sweet old days! Tacita, do not you see that my heart is breaking?"

"Dear friend," she answered gently, "we will remember each other with a tender friendship. Your heart will not break. It must not. A loving wife will console you. *Addio!*"

"To God!" There could be no more perfect parting word. They clasped hands for one trembling moment, then bowed their heads, and turned away.

CHAPTER III.

AMONG those who were on the steps of San Michele when the funeral gondola of Professor Mora reached them was a man who seemed to be waiting to assist at his burial. He followed to the chapel, and went away as soon as the service was over.

He was a young man, scarcely more than thirty years of age, a little taller than medium, slender, but athletic, and of a dark complexion. In the light, his dark hair had an auburn tinge, and his dark eyes a violet shade. His fine serious face had a look of high intelligence, and in the church, something even exalted, in its expression. He had brows to which Lavater would have ascribed great powers of observation; and his look was steady and penetrating. It recalled the old story of disguised deities who were recognized by their moveless eyeballs. He was quiet, and his dress was conventional, neither fine nor coarse. Both face and manner expressed refinement. It could be seen that his hands bore the marks of labor. If you had asked what his trade was, he would have said that he was a carpenter. Those who looked at him once with any attention, looked again.

When the funeral was over, this young man crossed the Laguna Morta, and landed at the steps behind San Marco. He went round into the church, looking at every part of it attentively. He did not appear to be either an artist or a worshiper, still less a tourist.

He might have been taken for an artisan who examined intelligently, but without enthusiasm, to see how the work was done. A closer view of his luminous dark eyes revealed a second expression, something mystical and exalted, as though he looked through the object his glance touched, and saw, not only the workman who had wrought it, but his mind and intention.

He made one slow circuit of the church, uttering not a word till he went up stairs and looked at the Judas hanging to a tree, the fresco half hidden in a corner of the gallery.

"*Absit!*" he exclaimed then, shuddering.

As he went out of the church, an old man seated on the step tried to rise, but with difficulty, being lame. The stranger aided him.

"You suffer," he said kindly. "Are you very poor?"

"I do not suffer much," the old man replied in a cheerful tone. "But my joints are stiff. And I am not poor. I have a son who earns good wages, thank God!"

A sweet smile lighted for an instant the stranger's face. "Addio, brother!" he said, and went on, out through the piazzetta, and down the Riva degli Schiavoni.

Near a *rio* along which stretched a garden, several boys were engaged with some object around which they were crouched on the pavement. It proved to be a little green lizard which they had caught on the garden wall. They were trying to harness it to a bunch of leaves. The little thing lay on its back, gasping.

The stranger, with a quick, fiery movement, pushed the boys aside, and released their captive. He took the nearly dead creature in his hand, and carried it to the garden wall, then returned to the boys, who had been surprised into a temporary quiescence.

"Boys," he said, "when some strong, cruel person shall make you suffer for his amusement, remember that lizard. If you should some day be helpless and terrified and parched with thirst, remember it."

He left them speechlessly staring at him, called a gondola, and gave the direction of the railway station. As he passed Ca' Mora, he looked earnestly at the window over the balcony. Elena stepped out and saw him. He raised his hand above his face in salutation, and she replied, raising her hand in the same way.

When he reached the railway landing, two gondoliers were standing on the steps, confronting each other in loud and angry dispute. They gesticulated, and flung profane and furious epithets at each other.

The stranger paused near them, and looked at one of the disputants with a steady gaze that seemed presently to check his volubility. The man grew uneasy, his attention was divided, he faltered in some retort, then turned abruptly away from his still menacing antagonist, and began to fumble with the oars and *felse* of his gondola.

The stranger went into the station and bought his ticket. As he stood waiting, the gondolier he had observed came in and accosted him respectfully, and with some embarrassment.

"I suppose you thought I was behaving badly, signore," he said. "But Piero has got three passengers away from me to-day, and I couldn't stand it."

"I have not condemned you, friend," said the stranger mildly. "What does your own judgment say?"

The man's eyes fell. "I needn't have used certain words," he said in a low tone.

"Your judgment decides well," said the stranger. "It has no need of my interference. Addio, Gianbattista Feroli."

"Addio!" the gondolier echoed dreamily, and stood looking after him. "He has a saint's face," he muttered. "But how did he know my name!"

CHAPTER IV.

On leaving Venice, Tacita Mora's ultimate destination was to go to her mother's relatives, after some months spent in travel. Elena was to be her companion and guardian on the journey.

Who her mother's relatives were, and where they were, she did not know. She had once asked her mother, who replied, —

"My child, it is better, for many reasons, that you should not know till you see them. They are quiet, respectable people. You have nothing to disturb your mind about on their account. They know of you. They will keep track of you, and seek you at the proper time.

"But, as I do not wish others, who would be unfriendly, should know of them, it is better that you should remain ignorant for the present. People may ask you questions, and you will thus be spared the trouble of evading, or refusing to answer. Confide in no one. Absolutely, confide in no one, as you value your life! The person who displays curiosity concerning your private affairs is the very last person whom you should trust. Curiosity is a tattler, or an insinuator. Do not talk of your personal affairs outside of your own family. I will give you a sign by which my people are to be recognized. You are never to give that to any one, even to them, nor to intimate that you know such a sign. They will give it to you, anywhere, if there should be need. If no trouble should occur, it will be given you by the side of a rock. To such a person you may trust everything."

This conversation had taken place on their last visit to the Lido, as they walked on the sands, picking up shells, and dropping them again.

Professor Mora had given his granddaughter the same charge, adding, —

"Some one may solicit you artfully, suspecting a secret, and pretending to know it. Beware of the curious. For your life, remain firm and silent! And now, forget it all till the time shall come to remember. Do not let your imagination dwell upon the subject."

It was with this prospect that the orphan set out on her travels.

Never was there a better companion than hers proved to be. The nurse had traveled extensively, and was guardian, friend, and courier in one. She had all the firmness and courage that a man could have, with the more ingratiating ways of a woman. And she was an intelligent guide.

Tacita was to remain under this woman's protection till her friends should claim her. She would then place herself entirely under their guardianship, and remain with them, if contented, five years. If she should desire to leave them before that time should expire, they were to find a retreat for her. Her fortune was invested, and the income regularly paid; but how it was placed she did not ask. She only knew to whom she was to look for money, and to whom she was to appeal in case of accident. These persons were rather numerous, and were scattered over the greater part of Europe. None were of any special distinction, and none were bankers. There was a musician of repute among them, and a public singer.

Elena was also to join friends of her own whom she had not seen for years, when she should have placed her charge in safety. Who and where these friends were, Tacita took good care not to inquire. They were people who lived in a small mountain city, Elena volunteered to tell her. "And perhaps, dear, you might like to go there with me."

"I would go anywhere with you!" Tacita said warmly. "I do not dare to think of a time when I must lose you. I will not anticipate trouble; but when we have to part, you may be sure that I shall insist on an appointment for a meeting not far distant in time."

Traveling was a delight to Tacita. She had all that curiosity to see the world that a child has to whom the world is fairyland. The names of some places were to her like roses, or music, or like rolling thunder. She had read of them in prose and song. When she looked at them, in their possibly unimpressive features, she still found traces of their story, like the furrows left in a face by some tragical experience.

"Oh, the waterfalls!" she exclaimed, as their train rolled through the Alps. "So white above, so green and white below! Where can I have seen a white scarf like that wavering down from a height! Perhaps I passed this way with my mother when first we came to Venice. It is such a fresh wild place!"

She stood to look down at the torrent foaming among gray rocks below; then leaned back on the cushions, and fixed her eyes on the snow-peaks that seemed almost in the zenith.

"I remember so much that my grandfather used to say, though I seemed often to listen carelessly," she said. "He sometimes made such an odd impression on my mind. It might be he would talk half to me and half to himself, as if thinking aloud. He would seem to open the door of a subject, look in curiously, find it unpromising, and come out again. Or he would brighten as if he had found a treasure, and go on talking beautifully. When some astronomer had discovered a new star, he said the Te Deum should be sung in the churches, and he gave an alms and kept a lamp burning all night in honor of it, and we had ices in the evening. And before we separated to go to our rooms, he read the Gloria, and said three times over the sentence, 'We give thee thanks for thy great glory.' Listening to him, I sometimes felt as though people's minds were, for the greater part, like the tossing waves of a stormy sea. He said once of a crowd, 'They do not think; some one has set them swinging. I wonder what sets them all swinging! There is God, of course. But what instrument does he use? The stress of circumstance? Or is the tidal wave that gives the impulse some human mind fully alive?' .I think the human mind was his idea. He said that some people were cooled off and crusted over like planets, and others all alive, like suns. He used to speak of reflective men and light-giving men. He was light-giving."

They visited Germany and the North, France, Great Britain, Spain and Algiers; and Tacita was getting very tired, though she did not say so. Elena had acquaintances in all those countries, and appeared to have errands in some. A year passed. It was spring again when they reached Seville from Africa, saw the Holy Week processions, and laid in a store of fans, silver filigree buttons, sashes, and photographs. Already a large number of boxes had been sent "home" from the different countries they had seen.

The evening before setting out from Seville to Madrid, Elena, for the first time, asked Tacita concerning her mother's relatives.

"If you do not know them, nor where they are," she said, "how can you communicate with them?"

"Both my mother and grandfather told me to give myself no uneasiness," Tacita replied. "I thought that it was all settled with you. We are soon to visit your home. After that, they will probably come, or send for me. Are you impatient?"

"Certainly not, my dear! I would most willingly keep you always with me. But you have money, and some dishonest person might attempt to deceive you."

"Oh! I have no fear," said Tacita with a reserve that savored of coldness. She was surprised that the subject had been introduced, and astonished at her companion's persistence. It seemed to have been avoided by mutual consent.

"Tell me how you will know them, and we will seek them together," said Elena.

"I have not to seek them," said Tacita with decided coolness.

"Is there, then, a secret?" asked her companion, with playful mockery.

Tacita looked at her steadily, and grew pale. "I thought that I knew you; and I do not," she said.

Elena resumed her dignity. "If you really object to telling me, then I will not ask," she said. "You had not mentioned the fact that it was a great secret."

"Nor have I said so now," answered the girl with a look of distress. "My mother talked with me of our affairs just before she died, and my grandfather gave me some directions. What they said to me is sacred, and is mine. I do not wish to talk of it."

"You swear that you will not tell me?" said Elena, looking at her keenly.

"I will not swear to anything!" exclaimed Tacita. "And I request you not to mention the subject again."

"We will then dismiss it," said her companion, and rose to leave the room. "I presumed on what I thought was a confidential friendship, and on the fact that your family confided you to me."

Tacita said nothing. Her head drooped. All her past sorrows seemed to return upon her. This woman, heretofore so dignified and so delicate, had appeared to her in a new light. She had sometimes fancied that Elena understood something of her affairs; but, apparently, she did not. That she should show a vulgar and persistent curiosity was shocking.

After a while Elena came into the room, and standing at a window, looked out into the purple twilight starred with lamps. The crowd that in Seville seems never to sleep was flowing and murmuring through the plaza and the streets.

Tacita was weeping silently.

"My dear child!" exclaimed the woman, going to embrace her. "Are we not friends?"

"You made me fear that we were not," said Tacita.

"Dismiss that fear! I will never so offend you again."

CHAPTER V.

ONE morning shortly after their arrival at Madrid, the two went to the great picture-gallery, of all picture-galleries the most delightful.

"When you shall have seen Murillo's Conceptions," Elena said, "you will see the difference between a sweet human nature and a supernatural creature. Raphael has painted good and beautiful women full of religious feeling; Murillo has painted the miraculous woman. The Spaniard had a vision of the Divine."

"You have been in Madrid before?"

"For two years," said Elena quietly.

They entered the large hall. It was early for visitors; but two artists were there copying. One had had the courage to set his easel up before one of Murillo's large Conceptions.

Tacita seated herself before that heavenly vision, and became absorbed in it. It was a revelation to her. The small picture in the Louvre had made but a slight impression on her, weary as she was with sight-seeing. But here was a reflection of heaven itself in the exquisite figure that floated before her supported on a wreath of angels, the white robe falling about her in veiling folds, and the long cerulean scarf full of that same wind that shook the house wherein waited the Apostles and the Marys when the Holy Ghost descended upon them. The two little hands were pressed palm to palm, the long black hair fell down her shoulders, her large black eyes, fixed on some dawning, ineffable glory, were full of a solemn radiance, her delicate face was like a white lily in the sunshine. The figure was at once childlike, angelic, and imposing.

Tacita had not removed her eyes from the picture when Elena came to touch her arm, and whispered: "Do you know that you have not winked for half an hour?"

Tacita roused herself. "I scarcely care to look at anything else now," she said. "I will glance about the room there, and then go home."

She went into the Isabella room, and walked slowly along the wall. Nothing dazzled her after that Murillo. Even Fra Angelico's angels looked insipidly sweet beside its ethereal sublimity. The "Perla" kept her but a moment. These radiant black eyes of the "Concepcion" seemed to gaze at her from every canvas. She was about leaving the room, when something made her turn back to look again at an unremarkable picture catalogued as "A Madonna and Saints." Of the two catalogues she saw, one ascribed it to Pordenone, the other to Giorgione. She glanced at it without interest, wondering why she had stopped. The Madonna and Child, and the woman who held out to them a basket of red and white roses might just as well not have been painted for any significance they had;

and she was about turning away when she caught sight of a face in the shadowed corner of the canvas behind the kneeling woman.

This was no conventional saint. The man seemed to be dressed in armor, and his hand rested on a sword-hilt or the back of a chair. The shadows swathed him thickly, leaving the face alone distinct. One guessed at a slight and well-knit figure. The face was bronzed, and rather thin, the features as delicate as they could be without weakness. Dark auburn hair fell almost to the shoulders, a slight moustache shaded the lip, a small pointed beard the chin. The brows were prominent, and strong enough to redeem a weak face, even; and beneath them were the eyes that go with such brows, penetrating, steady, far-seeing, and deep-seeing. Those eyes were fixed on the Madonna and Child, not in adoration, but with an earnest attention. He stood erect, and seemed to be studying the characters of those two beings whom the woman before him knelt to worship. Yet, reserved and incisive as the look was, something of sweetness might be discerned in the man's face.

Tacita, half turned to go away, remained gazing at that face, fascinated. What a fine strength and purity! What reserve and what firmness! It was a face that could flash like a storm-cloud. Would anything ever make such a man fear, or be weak, careless, or cruel?

Elena came and stood by her, but said nothing.

"Behold a man," said Tacita, "whom I would follow through the world, and out of the world!"

Her companion did not speak.

"Why was I not in the world when he lived in it!" the girl went on. "Or why is he not here now! Fancy that face smiling approval of you! Elena, do the dead hear us?"

"The living hear us!" replied the woman. "Is the air dead because you cannot see it? Is it powerless because it is sometimes still? It is only the ignoble who go downward, and become as stones."

She spoke calmly and with a sort of authority.

They went out together.

"We are late for our luncheon," Elena said as they got into their carriage. "We must lose no time, if we are to see the king and queen go out to drive. Are you decided to leave Madrid tomorrow?"

"I don't know," Tacita replied absently.

"I shall want to know this evening, dear; so try to make up your mind. I want to send for some of my people to meet us. I hope that you will like my people."

"If they are like you, I shall love them," Tacita said.

"How long will you be content to stay with us?" the woman asked.

"How can I say, Elena? You have told me that your people are quiet, kind, and unpretending. That is pleasant, but only that is not enough for a long time. I want to see persons who know more than I do, who can paint, play on instruments, dance, sing, model, write poetry, speak with eloquence, and govern with strength and justice. I think that my heart would turn to lead if I had to live forever with people who were uncultivated. But if your people are like you, they are not merely simple. You know a great deal more than I do; and you are always *simpatica*."

"By simplicity, I do not mean ignorance," her friend said. "Professor Mora was simple. Some barbarous persons are very involved and obscure."

"Oh! if you speak in that sense" —

They ate their luncheon, stepped into the carriage that was waiting for them, and drove to the Plaza del Oriente. A good many persons were standing about the streets there waiting to see the young king and queen, Alfonso and Cristina, drive out. It was a gathering of leisurely, serious-looking people, with very few among them showing signs of poverty. The sky was limpid above the trees; and in the square opposite the corner at which our travelers waited, a bronze horseman seemed leaping into the blue over their topmost boughs.

Tacita glanced about her, at the people, the palace gate from which the royal cortége would issue, at the bronze horseman in the air; and then, turning a little to the other side, saw a man leaning carelessly against the trunk of a tree — saw him, and nothing else.

She felt as though she had received an electric

shock. There before her was the face of the Giorgione picture, every feature as she had studied it that morning, and the very expression of which she had felt the power. He was gazing at the palace gate, not as though waiting to see, but already seeing. One would have said that the walls were transparent to him, and that he was so absorbed in observing that king and queen whom no one else saw as to be oblivious to all about him.

His dress was some provincial or foreign costume. Black velvet short-clothes were held at the waist by a fringed scarf of black silk. His short jacket of black cloth was like a torero's in shape. He wore a full white shirt, black stockings and sandals, and a scarlet fez on his dark hair in which the sunshine found an auburn tint.

Tacita gazed at him with eyes as intent as his own. The smileless lips, the brow with its second sight, the pointed beard and faintly bronzed skin — they were the same that she had but an hour or two before engraven on her mind in lines as clear and sharp as those of any antique intaglio.

The stranger had not seemed aware of her observation; and the distance at which he stood from her gave no reason for his being so. But presently, when she began to wonder if he would ever stir, he went quietly to a poor woman who, with a child in her arms, leaned against the fence behind him, and took the child from her.

She looked surprised, but yielded in silence. The infant stared at him, but made no resistance.

He had not looked directly at either of them, nor addressed them. He brought the child to the carriage, and held it out, his eyes lowered, not downcast, nor once looking at its occupants.

Both Tacita and Elena silently placed a silver coin in the child's hand.

The man retreated a step, respectful, but not saluting, and carried the child to its mother. She showed in receiving it the same silent surprise with which she had yielded it to him. The stranger returned to his former position under the tree. He had not looked at any one, nor spoken a word; yet he had displayed neither affectation nor rudeness. A winged seed could not have floated past with more simplicity of action, nor yet with more grace.

There was a stir among the people. Two horsemen had issued from the palace gate, and an open carriage followed, behind which were again two other cavaliers. Tacita descended hastily from the carriage. In doing so she glanced at the tree against which the stranger had leaned; but he was no longer to be seen.

The royal carriage passed by, its occupants bowing courteously to the young traveler who courtesied from her post on the sidewalk. The queen was pale and sad-looking, the spirited face of the young king had something in its expression that was almost defiant. The spectators were cold and merely civil. At such a sight one remembers that kings and queens have also hearts that may be wounded, and that they sometimes need and deserve compassion. Few of them, indeed, have willfully grasped the crown; and on many of them it has descended like a crown of thorns.

"The king gives the queen the right hand, though she is queen consort only," Tacita said as they drove away. "In Italy the king regnant must absolutely have the right; and etiquette is quite as imperative in placing the gentleman at the lady's left hand. Consequently, the king and queen of Italy do not drive out together. Gallantry yields to law, but evades a rudeness."

She was scarcely conscious of what she was saying. Her eyes were searching the street and square. "What is his name?" she exclaimed suddenly, without any preface whatever.

"His name is Dylar," answered Elena. "He will make a part of the journey with us."

"He is from your place?" Tacita asked. She could not have told whether she felt a sudden joy or a sudden disenchantment.

"Yes, he is from our place."

"The child was not his?"

"Oh, no!"

"Why did he bring it to us?"

"Probably he saw that they were poor."

"Does he know them?"

"He must know that they are poor, or he would not have asked charity for them."

"He asked nothing," said Tacita.

"Yet you gave."

"It is true; he did ask and seemed sure of receiving. Why does he make a part of the journey with us?"

"He knows the way and the people. He will meet us when we cross the mountains."

"I wonder if they are the mountains that my grandfather remembered!" thought Tacita, and asked no more. Some feeling that was scarcely fear, but rather a sense of coming fate, began to creep over her. She had entered upon a path from which there was no retreat, and something mysterious was stealing about her and closing her in.

"Dylar is here," Elena said as they drove into the gardens of the Ritiro. "Shall we stop and speak to him? I want to tell him when we will leave Madrid. What shall I say?"

"We will leave to-morrow morning," Tacita said, looking eagerly around. Already it seemed to her a wonderful thing to hear this man speak.

He was walking to and fro under the trees, and came to the side of their carriage immediately. He glanced at Tacita, and slowly bowed himself in something of an oriental fashion. One might have hesitated whether to compare his manner to that of a perfectly trained servant come to take orders, or to the confident reserve of a sovereign about to hear if his orders had been obeyed. "The signorina has decided to set out to-morrow morning," Elena said to him. "We shall not stop anywhere."

"I will meet you at the orange-farm," the man answered quietly.

The voice was clear and low, the enunciation perfect.

He looked at Tacita with a reassuring kindness. "Elena knows all that is necessary," he said. "Trust to her, and have no fear."

She felt herself in the presence of a superior. "I have no fear now," she replied; and thought, "How did he know that I was afraid!"

He drew back, and they went on their way, neither speaking of what had occurred.

CHAPTER VI.

TACITA resumed her journey in a dream, and pursued it in a dream. She asked no questions, and observed but little, though at times it seemed to her that the line of their progress was a zigzag. Did they cross the water a second time? Why did they travel so much by night, and sleep by day? She did not care. Her mind became dimly aware of these questions rather than asked them. Had she taken hashish? No matter. All that she wanted was rest. Her very eyelashes and fingernails were weary. Oh, for the mountains, for a place to call home, and rest!

She received the impression that a part of the country through which they passed was like a burnt-out world, all sand and black rocks, so that the limpid rivulet that met them somewhere was a surprise. She wondered languidly that it was not dried up. Was it a week, or a month, since Dylar had said, "Have no fear"? No matter. She had no fear; but she was, oh, so weary! Fortunately, nothing was required of her but passive endurance of fatigue. She was borne along, and tenderly cared for.

One day she roused herself a little, or something was done to rouse her. They were in an easy old carriage drawn by mules. It had met them at a solitary little station of which she had not seen nor asked the name; and they had been driving through a dry plain, and were now in pine woods.

Elena gave her some little cakes of chocolate and slices of lemon. "We are almost out of provisions," she said; "but in an hour you shall have a good dinner; and then to bed with her, like a sleepy child."

Elena was smiling brightly. Tacita gave a languid smile in return, and leaned back, looking out the window. The pines had ceased, and there was a rice-field at one side, and orange-trees heavily laden with ripe fruit at the other.

The oranges reminded her of Naples, which she had visited when a child. The blue bay and blue sky seemed to sparkle before her, the songs bubbled up, there was the soft splendor of profuse flowers, the fruits, the joy in life, the careless gayety; and, crowning these delights, that ever-present menace smoking up against the sky, telling of boiling rivers from a boiling pit of inextinguishable fire ever ready to overflow, bearing destruction to all that beauty.

"The utmost of earthly delight has ever its throne on the edge of a crater," she thought.

The orange-trees pressed closer, right and left, there were blossoms with the fruit, and the western sun shone through both. The air was fresh and sweet. She saw nothing but glossy foliage and golden balls, and a green turf strown with gold.

"It is Andalusia, or the Hesperides!" she said, waking, and sitting up.

Even as she spoke, the green and gold wall came to an end, and at a little distance a whitewashed stone house was visible.

"Look!" exclaimed Elena; and leaning toward her, pointed upward out of the carriage window.

Behind the house, showing over its roof like a crown on a head, was a curve of olive-trees on a hill-top. Above the trees rose wild rocks in fantastic peaks and precipices, and above the rocks, closely serrated, was a range of Alp-like mountains upholding a mass of snow and ice that glittered rosily in the sunset.

"Is it your home?" asked Tacita eagerly. "How beautiful!"

"Not yet," her friend answered, her eyes, filled with tears of joy, fixed on those shining heights. "But from my home those mountains are visible. To-morrow night I shall sleep under my own blessed roof!"

The door of the house stood open, but no one appeared in it. At some distance were several persons, men and women, gathering oranges. They paused to look at the travelers, but made no movement to approach them.

"We do not need any one," Elena said. "You shall go directly to your chamber; and after supper you shall sleep."

They entered a vestibule from which a stair ascended. The inner doors were closed. They went up to a pleasant chamber that looked toward the mountains and the south. At their left, toward the east, twilight had already come under the shadow of those heights and the pines beneath. But shafts of red gold still shot over their heads from the west, and all the shadows had a tinge of gold. An orange-tree that grew beneath their window lifted a crowded cluster of ripe fruit above the sill, as if offering it to the travelers.

"Thank you!" Tacita said, and detached one from the bunch where they grew so close that each one had a facet on its side.

Elena, who seemed to feel perfectly at home, left her resting and went down stairs for their supper. She had made no mistake in saying that it would be a good supper. An hour later, the shadows had lost their gold, and Tacita was asleep.

How sweet is the deep sleep of weariness that hopes and trusts! It is not alone that every nerve and muscle lets slip a burden, that the heart gives a thankful sigh, and the busy brain grows quiet. The pleasure is more than negative. Such sleep comes as the tide comes in calm weather. Transparent, yet tangible, it steals over the tired senses, its crest a whispered lullaby. Deeper, then, smoothing out the creases of life with a down-like touch. Yet deeper, and a full swell submerges the consciousness, and you lie quiescent at the bottom of an enchanted sea.

CHAPTER VII.

"ARE you prepared for mountain climbing?" Elena asked the next morning when Tacita woke.

"I am prepared for anything! I have had such a refreshing sleep! How long has it been?"

"Nearly twelve hours, my dear. Your ancestors must have come from Ephesus. I thought that I knew how to sleep; but the singleness of purpose with which you lay yourself away is something entirely your own. It is a gift. It arrives at genius. Now, who do you think that I can see coming over a rocky path above the olives?"

"Can it be Dylar?"

"It is Dylar. He will be here in fifteen minutes."

The people of the house paid as little attention to their guests in the morning as they had the evening before. Elena brought the breakfast, if she did not prepare it. Probably they were all out picking oranges. Children were visible at a distance gathering the fruit up from under the trees. The orchard was a good many acres in extent.

When Tacita, prepared for her journey, went down to the door, their driver of the day before stood there with two donkeys girded with chair-shaped saddles, with high backs and foot-rests. Not far away there was another donkey. Beside it stood a man who uncovered his head, and looked with an eager smile at the young traveler when she appeared.

"He is one of my people," Elena said. "I have been talking with him. You should salute him in this way," lifting her hand above her face.

Tacita imitated her with a smiling glance toward the guide, who responded.

Away under the trees talking with the farmers was a third man, who as soon as Tacita appeared, came to meet her.

It was Dylar; but Dylar in a conventional dress such as any gentleman might wear in traveling; and with the dress, he had assumed something of the conventional manner. Had he lost by the change? she asked herself, while he made courteous inquiries, and looked to see if her saddle was firm. No: the face was the same, and could easily make one forget the costume; and there was sincerity in the tone of his inquiries.

"We cross this angle of the mountains, and go back almost in the direction from which you came yesterday," Dylar said. "I am sorry that it was necessary to take you by the longer way. Late in the afternoon we shall reach a house where you and Elena will sleep. It is a solitary place, but more comfortable than it looks at first sight, and it is quite safe. To-morrow you will have but three hours' ride."

They mounted, and took the path that led backward over the heights. They rode singly, Elena with her guide leading. Tacita followed with a man at her bridle, and Dylar came last.

The air grew cooler and finer. It was the air that makes one wish to dance.

Tacita asked herself what it could be in all these faces, — Dylar's, Elena's, the two guides', yes, and in her own mother's and grandfather's, — which made them resemble each other in spite of different features and characters. It was a spiritual family resemblance. Ingenuous was not the word. It was not dignity alone. Strong and gentle did not describe it. It was the expression of a certain harmonious poise and elastic firmness of mind indicating that each one had found his proper place, and was content with it; indicating, too, a mutual complaisance, but a supreme dependence on something higher.

Their way led deeper into the mountains. Now and then, in turnings of the path, Tacita lost sight of her companions. She looked backward once for Dylar. When he appeared, he smiled and waved his hand to her encouragingly.

"He smiled!" she whispered to herself, but did not look back again.

The sky was blue and cloudless, and pulsed with its fullness of light. Somewhere, not far away, there was a waterfall. Its infant thunder and lisping splash pervaded the air. The scene grew more grand and terrible. One moment they would be shut into a narrow space from which exit seemed impossible, dark stone grinding close without a sign of pathway; then the solid walls were cleft as in an instant. In the near deeps lurked a delicate shadow; far below was revealed from time to time a velvety darkness.

Tacita's mind, floating between present contentment, a half-forgotten pain, and a mystical anticipation, confused the scene about her with others far away. Clustered windows, crowded sculptures and balconies, seemed to emboss the cliffs at either hand, or float in misty lines along their surfaces. The sound of the haunting cascade became the dip of oars, or the swash of the lagoon ploughed by a steamboat. She saw their time-stained old Venetian house; and the last scenes she had witnessed there rose before her. A wreath of mist that had risen from some invisible stream and paused among the rocks recalled a narrow bed with a white-haired old man lying on it, peaceful and dead. The hymn sung as he died seemed only that moment to have ceased on the air. Why had it sounded familiar? Perhaps it might have a phrase in common with some song she knew. How did it go? She hummed softly, feeling for the tune, found a bar or two, and sang in a low voice.

To her astonishment, her guide at once took up the strain, and from him Elena and her guide, and then Dylar. They sang: —

"San Salvador. San Salvador,
We live in thee!

'T is love that holds the threads of fate;
Death 's but the opening of a gate,
The parting of a mist that dims the sky.
We live in thee! We live in thee!
San Salvador,
We live in thee!"

Tacita held her breath to listen. Was she indeed riding through mountain paths and morning air, or lying in a dream in some strange land? Dylar's was the voice that had sung beneath their window when her grandfather was dying!

The way grew wilder. The rocks were black and frowning. Sometimes their path was but a narrow shelf along the face of a precipice. Once the guide made her descend, and fastened a rope from iron hook to hook set in the rock for her to hold in passing.

At noon they reached a little plateau, — a few feet of short turf, some tiny vines and spotted lichens, and a blue flower, all of which seemed miracles in that place. Here they dismounted and ate their luncheon.

"What a wonder a flower would be, if there were only one in the world!" Dylar said, seeing Tacita bend over this.

She smiled, and continued to examine it carefully, without touching. It seemed something sacred. Who drew the little lines on its petals, and scattered the gold dust in its heart, and gave it all that seeming of innocent faith and courage? The grass-blades, too, with their fine serrated edges, and sharp points thrust upward, then curving over, as if they were spears changing to pruning-hooks, — what beautiful things they were when there were but few!

Dylar and Elena talked with their guides in a language that she had never heard before, yet which she could almost understand.

It was a clear-sounding and sonorous language, with a good deal of accent, and it almost sang.

"You will soon learn it," Elena said. "It is the flower of all languages, not yet rich, but pure."

They mounted, and pursued their way. After some hours the path began to broaden and descend. They entered a pine wood, and the sun deserted them, showing only on the tops of the highest trees. The way was dim and fragrant, long brown aisles of gloom stretched away at their left. But only a fringe of trees stood between them and the crags at their right.

The path turned with a long curve, and they were at the door of a dark old house, built of rough stones, and set against a cliff. Opposite the door a road went down into the pines, and disappeared. The road by which they had come continued past the door, descended gently, and disappeared around the cliffs.

The house had a sinister, deserted look. The door was off the hinges, and set against an inner wall. The rude shutters of an upper window hung half open. Where the masonry of the house ended and the natural rock began was not apparent. Nature had adopted the rough stones, and set her lichens and grasses in their interstices.

A rivulet fell from the heights into a trough near the door, twisting itself as it fell, and braiding in strands of light. From the trough the water overflowed, and followed the road.

"It is not so bad as it looks," Elena said.

Dylar came to assist Tacita. "I think that you will be able to rest well here, unpromising as it looks," he said. "Do not be anxious. You will be well guarded. And to-morrow your journey will come to an end."

As they entered the house, a man came hastening down the stairs. He saluted Dylar with reverence and Elena with delight. They spoke together in the language the guides had used. The man bowed lowly before Tacita, and smiled a welcome.

The room had no door but that by which they had entered, and no furniture but a rough bench and table. There was a cavernous chimney. The floor was strown all about with twigs and pine needles.

One of the guides brought in some boughs, and kindled a fire on the hearth.

Dylar took leave of Tacita, and pursued his way down the carriage-road leading by the rocks. In parting he said, —

"After to-morrow I will see you, if the King wills."

A stair led directly from the room to a landing. Two doors opened on this landing. One was closed. The other stood wide open into a chamber that was in pleasant contrast with the room below. A wide white bed, a deep sofa, a commode and mirror, a table set with covers for two drawn up before the sofa, and a second table holding roasted fowl, salad, wine, and fruit promised every necessary comfort. The room was rough but clean. A gray muslin curtain was drawn back from one side of the window, and there was a glazed sash in a sliding frame at the other.

"Isn't it cosy!" said Elena, who seemed to be overflowing with joy at finding herself so near home. "Now, lie down on the sofa, dear, and you shall have some soup as soon as it is hot. We shall fare well. Our supper has been prepared by the housekeeper at the castle, and sent in good order."

"I must not ask what castle?" Tacita said.

"Why, Castle Dylar, of course!" Elena said, and went down stairs for the soup.

There was a sound from below of the door being set on its hinges and barred, and the shutters were closed.

"The guides will sleep below," Elena said.

"Elena," said Tacita, "what did Dylar mean when he said 'if the King wills?' Who is the king?"

"Christ Jesus," replied Elena, bowing her head.

"*Evviva Gesù!*" exclaimed the girl with pleasant surprise. "And is Dylar the master of Castle Dylar?"

"He is sole master!"

"Am I allowed to ask if he has any title of nobility?"

"He is a prince," said Elena.

She asked no more.

Later, when half asleep, she became aware of strange sounds from below, as of a heavy weight falling, and grating hinges.

"Don't be afraid," Elena said. "The men are putting the donkeys in their stable. And our chamber door is strongly barred."

CHAPTER VIII.

The sun was high when Tacita woke the next morning. The chamber door was open, and an odor of coffee came up the stair. The window sash and curtain had been drawn back, admitting the pine-scented air and a rain of sunshine that fell over everything in large golden drops.

It was late. "But that does not matter," Elena said, coming up with the coffee. "We could not have started sooner. My brother had to come for us; and it takes three hours. There were other things to do besides. And when they were all done, we talked over the incidents of a five years' separation. How glad I was to see him!"

Tears were shining in her eyes. "There is no haste. My brother has to prepare some things. We go by an inner path, not the one Dylar took. We travel in a southwesterly direction across the mountains; and you will reach your chamber long before sunset. I have thought that you would not care to see any strangers to-night. Am I right? Well, now we will go down. But first, I have a word to say to you."

There was something in her face that arrested attention, an excitement that was almost a trembling. "Tacita, do you remember all that your mother and grandfather told you, which you refused to repeat to me?"

Tacita made no reply in words. Already she divined.

The nurse leaned to whisper a word in her ear, and give her a sign.

Tacita looked at her with a mild surprise.

The nurse went to look out the window, and returning, repeated her pantomime and whisper.

"Well?" said Tacita wonderingly.

"Dylar reproved me for having tried you in Seville," the nurse said, and again repeated the whisper and the touch.

"I might have known!" Tacita exclaimed joyously, embracing her. "I did almost know. It is all that was needed to make me perfectly happy! And now, let us start for home. At last I can call it home! 'By the side of a rock,' my mother said."

They went down stairs. There was no one visible, and the door was still barred. Elena led her companion into the niche under the stair, and tapped on the stone wall. Immediately, as though her light touch had pushed it, a part of the wall receded a few inches, was lifted a few inches, and swung slowly backward. It was a door of small stones set in a plank frame, the irregular edges fitting perfectly into the masonry about them. A narrow, dim passage was visible, leading downwards.

They descended, hand in hand, passing by a man

who stood there in the shadow; and the door was closed and barred behind them. It was hung on iron hooks that were round at the top, and square below. When the bars were removed, and the door freed from the wall, a pulley lifted it from the square to the round iron on which it swung.

The incline led to a small cave, scarcely larger than the room above. It was all open to the west, and an abyss separated it from a precipice, leaving only a narrow shelf of rock outside the cave's mouth. Beside this shelf, no other egress was visible.

The place showed signs of having been recently used as a stable. For the rest, it might not have been visited for years. There was an old chest with rusty hinges, an old box full of pine-needles, and some discolored blocks of wood that might have served as seats.

"It is Arone, my brother!" said Elena, when the man came down to them after fastening the door.

He had a sunny face, and he resembled his sister so closely that an introduction was scarcely necessary. His dress set off a fine manly figure. It was a gray cloth tunic reaching to the knees, and girded with a dark blue fringed sash. Long gray stockings and a gray turban-shaped cap with a blue band completed his costume. The band of the cap was closed over the left ear with a small silver hand.

The shelf of rock proved to be their path. Holding by a rope fixed in iron hooks, they followed its curve to a small platform of rock. From this, a bridge of two planks, over which the rope was continued, crossed the chasm to a second shelf. This was more dangerous than the first; for it was wet, and the sheer rock it followed was dripping. Beyond, in a wider path, were their guides of the day before, and the donkeys.

Holding the rope, Tacita passed the wet rock, not daring to look downward, and was received by her companions with a "Brava!"

The worst was over. She sat down to get her breath, and Arone returned to remove the ropes and plank.

"You are going to see, in a little while, why our path is wet," Elena said. "Meantime, look about you. Do you see that window?" pointing to a fissure in the rock above the cave. Ropes extended from this point to another not visible to them, but in the direction of their pathway. "The closed door you saw next to our chamber leads to that room, and those ropes carry signals to a station that is visible to a second station farther on. From there they are repeated to a third, and that third station we see at home. Anything that takes place here can be known there in a few minutes. They must know already that we have passed the bridge. The house is not such a ruin as it appears, nor so far away from everybody. There are several decent rooms above; and it is only five miles round by the road to Castle Dylar. There are always two persons in the house as guard; and they are changed every week. From an upper window, like this, hidden behind a fissure in the rock, all the roads outside are visible. There are tubes leading to the lower room through which the guard can converse, or listen."

Tacita did not reply. She disliked mysteries, having had reason to mistrust them.

"We have no more secrets than we must, dear," her friend said, perceiving the signs of distaste. "All that you have seen is necessary for the protection of good people who have not strength to defend themselves, and would not wish to use force, if they could."

Arone, who had come back to them, looked at the window over the cave, and blew a whistle. Instantly, a bunch of long, colored streamers ran along one of the ropes, and disappeared. While they waited, Elena gave her charge a first lesson in her mother's native language, telling the names of their guides, their animals, the rocks, lichens, and the sky, with its light and sources of light. Then, pausing, she raised her hand, and listened. There was a stir, faint and far away, but coming nearer. It became a rushing sound, and a sound of waters. A huge white feather showed above the wet rock underneath which they had passed, and a foaming torrent leaped over its brink, plunged with a sharp stroke to the shelf, and fell into the abyss. Their whole path from the cave's mouth to within a few feet of where they stood was covered with the wild rush of a mountain torrent.

"That is our beautiful gate," Elena said. "It needs no bolt. Now we will go. From here the way is all plain."

They rode for two hours over a hard mountain path, where nothing but dark rocks, pine-trees, and snow was visible. Then through a gap in the mountains an exquisite picture was seen, lower down, and not so far away but its features could be examined. There was a green hill with sheep and lambs, and a little cottage. Outside the door, under the shadow of an awning, sat a man and woman. The man was carving pieces of wood on a table before him; the woman had some work on her lap which kept her hands in constant motion. A young girl came out of the cottage and brought her mother something which they examined closely together. They were all dressed in gray with bright girdles.

"The man carves little olive-wood boxes and bowls," Elena said. "The woman and her daughter make pillow-lace. The girl is our very best lace-maker. Her work brings a high price when we send it out."

The three continued tranquilly their occupations, unconscious of being observed; and an interposing mountain slope soon hid them from sight.

Tacita began to feel that she had rested but superficially the two past nights. She scarcely cared to look at the changing views where distant snow-peaks and occasional airy distances seemed to intimate that before long they might emerge from their mountain prison.

The path descended gradually; there were glimpses of pine-groves and olives. Suddenly they made a sharp turn, and entered a cave much like that they had started from.

"At last!" exclaimed Elena, and slipped from her saddle.

From the cave they went into a long corridor that led them to an ante-room with a curtained glass door at each of the four sides. There was no window. One of the doors stood open into a charming bed-chamber.

The one large window of this chamber was covered with a curtain of white linen in closely crowded flutings that shone with a reflected sunshine. The color of all the room was a delicate gray, with touches of gilding everywhere. They glimmered in a broad band of arabesques that ran round the walls at middle height; on a bronze vase with its long slender pen-sweep of a handle; on the lance-ends of the curtain-rod; on the railing around three sides of a little table that held a candlestick, bottle, and glass at the bedside. There was a glistening of gold all through the light shadow-tint.

"Welcome! A thousand welcomes to San Salvador!" exclaimed Elena, leading Tacita into the chamber and embracing her with fervor. "May all happiness and peace attend you here; and may the place be to you the gate of heaven!"

"And now, dear, your fatigues are all over," she added. "You are at home!"

"San Salvador!" repeated Tacita, looking about her.

"Do you wish to see and know more now, at once?" the nurse asked smilingly. "There are no more secrets for you."

"Oh, no! Just now I appreciate too well our Italian proverb: 'The bed is a rose.' And that sofa seems to speak." She went to sink on to its soft cushions. "Go to your friends, Elena."

"Presently. You must first be attended to. There is a woman here who will serve you in everything. She speaks French, and her name is Marie. What are your orders?"

"My wish is to rest on this motherly sofa an hour or two, without having to utter a word. Then I would like a little quiet dinner, all alone, after which I will go to bed and sleep as long as nature wills. Those are my wishes. My sole command is that you go to your friends at once, and do not return to me till to-morrow morning. My poor, dear Elena! What a care I have been to you! Now let me see you take some care of yourself. I have all that I want."

The woman, Marie, appeared with a cup of broth on a tray. From her glad excitement, the tray trembled in her hands.

"Oh, welcome home, Elena!" she exclaimed. "Welcome to San Salvador, Tacita Mora! You are a thousand times welcome! May the place be to you the gate of heaven! I am so glad!"

She set the tray before Tacita, but could spare her only a glance as she uttered her hasty and tremulous welcome. Then she ran to embrace

Elena. "Oh, welcome! welcome! You are looking so well. You come laden with good news. Stay with us! We will not let you go again. We will give the moon in exchange for you!"

"Oh, I should miss the moon," Elena said laughingly.

After a little while they went out together, leaving Tacita to rest.

"What, then, is San Salvador?" she wondered, sinking among the sofa-pillows.

Perhaps she might learn by lifting that sunlighted curtain. But she did not wish to lift it. There was pleasure in tasting slowly the unfolding mystery. So far, each revelation had been brighter than the preceding. She slept content, and waked to see on the curtain the deep hue of sunset.

For a little while she lay looking about her, recollecting herself, and examining her surroundings. The floor was of yellow tiles, all the furniture and bed-covers were of pale gray linen as glossy as satin, the wicker chairs were graceful in shape, and the tables gave a restful idea of what tables are meant for, undefeated by sprawling legs and impertinent corner - twiddlings. They were of fine solid wood, dignified and useful, and set squarely on strong legs.

Glancing at the band of arabesques around the walls, Tacita perceived that it had a meaning. It was all letters — but letters run to flower or to animal life. They budded, they ended in tendrils, they were birds and insects, but always letters; and as she studied them, they became letters that made words in all the languages that she knew; and doubtless those which she could not decipher were words of languages unknown to her. And of all those which she could read, every one repeated the same words, over and over, whole, or in fragments, each phrase held up as a honey-dropping flower:

He shall feed his flock like a shepherd; and sorrow and mourning shall flee away.

It was set down in clear text. Then a bird flew with a part of it in his beak. *Like a shepherd, Like a shepherd.* And the word *shepherd* stood alone, all bloomed out with little golden lilies. Dragon-flies and butterflies bore the promise on their wings; and where it bore roses, every rose had a humming-bird or bee sucking its sweetness out. The quick squirrel ran with what seemed a vine hanging from his upturned mouth; and the vine was a promise.

It was the Moorish idea. She had seen among their arabesques the motto of Ibn-l-ahmar: "There is no conqueror but God," so interwoven with ornamentation. But that solemn Moorish reverence and piety did not touch the heart like this consoling tenderness.

Dinner was served on a table set before the window. It was a charming little dinner: a shaving of broiled ham; a miraculous soup; a bit of fish in a shell; a few ribs, crisp and tender, of roasted kid; rice in large white kernels; an exquisite salad of some tender herbs with lemon juice and oil that was like honey; a conserve of orange-blossoms, rich and thick; a tiny flask of red wine from which all acrid taste of seed and stem had been excluded; and lastly, a sip or two of coffee which defied criticism.

Evidently the cook of San Salvador was nothing less than a *cordon-bleu*.

The dinner done a healthy justice to, and praised, Tacita was once more left to herself. But first Marie brought a vase of olive oil and water with a floating flame, and set it in a little glazed niche in the wall that had its own pipe-stem of a chimney; and she drew back the window-curtain. The lower part of it had lost the sun; but a bar of orange light crossed the top.

Tacita waited till the door closed, then looked out eagerly.

There were still mountains in a rugged magnificence of mass and outline; but the color left no room for disappointment. They faced the west with the kindled torch of a snow peak above a tumult of gold and purple and deep-red. There were pines along the lower heights, and olives, and, lower still, fruit-trees. A rock protruding close to either side of the window narrowed the lower view. But only a few rods distant, a wedge of smooth green turf was visible, with a crowd of gayly-dressed children playing on it, tossing grace-hoops, chasing each other, and dancing.

Presently the air was filled with a sweet, tinkling music. The children ceased their play at the sound, and formed themselves in procession, with subsiding kitten-like skips, and passed along the green, and out of sight.

As she watched them, it occurred to Tacita for the first time to think that youth is beautiful. It is a thought that seldom occurs to the young, youth being a gift that is gone as soon as recognized. Her aching languor and weariness taught her the value of that elastic activity, and her sorrow suggested the charm of that unclouded gayety. Yes, it is beautiful, she thought, that evanescent blush of life's morning forever hovering about the sterner facts of human existence.

She sat and looked out till the color faded from the heights, leaving only a spot of gold aloft; and, thinking that she must not go to sleep in her chair, fell sound asleep in it.

It was about midnight when she waked, and with so vivid an awakening that to sleep longer seemed impossible. In place of the languid quiescence of the evening before, there was a consuming impatience to know all without an hour's delay. Close to her was the unsolved mystery of her mother's birth and of her own fate. She could wait no longer.

She lighted her candle, and went softly out into the ante-room. All was still. She tried the door opposite her own. It opened on a broad stair that descended between two blank walls.

Closing the door noiselessly behind her, she went down, candle in hand, and reached a corridor and a second stair. Across the foot of this second stair shone a soft light. It was the same light that shone outside her window above, — a passing moonlight that had gathered to itself all the starbeams in the air and all the frosty reflections of its own crescent splendor from snow-clad heights and icy peaks, and fused them in a lambent silver.

Tacita set her candle on the stair, and went down into a long hall, of which the whole outer side was an arcade, and beyond the arcade was a piazza open to the night, and with a wide space beyond its parapet. As in a dream, she passed the arcade; and before her lay San Salvador, the city of the **Holy King!**

CHAPTER IX.

SAN SALVADOR was built on a plain that might once have been the bed of a lake formed by mountain torrents partially confined. It was an irregular oval, two miles in length from north to south, and a mile and a half wide. As large an exact parallelogram as the space would allow was surrounded by a deep canal, or river, shut in by balustrades on both sides, and having its outlet southward through the mountains. This space was the town, as compactly built as possible.

Across the centre, from east to west, ran a wide avenue that expanded at middle length to a square. Seen from a height this avenue and square looked like a huge cross laid down across the town. Narrow streets, alternating with single blocks of houses, ran north and south, only an open space of a few feet being left all round next the river. The cross-streets did not make a complete separation of the houses, but cut away only the basement and floor above, so that one looked across the town through a succession of arches.

The houses were all of gray stone, three stories high, with a *patio*, a flat roof, and two fronts. There was no sign of an outbuilding, nor was there a blade of grass in the gray stone pavement that covered every inch of ground inside the river. But there were plants on the roofs. At each end of the avenue a bridge as wide crossed the river; and there were four narrow bridges at each of the four sides of the town.

In the southern half of the square was a building called the Assembly, from its use, or the Star-house, from its shape. It had three triangular stories set one over the other in the shape of a six-pointed star, the protruding angles forming vestibules below with their supporting columns, and terraces above. These columns restored the symmetry of the structure, and gave it grace and lightness.

In the northern square was a low bell-tower with a pulpit built against its southern side. The first floor was an open room surrounded by arches.

With the exception of these two structures, nothing could be more monotonous in form and color than the whole town; while nothing could be more varied than its setting.

That part of the plain outside the river, called the Cornice, had a straight edge next the river and an outer edge that showed every wildest caprice. Sometimes it ran into the mountains in bays, in curves and rivers, and sometimes the mountains crowded it to within a few feet of the river. All around rose the mountain wall, lined with hills, gentle, or abrupt; and, inundating all, a flood of verdure was thrown up on every side, like the waves of a sea. The ragged edges of the plain were heavy with wheat, rice and corn; higher up were orchards, vineyards, and terraced gardens, and a smoke of olives curling about everywhere, and groves of trees crowded into sunny hollows, and wedges of pines thrust upward, diminishing till the last tree stood alone beneath a gigantic cornice-rim of rock, snow and ice,—

"Where the olive dare not venture,
    And the pine-tree's courage fails."

Around the middle distance of this garden-zone was a wavering path, now visible to the town, now lost, with frequent dropping paths, half stairs, to the plain. This path was called the Ring. Here and there was a glistening watercourse, or cascade; and the whole garden-circle was sparsely dotted with little cottages, some of them scarcely more than huts.

Two great masses of rock detached from the mountains were connected with them by bridges. That at the southwest was covered with a building containing a school for boys, that at the northeast had the hospital.

Directly opposite the eastern end of the avenue was the largest building in the town, called the Arcade. Here was the girls' school, and a hotel for women.

It was here that Tacita Mora stood, in the long wide veranda that followed the whole irregular front of the building, and looked for the first time on the city of her birth. But of all this scene, splendid by daylight, in that midnight hour she saw only a bold mountain outline high against the stars, with an embroidery of shadows beneath, and lower yet, a gray bas-relief that as it approached nearer became houses.

Presently, the waning moon came up over the mountains behind the Arcade, and set a snow-peak glistening opposite, and half unveiled a ghostly sheeted avalanche, and penciled here and there a clearer outline, and showed the embossed surface of the plain cleft smoothly across from beneath the veranda where she stood to something far away that seemed like a white wavering cascade, with a fiery sparkle above it as the moon rose higher.

The desire to know more, to see nearer, to assure herself by actual touch that this was not all a twilight *mirage* became irresistible.

"Be free as in your father's house," Elena had said to her.

There was no sign nor sound of any one abroad. The soft rustle of running waters alone moved the silence.

Tacita found the last stair and went out. In that delicate airy illumination the avenue disclosed itself before her, and the white object far away became stationary. But the sparkle above it had disappeared. She went forward timidly, pausing to listen, turning to retreat, and again advancing, at once resolute and afraid.

A few silvery bird-notes floated through the silence; a white network of cloud, like a bed of anemones, veiled the moon's crescent.

Tacita, gathering courage and excited by the

spirit of adventure, hastened till she reached the Square, paused there but a moment, and then hurried on toward that white object which was her goal. It was a little above the level of the town; it took shape as she drew nearer, and became the façade of a white building with a fragmentary glimmering across it and above; it showed a background of dark rock, and a plateau in front surrounded by a white balustrade. In all the town there was nothing white except this building and the balustrade raised and overlooking every other building. In a Christian community only a church would be so enthroned.

Tacita crossed the bridge, and went to kneel on the steps leading from the level to the inclosed terrace. There was a smooth façade with a great door in receding arches in the centre, above a flight of white steps, five rose windows following the arched line of the roof, and something like a gilded lettering across the middle height.

As the anemone-cloud drew away from the moon, the letters grew distinct, and the text shone out full and clear:—

I AM THE LIGHT OF THE WORLD.

At sight of that shining legend aloft, something stirred in the girl's memory. A thick curtain of years parted, showing a distinct fragment of the past. Once, long ago, she had looked up at that white expanse and seen upon its front the line of shining figures. Her hands held the soft fold of a dress, and a hand rested lightly on her head. In her memory the bright figures were associated with the idea of a great golden lamp, softly luminous, swung by a golden chain down from the skies, and of a face all radiant, and a sweet voice that said: *Of such is the kingdom of heaven.*

"I must have stood on this very spot with my mother while she explained the words to me, and told how he blessed little children."

When the bee has gathered all the honey that it can carry, it flies home.

Tacita's heart was full. She wanted no more that night.

But there was no timidity in her return. The place was walled in as by a host of angels. The fold of her mother's dress seemed yet within her grasp, and the flowing water was a song of peace.

The candle, burnt low, was where she had left it on the stair, and all was silent and deserted on the way up to her chamber.

CHAPTER X.

"You have taken the edge off the surprise I meant for you," Elena said when Tacita told her of her midnight walk. "But there still remains something to please you with its novelty. Go and see the Basilica. The door is open all day. You can go alone, and will enjoy it more so than with company. When you come back I will have your new room all ready for you. It is in front, over the great veranda, a little to the right."

"Shall I meet many people in the street?" Tacita asked.

"You will see very few; and they will all be on some business. We are an industrious community, and there is no one who has not something to do in the morning. It is only toward evening that we walk for pleasure."

"Will any one speak to me?"

"Probably not; but they will bow to you. You have only to bow and smile in return."

"Can I smile to everybody?"

"If the smile wants to come."

"Oh, Elena, that is the best of all!" Tacita exclaimed. "Sometimes I have met strangers whom it seemed impossible to pass without notice. Perhaps the person appeared to be in trouble, or was uncommonly *simpatica ;* or for the moment I happened to feel strongly that we are all 'poor banished children of Eve.' It was an affection that I cannot describe, as though it were heaven to sacrifice your life in order to save or console another. I gave, perhaps, a glance that rested a moment, or a faint — oh, so faint! — hint of a smile; and I was always pained and mortified, the person would look so surprised. It showed me plainly that the earth is indeed accursed when our kindest impulses are so misunderstood."

While speaking, she put on a new dress that Elena had brought her. It was a long robe of thin dark blue wool, bound at the waist by a silken sash, a lighter tint of the same color. The wide straight sleeves fell over the hands, or were turned back, such sleeves as may be gathered up under a brooch at the shoulder. A long scarf of the woolen gauze served to wrap the head and neck, if necessary. There were gloves of fine white kid and russet shoes with silver buckles.

Elena wore the same style of dress in gray.

"Gray is our working color," she explained. "Sometimes it is worn with leathern belts, or sashes of another color. Gray alone, or with black, or white, is mourning. White is our highest gala. The very old wear white always. It gives that look of cleanliness and freshness which age needs. The children are our butterflies. They wear gay colors. We never change the form of our dress. The only variation is in color and material. I think that you will scarcely find anything more graceful, modest, or convenient."

"It's the prettiest dress I ever had," said Tacita. "And now — and now" —

They went down stairs and stepped out into the veranda, and the full splendor of what she had seen but in shadow burst upon Tacita's view.

There was every shape and shade of verdure, and every shape of barren rock and gleaming snow. There were mists of rose, blue, and gold that were flowers. There was every depth of shadow, from the tender veil as delicate as the shadow of eyelashes on the eye, to the rich dusk lurking beneath some wooded steep or overhanging crag. The houses were of a silvery gray, bright on the roofs with plants and awnings. Wherever there was water, it glittered. The façade of the Basilica was like snow, and its five windows blazed in the morning sun. The wavering path that threaded the gardens was yellow, and shone with some sparkling gravel.

Tacita leaned over the balustrade and looked right and left. At every turn some lovely picture presented itself.

"There is no one in the avenue," Elena said. "But the archways will be cooler."

Tacita chose the deserted avenue, and walked timidly, almost without raising her eyes, till the second bridge was passed, and the Basilica rose before her, standing out from a mass of dark rock that almost touched the tribune.

Nine steps of gray stone led up to the white balustrade. Within, at either side was a square of turf, thick and fine, separated and surrounded by a path of yellow gravel, sparkling with little garnets. Three white steps above led to the double door, now wide open. There were inscriptions on the fronts of the steps. The upper one bore in Latin that most perfect of all acts of thanksgiving, *We give thee thanks for thy great glory.* The vestibule was one third the width of the Basilica, two narrow side doors, unseen from the front, having vestibules of the same size. This was entirely unadorned, except by the two valves of the carved door of cedar and olive-wood shut back against the wall, and the shining folds of a white linen curtain shutting an inner arch of the same size.

Lifting the linen band that drew these folds aside, Tacita was confronted by another curtain, a purple brocade of silk and wool, heavily fringed.

She dropped the linen behind her, and stood cloistered between the two for a moment; then, lifting a purple fold, stood before a screen that seemed woven of sunshine. A gold-colored silk brocade with a bullion fringe that quivered with light closed the inner edge of the arch.

Two contrary impulses held a momentary soft and delightful conflict in her mind: an impatient desire to see what was beyond that veil, and a restraining desire to let imagination sketch one swift picture of what was so delicately guarded.

Then, holding her breath, she slipped past the scintillating fringes and stood in the nave.

Flooded with the morning sunshine, the place was as brilliant as a rainbow. Even the white marble footing of the walls, and the two lines of white marble columns, overhung with lilies instead of acanthus leaves, caught a sunny glow from that illumination. The walls, frescoed with landscapes of every clime, showed all the rich hues of nature. The blue ceiling sparkled with flecks of gold, there were golden texts on the white marble of the lower walls that condensed the whole story of Judaism and Christianity. On the pedestals of the ten lower columns were inscribed the Ten Commandments. The pavement of polished green porphyry reflected softly all this wealth of coloring, and as it approached the tribune was tinted like still waters at sunset. For the Basilica of San Salvador was simply the throne-room of its Divine King; and the throne was in the tribune.

A deep alcove rising to the roof was lined with a purple curtain like that of the portal; and raised against it, nine steps from the pavement, was a throne made of acacia wood covered with plates of wrought gold. From the arch above, where the purple drapery was gathered under the white outspread wings of a dove, suspended by golden chains so fine as to be almost invisible, hung a jeweled diadem that quivered with prismatic hues. The footstool before the throne was a block of alabaster; and on its front was inscribed in golden letters:

Come unto me, all ye that labor and are heavy laden, and I will give you rest.

The white marble steps were in groups of three, each surmounted by a low balustrade of alabaster hung with golden lilies between each snowy post. A broad purple-cushioned step surrounded the lower balustrade. Otherwise there was no seat nor resting-place but the pavement.

Tacita sank on her knees and gazed at that throne that shone full of sunshine, half expecting that the light would presently condense itself into the likeness of a Divine Face. The crown hung just where it might have rested on the brow of an heroic figure enthroned beneath. And was there not a quiver in the jewels as if they moved, catching and splintering the sunrays on diamond points, or drinking them in smooth rubies, or imprisoning their fluttering colors in white veiled opals, or showing in emeralds a promise of the immortal spring of Heaven! And was there not a whisper and a rustling as of a host preceding the advent of some supreme Presence?

She put aside her fancies, and made a heartfelt thanksgiving to him who was truly there, then rose and slowly approached the throne. The work was all beautiful. The fluting of the columns was exquisite, and every milk-white lily that was twined in their capitals was finished with a loving hand. On the fronts of the steps were names of prophets, apostles and saints, highest of all and alone, the name of Abraham surrounded by the words he spoke to his son, Isaac, as they went up the mountain in Moriah: —

My son, God will provide himself a lamb for a burnt-offering.

Lower down were names of beneficent gods and goddesses, all names which the children of men had lovingly and reverently worshiped, each light-bearing god or goddess with a star to his name.

Tacita remembered her grandfather's declaration: "Show me the path by which any human soul has climbed to worship the highest that it could conceive of the Divine, and I will see there the footsteps of God coming down to meet that soul."

Her heart expanded at the thought. It seemed the very spirit of the Good Shepherd gathering all into his fold — all who lifted up their hearts in search of something above their comprehension, but not above their love.

With a deep sigh of utter contentment she turned aside, and walked down one aisle and up the other, looking at the frescoes.

The wall of the three vestibules extended quite across the Basilica with a wide gallery above; and from the golden fringe of the portal to the purple fringe of the apsis, one scene melted into another with such artful gradations that there was no break in the picture; and all ended against the ceiling in mountain, or tree-top, or vine, or in a flock of birds, so that it did not seem an ending.

A glimpse of polar sea with an aurora of the north and icebergs began the panorama; and then came full streams overhung by dark pine-trees that presently showed green mosses and springing delicate flowers under their shadows. The scene softened, and grew yet softer, till a palm-tree was over-brushed by the purple curtain of the apse, and a line of silvery beach, and a glimpse of sea and of a far-away misty sun-steeped island just escaped its folds. There were sunsets shining through forest-reaches, brooks dancing over stones, the curve of a river, the violet outline of a mountain faint against the sky, lambs sunk in a green flowery meadow and half submerged, looking like scattered pearls. There were gray streaks of rain, and a glimpse of a rainbow; there was sunrise over bald crags where an eagle stood black against its opal background. The butterfly fanned its capricious way with widespread wings, the bee and humming-bird dived into the flower, the stag stood listening with head alert, the elephant pulled down the fruit-laden branches, the dragon-fly spread its gauzy wings; but nowhere was there any sign of man, nor of the works of man.

From one aisle to the other Tacita went, wondering more and more of what famous artist this could have been the crowning work. From the portal at both sides the scenes were arctic; but their procession was infinitely varied. The small doors entering from the sides were scarcely visible in rocks and arching trees. A heavy grapevine climbing to hang along the ceiling seemed to hide all but the tiny cove of a pond spotted with lilies, amid which floated a pair of swans.

At the left side, burning the jungle from which

he issued, a tiger stood and stared intently at the Throne.

But in all there was no sign of man, nor of the works of man.

When Tacita reached the Arcade on her return, Elena was waiting for her at the lower entrance, and uttered an interrogative "Well?"

"I have no words! Don't ask me about the Basilica. I met some people coming back. How well they stand and walk. Standing and walking must be taught here. Every one understands it so well. I kissed my fingers to a little girl, and she came and touched my girdle, then brushed her fingers across her lips, and ran away again before I could stop her. Oh, it is all so lovely!"

They went up to a pleasant chamber that looked across the town. "This is your room, dear," Elena said. "The dining-room is just across the corridor. We will have our dinner at our own little table before the school-girls come in; and you can be served in your own room any time you like. It is but a step more to take. And here is the salon, just beside you. It is but little used; for except when a stranger comes, we do not visit in San Salvador. Our houses are for our private life. We meet frequently, may meet almost every evening at the assembly-room in the Star-house; and as it is open every day, and there are a good many nooks and corners there beside the chief rooms, there is always a place for a tête-à-tête, or a little company. But some people will come here to see you.

You will like to make some acquaintances before going to the assembly. I hope that you may feel rested enough to go to-morrow night."

The salon was simply furnished, and had no need of other ornament than the view seen from its windows. There was a single picture on the wall, representing a young woman of a noble figure standing erect, her arms hanging at her sides, and one hand holding a scroll. She wore the costume of San Salvador of a tawny brown with yellow sash and scarf. Under one foot, slightly advanced, lay a Cupid sprawling face downward, the fragments of his bow and arrows scattered about. The face was of a somewhat full oval, olive-tinted, with heavy black hair drawn back from the temples, a delicate rose-color in the cheeks, and sweet red lips. The large dark eyes looked straight out with a lofty and thoughtful expression. The whole figure was instinct with a fine animal life, such life as sustains a strong soul full of feeling and intelligence. All the curves of the face were tender; but they were contradicted by an assumption of reserve almost too severe for beauty. It was the picture of a loving nature that had renounced love.

"That is our Iona," Elena said. "She is the Directress of the girls' school, and she is the women's tribune. All classes have with us their tribune, or advocate. Iona has traveled and studied in both continents. She has advanced so far in astronomy that she teaches it even in the boys' school. Would you like to have her teach you our language? She has offered herself as your teacher."

"If she will take the trouble, I shall feel honored. What a noble-looking creature! Is she a native of San Salvador?"

"Yes; and she has a brother here who has never been outside. Ion is one of the cleverest boys we have. Their parents died when they were very young."

Later, when they had eaten their dinner, and Tacita was alone, there was a tap at the door, and she rose to meet the original of the portrait. Iona had tapped with her ivory tablets, and was pushing them into the folds of her sash as she entered.

There was something electric in the instant during which the two paused and looked at each other without speaking. Then Iona stepped forward, gentle, but unsmiling, laid a hand on Tacita's arm, and, bending, kissed her lightly on the forehead.

"You are welcome to San Salvador!" she said with deliberation, in a melodious, bell-like voice. "I hope that you will be contented here. Does the place please you?"

"I am enchanted!" Tacita said. "I ask myself continually if I have not found the long-lost garden of Eden."

The two contemplated each other with something more than curiosity. Tacita was conscious of a certain restraint and something akin to disappointment while talking with this woman, who was even more beautiful than her portrait. The form, the teeth, the mass of hair were the most superb that she had ever seen; and though the skin was dark, every faintest wave of color was visible through it. While she talked, the color deepened in her cheeks till she glowed like a rose.

The blue dress with its silver clasps might have been too trying to her olive skin but for this lovely blush.

Iona proposed herself courteously as teacher, and Tacita thankfully accepted, offering herself in return for any service she might be able to perform.

"Be quite at ease!" her visitor replied, not unkindly. "You will soon have an opportunity. I have already thought that you might be willing to assist in the Italian classes. You speak the language beautifully. But for some time yet you will have employment enough in seeing the place and becoming acquainted with the people and their customs. Of course Elena has already told you that there need be no restraint on your wanderings. Every one you meet will be a friend, whether he can tell you so or not. The language most useful to you will be French, though there is scarcely a language, living or dead, which some one here does not speak."

Tacita begged to know something of the government of San Salvador.

"We have a few general principles which give form to every detail," Iona said. "For personal disorders in the young, parents and teachers are held responsible; for any social disorder, our rulers are held responsible. Probably, all blame is finally laid on the father and mother, and more especially on the mother. The training of the child is held to be of supreme importance, and there is no more dignified occupation. We say, 'The mother of children is the mother of the state.' No diseased or deformed person is allowed to have children. You will not hear any mother in San Salvador complain of her child as having a bad temper, or evil dispositions. She would be told that the child was what she made it.

"The children stay at home till they are about four years of age. Then their whole day is spent at school, where all their meals are taken. The mothers take their turns, all who have not infants, as matrons of the schools, a week at a time. Their sole duty is to see that the food is good and sufficient, that the little ones have their nap, and that their health is thought of. I suppose you know that we have public kitchens where all the cooking is done. The kitchen for the children is by itself, and so is that for the sick. Here also the ladies serve their week in a year or thereabout, as matrons. They make the bill of fare, and have an eye to the sending out of all but the food for the children and the sick, these having their special matrons.

"We do not lay much stress on the form of a government. The important thing is personal character. A republic may be made the worst of tyrannies; and an absolute monarchy might be beneficent, though the experiment would be a dangerous one. The duty of a government is to obey the laws and compel everybody else to obey them. That is literal. We have no sophistries about it. Of course, Dylar is our chief, and in some sense he is absolute. Yet no one governs less than he. We take care of the individual, and the state takes care of itself. Moreover, the Dylar have always been the first to scrupulously obey our laws and observe our customs. There is a council of elders; Professor Pearlstein is president. No one under sixty years of age is eligible. Each class has a tribune chosen by itself. I hold a sinecure as tribune for the women. I fancy "— looking at her companion with a smile of sudden sweetness — "that you may be our long looked for tribune for the children."

"Surely it should be a mother to hold that office," Tacita said.

"Think a moment!" said Iona, her smiling eyes lingering on the sweet face.

"It is true," said Tacita slowly. "Parents do not always understand their own children."

"They are sometimes cruel to them when they think themselves kind," Iona said with energy. "They sometimes ruin their lives by their partiality. They sometimes tread as with the hoofs of a beast on the feelings of the most sensitive of their flock. How often are children mute! The finer they are, the more isolated are their puzzled and often grieving souls. They sometimes suffer an immense injustice without being able to right themselves, or even to complain; and this injustice may leave them morally lame for life. Children should be shielded from pain even as you shield a young plant from the storm. When the fibres of both are knit, then give them storm as well as sunshine."

"I see that the boys and girls are kept apart both in their education and socially," Tacita remarked. "I have heard that point discussed outside."

"It will never be discussed here," said Iona with decision. "All have equal opportunities; but they do not have them in common. The result justifies the rule. When the boys and girls approach a marriageable age they are allowed a free intercourse and free choice. In questions concerning the honor of the state we have no theorizing; and the state has as much interest in the child as the parent has. It has more. The parent suffers from the sin, or gains by the honor of his child for but a few years; the state may suffer or profit from the same cause for centuries. Besides, a well-organized and orderly government is of more importance to the well-being of every individual than any other individual can be. The love of no individual can console a man in the midst of anarchy, or when he is the victim of a tyrant. You have to thank your parents for human life, if you hold it a boon; and you have to thank your government for making that life secure and free."

"And if you have not security and your reasonable degree of freedom?" asked Tacita.

"Then the greater number of your people are bad, and the few have an opportunity to be heroic."

"My grandfather had no respect for the opinions of majorities," Tacita said. "He said that out of a thousand persons it was quite possible that one might be right and nine hundred and ninety-nine wrong. He said that the history of the world is a history of individuals."

As Iona rose to go, the door opened, and Elena came in followed by Dylar.

Tacita went with some agitation to meet this man, who was still, to her, a mystery. Nor was he less a mystery when she found him simply a dignified and agreeable gentleman, with nothing strange about him but his costume of dark blue cloth, a sort of cashmere of silk and wool, soft and softly tinted. It was made in the Scottish, or oriental fashion, with a tunic to the knee and a silken sash of the same color. He wore long hose of black silk, silver buckles to his shoes, and on his turban-shaped cap, made of the same blue cloth, was a silver band, closed at the left side by a clasp of a strange design. A hand pointing upward with all its fingers was set inside of a triangle that was inclosed in a winged circle.

Seeing Tacita's glance touch this symbol more than once, Dylar explained it. "We have all some badge, according to our occupation," he said. "The hand is manual labor. I am a carpenter, and have served my apprenticeship, though I seldom do any work. The triangle is scientific study, and the winged circle is a messenger. All those who, having their home here, go out on our errands, wear this winged circlet. It is the only badge I really earn; but I wear the three as Director of all."

"I hope that I may be allowed to earn one," Tacita said, trying to settle her mind into a medium position between the strange romance of her first impressions of this man and the not unfamiliar reality of their present meeting. The penetrating eyes were there; but they only glanced at her kindly, and did not dwell. A slight smile, full of friendliness, illumined his face as he spoke to her; but between it and her there floated a shadow-face, having the same outlines and colors, but fixed in a gaze of intense and self-forgetful study.

"I am not clairvoyant," he said presently, his eyes laughing; "but I fancy that your thought has made a flight to Madrid during the last few minutes."

"Could I help it?" she said blushing. "I could not venture to ask; but"—

"You can ask anything!" Dylar said. "If you show no curiosity, I shall think you indifferent. I am told that the resemblance is striking. Of course I cannot judge. The original of that portrait was the founder of San Salvador, and a Dylar, my ancestor. But, my lady, I had already seen something more than a picture resembling you when we met in Madrid. I had seen yourself, not alone in Venice, but years before, in Naples. You spoke to me. Do you remember?"

"Oh! I could not have looked at you and forgotten," she answered with conviction.

"Pardon! You looked and spoke. And you gave me an alms."

He searched in the folds of his sash for a coin, and showed it to her. It was an Italian *baiocco* polished till it looked like gold.

"You went to Naples ten years ago with your mother and grandfather," Dylar said. "You visited the Museum. Two men were seated side by side on the steps as you went up, a young and an old man; and the old man stretched his hand out for alms. Your mother gave him something. The young man did not ask, but you gave him this *baiocco*, and you said, 'My brother, I am sorry that it is not more.'"

For a moment she could not speak. Then she said, —

"I was taught to call the poor brother and sister. I could not know that I was taking a liberty."

"The liberty of heaven!" said Dylar. "Well! I thought that you would come here some day. And you are here!"

He rose, looking down, as if to temper somewhat the joyousness of his exclamation.

"Ask all the questions you choose," he said. "Do in all things as if you were in your father's house. Farewell, till we meet again."

CHAPTER XI.

All the social life of San Salvador centred in the Star-house, or assembly rooms, in the Square. This was open at all times to all classes, with certain restrictions. No one should go there in a working dress, nor except by appointment to meet some one, nor when any other convenient rendezvous was available, and no one should enter a room already occupied. It was on no account to be used as a lounging place. The result of these regulations was that all but the library and reading-room were usually deserted by day.

The lower floor was the music and dance room, and was so constructed, the floor being supported entirely from beneath, and detached from the walls, that no jar was communicated to the rooms above. The only vestibule to this room, entered directly from the Square, was that formed by the pillars supporting the protruding angle of the story above. Inside, the corner opposite the door was railed off and raised for an orchestra. The angle at the right was curtained off for a dressing-room, and the third, entered from the outside, contained the stairway. The two upper floors were divided in nearly the same way; a large, hexagonal room with a supporting cluster of columns in the centre, and three small rooms walled or curtained off in the angles, one containing a staircase.

The salon on the second floor was reserved for conversation, the third floor was a library and reading-room, and there was a terrace on the roof.

The structure was solidly built, and, for the greater part, very plainly finished. There was a cluster of columns in the centre of the two upper rooms inclosing a slender fountain jet in a high basin. The lights were all placed around these columns, and from each of them an arch vaulted to a pilaster in each of the six angles of the room. In the upper floor the walls were covered with book-cases, in the lower they were tinted a dark red with a fresco in each side of a Muse or dancer.

The partitioned angles were draped with curtains colored like the walls.

The second floor, the salon *par excellence*, was more brilliant. The walls were lined with small faceted blocks of white glass set in an amber-colored cement, the curtains of the angles were of amber-colored silk, the chairs, divans, sofas, and *amorini* were covered with an amber-colored linen that looked like satin, the floor was of small alternating amber and dark green tiles, the heavy rugs were amber colored. It was a room all light, except the dark green divan that surrounded the cluster of pillars.

These rooms were lighted till ten o'clock every evening but Sunday, and were free to all; but the inevitable law of selection had made it a tacit custom for certain persons to go on certain evenings. To meet a stranger, it was considered proper to give place to those who had been outside.

Elena brought out a beautiful lace dress that Tacita's mother had left behind her on going out into the world. It was of pillow lace woven in stripes, and made over a soft silk in broad stripes of rose and cream-color. Dressed in it, Tacita looked like a blush rose.

They set out for her first assembly at early twilight. Lights in the houses showed them the way, there was a sound of violins in the dewy air, and figures flitting in the dance-room, and outside a number of persons were dancing gayly in the light that shone from the building.

"Our people are much given to dancing," Elena said. "And we have the most beautiful and complex fancy dances in the world."

They went up a winding stair, that started in a lower angle and ended in a terrace, from which a wide arched door opened into the salon, showing the glittering walls, the full light, the tossing fountain in its lightly shadowed seclusion, the silken curtain of the opposite boudoir, and a company almost filling the room.

The music came softened from below, allowing the voices to be heard.

Dylar and Iona met the two as they entered, and Tacita found herself in the midst of the most cultivated and charming company she had ever seen. But for their costume, they would not at first have seemed different from any other gathering of wellbred people who meet with pleasure a welcome guest; but the stranger soon felt in their greeting the difference between mere courtesy and sincere affection. It was a repetition of the heart-warming phrase that told her she was "in her father's house."

The costumes gave an air of romance and unreality to the scene. As Tacita looked about with a pleased wonder, these figures suggested Arcadian groves, Olympian slopes, or some old palace garden shut in by high walls, with fragrant hedges of laurel and myrtle over-showered by roses, with a blush of oleanders against a mossy fountain, the dim stars of a passion-vine hung over a sequestered arbor, and crumbling forms of nymphs, lichen-spotted in the sunshine. These figures would have harmonized with such scenes perfectly.

On the green velvet divan sat several old men and women who wore long white robes of fine wool with silken girdles. All the younger ladies wore the same straight robe, made in various colors, with silken fringed sashes, and fine lace at the neck and wrists. Some wore lace robes like Tacita's. A few had strings of pearls; but no other jewels were visible.

The gentlemen, on the contrary, seemed much more gayly dressed than in any other modern society. Their costumes were all rather dark in color and without ornament; but the silver buckles on their shoes and the silver badge on the turban cap which each one carried in his hand, or under his arm, brightened the effect, and they all wore lace ruffles at the wrists and laced cravats. Dylar wore violet color, and a silver fillet round his cap.

Of the more than a hundred persons present, all but the youngest had been outside, and spoke other languages than their own. Some were natives of San Salvador living outside, and returned but for a time. Tacita found herself charmingly at home with them.

After a while Dylar drew her apart, and they seated themselves in a boudoir.

"You will observe the absence of jewels in our dress," he said. "This is only our ordinary way of meeting; but there is no occasion on which gems are worn here as elsewhere. With us they have a meaning. Diamonds are consecrated to the Basilica. Other stones are used as decorations for some distinguished act or acquirement. The ruby is for an act of heroic courage, the topaz for discovery, the emerald for invention. Pearls are worn only by young girls and by brides at their wedding. When you marry, we will hang pearls on you in a snow-drift."

He bent a little and smiled into her face.

Tacita blushed, but made no reply immediately. A feeling of melancholy settled upon her. Could it be that she would be expected to marry?— and that he would wish to select a husband for her?

"Elena does not marry, and Iona is not yet married," she said after a silence.

"Oh, there is perfect freedom," said Dylar. "But Iona is only twenty-six and Elena scarcely over forty years of age. Both may marry yet. Now there is a gentleman coming in who wishes very much to see you. He has just come from England, and will return in a few days. Shall I call him?"

She consented cordially, and Dylar beckoned the young man to them, and having presented him, retired and left the two together. A moment later she saw him go out with Iona by the way leading upstairs. They were going either to the library or terrace.

How well they looked together, though Iona was almost as tall as Dylar. She wore amber-color that evening, which became her, and her cheeks were crimson, her eyes brilliant. For a little while Tacita had some difficulty in attending to what her new companion was saying, and in making the proper replies. Then something in his manner pleased her, and drew her from her abstraction.

He was simply a well-bred young Englishman in a sort of masquerade, which, however, became him wonderfully. He had hair as golden as her own, and he wore dark blue. While talking with him, Tacita, woman-like, looked at the wide lace ruffle that fell back on his sleeve. It had a ground of fairy lightness, a *vrai reseau* as strong as it was light, with little wide-winged swallows all over it in a fine close *tela*, with a few open stitches in the head and wings. She wondered where she had read of swallows that

> —"hawked the bright flies in the hollows
> Of delicate air."

"You are admiring my ruffles," the young man said with the greatest frankness. "They were made here, and belonged to my father. I have refused a good deal of money for them. Of course you have learned that they make beautiful lace here. I think it the finest lace made in the world, taking it all in all. Look at that dress of yours, now. How firm and clear it is! That's pillow lace, though, and this is point. There's a kind of cobweb ground to some rare Alençon point that is wonderful as work; but you don't dare to touch it. I've seen a fine *jabot* belonging to one of the Bonaparte princes, and worn by him at a royal marriage. You'll sometimes see as good a border of medallions as that had, but not such a centre, lighter than blonde. It was scattered over with bees that had only alighted. Each wing was a little button-hole-stitched loop with a tiny open star inside. As a *jabot* it could be worn; but as ruffles, you would have to keep your hands clasped together over the top of your head."

The young man proposed after a while that they should go up and see the library, and Tacita somewhat shrinkingly consented.

"If Dylar should be there, I hope he will not believe that I followed him!" she thought.

He was not there. The large room was quiet and deserted. Shaded lamps burned on the green-covered tables, folds of green silk were drawn back from two lofty windows closed only with casements of wire gauze. Globes, stands of maps, movable book-rests, and cases of books of reference were all about. From the stairway and through the open windows the hum of conversation came softened to a hum of bees, the sound of viols from the dance-room was a quivering web of silver, and the feet of the dancers did not make the least tremor in the firmly set walls.

"The library is not a very large one, you see," said Tacita's guide. "It is nearly as much weeded as added to. It is surprising how much literature thought to be original is found out to be only a turn of the kaleidoscope. I won't quote Solomon to you."

"My grandfather," Tacita said, "used to say that one folio would contain all the thoughts of mankind that are worth preserving, and ten all the commentaries worth making on them."

"This is the way they condense here," said her companion. "For necessarily San Salvador must be a city of abridgments. Say that ten authors write on some one subject worthy of attention. The best one is selected and then interleaved with extracts from the others. To this is added a brief notice of the authors quoted. It's a good deal of work for one person to do; but it saves the time of everybody else who has to read on the subject."

Returning to the Salon they found that Dylar and Iona had come down from the terrace, and some boys were carrying about cups of a pleasant drink that seemed to be milk boiled, sweetened, and delicately spiced.

"Iona must take you up to-morrow night to look at Venus," Dylar said. "It is very beautiful now."

The bells rang ten o'clock, the signal for going home, and they went down stairs. Dylar took leave at the door; but the young Englishman asked permission to accompany Tacita and Elena to their door. The music had ceased in the dance-room, and the lights were half extinguished; but the last couples came out still dancing, humming a tune, and, hand in hand, danced homeward.

"You will like to see our fancy dances," Elena said. "Some of them are very dramatic. There is a good deal of grace and precision in them, but no parade of agility. I know nothing more disgusting than the flesh and muscle exhibition of the ordinary *ballet*. Some of our dances require quite as much command of muscle, but there must be no effect of effort. To see a woman gracefully draped float like a cloud is quite as wonderful as to see her half naked and leaping like a frog. We have a Sun-dance, with the whole solar system: and I assure you the moons have to be as nimble-footed as the *chulos* of a bull-fight. The Zodiac dance is more like a minuet in time. There are twelve groups which keep always the same position with regard to each other; but the whole circle slowly revolves, having two motions, one progressive. It is a science, and requires a good deal of practice. Iona used to be the lost Pleiad, and wandered about veiled, threading the whole maze, but never finding her place. Of course all are in costume; and it is an out-door dance, occupying the whole Square. Her part was like some little thing of Chopin's, plaintive, searching, and unanswered."

When the two had gone up stairs, Elena said: "Do you think that you would ever be willing to marry the young man who came home with us to-night?"

"Oh, no!" Tacita exclaimed. "What should put it into your mind?"

"He wished me to ask you. I thought that it was vain; but I promised to ask. If there is the least chance, he will stay longer. If not, he will go to-morrow. He has long known you by reputation, and he admired you at sight."

"There is not the least chance," Tacita said decidedly, and wondered why she should feel so angry and pained.

CHAPTER XII.

The next day they went to visit the girls' school.

The Arcade was built around and above a promontory of rock, the stories following it in receding terraces, and the wings following backward at either side, so that the effect from a little distance was that of an irregular pyramid with a truncated top.

There was a narrow vale and a green slope behind one side, where the children played on that first evening of Tacita's in San Salvador; and here they had their gardens cultivated by themselves, their out-door studies and recitation-rooms and play-ground. Thick walls, sewing-rooms, quiet study-rooms, and rooms where the little ones had their midday nap interposed to keep every sound of this army of girls from that part of the building used as a hotel, or home, for single ladies.

Going from her quiet apartment to that full and busy hive was to Tacita like going into another world. In its crowd and bustle and variety it was more like the outside world than anything that she had yet seen.

In one room two or three children were lying in hammocks asleep. Out on the green a group of them seated on a carpet were picking painted letter-blocks out of a heap, and discussing their names. A girl a few years older, sitting near them with her sewing, corrected their mistakes. One lovely girl had a little one on her knee who was reading a pictured story-book aloud. A larger girl sat apart writing a composition, dragging out her thoughts with contortions, like a Pythoness on her tripod. In some rooms were young ladies engaged in study, writing, or recitation. There was a printing-room, with type-setters and proof-readers, where one of the girls gave Tacita a little book of their printing and binding.

Everywhere were texts and proverbs on the walls and doors, white letters on a blue ground; and there was a throne-room where the little gilded chair was filled with flowers for the children's infant king. Underneath was a picture of the three Magi kneeling to the Child Jesus. This was in a little temple on the hillside with a laburnum-tree bending over it full of golden flower-tassels.

"When they have acquired the rudiments of learning," Iona said, "we give them a touch all round, almost as if without meaning it, to find the keynote of their powers. It is done chiefly by lectures. Ladies and gentlemen who have read much, or traveled much, write short essays which they read in school. If no child shows a special interest in the subject, we let it go. Our object is to give talent an opportunity, and also to waste no time and effort where they will meet with no return.

"All the accounts of the town are kept in the

schools, and well kept. It saves a great deal of work. The kitchen accounts, for instance, are immense and complicated; yet they are gleefully and painstakingly smoothed into order by those busy young brains and fingers. Promotion from one class of these accounts to another is taken great pride in. For instance, the girl who is 'in the salt,' as they say, looks with admiring envy on the girl who is in the wheat, the fruit, or the meat. They are also taught to cook a few simple dishes. For that they go to the kitchens. They all dress alike, as you see, and there is no difference made in any way. Even the genius, if we find one, is not taught to set her gift above that of the most homely usefulness."

As the visitors went away, a golden-haired girl of ten or twelve years shyly offered Tacita a white rose half opened, touched the fringes of her sash with timid finger-tips and touched the fingers to her lips.

Her delicate homage was rewarded with a kiss on the forehead. And, "Please tell me your name, dear child!" said Tacita.

The little girl blushed all over her face with a modest delight, as she whispered "Leila!"

"My recollections of school are all pleasant, with the exception of a few sharp lessons given me there," Elena said. "I well remember one I received from Dylar the Eighth, father of our Dylar. I was one day sent on an errand which obliged me to go through the large dining-room where we eat now, and I saw a magnificent peach there on the sideboard. I could not know that it was the first and finest of a rare sort, and that Dylar himself, who was in another part of the house, had left it there in passing, and was coming again to take it out for exhibition. But I did know that we were never to help ourselves to anything to eat without permission, and that I had no right ever to take anything there. The peach tempted me, and I did eat. I was looking about for some place where I might hide the stone, when the Prince returned. He went at once to the sideboard, then turned and looked at me. No words were needed to show my guilt. I stood speechless in an agony of shame.

"The Prince looked at me one awful moment in silence. Then he took me by the hand quite gently, and led me to the room that has the commandments of God on the walls, and pointed to the words, 'Thou shalt not steal.'

"He stood a moment beside me while I trembled, and began to sob, then laid his hand, so gently, on my head, and went away without a word. My dear, it was the most effective sermon I ever heard. You observe there was no sophistry used. It was *stealing*. It was many a long day before I could eat a peach without feeling as if I had swallowed the stone.

"The next time the Prince came, I ran weeping to kiss the fringe of his sash, and he kissed my cheek, and whispered, 'Don't grieve so, little one!

Forget all about it!' From that day to this I loved Dylar above all earthly things. He was forty years old and I was ten; yet he was the one man in the world to me from that day."

While talking they had gone out, and were walking northward in the outside road on their way to see the kitchens. It was a paved street of very irregular width. One side was bounded by the straight line of the river parapet. The other, narrowed to ten feet in width between the Arcade and the bridge, widened sometimes to a rod or two. And everywhere above were gardens, cottages, steep paths and stairs, down-falling streams and trees single, or grouped, or scattered.

In one of the amphitheatres thus formed was a semicircle of small shops, each with a wide awning covering an outside counter. The goods were kept inside, and brought out as called for. A man or woman sat under the awning before each shop. One was knitting, another was making pillow lace; the man was making netting, and having but his right hand, the peg had been fastened to his left wrist, and he threw the cord in position for the knot as rapidly as if the air were fingers to hold it.

The kitchens were set high above the plain on the eastern side of a deep ravine running northward. Long buildings of only one story with attics were surrounded by orchards, gardens, and poultry-yards. There was a laundry, and countless lines of clothes out in the sun. There was a bakery. Beneath these buildings were the wine-caves, and the rooms for pressing the grapes. Farther up, on a rapid stream that came down and disappeared under the pavement, was a little mill.

"It looks small," Elena said; "but all the wool that makes our dresses is woven there. Our silk webs we bring from outside, though we have a small silk farm; but we raise all our own wool. The silk we use for sashes and for hosiery. We send out silk hose, lace, and carved olive-wood.

"And now, my dear, you are to see the folly of individual domestic cooking, and the wisdom of having public kitchens, if they are properly conducted. And at this moment you see coming to meet us one of the chief supports of our system. If we had not a lady of good taste and administrative capacity to matronize our kitchens, they might deteriorate, or fail. If even such a lady were always there, she might sometimes grow weary and careless; but with a short term for each, there is always the sense of novelty and emulation to keep them up to the mark."

It was a very pleasant presentation of a lady who stood in the door to receive them, with a square of white net tied, turban-wise, around her head, and a snowy bib-apron over her cotton dress.

"You do not remember me," she said, smiling at Tacita's intent gaze. "No wonder. You saw so many strangers last night. Besides, my hair was not covered then, and I wore a silk dress."

It was one of the most accomplished ladies whom she had met at the assembly.

They went through the buildings that constituted almost a village. It was the very paradise of a cooking colony, in plenty, order, and cleanliness. There were no silver saucepans tied with rose-colored ribbons; but Marie Antoinette might have gone there and made a cup of chocolate or cooked an omelette, without soiling her fair fingers, or her dainty high-heeled shoes.

The economy, too, was perfect. There were central roasting fires on elevated hearths, with a tunnel-shaped sheet-iron chimney let down over them where a circle of tin kitchens and spits could surround them, losing no heat; and there were lines of charcoal furnaces set in tiles under great sheet-iron hoods.

"We do not waste a bit of coal as large as a walnut, nor a twig of wood that a bird could alight on," the Directress said. "For the food, not the least important part of our establishment is the fragment kitchen."

"Elena, when shall I come and learn to cook something?" Tacita asked as they went away.

Her friend laughed. "You find it fascinating, then! I shall have to make you begin at school. You did not see the preparatory department there. It is a sight, when they are busy for an hour every morning, chopping meat, picking raisins, husking corn, shelling peas, picking over coffee or rice, doing, in short, any preparatory work that the cooks might need. Sometimes they have half an hour of such work in the afternoon. It would, perhaps, interest you more than to see them at their books."

"I have often thought," Tacita said, "that if we could sometimes stop and watch the artisan at his work, we might find it interesting. They know so many things that the idle do not suspect. I especially like builders of houses and monuments. There is so much of poetry and religion in their work."

"The artists who painted the *affrescos* in the Basilica learned cooking first," Elena said. "It is recorded of them that they were very promising cooks, and came near spending their lives in the kitchens. One day a gentleman observed them arranging some fruit and vegetables with a very artistic sense of color, and one of them showed him a butterfly he had painted with vegetable juices and bits of mica. One thing led to another. Paint-boxes and paper were given them, and they took fire. They were sent out to study. The landscape painter had a fame in the world, and died there. The one who painted the insects, flowers, and animals, returned to San Salvador after a few years, and never went away again. He taught here. The schools were then started. Did you see the ant-hill in those frescos? It is in the lower left corner, just above Solomon's text: 'Go to the ant, thou sluggard!' An acanthus leaf half covers it. But there are the little grains of sand perfect, and the ants running with their building materials. In one place two ants are carrying a stick, one at each end of it. It is a little gem. They recorded of this man that it was his delight to search out microscopic beauties that no one else had seen. One said that he could intoxicate himself with a drop of dew. Ah, how many a Psyche of beautiful wings withers away in a dull imprisonment because no Love has sought her out! It does not even know why it suffers, nor what it wants. What an escape little Giotto had! What would have been his after-life if Cimabue had not paused to see what the shepherd boy had drawn with chalk on that rough piece of slate!"

"Only a little before coming here," Tacita said, "I came upon a sentence in a book regarding Giotto and the little church of Santa Maria dell' Arena, of which he was both architect and painter. The writer said: 'Dante lodged with Giotto while the works were in progress.' Dante lodged with Giotto! If I had been there, I would have put rose-petals inside their pillow-cases. I once saw an old picture with a portrait of Giotto in it. He was dark-haired and bright-eyed, and he was dressed all in white and gold, with a hooded mantle. The hood was up over his head, showing only a profile. He looked like a rose, and seemed full of spirit and gladness. I hope that the picture was authentic."

"Yes," said Elena with a sigh, "give them rose-petals, those whom the world showers with laurel. It is well. They also need sympathy. But my thought turns ever backward to the uncrowned, the unpraised! My dear, I have gone among the unknown of many lands, and I have found among them such vision-seeing pathetic eyes in persons whose lives were condemned to the commonplace and the material that I hold him who can express himself at his best to his fellow-man to be happy, even if he has to die for it. True, to the second sight, there is much of beauty in common things. But a person born with an ideal sense of beauty, and a vague longing to be, or to enjoy something excellent, naturally does not look for it in poverty and ignorance. Let us observe our contemporaries, my dear. Perhaps we may discover where we least expect it the motionless eyeballs of some imprisoned and disguised immortal. How happy we, if ours should be the first voice to hail such with an Ave!"

When Tacita was alone, she examined the little book given her at the school. It was only a behavior book for the pupils; but it contained some rules not found elsewhere.

"When you are in the street, do not stop to speak to any one you may meet without an errand which makes it necessary, if it should be before supper, and do not stop at all unless your first movement toward the person should be responded to with an appearance of welcome.

"Do not go to any person's house unless an errand compel you to; go and then, your business done promptly, take leave at once, but without hurrying, even if invited to stay.

"If at the assembly you see two or more persons conversing apart, do not approach them unless called, nor look at them as if expecting a call. It is proper to pass them without saluting. Never approach an alcove which is occupied.

"When kissing the sash of one whom you wish to salute, be sure that your hands are quite clean, and then touch only the fringe, which is easily renewed. To touch the fringe and then carry your fingers to your lips would be better."

A page called "The Five Classes" reminded the reader somewhat in its style of that high-minded and gentlemanly, if rather Turveydropish philosopher, Confucius: —

"1. We begin our studies by acknowledging that our teachers know more than we, and that we have much to learn; and then we have the wisdom of our age, and may be agreeable to the well-instructed.

"2. We acquire the rudiments of a few studies, and begin to think that we may soon know a great deal; and we are still tolerable to the well-instructed.

"3. We progress till we have a superficial knowledge of several subjects; and then we are liable to think ourselves so wise that we become disgusting to the well-instructed.

"4. We go a great deal farther, and if we have good sense, we perceive our own ignorance, and are ashamed of our past presumption; and then we begin to win the respect of the well-instructed.

"5. We progress farther and deeper, studying with modesty and assiduity; and after many years we learn that there is an ocean of wisdom to which all that we could acquire in a thousand years is as a drop of water; and then we are ourselves on the road to be one of the well-instructed."

"It is n't a useless lesson for any one to commit to memory," she thought, closing the book.

CHAPTER XIII.

"It would be a great help to me if I could hear the language spoken in a longer discourse, so as to get the swing of it," Tacita said one day to Iona, after having taken a lesson of her. "In conversation all my attention is occupied in listening to the sound of the words, and thinking of their meaning."

"You can have to-morrow just what you want," her teacher said. "Some of the college boys go up to Professor Pearlstein's cottage with their compositions. He criticises both style and thought. Some of the compositions, if not all, will be in San Salvadorian. They will go up at eight o'clock in the morning. When you see them come across the town, follow them. You can do so freely. My brother Ion is one of the boys; and I sometimes go up to hear them. The cottage is a little above the Arcade, toward the north, and has a red roof. Half way up, the pathway branches. Turn to the right, and you will come to a little boudoir in the rocks from which you can hear perfectly."

The next morning, therefore, Tacita followed the boys as directed, and presently found herself in a charming mossy nook with a roof, and a thick grapevine hanging between her and the little terrace where the professor sat before his cottage door with half a dozen boys in a semicircle before him.

Professor Pearlstein was a striking figure. His handsome face was calm and pallid, his hair and beard were white; and he wore a long robe of white wool with a scarlet sash, and a scarlet skull-cap like a cardinal's. He was carefully dressed, even to the scarlet straps of his russet sandals; and an air of peace and orderliness hung like a perfume about him and his small domain.

Tacita, screened by her vine-leaves, listened for half an hour, eager to catch the thoughts through the veil of this beautiful language which was so sonorous and so musical, and was spoken with little motions of head, throat, and shoulders, like a singing bird.

Then a boy addressed his master in French.

"I considered the ways of a tree," he said, holding his manuscript in hand, but without looking at it. "As soon as the seed wakes, it sends out two shoots. One goes down into the dark earth, seeking to fix itself firmly and find nourishment. The other rises into the light, putting up two little leaves, like praying hands, laid palm to palm. The root searches in that chemical laboratory, which is the earth, and is itself a chemist, and the tree sucks up its ichor, and increases. The tree also searches for food and color in sun and air. The root feels the ever increasing weight which rests upon it, and clings hard to rocks, and strikes deeper when it feels the strain of a storm in its fibres. It does not know what the sun is, except as an unknown power that sends a gentle warmth down into the dark, and calls its juices upward. It does not know that of the particles of air which here and there give it such a delicate touch as seems a miracle, a fathomless and boundless sea exists above where all its gatherings go to build the tree. It does not know what beautiful thing it is building there, all flowers and fruit and rustling music. It crawls and gathers with the worm and the ant, obedient to the law of its being, and draws sweetness out of corruption, and clasps a rock for a friend.

"Master, I could not be content to think that there is no more than this visible tree to reward such labor, and that anything so beautiful as the tree should be meant only to please the eye, gratify the palate, and then return to chaos.

"May there not be yet a third stage of this creature, some indestructible tree of Paradise, all ethereal music, perfume, and sweetness? That beauty would be not in its mere existence, but in the good that it has done; in the shade and refreshment it has given to man; in shelter to nestling birds, and to all the little wild creatures which fly to it for protection; in the music of its playing with the breeze and with the tempest.

"When it drops off the perishable part which was but the instrument of its perfection, the humble instinct in the root understands at last for what and with what it labored.

"I remembered, O my master, that we in the flesh are but the root of our higher selves, our sense feeding our intelligence, which works visibly; while above the body and the studious mind rises some quintessence of intelligence which the spark of life was sent to elaborate out of the universe on which it feeds, a being all pure, all beautiful, which at last gathers itself up into the light of Paradise, dropping off corruption."

"The picture-book of nature has given thee a fair lesson, Provence," said Professor Pearlstein, smiling kindly on the boy; and then, with a few suggestions and verbal corrections, allowed him to resume his seat.

Tacita did not need to be told that the boy who rose next was Iona's brother. He was graceful and proud-looking, with an oval olive face, black eyes and dark hair tossed back in locks that had the look of plumes. He spoke in Italian, which he pronounced exquisitely, with fullness and deliberation.

"I have been haunted by a circle and a whirling and a wheel," he began, looking downward, his head slightly bowed, as if in confusion. "I meant to draw a lesson from the life of water. But when I had followed a drop only half its course, a great machine, all wheels and whirling, caught me up and tore my thoughts to fragments.

"I remembered having read somewhere that men and women are but the separated parts of wheel-shapes, or circles which had been their united form in a more perfect state of being. Then I saw the Hindu walking seven times around the object of his sacred love, as the Mohammedan at the Cordovan *Ceca*, till his footsteps wear a pathway in the stone. I remembered Plutarch's story of the siege of Alesia. When the city had to capitulate, the general came out on his finest charger and dressed in his finest armor, to surrender it. He rode round and round the tribune on which sat Cæsar with his officers, circled round and round them, then dismounted, disarmed himself, and sat down silently at Cæsar's feet. That revolution had some meaning. I remembered the whirling dervish, a clod with a planetary instinct, and the Persian hell peopled with beings which whirl forever in a ceaseless circle, whirling and circling, the right hand of each pressed to his burning heart. That naturally recalls to mind the strange idea that the planets are sentient beings, whirling forever with their hearts on fire, like those accursed ones in the Hall of Eblis.

"The planetary idea is in all this circling and whirling.

"All the old nations have a legend of some great supernatural battle in the past, where rebel and loyal angels, gods and Titans, good and evil spirits fought with each other. Those legends must all be the reflection of a real event. I have wondered if Chaos may not have been the crash and ruin of such a combat, and Creation, as we have read its story, a restoration only, instead of being the original establishment of order. Is not all this whirl the search of scattered fragments for their supplementary parts?

"It might be, then, that there is no absolute evil, but only an evil of wrong associations. There are substances, as chemists know, which are deadly in some combinations and wholesome in others. There is the brute creation, which, perhaps, is but a false humanity unmasked. Look at the trees. Cut down an oak-tree and a pine-tree grows in its place. Why not say, cut down a cruel man and a wolf is born? And from that wolf downward through fierce and gnawing generations, each losing some fang and fire, what wore the shape of man may become mud again. What if the real grandeur of Christ's mission may have been to release all *men of good will* from this primeval expiation. First comes the figure, then the substance. *Let there be Light!* said the Creator. And said Christ, *I am the Light of the world.* Shone upon by the sun, the foul and hateful may produce the exquisite. From mud and dung we have the lily and the rose. From this divine sun shining on *men of good will*, we have the perfect man released from a long captivity. The hell we hear of, the *outer darkness*, of which the King's Majesty spoke, might be this going downward in the scale of being of creatures which had arrived at humanity, but were unworthy of it.

"Here, then, would begin another movement, the Divine way of heaven.

"It is all a whirl! Master, it makes me dizzy!"

Half laughing, the boy pressed his hands to his temples.

"Ion," said the master quietly, "it is well to observe natural phenomena with the hope of drawing some guidance from them in the supernatural. Nature is like our sweet-toned bell in C. The material stroke at the base brings out the keynote; but if you listen higher up where the band of lilies runs, you will hear the dominant whispering. This is our limit. If the universe should propound its riddle to me, I would lay my hand on my mouth and my mouth in the dust."

"I would die guessing, or knowing!" cried the boy. Then, with a quick change of expression, he bowed lowly, and said in a quiet tone: —

"I considered the ways of water. It springs out of the dark earth, is a rivulet, a brook, a river. It labors, and never ceases to be useful till, laden with impurities which are not its own, it falls into the ocean. It has wet the lips of fever, washed the stains of labor, helped to bear malaria from the crowded city, revived the drooping plant, quenched the devouring flame, sung its little song along the roof and eaves, stretched its little film to soften a sunbeam in the hot noon. It rests. No, it rests not. It climbs into the sky only to return, and go over it all again. It was depressing to think that we may come again to go through the same round. But who knows that the drop of water makes the same round a second time? The variety may be infinite. And so, I thought, the soul may come and come, till it learns to sympathize with all. May we not guess who has made many upward-growing circles by saying, he can sympathize with people in circumstances which have never surrounded his apparent life, he can be compassionate where others condemn, he can stand firm where others fail, he is not moved by clamor?"

"Who can say?" said the master, passing his hand across his forehead. "It is wiser not to ask."

"Is it forbidden to speculate?" asked the boy in a low tone.

"It is not forbidden, Ion. But to spend the present in speculating on the unrecallable past and the unknown future is to throw away a treasure. What happens when you try to look at the sun at midday? You see nothing but a palpitating fire that scorches your brain. Turn your eyes to earth again, and do you see it as it is? No: everything is discolored, and over it all are floating livid disks that mimic the sun's shape and slander his color, the only souvenirs of an attempt to strain a power beyond its limits. Do not try to read the poetry and philosophy of a language till you shall have learned its alphabet and grammar."

"Yet I learned German so, and was at the head of my class," said Ion boldly. "I opened a book with Goethe's name on the title-page, and turned the leaves till I saw a poem that was as clearly shaped for music as a bird is. I took the first letter and learned its name and sound, and then the next and the next, till I had a word. I learned that word, and the next in the same way, till I had a verse and a thought. O master, what delight when the dark shadows slid off that thought, and it shone out like a star from under a cloud! When, thought by thought, I had got the whole poem out, every phrase perfect, and each delicate grace with its own curves, then I knew German! I plunged into the sea and learned to swim!"

He laughed with joyous triumph, and lifting his arms, crossed them above his head, bending backward for a moment, as if to draw a full breath from the zenith.

The old man smiled.

"Thou hast an answer ever ready," he said, "and thou art not all wrong, boy. I would not clip thy wings. I like thy life and courage. But I would that thou hadst something also of Holy Fear."

"I like not the name of fear," the boy said, clouding over.

"Yes; if a man fear to do right," said the master. "But there is a noble fear of presumption, and of setting a bad example. You have quoted from our highly-honored Plutarch. Do you remember what he tells of Alexander on the vigil of the battle of Abela? He stood on the height and saw over against him Darius reviewing his troops by torchlight. They marched interminably out of the darkness into the glare and out into darkness. Those moving shadows on the morrow would become to him and to his army showers of arrows and shock of spears, and trampling hoofs, and crushing chariot-wheels, an avalanche of fierce death to bear them down.

"Then Alexander called his soothsayer, and they set up an altar before the king's tent; and there, with the torch-lighted hosts of the foe before them, they sacrificed to Holy Fear.

"When the hour of battle came, did Alexander therefore fail? No! The next day's sun shone on his victory; and ere it set poor Darius was a fugitive, and his conquerer proclaimed Emperor of Asia.

"Ion, thy danger is in rashness and in passion. Guard thyself, boy! To-night, I pray thee, ere thou sleep, go out alone on to the topmost terrace of the college, and there in silence gaze for a little while into the cloudless sky and consider the torch-lights of God's great invisible encampment, cycles and cycles of being, a measureless life of which we know not the figure nor the language. And when, so gazing, the fever of thy soul shall be somewhat cooled, do thou also sacrifice to Holy Fear!"

Ion listened at first with downcast eyes, then looking earnestly at the speaker; and when the exhortation was ended, before taking his seat, he went to kiss respectfully the fringe of the master's sash.

Into the pause that followed there broke a sudden clash of bells all struck together.

The master and pupils glanced at each other and all rose, uncovering their heads.

Tacita recognized the familiar *à morto* of Italy. It signified here that some one was dying.

The clash changed to a melody, and they all sang together the hymn that had been sung that night in Venice: —

"San Salvador, San Salvador,
We cry to thee!"

singing the hymn through.

When it was ended, Tacita, perceiving that the lesson of the boys would not continue longer, hastened down the path before them.

She had scarcely reached the level when Ion overtook her.

"May I speak to you, Tacita Mora?" he asked, cap in hand. "The master gave me permission to follow you."

"Surely!" she answered, blushing. "But tell me first for whom the bells were ringing."

"It must be Leila, one of the school-girls. She was very sick last night. And this morning her brother did not come to the college, so I knew that she must be worse."

"Did not I see you at the assembly?" asked Tacita. "I had but a glimpse; but I think that it was you."

"Yes," said Ion. "It was my first admission. I was sixteen years old the day before. We go there at my age, and the ladies teach us politeness. It is proper and kind for any lady to tell us if we commit a *gaucherie*. They tell us gently in a whisper. Pardon me if I still am awkward. I am but a school-boy. I wanted to kiss the fringe of your sash that night, and did not dare to."

He bent to take her sash end, kissed it lightly, and still held it for a moment as they walked. There was something caressing and fascinating in his voice and manner.

Looking down at the silken fringe, and letting it slip tuft by tuft, he asked suddenly, "Do you love my sister?"

"I admire her," Tacita replied. "I have a sense of subjection in her presence which forbids me to use such a familiar word as love."

"She builds up that barrier in spite of herself!" the brother exclaimed. "She wishes to see if any one will throw it down in order to get nearer to her. She would sometimes be glad if it were down. I know Iona."

"You can approach her nearly," Tacita said. "But who else would push down a barrier that she raises round herself?"

"I want you to," Ion said earnestly. "I want Iona to have some one to whom she can unveil her mind more than she would to me even. Her relations with our people are fixed. Half by her own motion, and half with their help, she has been got on to a pedestal. She is on a pedestal even to Dylar. And there she must remain till some one helps her down. See why I am so anxious about it now."

He took her sash end again, and held it, his fingers trembling as he went on with growing passion.

"Next year some of our young men are going out to take their places in the world. They are all two or three years older than I; but I am a century more impatient than all of them put together. Naturally I should be expected to wait. If I insist, I can go; only I am afraid it would give pain to Iona. But if you love her, you can take my place to her. She is sure to love you. I feel your sweetness all about you in the air. At the assembly a lady quoted something pretty about you:

> ' Why, a stranger, when he sees her
> In the street even, smileth stilly,
> Just as you would at a lily.'

Don't let this barrier grow up between you and Iona! Try to get inside of it, and help me."

"I will do what I can, Ion," Tacita said, beginning to feel as if she had found a brother. "May I speak of it to Dylar? I think that she would show her mind more freely to him."

"I leave it all to you, and thank you," the boy said, warmly. "I shall die if I do not go! But don't tell them that I said so. I have such a longing! Last year I climbed that southern mountain we call the Dome. From the top I caught a glimpse between the higher mountains of the outside world. Oh, how it stretched away! Our plain was as the palm of my hand compared with that vast outspread of land. There were small blue spots, so small that if I held two fingers up at arm's length, they were hidden. Yet they were mountains like these. There were trees so distant that they looked a mere green leaf dropped on the ground. I saw where the sun rises over the rim of the round earth, and where it sinks again. How I breathed! This is a dear home, I know. I have seen men and women fall on their knees and thank God, weeping with joy, that they were permitted to return after having been long away. But I cannot love San Salvador as it deserves till I have seen something different."

Tacita took in hers the boy's trembling hand.

"Be comforted!" she said. "I will do all that I can, and you are sure to go. It will not be long to wait. Now, when you go about, look at San Salvador and all that it contains with the thought that you are taking leave of it. On the eve of saying farewell, even a mere acquaintance seems a friend."

They were at the door of the Arcade. Ion took a grateful, graceful leave.

"Addio, O Queen of golden Silence!" he said.

"Poor little Leila is dead!" said Elena, coming in later. "I was with her. It was she who gave you the white rose when we were at the school. You can now give one back."

CHAPTER XIV.

Leila's funeral took place the next day, the lovely waxen figure carried on a bier strown with flowers. The family surrounded their dead, a procession of friends preceding and following. The child's home had been in one of the smaller apartments of the cross-streets, reached by stairways under the arches; and as it was the custom for funerals to approach the Basilica by the avenue, they came across to the eastward through alternating light and shadow, and, reaching the outer street, returned by the bridge in front of the Arcade, the bells ringing *à morto* as they passed through the avenue. But it was not the clash of all the bells together. It was a plaintive dropping, a tone or a chord, like dropping tears.

"Will they not enter?" Tacita asked in a whisper of Elena when she saw that not only those preceding the dead spread themselves around the outside of the inclosure of the Basilica, but those who followed were also remaining outside.

"No, my dear. The house of God is no place for corrupting human bodies."

The bier was set down on the uppermost of the first steps; two men with gilded staves drew aside the curtains of the portal, and the lights and the Throne shone out on the mourning and the mourned. A few prayers were said; and then, led by the chimes, they all sang.

Tacita knew enough of the language now to follow the sense of their simple and brief appeal.

> "Thou who didst mourn the friend that silent lay
> In the dark tomb, behold our eyes that weep
> A lifeless form that loved us yesterday.
> Mourning, we lay its silence at thy feet, —
> Thou who didst weep!
>
> "Help of the sorrowful! Help us to say
> Of this dear treasure which we may not keep,
> The Lord hath given, and he takes away,
> And still thy name with fervent blessings greet, —
> Thou who didst weep!
> Thou who didst weep!"

The windows of the Basilica had all been darkened and the lamps doubled; and to those standing opposite the portal the two long rows of columns and the climbing lights and upper glow might have seemed like Jacob's vision of the angelic stairway stretching from earth to heaven, from shadow to light.

The hymn ended, they took up their dead and went on in silence. The road that led to the cemetery led nowhere else. It turned from the plain at the south side of the Basilica, hidden by the elevation of the little rock plateau on which the structure was set, and passing along the side of it, entered a deep and narrow ravine at the back. This ravine was nearly half a mile long and walled with precipitous rocks that shut out everything but the line of sky above and the topmost point of one white snow-peak, serene against the blue.

Entering the ravine was to be reminded infallibly of the "valley of the shadow of death." Here the prayers began. A single voice in the centre of the procession exclaimed: —

"The Lord gave, and the Lord hath taken away," and like waves the response rolled to front and rear and back again,—"Blessed be the name of the Lord!"

The Miserere was repeated in the same way, and the Psalm "The Lord is my Shepherd."

The sun entered the ravine with them. There was only one hour of the day when a direct beam shone in, and that, except when the days were longest, scarcely reached the foot-way. It shone along over their heads now; and as the road near its end made a turn further inward to the mountains, it shone on a great golden legend set high above on an arch springing from cliff to cliff: —

I AM THE RESURRECTION AND THE LIFE!

Some men on the natural bridge that made the archway stood outlined against the sky, looking down at the procession. To them the gray robes and black sashes could have been scarcely distinguishable from the dark rocks; but the form of the little maiden thus taking its last journey, and those of the eight bearers, all in white, would shine out of the shadows.

No perfumed garden flowers grew on that high land where they were working when they heard the bells' *à morto;* but they gathered snowy daisies, scentless and pure, and made a little drift of their petals; and as the dead approached and passed beneath, they dropped them down in a thin shower as fine as any snow-crystals.

The ravine opened beyond the arch to what had been a torrent-bed circling round a cone-shaped mountain almost destitute of verdure. The whole mass of this mountain was a cemetery. Wide stairs and galleries outside led to iron-bound doors at different heights. One of these doors was open. The procession, crossing a bridge over dry stones, went up the graded ascent to what might be called the second story. Here was a full sunshine. The bearers set their burden down in it before the open door. And here, at last, grief was allowed to have its way for a moment. The mourners fell on their knees beside their dead. A choir of men and women broke out singing : —

"Look thy last upon the sun!
Eyes that scarcely had begun
To distinguish near from far,
Star from lamp, or lamp from star; —
Eyes whose bitterest tears were dew
That a swift smile sparkled through.
Lift thy white lids once, before
Darkness seal them evermore!

"Speak, and bid the air rejoice,
Music of a childish voice!
One more word our hearts shall hail
Sweeter than the nightingale!
Smile again, O lips of rose!
Break the pitiless repose

> That is builded like a wall
> Where in vain we beat and call.
>
> "Nevermore! Ah, nevermore!
> Till we touch the heavenly shore,
> Voice or smile of hers shall bless
> Our heart-bleeding loneliness.
> Jesus, King, and Brother mild!
> Keep her yet a little child,
> That her face we there may see
> As we yield it back to thee!"

The parents and the child's brother sobbed as they bent over the unanswering dead, if the peaceful brightness of that flower-like face could be called unresponsive, and they rose only when some of their nearer friends bent over and would have lifted them. Then the bearers took up the bier and passed out of the sun, and disappeared into what from the outside seemed a profound darkness.

It was a long corridor formed precisely like a catacomb, except that the greater part of it was masonry. The roof, floor, and walls were all of unpolished gray stone with white marble tablets set in the walled-up niches. Three iron lamps suspended from the ceiling threw all about a tender golden light. At the farthest end of the corridor something white reflected dimly. There were a few closed niches, but the greater number of them were unoccupied. Outside one of these, opposite the second lamp, a smaller lamp, as yet unlighted, was set in an iron ring fixed in the masonry.

The bier was set down before this niche, which was lined with myrtle sprigs, and had little lace bags filled with spices in the corners. There were two silver rings inside attached to cords, one at the head and one at the foot.

As Tacita entered, she saw the father lift his child and lay her in her fragrant bed, and the mother place a pillow under her head. They crossed her hands on her breast, and slipped one of the silver rings on to a wrist and the other over the slender foot. They had been weeping loudly; but when, their service done, they stood and looked at the peaceful and lovely sleeper, something of her quiet came over them. They gazed fixedly, as if their souls were groping after hers, or as if the wall of her silence and immobility were not altogether impenetrable, and intent, with hushed breathing, they could catch some sense of a light fuller than that of the sun, and of sweet sounds, beautiful scenes and loving companionship in what had seemed a void, and of nearness where infinite distances had been straining at their heart-strings.

Tacita laid her bunch of white roses at the child's feet. Then Elena led her down the corridor and pointed to a name inscribed on the marble of a closed niche. It was her father's.

She kissed the marble, and stood thinking; then turned away. "God keep him!" she said. "I cannot find him here."

At the end of the corridor, in the centre of the wall, was an open niche, all white marble, with a gilded cross lying in it, and so many little bags of spices that all the neighborhood was perfumed by them.

This niche was called "The Resurrection;" and at every funeral the mourners brought their tribute of perfumes to it.

Elena drew her companion's attention to the niches around this open tomb. "You see how small they are. They are all young infants. It is the same in all the corridors. The end where the tomb of Christ is, is called the cemetery of the Innocents."

Outside, in the gallery, a choir was softly singing: —

"Thou who didst weep!"

"We will go now," Elena whispered.

As they went, the mourners still stood before their dead, the husband and wife hand in hand. The brother, with his hands clasped before him, gazed steadfastly into his sister's face, that was scarcely whiter than his own.

The little lamp had been lighted, the chains attached to the chain of a bell hung outside the door, and a plate of glass covered the niche.

People came and went quietly. Some had gone home; others were seated on the stone benches outside. Dylar was leaning on the parapet; and when Tacita and Elena came out, he accompanied them down and through the ravine. When they reached the lane behind the church, he asked Tacita if she would like to go up and see his cottage, which was just above the college. She assented gladly, and Elena left them to go up the path together.

The cottage was of the plainest, and contained

but two rooms. The front one had a glass door and two windows overlooking the town. There was a table in the centre of the room with a revolving top surrounded by drawers. A hammock hung at the back, and there were two chairs, a bookcase and a closet. The floor was of green and white tiles, and the roughly plastered walls were washed a dull green.

"You see, I have here everything that I need," Dylar said. "My living rooms are in the college; but I often come here. My writing and planning, especially of our outside affairs, is done here. The business of San Salvador is all portioned out and arranged, and can be done without me. But the outside business requires a good deal of study."

He brought the chairs out, and they sat down, and Dylar pointed out the larger mountains, and named them, told where the torrents were and how they had been or could be deviated, told where the signal-stations were, and how they could know from them all that happened at their outer stations. He showed her her own chamber windows in the Arcade, the heights behind which, scarcely hidden from the town, she had entered San Salvador, and, near the southeastern angle of the opening, a mountain with a double peak, beyond which stood Castle Dylar.

The terrace where they sat was covered with a thin dry turf, and a pine-tree grew at one side and an olive-tree at the other. The olive was so old that its trunk was quite hollowed out, and the side next the rock had long since died and been cut away. The single great outward branch was full of blossoms. From the parapet one could look down and see the river of ripening wheat that flowed quite round the rock on which the college was built.

"This is the only spot in the world that I can properly call home," Dylar said. "It is the only place all mine, and where no stranger comes. If I am wanted, a signal calls me."

"You like to be here!" Tacita said with a certain pensiveness. "You like to be alone!"

"You think so," he said, "because I keep somewhat apart. It is necessary that I should do so in order to avoid complicating intimacies. Then, I have a great deal to think of. Besides, I will confess that when human affection comes too near, and becomes personal, I feel a sense of recoil. Human evil and sorrow I do not shrink from; but human love" —

Tacita moved backward a step, and clouded over.

"Not so!" Dylar exclaimed. "It is precisely because your friendship is as delicate as a mist that I seek you, that I follow you. See that white cloud on the pine-tree yonder! It is like you. The tree-top, the topmost tree-top has caught and tries to hold it. Do you think that it would like to stay?"

"It stays!" she murmured; and a faint rose-hue over her face and neck and hands betrayed the sudden heart-throb. "It stays while it is held."

Dylar looked at her with delight in his eyes.

"I am glad to have here at last the little girl of the *baiocco*," he said. "I never forgot her. When I no longer saw her, she grew up in my mind. I fancied her saying to me across the world: 'Why do you not come? I am no longer a child!'"

Tacita gave him a startled glance, and quickly turned her eyes away. Love the most ardent, the most impetuous, shone in his face.

"Tacita," he said softly, "I am indeed a beggar now! But do not fear. I will wait for your answer; but I could not wait before letting you know surely that my fate is in your hands. And now, shall we go down?"

She turned to descend before him, but stopped, looking back over her shoulder with lowered eyes that did not see his face. "May I have just one little string of olive-blossoms?" she asked.

He gathered and gave it to her over the shoulder her cheek was touching. "Ask me for the tree!" he exclaimed.

"Let it be mine where it stands," she said, hiding a smile, and taking a step forward.

"Ask me for the castle!" he said passionately, following her.

"I will first see the castle," she said, still going, her face turned from him.

"Will you go to-morrow to see it? Elena will accompany us."

"If you ask me, I will go."

They had reached the circle, and some men were

there on their way to the upper gardens. In the town they were alone again, and Dylar sketched their programme for the next day.

"You and Elena will talk it over," he said. "And if you wish any change made, send me word this evening."

They parted at the door, and Tacita went upstairs feeling as though she floated in the air.

CHAPTER XV.

The sun was not yet in the town. Its beams had scarcely reached the Basilica in their progress down the western mountains when the two ladies mounted their donkeys at the Arcade to go to Castle Dylar. The master of the castle was to meet them on the mountain path above the college.

They found him waiting for them; and as they went up an easy serpentine road, and over bridges binding cliff to cliff, Dylar pointed out hills and streams where the small flocks and herds of San Salvador were kept.

From this path could be seen to the best advantage the rock on which the college was built, and the way the structure followed its outlines and imitated them in pinnacles and terraces of every size and shape. They found the mountains on which the pine-woods bordered, and, close at hand, the height from which the first Dylar had discovered the site of his future city.

San Salvador disappeared; then its gardens were no longer visible; and then the spaces that betrayed the presence of a plain, or valley, were filled in; and they no longer looked backward.

They entered upon a scene like that which had preceded Tacita's first vision of San Salvador, scarcely a month before; and again she began to ask herself if it were not all a dream.

But a word from Dylar was enough to chase the phantom of unreality away. Tacita used every pretext that enabled her to glance at him. He was so picturesque and soldierly, he had such an uncommon figure with his firm profile and auburn-tinted hair; and the dark tunic and turban-cap with its silver band were so graceful.

She and Elena had each a man at the bridle; but Dylar was at her side at every rough place or steep descent. Yet his manner could not be called lover-like. It was rather that of a kind and anxious guardian. She asked herself if he had indeed said but the day before that his fate was in her hands. It seemed impossible. It was he who held her fate. Under his guardianship, how sweet were the dark places, how welcome the giddy cliff edges!

Outwardly quiet, and with a face almost as colorless as an orange flower, Tacita was intoxicated with delight.

Near the end of their journey, they passed across the opening to a deep and dark ravine.

"There," said the prince, pointing, "was found the gold which enabled the first Dylar to buy and cultivate land around the castle, and to found San Salvador. It was a rich mine; and we still find a few grains in it."

A little later they reached a small plateau, and dismounted. Passing a corner of ledge, they came to a long rough stair so shut in as to be in twilight. It descended and disappeared in a turn, and seemed to have been cut in the rock. It ended at a door that opened into a low-roofed cave.

"Courage!" said Dylar with a smile, and gave his hand to Tacita.

He led her through the cave, and up a stone stair lighted by a hanging lamp to a landing that had a narrow barred door at one side. Through this door, masked on its other side by shelves, they entered a large cellar such as one might expect to find under an old castle founded upon rocks.

Here were long vistas of vaults supported on piers of masonry, tracts of thick wall, both long and short, sometimes taking the place of pillars and arches. There were glistening rows of wine-hogsheads diminishing in the darkness; and shelves of jars gave a familiar domestic look to the place.

Dylar pointed out how cunningly the stair from the cave below was hidden. It was set between two walls that ran together like a wedge, a wall starting off diagonally from the point where they met, and pillars and arches so confusing the outlines that the wedge-shape could not be suspected.

From the large cellar they entered a small one surrounded by shelves of bottles.

"I am sorry to welcome you to my house by such a rough way," Dylar said. "But it is, at least, an ascending one."

"You are giving me a charming adventure," Tacita said brightly. "I have entered many a palace and castle by the *portone*, but never before by a cavern and a masked door."

The next stair led to a plainly-furnished study, or office. Dylar hastened to open a door into a noble baronial hall.

"At last, welcome to Castle Dylar!" he exclaimed. "May peace fill every hour you pass within its walls. Command here as if all were your own!"

They entered a drawing-room of which the walls were all a rich dimness of old frescos, and the oaken furniture was upholstered with purple cloth. The tall windows let in a brilliant sunshine through the upper panes; but all the lower ones were covered by shutters. Here the housekeeper came to welcome the ladies and show them to their chambers.

The wide stairway led to a circular gallery hung with tapestries in which was woven the story of Alexander the Great. There was nothing modern. But the two connecting chambers they entered were bright with sunshine, and fresh with green and white draperies. The windows were swathed with a thin gray gauze.

Tacita went eagerly to look out.

"We must not show ourselves," Elena said. "You can look through the gauze."

The first glance, vaulting over a mass of tree-tops and a great half-moon of verdure, saw a plain that extended to a low ripple of pale-blue mountains on the horizon. A few stunted groves were visible on this wide expanse, and a few abrupt hills which seemed to be protruding ledges, the crevices of which had been gradually filled by the dust-bearing winds.

Tacita recollected Ion's description of this scene, which had appeared to him so beautiful that San Salvador, compared with it, had seemed a prison.

"Poor boy!" she thought. "He will find nowhere else such freedom as that which he is so eager to leave."

The near view compensated by its richness for the sterility of the distant. It was a vast fenceless garden radiating two miles, or more, in every direction from the front of the castle, and every foot of it was cultivated to the utmost. There were blocks of yellowing wheat, there was every green of garden, orchard, and vineyard; and through them all the ever-present olive-trees which gave the place its name. They were planted wherever a tree could go. Around the foot of the castle they were clustered so thickly that they hid even from its windows the green turf and gray steps of its semicircular terraces. The large houses of whitewashed stone with flat roofs were scattered about irregularly. By some of them stood groups of palm-trees; or a single tree waved its foliage above the terrace.

The visitors had their dinner in a quaint boudoir, cone-shaped, and frescoed to look like a forest aisle from the pavement to the apex of its ceiling. One could recognize the artist of the Basilica in those interwoven branches, those leaping squirrels, and the bird's-nests with a gaping mouth or downy head visible over the rim.

"I will give you a more fitting service when you come here by way of the Pines," Dylar said. "But on these stolen visits from below we live with closed doors and a single servant."

"He eats," thought Tacita. "Therefore he is human." And she felt no need of puzzling over a major proposition, nor, indeed, of anything but what the painted cone contained.

"It should be a communicable thought which provokes that amused smile," Dylar said when he caught her expression.

Tacita blushed. "I was telling myself that it is a real plate of soup before you, and a real spoon in your hand; and that therefore I need not expect to find myself presently in the Madrid gallery, and see you disappear into a picture-frame."

"Shall I tell you something of that man's history by and by?" asked Dylar. "It may help to lay his ghost."

"Oh, yes!" she exclaimed. "And, oh, yes!"

"When you shall have taken some repose, then," he said, "come with me to the terrace of the tower. There, with the scene of my ancestor's labors before our eyes, I will show you how to distinguish between him and me."

"I cannot sleep, Elena," said Tacita, when they were alone. "Yet a nap is just what I want.

What a shame it is that our rebellious bodies do not know their duty better, and obey orders."

"I fancy," said Elena, "that the body could retort with very good reason when accused of being troublesome, and that it understands and does its business as well as the mind understands and does its own. Why should not body and soul be friendly comrades?"

"My respected friend and body," said Tacita with great politeness, as she leaned back in a deep lounging-chair, "will you please to go to sleep?"

She closed her eyes, and was silent a little while, then opened them, and whispered, "Elena, it won't!"

There was no reply. Elena had gone to sleep in the adjoining chamber.

Tacita sat looking out over the wide landscape. The nearest house visible over the olive-trees had a flame of nasturtium flowers on its lower walls, and a palm-tree lifting its columned trunk to hold a plumy green umbrella over the roof. The foliage waved languidly to and fro in a faint breeze, lifting and falling to meet its own shadow that lifted and fell responsive on the white walls and gray roof. There was something mesmeric in the motion; and the silence and "the strong sunshine settled to its sleep" were like a steadfast will behind the waving hands.

When Tacita woke, Elena was waiting to tell her that Dylar was in the drawing-room, and would show her the castle.

To one acquainted with old countries there was nothing surprising in the massive, half-ruined structure, with its rock foundations, and the impossibility of finding one's way unguided from one part of the interior to the other. The ancient tapestries, the stone floors with their faded rugs from oriental looms, the stone stairways where a carpet would have looked out of place, and was, in fact, spread only as flowers are scattered for some *festa*, — they were not strange to Tacita. But they were most interesting.

A round tower made the centre of the castle; and there was a wing at either side with a labyrinth of chambers. This tower formed a rude porter's lodge on the ground, a fine hall above, a gallery by the sleeping-rooms, and the fourth floor was Dylar's private study. From this room a narrow stair went up through the thickness of the wall to the roof-terrace. There were secret passages, and loop-holes for observation everywhere.

"God knows how many deeds of darkness these hidden chambers may have witnessed!" Dylar said. "If it had not seemed possible that they may be useful in the future, some of them would have been torn down before this. If any large agricultural work were attempted, it might be necessary to lodge the workmen here for a while. When these houses you see were being built, a hundred men dined every day in a hall in the eastern wing."

They had stepped out on to the terrace, where chairs had been placed for them, screened from sight by the parapet, so that as they sat only a green and gold rim of the settlement was visible.

"How beautiful it would be," said Tacita, "if all that plain were wheat and corn and vines and orchards, with the hills crowned with small separate cities, all stone, with not a green leaf, only boxes of pinks outside the windows."

"Just my thought!" Dylar exclaimed, blushing with pleasure. "Who knows but it may be some day? We own some land outside our farms, and have begun by planting it with canes. It is that unbroken green band you see yonder. It is larger than it looks."

They were silent a little while. There was no word that could have added to their happiness. Then the prince began his story.

"Three hundred years ago the name of Dylar was well known in some of the great cities of Europe and the East. The family had occupied high places, and the head of it at that time, whose portrait you have seen, was a brave soldier. He was fortunate in everything, — too fortunate, for he excited envy. He had a beautiful wife and a young son and a daughter.

"His wife died, and with her departed his good fortune. While he mourned for her, forgetful of everything but grief, those who envied him were busy. I need not enter into details. His life is all recorded, and you can read it if you will. It is enough to say that his enemies succeeded in depriving him of place, and in multiplying their own number. They changed the whole face of the earth for him.

"He found himself in that position where a man sees open before him the abyss of human meanness. Trivial minds dropped off their childish graces and showed their childish brutality. Nothing is capable of a greater brutishness than a trifler. Fine sentiments came slipping down like gorgeous robes from dry skeletons. Prudence took the place of magnanimity, its weazened face as cold as stone. Ceremonious courtesy met him where effusive affection had been. In short, he had the experience of a man who has lost place and power with no prospect of regaining them.

"He had no wish to regain them, and would have refused them had they been offered. To astonishment, incredulity, and indignation succeeded a profound disgust. His only wish was to shake off all his former associations, and seek a place where he might forget them.

"He sold his property, and with his two children abandoned a society that was not worthy of him. A nurse and a man-servant only clung to his fortunes, and refused to be separated from him and his children.

"For a time he was a wanderer, thinking many thoughts.

"He had been noble and honorable, but not religious. It is probable that now, when humanity had so failed him, he raised his eyes to inquire of that Deity of whose existence he had formerly made only a respectful acknowledgment. The Madrid picture must have been painted about this time. It expresses his state of mind.

"Doubtless some of the plans which he afterward put in execution were already floating in his imagination when in one of his journeys he came upon this place, for he immediately resolved to purchase it. It is recorded that he exclaimed, 'It was made for me!'

"The place must have looked uninviting at that time to one who had not already plans which would make works of improvement a welcome necessity; for what is now a garden was then a waste almost as barren as that you see beyond; and in place of these houses, which, in a rustic way, are fine, noble structures, were a few miserable huts inhabited by tenants as ignorant, and even vicious, as they were poor.

"Probably Dylar had that feeling from the first which has been ever since one of our principles of action, to take the worst, that which no one else would take, in men and things, and work at their reformation.

"At all events, he set out at once to find the owner of the place, a young man who might be in Paris, or London, or Rome, but most surely, at the gaming-table. Found at last, after a long search, he consented readily to sell, but he did not consent gladly. He could not hesitate, for he was reduced almost to living by his wits; but he suffered.

"Dylar had compassion on him. He saw in

him the victim of an evil education involved in a life from which he was too weak to escape. But it was impossible to approach such a man with the same help which he could give to others. He only begged that if ever the young man, or his children, should wish to live in retirement for a while, they would still look upon the castle of their ancestors as a home to which they would be ever welcome.

"Then he set himself to change the face of his desolate possessions. He gathered a score of outcasts, men and women to whom every door of hope was closed, and brought them to the castle till other shelter could be provided for them. More than one of them had crimes to confess; but they were the crimes of misery and desperation rather than of malice.

"Of a different class of the needy, he added to his own household. There was an elderly lady who gladly took the place of duenna to his daughter; and an old book-worm who was starving in unhonored obscurity became his son's tutor, and later an important agent in the success of his plans.

"Of course, agriculture was their first need; and the tutor was far in advance of his time in this science — so far as to have been considered a visionary. Dylar found him able to realize these visions.

"Before long, the land began to reward them. Huts had been built for the new-comers, and all worked with a will. Dylar had confided something of his plans to these poor people, and had inspired them with an ambition to build here a city of refuge, and to look forward to a time when they might say to the world which had condemned them, Behold! a higher judge has absolved us.

"Whether the thought occurred first to Dylar, or to his son's tutor, we do not know; but they agreed that gold must exist in large quantities in the mountains, and they secretly searched for it. Some grains had been found in a little stream that issued from the mountains where the river now is. To guess how difficult it was to get at the source of this stream you would have to examine the conformation of the mountains about the castle. In fact, they were reduced to the necessity of descending inside by ropes from the castle itself.

"You understand that they succeeded, and found gold in large quantities. You will also understand that they must have confided their secret to others.

"Here was an immense difficulty. Had this discovery been made known to his people, Dylar's community would have been ruined, his plans overset forever.

"He hit upon a device. He made another visit to the outside world, and brought back seven men who might be called desperate criminals. He asked them to work for him five years, separated from the world, with no other companionship than their own, and, the term expired, to go far away taking oath never to divulge what they had seen and done. On his side, he would provide for all their needs, and give them a sum of money which to them would be riches.

"They agreed readily, not doubting but they were wanted to commit some crime. When the term of their service was ended, they were no longer criminals; and among their descendants have been the most faithful guardians of San Salvador.

"These men lived at first in a cave in the ravine. Then they built them huts. Later, wives were found for them, and they made homes for themselves. Long before the five years were ended the plain of San Salvador was discovered, the city planned, and the lower entrance to the castle begun. Outside, land was purchased and cultivated, and the houses which preceded the present ones were built. Many new people had been brought in, and some sent out to study a handicraft or science. Building and agriculture were the chief studies of the people.

"You will see that the story can only be touched here and there.

"Everything succeeded, because all were in sympathy with their leader, and his prosperity was their prosperity. These men and women who had found themselves here, perhaps, for the first time in their lives, treated with respect, had no desire to withdraw the veil so mercifully let down between their human present and their infernal past. They were faithful from self-interest and from a passionate sense of gratitude.

"Now and then a new-comer was hard to assimilate; but indulgence was shown. A mind long embittered may almost outgrow the possibility of peace, not from any deformity of character, but from a profound sense of injustice. A man or woman of middle age who can remember no happy childhood, no aspiration of enthusiastic youth which was not crushed by disappointment and mortification, has amassed a sense of wrong which help comes too late then to cancel.

"Dylar's conviction, which still holds with us, was that a person so unfortunate as to have become an outcast from civilization is most probably the victim of some atrocious wrong in his birth, or in his early training, or that some supreme injustice has been done him later in life. Enlightened by his own experience and by subsequent observation, he perceived a wide and cruel barbarism hidden beneath the fair semblance of what calls itself civilization. Christianity he recognized as the only true civilizer; but Christianity was an individual, not a social fact. There was no Christian society.

"As time passed, some persons of a different character, though all needy, began to be drawn into the Olives, — a mourner who desired to spend the remnant of a blighted life in retirement, or a hopeless invalid, or some student whose life was consecrated to study and starvation. He was astonished to find how many accomplished people in the world were poor.

"He was, therefore, in no want of teachers.

Some remained for a time; some never left him. To the latter only the existence of San Salvador was known.

"In the lifetime of the first Dylar the necessity for preparing for outside colonies was already felt, and his successor began them. He made large investments, and had agents. All young orphans were sent out, and all beyond a certain number in families. Sometimes a whole family will go. Their relatives are their hostages.

"It was the third Dylar, called Basil, who built the Basilica. There had been only a shrine for a throne of acacia-wood. This throne Basil made with his own hands. It was he also who planned and began the cemetery; and he was the first one to be laid in it.

"Basil went out young into the world. He made himself first a carpenter, then studied architecture and mining. He never married. I am descended from his brother.

"Volumes might be filled with beautiful stories that were told of him, and with legends, half true, half false, which the people wove about him. His sudden appearances and disappearances at the castle after he returned to San Salvador were held by some to be miraculous. He lived a hundred years, and was found dead on the summit of the mountain of the cemetery. There is a grassy hollow at the top that is called 'Basil's Rest.'

"It would be worth your while to go there some morning before sunrise, to hear the larks. The story of his finding there, and of the people bringing his body down, is like a song.

"The first and second Dylars called the unfortunates they brought here 'children of Despair.' Basil named those he brought 'children of Hope'!

"I have told you that the first Dylar made friendly offers and promises to the man of whom he bought this castle. His acts were in conformity with his words. He kept a watch over the family, especially after he had discovered gold. He held himself more solemnly bound to them by that discovery. When any one of them was in difficulty, he went to the rescue. But it was long before one of them was admitted to San Salvador. Then a widow came with her young infant. This widow married the fourth Dylar. From the little girl, her daughter, Iona and Ion are descended."

"Oh!" exclaimed Tacita. "Iona!"

"Yes, Iona! In her and her brother alone we recognize now the blood of the original possessors of Castle Dylar. Their presence here satisfies our sense of justice. The girl I speak of married in San Salvador, and she and her husband went out to have the charge of our affairs in France. One of their sons became a messenger, that is, a person who keeps a regular communication between all the children of San Salvador, reports births and deaths, carries verbal messages, and does whatever business may be necessary in his province. It is a messenger who buys and brings all our supplies and carries out all our produce.

"The son of this messenger became himself a messenger. He was Iona's grandfather. He was named Zara for a Greek friend of the family. He was restless and adventurous, like all his race. He went to the East. This was in the time of my grandfather. He married an Arab woman — ran away with her, indeed. But the circumstances of the escapade were such as to render it pardonable.

"He lived but a short time after this marriage, and his widow with her only child, afterward Iona's mother, came to San Salvador. Iona's father was a relative of mine.

"What Iona is I need not tell you; for you know her. She is one of Nature's queens, and of the rarest; and Ion is worthy to be her brother. In both that restless fire of him who, for very impatience, sacrificed his birthright is intensified by this spark from Araby. But they have reason and discipline, and will have opportunity.

"I am telling you too long and dull a story. But having these outlines, you may afterward take pleasure in learning many details of our history. It is full of romantic adventure and Christian heroism.

"Have I wearied you?"

"So far from it," Tacita said, "that I would gladly listen longer. But you also may be weary. Tell me, these details of your history, are they all written?"

"Not all. The simple facts are all written. Our archives are perfect. The rest is left to the memory of the people. We write no books of adventure, and no novels; but we talk them; and our story-tellers are as inexhaustible as Scheherezade. You have not yet listened to one of them, though you may have seen an audience gathered about one in the booths above the Arcade. There is one whom I must soon take you to hear. He is a gardener, and understands more about olives and the making of oil than any other man in San Salvador. His story-telling is picturesque and poetical. He does not change the facts, but he transfigures them. His mind has a golden atmosphere. There is another, a baker, who will tell you stories as lurid as the fires that heat his ovens. One of the elders sometimes tells stories of heroic virtue in our pioneers, or in historical characters of the world. When our messengers come in, they always give a public account, sometimes very prosaic, of their travels."

"Has there never been a traitor in San Salvador?" Tacita asked timidly, fearing to awaken some painful recollection.

"Never!" was the prompt reply. "In the first place, even of persons born here of our most highly-honored citizens, but sent out very young, no one can know that such a place exists till he has returned to it. This is your own case. Those who go out adults are persons who have been tried. Any notable wealth or luxury of living is forbidden, or discouraged, in our people; and having thus nothing which will attract flatterers, they see the world more nearly as it is. Self-interest helps. Besides, with the training our children have, no Judas can come out of San Salvador. We will have no weak mothers here. If a young child shows vicious dispositions, it is taken from its mother and carried outside for training. Perhaps it may never return."

"She cannot go with it?" Tacita asked.

"She cannot go. Did she give birth to an immortal creature for her own amusement in seeing it ruining itself and others? I do not speak of any mere infirmity of temper in the child, but of some dishonest propensity which persists."

Tacita bethought her to speak of Ion's affairs, as she had promised; and after discussing the subject awhile, they went down through darkening stairs and passages to where supper awaited them, set out in an illuminated corner of the great hall.

"I had supper here that you might see the castle shadows," Dylar said. "Seen from our little lighted corner, all this space seems to be crowded with dusky shapes. Do you see?"

CHAPTER XVI.

They returned to San Salvador the next day. The sun had set when they reached the town, and the streets were full. Elena and Dylar dismounted at the college; but Dylar insisted that Tacita should ride to the Arcade, and he walked there by her side. She made her little progress with a blushing modesty, ashamed of being the only person in town who was not on foot.

At the door of the Arcade Dylar took leave.

"I am sure that you will not go to the assembly this evening," he said, "and I shall not go. Rest yourself well, and to-morrow I will take you to hear one of our story-tellers. To-night I — I want to remember!"

He murmured the words lowly as he lifted her from the saddle, and she answered them with a little half sigh. She also wanted to remember.

Supper was over; and she and Elena had theirs alone in the dining-room, talking quietly over their journey.

"You are happy, child?" Elena asked.

"I never dreamed of being so happy!" Tacita answered. And they looked into each other's eyes, and understood.

Going to the salon, they found Iona waiting there.

"I suppose that you are not going to the assembly to-night," she said. "But I hope that you are not too tired to tell me how you like the Olives."

"The little glimpse I was allowed was charming. I never saw such verdure. The foliage, the fruit, were in billows, in drifts, in heaps. And how I longed to go to one of those great white houses, and sit on the roof under the palm-shadows. I said to the prince, 'Why have we no palms in San Salvador?' and he is going to have some. I thought of the Basilica as a proper site; but he doubted a little. It is not decided. He said, we worship Christ as King, and shrink from holding the impious insult of his martyrdom forever before his eyes. And the palm is for the martyr. But the palms will grow somewhere, and will be my special garden; and the first person who dies in the effort to serve or save San Salvador shall be carried to his grave with a waving of palm branches, and a song of hosannas, and a palm-leaf shall be entombed with him, and one cut in the marble that bears his name. For that, I would almost wish to die a martyr."

"For that?" said Iona coldly. "The martyr, I fancy, is not thinking of the crown when he throws his life into the breach."

"I was thinking of the people's love," said Tacita, faltering, her eyes cast down to hide the tears that started. She was so happy that she could not bear a check. Her heart had unclosed itself without a thought, a fear, and it shrank at the little icy breath of Iona's answer.

"But why do not you ask me how I like your castle?" she said, recovering herself quickly.

"My castle?"

"Yes; the prince told me the story."

"It is very true that the original owner would never have sold his castle if he had known that there was a mine of gold within a stone's throw of it," Iona said. "But neither did the purchaser know. All was done in honor; and the Dylar have spent time, thought, and money, in compensating my family. I do not hold that I have a shadow of a claim; yet if I should to-day ask Dylar for a house and an independent competence outside, I should have it."

Tacita had already felt more than once that, however welcome her presence might be to every one else in San Salvador, Iona regarded it with a feeling that could scarcely be called by any warmer name than indifference. To-night her manner was more than usually stately, though she talked as much as ever, was, in fact, rather more voluble than her wont. But her talk was like an intrenchment behind which her real self was withdrawn.

Presently she began to question Tacita concerning her first journey to San Salvador, and especially that part of it made in the company of Dylar. Where had she first met him? Had she seen much of him? Were they long in Madrid together?

Surprised, Tacita answered with what frankness she could, and tried not to feel offended. She said nothing of the hymn under their balcony in Venice, nor of the picture in the Madrid gallery. The details of the rest were meagre enough. She had not realized how little there was to tell when the story was divested of those glances, tones, and movements which in her imagination filled out the gracious and perfect memory. Those few facts had been to her like the pale and scattered stars of a constellation which to the mind's eye vivify all the blue air between. She tried to think that in the freedom and confidence of this life such questions were not intrusive, and that Iona, from her position, had a peculiar interest, and even right, in knowing all that concerned Castle Dylar and its master. But in spite of her self-exhortation a troubled thought would come. Could it be possible that Iona would set herself against her friendship with Dylar? Did she suspect anything more than an ordinary friendship between them?

Their conversation grew dry, and Iona rose to retire, with a leave-taking which could have been kinder, but not more elaborately polite. Looking out, Tacita saw her go toward the assembly-rooms, and was glad to remember that Dylar would not be there. It was twilight, and at the highest point of the college she saw his light shine out like a beacon.

Seeing that light made her forget everything else.

"Perhaps he will look for my light," she thought, and drew her curtain quickly, and lighted a lamp. "I wonder if he will look!" Blushing, she passed slowly between the curtain and the light, then covered her face with her hands, ashamed of herself as if she had committed a sin. "I hope that he didn't see me!" she whispered.

Soon after she extinguished her lamp, and sat down by the open window. At that hour of early evening San Salvador was as gay and crowded as it was silent and deserted in the morning. There was a sound of violins from the Star-house; and underneath her window two girls were dancing, trying to keep time to the music that was smothered by the sound of their steps. There was a murmur of talk from some of the near housetops, and the voice of a child singing itself to sleep. Leaning out the window, she could see a little farther up the road an open lighted booth where two men sat playing chess with a group of men and women watching the game. An old man wearing a scarlet fez sat close beside the players, intent on the game. The light on their faces made them look golden, and the fez was like a ruby.

"How beautiful it is! And how happy I am!" murmured Tacita.

CHAPTER XVII.

THE next evening Dylar came for Tacita and her friend to go with him and hear a recitation of one of their story-tellers.

The place was a nook of the ravine leading to the kitchens, and was so completely shut in by high rocks as to be quite secluded.

An irregular circle capable of admitting fifty persons had a shoal alcove at one side, and all around it low benches on which were laid thick straw mats stuffed with moss. In the alcove was a chair; and an olive-oil lamp of four flames was set in a niche of the rock above. These flames threw a strong, rich light on a score or two of men and women in the circle, their faces shining out like medallions; but they touched the man who sat in the chair only in some fugitive line on his hair, or cheek, as he moved. His form was scarcely defined. He sat there, a shadow, with his face bowed into his hands, splashes of black and of gold all about him. He seemed to be waiting, and Dylar spoke.

"Here is one who waits to hear for the first time how Basil of the Dylar lived and died."

At that voice the story-teller lifted his face, rose, and having bowed lowly, resumed his seat.

"How did Basil of the Dylar live and die!" he

exclaimed. "Ask of the poor and the sorrowing how he lived. Ask of the men and women who stood at bay, facing a stupid and dastardly world. Ask, and they will answer you: 'He was a dove and a lion, — a dove to our hidden sorrow, a lion in our defense.' Ask of the heart bowed down with a sense of guilt so heavy it fain would hide in the night, and follow it round the world; fly from the light, and hide in the night forever around the world. They will say, 'Has the Christ come back? Can a mercy so overflowing be found in a human soul?' Ask of the children who clung to him when he stood white in the gloaming. He was white, his hair and beard; his face and his robe, they were white.

"The children coming from school cried out when they saw, and ran to him. They ran, they flew, they clung around him like bees or butterflies, joyous. They held the folds of his robe. They pressed to hold his hand, and kissed it finger by finger.

"He lifted and tossed the smallest. 'Reach up to heaven,' he said, 'and pull me down a blessing. Stretch your innocent hands and gather it like a star-blossom.' And then would the little one, all wide-eyed, reach up and wait till he said, 'It is done!'

"'How did the King come down?' they asked him. 'How was God made man?' He answered them: 'The sweetness of the Godhead dropped like honey from a flower. The brightness of the Godhead fell like a star-beam from a star.'

"And he would say to them: 'Ask of your angels how God looks. How does he smile and speak? For your angels, said the King's Majesty, ever behold his face. Mine has followed me out into a century's shadows, walked with me out through a century's falling leaves. But ask your angels to-night to whisper close to your pillow, or come in a dream and tell you what are his hair and eyes, his voice and his smile. Ask one time and ten times. Ask ten times and a thousand. Ask again till they answer, "His face I behold no longer; for you are no longer a child."'

"And then their mothers would hear them at night whispering on their pillows.

"How did he die, our prince? How at last did we lose him?

"There was a thought that hovered, dove-like, over the people, that Basil would stay till his coming, stay till the coming of Christ. It hovered, coming and going, but never alighted in speech. Quieter grown, but hale, he lived to a hundred years, lived in the midst of his people, going no more abroad. He sat in the sun, or the shadow, judged, and counseled, and pardoned, peacemaking, scattering blessings.

"But when, of the hundred years, the last few sands were sifting, he girded him for a journey, and climbed the southern hills. After a week, returning, 'I bring you a message,' he said, 'from our ancient Mother, the Earth.'

"He showed them a grain of gold as it comes up

out of the mine, set in the gray and white of a rock with clay in the crevices pressed. Pure and sparkling it lay in its crude and worthless bed.

"Said Basil, 'What pay you for bread? Is it dust? And for raiment, a crumbling stone? For house and land, and a gift of love, do you offer dust alone? A careless kiss is easy to give, and a careless word to say. Will you fling your dust in the face of God? You have gold in your hearts, my children. Cast your follies away like dust, and break your pride like a stone. Dig for your gold, my children, says Earth, your Mother. Deep in your hearts it lies hidden.'

"That gold that he brought is set at the foot of the throne, and the words that he spoke there engraven:—

"'Dig for your gold, my children, says Earth, your Mother. Deep in your hearts it lies hidden.'

"He went to every house. Not a threshold but felt his footsteps. Children passed by him in line for a touch of his hand, and old men knelt for his blessing.

"He went to the house of the King, and walked with his head bent lowly, walked to and fro in the rough new building, saying never a word. But, standing without, he cried: 'My heart for a step at the door! and my soul for a lamp at the footstool!'

"He entered the dark ravine, he and the sun together. He was led by the hand by a sunbeam over the stony way. He went to the place he had set for the dead, where as yet no dead were sleeping. What he did, what he said thenceforth, no creature knoweth.

"Basil, our prince, and the sun went to the ravine together. The sun went in and came out; but Basil, our father, lingered. Twilight settled and deepened; but Basil, the White Father, came not. The stars came out in the night; the people gathered and waited. They whispered there in the dark, and dared not search, nor question. They whispered and waited and wept: 'We shall nevermore behold him! He has bidden us all farewell, and gone from our sight forever!'

"But at the dawn they said: Awake! Let us find him! Nor food nor drink shall be ours till we know where his foot has faltered. Homes we have none till Basil, our father, is found!

"The light was faint in the east; they could see but their own pale faces. They entered, a crowd, the ravine; they covered its stones like a torrent! Praying and weeping they went, but softly, not to disturb him.

"They reached the Mountain of Sleep that he had chosen to rest in. Only one hall was finished, one bed made smooth for slumber. Basil, the prince, was not there.

"But a lark sprang up outside, springing and soaring upward. They followed his song and his flight; for he seemed heaven's messenger to them.

"They climbed the rough, steep rock; they wept no more, but they panted. Wide and bright were their eyes with a solemn and high premonition. They climbed to a verdant spot like an oasis in the granite.

"There, like a fountain of song, jetting and singing upward, climbing from song to song, the larks were bursting and soaring out of the thick fine grass all over-floated with blossoms.

"And, lo! a beam of the sun shot over the eastern mountains, touched the grass where he lay, and seemed to say, Behold him! And beam after beam shot over, seeming to say, We have found him! while the larks sang pæans of joy.

"The people gathered around, and silently knelt in a circle; knelt, and folded their hands, but wept not, spoke not, prayed not. Silent they gazed and listened, as though on the threshold of heaven.

"There he lay, all white, in the hollow top of the mountain, straight and peaceful and fair, his hands crossed on his bosom. All white, save an azure glimmer seen 'twixt the snowy eyelids, he lay in the deep soft grass with the lark-choir singing about him, — singing as if they saw the dawn of the Resurrection.

"As they looked, his silvery whiteness grew bright in the sun of the morning. Would he melt like frost, and exhale! Would he rise like a cloud on the sunbeams!

"Thus stayed they an hour, the living as mute as the dead.

"Then one, not turning his eyes, spoke lowly: 'He moves not, neither to rise and speak, as we knew him; nor moves he to float away and be lost in the air of the morning. Passive he lies, our prince, in a sweet obedience to death. Passive and humble he lies, obeying the law of our Maker. Is it not then that he waits for his people to bear him downward where he has hollowed his bed, to his resting-place in the shadows?'

"Then said another lowly, his eyes still fixed on the dead: 'Send we messengers down to bring what is meet to bear him. And bring the children to walk closest of all beside him. For their angels see the face of the Heavenly Father.'

"Then he looked in their faces, and said: 'We are fainting with thirst and hunger. For a night and a day we have fasted and grieved and searched. Let the strong among us bring bread and meat and a litter. I, who am strong, will go.'

"So they went down, half a hundred, and brought a litter well woven, hung on staves of ash wood strong and long and polished. They brought up meat and drink; and the children, wondering, followed, knowing not what death is, not being let to know. They gathered about him softly, seated themselves in the grasses, decked their heads with the flowers. And in the folded hands and on the pulseless bosom of Basil they warily slipped sweet blossoms of white and blue.

"For the elders whispered them: 'Hush! he is sleeping! Hush! he is weary!'

"Then the people sat in a circle, and ate and drank in silence, prayerful, as if they ate the Holy Bread of the altar. Ending, they rose and gave thanks; and tender and reverent, laid their dead on the litter, and took the staves on their shoulders.

"The children, wondering, ran, lifting questioning eyes, puzzled, but no wise grieving, and clung to the edge of the litter. They were close to his head and his feet, they pressed inside of the bearers, making a flowery wreath all fluttering round his whiteness. And where a fold of his garment wavered over the border, a dozen dimpled hands proudly bore it along.

"So they went down the mountain, weeping, but not with sorrow. For they felt a stir within them, a trembling, an unfolding, a lifting sense in the temples, a glimmering sense of kindred to clouds where the sun is calling the rainbow out of the rain.

"There was a woman among them, a singer of songs. Basil had named her the Lark of San Salvador. As they went down, she made a song and sang it; and to this day the song is sung by all the scattered children of San Salvador. Later times have added penitence and supplication to the one stanza that she sang to them that day. Our hymn suits the dark hours of life: hers was all victory and exultation. She sang: —

'San Salvador, San Salvador,
We live in thee!'

"While she sang, they laid him in the bed that he had chosen. And when Dylar, the heir, came home to them, 'You have done well!' he said.

"Behold! Thus lived and died Prince Basil, the White Father of San Salvador!"

CHAPTER XVIII.

About a week after, one day when their lesson was ended, Iona said: "I have seen Dylar to-day, and he proposed that I should make a visit with you. Professor Pearlstein, whose class of boys you will recollect, would have come to see you, but he is quite lame. He sprained his ankle some time ago, and cannot yet walk much. He knew Professor Mora well. They were boys together. Would you like to go up?"

Tacita assented eagerly, and they set out.

"You are going to see an admirable person," Iona said as they went along. "He is very useful to the community. He sets the boys thinking, and guides their thoughts, but not so severely as to check their expression. He especially urges them to study what he calls the Scriptures of nature. He keeps the records of the town, and in the most perfect way, knowing how to select what is worth recording. He will make no comment. His idea is that most histories have too much of the historian in them."

"My grandfather had the same opinion," Tacita said. "He held that the province of an historian is to collect as many authentic facts as possible, and present them, leaving the reader to draw his own conclusions. He did not thank the historian for telling him that a man was good or was wicked from his own conclusion, giving no proof. He preferred to decide for himself from the given facts whether to admire or condemn the man."

They reached the path leading upward; and there Iona stopped. She was very pale.

"Would you mind going up alone?" she asked. "I do not feel quite well."

Tacita anxiously offered assistance.

Iona turned away somewhat abruptly. "I need nothing, thank you. Go in peace, since you are willing. I am sure that you would have much more pleasure in a tête-à-tête conversation with Professor Pearlstein. Present my salutations."

Tacita, feeling herself decidedly rejected, looked after her a moment. Iona was evidently neither weak nor faint. She walked rapidly, and, instead of going homeward, had followed the outer road northward.

The Professor was seated in his little terrace with a table beside him. He was weaving a basket. Silvery white roots in assorted bunches were piled on the table, and strips of basket-wood lay on the ground in coils. His robe was of gray cloth with a white girdle and hood, and he wore a little scarlet skull-cap. Tacita saw now, better than before, how handsome he was. The face was strong and placid, the hands fine in shape, the hair gleamed like frost.

She stood on the edge of the terrace before he

saw her, and was in some trepidation lest she had not taken pains enough to make him aware of her approach.

When he looked up suddenly, secretly aware of some other human presence, his face lighted with a smile of perfect welcome, and with a faint, delicate blush.

He brought out a pretty chair of woven roots with leathern cushions.

"The terrace is my salon," he said. "And I have the pleasure of asking you to be the first to sit in a chair of my own making. Are not the roots pretty? See the little green stripe running through the silver. It is second sight, already dreaming of leaves. Till I began basket-making, I had not known the beautiful colors and textures of woods. It is a pleasant employment for my hands. It enables me to think while working. Is the chair right for you? I am grateful to you for coming up. Shall we continue to speak in Italian? It must come more readily to you; and I am always pleased to speak the beautiful language. It is not more musical than San Salvadorian; but it is richer. Our language grows slowly. It is limited, like the experience of our people. Every new word, moreover, is challenged, and tried by a jury of scholars. We adopt a good many imitative words, especially from the Italian. You will hear *fruscio, ciocie, rimbomba,* and the like."

They spoke of Professor Mora, and Tacita answered a good many questions concerning him.

Professor Pearlstein, in return, recalled their early days together; and she found it delightful to hear of her grandfather as a boy, leaping from such a rock, picking grapes in vintage time in the road below, studying in the college yonder, and sliding down from terrace to terrace on a rope. It was charming, too, to hear of her mother as a little girl, quaint and serious, with golden hair and a pearly skin, and of her father as master of the orchards, with eyes like an eagle, and a ready, musical laugh. He died from a fall in trying to jump from one tree to another. "Who would have thought," he said, "that it is only three feet from time to eternity!"

"I am glad," Professor Pearlstein said, "that my old friend was able to live his own life to the last. It is not so hard for a student such as he. In such cases people can understand that they do not understand, and they let the student alone. In going out into the world, the most of us feel the pressure of a thousand petty restraints. I reckon that I lost five years of my life in wondering what people would think of things which they had no right to notice at all."

"It is like a person trying to run in a sack," Tacita said, "or like rowing against the tide a gondola all clogged and covered with weeds."

The old man brought a little table and placed on it a dainty refreshment for his visitor, setting it out with a pleased, hospitable care: a slice of bread, a conserve of orange-flowers, and a tiny glass of wine; partaking also with her at her request.

"I always expected some great discovery from Professor Mora," he said, folding his arms and looking far away to the western mountains. "At first I thought that it would be in physics. But I soon found that he looked through, rather than at, natural objects and phenomena. Visible nature was to him the screen which hid the object of his search. I recollect walking home with him one day in Paris after we had listened to a lecture on electricity from a famous scientist. 'What does electricity mean?' your grandfather exclaimed. He held that the greatest obstacle to the discovery of truth is the insincerity of man.

"I liked the same studies that interested him, though my proficiency in them was small; and when I saw the way he went, I hoped that he would set the seal of his guess, at least, on some grand eclectic plan of creation toward which my lighter fancy spun blindly its filmy threads. That terrible 'I do not know' of his was crushing! But later I learned to be thankful for one man who searched far into psychical and theological problems, yet spared the race a new theory."

Tacita listened with pleasure to his dreamy talk. And she told him of the recitation she had heard the week before.

"That flowery nook, with its larks, is to-day what it was when Basil laid him down there to die," he said. "The mountain is excavated in halls that concentrate like the spokes of a wheel, with a column left solid in the centre. The hollow called Basil's Rest may be called the upper hub. The lower one is in the centre of the earth. There's a narrow stair goes up on the outside."

When Tacita went down, she saw Iona coming toward her, seemingly quite restored to health. Her cheeks were crimson, her eyes sparkling.

"I feel better," she said. "Let us go to the Star-terrace for a view of the sunset."

They went, and she pointed out effects of shadow in the western mountains and of colors in the eastern.

"I have sometimes an impulse to go out into the world again," she said then, abruptly. "When I was there, it was during my silence. I was there to study, not to talk. When we first go out, especially the young, we are held to a period of silence as to decisions, opinions, wishes, and plans. Obeying, we save ourselves trouble and avoid a good deal of foolishness. The story of Sisyphus is impressed on us as that of one whose first years are spent in a foolish effort and his last years in repenting of it.

"The only opinion we express from the first and at all ages is that touching our faith. A child may reprove a blasphemer, or assert its devotion to Christ in the hearing of one who expresses doubt. One subject after another is freed for us, as we learn what the world means by it. Of course, for a person of vivacious temper and strong feelings to remain silent, or to say always, 'I do not know,' gives full employment to the will and the nerves. I used sometimes to feel as though I should burst.

"Now, if I should go, it would be to speak when occasion calls, and to act in accordance with my speech. I could call a falsehood a falsehood, and a wrong a wrong."

"You would have to speak often," Tacita said dryly.

"Should I not!"

Iona began walking to and fro. "I have had visions of what might be done," she said, her manner warming as she proceeded. "The time is past when San Salvador can be long hidden, when it should hold itself only a refuge for a few, and a nursery for a few. I think that the time is come when it should prepare, prudently, yet with energy, to practice a Christian aggressiveness. We have our little circles in every part of the world. They are silent and true, and they are not poor. We have no weak hearts. The children of San Salvador are baptized with fire. The tests of our virtue and fidelity are severe. Our people have never occupied public office, because we hold officials responsible; and by the world they are not so held.

"We have capital. It might be spent in acquiring territory. Concentrated, we should be a power in the world. It is possible. I have the whole plan in my mind. I have studied over it for years. I have settled where our outposts should be, and how they might be strengthened.

I would deprive no ruler of his realm; but he should call himself viceroy, and sit on the footstool of an inviolate throne. I would mock at no faith of person, or society; but I would show the whole truth of which each belief is a fragment, and I would surround worship with such a splendor as should satisfy any lover of pageantry; and I would attack all organized wickedness.

"In the early days of our faith Christians did not fear persecution; for above the head of threatening king, or pontiff, they saw the face of an approving God. Only the spirit of Christ himself, simple and literal, can reawaken that faith. The first Dylar said that when he abolished preaching, and set the words of the King in letters of gold before the people.

"Tell me what to do!" said Tacita, leaning to kiss Iona's hand as she passed her by.

Iona paused. "See what I have thought," she said in a softened voice. "San Salvador is in danger, and the danger increases every day. How long, with explorers and mountain-climbers everywhere, can we hope to escape? Already, more than once, we have escaped but by a hair's-breadth. We hide by a miracle. Once discovered, what rights have we? A vulgar, if not malignant, curiosity follows you everywhere in the world. Every kind of science and astuteness would be employed to invade and subdue us. Every sophistical argument on the subject of sovereign rights, and even of human rights, would be quoted against us. Fancy a man educated in the tricks of diplomacy and the falsehoods of official life coming here and claiming the right to investigate and command, and bringing his subordinates to enforce submission!

"Our people are sent out into the world with every precaution. All are placed above want; but no one is made rich enough to win the world's blinding flatteries. Depending solely on their intrinsic worth for respect, they are seldom deceived. But, known as we are, even if force did not invade, what flatteries! What imitations of our ways without the spirit! Our realities made theatrical by their paraphrases — it might be worse than war. Ordinary society can see no difference between its own fire of straw and stubble and that primal fire which, now and then, bursts through some human soul.

"I have thought, then, to acquire all the land possible about the Olives, planting the plain and peopling the hills. A mile or two distant there is a group of hills much like those on which Rome was built. Our people could come, not as one people, but as if they were strangers to each other. Those who would, might even come at first as laborers. We all know how to labor. For wealth, if we had workmen and engines, the mountains would be an immense storehouse. There are beautiful marbles, and there must be more gold. Then what refuges we could have, not hidden and crowded, but open!'"

"Did you think to go out into the world in order to stir up the people to this movement?" Tacita asked, when she paused.

Iona had stopped with her eyes fixed southward, as if she saw through the mountain-wall that measureless garden, and the city of her imagination shining in the setting sun.

She turned quickly, seeming startled to be reminded that she was not alone.

"Yes," she said, almost sharply. "And my brother has told me that Dylar thought I might wish to go. He spoke to you and you spoke to the prince. Ion will go."

"Ion feared to grieve you," Tacita said, surprised at this sudden address.

"Dylar also had spoken to me of it," Iona continued, her brows lowering. "He thought that I might like to go awhile with Ion. Why did he think so? I have never spoken of these plans to him. I waited for other conditions to arrange themselves. Why should the idea of my going out occur to him?"

"I do not know," said Tacita, more and more astonished at the tone in which she was addressed. "He said nothing of it to me. Perhaps he has some important mission for you."

"Why should he intrust a mission to me instead of Elena, or of going himself?" demanded Iona. "Can you think of any reason?"

"I do not know," Tacita repeated, and her eyelids drooped.

There was a moment of silence, and it seemed to have thundered. Iona gazed with scrutinizing and flashing eyes into the downcast face before her, and seemed struggling to control herself. A shiver passed over her, and then she spoke calmly.

"I have not told you all my mind. The country I have planned must have a dynasty, not a luxurious one secluded from the people, but one as simple and law-abiding as that which rules us here. But who will succeed Dylar? While I planned, that became the difficult question to answer. He has no child, and seemed vowed to celibacy. I thought of Ion. He alone, outside the prince's blood, might be said to have a certain prestige, though he has no claim. Ion has force, and, when he shall have been tried in the alembic, will have a fine character. He has courage, magnetism, and enthusiasm. It seemed certain that Dylar would never marry; and I approved of his apparent resolution and imitated it. It seemed fitting that the two highest in San Salvador should give an example of exceptional lives devoted to its cause. I had, moreover, a sort of contempt for that maternity which we share with the beasts, reptiles, and insects. I almost believed that common people only should have children and superior people mould and educate them. In that frame of mind I had that foolish portrait painted.

"Later, I saw my mistake.

"I have called the portrait foolish, and it is so in one sense, in the sense that most people would give it, but not in the sense which still to me is true. For I do set my foot on trivial love and mere fondness for love's sake alone."

She was walking to and fro again, her brows lowering. Tacita sat mute and pale, the vision of a terrible struggle rising before her mind.

"How perfectly logical an utter mistake may be!" Iona exclaimed with a sort of fierceness. "I reasoned with myself. I made it quite plain to my mind that the people of San Salvador needed an example of lofty and laborious lives which set aside for duty's sake all the joys of domestic life. I said, 'This people was elevated for a century to a higher plane of feeling by such an example.' It is a proverb here that the face of Prince Basil shone a hundred years after he died.

"I was half right. What kept the Israelites up to that pitch of enthusiasm which preserved them great so long? Not the goodness of the mass, which seemed as base as any, but the divine fire of the few. What made the great republic of the west something that for a time was equal to its own boast? The greatness and disinterested earnestness of the few. The nation which has no heroic leader is a prey to the first strong arm or cunning voice which seeks its subjugation. My plan would have been perfect if another leader had been growing up, as in the time of Basil, one of unquestioned right and character. But as I studied longer, I saw the flaw. Ion has been known here as a wayward boy, though noble. Besides, there has always been a real Dylar.

"Gradually the question readjusted itself in my mind without my own volition.

"Dylar and Iona married would unite the actual right and a shadowy one of sentiment, and the need of a leader would consecrate the marriage as still something ideal. Our son could not be a common one. I would pour all my soul into him. I would make him enthusiastic, courageous, wise, and eloquent. He should go down and work beside the daily laborer, as I have seen Dylar do, till only labor should seem worthy of a crown. He should be full of fire, like the old gods. That dead moonlike calm that people call Olympian is not Olympian. They were creatures of fire. They trembled with strong life like flames.

"It all flashed upon me. I saw what should be. But how could I inspire Dylar with my thought! A woman has limits in such circumstances. Nature imposes them. I could only wait till my plan of empire was perfect, then set it before him in all its splendor. What could he say but 'Let us work together for this new Eden! Let the future viceroy be our son!' There could be no other conclusion. It seemed sure, and on the point of realization. I waited only for his return to lay the whole before him. And then — and then" —

She choked, and, tearing the lace scarf from her neck, cast it away.

Tacita was deathly pale.

"Iona," she said gently, "may it not be that you expect too much of mankind in the mass?

Can you hope that any nation will long keep its ideal state? How many such a bubble has burst! Human life is not a crystallization, but a crucible. Your kingdom of Christ extended and prosperous, would it not become a kingdom of the world, as in the past? It is the old story of the manna, food from heaven to-day, and to-morrow corruption. Your saint in power would become, as in the past, a sinner, and your trusting people, also as in the past, a populace first of children, then of slaves, and lastly, of rebels. Forgive me, dear Iona! Your vision is as noble as yourself; but all are not like you. Are not you afraid to be so confident? Your plan opens such a field to ambition!"

"I was not ambitious for myself," said Iona, writhing, rather than turning herself away. "And I believe that rulers may be educated to see how much grander and happier they would be if the love of their subjects should exceed their fear. I thought of the future of our people submerged in a deluge with no counteracting influence. Perhaps something suggested " — she turned again to Tacita, and spoke breathlessly — "When Dylar first saw that portrait, he did not seem pleased. I asked myself why he should look so dark if he approved of my renouncing love. It was my way of silently telling him that I would take no lower stand than his. I thought that he would be pleased. He had never said, but had always seemed to intimate, that he would not marry. Once, on going out on a long and dangerous journey,' he said to me: 'If I should never return, educate Ion to take my place.' He trusted me. He always confided his affairs to me. I never feared to have him go out. Nothing could seduce him. I felt sure that he would return even as he went. To me he was not utterly gone. I told myself that our spirits communed." She paused a moment, then added bitterly: "I thought that they did!"

"I am no queen nor sibyl," said Tacita faintly. "I cannot judge of these questions; and I could never hope to be able to stir a man up to great enterprises. I am only fitted to be a tender, and in some small things, a helpful companion."

"You think that I could not be a tender companion!" exclaimed Iona jealously. "I have put a rein upon myself. I will not make my smiles and caresses so cheap as to give them to everybody."

"I know that you are capable of great devotion, Iona," Tacita said tremulously, her eyes filling with tears. "Yet the hearts of humbler women may not be cheaply given, though they may be more accessible. They may be in something like the Basilica, — I speak with reverence! — no one rejected who wishes to enter in kindness, but one alone enthroned above all the rest, one to whom all who enter must pay respect. And perhaps the very kindness felt for all may be an outshining from that enthroned one, a reflection of the happiness he gives."

"It is well in its way," Iona said, trying to

speak more gently. "But such love is not good for Dylar when our existence hangs upon a thread. It is no time for him to think of repose and tender companionship. It would weaken him. He needs one who, instead of weeping if danger should threaten, would send him forth even to death, if need were, sure that such a death is the higher safety for him, and for her love the higher possession. Yet"— she made a haughty gesture and turned her darkening face away — "it is not that I love him: it is for San Salvador."

"Teach me to be useful, to be strong, Iona!" said Tacita earnestly. "I would give my life to the same cause."

"Would you give up a fancy for it?" asked Iona, looking sharply into her eyes. "It is so easy to offer a world that is not wanted, and refuse a grain of sand that is asked for."

"I would give all that I have the right to give," Tacita replied, and felt herself shrivel before this imperious woman, who stood before her with the sunset golden on her head and the shadow of a mountain on her bosom, with her brow made for a tiara, her lips to command, and her eyes to scathe with their anger.

"Dylar has asked you to be his wife?" Iona said, low and quickly.

There was something blade-like in the outcome of this sentence; but it brought help in seeming to call the conduct of Dylar in question.

Tacita folded her hands, raised her head with

a dignified gesture, and looked the speaker steadily in the face without replying.

"Ah!" Iona turned away with a fierce gesture, then returned. "It is not a son of yours who will save San Salvador!" she exclaimed.

"Perhaps God will save it, Iona," said Tacita gently, and rising, went toward the stair.

She had descended but a few steps when Iona followed her. "I hope that I have not been too rude," she said. "Pardon me if I have offended you! The subject is to me of such supreme importance that I forget all lesser considerations in it."

Her voice, though conventionally modulated, had something in it which told her heart was beating violently.

"I am not offended," murmured Tacita. "I respect and appreciate your position, your authority, your rights."

At the lower landing they found Dylar. He looked anxiously at Tacita. "I have been waiting for you to come down," he said. "And Elena has gone to order our supper to be brought here. We are going to have the sun-dance in the Square. Do you wish to go home first?"

She shook her head, and tried to smile. She could not speak.

"I will leave you both in better company," Iona said courteously, declining to stay; and bowing, left them.

For a time, to Tacita, it had seemed as if San

Salvador had opened its walls to admit a salt wave from the outer world; but the gap closed again while Dylar attended to her with a careful solicitude sufficiently reassuring as to his regard for her, but with no suggestion of fondness. He was a kind friend; and the cheerfulness and decision of his manner gave her strength.

"He is not one," she thought, "to need the strength of a woman's will to keep him in the path of duty. And she — I am glad that Iona does not love him. It would break my heart, if she did."

CHAPTER XIX.

Iona went away with a stately step, but with a brain on fire. It was only when near the Arcade that she quickened her steps; and when inside the door, she ran upstairs.

Having found Elena, "I am going out to the Olives for a few days," she said, "and I want to start at once for the Pines. Will you have Isadore called to go with me? I will meet him at the water-gate."

She waited for no reply, but hastened to her own room. In a few minutes she came out dressed in the gray costume of labor.

"Everything is ready," Elena said, meeting her, and expressed neither surprise nor curiosity.

The sun had set, and it was night when Iona met the men who had been sent up to attend her. But she would suffer them to go no farther than the water-gate.

"I know the road well," she said, "and am in no danger. When at daylight you see the signal that I am at the Pines, you will turn the gate again. It will be sooner done if you stay here."

They obeyed unwillingly, and she went over the wild mountain road alone, guiding her donkey with a careful hand, and conscious only of a dull discomfort. It was midnight when she reached the Pines.

"Don't be alarmed!" she said cheerfully to the guardian. "I am sorry to disturb you; but I wish to go to the Olives. Go to bed now, and be ready at six in the morning to accompany me."

The man said no more. They questioned Iona as little as they did Dylar.

They were in the lower room. Iona went to the chamber above; but when she heard the upper door close, she came down again, unbarred the outside door, and went out into the Pines. Space was what she wanted, — space and solitude.

It was a sultry night, and the still air under the pines was heavily perfumed, not only with their branches, but with the oppressive sweetness of little flowering vines that ran about through the moss underneath them. A mist that was mingled of moisture and fragrance hung in the tree-tops, and above them, dimming the stars. It was stupefying.

Iona felt her way, step by step, over the slippery ground, and leaned against one of the great pine-boles, scarcely knowing where she was. There was left in her mind only a vague sense of ruin and a vague impulse to escape. She stood there and stared into the darkness till she was faint and weary, then sank down where she stood and sat on the ground. There was an absolute stillness all about her. The only motion perceptible was in the narrow strip of sky between the tree-tops and the rock, where one dim hieroglyph of stars slowly gave place to another. Once from some bird's-nest not far away came a small complaining note. Perhaps a wing, or beak, or claw, of some little sleeper had disturbed its downy neighbor. Then all was still again. But the little plaintive bird-note touched the listener's memory as well as her ear. The atmosphere of her mind was as heavy as that around her body, and the suggestion was dim. She had almost let it slip when it came of itself, a Turkish proverb: "The nest of the blind bird God builds."

It was the first whisper of Divine help that had risen in her soul. Perhaps then it was an angel's wing that had disturbed the bird in its sleep.

Iona glanced upward and saw the pale mists beginning to quicken with the coming day. "God help me!" she murmured listlessly, and rising, went into the house and to her chamber.

The early training of San Salvador was expressly calculated to give the child a few indelible impressions. One of these was to do no desperate nor extraordinary act without first taking counsel from some disinterested person, or taking a certain time "to see if the King would interpose." In absenting herself for a while from San Salvador, Iona had obeyed the sudden command of necessity. But that step taken, her instinct was to do all as silently and calmly as possible.

"I will not mention Tacita Mora's name, and I will work," she thought. It was the one step in advance which she could see.

Shortly after sunrise she started for the Olives. Reaching the turn of the road where the green began, she descended from her donkey to walk to the castle, and the man went on to make the necessary gossip concerning her arrival. For some reason the first step on the greensward under those gray-green branches awakened her sleeping passion. Was it grief that the peacefulness of the scene knocked in vain at her heart for entrance? She would willingly have thrown herself down in those quiet shadows and wept. The strong check she drew on the impulse brought up its contrary, and she laughed lightly.

There was no one in the great circular ground-room of the tower, nor on the grand stairs where a man might ride up and down on horseback; but reaching the top, she was met by the housekeeper.

"Take my arm," the woman said. "You must be very tired. I saw you from the window," and she gave no intimation of surprise nor curiosity.

"I am tired and hungry and sleepy," Ionà said smilingly, availing herself of the offered support. "I find that I have not had exercise enough, and am too quickly fatigued. That is so easy with what I have to do. But I have come out here to work. If you will bring me a cup of chocolate, I will then try to sleep. I reached the Pines very late last night."

She went to the chamber that was called hers, drank the chocolate that was brought her, and, overcome by fatigue, fell asleep.

"Prince Dylar has sent you the keys," the housekeeper said to her when she woke. "He said that you forgot them. The messenger is waiting to know if there is any word to take back."

"None except to thank the prince for taking so much trouble," Iona said.

If she were more irritated or soothed by Dylar's evident anxiety it would not have been easy to say. The sending of the keys, too, besides giving an opportunity to learn if she were well, was a reminder of his confidence in her and of her importance to San Salvador. They were the keys of his private apartment, the treasure-vault, and of the door leading to the ravine where a stream of water still brought an occasional grain of gold.

She opened the case with a little key of her own, and looked eagerly to see if there were any written word, snatching out the slip of paper that she found.

She read: "I think that the late rains may have washed out a few grains of gold. I did not go when I was last at the castle. Will you look? DYLAR."

Just as if nothing had happened! Iona put her hand to her forehead and for a moment wondered if anything had happened.

"I must work hard!" she thought. "'When nature is in revolt, put her into the treadmill;'" and she went out to see what there was to do, going from house to house, greeting the people and welcomed by them. They supposed that she had just arrived from some distant city, but asked no questions, knowing that she was one of Dylar's messengers.

There was a field of wheat ripened, and Iona put on a broad-brimmed hat and thick gloves, and taking a sickle, went out to it across the vineyards. "I am to do it all," she said laughingly. "Let no one come near me."

Had any one in San Salvador seen her speaking to those people, he would have thought that he had never seen her so gay; and had he seen her when, leaving all behind, she went out alone, he would have wondered at the gloomy passion of her face.

She put her sickle into the grain, and bent to her work like any habitual laborer. In fact, she had done the same work before in play. Handful by handful, the golden glistening stalks fell in a straight ridge across the field; and as the movement grew mechanical, her thoughts took, as it were, a sickle, and began to reap in another field. With a savage strength it cut through the years of her life, all its golden promise and fulfillment, all its holy aspirations, all its towering visionary building which had been, indeed, but a dream of empire and of love. It cut through the humbler growth of sweetness blooming like the little blue flowers she severed from their roots and cast aside to wither, or trampled under her feet. As she wrought thus, sternly, with a double blade, the mental harvest even more real to her mind than this one that the June sun shone upon, her breath kept time with a sharp hiss to the hiss of the sickle, and her heart bled.

With no cessation from her labor except to wipe the perspiration from her face, she reaped till sunset. Then, after standing a little while in doubt what next to do, she bent again, and reaped till the stars came out. Their lambent shining through the falling dew lighted her back to the castle. The windows were all open in the houses as she passed them, and some of the people were seated at supper in their great basement rooms, as large as churches, with their rows of arches, instead of walls, supporting the ceiling.

"Let no one touch my work," Iona called gayly in at one of the windows, "unless you should wish to bring in what I have reaped. I have put a cornice around the field. I would have reaped all night if there were a moon. Good-night. Peace be with you."

They echoed her salutation; and she hung her sickle on the outer wall, and took her way to the castle.

"Don't tell me that you have had your supper!" the housekeeper said; "for I have taken such pleasure in preparing one for you."

"I shall eat it, for I have earned it," Iona replied, taking off her coarse gloves and straightening out her cramped fingers.

But what she ate she knew not, nor what good fairy suggested to her questions and answers and remarks that were to her as dry as husks, yet which served as a screen to her misery. She seemed to have a secondary mind which worked mechanically.

There are certain proverbial sayings which have an air of such owl-like wisdom and are such a saving of mental work to those who repeat them that they seem immortal. One of these is that no person is fit to command who cannot obey. If it were said that no person is fit to command an inferior who cannot obey a superior, a reasonable idea would be conveyed.

Setting aside such cases as the apprenticeship of Apollo to a swineherd, and the voluntary self-humiliation of an ascetic who seeks to win heaven by effacing himself on earth, there is no more murderous injustice than the enforced subjection of a lofty nature to a lower one. It is not a question of pride, nor of fitness; it is a question of individual existence.

Iona had been like a queen in San Salvador; and she had been a wise and gentle sovereign. She had assumed no authority, and fully acknowledged that she had none. She was always consulted, and she had made no mistakes. Her whole strength had been expended to make herself worthy of this preëminence, and she had succeeded. Her powers had risen with the need of them, and she stood upright, sustained by this pressure from all sides.

The pressure removed, for to her mind it was almost removed and would be totally so, she collapsed and fell into confusion. With Tacita the wife of Dylar, she took for granted that her reign in San Salvador was at an end. For it was her power in the community, she persistently told herself, not her power over the heart of Dylar, which she lamented. "It is not love! I do not love him!" she had repeated a hundred times.

To her mind, Tacita, however sweet and lovely, was a girl of limited capacity, but also one who could assume a dignified and even haughty reserve when her relations with Dylar were called into question. As his wife, she might object to any other female authority in the place; and Iona well knew that the fair-haired girl, with her charming grace and caressing manners, would win a greater affection from the people than she herself would be able to win by the devotion of a life.

She went to her chamber with the hope of sleeping; but sleep was impossible. She rose, took her lamp, and went downstairs, meeting the housekeeper on the way.

"I am going out through the cellar," she said. "Give me a long roll of wax taper, and the key of the cellar door. I will take care of all."

She tied the great roll of taper to her girdle, took a little wallet and a lamp, and went down to the cellar. But instead of descending the second stair, she went along under the damp arches, past the rows of moist hogsheads, to a little stair that went up to a walled-up door. The stairs had been utilized as shelves, and rows of jars and little bottles of olives were set along them.

Iona cleared them all away from the four lower steps, and with a deft hand took out two or three screws from the boards; then, turning back the three lower stairs like a door, disclosed a steep stair underneath through a square opening. The stair ended in a corridor from which was heard the sound of waters, growing clearer as the passage led into a cave that had a high opening at one side, like a round window, almost lost in a long, close passage that looked as if broken in the rock by an earthquake, louder again when a door was unlocked and opened into a roofless passage of which one side diminished in height and showed a fringe of little plants and mosses, and the other soared, a precipice. Here was a little hollow through which flowed a brook coming through crevices northward to disappear southward into crevices. Where it issued from the rock in a fall of a few feet were two troughs, side by side, turning on a hinge, so that the water might be made to pass through either. Both were lined with nets that could be raised and drained.

Iona set her lamp on the rock, changed the troughs, and carefully raised the net in the one through which the water had been passing, and with a little wire spade turned over the débris left there. Where a yellow glimmer showed, she picked it out and put it into the wallet hanging at her side.

The night was so still that the flame of the lamp scarcely wavered; but she swung her coil of lighted taper to and fro, and round in a circle, to catch any glimmer of the precious metal hidden there.

There was neither tree nor shrub in sight. Grotesque peaks and cliffs rose on every side, shutting her in. Scintillating overhead was the Milky Way, a white torrent of stars from the heights of heaven flowing between the black rock-rims that it seemed almost to touch.

The gold came in glimmer after glimmer, some almost too small to gather out of the slippery débris, others half as large as the flame of the lamp, and brightly glowing.

Iona's spirit revived a little. The place, the time, and the occupation took her out of the track of her habitual life. She recollected her first visit to this place, when she and Dylar were children. They came with his father. The prince had brought her after her father's death, hoping to distract her; and while she and the boy picked out the shining grains, he sat on a lichened rock beside them, and told how men had spent their lives in searching for and compounding the philosopher's stone in order to make at will this bright king of metals which they were gathering from the sand.

He told how kings and queens had lavished patronage and treasure on such seekers after hidden knowledge, and the names by which the magic stone was called: *The daughter of the great secret; The sun and his father; The moon and her mother.* He told them the legend that St. John, the

Evangelist, could make gold; and young Dylar paused in his search to learn the verses of an old hymn to the saint that the alchemists applied to themselves: —

> "Inexhaustum fert thesaurum
> Qui de virgis facit aurum,
> Gemmas de lapidibus."

He described to them the *dry way* and the *humid way*, the *white powder*, that changed metals to fine silver, the *red elixir*, which made gold and healed all sorts of wounds, the *white elixir, white daughter of the philosophers*, which made silver and prolonged life indefinitely. He told them the prediction of a German philosopher that in the nineteenth century gold would be produced by galvanism, and become so common that kitchen utensils would be made of it. "But that," the prince added, "will surely be a gift of wrath, and will come like a thunderbolt. Men will play with fire, and it will turn upon them. They will laugh in the face of God when they snatch his lightnings out of his hand, and he will reduce them to ashes. But to him who kneels and waits, into his hand will God put the lightning, and it shall be as dew to his palm when he smites with it."

As he had talked, sometimes to them, and then as if to himself, to her imagination all the space about and above had become filled with watching faces. There were pale brows over eyes grown dim and hollow with fruitless study; there were clustering locks that wore the shadow of a crown;

there were dreamy faces whose eyes were filled with visions of the golden streets of the New Jerusalem; there were the hungry cheeks and devouring eyes of poverty; there was avarice with human features; and over the shoulders of these, and peering through their floating hair or widespread beard, were impish eyes and glimpses of impish mirth; all which, with sudden explosion, were wrapped one moment in flame, and the next, fell in a mass of gold like a mountain, writhing one instant, then fixed. And in the place where they had been remained unscathed one face still gazing in a dream at the golden streets of the New Jerusalem.

The childish vision rose and fell; but it left a scene almost as unreal.

There showed no more sparkling points in the trough, and Iona changed it for the other, glancing into the second as she withdrew it. At the bottom of the net was a spark like a star. It was a little ball of gold that the water had brought while she was searching. She smiled at sight of it, scarcely knowing why it pleased her; and instead of putting it into the wallet, found a dew-softened flake of lichen to wrap it in, and hid it in her bosom.

"I will ask Dylar if I may give it to Ion when he goes out," she thought; and the image of Ion warmed her heart. "Dear boy!" she murmured.

The dew, the darkness, and the silence soothed her as she walked homeward. Seen from a distance she might have seemed a glow-worm creeping along the face of the rock. Her lamp grew dim, and she lighted her taper again by its expiring flame, and went on uncoiling it as it rapidly consumed in the faint breeze of her motion.

Weary, and in some way comforted, she reached the castle and her chamber, and was soon asleep.

But anguish woke with her, the stronger for its repose. The novelty of the change was gone, and a consuming fever of impatience to return to San Salvador took possession of her. But she had come for a week, and she stayed a week, passing such days and nights as made her cheeks thin and her eyes hollow.

The morning she had set for her return she was scarcely able to rise; but at noon she reached the Pines, and while everybody in San Salvador was at supper, she quietly entered the Arcade, and sent for Elena to come to her room.

"Give these to Dylar with your own hand," she said, consigning to her care the wallet and the case of keys. "And please send me some supper here. I am going up the hills this evening, and may stay all day to-morrow. Whoever comes with my food can set the basket on the terrace, if I am not in sight."

Elena looked at that worn face, and could not restrain an expostulation.

"Iona, dear, you look too tired to go up there alone to-night," she said. "Wait till morning, and no one shall come near you, nor even know that you are here."

"I should suffocate here!" Iona exclaimed impatiently.

Elena urged her no farther. "At least, make me a sign in the morning that you are well," she said. "Tie a white cloth to the terrace post."

"Yes, yes! Don't fear!"

She went out. It was twilight, and the windows were beginning to be lighted. In the Square she saw Ion going toward the college. She drew the silver whistle from her sash and blew his name.

The boy stopped, then came running back.

"I am going up the hills to stay to-night," his sister said, holding him in her arms. "Don't tell any one, unless Dylar should ask you. And see! I have a gift for you. It is a little ball of pure gold. Say nothing of it even to Dylar till I tell you. Keep it as a memento of San Salvador when you are far away. And now, good-night, my treasure, my better than gold!"

She kissed him tenderly.

"O Iona, why do you go up there to-night?" the boy cried. "What is the matter?"

She freed herself from him gently, but decidedly. "Don't oppose me, Ion. Do as I bid you, and say good-night now."

He urged no more, but went away dejectedly.

The cottage to which Iona went was a tiny one with a plot of herbs in front of it and a huge fig-tree. It contained but one room, across which was slung a wide hammock. She opened the door, prepared her hammock and got into it, dressed as she was. There was a floating wick in a vase of oil and water that gave just light enough to faintly define the objects in the room and show a small fragment of paper on the floor. As she lay, glancing restlessly about, her eyes returned again and again to this paper, and finally with a sense of annoyance. She was naturally orderly and neat to a fault even; and now it seemed as if all her characteristics had become either numbed or fantastic. That scrap of paper grew to be of such importance to her that she could not rest while it lay there; and having risen to pick it up, it was still of so much importance to her that she could not set fire to it in the little night-lamp without looking to see what it was. It was a fragment of an old pamphlet in which had been an article on mediæval customs. The few lines remaining referred to a custom in the isle of Guernsey.

It related that if a sale of property were being made by heirs, one heir objecting, this non-consenting one could stop the sale by crying out: "*A l'aide, mon prince! On me fait tort!*"

She read, then burned the paper. It was an interesting fact. She thought it over, going to lie in her hammock again; and thinking of it, dropped asleep.

There were a few hours of repose. Then she waked and could sleep no more. The little lamp had burned out, and the dark dewy night looked in at her open window. She rose and went out.

The fig-tree before her door grew a single straight

trunk to a height of four feet, or a little more, then divided into two great branches, hollowed out and widespreading. Iona leaned into this hollow, hanging with all her weight, and looked over the town.

"*A l'aide, mon prince! On me fait tort!*" she murmured, recollecting the words that she had slept repeating. And she stretched her hands out toward Dylar's dwelling-place.

"They think that she alone has power to charm you!" she went on. "Blind that they are! And are you also blind? They see me preside with dignity, and they think that I am nothing but stately. Cannot you understand that I am as full of laughter as a brook? I have come up here alone many a time and talked with the birds, the plants, and the wind. I came to give vent to the life that was bubbling in me. If I had but shown it! If I had but shown it! The greatest force I ever put upon myself was to be cool and calm with you. It was honor made me. I thought you were resolved to lead the angelic life, and I would not by a smile, or a glance, or a wile make it harder for you. How could I imagine that you would surrender yourself unsought to a lesser woman! Oh, I could have charmed you! Cannot I call you now? Shall I submit without a struggle?"

Iona knew in herself a compelling power of will, without defining it. It had sometimes seemed to her that when roused by some vivid interest, her will had flung out an invisible lasso that bound whomsoever she would; not so much, indeed, here in San Salvador as out in the world, where minds were less firmly anchored. Yet even here, finding one in a receptive mood, she had more than once made him swerve as she had wished.

Could she not in this hour of supreme upheaval send her soul out — all her soul — through the space that divided her from Dylar, make it grow around him like a still moonrise, find him where he lay thinking, or dreaming, perhaps, of that fair-haired Tacita, reach into, shine into, his heart and blot that image out, gather all his will into the grasp of her strong life, and so melt and bend him that he should turn to her as a flower to the light? Dylar had a strong will. She had seen him as oak and iron. But, if she should slip in at unawares!

Iona caught herself leaning over, straining over the inverted arch of the fig-tree, her arms extended toward the college, the fingers cold and electric, the very locks of her loose hair seeming to be turned that way, her whole person having a strange feeling as if a strong current of some sparkling, benumbing essence were flowing from her toward the spot where Prince Dylar lay helpless and unconscious.

She started back. "God forbid!" she cried. "*A l'aide, mon prince!*" The last words came as of themselves; and her prince was still Dylar.

"Yet it would be for his good and the good of San Salvador," she said, and began to weep.

And then again, half frightened at her own passion, her mood changed. After all, was she certain that her fears were well-grounded? What proof had she? Nothing strong except Tacita's silence; and might she not have mistaken the significance of that? Her nature seemed to divide itself in two, one weak, wretched, dying, the other seeking to comfort, reassure, and save this despairing creature from destruction. Her imagination began to hold up pictures to divert the weeping child of earth.

She fancied Dylar in the first enthusiasm of knowing all her plans. He would adore her. But there should be no silly dalliance. For, "I do not love him in that way," she still persisted. When she should crown herself with the white betrothal roses that must be gathered by her own hand, it would be with the thought of authority wearing the crown of pure justice. When she should assume the rose-colored robe and veil of a bride, it would be to her a figure of that charity all over the world which it would be the aim of her life to promote. Both she and Dylar would be stronger for this companionship; and she would be, not only his inspirer, but his soothing and comforting friend also. Every lion in his path should become his beehive. When he was weary of empire she would charm him with many a folly. For sometimes he would be depressed, perhaps, even out of temper. It was delicious to think of him so — as quite a common man — for a little while. It would be the dear little flaw in her gem.

All should come as she had planned. Their colonies should condense in the plain and on the hills outside, little by little, stealing in as silent as mists, not seeming one, but as strangers to each other. Here at San Salvador should be their stronghold, as now, and their inmost sanctuary. But they would live outside, on a hill, or going from place to place. When all was well ordered without, they would come back for a while, and she would lead Dylar to some height, to the summit of the North Peak, where there should be a mirador, and pointing to their colonies embossing the whole circle even to the horizon, she would say: "Behold the marriage-portion I brought you!" She would tell him of a time when, their earthly lives ended, they might be borne, like Serapeon, over mountain top and plain, while their son —

Their son!

Her fancy descended from its cold mountain height to a green hollow in the hills, and a cooing of doves, and a veil of heliotrope shutting them in. She hung over the face of the child. His cradle should be formed like a lotos-flower, and there he should sit enthroned like Horus, the young Day. As her fancy dwelt on him, he grew, — a youth with inspiration shining in his eyes, a man, with command on his brow. He should bring in a golden age. Peace and brotherly love prevailing should make men look upon their past lives as the lives of wolves. He should wear white while young, and purple when he began to take the reins of government. The white should have a violet border.

Here the dreamer's fancy seemed to stumble as if caught in the train of a white robe with a violet border that brought some disenchanting reminiscence in its folds.

It was the robe that Tacita had worn the last time they met at the assembly, and she had looked like a Psyche in it.

As that figure floated, smiling, into her dream, Iona's empire crumbled, her lover became a mocking delusion, her shining babe faded to a snow-drop broken from its stem, her enthusiastic youth shrank like dry leaves, her purple-robed prince fell with a crash at her feet.

"A—a—a—i!"

It was almost like the growl and spring of the tiger. But the rein was drawn as involuntarily as a falling person seeks to maintain his equilibrium.

"*A l'aide, mon Roi!*" she cried, and stretched her hands out, not toward Dylar, but toward the Basilica, showing faint and ghost-like against the western mountains. "*A l'aide, mon Dieu!*" and lifted her face to heaven.

To a strong, high soul, despair is impossible. However dark the overhanging cloud, it never believes that there is no help. It has felt its own wings in the sunshine, and it knows that somewhere there must be a way for them to lift it out of the storm.

But where?

"My father told me to do without love, if I could," thought Iona, and sank down, and sat leaning against the tree. The time-blurred image of that father rose before her mind, and the scenes following his death. Of her life with him, except that it was happy, she could recollect nothing definite. With the egotism and ignorance of youth she had taken a father's loving presence for granted, as she had taken sunshine and air. He had died at Castle Dylar, and she was with him. His illness was brief, she had scarcely known that he was ill. For one day only she had not seen him.

She seemed again to stand, a child, in the middle of the great salon, looking at a closed door. The prince held her hand and murmured words of consolation. Her playmate, young Dylar, stood at a distance wistfully gazing at them. She did not understand for what she needed to be consoled; but an undefined dread oppressed her.

"What is in that room?" asked the child with a gloomy imperiousness. "They close the door, and tell me not to open it."

"Only a mortal body from which the soul has fled," said the prince. "Your real father has gone to see the King, to see your dear mother; and both, unseen, will watch over you and your little brother. Do not you want to go home and see poor little Ion? He is alone."

"I want to see my father's body," said the child.

"Iona, he sleeps!"

"Wake him, then!" she cried. "Or, no. I will be quiet and let him sleep. I will sit by him till he wakes."

Dylar looked distressed. "Dear child, no one ever wakes from that sleep, it is so full of peace and rest. His heart does not beat. His hands are as cool as dew."

"Wake him!" she cried, beginning to sob; and, snatching her hand away, ran to beat on the door, and call "Father! Father!" with an awful pause of silence between one call and the other. "If he were warm he would speak. Give him wine! I can make his heart beat. Let me in! I will go to him!"

"Nothing can make the body warm when the soul has gone out of it," said Dylar, following her to the door. "It is like a candle that is not lighted."

"If I kiss him, he will light," persisted the child. "He always does."

"His light is in the court of the King," said Dylar. "You must not, cannot call it back."

The child stood silent a moment, a statue of rebellious grief, trying to understand the cold science of death, now for the first time presented to her. Then, with something more of self control, she asked: —

"Can I make the King give back his soul, in any way? no matter if it is not by being good. Could I by being wicked? I am not afraid."

"By being bad 'you would only separate yourself still more from your father. My child, he was not torn away. He went submissively, obediently. He bade me love you as my own child, and

I will. The King took him gently by the hand. Wait a little while, and he will come for you."

The child's head drooped. She leaned against the door, putting her arms up to it in a vain and empty embrace. "I want to go in!" she said faintly.

The prince opened the door and led her in.

A white-veiled shape lay stretched out on a narrow bed. The prince folded back a cloth, and the child's dilating eyes, startled and awe-stricken, looked for the first time on death.

"Is it a statue?" she whispered.

"It is his own body in its long sleep."

"I have always seen him breathe," she whispered, looking up at her guardian with frightened eyes. "His breast went up and down — so!" she panted. "I felt it when he held me in his arms. I did not know that it could stop."

Sobs broke out. She threw herself on to the cold breast and clung to it. "He spoke; and I thought that it was a little thing," she cried, in a storm of tears. "Sometimes I did not listen. I thought that I could always hear him speak. Sometimes he told me to do a thing, and I said no. I did not think that he would ever be 'no' to me. He is all 'No!' Speak one word, father! It is Iona. Why can he not speak? This is his hair, his face, his own self, — all but the cold!"

"He cannot hear you," said the prince.

The child rose and looked wildly about. "I would climb over all these mountains, barefoot and alone in the dark, to hear him say one word!"

And then, in that day of revelations, there was yet another which startled her for a moment out of her own grief. For Prince Dylar, raising his arms and his face upward, exclaimed with passion: "O Heavenly Father, do we not expiate the sin, whatever it was!" and for the first time she saw a man weep.

How vividly it all rose before her! How like was that child to herself!

"How glad I am that I put my arms around him and tried to comfort him!" she thought.

"My heart has been broken once before, and it healed," she said, and returned to the present, where her mind swung idly to and fro, like a pendulum, counting mechanically the minutes.

The dawn began. It was not like the tingling white fire, alive to its faintest wave, of dawns that she had seen. It was still and solemn.

"*A l'aide, mon Roi, mon Dieu!*" Iona murmured drearily; and speaking, remembered the invitation: *Come unto me, all ye that labor and are heavy laden, and I will give you rest.*

What did it mean? She understood duty and obedience toward God; but an ardent worship of the whole being, a clinging of the spirit through the sense, she did not understand. It had seemed to her material and unworthy. She forgot that the sense also is the work of God. The spirit should rise above the sense, leaving it behind, despising it, she had thought; but to lift the sense also, to bathe it in that fire that burns not, to lead it by the hand, like a poor lame sister, into the healing Presence, that she knew not. Her worship dispersed itself in air.

"I will go to him!" she said. "But where? He is everywhere; therefore he is here."

She knelt, folded her hands, and said, "Help me, O Lord! for I am in bitter need," and said it wearily. The universal affirmation of his presence had for effect only universal negation. She did not find him.

The dawn grew. She rose from her knees, weary and faint. "How are we to know when God helps us? Perhaps when some path shall be opened for me out of this labyrinth. Is this all that religion can give me? — the patience of exhaustion, or the apathy of resignation? Is this rest? No matter! I will obey. I will ask help every day, and try to do my duty. What is meant by loving God? I cannot love all out-doors. If Christ were here as he was once upon the earth, he would not make me wait one hour with my heart all lead. If he were here! Oh, I would walk all barefoot and alone in the dark over the mountains, over the world, to hear him speak one word!"

The sun rose, and its golden veil was let down slowly over the western mountains, creeping toward the Basilica. When it touched, she could see from where she stood in her door the sparkling of the crown-jewels. They seemed to rejoice.

"I will go to his house to ask help," said Iona. "Why should he have a house among us, if not to give audience there to his children! But now I must sleep."

She went to tie her handkerchief on the little balustrade of her terrace for a sign to Elena, and returning, closed the door, leaving the window ajar. Getting into her hammock then, she swung herself to sleep.

It was late in the afternoon when she waked, and the sun was shining into the room in a long, bright bar through the window. In the midst of that light was the shadow of a head. As she looked at the shadow-head it turned aside in a listening attitude.

Iona rose and opened the door, and Ion sprang up joyfully. He had brought her breakfast and left it outside the door, and come again with her dinner, both waiting untasted.

"I peeped in and saw that you were asleep," he said. "Are you not hungry?"

She ate something, not more from faintness than to please him.

"I was so tired. I worked hard at the Olives, and did not sleep till late. And now, dear boy, go down. I have something to do, and something for you to do. To-night, after the people are out of the street, I am going to the Basilica. I wish to go alone. When the portal is closed, get the key of the south side door, and leave it in the lock. Thank you for coming up! You are always good to Iona!"

She kissed him smilingly, and let him go.

CHAPTER XX.

In a great mental upheaval, to be able to decide, even on a point of secondary importance, is helpful. It is like a plank to the shipwrecked.

Such to her was Iona's resolution to go to the Basilica and watch all night. Christ had said "Come!" and she would go as near to him as she knew how. The sense of blind obedience was restful. She looked across the town, and a certain peacefulness seemed to hover over the white building beyond the river. She thought herself like that river, flowing in silent shadow now after a wild rush from height to depth, and through dark and stormy ways.

There was no assembly that evening, and the avenue and square were unlighted. But the roof-terraces were populous, and a murmur of voices and of music came from them. They called to each other across the narrow streets; and when some one sang to mandolin or guitar in one terrace, the near ones hushed themselves to listen. It seemed to Iona like something that she had heard of long before, it was so far away, and had so lost its spirit and color.

There are times when to hear laughter gives one a feeling of terror such as might be felt if it came from a train of cars about to roll down a precipice. When Dante came up from the Inferno, careless laughter must have affected him so.

As Iona entered the Basilica, locking the door behind her, the sweet, true word of an English writer recurred to her: "Solitude is the antechamber to the presence of God."

She knelt before the Throne a moment; then, seating herself on the cushioned step, waited for some plan of life to suggest itself to her as possible and tolerable.

"It must be outside the mountains," she began, then checked herself. "It shall be where God wills."

But, oh, the torment of it! The utter collapse of all spirit and elasticity!

The shadows of the portal came up to fall before the light of the tribune, and the light went down to meet the shadows. Darker slanting shadows of columns crossed the dim side aisles. There were panels of deep, rich color between, growing brighter toward the tribune. On the balustrades were thirty-three lamps, one for each year of the King's life. They climbed in a narrowing flame-shape with the Throne and the tiara. In the jewels a sleeping rainbow stirred.

Iona rose and wandered about the church. What more could she say, or do? Was she to go out as blind and unconsoled as she had entered? The silence was terrible. It occurred to her that having had no conscious and pressing need of God, she had gone on fancying herself in communion with him when there had been no living communion.

"Do we, indeed, know that God whom we profess to believe in?" she asked herself. "Have I not as 'ignorantly worshiped' him as did the Athenians of St. Paul's time? Oh, if I find him not to-night, I shall die!"

Passing up a side aisle, she paused before the picture of a tiger there, which stood in a strong light, and stared at the Throne. She lifted her hand to pat his head, and whispered, half smiling, "Have you found the secret, brother?" Then she went on and knelt again before the tribune, questioning: —

"Who, then, have I come here to seek, and what? A glorious and triumphant Deity? Something more, indeed! I seek one who knows sorrow, poverty, and betrayal. Where is he? Where is the compassion, the power, the voice of him? I must find him, meet him! Where is he?"

She set herself to call up some image of him as human creatures had seen him face to face in their need. She recalled other vigils of knight, crusader, mourner, and sinner. Above all was the supreme vigil of Mary Magdalen. Ah, what a night of anguish! Ah, what a rapturous morn! To hear him speak her name as he uttered that "Mary!" on the first Easter morning would be better than a thousand princes of her blood ruling through ten thousand years, would be better than to have Dylar look at her with love's delight.

She evoked that scene out of the past, — the chill, dewy garden, the lonely sepulchre, the dull hour before dawn. The present faded from her view. Gleam of gold and sparkle of jewel, she set them aside. Blotting out the glow of lamps and the glimmer of marble, it came. She was in the garden with Mary Magdalen. The stone was rolled away, she heard the woman's bitter outcry: *They have taken my Lord away, and I know not where they have laid him!*

Darkness, sorrow, and desolation reigned. Even the Magdalen, weeping bitterly, departed. She was alone before an empty sepulchre.

Said faith: "He is here even as he was there, the same. He is invisibly here in this place, even as he was there. If he be God, he is here. Hush, my soul! He is here! He is here!"

A Presence grew in the place, felt by her whole being, a sense of life, gentle and potent. Seen by her soul, Christ stood there looking at her, and waiting to hear what she might say.

She stretched her hands out to him with a wild burst of tears. "What shall I do?" she sobbed.

And, oh, wonder of wonders! A voice "still and small," — the voice that was heard by Elijah, — a voice more distinct to her soul and her senses than her own sobbing question had been, answered her!

The angel of truth guides the pen with which I write these words!

The voice came not from the shadows where she had evoked his image by the mystical incantation of faith. It spoke at her right side, each word let fall like a pearl, so that she turned her head to listen.

Were they words of compassion, or counsel? Did they propose a plan, or commend her obedience?

No. They only repeated the Divine invitation: *Come unto me, all ye that labor, and are heavy laden, and I will give you rest.*

But as they fell softly on her ear, the darkness that had enveloped her parted, and slipped down like a tent, and a flood of light entered and illumined her soul. Her hands were still outstretched; but they were clasped in ecstasy: her tears still flowed; but they were tears of rapture.

"Oh, why did I not think of it!" she exclaimed; and in that first inflowing of heaven did not remember that she *had* thought, and *had* come, and that the words were but a reminder that she had done her part, and there remained only that he should fulfill his promise.

She was in heaven!

There was no thought of explanation, no study of phenomena. She knew at last what sort of miracle Christ came on earth to perform, and what his kingdom is.

How was her life to proceed? It mattered not. Whatever might happen, all was well, was more than well, was best! Should she go, or stay in San Salvador? No matter. She was blest either way.

"And this heaven," she thought, "lies just outside the door of every human heart!

"*Behold, I stand at the door and knock.*"

How simple is a spiritual miracle, after all! It is but the substitution of harmony for discord, the finding the keynote of the universe.

Not the least marvelous part of her change was that she recognized this state as her true one; as one who has long been cramped and bowed down breathes deep with relief, the pressure removed, and knows that he was made to stand upright.

No earthly storm clears so. Even when the sun bursts forth, he shows a rack of flying mists. But Iona no longer thought of a shadow, even as past. Trouble had no longer any existence, even as fugitive. *In the twinkling of an eye,* says Saint Paul.

It was early dawn when she issued from the Basilica. Some one was pacing one of the paths in the green above, but came running down as soon as she appeared.

"Why, Ion! What brings you here?" his sister exclaimed.

"I could not sleep," the boy said, trembling. "Oh, Iona, what is the matter with you? What has happened? Let us both go away from here!"

She put her arms around him. "Dear Ion," she said, "the brightest, the sweetest, the most glorious thing has happened! Some time I will tell you, but not now. Your hair is wet with dew, and your cheeks with tears, my dearest. Do not fear. All is well! All is well! Do not I look happy?"

"Your face shines!" said Ion, his own growing brighter. "I was afraid."

"You are to fear no longer. You must go to rest, and then wake happy. But first let us kiss the panels of the portal; for they have been to me the gate of heaven."

They went, hand in hand, knelt on the upper step, and kissed the panels of the door, then walked in silence across the town. In the dawn, the face of Iona could be seen radiant with a light that was not of the sky. It was the outshining of an illuminated soul.

"Brother," she said, pausing at the door of the Arcade, "what the King said is not a figure of speech, but literal truth. When he commands, or invites, do not stop to question. To him there are no impossibilities. Do not forget him, nor disobey when life is bright; but he is a star, best seen in the dark. If you should ever be in great anguish, set your soul searching for Christ, and do not leave off till you find him. He is near! He is always within call!"

She went upstairs, planning. First sleep. Then this duty, then that, quite as usual. And every duty, even those heretofore most nearly irksome, had a new face, smiling and peaceful. Every little weed and brier of life put forth its blossom.

Reaching Tacita's door, she stopped; and hearing a movement within, she whispered: —

"Tacita Mora! O Tacita!"

Tacita was awake. Her heart had been sorely troubled by Iona's talk the week before; and her sudden absence had increased the pain. She opened the door, wondering at that whisper, and shrank on seeing who was there. "What do you wish for?" she asked, fearing some new and more violent scene.

"To restore you the peace I have disturbed," said Iona. "To ask your forgiveness. All the wild things I said that day were a dark delusive cloud which has been driven away by sun and wind. I was wrong, and you right. It is the Holy Saviour himself who will save the refuge they have named for him. I hope, dear, that you and Dylar will marry, and be happy; but it would be presuming in me to ask of your intentions. Peace!"

She went swiftly away before Tacita, astonished, could answer a word.

To be in heaven while yet upon earth, what is it? It is to have a sense of security which extends to the bounds of conception, — and beyond, a sense which no peril can disturb. It is to be steeped in a silent contentment which no words can express. It is to call the bird your sister, and the sun your brother. It is to study how you may serve those whom you have hated. It is to say farewell to those who are dearest to you, and know that they are not lost. It is to see the sorrows of earth as motes in a sunbeam, yet be full of compassion for the suffering. It is to know for what purpose you were created.

CHAPTER XXI.

EARLY in the autumn Iona was to go out into the world, having instructed Tacita thoroughly and lovingly in all her work, and seen with what a modest dignity the girl she had thought almost childish could preside in her place.

She was in haste to go, but solely from a conviction that she was needed elsewhere.

"Wherever I am not absolutely needed, I am lost," she said. "My life here is, and has been for a long time, that of a Sybarite. I am terrified when I think of a longer waste."

"Stay till after the vintage," they all urged her.

"I will stay on one condition," she said to Dylar. "And that is that I may plan, and help to prepare a house for you and your bride. Once outside, I may not be able to come back and see you married; and it would be cruel if I could have no part."

"But, Iona, Tacita has not promised to marry me," Dylar said, smiling. "However, do as you please. May I ask what your plan is?"

She pointed to the college. As we have said, the building was large and irregular, crowning a mass of rock that broke roughly toward the town, and fell sheer on the mountain side, the narrow space spanned by a bridge from the college gate to the Ring. A small part of the structure toward the town was detached, a point of rock rising sharply between it and the main building. The only mode of communication between the two was by means of a stair at either side to a mirador built on the top of this point of rock, and a narrow gallery hung over the steepest fall of the rock. This semi-detached portion, containing but four rooms, was Dylar's private apartment.

"With two large rooms in addition," Iona said, "that would make you a charming apartment. There is yet space enough on the rock if we fill up that narrow interstice with masonry solid from the plain. The two rooms will be large, one a few steps higher than the other. They will be very stately, with the steps and curtain quite across one end. Where the stone breaks to right and left, a stair can start, double at the top, and meeting over an arch midway, to separate again below. There will be space also for a small terrace outside the door. It can be made something ideal. You use but two of the four rooms now. The little museum in the other two can be removed to the college. There is plenty of room. This work should be begun at once, masonry takes so long to dry well. But as your living-rooms would be the old ones, you need not put off your marriage till it is quite dry. There is no time to be lost."

"No one plans like you," Dylar said. "It will be charming. Do as you please. I will see if I can find a bride for your pretty house."

He took his way to the library, where he had seen Tacita enter. She was there alone, lighting up a shadowed corner with her fair face and golden hair.

It was a very studious face at that moment. Her arms stretched out at either side of a large volume, she read attentively. Other books were piled at right and left. Now and then she put her hand to her forehead, then made a note on a long strip of paper, writing with a serious carefulness.

She was preparing a lecture on history for the youngest class of girls in that study.

"It must be to the great complex subject what a globe with the great circles only is to the whole geography of the earth. It must be as though, on that globe with its few lines, you should draw at one point a little black circumflex, and say: 'Here is found the asp of the Nile. The monarchs wore it in jewels on their diadem. One laid it alive on her breast, and died. And here, where this black line goes past, and never stops, but always returns, the Wise Men of the East found the Infant Christ. And here grow roses, oh, such roses! in full fields, to make the precious attar of. And here grows the pink coral, like that coral rose Iona wears. No; the lesson must not be dry, nor yet too rich. It must make them wish for more. Only a few sparse sweetnesses. O land of France, what noblest, fairest deed for children to hear was ever done on your soil since you were France?"

So the young student was thinking, deep buried in her study, when she heard a voice say: —

"O Minerva, may I come in? Is there a gorgon on your shield of folios?"

She looked up with a glad welcome. "Not for you. You are come in good time, perhaps, to check my wild ambition. Do you know, prince, that I aspire to become an historian?"

"Then I come indeed in good time," he said. "For it is a history which I wish you to write."

She looked inquiringly; but he did not meet her glance.

"Will you come out to the terrace?" he said, indicating the one near them toward the college.

And as they went, he said reproachfully: "You hide yourself from me. I find you always surrounded. You seem to like me less and less every day."

Tacita's lips parted. "Shall I tell him that I like him more and more?" she thought. "No. Yet he must be satisfied."

"I do not know what reply to make," she said, somewhat breathlessly.

"Do you know what to think?" he asked.

"Oh, yes!"

"Would it pain me to know?"

"Oh, no!"

He smiled, even laughed a little; she had said, in fact, so much more than she was aware.

"Look at the college," he said. "Iona has a plan of a house there for me." He explained it.

"She will remain till vintage time to see it well started. Will you go there and live with me, Tacita, when it is done?"

"Yes!" she said quietly, her eyes on the college.

"Will you go next Easter?" he asked, after a pause.

"Yes!" she said again.

"God's blessing on you!" he exclaimed fervently.

They stood a moment longer in silence.

Then: "Shall I go back to my writing?" asked Tacita, looking at Dylar with an expression of entire contentment and confidence. And when he answered her smile, and bowed assent, she left him there, to build up his house with one swift flash of fancy, to bring his bride home rose-veiled, to draw from her reluctant lips all that they now refused to tell, to tear himself away presently with only a few gentle words, and not even a pressure of the hand.

"You have made me very happy, my Tacita!" he said. "I leave you now only because I must!"

In San Salvador engagements were very brief, as they could well be between persons who had known each other from childhood; and whatever friendly intimacy there might have been between them before, it ceased in a great measure during that time. It might be said that courtship was almost unknown; and between the betrothal and marriage the couple did not meet alone. Tacita's promise, therefore, remained a secret between herself and Dylar.

And so the summer passed with no apparent change in their relations.

Autumn was always a stirring time in San Salvador. The whole town was given up to the labors and pleasures of harvesting. Every one had some task. Even the children were made useful. The vintage, as in all grape-growing countries in times of peace, was a season of gayety, and all its picturesque work, except the grape-gathering, was done in that part of the outside road, or cornice, between the Arcade and the kitchens. A crowd of children were seated here in groups on straw mats, with awnings over them. Boys and men brought huge baskets of grapes supported on poles over their shoulders. In the centre of each group of six or seven was a large wooden tray heaped high with the fruit which they picked from the stems into basins in their laps. Women, girls and boys went about and gathered from these full basins into pails for the wine presses. Dressed in the stained cotton tunics of former vintages, their hands dyed a deep rose-color, the children chattered like magpies. Even little lisping things, under the guidance of their elders, were allowed to take a part in the business, or fancy that they did. Some of the boys had taken a little two-years-old cupid and rubbed grape-skins on his hands, face, legs and feet, till they were of a bright Tyrian purple, and set a wreath of vine tendrils on his sunny hair; and he went about from group to group vaguely smiling, not in the least understanding the mirth which his appearance excited.

The boys capered about like goats when free from their burdens. One of them ran to the Arcade, turning summersaults, walking on his hands, running backward, went up the stairs, like a cat, and appeared in the veranda, cap in hand.

Tacita was seated there by a little table, making notes of the harvest as reports were brought her. The boy delivered his message like a gentleman, bowed himself out, and became a monkey again.

Not far from the noisy grape-pickers, under another awning, were women sorting nuts and olives. They suspended their work as Iona came down the street and paused to speak to them. All looked up into her face with an earnest and reverential gaze. They had not ceased to wonder at the change in her, nor had they learned to define it; for while, in her gentleness and simplicity of manner she was more like one of them, they were yet conscious of a superiority which they had never before recognized in her. It was as though a frost-lily should in a single night be changed to a true lily, fragrant and still.

She spoke a few words to them, and then went up to the veranda to Tacita.

"Stay with me a little while!" said Tacita eagerly, bringing her a chair. "I think of you all the time, and cannot keep the tears out of my eyes."

Iona embraced her. "The same hand leads us both, dear. Do not grieve. For me, I am in haste to go. You have yourself made me more eager with your munificent gift."

For Tacita, with Dylar's approval, had given all her little fortune to Iona to be disposed of "not in doing charity," she said, "but in doing justice."

And Iona had replied: "Yes, justice! For though charity may move us to act, that which we do of good is but a just restitution."

"My heart is in anguish for the world's poor," she said now. "And not for the beggar alone. I think of those who can indeed escape physical starvation by constant labor, but whose souls starve in that weary round that leaves them no leisure to look about the fair world in which they exist like ants half buried in sand. I think of homeless men and women, oh! and children, eating the bread of bitterness at the tables of the coarse and insolent; of artistic souls cramped by some need that any one of a thousand persons known to them could supply, could understand without being told, if they had a spark of true human sympathy in their hearts, but which they behold with the insensibility of stones. Your fortune, my Tacita, will be a heaven's dew to such. For your largess will be given only to the silent, who ask not. I do not know the world as well as many of our people do; but those who have had most experience say that the almost universal motto acted on, if not confessed, is the saying of Cain: 'Am I my brother's keeper?' Now, I wish to have as my motto that I am my brother's keeper whenever and wherever one has need of me. I will have nothing to do with agents nor organizations. I will see the suffering face to face. Wherever I see the eyes of the Crucified looking at me through a human face, there will I offer help. The King shall send me to meet them."

"There are those," said Tacita, "who will affect anguish in order to move you. They rob the real sufferer, and they create distrust and hardness in the charitable."

"I shall sometimes be deceived," Iona said. "Who is not? Sovereigns are deceived by their courtiers, husbands by their wives and wives by their husbands, and friends deceive each other, and children deceive their parents. I go with no romantic trustfulness, I assure you."

The hour for her departure hastened to come.

On the last evening she went to the assembly, passed through all the rooms. saying a few words, but none of farewell. Then she went to the Basilica.

The rapture of her vigil had subsided; but the seal of it remained stamped on her soul, never again to be overwhelmed in darkness. Doubt and fear were gone forever, and she went on cheerful and assured, if not always sensibly joyous.

It had seemed to her that on this last visit she should have a good deal to say; but no words came. What she was doing and to do spoke for her. She walked about, looking at the temple from different points, to impress its features on her memory, and sat an hour before the throne in quiet contemplation.

What her leave-taking was of that sacred place, we say not.

Early the next morning she was seen walking along the mountain-path with Ion at her side. At the last visible point of the path she turned, stretched her arms out toward the town, then went her way.

Ion came back an hour later, his eyes swollen with weeping. "I shall see her in the spring, in the spring, in the spring," he kept repeating, to comfort himself. And when Tacita came to meet him with both her hands held out, "O Lady Tacita, I shall go out to her in the spring, in the spring!" he said.

CHAPTER XXII.

THE short southern winter drew to a close. Everything that could fade had faded. The vines stretched a network of dry twigs, the olive trees were ashen, the pines were black. The gray of crags and houses looked bleak under the white dazzle of the mountain-wreath, and the dazzling blue of the sky. Sometimes both were swathed in heavy clouds, and the town was almost set afloat in floods of rain.

It was the time for in-door work, and closer domestic life.

The last days of this season were given up to penitential exercises similar in intention to the Holy Week of the Catholic church, though different in form, — having, in fact, only form enough, and that of the simplest, to suggest the spirit. Like all the instruction given in San Salvador, its object was less to act upon the passive soul than to set the soul itself in action.

The admonition to these devotions was brief: "At this time, while Nature sits in desolation, mourning over her decay and trembling before the winter winds, let us invite those veiled angels of the Lord, sorrow and fear, to enter our hearts and dwell awhile with us. Let us read and ponder in silence the life and death of the Divine Martyr. Let us remember that while we have rejoiced in peace, plenty, honor and justice, thousands and tens of thousands of our kind in the outer world have suffered starvation of body and mind, have been hunted like wild beasts, and branded on the forehead by demons disguised as men; and let us remember that that same Divine Martyr, our King and our Lord, said of these same children of sorrow and despair: *Inasmuch as ye have done it unto them* — whether good or evil — *ye have done it unto me.*"

The exercises began on Saturday night, and continued eight days, ending on the second Monday morning. There was a visit at night to the cemetery by all but the children, the sick, and the very aged. On Saturday the children would visit the Basilica to commemorate the blessing of the children by Christ, and, strewing the place with freshly budded myrtle twigs, would ask his blessing before the Throne. Mothers would take their infants there and hold them up, but would not speak. "For their angels shall speak for them," they said.

Sunday was kept as Easter, and was a day of roses; and on Monday morning the whole town, all dressed in white, would go to the Basilica in procession, tossing their Easter lilies into the tribune as they passed, till the sweet drift would heap and cover the steps and upper balustrades, leaving only the Throne, gold-shining above a pyramid of perfumed snow.

For up through the dark soil and out of the prevailing grayness, already a wealth of unseen buds were pushing their way out to the broadening sunshine, to burst into bloom before the week should be over. The gardens had their sheltered rose-trees and lily-beds, and every house its cherished plants, watched anxiously, and coaxed forward, or retarded, as the time required.

The first Sunday was called the Day of Silence; for no one issued from his house after having entered it on returning from the cemetery, and each head of a family became its priest on that day, reading and expounding to his household the story of the passion of Christ, the Divine Martyr.

On Monday morning, after the procession of lilies, Dylar and Tacita would be publicly betrothed; and a week later their marriage would take place.

"I do not know, Tacita," he said to her, "if our form of marriage will satisfy you. It has nothing of that ceremonial which you are accustomed to see, though we hold marriage to be a sacrament."

It was Saturday morning of their Holy Week, and the two were walking apart under the northern mountains. They had already assumed the mourning dress of gray and black worn by all during that week, and the long gray wool cloaks with fur collars worn in the winter were not yet discarded. But their faces were bright, Tacita's having a red rose in each cheek.

"Elena has told me something," she said. "And how could I be otherwise than satisfied? For so my father and mother were married, and so — you will be!"

"Our position in regard to a priesthood, if ever to be regretted, is still unavoidable. Our foundation was a beginning the world anew, all depending on one man, with the help of God. No authority whatever was to enter from outside; but all was to conform as nearly as possible to the word of Christ; and as if to atone for any omission, he was elected King. Our people were of every clime and every belief; yet they were all won, by love, — not by force, nor argument, nor fear, — to accept Christ, and to live more in accordance with his commands than any other community in the world is known to do. When any of them go out into the world they choose the form of Christian worship which suits them best; and some, returning, have wished to see a priesthood introduced here. But that question brought in the first note of discord heard in our councils since the foundation. Some wanted one form, and some another. The subject then was forbidden, and we returned to the plan of our founder: to live apart, a separate and voiceless nation, waiting till God shall see fit to break down our boundaries. On Easter Sunday we lay our bread and wine on the footstool, opening the gates, and with prayer and song ask him to bless it, our invisible High Priest. Then each one, preparing himself as his conscience shall dictate, goes humbly up the steps his foot can touch at no other time, and takes of the sacramental bread, touches it to the wine set in a wide golden vase beside it, and comes down and eats it, kneeling. The little square of snowy bread looks as if a drop of blood had fallen on it where it met the wine. I think that many a heart is full of holy peace that day."

"Well they might be," said Tacita. "But of the marriage, tell me. What have we to do? I am half afraid."

"First, then," said Dylar, "On Saturday you lead the girls to the Basilica for the Blessing, as Iona used to do, Ion leading the boys. On Sunday you do only as the others. On Monday morning a company of matrons go for you and take you to the Basilica for the lilies. All are in white and all wear veils of white, you like the rest. But you alone have a lily on your breast. All come out. You, surrounded still by your guard of matrons, remain in the court just outside the portal, at the right, and I, with the Council, at the left. All the others are below, outside the green. Professor Pearlstein, as president of the council, then asks in a loud voice if any one can show reason why I should not demand your hand in marriage. He waits a moment, then says: 'Speak now, or forever after hold your peace.' No sound is heard. I forbid the wind to breathe, the birds to sing!"

"And then?" said Tacita, smiling, as he stopped and flashed the words out fierily.

His eyes softened on her blushing face, and they stood opposite each other under the lacelike branches of an almond-tree where minute points thick upon all the boughs betrayed the imminent **blossom-drift.**

"And then," said Dylar, "I shall come forward into the path where the lamps of the sanctuary shine out through the portal, and I shall say: 'If Tacita Mora consents willingly to promise herself to me this day as my betrothed wife, in the presence of God and of these my people, let her come forth alone and lay her hand in mine.'"

He pronounced the words with seriousness and emphasis. His tones thrilled her heart.

"And then?" she said, almost in a whisper.

He smiled faintly, but with an infinite tenderness. "And then, my Lady, if even at so late a moment you doubt, or fear, you need not answer."

"How could I doubt, or fear!" she exclaimed, and turned homeward.

They walked almost in silence, side by side, till they reached the Arcade, where they were to separate till they should meet in the scene which he had just been describing. And there they said farewell with but a moment's lingering.

That evening all retired as soon as sundown; but they rose again at midnight and assembled in the avenue and square, from whence, in companies of a hundred, each with its leader, they started for the cemetery.

As they went, they recited the prayers for the dead by companies, the Amen rolling from end to end of the line.

Entering the ravine was like entering a cavern. But for the sparse lamps set along the way they could not have kept the path. They went in silence here, only the sound of their multitudinous steps echoing, till a faint light began to shine into the darkness before them from where, just out of sight, every letter had been outlined with fire of that legend over the arch: —

I AM THE RESURRECTION AND THE LIFE.

Then from the midst of the long procession rose a single voice reciting the psalm: *The Lord is my Shepherd.*

No one, having once heard it, could mistake the voice of Dylar for any other. It was of a metallic purity, and gave worth to every word it uttered.

Yea, though I walk through the valley of the shadow of death, I will fear no evil, for thou art with me, thy rod and thy staff they comfort me.

As they listened they felt not the stones under their feet. Solemn and buoyant, into their souls there entered something of that spirit which has made and will make men and women march singing to martyrdom.

They passed under the arch, and in at the lower door of the cemetery. All the doors from top to bottom were open, and the lamps shed a dim radiance through the long, hushed corridors of the dead; but their flames caught a tremor as the breathing multitude went by, two by two.

They ascended inside, by ways that seemed a labyrinth, to the upper tier just under the grassy hollow of Basil's Rest. Issuing there, they descended by the outer stairs, filling all the galleries on the eastern side of the mountain. The waning moon, rising over the eastern mountains, saw a great pyramid of pallid faces all turned her way, a dim and silent throng that did not move, — as though the dead had come forth to look at the rising of some portentous star, long prophesied, or to watch if the coming dawn should bring in the Day of Judgment.

Presently a murmur was heard. All were reciting in a whisper the prayers for the dead, each striving to realize that they would one day, perhaps not far distant, be said for himself.

This multitudinous whisper, the chill of the upper air, the solemn desolation of the terrestrial scene and the live scintillating sky with that gleaming crescent unnaturally large between the eastern mountain-tops, all made Tacita's hair rise upon her head. Into what morning-country did it mount, like mists from the earth at sunrise, this cloud of supplicating sighs from out their earth-bound souls? Were these shadowy forms about her, indistinguishable from the rock save for their pallid faces, were they living men and women? or would they not, at the first hint of dawn, reënter, mute and slow, those cavernous doors, and lie down again in the narrow beds which they had quitted, for what dread expiation! — for what hope long deferred!

Not much of earthly vanity can cling to such a vigil. The ordinary human life, slipped off so like a garment, would be assumed again, freed for a time, at least, from dust and stain.

When, at length, a faint aurora showed in the

east, a choir of men's voices sang an invocation to the Holy Ghost as the Illuminator.

That song dispelled all fear, and life grew sweet again: — life to be helpful, joyful, and patient in; life in which to search out the harmony and worth of life; — life to grow old in and wait after work well done; — life to feel life slip away, and to catch dim glimpses and feel blind intuitions, in the midst of creeping shadows, of a sure soul-rise in some other sphere!

As they went down, Tacita heard a whisper from Elena close to her cheek: "'Dig for your gold, my children, says Earth, your Mother. Deep in your hearts it lies hidden.'"

CHAPTER XXIII.

THE week of commemoration passed by. On Saturday the children went in procession for the King's blessing, the Basilica all theirs that day. No one else might enter save Tacita and Ion as leaders, and the mothers with their infants. Going, they left the place fragrant with their strown myrtle-twigs.

Easter came and went with its blush of roses everywhere, its rose petals mingled with the children's myrtle on the pavement, roses between the lamps, and roses in the girdles of the people. The bread and wine, on silver trays borne by Dylar and the elders, was set at the foot of the Throne, and after prayer, and music sweet as any heard on earth, the people made their communion as the sun went down, having fasted all day since sunrise.

When it was over, Ion walked to the Arcade with Tacita.

"If only Iona were here!" she said. "And now we are to lose you also. Truly, our joy is not without a cloud."

"What joy is cloudless longer than a hour?" the boy exclaimed. "For me, it is now hard to go. Only the thought that my sister is there attracts me. You were right, Lady! At the point of leaving San Salvador, each little stone of it becomes precious to me."

"Do not forget that love, dear Ion!" said Tacita. "And remember, too, that you have left behind you something tenderer than stones."

"Dylar will bring you to England," he said. "I imagine myself running to meet you; and that comforts me. I cried so when Iona went. I was like a baby. She made me almost laugh describing our next meeting. She would appear to me in a London street. She would be dressed in those fashions we laugh so at. I must not speak to her. If I should speak, she would call a policeman. I told her that I would run and kiss her in the street if I had to go to prison for it. How glad I shall be!"

He wiped his eyes.

The next morning all the people, all in white, a white wreath round the city, went with their lilies to the King, till they were piled, a fragrant drift, up to the very gold, and the lamps shone through them like stars through drifted snow.

All came as Dylar had said, and Tacita was betrothed to him before God and his people, the lights shining on them through the open portals which they reëntered then, but only with a few chosen ones, to repeat their vows before the Throne.

The people waiting outside strowed the way with flowers; and Dylar led his betrothed to her own door, and left her there. There was music in the afternoon, and at twilight the sun-dance in the Square.

At last the bride-elect was alone in her chamber, all the lights of the town extinguished. The shadows were soothing after the excitement of the day, and she was glad to be alone. She had refused to take a candle, and had even blown out the little watch-light. Yet sleep was impossible, though she felt the languor of fatigue. A tender melancholy oppressed her heart. Never had she so loved Dylar as at that moment. To be able to dream over his looks and words had been almost more pleasant than to be with him; for, gentle as he was, there was something in his impressive quiet and almost constant seriousness which made her sometimes fear lest she should seem to trifle. But now she longed for his presence.

"If I could see him but a moment!"

She watched a glow-worm coming up her balcony, its clear light showing the color and grain of the stone, itself unseen.

How lovely had been her betrothal! She went over it again in fancy, catching her breath again as when, her guard of matrons parting to disclose her, she had walked out before the whole town to place her hand in Dylar's, and heard the simultaneous "Ah!" of the whole crowd set the deep silence rustling. Why had he not come one step to meet her? Her eyes were downcast after the flashing glance that met her own when he had called her forth. She had not looked once in his face; and it had seemed to her that, had there been one step more, she could not have taken it, but must have fallen at his feet. True, his hands, both tremulous, had gathered hers most tenderly; but why had he not taken at least one step? Could it have been coldness that kept him fixed to that square stone he stood on? It was a smooth gray stone with little silvery specks in it, and a larger spot at one corner. Dylar's right foot was a little advanced to that spot, a neat foot in a black shoe with a silver buckle, and the edge of his long white robe, open over the shorter tunic, just touched the instep. She had not raised her eyes above that white hem and the border of her own veil.

"Oh, why is he not here for one moment!"

She recollected Italian lovers. There were young men in the provinces who, late on the night before their marriage, went to scatter flowers from the door of their beloved one to the church door; and rude people even who went abroad at early morning would step carefully not to disturb a blossom dropped there for her feet to pass over. And then, the stolen interviews, the whispered words, the sly hand-pressure!

Ah! Dylar would never love in that way. Perhaps he had no ardor of feeling toward her. And yet — and yet —

She smiled, remembering.

There was the sound of a step below, and some one stopped underneath her window. Her heart gave a bound, half joy and half fright, and she ran to lean over the railing. No; it was not Dylar.

"I am the college porter," said a voice below.

"I bring you a note. Drop me a ball of cord, and I will send it up."

She flew to find the cord, dropped it, holding an end, and in a minute held the note in her hand.

"I will come back in fifteen minutes to see if there is any answer," the man said. "The prince, my Lady's betrothed, told me to wait."

After all, it was better so. His presence would have agitated her. Besides, he was obeying the rules of the place.

But the light to read her letter by! For the first time in her life, it seemed, she had no light at hand, and this of all times in her life when most it was needed. Neither was there a match in her chamber, nor match nor candle in the anteroom, nor in the dining-room. "Fool that I was!" she cried desperately, and ran to the balcony again. The porter would be sure to have a taper with him.

She spoke; but there was no reply. The man had gone away.

There was no reply from him; but was this a reply, this little lambent shining at her hand? The glow-worm she had seen was on the rail. As it lightened, a spot of light like sunshine lit the stone.

Tacita in breathless haste brought a large sheet of card-board and set it in the blessed little creature's path; and when she had enticed it, carried the sheet to her table, cut the silken thread that bound her letter, and slipped the page along toward the spot of light that, ceasing for a while, began again.

Turning the paper cautiously, her heart palpitating, her lips parted with quick breaths, she read her letter, word by word, till the whole message was deciphered.

"I cannot sleep nor rest for thinking of you," he wrote. "I have to put a strong force on myself not to go and speak from under your window. I am drawn by chains. I have a thousand words of love to say to you. How can I wait a week to say them! I have been whispering them across the dark to you. How you came to me to-day, my own! I know just how many steps you took, and I shall set a white stone in place of the gray one where you stopped. DYLAR."

She found pencil and paper, and aided by the same fitful lamp wrote her answer.

"My Love, like you I could not sleep nor rest. You have made me happy. I have only a glow-worm to read and write by. Sleep now, and love your TACITA."

The man came, and she gave him her note; then, finding her love's lamp-bearer, she set it carefully on the railing of the balcony.

"Dearer than Sirius, or the moon, good-night!" she said.

The marriage differed but little from the betrothal. It was the only marriage possible in San Salvador, a solemn pledge of mutual fidelity made in the presence of God and of the people. Dylar came to the Arcade for his bride, and led her over the flower-strown path to the Basilica, which they were the first to enter.

It was a white day, all being dressed as on the Monday before, except the bride, who was in rose-color, robe and veil, and the bridegroom, who wore dark blue.

That afternoon they set out for the castle, going through the Pines.

The preparations at the Olives were not less joyous. It was long since a Dylar had brought a bride home to them; and they looked on Tacita, with her white and golden beauty, as an angel.

For a time the bride and bridegroom lived only for each other. They had all their past lives to bring in and consecrate by connecting it with the new. It seemed to them that every incident in those lives had been especially designed to bring them together.

Then, after a fortnight, they returned as they had come, and walked over flowers to their new abode, to finish which half San Salvador had been like a beehive while they were gone.

The two new rooms were noble and picturesque, the difficulties of approach had been cleared away, and the background of the college-buildings gave a palatial air to their modest home. Whatever defects of newness there were were covered artfully, and the whole was made a bower of beauty.

Then began their quiet home-life, and the brief stir of change subsided to the calm of a higher level.

The week after their return Elena was to go out. A dozen little children had been sent out to different houses, and she would gather and take them to their new homes. A day or two later, twenty young men, Ion among them, would go.

CHAPTER XXIV.

It was the day before that fixed for the departure of the students, and all the town was gathered in the Square, now changed to an amphitheatre, and roofed with canvas. Professor Pearlstein was to give the young men a last charge, repeating admonitions which they had already heard, indeed, but which in these circumstances would make a deeper impression.

The speaker began gently: —

"When a father sends his child on a long journey in foreign lands, he first provides for his sustenance, furnishes him with suitable clothing, and tries to secure friends for him in those far-off countries. He tells him all that he knows, or can learn concerning them, warns him against such dangers as he can foresee.

"Having done all this, his anxious love is still unsatisfied. He follows to the threshold of that parting, and beyond, trying to discover some new service that he can render, looks again at the traveler's equipments, repeats once more his admonitions, gives lingeringly his last blessing, his last caress; till, no longer able to postpone the dreaded moment, he loosens his hold upon the loved one, strains his eyes for the last glance, then sits down to weep.

"But even then, when the first irrepressible burst of grief is over, he forgets himself anew, and sends out his imagination in search of the wanderer — in what vigils! with what fears, what prayers for his well-being!

"While the child, amused and distracted by the novelties of this foreign life, forgets sometimes the parent he has left, those sad eyes at home gaze down the empty road by which he disappeared, or weep with longing to see him once more. Would the wanderer's song and laugh displease him if he knew? Oh, no! He would rejoice in that happiness. The only inconsolable anguish that he could feel would be in knowing that the virtue with which he had labored to fortify that child's soul was cast aside and forgotten.

"But I did not mean to make you weep. I wish you to think, resolve, remember, and persevere.

"Once more I warn you of the dangers of that life which you are about to enter. Let not your minds be swept away by the swift currents everywhere rushing they know not whither, all human society rising in great waves on some tidal throe which may land it on a higher plane, or may cast it into the abyss, one leader with a blazing torch striving in the name of Liberty to shut the gate of heaven, and the other, his unconscious accomplice, in the name of Order, setting wide the gates of hell.

"Trust not the visionary who will tell you that science everywhere diffused will bring an age of gold. Trust not the bigot who will say that knowledge is for the few.

"Trust not those orators who, intoxicated by the sound of their own voices, proclaim that from the platform where they stand gesticulating they can see the promised land. Long since the Afghan heard just such a voice, and made his proverb on it: 'The frog, mounted on a clod, said he had seen Kashmir.'

"Wait, and examine. Look at both sides of a question, before you form an opinion.

"See what children we were but yesterday. We thought that we knew the Earth. Complacently we told its age, and all its story. We told of a new world discovered four hundred years ago, of its primeval forests and virgin soil, of its unwritten pages on which we should inscribe the opening chapters of a new Genesis. And, lo! the new world, like the old, is but a palimpsest! Under the virgin soil is found a sculptured stone; through the unlettered seas rise the volcanic peaks of lost Atlantis. The insulted spirit of the past lifts everywhere a warning finger from the dust. It points to the satanic promise: *Ye shall be as gods.* It points us to the tower of Babel. It underlines the haughty Jewish boast: *Against the children of Israel shall not a dog wag his tongue.* Samples every one of arrogant pride followed by catastrophe sudden, utter, and inevitable.

"In the face of such a past, can we make sure of our stability? We cannot. Beware of pride.

Unless the Lord build the house, they labor in vain that build it. Unless the Lord keep the city, he watcheth in vain that keepeth it.

"Hold yourselves aloof from any party that excludes your King. Bind yourselves by no oaths, and have no fellowship with him who has taken an oath.

"If a man sin, and hurt no other knowingly, be silent and save your own souls. If he sin in wronging another, speak for his victim, or bear the guilt of an accomplice. Do not sophisticate. You are your brother's keeper, or his Cain.

"Do not bid a sufferer be calm, nor talk of reason to him while he writhes in anguish. The man of cold blood may be as unreasonable as the man in a passion. There is a reason of flame as well as a reason of snow.

"Remember that freedom means freedom from criticism as well as from force.

"Never allow yourselves to think or speak of the poor, of condemned criminals, or social outcasts as the dangerous classes. Your nativity forbids. Justice and mercy forbid. If there is a class which can truly be called dangerous to heavenly order and all that is noblest in life, it is that great stall-fed, sluggish, self-complacent mass which makes a god of its own ease and tranquillity, shuts its eyes to wrongs that it will not right, and cares not what power may rule as long as its own household is protected. It praises the hero of a thousand years ago, and is itself a skulking coward.

It calls out a regiment if its sleeve is but brushed against, and steps upon a human neck to reach a flower. Seek not their friendships, nor their praises, and follow not their counsels. Be courteous, sincere, and inflexible. Be loyal, and fear not.'

> 'Non è il mondan rumor altro che un fiato
> Di vento, che or vien quindi ed or vien quinci,
> E muta nome perchè muta lato.'

"Do right, and trust in God. Remember that Christianity is heroism. *We are not given the spirit of cowardice*, says Saint Paul. An Arabian proverb goes farther. 'There is no religion without courage,' it says.

"This life of ours is woven as the weaver makes his tapestry. He stands behind the frame, seeing the wrong side only of his web, and having but a narrow strip of the pattern before him at a time. And with every strip the threads that it requires are given. It is all knots and ends there where he works; but he steadily follows the pattern. All the roughnesses that come toward him testify to the smoothness of the picture at the other side.

"So we see but a few steps in advance, and the rough side of our duty is ever before us. But weave on, weave faithfully on in the day that is given you. Be sure that when, your labor done, you pass to the other side, if you have been constant, you will find the most glowing and beautiful part of your picture to be just that part where the knots were thickest when you were weaving.

"I wish to tell you a little incident of to-day that clings to my mind. It is but a trifle; but you may find a thought in it.

"As I sat aloft at dawn, thinking of you and of what I would say to you, I saw an ant in the path at my feet carrying a stick much longer than himself. He ran lightly till he came to two small gravel stones, one at either side of his path. The stick struck on both stones and stopped him. He dropped it, and ran from side to side trying to drag it through.

"For a while I watched the little creature's distress; then with a slender twig I carefully lifted the stick over the obstacles, and laid it down on the other side.

"The ant remained for a moment motionless, as if paralyzed with astonishment, then ran away as fast as he could run, leaving the stick where I had placed it; and I saw him no more.

"Can you not understand that I was grieved and disappointed? The labor, the loss, and the fear of that little insect were as great to him as ours are to us. I was so sorry for him that if I had had the power to change my shape, as fairy stories tell, and take it safely back again, I would have run after him as one of his own sort, yet with a tale marvelous to him, would have reassured him of my good-will, promised him a thousand timbers for his dwelling, and a store of food and downy lining for his nest, when I should have resumed my proper form and power.

"Oh! would the ants have caught and crucified me in the shape I took from love, and only to serve them!

"Children, it is at this very point that the world will fight with you its most demoniac battle.

"There have been, and there are, men and women whose lives shine like those pure flames in the long, dim corridors of our cemetery, making a circle of holy light about them, some tranquil and hidden, some in constant combat. But for the majority of the race, all the primal Christian truths have become as worn pebbles on the shores of time. It is not long since there was yet enough of public sanity and faith to compel a decent reverence; but now they utter their blasphemies, not only with toleration, but with applause. They have an infernal foolishness that sounds like wisdom to the ignorant unthinking mind. This spirit puts on the doctor's cap and robe and reasons with you. It twists up a woman's long hair, and breathes out brazen profanities and shameless mockeries.

"Or some being, half saint and half siren, will praise the beauties of our faith as you would praise a picture or a song, and smooth away its more austere commands, so covering all with glozes and with garlands that there would seem to be no other duty but to praise and poetize; and you might believe yourself floating painlessly toward the gates of Paradise when you are close to the gates of hell.

"I will tell you some of the arguments of these people.

"They say that Christ taught nothing new, that his moral lessons had been taught before, and even in heathen lands.

"He did not pretend to teach a new morality. He fulfilled the law already given by making Charity the consort of Justice.

"Is it to be believed that the Father of mankind left his children, all but a favored few, in total darkness during the ages that preceded Christ? 'Teste David cum Sibylla,' sings the 'Dies Iræ.'

"They will tell you that the miraculous circumstances of Christ's birth are but a parody on old heathen myths, that a woman with a Divine Child in her arms was worshiped by the Indus and the Nile, and that many an ancient hero claimed a divine paternity. They will go to the very root of revelation and tell you that Vishnu floated on primal seas even as God moved on the face of the waters; that while the Norse Ymir slept, a man and a woman grew out from under his left arm like Eve from sleeping Adam's side. The fragmentary resemblances are countless.

"Our God be thanked that not the Israelite alone, but even those step-children of the Light had some sense of his coming footsteps! They had caught an echo of the promise, for it was made for all. It was moulded into the clay that made their bodies. It aspired in the spark that kindled their souls.

"I have seen the nest of a swallow all straightly built of parallel woven twigs, except in one corner. In that corner, in a shoal perspective, was an upright end of pale brown stick shaped like an antique altar. Two tiny twigs were laid on top as for a fire, and from them rose a point of bright yellow leaf for a flame. A pencil could not draw the shapes in better proportion, nor color them more perfectly.

"Above the leaf-flame was hung a cross like a letter X, which is a rising or a falling cross. This, floating in the air above the altar, seemed a veiled interpretation of the sacrifice. Larger, inclosing all, was an upright cross, the beam of which formed one side of a triangle, the figure of the Trinity.

"These figures were laid, one over the other, increasing in size from the altar outward, the victim announced, the mode of his sacrifice hinted, and his divinity proclaimed, — all the emblems of Christianity plainly and chronologically set. What breath of the great all-pervading harmony blew these symbols to the beak of a nesting bird!

"From the first records that we possess of human life, a divine legend or a divine expectation looms before the souls of men, vague as to time, sometimes confused in outline, but ever striking some harmonious chord with their own needs and aspirations, and with the visible world about them.

"See those southern mountain-tops half hidden in a fleet of clouds just sailing over! Even we who know those heights from infancy can scarce be certain what is rock and what is mist in all those outlines. A cliff runs up in shadow, and masses of frowning vapors catch and carry its profile almost to the zenith. There is a rounded mountain where the snow never lingered; and a pile of snowy cumuli has settled on its grayness, and sharpened itself to a fairy pinnacle to mock our ice-peaks, and sifted its white drifts into crevices downward, and set its alabaster buttresses to confuse our knowledge of the old familiar height. Yonder where the White Lady has stood during all the years of our lives, pure and stainless against the blue southwest, a dazzling whirl of sun-bleached mists has usurped her place, leaving visible only her pedestal wreathed about with olive-trees.

"But if you watch awhile the slowly moving veil, gathering with care each glimpse of an unchanging outline, you can build up again the solid mountain wall.

"So the heathen, yes! and the Jew also, saw the coming Christ. Anubis, Isis, Osiris, Buddha, Thor, — they had each some inch-long outline, some divine hand-breadth of truth running off into fantastic myth.

"Were they content with their gods, those puzzled but reverent souls? No; for they were ever seeking new ones, or adding some new feature to the old. Their Sphinx, combining in herself the forms of woman and lion, dog, serpent, and bird, seemed set there to ask, What form will the Divine One choose? Are these creatures all the children of one primal mother? Of what mysterious syllogism is the brute creation the mystical conclusion?

"The German Lessing has well said that 'the

first and oldest opinion in matters of speculation is always the most probable, because common sense immediately hit upon it.' And, converging to the same conclusion, an English writer, borrowing, however, from the Greek, has said that 'both Philosophy and Romance take their origin in wonder;' and that 'sometimes Romance, in the freest exercise of its wildest vagaries, conducts its votaries toward the same goal to which Philosophy leads the illuminated student.'

"The early ages of the world were ages of romance.

"In this supreme case, Imagination, with her wings of a butterfly and her wings of an eagle, soared till her strength failed at a height that was half heaven, half earth. To this same point philosophy climbed her slow and cautious way. They found Faith already there, waiting from the beginning of time at the feet of the God-made Man.

"Again, these apostles of skepticism will tell you that the superstitions of the time, and the prophesies concerning Christ, favored his pretensions.

"If Christ had been an impostor, or self-deceived, — the King's Majesty pardon me the supposition ! — in either case he would have striven to conform as much as possible to the prejudices of that expectation; and he would have taken advantage of the popular enthusiasm, as impostors and visionaries do. Instead of that, he set up a pure spiritual system and acted on it consistently, *obe-*

dient (the Scripture says) *unto death*. He flattered no one. He boldly reproved the very ones whose support he might naturally have desired. In the height of his fame he predicted his martyrdom.

"Nor was that time more superstitious than the present, nor the followers of Christ more credulous than people of to-day, and not among the ignorant alone. It is, in fact, notable how many proofs they required. I should say that the Apostles were hard to convince, considering the wonders they had seen. How many times had Jesus to say to them, *O ye of little faith!*

"When the women went to the sepulchre, it was not to meet a risen Lord, but to embalm and mourn over a dead one. When Mary Magdalen went to tell the Apostles that Jesus had risen, her words *seemed to them an idle tale, and they believed it not.* But Peter went to see. *He ran*, Saint Luke says. He saw the empty grave, the linen cloths laid by; and he went away *wondering*, not yet believing, though Magdalen had testified to having seen and spoken with Jesus, and had given them a message from him, though he had predicted his own resurrection, and though Lazarus and the ruler's daughter were still among them. Does this look like credulity?

"It is not for the present to reproach the past with superstition, now when every wildest fantasy flourishes unchecked. Some turn their longing eyes back to the old mythologies. Like the early Christian gnostics, they like to flatter themselves by professing an occult worship which the vulgar cannot understand, and building an inner sanctuary of belief where chosen ones may gather, veiled from the multitude. It is scarcely an exaggeration to say that the day may not be far distant when, in lands called Christian, temples and altars may again be erected to Jove, Cybele, Diana, Osiris, and the rest.

"The mind, like the body, may, perhaps, feel from time to time a need to change its position. But the body, in all its movements, seeks instinctively to keep its equilibrium. The equilibrium of the soul is in its position toward its Creator.

"The paganism of to-day has this evil which the earlier had not: it is a step in a descending scale. In those other days mankind seemed to be rising from the abyss of some immemorial disaster, of which all nations have some fragmentary tradition. In Christ the human race reached its climax. He was the height of an epoch which now, perhaps, declines to a new cataclysm.

"Again, the skeptic tells you that there were and are no miracles. Presumptuous tongue that utters such denial! How do they know that there are no miracles?

"But what is a miracle? Is it necessary to set aside a law of nature in order to perform a miracle? Was not he who made the law wise enough to so frame it that without infringement he could perform wonders? The miracle of one age is the science of the next. Men do to-day without exciting wonder what a few centuries ago would have consigned them to the stake as magicians.

"The miracles of Christ were the acts of one having a perfect knowledge of the laws of the universe, and are a stronger proof of his divinity than any invasion of those laws could be. It was miraculous that a seeming man should have such knowledge.

"Another criticism of religious teachers in both the old and the new law is their ignorance of physical science, evident by commission as well as by omission. Whether they knew or not, common sense alone should teach us that if any one announcing a new religious truth should disturb the preconceptions of his hearers regarding physical truths he would in so much distract their attention from that which he wished to teach them; and their credulity, under this double attack, might fail to accept anything.

"Juvenal's dictum, 'bread and games,' for the government of a people, is true of all mankind in a higher sense. Physical science is man's *circenses*. It exercises his intellect, amuses him and his kind, and every new discovery should excite in him a higher admiration of the Creator. It was not necessary that the Son of God should become man, or rise from the dead in order to teach the movements of the starry spheres, or the secret workings of terrestrial powers. *Circenses!*

"What matters it to the interests of man's immortal soul if the earth is a stationary platform, or a globe rolling through space with a double, perhaps a triple motion! What cares the dying man for the powers of steam, or electricity, or the laws of the ways of the wind! *Circenses! Circenses!*

"Christ came to bring the bread of life, the heavenly *Panem*, without which there is no life nor growth for the spirit.

"My children, you are counseled to patience and gentleness. But listen not in silence when any one reviles your King. Say little to them of the God, lest they blaspheme the more; but say, *Behold the man!* It is not pious people alone who have lauded him, nor theologians only who have borne testimony to him.

"Napoleon I., a warrior, an eagle among men, said of Jesus Christ: 'I know man, and I tell you that Christ was not a man. Everything about Christ astonishes me. His spirit overwhelms and confounds me. There is no comparison between him and any other being. Alexander, Cæsar, Charlemagne, and I have founded empires; but on what rests the creation of our genius? On force. Jesus alone founded his empire on love.'

"You will find no peer of Napoleon I. among those who can see no greatness in Jesus Christ.

"Carlyle says of Christ that he was 'the highest soul that ever was on earth.'

"Such names will more impress the mocker than will the name of saint or apostle.

"Bid them look at his humility when he was personally criticised, and at his sublime assumption when proclaiming his mission. *I am the Light of the world. I am the resurrection and the life. All power is given unto me in heaven and on earth.*

"Did any other teacher of men ever utter such words? See him with the scourge in his hand! See him with the lily in his hand!

"O happy blossom! to be so looked at, touched and spoken of. Did it fade away as other blossoms do? Does its seed yet live upon the earth? Does the Syrian sunshine of to-day still paint the petals of its almost nineteen hundredth generation?

"How dare these preachers of destruction try to rob the human race of such a teacher? What have they to give in exchange for him? Who among them all has a message that can gild the clouds of life, and make of pain and of obscurity a promise and a crown? Never in our era as now has there been such temporal need of the softening influences of Christianity. The poor and the oppressed of all the world, maddened by suffering and insult, outraged by hypocrisy and deceit, are rising everywhere with the desperate motto almost on their lips, *Let us eat and drink, for to-morrow we die.* A Samson mocked at by fools and fiends, their arms grope blindly out, searching for the pillars of a corrupted state.

"And this is the moment chosen to dethrone the Peacemaker of the universe! Verily, whom the gods would destroy they first make mad!

"Will teachers like these incite men to heroic deeds? They destroy honor and heroism from off the face of the earth! They forge their chains and lay their traps for anarchy; yet there is no preacher of anarchy so dangerous, even for this life, as he who seeks to dethrone in the hearts of men their martyred Lover, Jesus of Nazareth!"

The old man paused, and, with his eyes fixed far away over the heads of the audience to where the sky and mountains met, lifted his arms in silent invocation. Then, drooping, he came feebly down from the pulpit.

The boys for whom his address had been especially meant pressed forward to receive him, and conduct him to a seat.

Then the chimes began softly, and they all sang their last hymn together:

> "Let veiling shadows, O Almighty One,
>   Hide from thy sight the dust wherein we lie!
> Look, we beseech thee, on thine only Son:
>   No other name but Jesus lift we on high!
>
> "Fallen and alien, only him we boast
>   Strong to defend from Satan's bonds of shame:
> Jesus our sword and buckler, Jesus our host, —
>   No other name, Creator, no other name!
>
> "No other name, O Holy One and Just,
>   Call we to stand between us and thy blame:
> Jesus our ransom, our advocate and trust, —
>   No other name, Dread Justice, no other name!
>
> "No other name, O God of gods, can rise
>   Pure and accepted on thine altar's flame:

Jesus our perfumed incense and our sacrifice, —
No other name, Most Holy, no other name!

"No other soul-light while on earth we grope,
Only through him eternal light we claim:
Jesus our heavenly brother, Jesus our hope, —
No other name, Our Father, no other name!"

CHAPTER XXV.

They were gone; and San Salvador resumed its usual life, too happy to have a history. A messenger went out and a messenger came in once a month, and Dylar held in his hand the threads of all their delicate far-stretching web.

Iona, before going had obtained his approval of some of her plans, which were in fact his own, and the first messenger from her went directly to the Olives, where he bought a large tract of land.

"Do not seek now to preserve a compact territory," she said. "You may find yourself hemmed in. Buy some of the rising land southward along the river, and let the next purchase connect it with the Olives. Let that connection be made as soon as possible."

"Iona has force and foresight," Dylar said. "It is well. I sympathize with her impatience. But I know my duty to be more one of conservation than of enterprise."

After leaving his wife for a week, which he spent at the castle, "I have bought land all along the river for two miles," he told her; "and our friend has bought a tract crossing mine, but not joining it. It is sand and stones; but planted first with canes, can be coaxed to something better. Water is going to be as important a question with us as it was with the Israelites. I thought of them as I walked over my parched domain, and it occurred to me as never before, that a spring of water is one of the most beautiful things on earth, to the mind as well as the eyes."

"I am glad that you have gratified Iona's first expressed wish," his wife said. "Naturally, the first wind of the world in her face fanned the idea to a flame. She is now occupying herself with other thoughts."

Iona was occupied with other thoughts.

Let us take two or three glimpses of her through a clairvoyant's mind.

It is a wretched-looking street in an old city. A lady and a policeman stand on the sidewalk at an open door, inside which a stair goes up darkly.

Said the man: —

"You had better let me go up with you, lady. She's always furious when she is just out of jail. We find it best to let her alone for a while."

"I would rather go up alone," the lady said. "Is the stair safe?"

"There's no one else will touch you," said the policeman. "It is the room at the head of the last stair. I will stay round till you come down. But you must be careful. She doesn't like visitors, especially missionaries."

The lady went upstairs. There were three dirty, discolored flights. She tapped once and again at the door of the attic chamber; but there was no response. She opened the door.

There was a miserable room where everything seemed to be dirt-colored. In one corner was a bed on the floor. There was not a thread of white about it. From some rolled-up garments that answered for a pillow looked out a wild face. The dark hair was tangled, the face hollow, dark circles surrounded the eyes. "What do you want?" came roughly from the creature as the door softly opened.

"Let me come in, please!" said a quiet voice. "I have knocked twice."

"What do you want?" the voice repeated yet more roughly.

The lady came in and closed the door behind her. She stood a moment, hesitating. Then, hesitating still, approached the bed, step by step, saluted again fiercely by a repetition of the question, "What do you want?" the woman rising on one elbow as she spoke.

The visitor reached the side of the pallet. She was trembling, but not with fear. She fell on her knees, uttering a long tremulous "Oh!" and leaning forward, clasped the squalid creature in her arms, and kissed her on the cheek.

The woman tried to push her away. "How dare you!" she exclaimed, gasping with astonishment. "Do you know what I am? How dare you touch me? I am just out of jail!"

"You shall not go there again, poor soul!" the lady said, still embracing her. "Tell me how it came about. Was not your mother kind to you when you were a child?"

The woman looked dazed. "My mother!" she said. "She used to beat me. She liked my brother best."

"Ah!" said Iona.

Another scene. It is a fine boudoir in a city in the New World. A coquettishly dressed young woman reclines on a couch. Before her, seated in a low chair and leaning toward her, gazing at her, fascinated, is a young man scarcely more than half her age. At the foot of the couch is a tall brasier of wrought brass from which rises a thread of incense-smoke. Heavy curtains half swathe two long windows opening on to a veranda that extends to the long windows of an adjoining drawing-room. In one of these windows, nearly hidden by the curtain, sits another lady with a bonnet on. She looks intently out into the street, as if watching some one, or waiting for some one. The curtain gathered before her head and shoulders, leaves uncovered a fold of a skirt of dark gray, and a silver chatelaine-bag.

"I hope that you will conclude to choose journalism," said the lady on the lounge, continuing a conversation. "It so often leads to authorship. And I have set my heart on your being a famous poet."

"I, madam!" exclaimed the young man, blushing. "I never attempted to write poetry. It is true that when with you I become aware of some mysterious music in the universe which I know not how to express."

The lady smiled and made a quick, warning signal to remind him of the other occupant of the boudoir.

"I am, then, stirring your ambition," she said. "I have done more. I have spoken of you to a friend of mine who is connected with a popular magazine. That would allow you leisure to cultivate your beautiful imagination."

"How kind you are!" her visitor exclaimed. "But my principal depends on me; and I think that I can be useful to him."

The lady made a pettish movement.

"He can get others to do his humdrum work. I heard him speak once, and did not like him. They call him 'broad.' Oh, yes! he is very broad. He reminds me of one of my school-lessons in natural philosophy. The book said that a single grain of gold may be hammered out to cover — I have forgotten how many hundreds of square inches. Not that I mean to call your principal a man of gold, though. Yes, he is broad, very broad. But he is, oh, so very thin!"

The young man looked grave. "I am pained that you do not esteem him. Perhaps you do not quite understand his character."

"Now, you," said the lady, fixing her eyes on his, "you seem to me to have great depth of feeling and profound convictions."

There was an abrupt rustling sound at the window. The lady there had risen and stepped out into the veranda. They could hear her go to the drawing-room window and enter.

"She is so much at her ease!" said the lady of the lounge. "She was recommended to me by a friend as a companion with whom I could keep up my French. We speak no other language to each other. But she does not act in the least like a dependent. I must really get rid of her."

A servant opened the door to say that the carriage the gentleman expected had come.

"Must you go?" the lady exclaimed reproachfully.

"I promised to go the moment the carriage should come. I don't know what it is for; but it is some business of importance. I am sorry to go. When may I come again?"

"To-morrow." She held out her hand.

He took it in his, hesitated, bent to kiss the delicate fingers, blushed, and turned away.

She looked smilingly after him, bent her head as he turned and bowed lowly at the door, and when it closed, laughed softly to herself. "Beautiful boy!" she murmured. "It is too amusing. He is as fresh as a rose in its first dawn and as fiery as Pegasus."

The young man entered hastily the close carriage at the step before perceiving that a lady sat there. She was thickly veiled.

"I beg your pardon!" he began.

Without taking any notice of him, she leaned quickly, shut the door with a snap and pulled the curtain down, and left a beautiful ringless, gloveless hand resting advanced on her knee. He looked at the hand, and his lips parted breathlessly. He tried in vain to see the face through that thick veil.

The lady pushed the mantle away from her shoulders and arms, so that her form was revealed.

The young man made a start forward, then recoiled; for, hanging down the gray folds of the lady's skirt was the silver chatelaine-bag he had seen in the boudoir. What did her companion want of him?

The lady flung her veil aside.

"Oh, Iona!" he cried, and fell into his sister's embrace.

After a moment she put him back, looking at him reproachfully.

"Oh, Ion, so soon in trouble! I heard of you in the hands of a Delilah, and I left everything. I obtained the place which would enable me to know all — her guile and your infatuation. She amuses herself with you. She has said to me that you are in love with her, and do not know it. Her husband is angry, and people talk. So soon! So soon! Oh, Ion!"

"She said it!" he stammered, becoming pale.

"She said it to me laughing. She described you gazing at her. She laughs at your innocence."

The boy shuddered. "I will never see her again!"

Again the clairvoyant.

It is a bleak November day in a city of the

North. Pedestrians hurry along, drawing their wrappings about them. Standing close to the walls of a church in one of the busiest streets, an old man tries to shelter himself from the wind. He is thin and pale and poorly clad, but he has the air of a gentleman, though an humble one. There is delicacy and amiability in his face; his fine thin hair, clouded with white, is smoothly combed, and his cotton collar is white. On his left arm hangs a small covered basket, and his right hand holds a pink wax rose slightly extended to the passers-by, with a patient half smile ready for any possible purchaser.

For a week he had stood there every day, cold, weary and tremulous with suspense, and no one had even given him a second glance. But that he did not know, for he was too timid to look any one in the face.

The afternoon waned. People were going to their homes; but the old man still stood there holding out the pink wax rose. Perhaps the most pitiful thing about him was that what he offered was so worthless, and he did not know it. Some, glancing as they passed, had, in fact, laughed at his flower and him.

At length a lady, walking down the other side of the street, caught a glimpse of him. She stopped and looked back, then crossed over and passed him slowly by, giving a sidelong, searching look into his face. Having passed, she turned and came back again.

"Have you flowers in the basket also, sir?" she courteously asked.

He started, and blushed with surprise and agitation.

"Yes," he said, and opened the little basket with cold and shaking fingers, displaying his pitiful store.

"What is your price for them all?" the lady asked.

He hesitated, still trembling. "If you would kindly tell me what you think they are worth," he said. "I do not know. My daughter made them when she went to school."

"Does she make them now?" the lady asked, taking both rose and basket from his hands.

A look of woe replaced his troubled smile. "She is dead!" he said with a faint moan.

"Have you other children?" was the next question.

"No. My daughter left a little girl who lives with us, my wife and me."

"Will you be satisfied with this?" the lady asked, and gave a larger sum than the old man had dreamed of asking. "If you think they are worth more, please tell me so."

"I didn't expect so much," he said. "It was my child's hands that gave them their value to me."

Tears ran down his cheeks. He tried to restrain them, and to hide that he must wipe them with his sleeve.

The lady slipped a folded handkerchief into his hand. "Farewell, and take comfort," she said hastily. "God will provide."

She turned to a man who had followed, and paused near her.

"Find out who he is, what he is, and where he lives, and tell me as soon as possible," she said in a low voice.

The same evening, in a suburb of the city: a little unpainted cottage, black with age, set on a raw clay bank. A railroad has undermined the bank and carried away the turf.

A faint light showed through one window. In a room with a bed in one corner an elderly woman was making tea at a small open fire of sticks. In the adjoining kitchen Boreas reigned supreme. All the warmth that they could have was gathered in this room, where the child also would sleep on an old lounge.

She sat in the corner of the chimney now, wistfully watching the preparations for supper.

In the other corner sat her grandfather. He had taken a blanket from the bed and wrapped it round him. He was shivering.

"It was hard to part with the flowers," the man was saying. "They were all that we have left of her! But to a person like that, — a lady, a Christian, an angel! — it seemed like giving them to a friend who will keep them more safely than we can." He choked, and wiped his eyes.

"Well," said the wife drearily; "we must economize the money she gave you for them. We have nothing else to sell."

They were silent, trying not to think, and daring not to speak. They had once been in comfortable circumstances; and now beggary stared them in the face, and the horror of the almshouse loomed before them, not for themselves alone, but for the child. If they found a home for her, she might not be happy there; and they would see her no more.

Suddenly the old man burst out crying. "I can't stand it!" he sobbed. "I can't stand it! I almost wish I hadn't seen the lady. I was growing hardened. I was forgetting that any one had ever addressed me as a gentleman. It was becoming an ugly dream to me, all this downfall! And she has waked me up!" He sobbed aloud.

"Don't! Don't!" said the woman. "And there is some one knocking. Nellie, take the candle, and go to the door."

The old man got up, throwing the blanket from his shoulders; and the two stood in darkness, holding their breath.

There was a murmur of voices at the door, and the candle came shining into the room again, and steps were heard, both light, as if two children were about to enter.

Then a lady appeared on the threshold, looking in eagerly with bright eyes.

"Ah, 't is you, sir!" she said. "I am sure that you expected me. I am so glad to have found you! Your troubles are all over!"

SAN SALVADOR.

One more glimpse through space.

A train of cars is going through the Alps, from Lugano southward. Four persons occupy one of the easy first-class compartments. There are two talkative ladies in the back seat who seem quite willing to dazzle the gentleman sitting opposite them. He has an interesting face, an athletic frame, and gray eyes that are at once enthusiastic and laughing. When serious, the face is very serious, and the attitude changes a little, assuming more dignity. He is evidently enchanted with the scene, for he smiles faintly when lifting his eyes to the snowy heights with their cascades, or leaning close to the window to see the green waters below dashed into foam among the rocks.

Once he glanced at the ladies before him as if for sympathy, but perceiving none, restrained some expression of admiration which he had seemed about to utter.

More than once he glanced at a lady who sat in the farthest corner of the compartment, looking out in the opposite direction. She had a somewhat dusky oval face, dark eyes with long lashes, and black hair heavy about the forehead. She looked like a grand lady, though she was traveling alone. She wore a simple costume of a dark dull purple and a full scarf of yellow-tinted lace loosely tied around her neck.

She took no notice of her traveling companions. The wild grandeur of the scene was reflected in her uplifted eyes, and woke an occasional sparkle in them: but she seemed not strange to the mountains.

Once, when the rock wall shut close to her side of the carriage, she turned toward the other side, just skimming the three strangers with a glance. At that moment their progress unrolled an exquisite mountain picture, and the gentleman turning toward her quickly, they exchanged an involuntary smile.

"I never was so enamored of the Alps as some people are," said one of the other ladies to her companion. She had caught this sign of sympathy. "They are so theatrical."

Her friend laughed. "You remind me," she replied, "of the man who said that there was a good deal of human nature in God."

The stranger lady started.

"Madam!" she exclaimed.

The one who had spoken shrugged her shoulders.

The gentleman changed his seat for one opposite the stranger.

"Madam," he said, removing his hat, "if you will not allow me the liberty of expressing to you the delight I have in these mountains, I shall be forced to soliloquize. I find it impossible to contain myself."

"Speak freely, sir!" she said with a pleasant look, but some stateliness. "If I were not a daughter of the mountains, I think this scene would force me to speak, if I had to soliloquize."

"I have never been here before," the gentleman said. "I had not known that Mother Earth could be so beautiful, so eloquent. Does she not speak? Does she not sing? Who will interpret to us her language, her messages?"

"Once upon a time," the lady said, "a saintly ruler showed his people a grain of gold that had been dug out of a wild rough place in the earth; and he told them that where he found it the earth had given him a message for them. It was this:

"'Dig for your gold, my children! says Earth, your Mother. Deep in your hearts it lies hidden.'"

The gentleman looked out of the window in silence for awhile. Then he opened a hand-bag that lay on the seat by his side, and wrote a few words in a note-book there. The book was a little red morocco one, with the name Ludwig von Ritter in gilt letters on the cover.

They spoke of the scenery as they went on, and presently approached a station.

"I shall in future take my recreation in traveling," the gentleman said. "I have heretofore taken it in the social pleasures of Paris or Vienna. One spends time very gayly in either of those capitals."

The lady was silent a moment, then murmured as if to herself:

"*E poi?*"

He looked at her with a smile. "Why, then," he said, "it is true that one sometimes has a headache, and is willing to resume one's duties."

The train drew up. The lady called a porter, and, with a courteous but distant salutation to the gentleman, departed.

CHAPTER XXVI.

When spring came round again, Tacita was a mother, having given birth to the tenth Dylar.

"And now we say a *Pater Noster*," she said. "Is there more than a decade without change?"

Becoming a mother, it seemed as if she had ceased to be anything else. The most that the people saw of her was when she sat under the awning of her little terrace with some work in her hand and her foot on the rocker of the cradle, her eyes scarce ever straying beyond the one or the other, and thinking, thinking.

Dylar had removed her decidedly from all outside duties. It was the custom in San Salvador for the mother to leave all for her child; and more depended on this sunny-faced infant than on any other. It was enough for her to train the child, to note every manifestation of character, to watch with dilating eyes every sign of intelligence, to cry out with delight at every mark of sweetness, or tremble at what might be a fault.

He was sometimes astonished at her far-sightedness, but never at her strength. He had seen the steely fibre in her gentle nature even when, a child, she had mistaken him for a beggar and called him "brother."

That strength manifested itself now in the firmness with which she faced the necessity of soon giving the child into the hands of others for the greater part of his education. Dylar had not the courage to remind her of this necessity in the first rapture and tremor of her motherhood. There were times when he even asked himself if it might not be evaded.

It was Tacita who spoke first, one evening, as she sat with the child in her arms.

"I have fought a battle, and conquered," she said, smiling. "I looked forward to the time when my son must go to school, and I was jealous. To miss him all day, and know that others are listening while he lisps his first little lessons! I counted the weeks and days. I searched for some way of escape. His birthday is in April, and in April it is too early in the year to have a grief.

"Then — would you believe it, dearest? — I meditated a dishonesty! The school is dismissed, I said, for the harvest, and does not open again till the last week of October. It would be a pity for him to begin study and his little industries, his infant carpenter-work and his small gardening, and then forget, and have to begin all over again. He had better not go till after harvest-time. I had my excuses all planned, when I discovered the little wriggling serpent in my mind. Oh, Dylar! What if I should have given the boy a taint of that blackness which I did not know was in me! I am not worthy to train him!"

She did not raise her eyes; but her husband knelt and surrounded both mother and child with his arms.

"You say that you have conquered, Tacita. I had the same battle to fight and had not conquered. Dear wife, how a spot shows on your whiteness! What did you resolve upon?"

"This," she said. "On the very morning of his birthday, instead of making holiday at home, we will take him by the hand and lead him to the school, and his *festa* shall be to meet for the first time all the dear brothers with whom he is to go through life, whom he is to help and be helped by when his father and mother shall be here no longer."

They embraced, and Tacita wiped two bright tears from her husband's eyelashes. "I am impatient for Iona to come and see the boy," she said more lightly. "Nearly all her letter was of him, and she comes only to see him. She thinks that his hair will grow darker. I want it to be like yours by and by; but this gold floss looks well on a baby. You must read her letter. She wishes me to have a little oil portrait of him taken that she can carry away with her. The messenger who came yesterday is an artist, she writes, and makes lovely pictures of infants. She chose him for that reason."

Iona appeared to them suddenly on one of those June days. She came laden with gifts, letters and photographs, and had so many messages to deliver, and so much to tell, that for several hours of every day for a week she sat in the dance-room at the Star-house, to talk with any one who might wish to come to her. The rest of her time was spent at the school, or hanging over the infant Dylar.

Those who had never been outside could not tire of hearing her talk, and looking at the photographs and prints she had brought. These pictures had been carefully chosen. The sunny beach was contrasted with the storm-tossed sea; the stately ship, all sails and colors, with the lonely wreck and its despairing signal; the beauty of luxury with the deformity of poverty; the dark street and unclean den with the palace and garden.

She had faces made terrible by crime, despair, sickness, shame and sorrow. These to a people who made health and strength a virtue were her most effective antidote against any allurements of that larger life that held such perils.

"It is worse than I thought, my friends," she said to Tacita and Dylar. "Perhaps the world never was any better; but it is worse than I thought. It is not so much the wickedness of the smaller number, but the carelessness of the majority. Nothing but a calamity stirs them up. Nothing but a danger to themselves sets them thinking of others. The prosperous seem really to believe that prosperity is a virtue and misfortune a vice. Oh, if they only knew the delight of helping the needy, and helping in the right way, not thinking that by a gift you can buy any person's liberty, or that gratitude for any assistance whatever should bear the strain of any assumption the helper may be guilty of, but giving outright, helping outright, and forgetting all about it. There is no pleasure like it. Much is said of ingratitude: far more should be said of the coarseness of fibre in those who impose a sort of slavery on the recipients of their favors.

"But, much as I wonder at the living, I wonder yet more at the dying, or those who are looking forward to their own death. There are men and women who leave fortunes to the already rich, or to institutions which are not in need, or to found or endow libraries which bear their names, while all about them reigns an earthly hell of poverty to which they never give a thought.

"Now and then one hears of something lovely. I remember a man in America who, dying, left money to give a house, an acre of land, and a pension sufficient to live on modestly, to a number of homeless women, single or widows. The only notice I ever saw of that tender and sympathizing remembrance of the homeless called it 'eccentric.' Most people who give wish to herd the unfortunate together, making a solid and permanent exposition of their benevolence which they can describe in the newspapers."

"What are women doing?" Tacita asked. "Some things I saw gave me a troubled feeling. It was so different from our women here, so noble, harmonious and restful as they are!"

"It is, perhaps, inevitable," Iona said. "I do not like to find fault with my sisters when they strive to be something better than dolls. Every transition state is disagreeable. I hope that, having made the circle, they may come back to a higher plane of the same hemisphere they have occupied in the past. At present many are ruining what they propose to regenerate. Boasting that they will bring back the lost Paradise, they go no farther than Cain, the serpent, and partial nakedness. Woman as a law-maker is meddlesome and tyrannical. She goes too much into detail. There is a pertness and shrillness in their way of bringing in the millennium which irritates my nerves. They won't let you alone. They nag at you. With some, you cannot speak in their presence without repenting of having opened your mouth. You deplore the evils of society, and they call you a pessimist; you praise the beautiful, the sublime, and discern a rainbow somewhere, and they dub you optimist; you venture to touch on some half possibility of intimations reaching the living from the dead, and they pin 'Spiritist' on your shawl; you surmise that we cannot be sure that we are to live only one life upon the earth, and they discover that you are are a Theosophist, and make remarks about your Karma. They have a mania brought from their jam-pots for labeling things. It is a relief to turn from them and talk with a sensible man whose ideas are more in the *affresco* style, and do **not** scratch.

"And then, on some happy day you meet a woman, *the* woman, noble, judicial, kind, courageous, modest and sympathizing, and you fall at her feet."

"I think that something ideal may result from this uprising of women," said Dylar. "It is crude now, as you say. But when they shall have shown what they can do, they will voluntarily return, the mothers among them, to their quiet homes, and say to man, 'As we were before, we could not help making many of you worthless. Now we are going to make a race of noble men. We will rule the state through the cradle."

"Like our Tacita," said Iona with a smile. "Elena always said that she was fit to rule a state."

"Dear Elena!" said Dylar's wife. "I am so impatient to see her. It will be delightful to have you both here together, if but for a day."

For Elena was on her way to San Salvador, and near; and they meant to keep her. She had had enough of travel and unassisted labor; and she was needed at home.

"Do you see how our little palm-trees grow?" Tacita asked. "We are going to have them set in the green of the Basilica, after all. They will be ready in the autumn."

Iona looked at the young trees thoughtfully.

"I would like to earn a leaf," she said.

CHAPTER XXVII.

WHILE they were speaking, three visitors whom they did not expect were approaching San Salvador.

A German, a Frenchman, and an Italian, who had known each other many years, meeting occasionally in the society of different European capitals, had met in Paris that spring, and weary of a round of pleasures which led to nothing but weariness, had started off on a long rambling journey.

They made no plans except to go to places they had heard but little of, and to be ready to stop at a moment's notice.

It was the German who had discovered that their pleasures led to weariness alone; but his friends readily agreed with him.

"I am inclined to think," said the Italian, "that the only refuge of civilization is in barbarism."

"Or in a truer civilization," said the German.

"Or in a more robust physical health," said the Frenchman. "So many of our moral impressions proceed from the stomach, or the nerves."

Though the German had given expression to the unrest of his companions, he was indebted, and perfectly aware that he was indebted to another for his own awakening. It was but a word uttered by a stranger whom he had met in travelling through the Alps; yet the word had often recurred to his mind. How many times when contemplating some act, not dishonorable, indeed, yet worldly, as he had studied and doubted, a lowly murmured word had stolen up in his memory: "*E poi?*"

In preparing for some reception or fête like a hundred others, in returning from some dissipation, in looking forward in his career and planning out his future life, with what a solemn impressiveness the quiet interrogation had been heard in the first pause of excitement: "*E poi?*"

Their holiday was almost ended for the three friends, and they were now on their homeward way, the line of their travels forming a long loop, now a little past the turn. The Italian had a young wife who might be pouting at his absence; the Frenchman was a banker, and his partners were getting impatient; the German was an official on leave, and his term was nearly out.

Yet when their train drew up for a few minutes at the lonely station of the Olives, and the Frenchman, usually the leader in all their enterprises, exclaimed, "Once more, my friends! I am sure that no one ever stopped here before," the other two hailed the proposal, and snatching their valises, they stepped from the carriage just as the train was about to start.

The Italian, one of whose nicknames was Mezzofanti, or Tuttofanti, was always spokesman when they were likely to encounter a *patois;* but somewhat to their surprise, this simple-seeming station-master spoke both French and English passably.

There was an orange-farm twenty miles northward, he said, but no means of reaching it at that time. Fifteen miles southward was a castle, and a hamlet called the Olives. The man with the donkey-cart just leaving the station was going there.

A castle! It sounded well.

Mezzofanti called the man and entered into negotiations with him; and he, after looking the travelers over with a somewhat critical expression, consented to take them to the Olives on condition that they would take turns walking each a part of the way. He himself would walk half the distance. His donkey would not be able to carry them all.

He further told them that they could not stop at the castle, the master being absent; but they could stop at his house, and could have donkeys to return to the station the next day. They would want a number of donkeys there, as they were expecting supplies. He could give them three good ones, so that they could ride all the way.

There was a certain calm dignity about this man, though his dress was that of a laborer, and his French imperfect, which won their confidence; and they accepted his offer. He had learned French, he said, from his mother, who came to the Olives from France before he was born. He was called Pierre at home. It was the name his mother gave him.

The first part of their road was over an arid

plain, dull thin grass and a few parched shrubs spotting the sandy soil; but in the distance was a mass of rich dark-green foliage with keen mountains, black and white, rising into the splendid blue above them.

The German remembered one who had said: "I am a daughter of the mountains." He never saw one of those masses of rock and snow rising into the air without wondering if it might not be there she drew her first breath.

The man, Pierre, did not know the names of the mountains. Some of them had their own names. That highest peak at the left was called the White Lady, and was beyond the castle. The castle was very ancient, and one part in ruins. There were many stories about it. His mother knew them. For him, he was content with the present. The past interested him but little. The castle was set on a spur of the mountains, and quite close to them. The inner wall of the court was a cliff. Their road would lead them ten miles straight to the mountains; then they turned southward, and after five miles would reach the Olives, which was south of the heights and just round a turn. At the first turn was a fountain where they could water the donkey, and rest a little while, if they liked. There was an old ruined house there where they usually stopped, going to and from the station.

"Did the prince live much at the castle?" one of the gentlemen asked.

"No; he came occasionally. He lived abroad,

now here, now there. He had spent a fortnight the year before at Castle Dylar with his bride."

"Oh, there is a bride!" said the Frenchman. "What is she like?"

The man had spoken in a serious and matter-of-fact way; but at the question a smile flitted over his face.

"She is tall and slender, and white and golden-haired," he said. "She is very silent; but when she smiles, you think that she has spoken."

The Italian changed color. "Do you know her name — her maiden name?" he asked.

"We call her Lady, or Princess," the man said. "I know no other name."

"Where is she from?"

"Oh, far away!" he replied with a vague gesture.

The Italian asked no more; but his face betrayed excitement.

Their road had begun to rise and to be overshadowed by trees. After a while they reached the ruined house built up against the rock, and they alighted to rest, or look about them.

The German exclaimed: "Did you ever see such a green atmosphere! I do not think that you will find such a pine-steeped dimness even in your Italy, Loredan."

Beside the house a small stream of water from the heights dropped into a trough. Dropping, it twisted itself into a rope. Overflowing the trough, it rippled along beside the road they were to follow.

Pierre drank, washed his face and hands, and watered his donkey. The three travelers went to look at the house. Everything betokened desertion and ruin. The door and shutter hung half off their hinges, and only an upper shutter was closed. A stone stair went up from the one room below; but a heap of brushwood on it barred the passage.

They pursued their way; and as they went, the scene softened. A narrow space of rising grassy land, planted with olive-trees, interposed between them and the rocks, which only here and there thrust out a rude sentinel; and their road, having risen gradually to the house in the pines, began to descend as gradually. The afternoon sun had been excluded; but now it shone across their way. Olive-trees quite replaced the pines, and allowed glimpses of an illuminated landscape to be seen between their crisped-up leaves. They rounded a curve and entered the village. At their right, under thick olives that hid all above them, grassy terraces rose to the castle; at their left were the farms with great white houses sunk in luxuriant vegetation.

The travelers were enchanted. It was a picture! It was a paradise!

Pierre conducted them to his house, and the whole family came out to welcome them with a rustic frankness and an urban courtesy. There was the mother of their host, a woman of eighty, his wife, two tall boys, a girl and a baby. From the roof terrace another girl parted the long palm-leaves to peep down at them.

Entering the wide door was like entering a church. The only partition of the whole ground-floor was made by square pillars of whitewashed masonry which supported the floor above on a succession of arches. But the pillars were so large that they gave an effect of different rooms. Over some of the arches curtains were looped to be used when greater privacy was desired.

One corner next the door seemed designed for a parlor. Far to the right in another direction could be discerned a hand-loom and spinning-wheel, and a stone stair. Far to the left was a kitchen where something was being cooked at an open fire, and nearer, between the white arches, a table set for supper.

Pierre led his visitors up the nave of this strange house, and up the stair to their chambers. They were whitewashed rooms with green doors and small casement windows, over which hung full white linen curtains. Green wooden shutters were opened outside. There were no carpets, only straw-mats; yet there was no sign of poverty. The simplicity was artistic.

One of the boys went up with them to the castle. The sun was low, and sent long lines of orange light across the greensward under the trees. Three flights of stone steps led them to the lower hall, where they waited till their guide obtained for them the readily accorded permission to see the castle.

"There is very little to see," the housekeeper

said. "But what there is I will show you with pleasure."

They questioned her as they went from room to room, and by secret passages to the upper terrace. Was there any pass through the mountains? Her replies made them wonder that so intelligent a woman should feel so little interest in her immediate neighborhood.

She knew of no pass except one far to the northward; but as the mountains were a group and not a chain, it did not matter. Climbing in the vicinity of the castle had proved so dangerous that the prince had forbidden it.

The Italian spoke of the prince and princess, but learned no more than he already knew, though the housekeeper showed no unwillingness to enlighten him. She was enthusiastic in her admiration for the princess, but did not hear him ask what the lady's maiden name was, — did not or would not.

Before going away, the three gentlemen laid their cards on the drawing-room table; and when they were gone, the housekeeper looked at them. She read: —

Don Claudio Loredan, *Venice*.
Vicomte François de Courcelles, *Paris*.
Herr Ludwig von Ritter, *Berlin*.

"These must be sent in early to-morrow morning," she said. "A gentleman from Venice! Perhaps he may have known the princess."

After supper the travelers went out to smoke their cigarettes under the palm-tree, and the old woman, knitting-work in hand, followed them. She evidently expected their request that she would tell them something of the history of the castle, and complied with it with the eagerness of a professional story-teller.

"The origin of Castle Dylar is wrapped in mystery. It is believed that an army of builders once went from land to land building churches, castles, and monuments of various sorts. They built fortresses, and walls for cities, too, and had means unknown to us of moving great stones and fitting them cunningly together. It is believed that Castle Dylar was built by them.

"As for its owner, we will say no evil of the dead. His few poor tenants lived in huts, and knew not how to cultivate the land. They raised a little, which they and their beasts shared; and when their provisions failed, they killed and ate the beasts, being the stronger and more intelligent. When the owner — I know not his name — when he came here from time to time, often with a number of companions, they fared better. But, from father to son, the master came less and less, till one was left who came not at all, but sold the castle and land to a Dylar.

"Oh, then were the people cared for! Then were they lifted out of their misery! Then did the land bloom! The first tree planted by Dylar was an olive-tree. 'I dedicate the land to peace and light,' he said; and, gentlemen, peace and light have dwelt in it to this day. The stupid children of the tenantry were taught. Men came and built these houses to last a thousand years, and then another thousand. They dug a hole to let the river through the mountains. They cultivated land. Men did great works, and went away when they were paid; but other men and women came in, one by one and two by two, and dwelt here. They were children of sorrow chosen out of the world to come here and live in peace. We have all that we want, and we know not drouth. The sun and the snow-peaks fill our cups to overflowing. When the land grows dry, our men set donkeys to turning the great wheel you see yonder, with a bucket at every spoke; and they fill a tank that sends out little rivulets running over all the land. They go to every plant and tree, like mothers giving drink to their children. We know not drouth; and Christ is our King.

"There have been nine Dylars with the present one. Each Dylar uses his number to his name, or sometimes alone. If a written order had the figure nine alone, or nine straight lines signed to it, that order would be obeyed. We put it on all things for them, too. When our prince was here last year with his bride, we sent everything up in nines, nine jars of olives, nine boxes of oil; and the child who could find a bunch of nine cherries, or a sprig of nine strawberries to send up to the princess' table was a happy child. We sent her a box of olive-wood to put her laces in. It was fluted in groups of nine all round, and had nine lilies on the cover, and a border made of the figure interlaced and flowering out. And in the centre of the cover were the initials J. C., with a crown above them; for Christ is King of us all. I found on the jasmine-tree on our terrace a flower with nine petals, which was a wonder; for they have usually only five or six, sometimes only four. The princess pressed the flower to keep, and said it was the prince's flower.

"The Dylar made it a virtue for their people to be healthy and clean and cheerful. They gave them games and pleasures as well as labor. And whenever they find a young man, or a girl who has a gift for some airy kind of work that needs a nicer study, they send them out to learn. They seldom come back to stay; but they come, sooner or later, to see their old home before they die.

"For us, we do many things. We spin thread of linen and silk, we weave and embroider and make laces. We make wine and preserve olives and make oil. We knit hose that a queen has worn, and would have more. For we have a silk farm, and a silk that reels off like sunshine. And Christ is our King."

"Who governs you?" asked the vicomte. "Of course your prince, and the housekeeper told us, three of your oldest men. But is there nothing else?"

"Oh, now and again, some people come from far away, and ask some questions, and get some taxes, they call them. They have need of money, those who send. I know not. They come and they go. We welcome them, and we bid them godspeed."

"But if two of you should disagree?"

"Then each tells his story to the Three, and they decide. And if they cannot decide, they write to Dylar, whose messenger comes."

"But if some one accuse you, have you no one to see that no damaging truth, or no lie, is proven against you? Have you no one to speak for you?"

"Why should another tell my story for me? And is it not the truth which all wish to have proven? Are we children? or bees? See, now: if I prove a lie to-day, and gain a pound of silk by it, or a gallon of oil like honey distilled, then the spirits of peace in the air about me are disgusted with the evil scent of my vice, and they fly away, and evil spirits, who love an evil deed, come near; and of three pounds of silk they weave a chain that binds my thoughts all down to that sin I have committed, or of three gallons of bad oil they kindle a lamp in my heart that burns: and the only way to have peace is to go to him I have robbed, and say: 'I lied; and here are three pounds of silk for the one:' or, 'I lied; and here are three gallons of pure oil for one.' Moreover, the King, when I do evil, is no longer my king; but the Dark One rules over me. What have I gained, though the silk or the oil were like Basil's gold?"

"Who is Basil?" asked the German, smiling. "And what was Basil's gold?"

"Basil was a Dylar, one of the first. It is said

that he was as wise as Solomon, and could understand the language of all growing things; that he knew what the curl of a leaf meant, or the sob of the wind. He came and went. There are wild stories, that he was borne over chasms. I know not. But he gave his people a message from the earth that he read in a grain of virgin gold."

The German was shaken by a strong tremor. "The message! The message!" he exclaimed.

The old woman smiled at his eagerness. "Listen!" she said. " 'Dig for your gold, my children, says Earth, your Mother. Deep in your hearts it lies hidden.' "

"Is there any other settlement near of the Dylar?" the German asked impetuously.

"None, sir."

"One has gone forth into the world from this place, a woman, tall, dark-eyed, with black hair heavy about the brows, and a soft voice. She is a lady. Who is she? Where is she?"

"I know no such. There is one abroad who sings. She is famous, and she returns no more. I do not know where she is, nor what name she sings by. There are others who are married. There are two young girls who study. I know no such lady. It might be one of Dylar's messengers; but she is away."

"Could I learn at the castle?"

"Ah, no! we do not keep their track. They come and they go. There was one who came last year. She was something like your lady. She stayed a week; and she reaped a field of wheat. She is strong to work in the fields."

The German sighed, and said no more.

"The present Dylar is young, is he not?" asked the Italian.

"Oh, yes; but little over thirty. But he is very serious. His father was gay till he lost his wife. Then he never smiled again. But when our Dylar came here with his bride last year he was different. His eyes followed her everywhere."

"What did he call her?" asked the Italian.

"He called her Love; nought else. We called her princess. How fair she was! If you should tell her a story, when you had ended, it would seem to you that she had been the one who talked, and not you. She has changes of expression, and little movements, so that she seems to have spoken when she has not uttered a word. At the castle they saved all the hairs that were in her combs and brushes, and I have a little lock of them that coils round so soft and shining!"

When they went in, the Italian lingered behind his companions, and detained the old woman. "Show me the lock of hair you told us of," he said.

She brought it with pleasure, and carefully unfolding a paper by the light of a lamp hung against one of the pillars just inside the door, showed a glossy golden ring, and lifting it, let it drop in a long coil.

"I will give you a gold piece for one hair!" said Don Claudio.

"I do not want the gold," she said; "but you shall have the hair." She drew out two or three of the shining threads and gave them to him; and he laid them inside a clasped fold of his pocket-book.

CHAPTER XXVIII.

Pierre was to go to the station the next morning to meet Elena; and in consultation with his advisers it was decided that he should set out early and alone. He could then warn her of the presence of these strangers. A considerable quantity of provisions would come by the same train; but as a part of them were to be left at the Pines, they would be brought later in the day.

The strangers could therefore go at any hour they might choose, needing no guide, and leave the donkeys at the station.

The gentlemen set out as soon as they had eaten their breakfast, and half way to the Pines met Pierre coming back on foot.

He had been taken sick on the way, he said, and a friend whom he had fortunately encountered would go to the station for him. It was a sickness he sometimes had, and it would last him several days. He declined their offer to return with him; and they took leave of each other, and went on their separate ways. But Pierre had not gone many steps farther before doubts began to assail him.

"I might have waited there till these men had gone by," he thought.

He turned the situation over in his mind.

Alexander and his wife were the guardians of the week. There was no woman in San Salvador better able to take care of the house than Alexander's wife. She knew every signal, was prompt and courageous. Above all, she would do exactly as she was ordered to do if the skies should fall on her for it. And both he and her husband had charged her not to leave her signal-post a minute, and to give instant notice to San Salvador of anything that might happen.

"I wish I had asked if the door was unbarred," he thought uneasily. It occurred to him that the men inside would have left San Salvador early in the morning, before it was known that these strangers were at the Olives. Alexander and his wife had not known it till he told them that morning. When he passed the evening before, stopping purposely that they might observe well his companions, they had been occupied in receiving orders from San Salvador, and had not known that he was not alone.

He grew more uneasy every moment.

"Of course they would n't unbar the door till it was needed," he muttered. "And of course Alexander spoke to them before he started. But I might have waited."

In fact, Alexander had called to the men; but they were out of sight and hearing. They had retired to a more convenient place to wait, knowing that they would not be needed for several hours.

"I wish that I had waited!" Pierre repeated over and over. "I could have waited."

He recollected stories of men who had been faithful even to death to interests committed to their charge; and when had greater interests been at stake than this of the secret of San Salvador!

Texts of gold wrote themselves in the air all about him, and on the dark earth under his feet.

"*He that endureth to the end shall be saved.*"
"*Well done, good and faithful servant.*"
"*Watch and pray.*"

The guardianship of the house in the Pines was in the hands of a hundred men, each of whom served a week at a time, with any one whom he might choose as a companion. Dylar himself took his turn. The rules were strict. Pierre remembered them when it was too late.

When the three travelers reached the house, therefore, there was a woman alone on guard, with strict orders to signal everything, but on no account to allow herself to be seen nor heard; and the hidden door was unbarred, and the torrent that shut the road to San Salvador was turned away.

They alighted and tied their donkeys to a post, where they could drink or browse at will.

"My opinion," said the viscomte, "is that this old building was not always so innocent as it probably is now. It was perhaps a hiding-place for plunder or prisoners, used by the wicked old family which preceded the Dylars at the castle."

They hung their basket of luncheon to a pinebranch, set their bottle of wine in the running water, and looked about them. To men accustomed to the luxuries of civilization, and for a time, at least, weary of them, there was something delightful in this superb solitude of rock and tree, this silence stirred only by the sweetest and most delicate sounds of nature. It seemed but a day since a pushing crowd had surrounded them, the paving-stones of a city had been beneath their feet, and the Gleipnir cord of social etiquette had bound them; and to-morrow again all that world would possess them, and this scene become as a fairy dream in their memories.

They wandered about a while under the trees, explored a few rods of the northward road, and came back to eat their luncheon, sitting on the moss and pine-needles.

The Frenchman looked up at the beetling rock that overtopped the house before them. "I have a vision," he said. "I am clairvoyant. I see through the rock yonder into a long succession of low caves where you must walk stooping. At the entrance of these caves sits '*une blanche aux yeux noirs,*' and all the floor is strewn with ingots of pure gold. As you look along the windings for miles, that gold lights the place up like a fire."

"I also am clairvoyant," said the Italian. "I see beyond those mountains a happy country where ambition never thwarts true love, and partings are unknown. It is the promised land of the heart."

"I see farther yet," said the German. "Beneath that cliff is your El Dorado. Beside it is your Love's paradise. But farther yet, hemmed in by precipices, is a great black castle of which Castle Dylar is but an offshoot. There dwells a princess held in bonds by a fierce giant. He wishes to marry her, would give her all the gold you see, and make her queen over your paradise; and she will not. If I could pass this wall, if I could thread the labyrinth of gorges leading to that castle, I should find her there, dark and splendid and stately. She is as free and fierce as an Arab. She is as tender as a dove. She looks like a goddess. Her name is — is — Io."

They ate their luncheon in the green fragrant shadows. The viscomte went into the house while the other two smoked their cigarettes, dreaming with half-closed eyes, till they were startled by an excited call from the house: "Come here! Come!"

They hastened to obey.

"I have found a secret door!" said the Frenchman's voice from under the stair. "It is surely a door! The wall moves. See! it retreats an inch or two without displacing a stone. Let us get sticks and pry it open. We are on the eve of a discovery!"

CHAPTER XXIX.

Meantime, San Salvador, unconscious of danger, was all joyful expectation. The coming home of Elena was always a holiday for them.

True, Iona was to go out again the next day; but Iona had never taken the hold on their familiar life that Elena had always maintained. Besides, they had this pleasure connected with her going, that she would take messages to their friends. Many were busy preparing letters and little gifts.

Dylar was busiest of all. He had gone up to his cottage, which might still be called his study, to prepare letters of direction, and plans which would be supplemented by Iona's word.

In the little terrace of their house sat Tacita and Iona with the child.

"Spare yourself a little for our sakes," the princess was saying.

"Never fear, my princess!" said Iona with a smile. "I have a presentiment that I shall come back here at last to die. It is the only thing that I ask for myself. If I should not be so happy, I know that you will bring my body back. It is pleasant to think of lying asleep in our great quiet dormitory when one can work no longer."

"The whole earth should not hide you from us, nor keep you back!" was the fervent reply.

"Inaction, or even moderate action, is impossible with the vision that I have of the world," Iona went on. "You think that you know it. Ah, you do not know a thousandth part! You were safe in your family, guarded and protected. What if you had been poor and friendless? I tell you that to such human society is sometimes a society of wolves and tigers. Nor is an active and conscious malignity necessary. Narrow sympathies, self-complacent egotism and conventional slavery suffice. Why, who shall say that a tiger may not rend a man, or a child, with an approving conscience, if conscience he have!

"Life has become like a cane-brake duel, where two men enter, each from an opposite side, creeping and searching for each other with the dagger-hand drawn back, and the blade up-pointed for the *stoccata*. Ah! Let us not think of it. For the work needed to-day, the soul must not stop to think, but must march straight on in the name of God. I will think of my coming back and of my rest at last. It is sweet. Carry me up at sunrise, and give me a rose in my hand. I would that I could have a palm. But a rose is the flower of love; and whether it has seemed so, or not, I have loved so much! I have loved so much!"

She bent, and softly kissed the sleeping infant; and rising to go away, glanced back toward the unseen cemetery.

As she looked, a swift change passed over her face, a keen present interest took the place of her forward-looking. Her raised brows fell and were drawn together. She was facing the signal station connected with the Pines, and it changed as she looked. Already they knew by signals from the castle that three strangers had passed the night at the Olives, that a messenger was coming in to give them details, that Pierre was on his way to the station to meet Elena, and that the strangers had also gone. From the Pines they knew that all was prepared for Elena's entrance.

"What does this mean?" said Iona. "Can it be that Alexander's wife is alone at the Pines! Tacita, will you call Dylar?"

Tacita went to the gallery from which she could see her husband's cottage, and him sitting at a table covered with papers inside the open door, and she blew a trilling note on a silver whistle she carried in her girdle.

He looked up quickly, and came out. It was the first time she had ever called him down.

She waved her hand toward the signal-station, and he understood, and turned that way. Another signal had been added.

"Yes," said Iona. "Pierre has returned home, and Alexander gone to the station, against the rules. Pierre has sometimes severe attacks of sickness, and he feels them coming on. But why did not they call one of the men from inside, and send him to the station?"

She was talking to herself. Tacita glanced up the hill, and saw Dylar standing on his terrace watching intently the signals. They changed again. The strangers were at the Pines, and the men from San Salvador were not there.

Without a word, Iona hastened down and went to the Arcade. Half way across the town she turned to look again. The whole situation was signaled now. The torrent was off, the door unbarred, the men out of sight and hearing, and three strangers were at the Pines.

"Impossible!" she exclaimed, and began to run.

When Dylar reached his house and read the signals, which had been hidden from him as he came down, he looked across and saw Iona coming out on to the mountain-path above the Arcade. This road ran for half a mile along the rock in sight of the town. Then it turned backward and out of sight, joining the road from the Pines, and that lower one by which Tacita had come to San Salvador. Near this junction of the roads was the water-gate by which the torrent was turned.

"Impossible!" Dylar also had exclaimed on reading the signals. To escape for almost three hundred years, and fall to-day! So many accidents and incidents, so many items of neglect coinciding to form a crime and a supreme calamity, were incredible! It was impossible that accident could do so much. A vision of treachery rose before his mind.

He ran down to the town where people were gathering on the house-tops and in the streets. He called for two of the swiftest runners and climbers to follow Iona to the water-gate; and they sprang out like greyhounds. It was useless for him to go. There was nothing to be done but turn the torrent on again. He stood silent and white, watching with a stern face the signals, and glancing across the town to the mountain-path along which moved Iona's flying feet.

The people gathered about him; but no one spoke. A vague alarm, mingled with, or alternating with incredulity, showed in every face.

The gate was turned by a beam acting as windlass, and two men were always sent to turn it on at the Pines. It was less difficult than to turn it off; for when the beam was once started, and the water got a wedge in, it carried the gate round of itself.

Iona remembered this as she fled along. She had not seen the men who were sent to follow her. They had taken the inner road, which was a little shorter.

From all the road she followed and from the water-gate, the signals were visible; and running breathlessly, she yet kept them in view.

They changed.

The strangers were searching the house!

They changed. The door was discovered!

Even at that distance it seemed to Iona that she heard a sharp outcry rise from the town as that signal slid out, the first time that it had ever been run out in San Salvador.

Their secret was gone!

But her hope was not gone. In ten minutes she would be at the gate; and it must turn for her. To have discovered the door was not infallibly to open it; or, opening it, there must be some delay.

Moreover, the cave was prepared to detain the strangers a few minutes, at least.

And then an awful question presented itself to her mind. Should she turn the gate if the strangers were on the bridge? What were the lives of three intruders to the existence of San Salvador! An insinuating whisper made itself heard in her heart: "Run and turn the gate. You need not look at the signal!"

It was the voice of the world, the voice of the serpent.

"*A l'aide, mon Dieu!*" she panted. "I will do no evil. If we fall, we fall!"

Was it the heavenly voice once heard, or but an echo of it in her memory, which now seemed repeating those words of miracle: *Come unto me* — the *well done* that had accepted and rewarded her plea for help! Her fleet feet skimmed the mountain-path, her panting lungs drew in the mountain air; but her mind saw once more the golden dusk of the Basilica, the rich molten coloring of the walls, the words of God sparkling out here and there in letters of gold, the Throne and the tiara; and her soul felt the coming of that Presence which had filled the sacred cloister. Half unconscious of her body, she seemed to be borne along by wings set in her fluttering temples.

Then the path turned, and the water-gate was before her. One swift glance over her shoulder told that the door was not yet open.

Iona ran to the beam, and leaning on it, pushed with all her strength. It did not stir. As she leaned, she saw the signal-station on the opposite mountains. It had not changed.. The door was discovered; efforts had been made to open it; but it was not open.

With a frantic effort she pushed. The beam trembled, but did not move.

"*A l'aide, mon Roi!*" she whispered, and threw her whole being against the beam, while her ears rang, and her temples ached with the strain.

It started, moved; the water caught the gate. Iona was carried along, her glazing eyes fixed on the signal.

The course of the beam ended against a mossy bank. When it stopped, Iona's failing form rested as if kneeling on the moss, her arms on the beam, her cheek resting on the moss above it. And over her lips, and over the wood, the moss, and the rock flowed a stream of bright red blood.

Her head drooped slowly, and she fell asleep!

So intense had been that flash and strain of soul out through the flesh, it might be said that the cry she had uttered was not more on earth than in heaven, as she sank and rose upon its threshold, having earned her palm!

CHAPTER XXX.

THE whole town, gathered below, waited in an awful silence. The shock of this danger had come upon them like a day of judgment.

Dylar stood apart, gazing alternately at the signals and at Iona's form, the blue flutter of her garments like a puff of smoke on the mountain-side.

No one ventured to approach him.

There was a struggle in his mind. What should he do with these men? A fierce rage was boiling in his heart toward them. It was of their own seeking — the meddlers!

A hand was laid on his arm. Professor Pearlstein stood beside him. They were in the Square near the pulpit, on the front of which were letters of gold. His hand still pressing Dylar's arm, the old man stretched his staff out and drew it along the words: *Thou shalt not kill.*

Dylar turned away, and began to walk to and fro. He became aware of his people all about him, and of Tacita, her child in her arms, crouched on a mat at his feet. She gave the infant to a woman near her, and went to link her arm in his.

"My Love," she said, "the torrent is turned. It was turned before the door was open."

He stopped to look at the signals. He had not

looked for half an hour. The door was open; but the road had first been closed.

A murmur of prayer rose trembling. The shock had been too great. The strain was yet too great.

And then again the signals changed. All danger was over. The strangers were gone on their way.

And yet the people waited, only whispering their thanksgiving.

Soon came the signal that all was well, and Elena at the Pines ready to enter.

Then the bells were rung and they sang "Te Deum."

But no one went indoors. Not till Elena had come, till all was explained, could they think of anything else.

The messenger from the castle arrived with his story, and the cards of their visitors.

"Don Claudio Loredan!" exclaimed Tacita, looking at her husband.

CHAPTER XXXI.

"Is it our business if there should be something concealed?" the German asked when called upon to help pry the masked door open. "The house is not ours."

His companions, full of excitement, broke out upon him. Where was his enterprise, his romance, his courage! It was a deserted house. Perhaps its owners knew nothing of this door.

Their excitement was contagious; and he went with them in search of a lever. They found saplings that bent and dry sticks that broke. But their determination increased with the obstacles; and at last the right touch was given, the door was on the hinge and rolled slowly back, disclosing a dim descent between walls, with a light shining across from below.

All three recoiled a moment at their own success. "We enter at our risk," said the German. "We have no right here."

The other two went down cautiously, and after a moment called to him, and he followed. They had pried open an old chest from which the lock dropped almost at a touch, and were eagerly pulling out the twigs and dry leaves with which it was filled. All had the same thought. Surely such pains would be taken only to conceal a treasure. And it must have been there a very long time.

One of them went up to keep watch while the other two worked, changing hands; for the chest was large, and the débris could be removed only in sifting handfuls.

When the bottom was reached, a chorus of somewhat bitter laughter rose; for there was nothing there but a few rough stones. It had evidently been prepared as a mockery, probably long years before.

They prepared to go on their way. But first they went to the mouth of the cave, and outside on the narrow ledge. There was no passage. Only chasms, precipices, and a dashing torrent that sprinkled them as it fell, met their eyes.

They went up, leaving the door open, mounted their donkeys, and started for the station.

At a little distance down through the pines they met a man and woman coming up. The woman's face was covered with a veil, the man only nodded in passing them.

"Don Claudio Loredan!" said Elena to herself when they had passed. "What in the name of heaven brings him here!"

At the turn of the path the three travelers paused to look back at the old house with its background of mountains.

"Farewell, El Dorado!" said the Viscomte de Courcelles.

"Farewell, my Promised Land!" said Don Claudio Loredan.

The German paused a moment when the others went on, looking back dreamily. "Farewell, Io!" he said.

"It is strange," he said, rejoining his companions, "that sometimes on leaving a place or person one scarcely knows the name of, there comes a feeling of sadness, almost of irreparable loss."

"I suppose," said the Frenchman, "that the veiled lady we have just met is one of the exiles from the Olives. I wonder if they expect her at home."

She was expected. She was looked for joyously and longingly. The people of San Salvador remained watching all the afternoon. The men sent up to follow Iona had not returned. Doubtless all three were waiting to accompany Elena. They watched the turn of the mountain path, sure that they would take the outer one next the town. Spyglasses were ready to catch the first glimpse of their coming.

"They are coming! They are coming!"

The flutter of a garment was visible around the rock.

Tacita looked through a glass that rested on a man's shoulder. Her other hand was in her husband's arm.

"It is Elena!" she said, "She comes first, and is on foot. She holds her handkerchief hanging straight down at her side. Now she stops and lifts both her arms, then drops them again. It must mean grief for the peril we have been in. The men follow with the donkeys. They seem to carry heavy baggage, or something — What are they doing? There is no one else. What do they carry? O Dylar, where is Iona?"

She gave him the glass, her face losing its light, and growing pale and frightened. The little company on the heights was now plainly seen.

Dylar took the glass, looked through it, and took it away from his eyes. His face was livid.

"My God!" he said. "Where is Iona!"

www.ingramcontent.com/pod-product-compliance
Lightning Source LLC
Chambersburg PA
CBHW021150230426
43667CB00006B/332